# 藩史大事典

第1巻
北海道・東北編

雄山閣

**編集**
村上直　法政大学教授
木村礎　明治大学教授
藤野保　中央大学教授
**編集協力**
榎森進　函館大学教授
工藤睦男　弘前大学教授
細井計　岩手大学教授
渡辺信夫　東北大学教授
誉田宏　福島文化センター歴史史料課課長
国安寛　秋田県立図書館長
横山昭男　山形大学教授

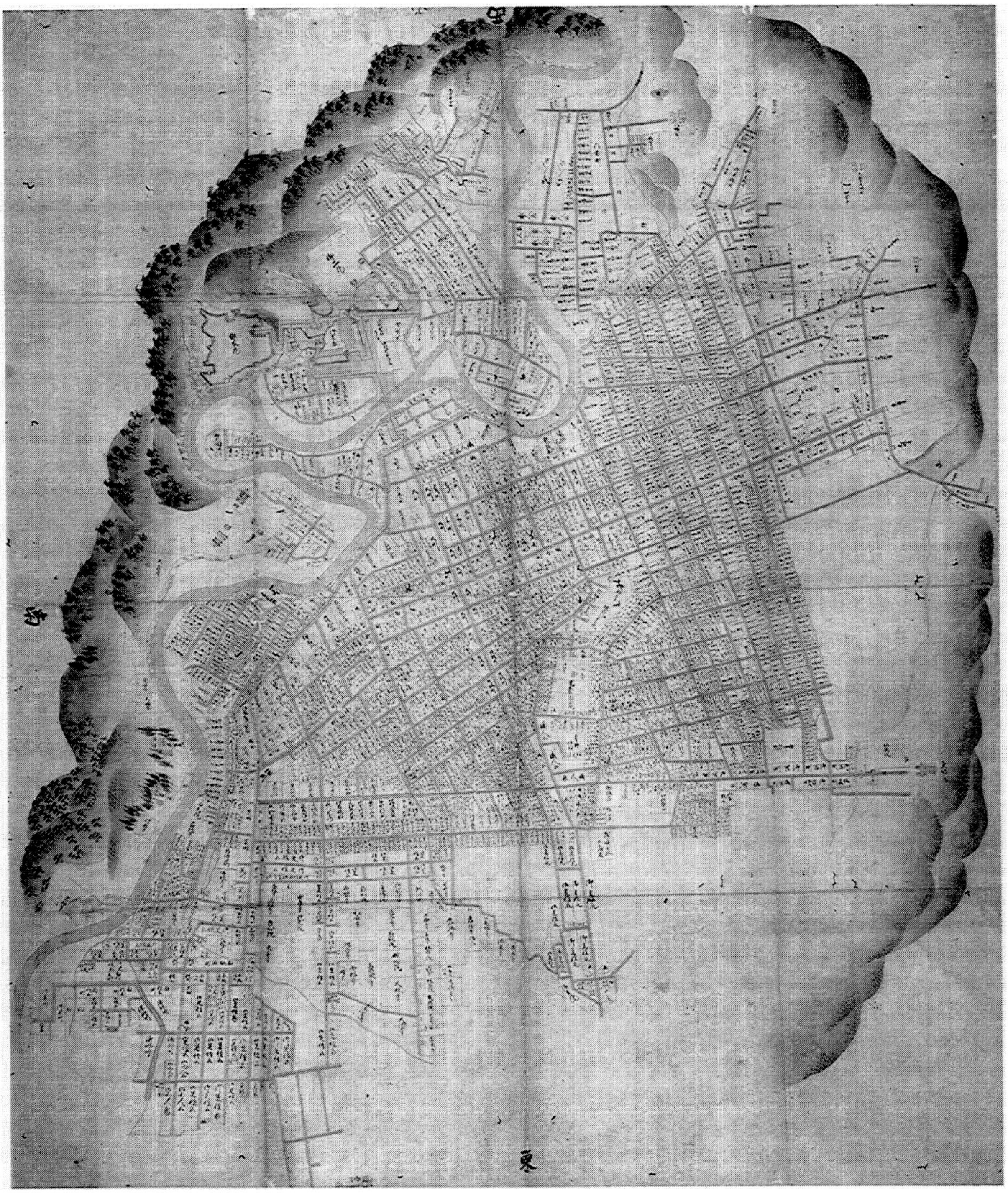

仙台城下絵図・寛文九年
（宮城県図書館所蔵）

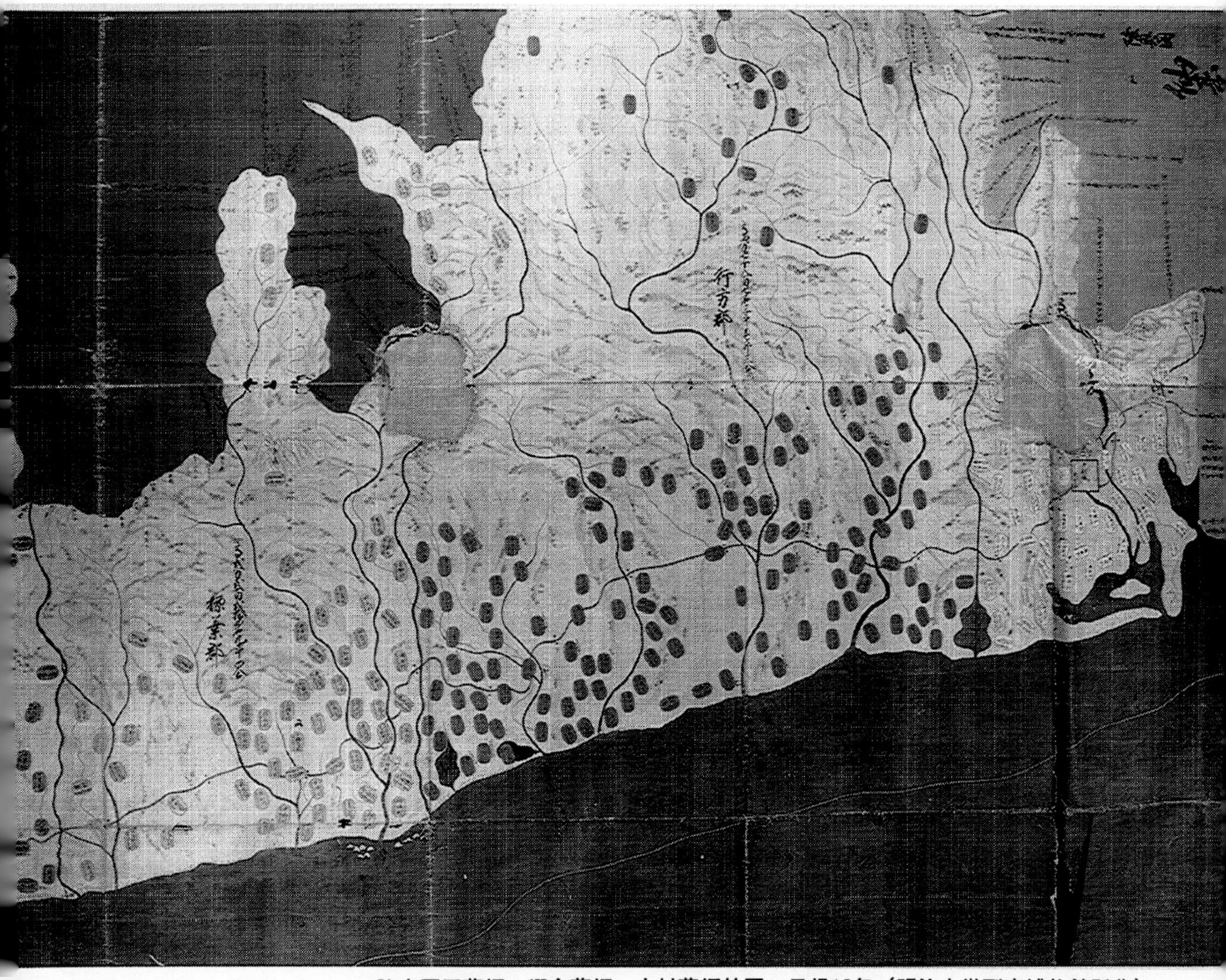


陸奥国平藩領・棚倉藩領・中村藩領絵図・元禄15年（明治大学刑事博物館所蔵）

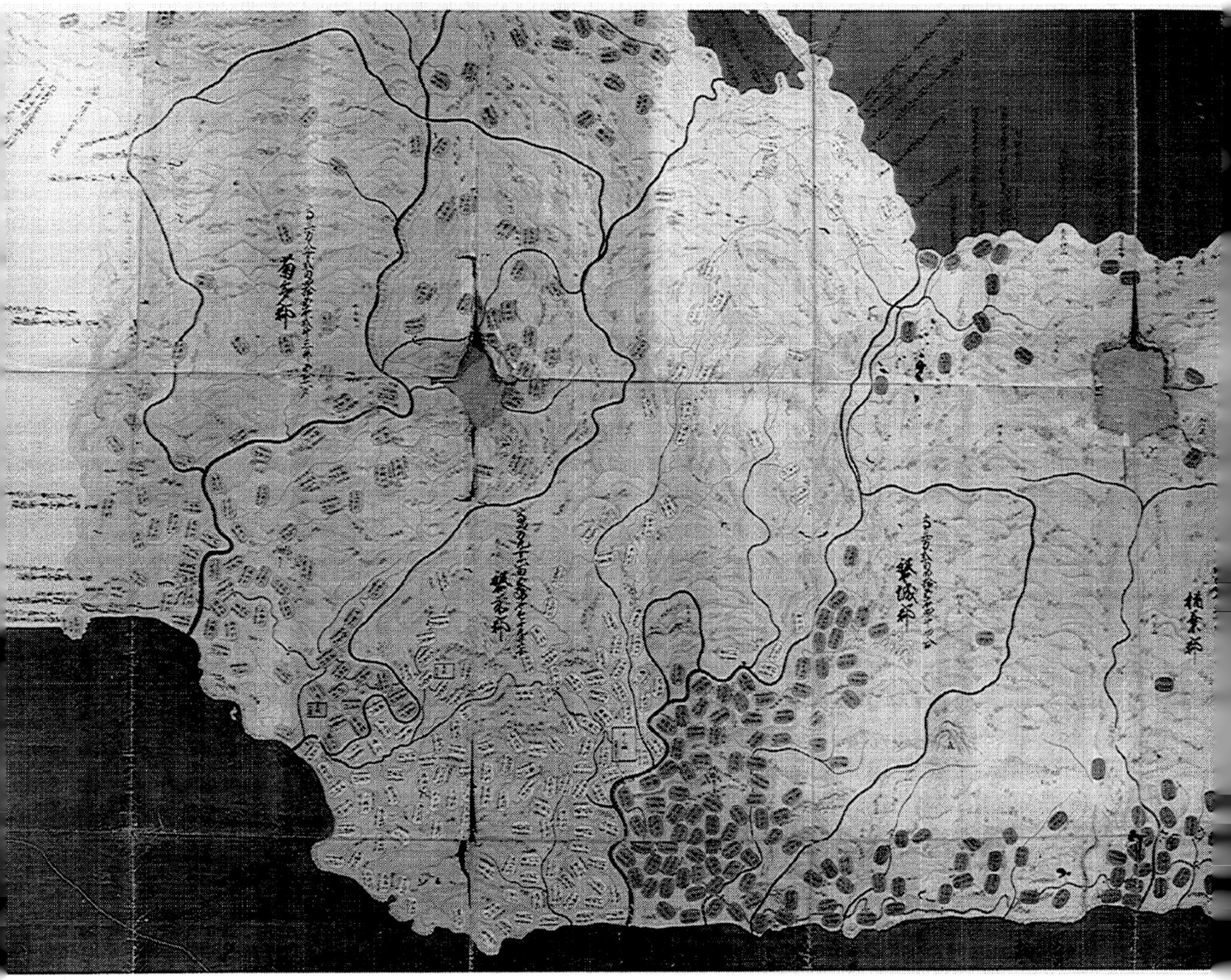
菊多郡
磐前郡
磐城郡
楢葉郡

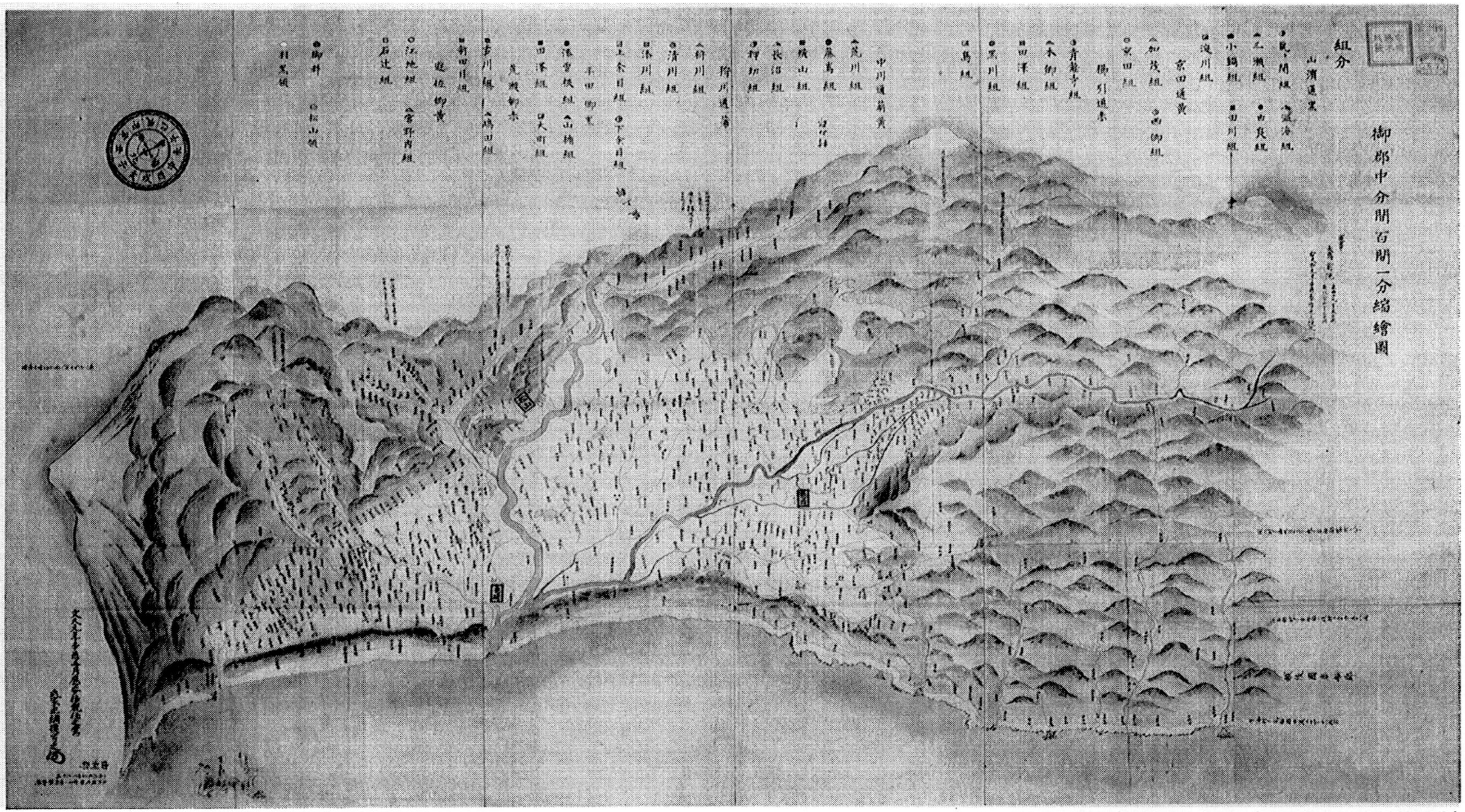


庄内二郡図・文久元年辛酉五月写（鶴岡市郷土資料館所蔵）

# 編纂にあたって

日本の近世は、その歴史的特質にもとづいて、幕藩体制・幕藩制社会・幕藩制国家などと一般によばれている。それは、支配権力が主として〝幕府と藩〟の二重関係によって構成されていたのみならず、この関係が、社会・経済・文化の様相と本質に大きな影響を与え続けていたからである。日本近世における藩のもつ意味は、きわめて大きい。

ところで、〝藩〟とは、幕藩体制を構成する大名の領国をいい、〝藩制〟とは、この領国を維持するための組織をさし、〝藩政〟とは、そこで行なわれる政治の総体を意味している。それは中央権力である〝幕府〟に対して、地方権力としての位置を占め、この両者は、たがいに依存し矛盾しあいながら、幕藩体制という統一的な政治体制をたもち永続した。

そのため、藩の調査は、近世日本の政治社会をとらえるうえで、もっとも必要なテーマであり、その研究は、幕藩体制という国家構造の特質やメカニズムを解明するうえでの基本課題である。

その意味で、戦後、近世史研究がめざましい発展を遂げたなかで、藩史研究のもつ意味はきわめて大きく、個別的にあるいは総合的に藩史が解明されてきており、その成果は全国的にきわめて膨大である。また、そうした成果にもとづき、個別藩史研究を全国的規模で集約する試みも、さまざまな形でなされてきた。

本事典は、そうした意義と内容をもつ藩史研究を総括し、かつ類書の反省のうえに立って、新たな視角から藩史の集大成を試みたものである。そのため、本事典は、今日までの類書にみられた藩の成立事情から廃藩置県にいたる「藩の概観」にとどまらず、「藩名」以下一五の項目について、各藩別に記述し、藩史の総合的叙述を意図した。

とくに、藩主の系図は姻戚関係を示し、藩主一覧は石高・所領の変遷との関係においてとらえ、詳細な藩史略年表を付した。また、藩の職制については地方支配との関係で示し、村役人の名称から領内の交通路、番所、在町、津出場・米蔵および専売制、藩札、藩校、武術など、藩史研究に必要な項目をすべて収録した。さらに幕藩関係を重視し、江戸屋敷（京屋敷）や蔵屋敷の所在地、参勤交代の項目も設けた。

このように、本事典は藩史研究に必要なあらゆる項目を網羅して集大成を試み、さらに豊臣政権（慶長三年）から明治四年の廃藩置県にいたるまでの二七四年間に存在したすべての藩（大名）について、廃絶大名も含めて、これを完全に収録したところに今までの藩史事典にはみられない大きな特色がある。また、藩の概念については統一規準を設定して選別し、本・支藩関係を明確にするとともに、藩名は城地・城名で示して、藩の呼称に一貫性をもたせるなど、藩史研究の学問的水準を示した。

以上、本事典の特色について述べたが、執筆は、それぞれの藩史研究に永年従事してこられた二七〇余名の専門家に依頼し、最新の研究成果を盛り込んでいる。本事典が多くの方々の座右の書として広く活用され、藩史研究の指針となることを期待するものである。

昭和六十三年六月十五日

木村　礎
藤野　保
村上　直
（五十音順）

# 凡例

〔藩の規準〕

ここに収録した藩は、豊臣政権末期（慶長三年）から明治四年の廃藩置県にいたるまでの二七四年間に存在した藩（大名）について、廃絶大名をも含めて収録したものである。収録にあたっては、次のような規準を設けた。

**一、藩(大名)の選別規準**

(1)　天正十八年より慶長五年にいたる徳川付庸大名（天正十八年四二名――慶長五年四〇名）は、公称独立の大名でないため省略し、同期間の徳川領国における大名は徳川家康のみとした。

(2)　城地・城名の不明な大名（藩）は、原則として大名名で表記し、「〇〇〇領」という形で示した。

**二、藩(大名)の配列**

全国を六ブロック（北海道・東北、関東、中部、近畿、中国・四国、九州〔琉球を含む〕）に分け、これを国別に配列し、一国内においては、北→南、東→西という規準で配列した。

**三、藩(大名)の名称**

藩名は、原則として城地・城名で示し、別称がある場合は、これを並記した。

〔例〕

〔藩名〕　〔別称〕
福岡藩　筑前藩

**四、支藩の取り扱い**

支藩で具体的な記述が不可能な藩は、本藩で取り上げることとし、本藩の最後に支藩名を示し、「⇒〇〇藩をみよ」という形で示した。

**五、無城・城地不明大名の取り扱い**

無城・城地不明大名で二ヶ国以上に所領がまたがる場合は、主知行地の存在する国に置いた。

〔各藩収載項目一覧〕

以下の二五項目を設定した。ただし、藩によって調査不明な項目や未詳・不確定の項目は削除し、また藩独自の項目のある場合は、関連する項目に付置した。

なお、極小藩（大名）や廃絶藩（大名）および江戸時代末期以降の取立藩（大名）で、項目記載の不可能な藩（大名）は、「藩の概観」を中心に記述した。

1　藩名
2　藩の概観
3　藩の居城
4　藩（大名）の家紋など
5　藩主の系図（姻戚関係）
6　藩主一覧（歴代藩主および石高・所領の変遷）
7　藩史略年表
8　家老とその業績
9　藩の職制

10　領内支配（地方支配）の職制と系統
11　領内の支配区分
12　村役人の名称
13　領外（飛地）の支配機構
14　領内の主要交通路
15　番所の所在地
16　在町（地名）、津出場・米蔵の所在地
17　江戸城の詰間
18　江戸（その他）屋敷の所在地
19　蔵屋敷の所在地
20　藩の専売制
21　藩札
22　藩校
23　藩の武術
24　参勤交代
25　藩の基本史料・基本文献

〔内　容〕

**一、藩の居城**

「家数・人口」は、原則として藩領内の家数・人口を記述したが、城下町の家数・人口が判明する場合は、これを付記した。なお、江戸時代における家数・人口が不明な藩は『藩制一覧』（明治二年、日本史籍協会本）により補なった。

**二、藩（大名）の家紋など**

「家紋」は、原則として『文化武鑑』『文政武鑑』（石井良助監修、柏書房刊）、および『大武鑑』（橋本博編、名著刊行会復刻）によった。

**三、藩主の系図**

・将軍家に対する「親疎の別」は、親藩・譜代・外様とし、家門は親藩に含めた。なお、関ヶ原の役で廃絶した大名は、「関ヶ原の役以前の大名なのでこの範疇には入らない」とした。

・改易・転封藩の藩主の系図は、その藩に在封した期間に限定し、転封前後の国名・地名を記入した。

・「藩主」はゴシックとし、養子は、その旨明記した。

**四、藩主一覧**

・大名の「諱」で複数ある場合は、原則として最後の諱を採用したが、改諱の場合は付記したものもある。

・「通称」は、幼名、元服名の他、一般に用いる名称を採用した。

・「戒名・菩提所」で、史料により異なる場合は、執筆者の調査にもとづいて記載した。

・「藩主就任・退任年月日」は、当藩に在封の期間を示す。

**五、藩史略年表**

「政治・法制」「社会（文化を含む）・経済」の二項目に分けて記述した。

**六、家老とその業績**

「家老」は原則として、確立期・藩政改革期・幕末維新期の家老について記載したが、家老以外で、とくに業績のあった家臣は、これを取り上げた場合もある。

**七、藩の職制**

職制の明確な藩は、職制系統図または職制表にしたが、不明な藩は、役職名のみ列記した。

**八、江戸（その他）屋敷の所在地**

「江戸屋敷」以外に屋敷をもつ大名で、その所在地が判明する場合は、これを付記した。

**九、藩の基本史料・基本文献**

当該藩の調査研究に必要な基本史料・基本文献名を掲げたが、詳細は第八巻「史料・文献総覧・索引編」を参照されたい。

〔表記・用語〕

一、現代かなづかい、当用漢字で統一したが、特定の歴史用語などは例外とした。

二、年次表記は、和暦を用い、( )内に西暦を付け加えた。和暦が再出する場合は、西暦を省略した。

三、改元の年は、原則として新年号を用いた。

四、数の表示は、和数字、億・万は用いたが、千・百・十は省略した。ただし、年月日、年齢はその限りではない。表中には、和数字・算用数字を並用したところもある。

五、藩名・藩主名および特殊な読方をもつ用語は、初出の箇所に読みを付した。

〔地　　図〕

一、中扉に、各国別の「諸藩居城・陣屋所在図」を付し、利用の便を図った。

二、作成に当たっては、『全国遺跡地図』(文化庁文化財保護部編、国土地理協会刊)および「分県城郭地図」(『日本城郭大系』新人物往来社刊)を参照した。

三、城は凸、館・陣屋・藩庁などは●で示した。

四、所在地の不明藩(領)は、省略した。

# 藩史大事典　第1巻　北海道・東北編〈目次〉

## 出羽国(秋田県)の諸藩 345



## 出羽国(山形県)の諸藩 391

（装幀・熊谷博人）

# 蝦夷（北海道）の諸藩

松前藩
館藩

蝦夷(北海道)の諸藩居城・陣屋所在地

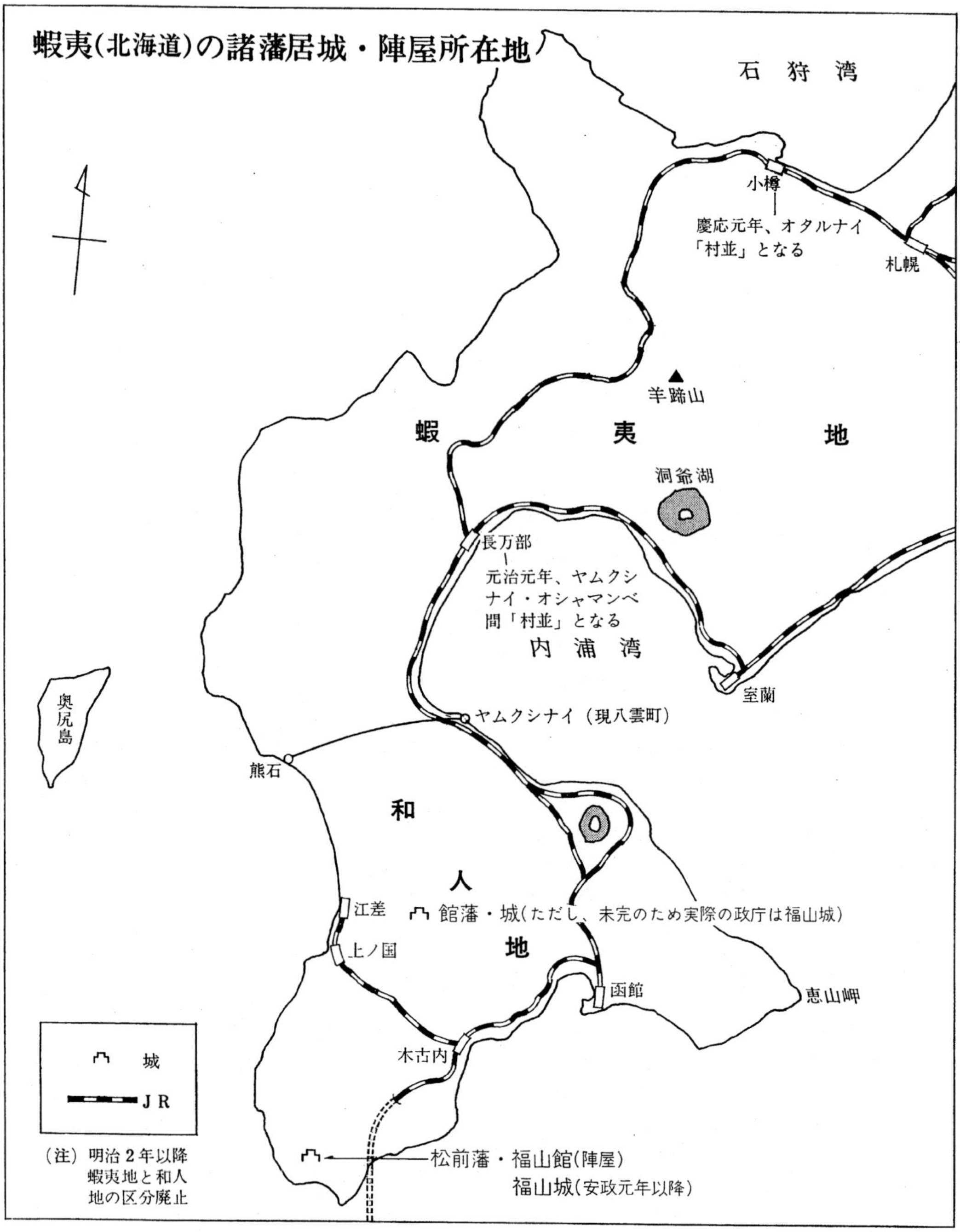

# 松《まつ》前《まえ》藩

別称 福《ふく》山《やま》藩

〔藩の概観〕

松前藩は、松前氏のアイヌ交易独占権を軸に蝦夷島に成立した日本最北の外様の小藩で、安政元年（一八五四）までは近世唯一の無高の藩。藩主は松前氏。蝦夷島（ただし中世には「夷島」と記す例が多い）は、鎌倉期以降津軽安藤氏の管轄下にあったが、一四世紀半ば頃までには確実に和人の居住をみ、一五世紀半ばには蝦夷島南西端部に安藤氏配下の諸豪族が館を築いて群雄割拠するに至った。こうした和人の蝦夷島への進出は、アイヌ民族と和人間の矛盾を次第に深め、長禄元年（一四五七）ついにアイヌ民族の大蜂起をみた。コシャマインの蜂起である。この蜂起は、中世における蝦夷島を舞台としたアイヌ民族の最大の蜂起となったが、この蜂起の鎮圧で大きな役割をはたした上《かみ》ノ国《くに》の蠣崎《かきざき》氏は、これを契機として各館主を相ついで臣従させつつ急速に勢力を伸張し、永正十一年（一五一四）居を上ノ国より大館（松前）に移し、檜山安東氏の代官たる地位を得ることによって蝦夷島における唯一の現地支配者となった。その後蠣崎氏は、第五世蠣崎慶広《よしひろ》の時、文禄二年（一五九三）秀吉より船役徴収権を公認され、ついで慶長九年（一六〇四）家康よりアイヌ交易独占権を公認されて一藩を形成した。この間慶広は、慶長四年（一五九九）氏を松前と改め、翌慶長五年福山館の築城に着手し、同十一年落成した。なおこの館は、松前氏は城主ではなかったため、正式には福山館または福山陣屋と称したが、一般には「松前之城」（「松前蝦夷記」）、「福山城」（「福山秘府」「松前志」）と称した。

ところで松前藩の存立基盤は、いうまでもなく将軍から松前氏に宛行われた知行にあったが、松前氏宛の知行は他大名宛の知行の如く領地そのものではなく、アイヌ交易の独占という特異なものであった。家康の黒印状はじめ寛文の朱印状は、このことを端的に示している。そのため同藩は、藩とはいうものの再生産構造はじめ藩制の多くの面で他藩とはいちじるしく異なるものとなった。とりわけ次の諸点は、同藩の特性を知るうえで見逃すことのできない重要な点である。まず第一に、「西は熊石、東は亀田、両所に関所ありて、是より外は蝦夷地とす。此所にて往来を改む、故なくて蝦夷地へ往来を禁ず」（「北海随筆」）とある如く、蝦夷島を和人専用の地域、和人村落の所在地、藩権力の所在地としての渡島《おしま》半島南部の「和人地」（「松前地」「日本人地」「人間《シャモ》地」とも称す）と、それ以北の「蝦夷」＝アイヌの居住地、交易地としての「蝦夷地」の二つの地域に明確に区分し、両地の境に番所を置いて、アイヌや一般和人の往来を厳しく取締った。また、松前氏には石高が無かったことから、和人地内の村にも村高はなかった。第二に、こうした地域区分策をとったうえで、アイヌ民族との交易の場を従来の城下から和人地以北の「蝦夷地」に移し、上級家臣に対する知行も蝦夷地内の一定地域でアイヌと交易する権利を宛行った。いわば藩主の持つアイヌ交易独占権の分与である。こうした知行形態を商場《あきないば》知行という。同藩の上級家臣に対する知行には、この他に和人地内の一定の村を支配する権利（一種の地方知行）や和人地内河川でサケ漁をする権利、さらには松前・蝦夷地の一定地域で鷹を獲る権利（鳥屋《とや》場知行）などがあったが、和人地内の村、河川知行は主として藩主一族や下国氏などごく限られた家老職の最上級家臣に占められ、知行形態としてはむしろ例外的存在で、商場知行と鳥屋場知行、とりわけ商場知行がその主要な形態となっていた。さらに第三に、和人地内の城下町兼港町松前を、こうした和人地・蝦夷地と本州諸港との商品流通の結節点として位置づけ、蝦夷地交易船の出入を松前一港に限定するとともに、本州商船の出入をも原則として松前に限定し、城下の寺社町奉行、沖の口奉行を介して出入船舶・物資・人物に対する取締まりを行ない、諸役を徴収した。しかし、その後商品流通の発展にともない、箱館・江差《えさし》に入港する船も増加したため、元禄・享保期以降は、松前を核とした松前三湊（松前・江差・箱館）を介した支配体制へと変質した。

右の三つの機能が有機的に結合して初めて松前氏のアイヌ交易独占が保証されたが、こうしたものが体制として急速に整備されたのが寛永期であった。第二代藩主公広《きんひろ》の時である。公広は、元和五年（一六一九）大館周辺にあった戦国期以来の大館街と寺町を海岸よりの福山城下に移転して新たな城下町の設営に着手し、寛永期には、近江商人（薩摩・柳川・八幡出身の商人）の進出を積極的に受け入れ、藩の再生産の拠点としての城下町の経済的機能の整備・充実をはかるとともに、寛永十年（一六三三）幕府巡見使一行の領内巡見を契機に東西通行里程を点検し、和人地内の里程を定め、同十二年（一六三五）村上掃部左衛門に領内を巡行させて地図を作らせたが、東西通行里程の点検や幕府巡見使一行の来藩は、近世初期の和人地の範囲を確定するうえで大きな役割をはたしたものとみなされている。また元和九年（一六二三）の将軍秀忠の上洛と寛永十一年の家光の上洛の際、ともに「一万石の人積り」（『福山秘府』）をもって上洛供奉したが、この上洛供奉は、幕府に大名としての家格（一万石格）を認めさせる上で重要な役割をはたしたのみならず（ただし、正式に一万石格に列せられたのは享保四年）、藩内の家臣団の編成にとっても大きな役割をはたした。さらにこうした諸施策と併行して、上級家臣を対象とした商場知行を実施するとともに、元和・寛永期には金山奉行を置いて砂金場の開発（河川流域での砂金採取）に積極的に取組み、初期藩財政の確立に大きな役割をはたした。

こうして公広治世の寛永期を画期にして、藩体制は急速に整備されていったが、こうした体制の成立と展開は、当然のことながらアイヌ民族との矛盾をより一層深めることとなり、寛永二十年（一六四三）には早くも西蝦夷地セタナイ地域を主舞台にしたヘナウケの蜂起をみ、ついで寛文九年（一六六九）には近世最大のアイヌ民族の蜂起―シャクシャインの蜂起をみるに至った。しかも、第二代藩主公広没後、氏広《うじひろ》（二十歳で襲封、二十七歳で没）、高広《たかひろ》（七歳で襲封、二十三歳で没）、矩広《のりひろ》（七歳で襲封）と三代にわたって幼少藩主が続いたため、氏広襲封時の寛永十八年から矩広治世前半の延宝期頃までは領主権力がいちじるしく動揺・弱体化し、藩主一門の有力家臣が藩政の実権を握り、藩政は彼らを中心にして展開するに至っただけでなく、藩主一門間の権力争いが激化し、家老の変死事件が相ついで生じるなど、藩権力内部においても大きな危機に直面するに至った。そのため天和元年（一六八一）、藩主矩広は老中より、「松前家中仕置等宜しからず」（『松前年々記』）と厳重注意を受けている。また、初期藩財政を支えた砂金収益や鷹の販売収益が次第に減少し、アイヌ交易も手船の破船などによって大きな損害をこうむり、元禄期以降は極端な財政難にみまわれるに至った。

このように、第五代藩主矩広の治世には藩制全般において大きな矛盾に遭遇するに至ったため、矩広治世末期から第六代藩主邦広《くにひろ》の治世にかけて藩政改革が断行された。すなわち邦広は、まず矩広治世の末期に家老職就任の途を閉ざされていた藩主一門の上級家臣の一部を、家老補佐役的な中老職に就任させて藩中枢部の政治勢力の均衡をはかり、かつ寺社町奉行の人事を刷新して町方・在方への支配体制を整備するなど、政治的基盤の安定化と政策実行体制の整備につとめつつ、そのうえで矩広が晩年に着手した財政再建策を積極的に推進し、税制改革はじめ、享保七年（一七二二）城下問屋の株仲間化と同株仲間問屋による沖の口番所業務の代行や、享保二十年（一七三五）入品役の新設（ただし領民の反対にあい一時中止）などを通じて沖の口支配体制を強化した。この政策は次の七代藩主資広《すけひろ》治世にも引継がれ、寛延元年（一七四八）「増口銭」と称して沖の口出入商品より売買価格の一分を新たに口銭として徴収し、かつ同年箱館において問屋、小宿の株を許可し、これら株仲間問屋に沖の口番所業務を代行させた。この一分口銭は、その後同藩の沖の口税の重要部分を構成する沖の口口銭（のち二分）として定着し、ここに松前三湊における株仲間問屋を介した沖の口支配体制が完成した。これら一連の諸政策、なかでも税制改革や沖の口支配体制の再編・強化策は、直接的には藩財政の再建・強化を目的として行なわれたものであったが、この期はニシン漁業の発展や場所請負制の成立などを背景として本州諸港との商品流通が一段と発展してきた時期であっただけに、この期の改革は次の点で歴史的に大きな意義を有するものとなった。すなわち、この改革を通じて、商場交易の場所請負制への変質、和人地および蝦夷地における生産力の上昇と本州諸港との商品流通の発展という生産・流通構造のいちじるしい変化に対応して、藩自らが、そこから生みだされる新たな剰余に合理的にわりこめる体制を確立し、そのことによって、藩の財政基盤を従来のアイヌとの直接的な交易活動や砂金・鷹の収益に強く依存したものから、主として場所請負人の運上金や三湊での沖の口諸役口銭および百姓諸役などのいわゆる役金そのものへと変質させる大きな条件を確立したことである。その後、宝暦期から天明期にかけて、藩主直轄商場や山林がことごとく大手商人の請負うところとなるに至って、藩財政はまさに請負人の運上金と三湊における沖の口諸役口銭および百姓諸役に依存するものへと完全に変質するに至った。

しかし、こうした体制は、あくまでも商人資本に強く依拠して初めて実現したものであっただけに、こうした体制の成立は、一方で商人資本と藩権力との癒着関係を一層促進するとともに、他方で藩権力と商人資本、商人と商人、あるいは商人と一般小零細漁民、アイヌ民族との矛盾を一段と深めることとなり、かつてみられなかったような新たな問題が続出することとなった。御用商人新宮屋久右衛門・飛驒屋久兵衛・小林屋宗九郎などによる公訴の続出、和人地内での漁民一揆の続発、寛政元年（一七八九）クナシリ・メナシ地方におけるアイヌの蜂起などがそれである。しかもこの期には、天明の大飢饉のみならず、ロシアの南下現象が顕著となり、対外関係と幕府の経済政策が相まって、天明五〜六年（一七八五〜八六）、幕府の蝦夷地調査をみるなど、藩の内外ともに藩政を揺るがす大きな事件が相ついで生じた。第八代藩主道広《みちひろ》の時である。その後幕府は、寛政四年（一七九二）ロシア使節ラックスマンの東蝦夷地ネモロ（根室）への来航、ついで同八年英国船プロビデンス号の東蝦夷地アブタ沖への来船を大きな契機として、同十一年第九代藩主章広《あきひろ》（寛政四年襲封）に東蝦夷地（東蝦夷地浦川ら知床の地および東奥島々）を当分仮上知する旨通達するに至った。これにより章広は、同年四月浦川以東の地を幕府に引渡すとともに、同年六月さらに東在知内川《しりうち》以東浦川までの地の上知と五〇〇〇石の代地を幕府に内願し、幕府の容れるところとなり、同年九月知内川以東浦川までの地を上知し、代わって武蔵国埼玉郡の内五〇〇〇石を賜わった。ところが享和二年（一八〇二）、知内川以東の地は永久上知（武蔵国埼玉郡の内五〇〇〇石の采地取上げ、年々三五〇〇両下付）となっただけでなく、文化四年（一八〇七）三月、松前蝦夷地全域を幕領とする旨達せられ、同年七月、陸奥国伊達郡梁川九〇〇〇石（他に上野国甘楽郡・群馬郡、常陸国信太郡・鹿島郡・河内郡の内九六〇〇石余、実込高一万八六二六石余、居所梁川）に移封されるに至った。また章広は、梁川移封に際し、二〇九〜二一一名の家臣に暇を出し、その数は松前在住家臣の六二％強に達した（近藤家文書「文化四年丁卯八月惣扶持人并家数調扣帳」）。

その後松前氏は、梁川に拠ること一四年、文政四年（一八二一）十二月旧領復帰を許され、翌五年松前に移った。幕府の公式の理由は、幕府直轄以来蝦夷地の取締りが整ったこと、アイヌの撫育・産物の取捌きが軌道にのったこと、松前氏は蝦夷地における草創の家柄であることなどの諸点にあったが、内実はかかる諸点に加え、ロシアの南下が一時衰え北辺の危機が一時的に薄らいだこと、幕府の蝦夷地経営費が幕府財政を圧迫したこと、さらには松前氏の幕府への積極的な復領工作などによるものであった。

復領直後から天保期に至る藩政で特徴的なことは次の諸点である。①文政六年（一八二三）、梁川時代の蔵米知行の経験を生かして、旧来の商場知行制に復することなく、蝦夷地全域を藩主の直轄とし、各場所を商人に請負わせ、場所請負人の運上金他の収益に依拠して、擬制的な蔵米知行制を実施したこと（これにより、家臣の家格と俸禄の内容が名実ともに一致することとなった。また場所請負制が全面的に発展する）、また②以上の点をふまえて、翌文政七年家臣の屋敷地割を家格別に行なったこと、③幕府の強い要請もあり、東西蝦夷地の各地に勤番所を設置して家臣に警備に当たらせるとともに、それに必要な家臣を増強したこと、④文政九年（一八二六）以降家格の一万石以上の取扱いと館（陣屋）を城と呼ぶ件を幕閣に執拗に内願し、一万両の献金という犠牲を払い、天保二年（一八三一）十月、ついに一万石格に復することができたこと（「松前藩江戸日記」『松前家記』）、⑤天保十四年（一八四三）倹約、風俗粛正、奢侈禁止などを中心にした藩政改革を行なったこと（第一〇代藩主昌広《まさひろ》の治世）、などがそれである。

その後嘉永二年（一八四九）一二代藩主崇広《たかひろ》の時、幕府より築城を命ぜられ、安政元年（一八五四）落成、福山城と称し、これにより初めて城持ち大名となった。しかし、翌安政二年二月箱館開港にともない西部乙部《おとべ》村以北、東部木古内《きこない》村以東の地が再び幕府の直轄するところとなり、同年十二月、替地として陸奥国伊達郡梁川、出羽国村山郡東根《ひがしね》に計三万石が宛行われ、別に出羽国村山郡尾花沢一万三五〇石を預地とし、さらに手当として年々金一万八〇〇〇両を給された。松前氏はここに至って初めて石高と直結した三万石の城持ち大名となった。なお崇広は文久三年（一八六三）四月、幕府の寺社奉行となり、同年八月これを免ぜられたが、翌元治元年（一八六四）七月老中格海陸軍総奉行、ついで同十一月老中となったため、同年十一月十九日、先に幕領となった地の内、西部乙部村―熊石村間の八ヶ村が返され、蝦夷島内の領地は熊石村から知内村に至る地となった。ただし手当は七〇〇〇両削減される。その後崇広は、翌慶応元年（一八六五）十月、兵庫開港問題で老中阿部正外とともに官位剥奪、老中罷免のうえで、藩地で謹慎を命ぜられ、慶応二年四月松前で病没した。享年三十八歳。

崇広没後、第一一代藩主昌広《まさひろ》の長子徳広《のりひろ》が襲封したが（時に徳広二十三歳）、明治元年（一八六八）七月、鈴木織太郎、下国東七郎ら四〇数名の家臣が正議隊を結成してクーデターを起こし、徳広を擁して重臣を処分し、軍謀局および合議・正議などの各局を新設して審議は公明をはかり、人材の登用を行なうなど急激な改革を断行したため、改革の名とは裏腹に家臣団にいちじるしい動揺をもたらした。しかも同年十月から翌二年にかけて箱館戦争で大きな打撃を受け、同年六月その激動と混乱の渦の中で、版籍奉還により館藩と改称されるに至った。

○出典（『新撰北海道史』第五巻史料一、『新北海道史』第七巻史料一、『松前町史』史料編第一～第三巻、『北門史綱』など）

## 〔藩の居城〕

**館（陣屋）・城**

名　称　福山館（慶長十一年落成、ただし領民やアイヌに対しては城と称す）
　　　　福山城（安政元年、正式に竣工）

所在地　北海道松前郡松前町字松城

家数・人口　（和人地内）

宝永四年　二七五九軒・一万五八四八人（「福山秘府」）
享保元年　二九七二軒・一万五五三〇人（享保二年「申合覚」）
延享二年　三六三四軒・一万七四五一人（延享三年「申合覚」）
宝暦十年　四六三六軒・二万一六五一人（宝暦十一年「御巡見使応答申合覚」）
天明七年　六七〇五軒・二万六五六四人（天明八年「松前東西管闚」）
寛政九年　七四七二軒・二万七一一八人（寛政十年「松前家数人別其外留」）

## 〔藩（大名）の家紋など〕

**松前家**

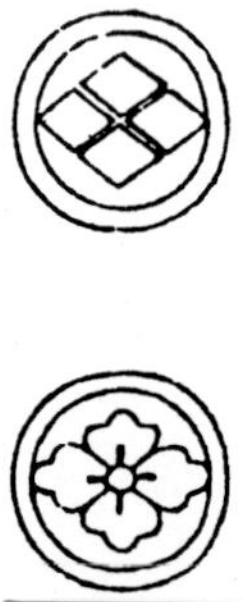

家紋
丸に割菱　丸に花菱

○出典（『文化武鑑』）

# 〔藩主の系図〕(姻戚関係)

## 松前家　外様

- 1 慶広《よしひろ》
  - 盛広
    - 2 公広《きんひろ》
      - 兼広
      - 女子　家臣松前美作広継室
      - 3 氏広《うじひろ》
        - 4 高広《たかひろ》
          - 5 矩広《のりひろ》
            - 女子　幕臣福島左兵衛正視室
            - 周広
            - 女子
            - 女子
            - 富広
            - 方広
            - 女子
            - 6 邦広《くにひろ》　江戸松前家松前三郎兵衛本広六男
              - 7 資広《すけひろ》
                - 8 道広《みちひろ》
                  - 9 章広《あきひろ》
                    - 慶之助
                    - 女子　高野刑部大輔保右室
                    - 女子　家臣蠣崎蔵人広得室
                    - 見広
                      - 10 良広《よしひろ》
                      - 11 昌広《まさひろ》
                        - 13 徳広《のりひろ》
                          - 14 脩広《ながひろ》
                          - 敬広
                        - 縄之助
                    - 女子　幕臣高井飛騨守清章室
                    - 久之助
                    - 女子　幕臣松平左金吾定央室
                    - 女子　家臣松前甚十郎広重室
                    - 女子
                    - 女子
                    - 女子
                    - 重広
                    - 広経　家臣松前帯刀広房養子
                    - 12 崇広《たかひろ》―隆広(敦千代)
                  - 男子
                  - 広匡　家臣蠣崎蔵人広命養子
                  - 女子　家臣藤倉官吾保春室
                  - 女子　家臣小林掃部義明室
                  - 女子
                  - 治義　家臣杉村喜間太治孝養子
                  - 広純　家臣松前左膳広政養子
                  - 幸之助
                  - 連之助　家臣北見登弥太政富養子
                  - 女子
                  - 女子
                  - 女子
                - 女子　幕臣松前彦之丞等広室
                - 頼完　幕臣池田織部直好養子
                - 武広　勝田安芸守元忠養子
                - 女子　家臣蠣崎蔵人広命室
                - 広文　家臣蠣崎三弥広虎養子
                - 広年　家臣蠣崎元右衛門広武養子
                - 女子　家臣横井多宮重賢室
                - 信直　家臣古田幸右衛門信村養子
              - 女子　高野中将保古室
              - 女子
              - 俊則　柳生備前守俊峰養子
              - 広保
              - 女子　家臣蠣崎左土広重室
              - 器四郎
              - 女子　家臣蠣崎左土広重後室
              - 広長　家臣松前平治右衛門広行養子
              - 女子　家臣藤倉八十八義伯室
              - 女子　家臣高橋浅右衛門光隆養女
          - 忠広　幕臣
          - 弥六郎
          - 女子　幕臣松前陸奥守富広室
        - 女子　家臣松前主膳広守室
      - 泰広　幕臣
      - 広諶　家臣村上三河直儀養子
      - 幸広　家臣斎藤多宮直政養子
      - 女子　家臣蠣崎采女清広室
      - 女子　家臣新井田織部成政室
      - 女子
      - 女子　家臣蠣崎蔵人広林室
  - 女子　喜庭直信室、離婚、後、津軽宮内少輔信建室
  - 忠広　幕臣
  - 利広　南部信濃守利直養子
  - 由広
  - 次広
  - 休之僧
  - 景広　家臣河野季通養子
  - 安広　伊達陸奥守政宗家臣
  - 満広
  - 女子　下国内記広季室

○出典 『寛政重修諸家譜』巻一五四、「松前家記附録共完」(『松前町史』史料編第一巻)

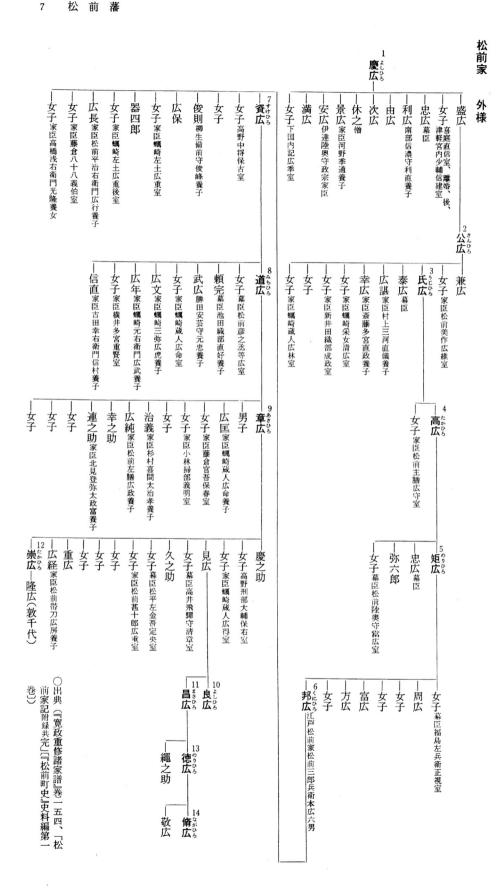

## 〔藩主一覧〕（歴代藩主および石高・所領の変遷）

| 姓 | 諱 | 受領名または官名 | 通称 | 生没年月日 | 戒名と菩提所（所在地） | 藩主就任・退任年月日 | 江戸幕府就任役職名・就任退任年月日 | 石高変遷年月日（西暦） | 石高（表高） | 領地（国郡名） |
|---|---|---|---|---|---|---|---|---|---|---|
| 松前 | 慶広 | 民部大輔 志摩守 伊豆守 | 新三郎 | 天文17・9・3～元和2・10・12 | 慶広院殿海翁永泉大居士 法幢寺（北海道松前町） | 天正10～元和2・10・12 | | | 無高 | 松前地および蝦夷地 |
| 松前 | 公広 | 志摩守 | 甚五郎 | 慶長3～寛永18・7・8 | 公広院殿渓雲宗愚大居士 法幢寺（〃） | 元和3～寛永18・7・8 | | | 〃（寛永11年一〇〇〇〇石にて上洛） | 〃 |
| 松前 | 氏広 | | 弁之助 | 元和8～慶安1・8・25 | 氏広院殿直心宗性大居士 吉祥寺（東京都文京区本駒込） | 寛永18・12・4～慶安1・8・25 | | | 〃 | 〃 |
| 松前 | 高広 | | 千勝 | 寛永20～寛文5・7・5 | 松前院殿漢巨利永大居士 法幢寺（前同） | 慶安1・10・9～寛文5・7・5 | | | 〃 | 〃 |
| 松前 | 矩広 | 志摩守 | 兵庫 | 万治2・11・24～享保5・12・21 | 矩広院殿機三曹玄大居士 法幢寺（〃） | 寛文5・11・16～享保5・12・21 | | | 〃（享保4年万石以上の格） | 〃 |
| 松前 | 邦広 | 志摩守 | 伝吉 | 宝永2～寛保3・閏4・8 | 邦広院殿傑巌常永大居士 法幢寺（〃） | 享保6・7・11～寛保3・閏4・8 | | | 〃 | 〃 |
| 松前 | 資広 | 若狭守 | 栄吉 | 享保11・9・29～明和2・3・19 | 祥雲院殿瑞岳英麟大居士 法幢寺（〃） | 寛保3・8・16～明和2・3・19 | | | 〃 | 〃 |
| 松前 | 道広 | 志摩守 | 外記 | 宝暦4・1・17～天保3・6・20 | 松吟院殿竜道広起大居士 法幢寺（〃） | 明和2・10・11～寛政4・10・28 | | | 〃 | 〃 |

| 姓 | 諱 | 受領名または官名 | 通称 | 生没年月日 | 戒名と菩提所（所在地） | 藩主就任・退任年月日 | 江戸幕府就任役職名・就任退任年月日 | | 石高変遷年月日（西暦） | 石高（表高） | 領地（国郡名） |
|---|---|---|---|---|---|---|---|---|---|---|---|
| 松前 | 章広 | 若狭守 志摩守 | 勇之介 | 安永4・7・30〜天保4・7・25（公表天保5・9・25） | 霊照院殿復州馨大居士 法幢寺（北海道松前町） | 寛政4・10・28〜天保4・7・25（ただし、文化4・3・22〜文政4・12・7は梁川居所） | | | | 無高 | 松前地および蝦夷地 |
| | | | | | | | | | 寛政11・9（一七九九） | 五〇〇〇 | 幕府、東蝦夷地を上知。替地として武蔵国埼玉郡 |
| | | | | | | | | | 享和2・7・24（一八〇二） | 無高 | 幕府、東蝦夷地を永久上知。武蔵国の替地も上知 |
| | | | | | | | | | 文化4・3・22（一八〇七） | 九〇〇〇 実高（一八六二六） | 東西蝦夷地永久上知。常陸国信太郡・鹿島郡・河内郡、陸奥国伊達郡、上野国甘楽郡・群馬郡 |
| | | | | | | | | | 文政4・12・7（一八二一） | 無高 | 松前地および蝦夷地に復領 |
| 松前 | 良広 | | 隆之助 | 文政6・5・23〜天保10・8・24 | 謙徳院殿実温良広大居士 吉祥寺のち法幢寺（〃） | 天保5・12・14〜天保10・7・21 | | | | 〃 | 〃 |
| 松前 | 昌広 | 志摩守 | 準次郎 | 文政8・8・27〜嘉永6・8・8 | 寛量院殿文俊耆徳大居士 法幢寺（〃） | 天保10・7・21〜嘉永2・6・9 | | | | 〃 | 〃 |
| 松前 | 崇広 | 伊豆守 | 為吉 | 文政12・11・15〜慶応2・4・25（公表慶応3・1・8） | 崇業院殿英烈靖貞大居士 法幢寺（〃） | 嘉永2・6・9〜慶応2・4・25 | 寺社奉行 | 文久3・4・28〜文久3・8 | | 〃 | 〃 |
| | | | | | | | 老中格 海陸軍総奉行 | 元治1・7・7〜元治1・11 | 安政2・2・22（一八五五） | 〃 | 乙部以北、木古内以東の松前・蝦夷地幕領となる |
| | | | | | | | 老中 海陸軍総裁 | 慶応1・9・21〜慶応1・10・1 | 安政2・12・4 | 三〇〇〇〇 | 替地として陸奥国伊達郡梁川、出羽国村山郡東根、預地・出羽国村山郡尾花沢一万三五〇〇石 |
| | | | | | | | | | 元治1・11・19（一八六四） | 〃 | 熊石村から知内村の松前地 |
| 松前 | 徳広 | 志摩守 | 準之丞 | 弘化1・3・14〜明治1・11・29 | 寛裕院殿竜興忠靖大居士 長勝寺（青森県弘前市）のち法幢寺（〃） | 慶応2・6・19〜明治1・11・29 | | | | 〃 | 松前地 陸奥国伊達郡梁川、出羽国村山郡東根、預地・出羽国村山郡尾花沢一万石 |
| 松前 | 脩広 | | 勝千代 | 慶応1・9・14〜明治38・3・26 | | 明治2・1・9〜明治2・6（以降、館藩主）〜明治4・7・14 | | | | 〃 | 〃 |
| | | | | | | | | | 明治2・6（一八六九） | 三〇〇〇〇 | 松前地は、8・15北海道と改称し、渡島国福島郡・津軽郡・檜山郡・爾志郡に属す 陸奥国伊達郡梁川、出羽国村山郡東根 |
| | | | | | | | | | 明治3・10（一八七〇） | 三〇〇〇〇 | 渡島国福島郡・津軽郡・檜山郡・爾志郡 陸奥国伊達郡梁川、岩代国伊達郡 |

○出典（『寛政重修諸家譜』巻一五四、「松前家系図」、「松前家記附録共完」『松前町史』史料編第一巻）「北門史綱」、榎森進「松前藩」（『新編物語藩史』第一巻）

〔藩史略年表〕

| 西暦 | 和暦 | 月日 | 政治・法制 | 月日 | 社会（文化を含む）・経済 |
|---|---|---|---|---|---|
| 一五九〇 | 天正一八 | 12・29 | 蠣崎慶広、豊臣秀吉に謁見し、従五位下・民部大輔に叙任される。 | | |
| 一五九三 | 文禄　二 | 1・6 | 慶広、秀吉より朱印状（一月五日付、船役徴収権を公認）を与えられ、蝦夷ヶ島の管理を命ぜられる。 | | 朝鮮侵略。時に蝦夷地は、朝鮮東北部と近接していると考えられており、慶広の存在は重要視される。 |
| 一五九六 | 慶長　一 | 11 | 慶広、京都に参勤。またこの時、嫡男盛広と共に徳川家康に謁見。 | | |
| 一五九九 | 四 | 11・7 | 慶広、家康に臣従。地図および系図を差し出し、松前と改姓。 | | |
| 一六〇〇 | 五 | | 福山館の築造を開始する。 | | |
| 一六〇四 | 九 | 1・24 | 幕府、蝦夷地内の金山は慶広の処分に委任する命を出す。 | | |
| | | 1・27 | 慶広、家康より黒印状（アイヌ交易独占権）を受ける。以後、将軍の代替りごとに受ける。 | | |
| | | 4・10 | 慶広、鷹献上・伝馬の朱印状を受ける。 | | |
| 一六〇六 | 一一 | 8 | 福山館完成する。 | | |
| 一六〇八 | 一三 | | | 10・10 | 佐渡の鉱山師ら松前に至るが、採金を許可せず。 |
| 一六〇九 | 一四 | | | | 花山院忠長、罪ありて蝦夷地に配流、慶広、厚遇する。 |
| 一六一〇 | 一五 | | | 4 | 慶広、家康より蝦夷地の膃肭臍を献ずべしとの命を受ける。 |
| 一六一三 | 一八 | | | | 英国商館長リチャード・コックスは、東インド会社宛書簡中蝦夷は韃靼の一部と報告。 |
| 一六一四 | 一九 | 12・26 | 慶広四男由広、豊臣方内応容疑で慶広に殺される。 | | |
| 一六一五 | 元和　一 | 5 | 慶広、手勢を率いて大坂の役に出陣。 | | |
| 一六一七 | 三 | | | | 東部曽津己および大沢から金が出る。砂金ブームが起こり採取者が殺到。 |
| 一六一八 | 四 | | | | 耶蘇会宣教師アンジェリス、松前にて布教。 |
| 一六二〇 | 六 | | | | 耶蘇会宣教師カルワーリュ、松前にて布教 |
| 一六二一 | 七 | | | 3・6 | 城下全焼。 |
| 一六二四 | 寛永　一 | 1・22 | 幕府、松前よりの鷹献上については駅路渋滞せぬ旨陸奥国諸大 | | 疱瘡流行。 |

| 西暦 | 和暦 | 月日 | 政治・法制 | 月日 | 社会（文化を含む）・経済 |
|---|---|---|---|---|---|
| 一六三〇 | 寛永七 | | 名へ通達。 | | 下国舎人を沖の口奉行とする。 |
| 一六三一 | 八 | 4・11 | 幕府に黄鷹、鶴、矢羽、猟虎《らっこ》皮、昆布を献上する。 | | |
| 一六三三 | 一〇 | 7・9 | 幕府巡見使分部左京佐光信ら松前に至る。初めて和人地を（東はシホトマリより西はセモナイまで）巡見。 | | |
| 一六三四 | 一一 | 6・12 | 松前公広、徳川家光の上洛に一万石の軍役高で供奉。 | | |
| 一六三五 | 一二 | | 家臣村上掃部左衛門に全島（蝦夷地）の調査を行なわせ、地図を作製。また佐藤加茂左衛門らは、カラフト調査を実施。 | | |
| 一六三六 | 一三 | | 甲道庄右衛門、藩命によりカラフト調査を行ない、ウッシャムで越冬。 | | |
| 一六三七 | 一四 | | | 3・28 | 福山館失火。累代の宝器、文書等多数失う。 |
| 一六三九 | 一六 | | | 6 | 福山館修築。 |
| 一六四〇 | 一七 | | 藩内のキリシタン一〇六人を捕え処刑する。 | 6・13 | 内浦嶽噴火、津波を生じ船一〇〇余艘が破船。和人・アイヌとも溺死者七〇〇余人。 |
| 一六四三 | 二〇 | 5<br>7・26<br>8・1 | 西部のアイヌ民族蜂起（ヘナウケの蜂起）、家臣蠣崎利広らを瀬田内へ出陣させ鎮圧。<br>松前氏広、幕命により家譜を上る。<br>幕府、諸大名拝謁の次第を定める。氏広は一万石以上の長子と位置ずけられる。 | 6 | オランダ東インド会社の探検船、クナシリ・エトロフ島を発見、それぞれステートランド、カンパニーランドと命名。<br>秋、松前景広、新羅大明神宮を福山の新町に建立。 |
| 一六四四 | 正保一 | 5 | 幕府、諸国郷村高帳・国絵図を作成させる。松前氏、寛永一二年の地図作製を基礎に蝦夷図を提出する。 | | |
| 一六四六 | 三 | | | | 松前景広、『新羅之記録』を著わす。 |
| 一六四八 | 慶安一 | | アイヌ民族内部（メナシクルとシュムクル）で川の漁猟権をめぐり交戦。寛文九年のシャクシャインの蜂起へとつながる。 | | |
| 一六五一 | 四 | | 蠣崎伝右衛門、藩命によりカラフト調査を行なう（その後も断続的に実施）。 | | |
| 一六五八 | 万治一 | | | | 春～夏、疱瘡流行、死亡者多数。 |
| 一六六一 | 寛文一 | 4・27 | 家臣吉田作兵衛をして全島を調査させ、地図を作製。 | | |
| 一六六三 | 三 | | | 7・11 | 有珠嶽噴火。 |
| 一六六六 | 六 | | | | 東風が吹かないため入米がなく飢饉となる。 |

| 西暦 | 和暦 | 月日 | 政治・法制 | 月日 | 社会（文化を含む）・経済 |
|---|---|---|---|---|---|
| 一六六七 | 寛文七 | 6 | 幕府巡見使、松前に至り和人地を巡見。 | 1・12 | 町奉行所焼失。これにより官庫の記録類おおむね焼失する。 |
| | | 9 | 家老蠣崎広林、江戸にて米三〇〇〇石を幕府より拝借する。 | | |
| 一六六九 | 九 | 6 | 日高シベチャリのシャクシャインを先頭にアイヌ民族蜂起。商船等を攻撃、和人二七三人死亡。幕府小姓組松前泰広、幕命により蝦夷地に渡り、鎮圧軍の総指揮をとる。津軽・南部・秋田藩は加勢を命じられる。 | | 幕府にエブリコを献上。 |
| 一六七〇 | 一〇 | | 家臣松前広諶、蠣崎広隆以下三〇〇余人がヨイチに出陣。翌年には蠣崎広林以下が白老まで出陣し、アイヌの処置を行なう。 | 5 | 津軽藩、蝦夷地に隠密船を派遣。 |
| 一六七八 | 延宝六 | | 初めて江差の檜山を開く。 | | |
| 一六八〇 | 八 | | | | 津軽、南部地方凶作のため米の移入が減少し飢饉。津軽藩より米五〇〇〇石借用。 |
| 一六八一 | 天和一 | 7・3 | 幕府からの拝借米代金、鷹で支払う（鷹一隻が金三五両）。幕府巡見使保田甚兵衛ら、和人地を巡見。 | | |
| 一六八二 | 二 | | この頃、藩家老の変死事件相次ぎ幕府より叱責を受ける。 | | この頃敦賀に、松前の船宿、問屋がある。 |
| 一六八七 | 貞享四 | 6・1 | 水戸藩の快風丸、松前に至り、蝦夷地へ赴こうとするも許可せず。幕命により、この年より鷹を献上せず。 | | |
| 一六八八 | 元禄一 | 6 | 快風丸再び松前に来り、蝦夷地のイシカリに至る。 | | |
| 一六八九 | 二 | | 家臣蠣崎伝右衛門らにカラフト・千島列島を調査させ地図を作製（『元禄郷帳』の原図になるという）。 | | |
| 一六九〇 | 三 | | | 3・1 | 城下蔵町より出火し、一四八軒焼失。ドイツ人ケンペルが渡来、著『日本史』（一七二七年刊）でカラフトの所属は不明と記述。 |
| 一六九一 | 四 | 4 | 関内以北への追鰊を禁止。 | | |
| 一六九二 | 五 | 3 | 江戸にて鉄砲一〇〇挺購入。 | 9・21 | 台風に見舞われ破船多し。この年、亀田に新田を試みるも失敗。 |
| 一六九三 | 六 | | 朝鮮人八人、蝦夷地レブン島に漂着。八月江戸に護送。大坂商船、カムチャッカに漂流。デンベイ以外全員殺害される。 | 9・21 | 暴風に見舞われ破船五〇余艘。 |
| 一六九六 | 九 | 5・12 | 幕府に請い、毎年酒田において出羽国幕領米の三〇〇〇俵を払下げられることになる（宝永五年四五〇〇俵に増加）。 | | |

| 西暦 | 和暦 | 月日 | 政治・法制 | 月日 | 社会（文化を含む）・経済 |
|---|---|---|---|---|---|
| 一六九七 | 元禄一〇 | | | | ロシア人アトラーソフら、カムチャッカを探検し、この後千島列島を南下、日本の漂流民デンベイを発見。 |
| 一七〇〇 | 一三 | 2・4 | 幕命により『松前島郷帳』および蝦夷島図を提出。カラフトの地名二一、千島の島名三四の記載あり。 | | |
| 一七〇二 | 一五 | | | 7・29 | 暴風、亀田村洪水。 |
| 一七〇三 | 一六 | | | 1・22 | 江差大火。 |
| 一七〇九 | 宝永六 | | | 3・21 | 城下唐津内町出火。 |
| 一七一〇 | 七 | 6・23 | 幕府巡見使細井佐治右衛門ら、和人地を巡見する。 | | |
| 一七一二 | 正徳二 | 11 | 大隅国船頭次郎左衛門らエトロフ島に漂着するも諸物を掠奪される。 | | |
| 一七一五 | 五 | | 松前矩広、「正徳五年松前志摩守差出候書付」で、千島およびカラフトは松前藩領と幕府に報告。 | | |
| 一七一六 | 享保一 | 閏2・23 | 将軍家継結納の際、万石並に献上すべき幕命を受ける。 | | |
| 一七一七 | 二 | 6・23 | 幕府巡見使有馬内膳ら、和人地を巡見する。 | | |
| | | 7・2 | 松前嘉広、「松前伊豆守嘉広江府城江被指出候書付」で蝦夷地の国境を窮めた者なしと報告。 | | |
| 一七一九 | 四 | 1・15 | 矩広、幕府より万石以上に準ぜられ、御触書等は従来どおり交代寄合格となる。 | | |
| 一七二〇 | 五 | | 矩広、江戸松前家に税制（藩政）改革について相談する。 | | 新井白石、『蝦夷志』を著わす。 |
| 一七二一 | 六 | | | 3・3 | 江戸の藩邸を焼く。 |
| 一七二二 | 七 | | | | 深見玄融、目安箱に蝦夷地開拓策を投書。 |
| | | | | 12 | 福山の問屋株一五軒を許可。 |
| 一七二三 | 八 | | | 8・10 | 台風。翌年にかけて災害頻出、邦広参勤せず。アイヌ餓死する者多し。 |
| 一七二七 | 一二 | 2・26 | 邦広、幕府に請いて以後六年一勤となる。 | | |
| 一七二九 | 一四 | | 薩摩人ゴンザらカムチャッカに漂着、ロシアに帰化。 | | |
| 一七三一 | 一六 | | エトロフ・クナシリ島のアイヌ初めて来藩。 | | |
| 一七三五 | 二〇 | 1 | 邦広、倹約令を発令。 | 3・16 | 沖の口に入品役を新設。 |
| 一七三六 | 元文一 | | | 4・25 | 城下袋町失火、一一七軒焼失。 |
| 一七三七 | 二 | 1・14 | 幕府、坂倉源次郎に松前金山間掘を許可。 | | |

| 西暦 | 和暦 | 月日 | 政治・法制 | 月日 | 社会（文化を含む）・経済 |
|---|---|---|---|---|---|
| 一七三九 | 元文　四 | | 邦広、福嶋村・大野村に新田を開発する。 | 6・18 | 福山の小宿株一五軒を許可。<br>坂倉源次郎、『北海随筆』を著わす。 |
| 一七四〇 | 五 | | 幕府より、松前産の煎海鼠等を長崎に送るべき内命あり。 | | |
| 一七四一 | 寛保　一 | | | 7 | 大島噴火。西部の諸村に溺死者、家屋破壊多し（〜八月）。 |
| 一七四四 | 延享　一 | | | 8・11 | 大風。溺死三〇人。破船四二隻。 |
| 一七四六 | 三 | 5・29 | 幕府巡見使山口勘兵衛ら、和人地を巡見する。 | | |
| 一七四七 | 四 | | 藩士浅利円吾、因藤藤孝をカラフトに派遣。 | | |
| 一七四八 | 寛延　一 | | 資広、倹約令発令。 | 5・22 | 箱館問屋株六軒、小宿株一六軒を許可。 |
| 一七五一 | 宝暦　一 | 2 | 藩士加藤嘉兵衛、カラフトを巡視し海鼠引漁業調査を行なう。 | | |
| 一七五四 | 四 | | | 8・28 | 福山大火。家屋二四七軒焼失し、城の遠見櫓も焼失。 |
| 一七五五 | 五 | | | | 奥羽・松前地方大飢饉。<br>飛騨屋久兵衛、蝦夷地イシカリ山のエゾ松を伐採。 |
| 一七五七 | 七 | | 藩士加藤の調査終了、カラフトアイヌにソウヤへの交易勧告。 | | |
| 一七六一 | 一一 | 6・8 | 幕府巡見使榊原左兵衛ら、和人地を巡見する。 | | |
| 一七六六 | 明和　三 | 5・6 | 幕命により山城屋安右衛門ら、知内・瀬田内等の金山を調査。 | 8・10 | 江差の百姓ら、山師らの家屋を破壊。 |
| 一七六七 | 四 | | | 4・7<br>8・23 | 福山大火、四〇〇余軒焼失。<br>江差大火、三四二軒焼失。 |
| 一七六八 | 五 | | | 9・20 | 百姓ら三〇〇人、福山イゲップの鮑突き伝兵衛の家屋を壊す。 |
| 一七六九 | 六 | | 飛騨屋のイシカリ山伐木を罷め、藩が直接経営する。 | | |
| 一七七一 | 八 | | エトロフ島のアイヌ、ウルップ島のロシア人を追放。 | | ベニョフスキー、オランダ商館長宛にロシア人が松前地方を攻撃すると虚の警告をする（一般民衆に対ロシアへの警戒心を根づかせる基因となる）。 |
| 一七七四 | 安永　三 | 12・26 | 藩債五四〇〇両の代償として飛騨屋にエトモ・アッケシ・キイタップ・クナシリの四場所を二〇年間請け負わす。 | | クナシリの首長ツキノエ、飛騨屋の交易船に暴行。 |
| 一七七五 | 四 | | 飛騨屋にソウヤ場所を一五年間請け負わす。 | | |
| 一七七六 | 五 | | | | ロシアの商船クナシリ島に来航し、アイヌと交易。 |
| 一七七七 | 六 | 4 | 藩士新井田隆助を南カラフトに派遣。 | | |
| 一七七八 | 七 | 6・9 | ロシア船、ウルップ島より、キイタップ場所ノツカマプに来航し、藩士に通商を要求。 | | |

| 西暦 | 和暦 | 月日 | 政治・法制 | 月日 | 社会（文化を含む）・経済 |
|---|---|---|---|---|---|
| 一七七九 | 安永八 | 8・7<br>12・8 | 藩士工藤清右衛門以下をキイタップ場所へ派遣、通商を拒否。<br>飛騨屋、公訴。 | 5・20 | 茅部の漁民五〇〇人余、亀田番所へ強訴。 |
| 一七八〇 | 九 | | | <br>12・25 | 夏〜秋、蝦夷地内に疱瘡流行。アイヌ六四七人が死亡。<br>松前広長編『福山秘府』六〇巻成立。 |
| 一七八一 | 天明一 | | | 5 | 広長、『松前志』を著わす。 |
| 一七八三 | 三 | | | 4 | 工藤平助、『赤蝦夷風説考』を著わす。<br>夏、蝦夷地飢饉、アイヌ多数死亡。 |
| 一七八四 | 四 | | | | 幕府勘定奉行松本秀持、蝦夷地調査の意見書を幕閣に提出。 |
| 一七八五 | 五 | 4・29 | 幕府、蝦夷地に初めて調査隊を派遣。 | 5・16 | 林子平、『三国通覧図説』を著わす。 |
| 一七八六 | 六 | | 最上徳内ら、千島列島をクナシリ・エトロフからウルップ島まで探検。 | 9 | 老中田沼意次失脚。田沼政権の蝦夷地調査中止。 |
| 一七八七 | 七 | | 最上徳内、大陸に渡らんと江戸を出発するも、藩は蝦夷地に入ることを拒否。 | 5 | 林子平、『海国兵談』を著わす。 |
| 一七八八 | 八 | 7・20 | 幕府巡見使、和人地を巡見。 | | |
| 一七八九 | 寛政一 | 5・7 | クナシリ、メナシ地方のアイヌ蜂起、和人七一人殺害。藩兵出陣し鎮圧。幕府、津軽・秋田・南部三藩に加勢を命じる。 | | 沖の口の役金は直取立とする。増収二〇〇〇両余。 |
| 一七九〇 | 二 | 5・4<br>11・1 | 藩士高橋壮四郎・松前平角らをカラフトに派遣し交易所、番屋を設置。<br>飛騨屋、藩主および藩士への貸金の件で公訴。 | <br><br>12・4 | 夏、高山彦九郎、松前に至る。<br>蠣崎波響、夷酋の像を描く。<br>西部の漁民二〇〇〇人余、大網禁止と税の免除を要求。 |
| 一七九一 | 三 | 4 | 最上徳内、クナシリ島を探検。その後エトロフ、ウルップ島へと渡る。 | | 最上徳内、『蝦夷草子』を著わす。 |
| 一七九二 | 四 | 5<br>9・4 | 幕府、天明五年以来第二回目のカラフト調査を実施。<br>ロシアの第一回遣日使節ラックスマン、漂流民幸太夫らを護送し蝦夷地ネムロに来航、通商を求める。 | 6・26 | 大風。福山港破船被害多し。 |
| 一七九三 | 五 | 6 | 幕府目付、ラックスマンを福山にて引見し、長崎来航の信牌を与え帰国させる。 | <br>8 | 常陸の木村謙次ら、松前に至り状況を探り『北行目録』を著わす。<br>篠本廉、幸太夫の聴書により『北槎異聞』を著わす。 |
| 一七九六 | 八 | 8・14 | 英国船プロビデンス号、蝦夷地アブタに碇泊。カラフト西岸、日本沿岸を測量。 | | |
| 一七九七 | 九 | 9・22 | 幕府、津軽藩に箱館の警衛を命じる。 | 2・23<br>10・7 | 藩士高橋壮四郎らの『松前地並東西蝦夷地明細記』成る。<br>福山大火。 |

| 西暦 | 和暦 | 月日 | 政治・法制 | 月日 | 社会（文化を含む）・経済 |
|---|---|---|---|---|---|
| 一七九八 | 寛政一〇 | 3・14 | 幕府、目付渡辺久蔵胤ら一行一八〇名の調査隊を蝦夷地に派遣。 | 11 | 疱瘡流行。 |
| | | 7・27 | 近藤重蔵、最上徳内らエトロフ島に「大日本恵登呂府」の標柱を建てる。 | | |
| 一七九九 | 一一 | 1・16 | 幕府、東蝦夷地ウラカワよりシレトコに至る地域を仮上知とする。翌月前藩主道広は、江戸在留を命じられる。 | | 東蝦夷地の各場所は、請負人を廃し、官営とし会所を設置。 |
| | | 3 | 幕府、蝦夷地取締御用掛に書院番頭松平信濃守忠明ら五名を任命。 | | |
| | | 7・18 | 高田屋嘉兵衛、エトロフ航路を開く。 | | |
| | | 9・28 | 幕府より武蔵国埼玉郡久良岐の地五〇〇〇石を与えられる。 | | |
| | | 11・2 | 幕府、南部・津軽両藩に箱館を本営とし東蝦夷地を警衛させる。 | | |
| 一八〇〇 | 一二 | 5 | 蝦夷地取締御用掛、高田屋に命じエトロフ島に一七ヶ所の漁場を開かせる。 | | 福山大風、溺死四三人、商船破壊四五〇艘におよぶ。 |
| | | | ソウヤ、カラフト、シャリの三場所を直捌とする。 | | |
| | | | この年箱館六カ場所、幕命により村並とし、山越内に関所を北上させる(和人地の拡大)。 | | |
| 一八〇一 | 享和一 | 4 | 幕命により、松平忠明・石川忠房・羽太正養ら東西蝦夷地を巡視。ロシアの植民地建設に関する情報を収集(〜九月)。 | | |
| | | 5・30 | 幕府、第三回カラフト調査を実施。 | | |
| 一八〇二 | 二 | 2・23 | 幕府、蝦夷地奉行を箱館に設置。 | | |
| | | 5・11 | 蝦夷地奉行を箱館奉行と改称。 | | |
| | | 7・24 | 幕府、東蝦夷地を永久上知とする。武蔵国の知行地の代わりに毎年金三五〇〇両を給される。 | | |
| 一八〇四 | 文化一 | | | | 幕府、蝦夷地ウス、サマニ、アッケシの三ケ所に寺を設置。 |
| 一八〇六 | 三 | 9・11 | 貿易を拒絶されたロシアの対日全権大使のレザノフは、カラフトのオフイトマリに上陸、藩会所等を襲撃。 | | |
| 一八〇七 | 四 | 3・22 | 幕府、西蝦夷地も上知、松前藩陸奥国梁川へ転封。替地は、常陸国信太・鹿島・河内郡、上野国甘楽・群馬郡、陸奥国伊達郡内にて九〇〇〇石（内高一万八六〇〇石余）を与えられる。 | | 羽太正養、『休明光記』を著わす。 |
| | | 3・26 | 前藩主道広、永久蟄居となる。 | | |

| 西暦 | 和暦 | 月日 | 政治・法制 | 月日 | 社会（文化を含む）・経済 |
|---|---|---|---|---|---|
| | | 9・27 | 福山館等を幕府に引渡す。 | | |
| | | 10・24 | 幕府、箱館奉行を松前奉行と改称し奉行所を福山に設置。 | 12・9 | 幕府、一万石以上の藩領海岸に海岸の防備とロシア船打払を発令。 |
| 一八〇八 | 文化五 | 2・13 | 松前章広、新封地蔵入不足を理由に家臣を削る。福山に残留した家臣の多くは松前奉行所が採用。 | | |
| 一八二一 | 文政四 | 12・7 | 幕府、東西蝦夷地を松前氏に返還。南部・津軽両藩兵を撤収。 | | |
| 一八二二 | 五 | 3・18 | 道広、蟄居赦免。 | 1・19 | 有珠岳噴火。 |
| | | 4 | 家老蠣崎将監広年・松前内蔵広純ら福山館、版図を受領。また、陸奥国梁川領を幕府代官に引渡す。梁川移封後は隔年参勤であったが、復領後五年一勤となる。 | | |
| | | 5 | 幕府、松前奉行を廃止。 | | |
| 一八二三 | 六 | 4 | 藩士に蔵米知行制を実施する。 | | |
| | | 8・5 | 外国船、ホロイズミ沖に出没。 | | |
| 一八二四 | 七 | 3・17 | 藩士の家敷地坪割を行なう。 | | |
| 一八二六 | 九 | 12・11 | 老中水野忠成へ、家格を万石以上の取扱いとしてもらえるよう内願。 | | |
| 一八三〇 | 天保一 | 2・28 | 江差、箱館の家臣に質素倹約につとめるよう発令する。 | | |
| | | 8 | 徳川斉昭、幕府に蝦夷地開拓の旨を建言。 | | |
| 一八三一 | 二 | 2・24 | 外国船、アッケシ場所に来泊し発砲。 | | |
| | | 3 | 章広、外国船の来航を幕府に報告。 | | |
| | | 10・6 | 金一万両を幕府に献金、二九日松前家一万石格に復す。 | | |
| 一八三二 | 三 | | | 6・25 | 福山大火、焼失九〇〇余軒。 |
| 一八三三 | 四 | | 徳川斉昭、老中に蝦夷地開拓・警備の委任を請願。 | 6 | 江差火災。 |
| | | | | | この頃天保大飢饉により、東北から蝦夷地への出稼ぎ者激増。 |
| 一八三四 | 五 | 6・2 | 外国船一隻福山沖に来る。福山・白神の砲台砲で攻撃。 | | |
| 一八三五 | 六 | 6 | 沖の口主法を改革。 | | |
| 一八三七 | 八 | 5・3 | 幕府巡見使黒田五左衛門ら、和人地を巡見する。 | 9・28 | 大風、福山港破船四〇隻。 |
| 一八三八 | 九 | 8・1 | 徳川斉昭、蝦夷地の請負を再び幕府に請願するも拒絶される。 | | |

| 西暦 | 和暦 | 月日 | 政治・法制 | 月日 | 社会（文化を含む）・経済 |
|---|---|---|---|---|---|
| 一八三九 | 天保一〇 | | | 3・18 | 蝦夷地アッケシ地方強震。 |
| 一八四〇 | 一一 | | 西蝦夷地マシケ以北の漁民出稼を許可。 | 5・26 | 福山大火。 |
| 一八四三 | 一四 | | 鯡大網使用禁止を発令する。 | | |
| | | 5 | 多数の倹約令を発令。 | | |
| 一八四四 | 弘化一 | 10・5 | 外国船、ムロラン沖に来泊。 | | |
| 一八四五 | 二 | 6 | 松浦武四郎、江差の商人として東西蝦夷地を巡見。 | | |
| 一八四六 | 三 | 5・11 | アメリカの捕鯨船員七人、エトロフ島に漂着、長崎に送る。この頃、外国船の蝦夷地近海での出没・漂流が顕著になる。 | | 福山に西洋砲術所（威遠館）を建てる。 |
| 一八四九 | 嘉永二 | 7・10 | 幕府、松前崇広を城主に列し新城の築城許可。 | | |
| 一八五〇 | 三 | 3・30 | 築城設計には、市川一学を任命。 | | 松浦武四郎、『三航蝦夷日誌』八巻を著わす。 |
| 一八五二 | 五 | 1・23 | 沖の口入品役を増徴する。 | | |
| 一八五三 | 六 | 8・29 | ロシア軍艦、カラフトのクシュンコタンに来航。九月一日にはネヴェルスコイら上陸しムラヴィヨフ哨所を建設。 | | |
| | | 9・17 | 藩士、物頭竹田作郎、番頭新田右膳らカラフトに出兵。 | | |
| 一八五四 | 安政一 | 3・3 | 日米和親条約調印、下田・箱館開港。 | | |
| | | 4・11 | 藩兵らカラフトクシュンコタンに至り、ロシア人と応接。 | | |
| | | 4・15 | アメリカ軍艦三隻、箱館に来航、二一日計五隻、港内を測量。五月八日退去。 | | |
| | | 6・26 | 幕府、箱館周辺の地を上知し、再び箱館奉行を設置。 | | |
| | | 10・1 | 福山城落成する。 | | |
| | | 12・21 | 日露和親条約調印、下田・箱館・長崎を開港。カラフトを両国雑居地と決定、エトロフ・ウルップ島間を国境とする。 | | |
| 一八五五 | 二 | 2・22 | 幕府、東部木古内以東、西部乙部以北の松前・蝦夷地を再上知。 | 3・13 | 箱館地方鯡大漁。 |
| | | 3・27 | 幕府、蝦夷地の警備を松前藩および仙台・秋田・南部・津軽の東北各藩に命じる。 | | |
| | | | 夏、江差・乙部・熊石の漁民、大網使用に反対し一揆（網切騒動）。 | | |
| | | 12・4 | 上知の替地として、陸奥国伊達郡梁川、出羽国村山郡東根の計三万石の飛地、出羽国村山郡尾花沢一万三五〇〇石の預地、さらに毎年金一万八〇〇〇両が給される。 | | |
| 一八五六 | 三 | 3・5 | 箱館奉行掘利煕、蝦夷地全域を受領。 | 8・26 | 駒ヶ岳噴火。 |

| 西暦 | 和暦 | 月日 | 政治・法制 | 月日 | 社会（文化を含む）・経済 |
|---|---|---|---|---|---|
| 一八五六 | 安政三 | 5・21 | 箱館奉行、アイヌを強制的に和風化する。 | | |
| 一八五七 | 四 | 閏5・28 | 箱館奉行、箱館、松前、東西蝦夷地に箱館通宝を流通させる。 | | |
| 一八五九 | 六 | 11・26 | 幕府、奥羽六藩に蝦夷地の所領を分割する。 | 12 | 六藩分割に反対し、漁民騒動起きる。 |
| 一八六一 | 文久一 | | 箱館奉行、蝦夷地・和人地間の山越内関所を撤廃、通行往来を自由にする。 | | |
| 一八六三 | 三 | 4・28 | 藩主崇広、幕府寺社奉行に任ぜられ、八月辞職。 | 11・21 | イギリス船、大沢にて難破。 |
| 一八六四 | 元治一 | 7・7 | 崇広老中格に列し、海陸軍総奉行（慶応元年海陸軍総裁に改む）に任ぜられる。 | | |
| 一八六五 | 慶応一 | 9 | 崇広、阿部と共に幕閣内において兵庫開港を強く主張。 | | |
| | | 10・1 | 崇広、老中を免職となり藩地謹慎となる。 | | |
| 一八六六 | 二 | | | 9・12 | 箱館大火。 |
| 一八六七 | 三 | 3 | 藩主徳広、敦千代を代理者として新政府軍に忠誠を誓う。 | | |
| | | 閏4 | 家老下国弾正を奥羽越列藩同盟の会議に派遣させ、他藩の動向を探る。 | | |
| 一八六八 | 明治一 | 8・1 | 正議隊クーデターを起こす。また江差在の厚沢部村館に木造の新城を建設。 | | |
| | | 10・20 | 幕府脱走軍（榎本武揚軍）が鷲木に上陸、交戦。 | | |
| | | 11・19 | 徳広、弘前の薬王院に逃走。 | | |
| 一八六九 | 二 | 5・18 | 新政府軍、福山城を奪還し榎本軍を降伏させる。 | | |
| | | 6・24 | 版籍奉還、館藩と称する。 | | |
| | | 7・8 | 開拓使設置。 | | |
| | | 8・15 | 蝦夷地を北海道と改称。一一国八六郡となす。 | | |
| 一八七一 | 四 | 7・14 | 館藩、館県となる（廃藩置県）。 | | |

○出典（『福山秘府』年歴部『新撰北海道史』第五巻）『徳川実紀』『寛永諸家系図伝』巻三六、『寛政重修諸家譜』巻一五四、「当代記」五、「遠目鏡」（『小浜・敦賀・三国湊史料』）「新羅之記録」（『新北海道史』第七巻）「松前家記附録共完」「松前年々記」（『松前町史』史料編第一巻）、榎森進「松前藩」（『新編物語藩史』第一巻）、小林真人「年表」（『新北海道史』第九巻）、春日敏宏「探検年表」（『日本史分類年表』『新北海道史』第九巻史料二）

## 〔家老とその業績〕

| 著名家老名 | 家老職就任・退任期 | 生没年月日 | 主な業績 |
|---|---|---|---|
| 斎藤多宮直政 | ?～寛永19～? | 天正10～承応3・11 | ・出羽国斎藤下総守実繁の子で、二代藩主公広に登用され、寛永二〇年ヘナウケの蜂起の際等、藩政に重きをおく。公広第五子幸広が斎藤家養子となる。 |
| 松前長門利広 | 元和4・7・26～ | | ・三代藩主氏広の家老となり、初期松前藩政確立の推進力となる。 |
| 下国宮内慶季 | ?～慶安2～? | ～万治3・8・29 | ・慶安二年六月二〇日、藩主高広に従い、将軍家光に拝謁。 |
| 蠣崎利広 | ～慶安3・1・3 | ～慶安3・1・3 | ・慶安二年六月二〇日、藩主高広に従い、蠣崎友広と共に太刀料を献じ、将軍家光に拝謁。 |
| 蠣崎主殿友広 | ?～万治1・4・13 | 慶長2～万治1・4・13 | ・寛永一八年一二月一五日、藩主氏広に従い、将軍家光に拝謁。<br>・慶安二年六月二〇日、藩主高広に従い、蠣崎利広と共に太刀料を献じ、将軍家光に拝謁。 |
| 蠣崎蔵人広林 | 寛文3(?)～寛文12・1・10 | 寛永10～寛文12・1・10 | ・藩財政窮乏の打開策として、アイヌとの交易レートの変更（米二斗＝干鮭五束→米七・八升＝干鮭五束）をはかる。<br>・寛文五年一一月五日、藩主矩広に従い、蠣崎広隆と共に将軍家綱に太刀料を献じ拝謁。<br>・寛文七年九月、江戸に上り、幕府より三〇〇〇石の拝借米。<br>・寛文九年、シャクシャインの戦いの時、二度兵を率いて出陣し、第二陣大将をつとめる。<br>・寛文一一年、「白老」出陣に際し、大将をつとめアイヌを鎮す。 |
| 蠣崎主殿広隆 | 寛文3(?)～延宝2・8・7 | ～延宝2・8・7 | ・寛文五年一一月五日、藩主矩広に従い、蠣崎広林と共に将軍家綱に太刀料を献じ拝謁。<br>・寛文一〇年、松前広諶と共に「余市」に出陣し、第二陣大将をつとめる。 |

| | | | |
|---|---|---|---|
| 松前左衛門広諶 | 延宝2・5 ～ 延宝6・8・1 | 寛永6 ～ 延宝6・8・1 | ・寛文九年、「相沼内」に詰め警衛する。<br>・寛文一〇年、「余市」に出陣し、第一陣大将をつとめる。 |
| 松前儀左衛門元広 | 延宝3・2・7 ～ 延宝7・6 | ～ 天和1・5・21 | ・寛文九年、シャクシャインの戦いの時、二度兵を率いて出陣し、第三陣大将をつとめる。<br>・寛文一一年、「白老」出陣に際し、第三陣大将をつとめる。 |
| 松前主水広時 | 延宝7・6・10 ～ 宝永7・2・25 | 慶安3 ～ 享保17 | ・寛文一一年、「白老」に出陣し、第二陣大将をつとめる。<br>・延宝八年、将軍家綱没するにともない、藩命により江戸に上る。<br>・藩主矩広の筆頭家老としてその政策推進にあたり、詳細な日記を残す。 |
| 蠣崎小左衛門広明 | 延宝7・6・10 ～ 天和1・8・9 | ～ 天和1・8・9 | ・寛文九年、「相沼内」に松前広諶と共に詰め警衛する。<br>・寛文一一年、「白老」に出陣する。<br>・延宝八年、将軍家綱没するにともない、藩命により江戸に上る。 |
| 下国勘解由要季 | 天和2・12・17 ～ 宝永4・6・21<br>宝永7・6・10 ～ 享保7・2・23 | 承応3 ～ 享保10 | ・正徳三年、藩主矩広嫡子富広の元服にともない「加冠」役をつとめる。<br>・場所請負制の進展に力を入れる。<br>・享保六年、藩主邦広に従い、将軍吉宗に拝謁。 |
| 蠣崎蔵人広久 | 元禄5・6・16 ～ 宝永6・8・7 | ～ 宝永6・8・7 | |
| 蠣崎主殿広武 | 宝永4・4・21 ～ 享保1・7・8 | ～ 享保1・7・8 | ・享保元年五月二〇日、アイヌに雑穀を植えることを指し示す。 |
| 松前内記広候 | 享保2・1・23 ～ 延享2・閏12・24 | | ・藩の場所請負制の推進力となる。<br>・享保六年、邦広元服にともない、加冠役をつとめる。<br>・享保一二年一月一二日、藩の使者として江戸にのぼる。 |
| 下国斉宮季寿 | 享保20・7・29 ～ 宝暦3・1 | 宝永2 ～ 宝暦11・1 | ・三春城の秋田氏との親交厚く、藩政に重きをおく。<br>・藩の倹約政策の推進力となる。 |

| | | | |
|---|---|---|---|
| 下国勘解由季致 | 安永2・6・3～天明4・7・18 | 寛保2～寛政2・12 | ・三春城の秋田氏との親交厚く、安永四年一二月には秋田倩季より栗毛馬を賜わる。 |
| 下国豊前季武 | 天明6・10～文化14・7 | 宝暦1～文化14・7 | ・藩の陸奥国梁川転封期に活躍。 |
| 松前左膳広政 | 天明7～文政5・6・11 | 宝暦9～文政5・6・11 | ・寛政八年、蝦夷地アブタに来航した外国船の処置を行なう。<br>・文化四年、蝦夷地カラフトに立てたロシア人の真鍮札等を撤去し、宗谷の幕吏にわたす。 |
| 蠣崎波響広年 | 天明3～文政6 | 明和1・5・26～文政9・5・22 | ・寛政元年、クナシリでのアイヌの反乱に際し、藩に協力したアイヌの像を描き、寛政三年、光格天皇の天覧に供す。<br>・藩の陸奥国梁川転封期、藩主章広を補佐し復領の方策を探る。<br>・文政五年四月、松前内蔵と共に復領にともない、城等を幕府より受領。 |
| 松前内蔵広當 | 文化4～文政4<br>天保13～嘉永2～嘉永5・8・14 | 天明5・5～嘉永5・8・14 | ・文政五年四月、蠣崎広年と共に藩の蝦夷地復領にともない、城等を幕府より受領。<br>・藩主良広・昌広ら幼少につき、権勢をふるう。<br>・嘉永三年、福山築城総奉行となる。 |
| 蠣崎波鷲広伴 | 文政6～嘉永6<br>安政2～慶応3・2 | 寛政10～明治7・2・24 | ・天保一一年三月、功績を認められ、藩主より一〇〇石の加増。<br>・子の勘解由とともに藩政に重きをおく。 |
| 下国安芸崇教 | 天保10・9～明治3 | | ・安政元年、福山築城総奉行となる。<br>・明治元年、藩内内訌の際、正議隊の指揮を執る。 |
| 松前勘解由崇效 | 安政3・7～慶応2・11<br>明治1・4～明治1・8・3 | 明治1・8・3～ | ・嘉永七年三月、家老格。<br>・安政元年、米国東洋海域艦隊司令官ペリー、箱館に来航し勘解由が応接する。 |

○出典（「津軽一統志」「松前主水広時日記」〔『新北海道史』第七巻〕「蝦夷蜂起」〔『日本庶民生活史料集成』第四巻〕「福山秘府」年歴部〔『新撰北海道史』第五巻〕「松前家記附録共完」「松前年々記」〔『松前町史』史料編第一巻〕「松前家家臣履歴」〔函館市中島良信氏所蔵〕『北海道史人名字彙』上・下、海保嶺夫「松前藩における職制の成立」〔同『幕藩制国家と北海道』〕）

## 〔藩の職制〕

○藩の職制の大綱

文化四年以前

藩主—家老・中老—
- 用　人
- 奥用人
- 目　付—内吟味役
- 勘定奉行—勘定吟味役—
  - 蔵奉行・諸蔵—鍵取
  - 料理人
  - 作事奉行—大工頭
  - 買上物吟味
- 寺社町奉行—町吟味役—町下代—書役—小使—町足軽—手代（天明七年新設）
  - 町名主—町年寄—小使
- 沖の口奉行—沖の口吟味役（天明七年新設）—下代—小使—足軽—手代
- 金山奉行（ただし、近世初期のみ）—小使
- 檜山（江差）奉行—江差番所勤—
  - 下代—足軽—手代
  - 町名主—町年寄—小使
- 亀田（箱館）奉行—亀田番所勤—名主—年寄—小使
- 江戸留守居（江戸藩邸）

・寺社町奉行　他藩の寺社奉行、町奉行に相当。ただし、松前藩にあっては、出入商船などへのチェック機能もあわせもっていた。

・檜山奉行、亀田奉行　他藩の郡奉行に相当。

○出典（榎森進「松前藩の支配機構」〔『松前町史』通説編第一巻上〕、海保嶺夫『幕藩制国家と北海道』、春日敏宏「近世初期松前藩における城下町の成立過程について」〔『比較都市史研究』3—2〕）

○家　格

寛政一〇年

| |
|---|
| 寄　合 |
| 准寄合 |
| 弓之間 |
| 詰　組 |
| 大書院 |
| 長　爐 |
| 大広間 |
| 用之間 |
| 鷹部屋 |

○出典（「寛政十年家中及扶持人列席調」〔『松前町史』史料編第一巻〕）

○家臣団の成立

| | 年　代 | 藩　主 |
|---|---|---|
| 1 | 慶長年間 | 慶広代 |
| 2 | 元和～延宝年間 | 公広・氏広代 |

・上記の二段階をへて成立した。

○出典（春日敏宏「松前藩成立期に関する一考察」〔『松前藩と松前』19〕）

## 〔領内支配（和人地）の範囲と呼称〕

**a 範囲の変遷**

| 年　代 | 範囲 西 | 範囲 東 |
|---|---|---|
| 天文20年 | 上ノ国（天の川） | 知内（知内川） |
| 寛永10年前後 | 乙　部 | 石　崎 |
| 寛文期 | 関　内 | 石　崎 |
| 寛政12年 | 関　内 | 小安～野田追に至る箱館六カ場所を村並とする。 |

なお、領民の和人は、和人地内に居住することを義務づけられており、人別も城下または在のいずれかの村に置くことを原則とした。

○出典（「新羅之記録」〔『新北海道史』第七巻〕「福山秘府」〔『新撰北海道史』第五巻〕、榎森進『北海道近世史の研究』）

**b 呼称**

⇐══関内⇐…〔及部＝城下＝根部田〕…⇒石崎══⇒

西蝦夷地　西在　（城下）　東在　東蝦夷地

## 〔藩の知行制度〕

文化四年以前
・商場知行（蝦夷地内の一定地域でのアイヌとの交易権）
・和人地内の村および川を支配
・松前・蝦夷地内の鷹場知行
文政六年以降
・擬制的蔵米知行（士席御先手組以上は百石金二十両替、士席御先手組格医師および古組徒士以下は一人扶持二両替の規準で金で支給）

○出典（春日敏宏「松前藩成立期に関する一考察」「松前藩知行制の成立」「極北大名の権力構造」〔『松前藩と松前』19、20、23〕、榎森進「松前藩の大坂蔵屋敷」〔『北海道の研究』3〕）

## 〔商場知行制期の交易品目〕

享保二年

| アイヌ側 | 松前藩側 |
|---|---|
| 干鮭　干鰊　干鱈　串鮑　串海鼠　昆布　オットセイ　魚ノ油　干鮫　塩引鮭 | 米　こうじ　古着　糸　針　酒　木綿　鍋　椀　茶椀　まさかり　鎌　なた |

○出典（海保嶺夫『近世の北海道』「松前蝦夷記」〔『松前町史』史料編第一巻〕）

## 〔領内（和人地）地方役人の組織〕

・宮歌村（寛永頃）　領主―肝煎―年寄―小使―百姓
・上之国村（延享四年）　領主―名主―小使―村吟味―鍵取―百姓

○出典（鈴江英一「城下町の形成と和人地村落の成立」〔『松前町史』通説編第一巻上〕）

## 〔領外（飛地）の支配機構〕

転封期以外に安政二年の時、乙部～木古内以北の蝦夷地が幕領となり、替地（飛地）として陸奥国伊達郡・出羽国村山郡に計三万石を給され、他に幕領の出羽国村山郡尾花沢領一万三九四一石余を預地とした。

東根・梁川および預地尾花沢とも各々

奉行―┬―勘定元〆―勘定下役
　　　├―公事方
　　　└―代官

○出典（『新撰北海道史』第二巻通説一、「北門史綱」、梁川北組名主「安政二年卯十一月御用留」『北村山郡史』）

## 〔領内の主要交通路〕

**和人地内の主要街道**
1　関内より城下松前に至る街道
2　石崎より城下松前に至る街道

**藩主参勤の海路**（豊臣期）
松前――敦賀および小浜、なお途中、十三湊、田名部、小泊などに寄港。

**津軽海峡渡航の海路**（藩主参勤も含む）
1　松前―三馬屋
2　箱館―佐井

**蝦夷地交易の海路**
1　松前―亀田―蝦夷地
2　松前―熊石―蝦夷地
なお、近世中期以降の蝦夷地と本州船舶の交通については、必ず江差・箱館・松前の三港を経由させ藩が流通支配をはかっている。

**山丹交易の海路**

蝦夷地ソウヤ—樺太西海岸シラヌシ、ノテト—ナツコ—ワケ——ボコベ——マンコ—河口—キチ—

**領内（和人地）の主要港**

松前　江差　箱館

○出典（梅木通徳『北海道交通史論』、榎森進『北海道近世史の研究』）

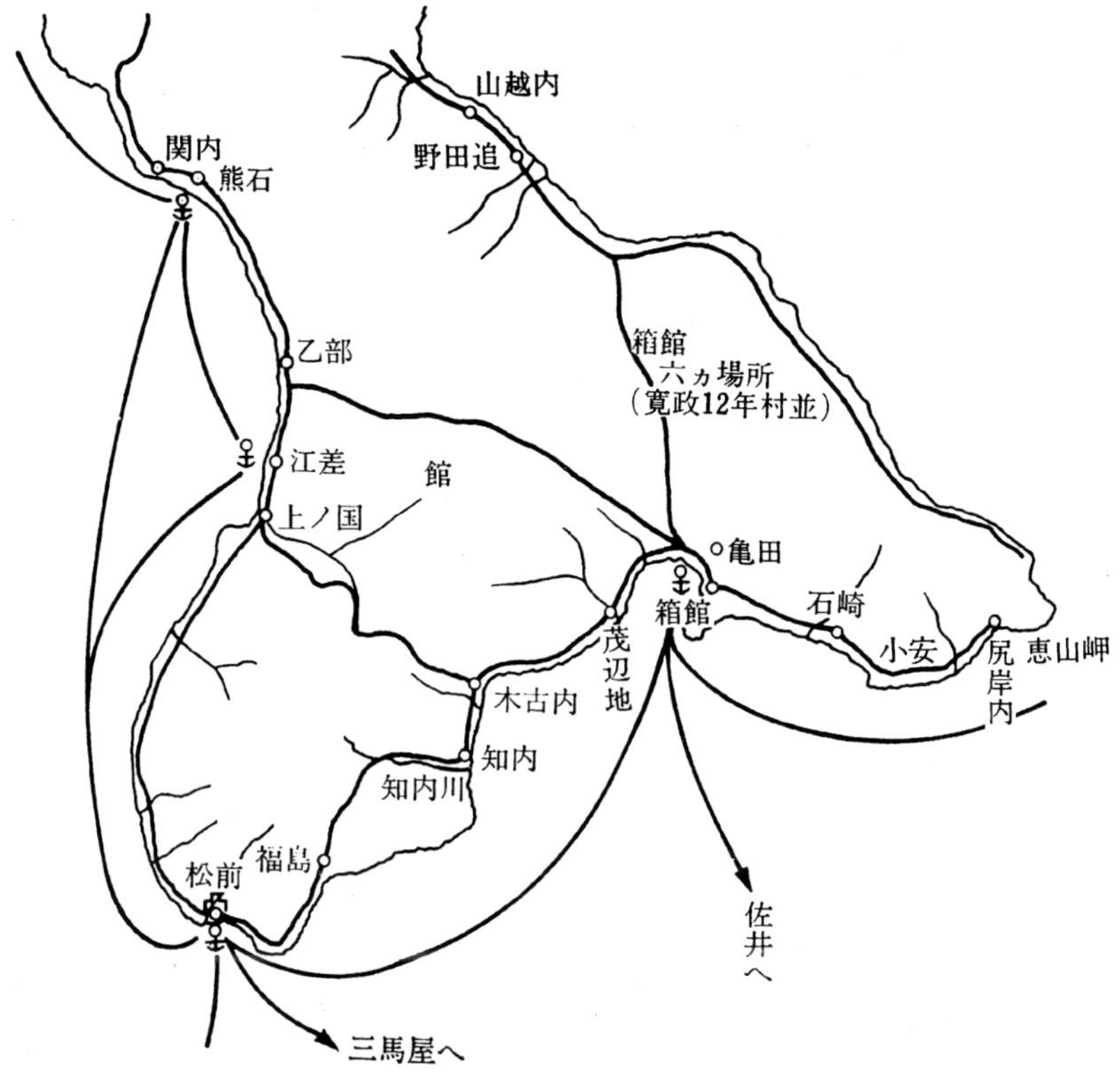


**松前藩主要交通路**（執筆者作図）

〔番所の所在地〕

和人地と蝦夷地との東西の境には番所が設置されていた。

西　熊石—熊石番所

東　亀田—亀田番所（亀田奉行）（ただし、寛政十二年、小安—野田追間の箱館六カ場所が村並になるにともない、ヤムクシナイに番所が設置される）

○出典（「北海随筆」『日本庶民生活史料集成』第四巻）「休明光記」『新撰北海道史』第五巻」、吉田武三校注『三航蝦夷日誌』）

〔江戸城の詰間〕

柳間（文政期）

○出典（『文政武鑑』）

〔江戸屋敷の所在地〕

| 年代 | 屋敷地 |
|---|---|
| 天和3・3～元禄11・9 | 浅草 |
| 元禄11・11 | 谷蔵 |
| 正徳5・9～幕末 | 下谷 |
| 天保11・11～ | 本所（下屋敷） |

○出典（「松前家記附録共完」「松前年々記」『松前町史』史料編第一巻）

## 〔蔵屋敷の所在地〕

大坂蔵屋敷　西国町（天保14年）
　　　　　　西浜百軒町（安政4年）

○出典（榎森進「幕末における松前藩の大坂蔵屋敷をめぐる諸問題」〔『函大商学論究』17—2〕）

## 〔藩の専売制〕

| 専売品目 | 時期 |
|---|---|
| 紫根・鰑 | 安政4年～文久2年 |

○出典（同前）

## 〔藩　校〕

| 藩校名 | 設立年次 | 場所 | 教授内容 |
|---|---|---|---|
| 徴典館 | 文政5年（文政4年とも） | 松前 | 三字経・孝経・四書・五経・文選等を素読口授 |
| 明倫館 | 天保11年 | 江戸藩邸内 | 山田三川、平沼潟平、長谷川運らが教授 |

○出典（榎森進「松前藩」〔『新編物語藩史』第一巻〕『新撰北海道史』第二巻通説一）

## 〔参勤交代〕

| 年代 | 参勤間隔 | 備考 |
|---|---|---|
| 寛永13～慶安元 | 3年1勤 | 通例10～11月に参府し、翌年2～3月に暇を常としている。 |
| 慶安2～延宝6 | 2年1勤 | |
| 延宝7～元禄4 | 3年1勤 | |
| 元禄11～ | 6年1勤 | |

なお、梁川転封期は、ほぼ隔年参勤を行なっている。

○出典（海保嶺夫『幕政史料と蝦夷地』「福山秘府」〔『新撰北海道史』第五巻〕「松前家記附録共完」〔『松前町史』史料編第一巻〕）

## 〔藩の基本史料・基本文献〕

『新撰北海道史』第五巻　史料一　北海道　昭和一二年
『新北海道史』第七巻　史料一　北海道　昭和四四年
『松前町史』史料編　第一巻～第三巻　松前町　昭和四九年～昭和五四年
海保嶺夫『幕政史料と蝦夷地』　みやま書房　昭和五五年
『松前藩主・一族書状集』Ⅰ～Ⅲ　北海道開拓記念館　昭和五八年～昭和六〇年
「山田文書」（青森県立郷土館所蔵）
「松前家家臣履歴」（函館市中島良信氏所蔵）
『新撰北海道史』第二巻　通説一　北海道　昭和一二年
高倉新一郎『蝦夷地』　至文堂　昭和四一年
榎森進「松前藩」（『新編物語藩史』第一巻　新人物往来社　昭和五〇年）
海保嶺夫『幕藩制国家と北海道』　三一書房　昭和五三年
榎森進『北海道近世史の研究』　北海道出版企画センター　昭和五七年
海保嶺夫『近世蝦夷地成立史の研究』　三一書房　昭和五九年
『松前町史』通説編　第一巻上　松前町　昭和五九年
春日敏宏「豊臣政権期における松前氏の叙位・任官について」（『日本歴史』四四六号　吉川弘文館　昭和六〇年）

（執筆者・榎森進・春日敏宏）

# 館《たて》藩

〔藩の概観〕

館藩は、明治二年（一八六九）六月、松前氏の版籍奉還にともない成立し、同四年七月廃藩置県により館県となるまでわずか二年間存続した藩である。藩名は明治元年（一八六八）八月、西部厚沢部《あっさぶ》村の館に新城を築かんことを朝廷に請い、許され着工したことによるが、館城は完成をみないまま箱館戦争に遭遇したため、実際の藩の政庁は、旧来の福山城に置かれた。

藩知事は、松前藩第一三代藩主松前徳広《のりひろ》の長子松前脩広《ながひろ》。領地は、和人地の内福山城下を含む熊石村から知内《しりうち》村に至る地（無高、明治二年八月十五日、旧来の松前蝦夷地は北海道と改称され、一一国八六郡が画定され、渡島国福島郡・津軽郡・檜山郡・爾志郡の四郡に属す）と陸奥国伊達郡梁川、出羽国村山郡東根の計三万石の旧松前藩の領地をそのまま引継いだが、明治三（一八七〇）十月、羽前国村山郡東根が上知となり、村替・上知の替地として岩代国伊達郡の内三三ケ村三万余石を賜わった（「北門史綱」）。

館藩は、明治元年の正議隊のクーデターおよび同年秋から翌年にかけた箱館戦争と相つぐ激動の嵐の直後に生まれたものだけに、戦後処理をはじめ財政問題、さらにはクーデターに尾を引く藩の内紛など難問題をかかえて出発した。戦後処理では、新政府軍とのかかわりもあって、明治二年六月、旧幕府軍（榎本軍）に協力した者を武士・町人の区別なく相ついで逮捕しては裁判にかけ、これにより処分された者は九〇余名にのぼり、うち町内引廻しのうえ城下西郊の建石野で斬首された者一九名に達した（函館地裁所蔵「御白洲目録」）。また財政的には、同年九月松前・江差の両沖の口番所が廃止され、新たに函館・寿都・手宮・幌泉に海官所が新設されたため、沖の口収益に大きく依存していた同藩は、極端な財政難に見舞われた。その後同藩の強い反対にあい、翌年十二月松前・江差の両海官所とも館藩の支配に復したが、物価の高騰と相まって財政難は何ら解決されなかった。そのためオランダ商会や城下商人および江差商人から多額の金を借金する一方で藩札を乱発した。また政治的には、藩政の実権を握る正議派に反対するグループが正議派の非を開拓使に訴えるなど内紛が相つぎ、政治・経済両面において、何ら具体的な再建策をとれないまま廃藩置県を迎えただけでなく、廃藩に当たり藩債を水増しした藩債不正事件さえ生じている。明治四年七月十四日、廃藩置県により同藩は廃され、館県となったが、同年九月九日弘前県に編入された。弘前県は明治四年九月二十三日青森県と改称、翌五年九月二十日、元館県領の渡島国津軽・福島・檜山・爾志四郡は開拓使の管轄となった。

〇出典（『松前町史』史料編第一巻、「北門史綱」）

〔藩の居城〕

城

名称　館城（ただし、未完のため、実際の政庁は福山城に置かれた）

所在地　北海道檜山郡厚沢部町字城丘

家数・人口

| | | |
|---|---|---|
| 社寺・修験 | 二〇一軒 | 五八一人 |
| 士族・卒族 | 一六五六軒 | 九二六二人 |
| 平民 | 一万四四一一軒 | 六万九九四九人 |
| 計 | 一万六二六八軒 | 七万九七九二人 |

〇出典（『藩制一覧』）

〔親疎の別〕　松前家　外様

（執筆者・榎森　進）

# 陸奥国（青森県 岩手県 宮城県）の諸藩

## 陸奥国（青森・岩手・宮城県）の諸藩居城・陣屋所在地

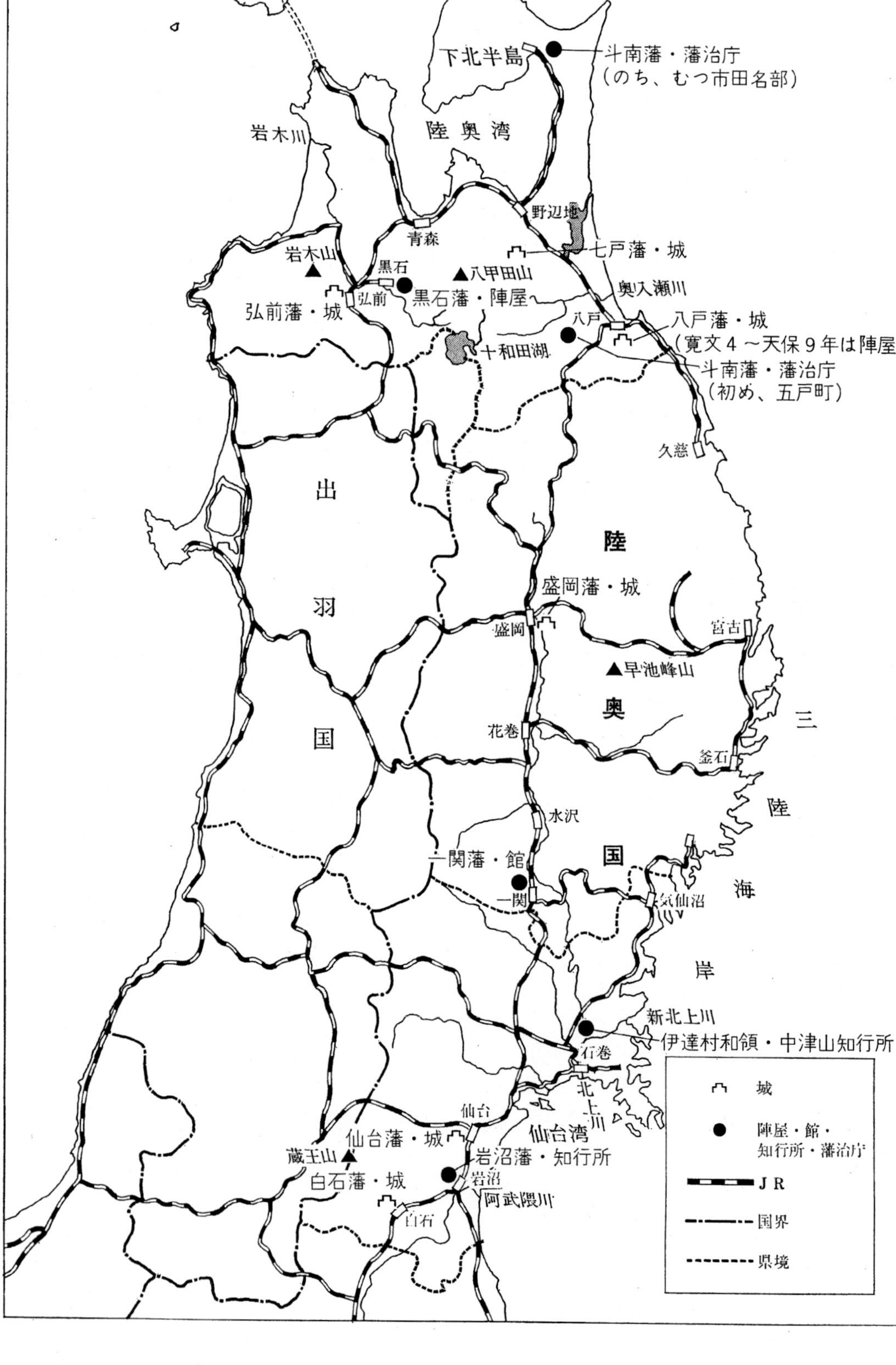

# 弘《ひろ》前《さき》藩

## 〔藩の概観〕

津軽地方を領有した外様小藩(後期、中藩)。津軽藩ともいう。

近世初頭の津軽は、南部《なんぶ》氏の支配下にあり、同氏の派遣した津軽郡代により支配されていた。弘前藩の興りは、その郡代補佐の大浦為信《ためのぶ》が、南部氏の内紛に乗じて勢力を拡大し、津軽一円を手中に入れ、姓を津軽と改め、天正十八年(一五九〇)、豊臣秀吉より津軽四万五〇〇〇石を安堵された時といえよう。慶長五年(一六〇〇)、為信は関ヶ原の戦功により、徳川家康より上野国勢多郡内に二〇〇〇石を加増され四万七〇〇〇石を領有する大名となった。以来、津軽氏は弘前藩主として、為信・信枚《のぶひら》(信牧)・信義《のぶよし》・信政《のぶまさ》・信寿《のぶひさ》・信著《のぶあき》・信寧《のぶやす》・信明《のぶはる》・寧親《やすちか》・信順《のぶゆき》・順承《ゆきつぐ》・承昭《つぐあきら》と一二代にわたり在封した。

藩の表高(公称高)は、元禄二年(一六八九)分知一〇〇〇石を収公され、四万六〇〇〇石(この以前、信英〔黒石津軽家〕に五〇〇〇石を分知したが、表高は変わらず)となり、文化二年(一八〇五)蝦夷地警備により七万石、同五年に同じことで一〇万石に高直しされた。翌年黒石津軽家に六〇〇〇石を分知したが、蔵米で与えたので表高には変更がなく、明治二年(一八六九)承昭は、戊辰戦争の軍功により、賞典禄一万石を与えられたが、この一万石は、同年の版籍奉還により制定された家禄に加えられたので、表高は変わらなかった。すなわち、当藩の表高は、文化五年より廃藩まで一〇万石である。このような表高に対し内高(実高)は、貞享四年(一六八七)二六万八三一石、元禄七年(一六九四)には一九万六六九九石、天保五年(一八三四)三一万七六〇〇石余であった。内高がこのように多いのは、当藩が未開の津軽平野を擁していたため新田開発にもっとも精力的に取り組んだからである。なお、開墾は元禄期に限界に達しており、後期に増加がみられないのは荒田の復興が課題であったからである。

さて、この間、二代信枚は慶長十六年(一六一一)、居城を堀越より当時高岡と呼ばれた弘前(寛永五年=一六二八、弘前と改称)に移し、城下町の建設・青森開港・新田開発や荒田の復興事業など、また福島正則の国替により惹起した川中島への国替の阻止やキリシタンの手厚い保護とその後の処刑などにあたり、三代信義は重臣間の確執による御家騒動の処理と治水灌漑などの土木事業による新田開発を行なった。その治世半世紀に及んだ四代信政は領内経営に意をそそぎ、貞享の領内総検地の実施、法制ならびに藩庁組織の整備、兵農分離による家臣団の城下町集中、能者の招聘による産業の興隆、新田の開発など、よく藩政の確立に努めた。中興の英主と称されるゆえんである。信政によって元禄期に産業・文化全般にわたって興隆期を迎えたが、産物としては米と木材のほか見るべきもののない当藩は、その後他藩同様、藩財政の窮乏に悩まされた。七代信寧の宝暦三年(一七五三)、積年の借財高は三五万両にも及び、有名な当藩の経済学者乳井貢による宝暦の改革が断行された。しかし改革は失敗に帰し、藩財政はますます上方商人への依存を強め、年々の廻米は増大した。一方、明和・安永・天明期は天候不順で当藩は連続的な凶作・飢饉に見舞われ、天明三年(一七八三)の大惨状を現出する。天明の惨状は自然条件もさることながら、廻米を強行した藩の無策に大きな原因があった。

天明の大凶作の真っ只中に襲封した八代信明は、壊滅的打撃を被った藩の建直しのため寛政の改革に着手した。改革の内容は荒田の復興には武士土着制を施行し、凶作の備えには備荒貯蓄制度の整備を、士風の振興には藩校稽古館の創設を命じたが、名君信明が早逝のためこれらはほとんど九代寧親によって実現をみた。しかし、全国にもまれな武士土着制は完全に失敗し、結局他領からの人寄せ政策によって荒田は復興された。備荒貯蓄制度はその後の凶作・飢饉に力を発揮し、明治まで整備されていった。九代寧親は信明の遺志を継ぎ、よく領内の復興を図り、文化二年（一八〇五）には七万石、同五年には一〇万石と家格を昇進させた。しかし、盛岡藩との無理な家格競争は相馬大作事件を生み、また家格昇進による蝦夷地警固の軍役負担の増大は文化十年（一八一三）の民次郎一揆の原因ともなった。

松前および蝦夷地の警固ならびに領内の沿岸防備と、幕末の当藩はいちはやく外圧の洗礼を受け、出費多端で財政はますます窮乏した。しかし、近代の名君と称された一一代順承は徹底した緊縮財政をとって財政を好転させ、沿岸の防備、兵制の近代化をなしとげた。

幕末・維新に際会した一二代承昭は、その去就に迷う藩論を勤皇に決し、当藩は奥羽越列藩同盟を脱して王事に励むことになった。箱館戦争には前線基地青森を擁し、奥羽触頭に任命されていた役目柄もあって、藩を挙げて勤皇のあかしを立てることに努力し、箱館総攻撃に戦功を樹てた。

明治二年（一八六九）六月十七日版籍奉還のあと、藩主承昭は弘前藩知事となり、同四年廃藩、藩領は弘前県を経て、青森県に編入された。なお支藩に黒石藩があった。

## 〔藩の居城〕

**城**

名　称　①弘前城　②鷹揚城　③高岡城（寛永五年まで）

所在地　青森県弘前市下白銀町

家数・人口

五万一六二軒　内士族二〇六六軒　卒族二二六一軒

二七万八八四二人　内士族一万二四六九人　卒族一万〇二一五人

〇出典（『藩制一覧』）

## 〔藩（大名）の家紋など〕

**津軽家**

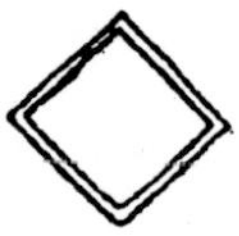

家紋　牡丹　細隅立角

〇出典（『文化武鑑』）

## 〔藩主の系図〕（姻戚関係）

**津軽家**　外様

1 為信《ためのぶ》
- 信建
- 信堅
- 2 信枚《のぶひら》
  - 女子（津軽建定室）
  - 3 信義《のぶよし》
  - 信英（黒石津軽氏祖）
  - 信隆
  - 信光
  - 為盛
  - 女子（杉山吉成室）
  - 某
  - 女子
  - 女子（森岡信安室）
  - 為久
  - 某
  - 為節
- 女子（津軽建広室）
- 女子（津軽盛孝室）
- 女子
- 某
- 女子（兼平盛久室）
- 直秀

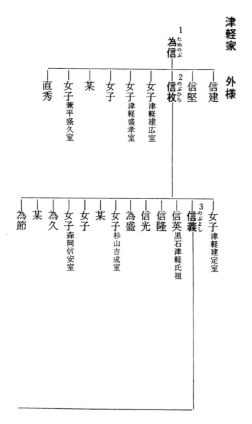

- 女子 土井能登守利房室
- 女子 戸田摂津守氏晴室 五島民部盛清室
- 女子
- 女子
- 女子
- 4 信政《のぶまさ》
  - 某
  - 5 信寿《のぶひさ》
    - 女子
    - 信興
      - 6 信著《のぶあき》
        - 7 信寧《のぶやす》
          - 女子 阿部伊勢守正倫室
          - 女子 安部弥一郎信亨室（未婚）
          - 女子 堀河内守親忠室（未婚）
          - 8 信明《のぶはる》
            - 女子 柴田政次郎勝峯妻
            - 9 寧親《やすちか》 津軽著高次男
              - 女子 安藤新次郎信義室 板倉阿波守勝職室 岩城伊予守隆喜室
              - 女子 森五郎作忠哲室 堀三十郎直央室
              - 女子 松平鶴松丸忠蒐室（未婚）
              - 10 信順《のぶゆき》
                - 女子
                - 11 順承《ゆきつぐ》 松平伊豆守信明三男、黒石津軽家順徳
                  - 承祐 津軽直記順朝長男
                  - 12 承昭《つぐあきら》 細川越中守斎護四男
                  - 女子 承祐室（未婚） 承昭室
                  - 女子
              - 某
              - 某
          - 女子 堀河内守親忠室
          - 女子 那須与一資明室
        - 好古
      - 女子 脇坂淡路守安興室
      - 女子 松平摂津守忠恒室
    - 某
    - 女子 久世隠岐守暉之室 保井正寿室
    - 某
    - 女子 岩城河内守隆韶室
    - 著教
    - 女子
    - 某
    - 女子
    - 女子
  - 資徳
  - 女子
  - 某
  - 女子
  - 女子 松平越前守信清室（未婚）
  - 女子 松平越前守信清室
  - 女子 堀石見守親賢室
  - 寿世
  - 女子
  - 女子 喜多村源八室 津軽監物政広室
- 信経
- 信章
- 女子 今大路玄淵室
- 女子 伊奈左門室
- 女子 高倉主計室
- 女子 堀利盛室
- 政朝
- 某
- 為貞
- 女子
- 為玄
- 某
- 玄海法印
- 某
- 女子 森岡元長室
- 可足
- 女子 岡田帯刀房治室
- 文幸法印
- 女子 大導寺繁清室
- 某
- 祐與
- 正秘
- 女子 棟方十左衛門室
- 某
- 政順
- 女子 滝川統伴室
- 女子 津軽左京室
- 女子 神保三郎兵衛室
- 為永
- 女子 京都簾屋徳甫室
- 某
- 某
- 女子 伊藤主膳室

○出典（『津軽史事典』）

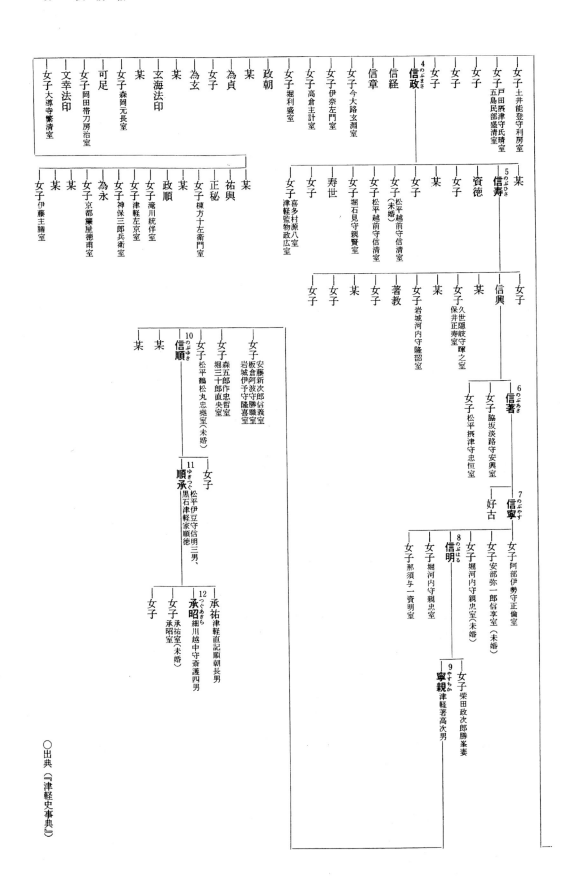

## 〔藩主一覧〕（歴代藩主および石高・所領の変遷）

| 姓 | 諱 | 受領名または官名 | 通称 | 生没年月日 | 戒名と菩提所（所在地） | 藩主就任・退任年月日 | 江戸幕府就任役職名・就任退任年月日 | 石高変遷年月日（西暦） | 石高（表高） | 領地（国郡名） |
|---|---|---|---|---|---|---|---|---|---|---|
| 津軽 | 為信 | | | 天文19・1・1〜慶長12・12・5 | 瑞祥院殿天室源棟大居士 長勝寺（青森県弘前市） | 永禄10・3・10〜慶長12・12・5 | | 慶長5（一六〇〇） | 四七〇〇〇 | 陸奥国津軽郡 上野国勢多郡大館 |
| 津軽 | 信枚 | 越中守 | | 天正14・3・21〜寛永8・1・14 | 津梁院殿徳山寛海権大僧都* 津梁院（東京都台東区上野） | 慶長12・12・23〜寛永8・1・14 | | | 〃 | 〃 |
| 津軽 | 信義 | 土佐守 | | 元和5・1・1〜明暦1・11・25 | 桂光院殿雪峯宗瑞大居士 津梁院（〃） | 寛永8・4・1〜明暦1・11・25 | | | 〃 | 〃 |
| 津軽 | 信政 | 越中守 | | 正保3・7・18〜宝永7・10・18 | 妙心院殿泰潤真覚大居士 高照神社（青森県弘前市） | 明暦2・2・2〜宝永7・10・18 | | <br>元禄2（一六八九） | 〃<br>四六〇〇〇 | 陸奥国津軽郡<br>分知一〇〇〇石収公 |
| 津軽 | 信寿 | 土佐守 | | 寛文9・5・24〜宝永7・12・19 | 玄圭院殿微心性定大居士 津梁院（前同） | 宝永7・12・19〜享保16・5・16 | | | 〃 | 〃 |
| 津軽 | 信著 | 出羽守 | | 享保4・2・27〜延享1・5・25 | 霊雄院殿震中無籌大居士（長勝寺）** 津梁院（〃） | 享保16・5・16〜延享1・5・25 | | | 〃 | 〃 |
| 津軽 | 信寧 | 越中守 | | 天文4・3・27〜天明4・1・2 | 戒香院殿梅溪常薫大居士 長勝寺（前同） | 延享1・8・2〜天明4・1・2 | | | 〃 | 〃 |
| 津軽 | 信明 | 土佐守 | | 宝暦12・6・22〜寛政3・6・22 | 体孝院殿真境普照大居士 津梁院（前同） | 天明4・2・30〜寛政3・6・22 | | | 〃 | 〃 |

| 姓 | 諱 | 受領名または官名 | 通称 | 生没年月日 | 戒名と菩提所(所在地) | 藩主就任・退任年月日 | 江戸幕府就任役職名・就任退任年月日 | 石高変遷年月日(西暦) | 石高(表高) | 領地(国郡名) |
|---|---|---|---|---|---|---|---|---|---|---|
| 津軽 | 寧親 | 出羽守 | | 明和2・1・17～天保4・6・16 | 上仙院殿権大僧都桃翁舜詢 津梁院(東京都台東区上野) | 寛政3・8・28～文政8・4・10 | | | 四六〇〇〇 | 陸奥国津軽郡 |
| | | | | | | | | 文化2(一八〇五) | 七〇〇〇〇 | 高直しによる |
| | | | | | | | | 文化5(一八〇八) | 一〇〇〇〇〇 | 高直しによる |
| 津軽 | 信順 | 出羽守 | | 寛政12・3・25～文久2・10・14 | 寛広院殿深達了義大居士 津梁院(〃) | 文政8・4・10～天保10 | | | 〃 | 〃 |
| 津軽 | 順承 | 左近将監 | | 寛政12・1・15～慶応1・2・5 | 政徳院殿脩道幻光大居士 津梁院(〃) | 天保10～安政6・2・7 | | | 〃 | 〃 |
| 津軽 | 承昭 | 土佐守 | | 天保11・8・12～大正5・7・19 | 寛徳院殿承天有昭大居士 谷中墓地(東京都台東区) | 安政6・2・7～明治4・7・14 | | | 〃 | 〃 |

＊高源院殿決伝央籌大居士(長勝寺)　＊＊顕休院殿真道妙因大居士(報恩寺)

○出典(『津軽系図』『青森県百科事典』)

## 〔藩史略年表〕

| 西暦 | 和暦 | 月日 | 政治・法制 | 月日 | 社会(文化を含む)・経済 |
|---|---|---|---|---|---|
| 一五五〇 | 天文一九 | 1・1 | 津軽為信誕生。 | | |
| 一五六七 | 永禄一〇 | | 為信、大浦為則の婿養子となり宗家を継ぐ。 | | |
| 一五七一 | 元亀　二 | | 為信、石川城を急襲し、南部信直の父石川高信を降す。また和徳城をも攻略する。 | | |
| 一五七四 | 天正　二 | | 為信、大光寺城を攻略する。 | | |
| 一五七七 | 五 | | 外ヶ浜制禦のため、黒石に館を築く。 | 3 | 為信、新田開発の広須村に八幡宮を勧請する。 |
| 一五七八 | 六 | 7・20 | 為信、浪岡城を攻略、北畠顕村自刃。 | | |
| 一五八五 | 一三 | | 為信、油川城を攻略、奥瀬善九郎南部へ出奔。外ヶ浜の地、為信の領有に帰する。 | | |

| 西暦 | 和暦 | 月日 | 政治・法制 | 月日 | 社会（文化を含む）・経済 |
|---|---|---|---|---|---|
| | | 4・20 | 南部信直、長杭日向に浅瀬石城を攻めさせ大敗する。 | | |
| | | 5・20 | 為信、田舎館城を攻略。千徳掃部戦死。 | | |
| | | 8 | 為信、最上義光を訪ねんとして船出し、出羽の海上で大風にあい帰還。 | | |
| 一五八七 | 天正一五 | 6 | 為信、小田原に赴かんとして南部信直の制止にあい果さず。 | | |
| 一五八九 | 一七 | | 為信、八木橋備中等重臣を秀吉の許に派遣する。 | | |
| 一五九〇 | 一八 | 3 | 為信、沼津において秀吉に謁し、津軽三郡領有の承認を受ける。 | | |
| 一五九一 | 一九 | 5 | 南部九戸政実討伐のため、秀吉の命を受けて出陣する。 | | |
| 一五九二 | 文禄一 | | 為信、肥前名護屋の秀吉の許へ、朝鮮征伐の陣中見舞として再三将兵を派遣する。 | | |
| 一五九三 | 二 | 4 | 為信、上京して豊臣秀吉に謁す。この時近衛家を訪問、牡丹の紋章を与えられる。 | 4 | 為信、屋敷を京都・大坂・駿府・敦賀等に置く。 |
| 一五九四 | 三 | 4 | 為信、堀越城に移る。社寺・家臣・商工等も移住する。 | | |
| 一五九五 | 四 | | 絵図を秀吉に提出、外ヶ浜・平内荘・苅場沢をもって南部との境界とする。 | | |
| 一五九六 | 慶長一 | | 為信、浅瀬石城主千徳政氏を滅す。 | | |
| 一五九八 | 三 | | | | 佐夫沢の鉱山開く。 |
| 一六〇〇 | 五 | 9 | 為信、関ヶ原の役に際し、徳川氏に従い、諸将とともに大垣城を攻略する。留守中堀越城にて内訌あり、反乱者等敗死する。 | | |
| 一六〇一 | 六 | | 為信、大垣攻の功により上野国勢多郡大館二〇〇〇石を加増される。 | | |
| 一六〇二 | 七 | | 為信、城内に伊勢大神宮を勧請。 | | 平賀郡浅瀬石山頂に山城国愛宕山大権現を勧請し守護とする。 |
| 一六〇三 | 八 | | 為信、高岡（後の弘前）に町割を実施する。 | | 為信、百沢下居宮の大堂を建立。 |
| | | | | | 為信、鰺ヶ沢の八幡宮を再興。 |
| 一六〇七 | 一二 | 10・13 | 世子信建、京都にて没する。 | | |
| | | 12・5 | 為信、京都にて没する（五八歳）。 | | |
| | | 12・23 | 為信第三子信枚、幕命により家督を継ぐ。 | | |
| 一六〇八 | 一三 | 5 | 左馬助建広、信建の子大熊の家督を幕府に訴える。 | | |
| | | 8 | 幕府、これを却下。 | | |
| 一六一〇 | 一五 | 2・15 | 高岡城の縄張を行なう。また町割定まる。 | | 光明山最勝院を寺社の総録とする。小国で吹鉄を始める。 |

| 西暦 | 和暦 | 月日 | 政治・法制 | 月日 | 社会（文化を含む）・経済 |
|---|---|---|---|---|---|
| 一六一一 | 慶長一六 | 5 | 高岡城ほぼ完成する。堀越城より引越しの儀式あり。 | | |
| 一六一二 | 一七 | | | | 最勝院・八幡宮を弘前に移す。 |
| 一六一四 | 一九 | | 信枚、大坂城攻に参加、ただし帰国を命ぜられ戦闘に加わらず。 | 6 | 浪岡八幡宮を再建。 |
| | | | | | 京、大坂のキリシタン信徒七一名当藩へ配流。 |
| 一六一五 | 元和一 | 3 | 城南茂森山を削平、長勝寺構取立る。 | 6 | 領内の寺社多く城下に移る。 |
| 一六一六 | 二 | 12・26 | キリシタン信徒六名火刑。 | | |
| 一六一七 | 三 | | 信枚、城内に東照宮を勧請する。 | | 荒田の開発を奨励し、開発者に救米を与える。 |
| 一六一九 | 五 | 7・6 | 幕府より国替の意向伝達（信濃国川中島一〇万石へ）。 | 夏 | 神父ディオゴ・カルワリオ、城下近在の流人信徒を慰問。 |
| | | 7・14 | 右取止めの旨来報。 | 11 | 自他無縁の者望み次第自由の開田の令を下す。 |
| 一六二五 | 寛永二 | | 青森開港。 | 5・15 | 江戸への廻船、幕府より許可。 |
| 一六二六 | 三 | | 信枚、天海・慶好院と相談、領内真言五山の制を立てる。 | | |
| 一六二七 | 四 | 9・5 | 高岡城落雷のため天守閣焼失。記録・書画・武器・什物等亡失。 | | |
| 一六二八 | 五 | 8・20 | 高岡を弘前と改称する。 | 7 | 信枚、百沢寺の山門を建立。青森の戸数一〇〇〇軒に達す。 |
| 一六二九 | 六 | | | 7 | 信枚、長勝寺山門を建立。誓願寺落慶。 |
| 一六三〇 | 七 | | | | 神父アダミ・ポルロ両名来る。 |
| 一六三一 | 八 | 1・14 | 信枚、江戸で没する（四六歳）。 | | |
| | | 4・1 | 信義、襲封。三代藩主となる。 | 6・15 | 巡検使来る（～七月二六日）。 |
| 一六三四 | 一一 | 9 | 家臣に家訓を頒つ。 | 3・25 | 外ヶ浜の船はもっぱら青森港に着船すべきを令す。 |
| 一六三八 | 一五 | | | 3 | 津軽坂に牧場を開設。相善堂を建立。 |
| | | | | | キリシタン信徒七三名を火刑。 |
| 一六四一 | 一八 | 4 | 幕府より当家系図につき質問、近衛家より証明の添状呈出。 | 1 | 国上寺（古懸）不動堂建立。 |
| 一六四四 | 正保一 | | 大行院を修験の総司とする。 | 3・1 | 城下南溜池の東南に大円寺を建立する。 |
| 一六四六 | 三 | | | | 城下で芝居始まる。 |
| | | | | | 広須村姥ヶ袋、大川堀替え。 |
| 一六四七 | 四 | | 藩中騒動、大身の者数名ほか他数処罰。 | | |
| 一六四九 | 慶安二 | | | | 十三湖湊口切替普請。 |
| 一六五〇 | 三 | 3 | 寺院を元寺町より南溜池の南側（新寺町）に移す。 | | 寒沢（尾太山）銀山開く。 |
| 一六五二 | 承応一 | | | 5 | 白銀町藩士宅の元寺町への移転開始。 |
| 一六五三 | 二 | | | | 枯木平村に牧場開設。 |
| 一六五四 | 三 | | | | 丁介（長助）を乞食頭とする。 |

| 西暦 | 和暦 | 月日 | 政治・法制 | 月日 | 社会（文化を含む）・経済 |
| --- | --- | --- | --- | --- | --- |
| 一六五五 | 明暦一 | 11・25 | 信義、江戸神田邸で没す(三六歳)、殉死者四人。 | 5・12 | 移出入禁制品についての禁令十三ヶ条を令す。 |
| 一六五六 | 二 | 2・2 | 信政、襲封、四代藩主となる。津軽信英後見となり、分知五〇〇〇石。 | | |
| 一六六〇 | 万治三 | | | 3・4 | 廻堰の大堤奉行を置く。 |
| 一六六一 | 寛文一 | | | 1 | 信政、山鹿素行に入門。 |
| | | 6・3 | 信政初めて入部。この日より藩日記始まる。 | | |
| | | 6・21 | 御家中諸法度を頒布。 | | |
| | | 閏8・2 | 町人法度を頒つ。 | | |
| 一六六二 | 二 | 3・10 | 信政、参府。初めて碇ヶ関口を通る。以後大間越口を通らず。 | | |
| 一六六三 | 三 | | | 7・26 | 青森で月六度の市始まる。移入税、船税を定める。 |
| 一六六四 | 四 | 5・12 | 津軽三郡を改め三荘とする。 | | |
| 一六六五 | 五 | | | 5・25 | 時鐘始まる。 |
| 一六六六 | 六 | | | 8 | 田光沼口を切替え、岩木川へ流す。 |
| 一六六八 | 八 | | | | 大円寺の五重塔完成。 |
| 一六六九 | 九 | | 松前の蝦夷蜂起。松前へ七〇〇人派兵する。 | 3・11 | 鰺ヶ沢、深浦の港口に点灯を命令。 |
| 一六七一 | 一一 | | | | 信政、吉川惟足に入門して神道国学を学ぶ。 |
| 一六七二 | 一二 | | | | 木作新田の開発下命。 |
| 一六七四 | 延宝二 | | | 11 | 城中で初めて能楽開催。藩士の観覧を許可する。 |
| 一六七六 | 四 | | | | 江戸より絹織久太夫を招く。 |
| 一六七七 | 五 | 4 | 秋田・南部の山論により幕府役人来藩。 | | 紙漉師を招聘。 |
| | | | | | 織座を立てる。 |
| 一六八〇 | 八 | | | | 木作（造）村に三新田神社勧請。 |
| 一六八一 | 天和一 | | | 1・11 | 山鹿高恒（素行の養子嗣）を家老に起用、津軽大学と改名。 |
| | | | | 6 | 素行著『中朝事実』を刊行。 |
| 一六八二 | 二 | 3・19 | 幕府より越後刈羽郡・三島郡の検地を受命、七月二七日検地終る。 | | |
| 一六八四 | 貞享一 | 3・16 | 三ヶ年計画で貞享の総検地始まる。 | 5・20 | 大坂の鴻池安右衛門、船材の払下げを申請する。 |
| | | | | 6・5 | 江戸廻船、初めて江戸藩邸へ日用品を廻漕する。 |
| 一六八九 | 元禄二 | | 津軽伊織、後嗣なきため采地一〇〇〇石召上げられ、領地四万六〇〇〇石となる。ただし、右一〇〇〇石の内五〇〇石信政にお預けとなる。 | 1・25 | 楮の栽培奨励。 |

| 西暦 | 和暦 | 月日 | 政治・法制 | 月日 | 社会（文化を含む）・経済 |
|---|---|---|---|---|---|
| 一六九四 | 元禄七 | | | | 新田開発の結果、総石高二九万六六九九石三升に達する。 |
| 一六九五 | 八 | | 盗賊奉行を設置する。 | | この年大凶作。餓死者三万人。 |
| 一六九六 | 九 | 12・15 | 郭内の武家屋敷を郭外に移転。 | 3 | 広須新田の開発成り、御蔵奉行設置。 |
| 一六九八 | 一一 | 6・26 | 信政へお預けの五〇〇石の地を津軽采女に与えられる。 | | |
| 一六九九 | 一二 | | | 10・15 | 織物座設置を命ず。 |
| 一七〇〇 | 一三 | | | 10 | 十三（とさ）村の訓をじゅうさん村と改称。 |
| | | | | 11 | 京都より男女一〇余人の織物工を招く。 |
| 一七〇一 | 一四 | | | 3 | 野元道玄指導のもとに紺屋町に織物会所を設置。 |
| 一七〇三 | 一六 | 2・18 | 赤穂旧家臣のことで信政遠慮処分、三月三日免除。 | 2・12 | 茶畑奉行を設置。 |
| | | | | 2 | 耕作その他について訓令。 |
| 一七〇四 | 宝永一 | | | 2・15 | 野元道玄、『蚕飼養法記』（元禄一四年著）を領内に頒つ。 |
| 一七〇五 | 二 | | 城下の町割替えを実施。 | | |
| 一七〇七 | 四 | | | 4・10 | 歌舞伎芝居興行。 |
| 一七一〇 | 七 | 10・18 | 信政、弘前城で没す（六五歳）。神式をもって岩木山麓に埋葬する。 | 3・19 | 朝鮮人参を栽培させる。 |
| | | 12・19 | 信寿、襲封、五代藩主となる。 | | |
| 一七一一 | 正徳一 | 4・12 | 藩士のため新町割成る。 | | |
| 一七一二 | 二 | | | 7・21 | 高照社創始。祭礼神楽執行。 |
| 一七一五 | 五 | | 下士三七〇人解職される。 | | |
| 一七二七 | 享保一二 | | 財政逼迫につき三万両の御用金を賦課する。 | 10・24 | 『津軽一統志』編輯始まる。 |
| 一七三一 | 一六 | | | | 『津軽一統志』完成する。 |
| | | 5・16 | 信寿隠居、信著、家督相続。六代藩主となる。 | | |
| 一七三六 | 元文一 | 2・8 | 三新田残らず検地施行。 | | |
| 一七四〇 | 五 | | | | 凶作。乞食多く餓死者四三〇人余。 |
| 一七四一 | 寛保一 | | | | 富田町の新町へ遊女街を設置。 |
| 一七四四 | 延享一 | 5・25 | 信著、弘前城にて急逝（二六歳）。 | | |
| | | 8・2 | 信寧、家督相続。七代藩主となる。 | | |
| 一七四八 | 寛延一 | | | | 凶作、餓死者一万人。 |
| 一七五〇 | 三 | 8・4 | 藩士、半知となる。 | | |
| 一七五三 | 宝暦三 | | 乳井市郎左衛門（貢）、勘定奉行となり、宝暦の改革を行なう。 | | |
| | | | 勘定所に総調所を新設する。 | | |

| 西暦 | 和暦 | 月日 | 政治・法制 | 月日 | 社会（文化を含む）・経済 |
|---|---|---|---|---|---|
| 一七五四 | 宝暦四 | 1 | 在方の商売を禁止。 | | |
| 一七五五 | 五 | 3・21 | 代官を七人に減じ、大庄屋二四人（のち二七人）を任命。 | | |
| 一七五六 | 六 | 9・15<br>10 | 標符発行。<br>貸借無差別令を発す。<br>藩士の俸禄を標符渡しとする。 | | |
| 一七五七 | 七 | | 標符をやめ正銭遣いに復す。 | | |
| 一七五八 | 八 | 3・16<br>7・3 | 乳井貢退役、<br>身上召上げ、蟄居。 | | |
| 一七六六 | 明和三 | | | | 大地震にて城郭破損。領内の被害甚大。 |
| 一七八三 | 天明三 | | 大凶作。 | 1・1<br>7 | 岩木山鳴動。<br>青森・深浦・鯵ヶ沢で打ち毀し。<br>広須・木造新田の農民一揆。 |
| 一七八四 | 四 | 1・2 | 信寧、江戸で没す。信明、家督相続、八代藩主となる（二月）。<br>この年、大飢饉。 | | 餓死者六万四〇〇〇余人。 |
| 一七八九 | 寛政一 | 6・7<br>10・10 | 蝦夷地騒擾の鎮圧加勢の幕命。<br>藩士の土着を奨励する。 | | |
| 一七九一 | 三 | 6・22 | 信明、江戸で没す。九代寧親、襲封（八月二八日）。 | | |
| 一七九二 | 四 | 8・22 | 荒田復興のため藩士土着を下命。 | | |
| 一七九六 | 八 | | | 7・9 | 藩校稽古館入学式。 |
| 一七九七 | 九 | 9・22 | 松前警備兵派遣の幕命下る。 | | |
| 一七九八 | 一〇 | 5・15 | 土着廃止令。 | | |
| 一七九九 | 一一 | 11・10 | 箱館警備を免除、新たに浦河までの警備を受命。 | | |
| 一八〇〇 | 一二 | 4・15 | 幕命により蝦夷地の内、サワラ、クスリ辺警備兵を派遣し、以後、年々交代勤番とする。 | | |
| 一八〇一 | 享和一 | 12 | 土着藩士の城下への引揚げ完了。 | | |
| 一八〇五 | 文化二 | 5・15 | 封地七万石に昇格。 | | |
| 一八〇七 | 四 | 4・12 | 西蝦夷地警備の下命。 | | |
| 一八〇八 | 五 | 12・18 | 封地一〇万石に昇格。 | | 沿岸に砲台を増設。 |
| 一八〇九 | 六 | 4・5 | 分知津軽三十郎、一万石に昇格（黒石藩成立）。 | | |
| 一八一三 | 一〇 | | | 9・28 | 民次郎一揆起こる。 |
| 一八二一 | 文政四 | 4 | 相馬大作事件起こる。 | | |

| 西暦 | 和暦 | 月日 | 政治・法制 | 月日 | 社会（文化を含む）・経済 |
| --- | --- | --- | --- | --- | --- |
| 一八二五 | 文政　八 | | 異国船防禦の建札を海岸浦々に設立の幕命下る。 | | |
| | | 4・10 | 寧親、隠居、一〇代信順、襲封。 | | |
| 一八三三 | 天保　四 | | | | 大凶作。 |
| 一八三九 | 一〇 | | 信順隠居、一一代順承襲封。 | | |
| 一八四七 | 弘化　四 | 3・21 | 異国船、平館に寄港、八人上陸し、食糧を要求。 | | |
| 一八四八 | 嘉永　一 | 3・21 | 袰月沖へ異国船五隻出現、藩兵出陣。 | | |
| 一八四九 | 二 | 10・30 | 沿岸警備のため参勤を免除。 | | |
| 一八五八 | 安政　五 | 4・3 | 三厩海岸に砲台築造。 | | |
| 一八五九 | 六 | 2・7 | 順承隠居、一二代承昭襲封。 | | |
| 一八六一 | 文久　一 | | | 1 | 藩建造の君沢型青森丸の航海試験、箱館に安着。 |
| 一八六四 | 元治　一 | 7・28 | 京都騒擾につき、警衛の藩士を派遣。 | | |
| 一八六五 | 慶応　一 | 1・15 | 承昭、御所南門の警衛受命。 | | |
| | | 9・24 | 購入のゲーベル銃を城下に送致。 | | |
| 一八六七 | 三 | 10・20 | 藩主に上洛の朝命下る。 | | |
| | | 11・3 | 家老杉山八兵衛、名代として上洛。 | | |
| 一八六八 | 明治　一 | 7・8 | 藩論勤皇に決す。 | | |
| | | 11・5 | 承昭、奥羽触頭を命ぜられる。 | | |
| 一八六九 | 二 | 4 | 箱館戦争起こる。青森港軍事基地となる。 | | |
| | | 6・17 | 版籍奉還。 | | |
| | | | 承昭、藩知事となる。 | | |
| 一八七〇 | 三 | | 余田買上げを実施。 | | |
| 一八七一 | 四 | 7・14 | 廃藩置県。弘前県となる。 | | |
| | | 9・23 | 弘前県を青森県と改称、県庁を青森に移す。 | | |

○出典（『弘前市史』）

## 〔藩の職制〕

○藩の職制の大綱

中期

- 藩主
  - 城代〔番方─軍事〕
    - 手廻組頭5（四〇〇）（手廻組五組）
    - 馬廻組頭7（三〇〇）（馬廻組七組）
    - 留守居組頭3（三〇〇）（留守居組三組）
  - 家老（八〇〇）〔役方─行政〕─用人（三〇〇）
    - 大目付2（三〇〇）─目付10（一〇〇）─徒目付16・足軽目付19
    - 郡奉行3（一五〇）
      - 代官─手代・小使─庄屋─五人組
      - 郡方小頭3─郡所物書─小使など
    - 町奉行2（一五〇）
      - 人別調役4─物書4
      - 町同心警固4─町同心
      - 町目付2─目明
      - 牢奉行
      - 町年寄2─名主─月行事─五人組
    - 勘定奉行8（一五〇）─勘定小頭7
      - 山方吟味役
      - 御金奉行など
    - 寺社奉行2（三〇〇）─寺社役2─寺社物書3─小使
    - 山奉行2（一五〇）─山方吟味役3─山方締役8
    - 作事奉行3（五〇）─作事吟味役席頭2─吟味役など
    - 武具奉行3─武具方下役6など
    - 台所頭4─台所吟味役など
    - 日記役2─物書本役5など
  - 側用人2〔奥向〕
    - 祐筆
    - 近習（一〇〇）（奥目付）
    - 小姓組頭─小姓
    - *児小姓組頭（一三〇）─児小姓

*─錠口役（一〇〇）
- 手弓頭・手筒頭
- 小納戸役・近習医
- 茶道頭・坊主頭など

㈲（　）内は役高、数字は定員を示す。

○出典（「旧藩官制同職制」『弘前市史』藩政編、『津軽史事典』）

○家臣団構成

**郷士制度**

・郷　士　開拓の功により代々郷士、一代郷士、並郷士の区別がある。

・人寄役　新田開発の人手を集め、開発を進める人。

・漆　守　藩から漆苗を受け、これを植栽して保護の任に当たった。

## 〔領内支配（地方支配）の職制と系統〕

郡奉行─代官─庄屋

（九浦）

町奉行─町年寄─名主

・郡奉行は一五〇石高の官職で定員は三名。代官を指揮して民政に当たる郡所（三の郭）で事務を処理。郡方小頭、郡所物書、郡所小使、物産掛、下役、小使が付随。この他、土渕堰奉行、五ケ所牧頭、廻堰溜池奉行、御薬園守、高岡御用取扱、鉄吹・両浜漁師頭、砂森大工、品目鍛冶が支配下にある。

・代官は一〇〇石高の官職で、一組に二人宛配置。その下に手代と小使が付属。手代は村々の庄屋クラスから農事・算用にすぐれた者を採用。

　宝暦・明和の頃の代官の配置状況と郷村の区分は、次の通りである。

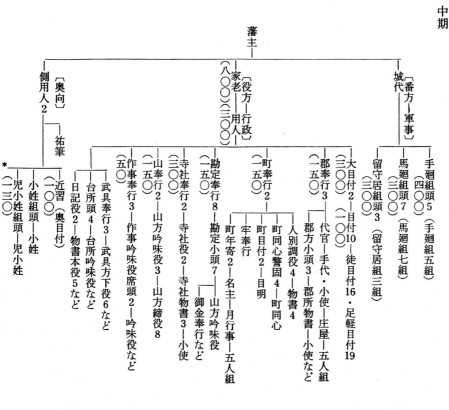

| 庄 | 組の名 | 代官所所存地 |
|---|---|---|
| 平賀庄 | 大鰐 | 宿川原 |
| | 尾崎 | 柏木町 |
| | 和徳 | 富田 |
| | 堀越 | 富田 |
| | 大光寺 | 荒田 |
| | 猿賀 | 尾ノ上 |
| 鼻和庄 | 駒越 | 樋口 |
| | 高杉 | 独孤 |
| | 藤代 | 石渡 |
| | 赤石 | 舞戸 |
| | 田舎館 | 垂柳 |
| | 藤崎 | 藤崎 |

| 庄 | 組の名 | 代官所所在地 |
|---|---|---|
| 田舎庄 | 常盤 | 小畑 |
| | 増館 | 松枝 |
| | 浪岡 | 中野 |
| | 赤田 | 板屋野木 |
| | 柏木 | 柏木 |
| | 広須 | 木作 |
| | 広田 | 五所川原 |
| | 飯詰 | 飯詰 |
| | 金木 | 金木 |
| | 横内 | 横内 |
| | 浦町 | 横内 |
| | 油川 | 油川 |
| | 後潟 | 油川 |

・町奉行は領内六つの浦と三関に置かれた。

| | |
|---|---|
| 青森町奉行<br>鰺ヶ沢町奉行<br>深浦町奉行<br>十三町奉行 | 一〇〇石高 |
| 蟹田町奉行<br>今別町奉行 | 三〇石高 |
| 碇ヶ関町奉行<br>大間越町奉行<br>野内町奉行 | 三〇石高 |

（弘前城下）

町奉行―町年寄―名主―月《がつ》行事―五人組

・町奉行は郡奉行と同じく一五〇石高の官職で定員は二人。弘前城下の民政を担当する。付属吏としては職制の図参照のこと。

・町年寄は町奉行の支配下にあり、定員二名で、一ヶ月の交代の勤務である。

城下の町人街はいくつかに区分され、一区域に名主一人が置かれ、その下に月行事・五人組が付属していた。月行事は名主を補佐し仕事を分担した。

## 〔領内の支配区分〕

貞享四年、領内総検地を行ない、領内の支配区分をし、組を設けた。その結果三庄・二五組とした。その後、宝暦～明和年代の支配区分は次のようである。

| | | 親村 | 寄郷 | 庄屋 | 五人組 | 代官 | 手代 | 小使 |
|---|---|---|---|---|---|---|---|---|
| 和徳3組 | 和徳組 | 一二 | 六 | 一二 | 三三 | 二 | 二 | 三 |
| | 堀越組 | 一二 | 五 | 一二 | 三四 | | 二 | |
| | 駒越組 | 二三 | 二六 | 二三 | 五一 | | 二 | |
| 大鰐 4 組 | 大鰐組 | 一六 | 一〇 | 一六 | 四〇 | 二 | 三 | 四 |
| | 尾崎組 | 一四 | 三 | 一四 | 二五 | | 二 | |
| | 大光寺組 | 一四 | 三 | 一四 | 二五 | | 二 | |
| | 猿賀組 | 一二 | 八 | 一二 | 三四 | | 二 | |
| 藤崎3組 | 藤崎組 | 一〇 | 五 | 一一 | 二〇 | 二 | 二 | 三 |
| | 田舎館組 | 一二 | 七 | 一二 | 二一 | | 二 | |
| | 柏木組 | 一〇 | 七 | 一〇 | 二一 | | 二 | |
| 浪岡3組 | 浪岡組 | 一七 | 五 | 一七 | 三六 | 二 | 二 | 三 |
| | 増館組 | 一二 | 四 | 一二 | 二四 | | 二 | |
| | 常盤組 | 一二 | 七 | 一二 | 三一 | | 二 | |

| | | | | | | | | |
|---|---|---|---|---|---|---|---|---|
| 赤田両組 | 赤田組 | 二三 | 九 | 二三 | 四一 | 二 | 二 | 〇 |
| | 広田組 | 一二 | 一六 | 一二 | 三四 | | 二 | |
| 金木4組 | 金木組 | 二二 | 四 | 二二 | 五二 | 二 | 三 | 五 |
| | 金木新田 | 八 | 一〇 | 八 | 三六 | | 一 | |
| | 飯詰組 | 一四 | 一二 | 一四 | 二三 | | 二 | |
| | 俵元新田 | 五 | 四 | 五 | 一二 | | 一 | |
| 広須両組 | 広須組 | 二八 | 三六 | 二八 | 八一 | 二 | 三 | 五 |
| | 木造新田 | 三三 | 五六 | 三三 | 九一 | | 四 | |
| 浦町両組 | 浦町組 | 一六 | 九 | 一六 | 三二 | 二 | 二 | 三 |
| | 横内組 | 二三 | 二三 | 二三 | 四七 | | 二 | |
| 油川両組 | 油川組 | 一七 | 九 | 一七 | 三二 | 二 | 三 | 三 |
| | 後潟組 | 一九 | 二五 | 一七 | 四八 | | 二 | |
| 藤代3組 | 藤代組 | 一六 | 一〇 | 一六 | 三八 | 二 | 二 | 四 |
| | 高杉組 | 一九 | 一二 | 一九 | 四〇 | | 二 | |
| | 赤石組 | 三九 | 二二 | 三九 | 六四 | | 四 | |
| 計 | 二八組 | 四六八 | 三五三 | 四六七 | 一〇七二 | 二〇 | 六二 | 三三 |

・二八組が一〇の代官所によって治められている。

〔村役人の名称〕

庄屋—組頭—五人組
町年寄—名主—月行事—五人組

・庄屋は村に一人。
・組頭は村の大小によって一—三人が置かれた。
・庄屋の上に大庄屋を置く制度をとった。
・宝暦四年〜同十一年と天明七年〜寛政元年の間は大庄屋制を採った。大庄屋は数ヶ村に一つ置いた。

〔領外(飛地)の支配機構〕

美濃大垣城攻撃の功により、慶長六年上野国勢多郡で二〇〇〇石加増され、朱印高四万七〇〇〇石となる。所領は次の通り。

大館　六〇〇石（群馬県新田郡尾島町）
安養地　三〇〇石（〃　）
赤堀　二五〇石（〃　新田町）
村田　四〇〇石（〃　）
下枝　二〇〇石（〃　佐波郡境町）
女塚　二五〇石（〃　）

・現地の支配は、現地の足立常源を召し抱え惣代官とした。
・明暦二年、津軽信英を黒石に分封のさい、封地として与えた。

〔領内の主要交通路〕

**陸路の主要街道**（主要街道宿駅図参照）

1　碇ヶ関街道　弘前—大鰐—碇ヶ関—秋田領釈迦内
2　弘前—藤崎—浪岡—新城—油川—蓬田—蟹田—平館—今別—三馬屋（三厩）、および油川—青森—浅虫—小湊
3　西浜街道　弘前—高杉—十腰内—浮田—鰺ヶ沢—赤石—金井ヶ沢—追良瀬—深浦—岩崎—大間越—秋田領八森
4　十三小泊街道　藤崎—原子—飯詰—金木—小泊
嘉瀬　十三
5　十三街道　鰺ヶ沢—浮田—十三

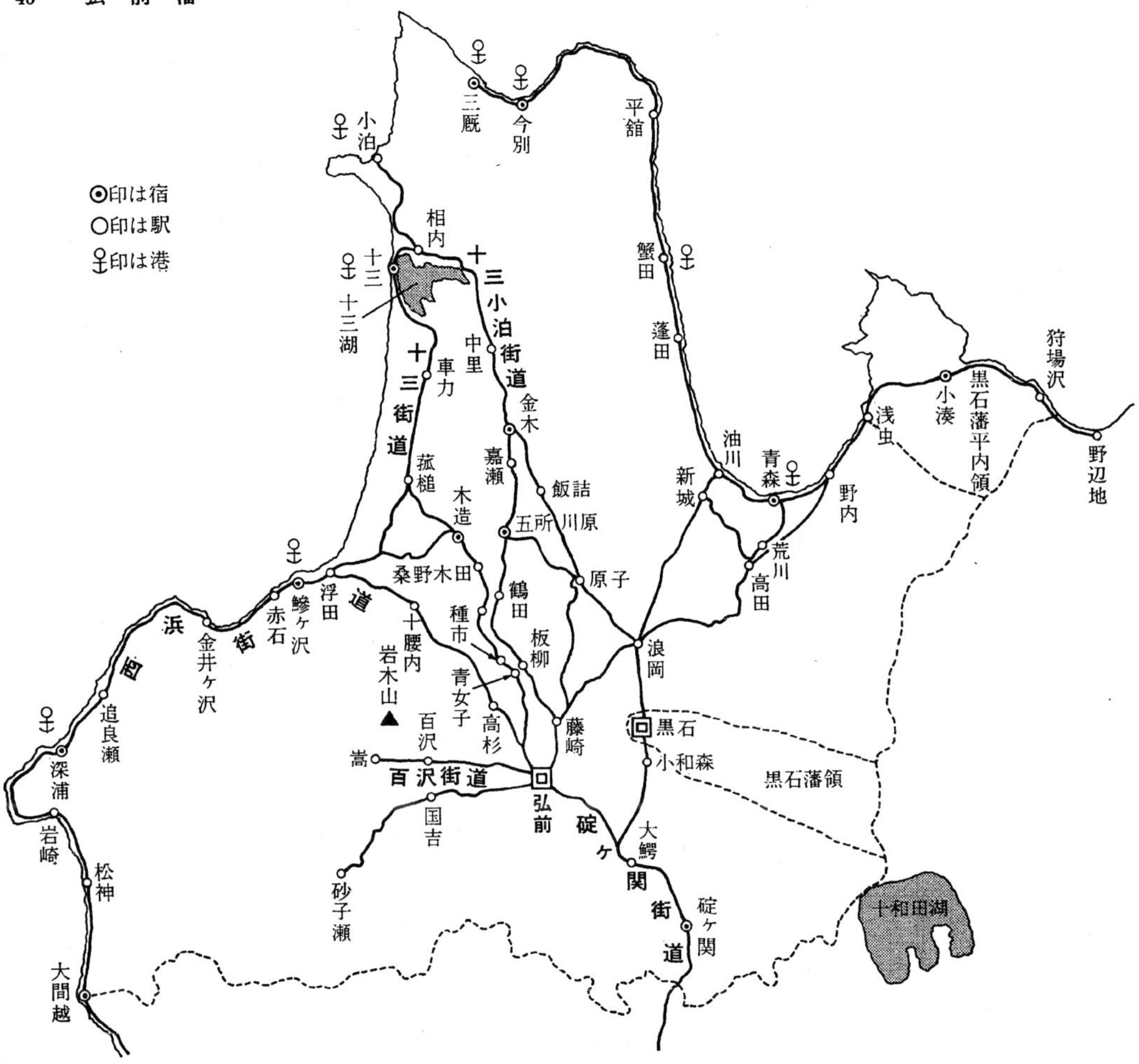


**弘前藩主要街道宿駅図**（執筆者作図）

6　碇ケ関—小和森—黒石—浪岡

7　浪岡—荒川—青森
　　　　高田—野内

8　百沢街道　弘前—百沢—嵩（嶽）

**港**

領内の主要港としては、青森・十三・鰺ケ沢・深浦の港があり、これを〃四浦〃と称した。この他、木材の移出をした蟹田・今別があり、これを〃二浦〃と称した。これに港ではないが碇ケ関・大間越・野内の三関を加えて〃九浦〃と称す。

〔番所の所在地〕

津軽三関
碇ケ関
野内関
大間越関
脇道番所
甚吉峠
早瀬野
細越
童子越
遠見番所
鱸作《へなし》
金井沢
出来島
小泊
三馬屋

平館

○出典（『津軽史事典』『深浦町史』『木造町史』『平舘村史』）

## 〔在町、津出場・米蔵の所在地〕

○在町

代官所の所在地と四浦・二浦がこれに当たる。

○津出場

青森・十三・鰺ヶ沢・深浦・蟹田・今別

○米蔵

青森・十三・鰺ヶ沢・深浦・蟹田・今別・木造・板屋野木・弘前城下の蔵主町

## 〔江戸城の詰間〕

柳間（文化五年まで）
大広間（文化五年の一〇万石高直し後）

○出典（『文化武鑑』『文政武鑑』）

## 〔江戸・京屋敷の所在地〕

文化・文政期

| 屋敷 | 所在地 |
|---|---|
| 江戸屋敷 | |
| 上屋敷 | 本所二ッ目　大手より三十二丁 |
| 中屋敷 | 向柳はら |
| 下屋敷 | 亀戸柳しま、本所大川ばた |
| 京屋敷 | 釜座姉小路角 |

○出典（『文化武鑑』『文政武鑑』）

## 〔蔵屋敷の所在地〕

大坂蔵屋敷　天満三丁目
越前蔵屋敷　敦賀

○出典（『文政武鑑』）

## 〔藩の専売制〕

| 専売品目 | 専売期間 | 専売仕法 |
|---|---|---|
| 漆 | 不明 | 水漆・実漆とも半分を上納させ、残り半分は植付者に分与し、かつそれを一定値段で買上げた。 |

○出典（『弘前市史』藩政編）

## 〔藩札〕

| 藩札 | 発行年月 | 使用期間 |
|---|---|---|
| 宝暦標符 | 宝暦6年 | ～宝暦8年 |
| 天保預り手形 | 天保8年 | ～天保9年 |
| 弘前藩札 | 明治2年 | ～明治4年 |

○出典（『弘前市史』）

## 〔藩校〕

| 藩校名 | 成立年月 | 所在地 |
|---|---|---|
| 稽古館 | 寛政8年7月 | 下白銀町追手門前（現在の東奥義塾のある一角） |
| 弘道館 | 寛政9年11月 | 江戸藩邸　上屋敷 |

## 稽古館《けいこかん》

**沿革**　藩政改革の重要課題の一つである士風振興のため寛政八年六月開校。主として御目見以上の子弟を対象。入学生三〇〇人余。校名は経書「堯典」の篇の「曰若稽古帝堯」（ここに、古の帝堯を稽ふるに）に拠る。明治四年七月廃校。

**目的**　天明の大飢饉による荒廃した領内の再建を図るため、その指導者としての藩士の教育を目標とし、文武両道の兼修による士風の振興。

**教科内容**　経学、兵学、紀伝、法律、天文暦、数学、書学、武芸一般（弓・馬・剣・長刀・槍・和砲）。幕末に医学、蘭学、英学を加える。

**学頭**　山崎図書・兼松成言

## 弘道館《こうどうかん》

**沿革**　江戸藩邸上屋敷において月六回儒書講釈が行なわれていたが、寛政九年五月学問所を創設することになり、同年十一月開校。文政元年八月、大川端の中屋敷に再開。

**目的**　江戸詰の藩士ならびに子弟の文武両道の兼修。

**教科内容**　儒学、諸芸、算術、武道

**著名な教授**　渋江道陸（抽斎の父）・桐山正哲・三縄準蔵・佐藤一斉

○出典『弘前市史』

## 〔藩の武術〕

| 種目 | 流派 | 武術指南役 |
|---|---|---|
| 兵学 | 山鹿流（寛文） | 山鹿八郎左衛門 |
| | 楠流（〃） | 遠藤伊兵衛 |
| | 小幡流（〃） | 小畑孫八 |
| 弓術 | 石堂竹林流（〃） | 本間民部左衛門国隆 |
| | 雪荷流（享保） | 勝本水右衛門 |
| 馬術 | 大坪流（慶安） | 青沼勘右衛門盛明 |
| | 神道流（寛文） | 〃 |
| | 大坪流（〃） | 木立長兵衛常成 |
| | 高麗八条流（〃） | 〃 |
| | 駄縄流（元禄） | 津軽玄蕃 |
| 剣術 | 嫡伝当田流（寛文） | 当田半兵衛正吉 |
| | 一刀流（天和） | 山田仁右衛門広久 |
| 槍術 | 宝蔵院流（寛文） | 高田平右衛門正重 |
| | 日の下一指流（〃） | 常井喜兵衛則直 |
| 砲術 | 稲田流（慶安） | 阿部与七郎宗定 |
| | 長短反求流（寛文） | 朝比奈所左衛門有忠 |
| | 井上外記流（〃） | 渡辺嘉兵衛盛武 |

○出典『津軽史事典』

### 稽古館の武芸各派と師範（寛政年代）

| 種目 | 流派 | 武術指南役 |
|---|---|---|
| 弓術 | 竹林流 | 中畑八蔵 |
| | 日置流 | 館美又市 |
| 馬術 | 大坪八条流 | 木立要左衛門 |
| | 須鞍流 | 桑田清蔵 |
| | 梶派一刀流 | 山田一学 |
| | 当田流 | 浅利万之助 |
| | 新影治源流 | 成田又左衛門 |
| | ト伝流 | 小山次郎太夫 |
| | 直元流 | 三上鋭助 |
| 槍術 | 宝蔵院流 | 桜庭又左衛門 |
| | 無辺流 | 今九郎次 |
| | 鎌玉蔵院流 | 葛西市十郎 |
| 和術 | 本覚克己流 | 唐牛甚左衛門 |
| 砲術 | 長短反求流 | 佐々木専右衛門 |
| | 井上外記流 | 竹森郷右衛門 |

○出典『津軽藩旧記伝類』『津軽史事典』

## 〔参勤交代〕

弘前藩の参勤交代は、はじめ弘前から大間越経由で行なわれていたが、四代藩主信政の寛文年間から碇ヶ関経由に変更された。なお寛文六年（一六六六）四代信政の参勤の行程は、次のとおりである。

参勤交代の日程
（出発）寛文六年（一六六六）三月九日弘前発

| （日数） | （昼食） | （宿泊） |
|---|---|---|
| 一 | | 碇ヶ関 |
| 二 | 白沢 | つゞれこ |
| 三 | 飛根 | 森岡 |
| 四 | 大河 | 湊 |
| 五 | 豊島 | かりわの |
| 六 | 六郷 | 湯沢 |
| 七 | 院内 | 金山 |
| 八 | 新城 | 尾花沢 |
| 九 | 六田 | 山形 |
| 一〇 | なしけ | 湯の原 |
| 一一 | 戸沢 | 郡 |
| 一二 | 八丁目 | 本宮 |
| 一三 | | 須加川 |
| 一四 | 白川 | 芦野 |
| 一五 | 作山 | 宇治江 |
| 一六 | 宇都宮 | 小山 |
| 一七 | くり橋 | 糟ケ部 |
| 一八 | そうか | 江戸 |

（所要）一八日

○出典（『津軽史事典』）

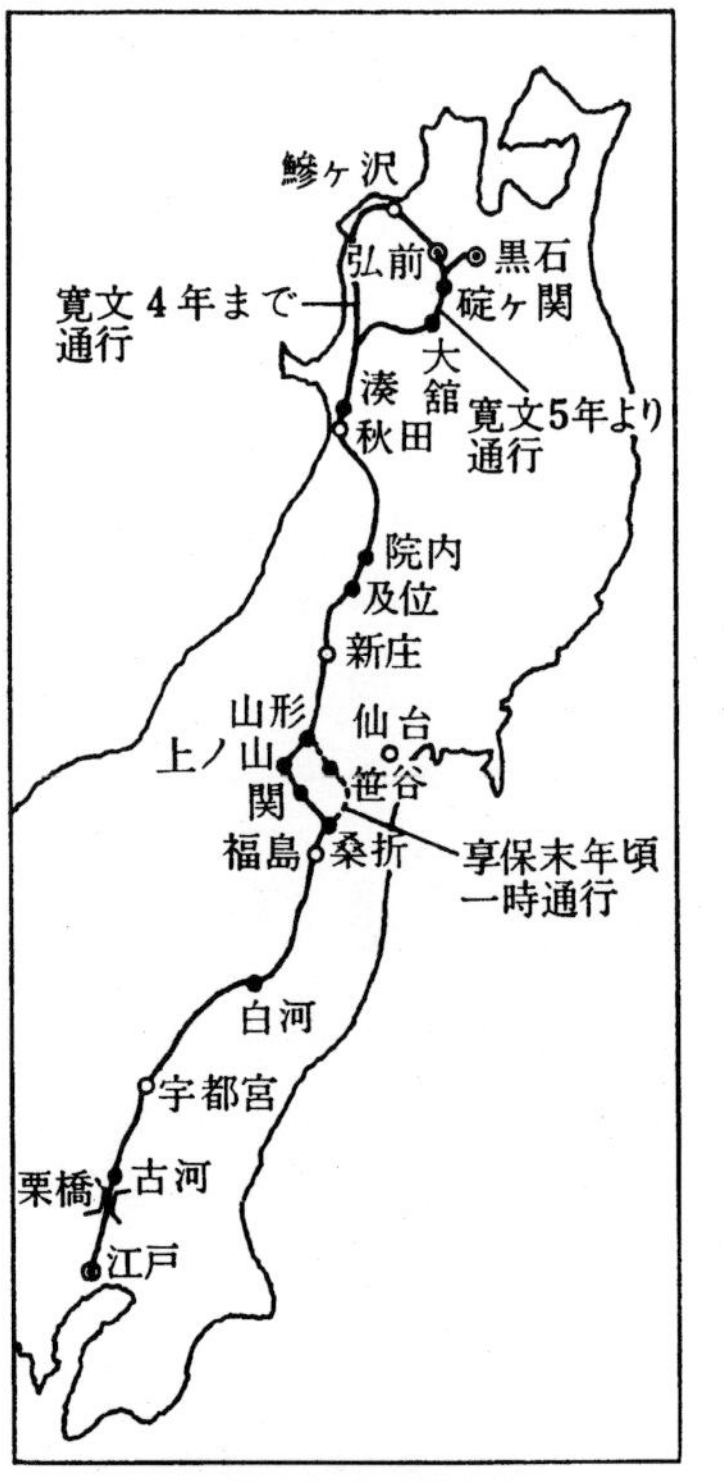


**弘前藩の参勤交代通路**
○出典（『津軽史事典』より）

## 〔藩の基本史料・基本文献〕

「弘前藩日記」四五一五巻〔御国日記三二九七冊、江戸日記一二一八冊〕（弘前図書館蔵）
「御用格」四種各二四巻（弘前図書館蔵）
『青森県叢書』一～九編　青森県立図書館　昭和二六～二九年
『みちのく双書』一～三五集　青森県文化財保護協会　昭和三一～五七年
『津軽史』一～一六　青森県文化財保護協会　昭和四八～六一年
『青森県史』一～八巻　青森県　大正一五年（複製本あり）
『弘前市史』藩政編　弘前市　昭和三八年
浅野源吾『東北産業経済史』第五巻津軽藩　東北振興会　昭和一二年
『日本林制史資料』（弘前藩篇）農林省　昭和七年
『青森市沿革史』上・中・下　青森市　明治四二年

（執筆者・工藤睦男）

# 黒《くろ》石《いし》藩

## 〔藩の概観〕

黒石藩が創始されたのは文化六年(一八〇九年)四月五日、津軽・伊達二郡内において四〇〇〇石を知行する津軽親足《ちかたり》が、宗家弘前藩より蔵米によって六〇〇〇石を分与することが許され、高一万石となって諸侯に列したことによる。

これは宗家九代寧親《やすちか》が黒石津軽家の出であったことと、この前年に一〇万石の高直しの栄に浴したことの計らいによる。

黒石津軽氏の成立は二代藩主信枚《のぶひら》の次男津軽信英《のぶふさ》が明暦二年(一六五六)二月二日、四代藩主信政が幼少のため後見役を命じられ、五〇〇〇石を分知されて黒石に封じられたことに始まり、その封地は黒石領二〇〇〇石、外ヶ浜平内領一〇〇〇石、上野国勢多郡大館二〇〇〇石であった。

封地はその後、二代信敏《のぶとし》の弟信純に一〇〇〇石を分知したので四〇〇〇石となり、以後旗本として幕府に仕えていた。

山鹿素行の高弟でもあった信英は、分知後黒石に陣屋を構え、信政の後見役として名君を育むことに専心し、またよく城下の隆盛を図り、小規模ながらも落着いた城下黒石の礎をつくった。

信英のあと信敏、政兕《まさたけ》、著高《あきたか》、寧親、典暁《つねとし》とつづき八代親足に至って弘前藩の支藩として立藩したのである。

親足のあと、順徳《ゆきのり》(三河国吉田藩主松平信明の三男、のち宗家を継ぎ弘前藩一一代藩主順承《ゆきつぐ》となる)、承保《つぐやす》(親足の実子)、承叙《つぐみち》(津軽順朝の次男)と四代にわたり在封したが、すべて何事も宗家の意向を汲み、また宗家のためを図って行動した。幕末の戊辰の役はもちろん宗家と行動を共にし、勤皇に励んだ。

## 〔藩の居城〕

**陣屋**

名　称　黒石陣屋

所在地　青森県黒石市

家数・人口　二六二九軒　内士族一七八軒・卒族一六五軒
一万五九三二人　内士族一〇九四人・卒族七四七人

○出典『藩制一覧』

## 〔藩(大名)の家紋など〕

**津軽家**

家紋

牡丹

弫字《ふつ》

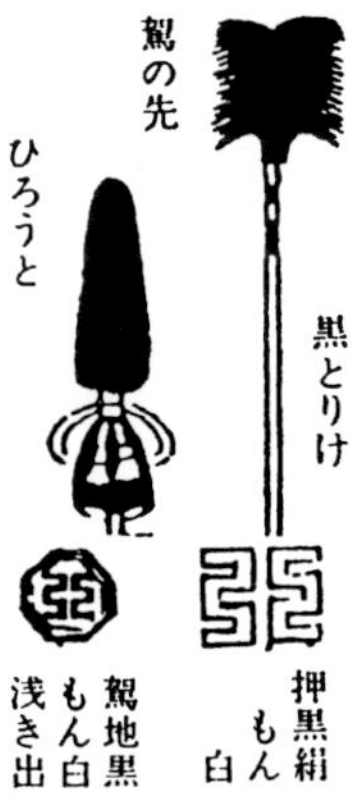


○出典『文化武鑑』

# 藩主の系図（姻戚関係）

## 黒石津軽家　外様

- 1 信英《のぶふさ》
  - 2 信敏《のぶとし》
    - 3 政兕《まさたけ》
      - 女子　畠山主計義躬室
      - 女子　本目讃岐守正房室
      - 某
      - 某
      - 女子
      - 4 寿世　津軽越中守信政五男
        - 某
        - 女子
        - 女子
        - 某
        - 5 著高《あきたか》
          - 某
          - 某
          - 女子　北条新蔵氏乾室
          - 某
          - 寿武
          - 女子　今大路式部大輔正福室
          - 6 寧親《やすちか》　宗家信明養子
            - 7 典暁《つねとし》
              - 8 親足《ちかたり》　黒田豊前守直亨四男
                - 女子
                - 某
                - 女子
                - 9 順徳《ゆきのり》（順承）　松平伊豆守信明三男、宗家信順養子
                - 10 承保《つぐやす》
                  - 女子
                  - 某
                  - 11 承叙《つぐみち》　津軽順朝次男
                - 基足
                - 某
                - 某
                - 某
                - 某
                - 女子
                - 某
                - 女子　承保養女
            - 女子　親足室　安藤新次郎室　岩城隆喜室
          - 女子
          - 女子　碓井宇内室
        - 某
        - 某
        - 某
        - 朝義
        - 某
        - 信照
        - 女子
        - 某
        - 女子
        - 某
        - 女子　有馬主水純務室
        - 女子
        - 女子
        - 女子
        - 充雄
        - 女子　中条兵庫信敬室　今大路兵部大輔寿国室
        - 女子
        - 某
        - 尚英
        - 某
        - 某
        - 尚房
      - 某
      - 某
      - 某
      - 某
    - 信俗
    - 僧宰相
    - 信隣
    - 某
  - 信純
  - 信俗

○出典『津軽史事典』

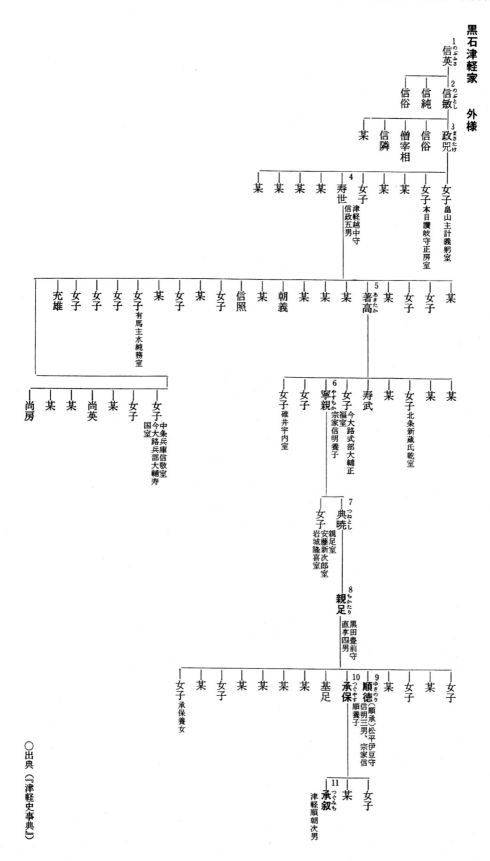

## 〔藩主一覧〕（歴代藩主および石高・所領の変遷）

| 姓 | 諱 | 受領名または官名 | 通称 | 生没年月日 | 戒名と菩提所（所在地） | 藩主就任・退任年月日 | 江戸幕府就任役職名・就任退任年月日 | 石高変遷年月日（西暦） | 石高（表高） | 領地（国郡名） |
|---|---|---|---|---|---|---|---|---|---|---|
| 津軽 | 親足 | 甲斐守 | | 天明8・8・29～嘉永2・7・30 | 大常院殿果徳円明大居士 津梁院（東京都台東区上野） | 文化6・4・5～文政8・11・5 | | 文化6・4・5（一八〇九） | 10000 | 陸奥国津軽郡（黒石・平内）・伊達郡秋山村 |
| 津軽 | 順徳（順承） | 越中守 | | 寛政12・1・15～慶応1・2・5 | 政徳院殿脩道幻光大居士 津梁院（〃） | 文政8・11・5～天保10・5・16 | | | 〃 | |
| 津軽 | 承保 | 出雲守 | | 文政4・11・29～嘉永4・9・24 | 祐那院殿寛心守恭大居士 津梁院（〃） | 天保10・5・16～嘉永4・9・24 | | | 〃 | |
| 津軽 | 承叙 | | | 天保11・8・29～明治36・12・7 | 谷中墓地（東京都台東区上野） | 嘉永4・12・2～明治4・7・14 | | | 〃 | |

○出典（『津軽黒石藩史』）

## 〔藩史略年表〕

| 西暦 | 和暦 | 月日 | 政治・法制 | 月日 | 社会（文化を含む）・経済 |
|---|---|---|---|---|---|
| 一八〇八 | 文化五 | 12・18 | 弘前藩封地一〇万石に昇格。 | | 弘前・盛岡両藩に東西蝦夷地警衛の幕命。 |
| 一八〇九 | 六 | 4・5 | 封地四〇〇〇石の黒石津軽家八代親足は、宗家より蔵米六〇〇〇石を分与されて一万石の大名となる。親足初代黒石藩主となり、柳間詰となる。 | | |
| 一八一〇 | 七 | 4・23 | 参勤交代で帰藩のため江戸出発、五月一五日黒石着。 | | |
| 一八一一 | 八 | 4 | 参勤のため江戸へ出発。 | | |

| 西暦 | 和暦 | 月日 | 政治・法制 | 月日 | 社会（文化を含む）・経済 |
|---|---|---|---|---|---|
| 一八一三 | 文化一〇 | | | 9・28 | 宗藩、民次郎一揆起こる。 |
| 一八一五 | 一二 | | | 7・16 | 大雨にて岩木川・平川洪水、人馬流失。黒石藩も田畑損毛多し。 |
| 一八二一 | 文政四 | | | 4 | 相馬大作事件起こる。 |
| 一八二五 | 八 | 11・5 | 順徳、家督相続。二代藩主となる。 | 4・19 | 異国防禦の建札を海岸浦々に設置の幕命。 |
| 一八三九 | 天保一〇 | 5・16 | 順徳、宗家一〇代信順に世継ぎがないため養子に迎えられ、家督相続、一一代藩主となる。天保一三年九月二七日名を順承と改める。親足の次男承保黒石藩三代藩主となる。 | | |
| 一八四一 | 一二 | | | 1 | 兵学稽古のため貴田英八を招くことを宗藩に請い許される。 |
| | | | | | 儒書講釈のため黒滝藤太を招くことを宗藩に請い許される。 |
| 一八四七 | 弘化四 | | | 12・8 | 当地方大地震。 |
| 一八五一 | 嘉永四 | 12・2 | 承叙、黒石藩四代藩主となる。 | 2・1 | 剣術師範に宗藩の対馬忠蔵を招く。 |
| 一八五二 | 五 | | | 5・1 | 家屋敷の調査を行ない。嘉永台帳が作られる。 |
| 一八五三 | 六 | | | 3・16 | 他国産の塗物椀一切購入禁止との触出し。 |
| | | | | 6・23 | 江戸表より飛脚到来、浦賀に異国船来航を告げる。家中に対し江戸出発準備が命じられる。 |
| 一八五四 | 安政一 | 2・15 | 宗藩、海岸非常警備の手配。 | | |
| 一八六二 | 文久二 | | | 8・5 | 上方で鬼ごろしと称する悪病（コレラ）流行しているので予防せよとの触出し。 |
| 一八六三 | 三 | 3・5 | 深川越中嶋警衛の幕命。 | | |
| 一八六八 | 明治一 | 7・8 | 宗藩の藩論勤皇に決す。当藩もこれに従う。 | | |
| | | 9・23 | 野辺地戦争に藩兵参加。 | | |
| | | 11・16 | 箱館府知事清水谷公考黒石へ転陣。 | | |
| 一八六九 | 二 | 4 | 箱館戦争起こる。宗藩と共に参加。 | | |
| | | 6・17 | 版籍奉還。 | | |
| | | 6・24 | 承叙藩知事となる。 | | |
| | 四 | 7・14 | 廃藩置県。黒石県となる。 | | |
| | | 9・4 | 弘前県に統合される。 | | |
| | | 9・23 | 弘前県を青森県と改め県庁を青森に移す。 | | |

○出典『弘前市史』

## 〔藩の職制〕

幕末（文久元年より慶応二年まで）

- 藩主—御家老
  - 御番頭
  - 御用人
    - 御納戸
    - 御代官
      - 堰役
      - 大庄屋（黒石村）
      - 村庄屋
    - 平内代官
      - 足軽
      - 大庄屋（平内）
      - 町同心（平内）
      - 村庄屋（平内）
      - 町名主
    - 御側医師
    - 御右筆
    - 御近習
    - 吟味役
    - 作事方
    - 馬役
    - 御中小姓
    - 御膳番
    - 御側坊主
    - 御蔵方
    - 山方
    - 青森蔵方
    - 御用所祐筆
    - 狩場沢番人
    - 御広敷番人
    - 御料理人
    - 御台子
    - 野内通用役
    - 弘前御用達
    - 青森御用達
  - 御留守居
  - 御取次（御給人加役）
  - 物頭（足軽頭）—足軽小頭—足軽（黒石）
  - 大目付—御徒目付大目付支配
  - 町奉行
    - 町目付—町同心（黒石）
    - 町年寄—町名主
  - 勘定奉行—勘定人
  - 御徒頭—御徒士
  - 秋山奉行—足軽（秋山）
  - 御奥附
  - 御給人

○出典『黒石市史』通史編1

## 〔領内支配（地方支配）の職制と系統〕

黒石城下の各町

　郡奉行—代官—町奉行—町年寄—名主—五人組

城下以外の黒石領

　郡奉行—代官—庄屋—五人組

## 〔村役人の名称〕

庄屋—五人組

## 〔領外（飛地）の支配機構〕

津軽平内領（一〇〇〇石）

　平内奉行—代官—庄屋—五人組

伊達郡秋山村（現福島県川俣町秋山）（三七一石六斗四升）

　代官—足軽

## 〔領内の主要交通路〕

弘前藩の主要街道宿駅略図参照のこと。

## 〔番所の所在地〕

狩場沢番所

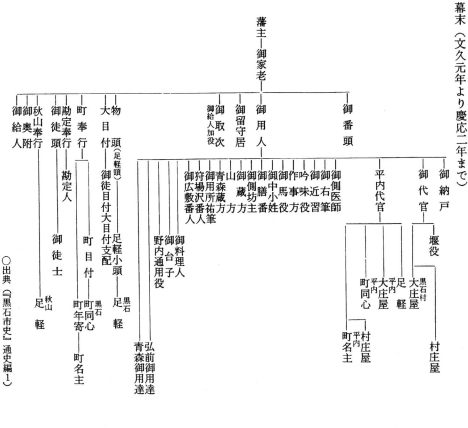

〔在町、津出場・米蔵の所在地〕

○在　町　在町的性格をもつものは黒石と小湊。
○津出場　なし
○米　蔵　黒石・小湊

〔江戸城の詰間〕

柳間（文政期）

○出典（『文政武鑑』）

〔江戸屋敷の所在地〕

上屋敷　本所三ッ目通　大手より三十七丁余

○出典（『文政武鑑』）

〔藩の専売制〕

漆については弘前藩同様に扱ったと推察されるが、詳しいことは不明。

〔藩　校〕　なし

経学教授所
**沿革**　天保三年市ノ町（一説に横町）に創設。
**教科内容**　経学と歴史。教科書には、十三経・二十一史を用いた。
**著名教授**　長崎勘介・畑井多仲・上田与五郎

〔藩の武術〕

| 種目 | 流派 | 武術指南役 |
|---|---|---|
| 兵学 | 山鹿流 | 貴田英八（天保年代） |
| 剣術 | 一刀流 | 対馬忠蔵（弘化年代） |

○出典（『黒石市史』）

〔参勤交代〕

参勤道は弘前藩と同じく羽州街道を利用したが、詳細は不明。

〔藩の基本史料・基本文献〕

「弘前藩日記」四五一五巻〔御国日記三三九七冊、江戸日記一一一八冊〕（弘前図書館蔵）
「御用格」四種各二四巻（弘前図書館蔵）
『青森県叢書』一～九編　青森県立図書館　昭和二六～二九年
『みちのく双書』一～三五集　青森県文化財保護協会　昭和三一～五七年
『津軽史』一～一七　青森県文化財保護協会　昭和四八～六二年
『青森県史』一～八巻　青森県　大正一五年（複製本あり）
森林助『津軽黒石藩史』　歴史図書社　昭和五一年
佐藤雅次郎『黒石地方誌』　昭和九年
『平内町史』上巻　平内町　昭和五二年

（執筆者・工藤睦男）

# 斗《と》南《なみ》藩

→会津藩を見よ

## 〔藩の概観〕

斗南藩三万石の前身は、会津藩二三万石である。会津藩は葵の紋（俗に会津葵という）を戴く親藩なるがゆえに、九代藩主松平容保《かたもり》は、幕末動乱の嵐が吹きすさぶ文久二年（一八六二）に、尾張・紀伊・水戸の徳川御三家さえも体よく辞退した京都守護職に就任した。

これが直接的な原因となって、以来、会津藩は慶応四年（一八六八）一月三日に勃発した鳥羽伏見の戦いから九月二十二日（注～慶応四年九月八日、明治と改元）の鶴ヶ城落城まで、常に時代の流れに翻弄された。

こうして、江戸時代に奥羽地方第二の雄藩として君臨した会津藩は滅藩となり、藩主松平容保は城北滝沢村の妙国寺に送られ、家臣団はそれぞれ猪苗代や塩川村に送られて謹慎した。その後、藩主は東京に送られて備前池田家に永預けとなり、藩士たちは東京や越後高田に送られて謹慎を命ぜられた。

ところが、翌明治二年（一八六九）九月から十月にかけて、太政官では会津側に対して、㈠松平家の再興を許すから松平容保と血縁の者を届け出ること、㈡領地として猪苗代湖畔または陸奥国の北部にて表高三万石を許すなど、次々に布達した。

会津側では種々協議の結果、藩主として松平容保の嗣子慶三郎（明治二年〔一八六九〕六月三日生まれ。元服して容大《かたはる》となる）を届け出、領地は墳墓の地に固執しながらも、最終的には土地の広い陸奥国北部を選択し、藩名を「斗南《なみ》」と号することを許された。

斗南藩領は、旧盛岡藩二〇万石の領有地で、現在の青森県の南部地区と岩手県北部の一部にまたがる北郡《きたごおり》（青森県むつ市・下北《しもきた》郡、十和田市・三沢市・上北《かみきた》郡〔七戸藩一万一〇〇〇石の領地は除く〕）・三戸《さんのへ》郡（八戸藩二万石の領地を除く青森県三戸郡）・二戸《にのへ》郡（岩手県二戸郡金田一《きんたいち》以北）の三郡であったが、実質的な「物成り」は三万石はおろか七〇〇〇石に過ぎなかった。このほか、会津側では北海道の後志《しりべし》国瀬棚・太櫓・歌棄の三郡と胆振《いぶり》国山越郡の支配を命ぜられた。

なお、「斗南」の語源については、一般的には中国の詩文「北斗以南皆帝州」から採ったといわれている。当時の会津人が、思いもかけぬ松平家の再興を許され、「北遠の地に流されようとも、この地もまた北斗七星を仰ぐ天子様の土地である」という意識に立ったとすれば、この説もうなずける。しかし、筆者はむしろ、その語源を「南斗六星」に求めている。つまり、これは北斗七星に対してつけられた呼称であり、射手座の中央部を指す。この星座をよく見ると、射手が永久に放たれることのない矢を、隣りの蠍《さそり》に向けているように思える。いうまでもなく、蠍は薩長藩閥政府であり、射手は当時の会津人の心境そのものと重なるからである。

新封斗南藩では、当初、藩治庁を旧盛岡藩五戸《ごのへ》代官所に置き、幼主松平容大《かたはる》を権大参事山川浩・少参事広沢安任・同永岡久茂らが補佐し、藩政を展開することにした。かくして、明治三年（一八七〇）の春から十月にかけて、藩士とその家族一万七三〇〇余人は陸路や海路をたどり、三三五五謹慎先の東京や高田、あるいは会津若松から新支配地に移転し、領内の寺院や百姓家に分散入居した。

移住当初の斗南藩士たちは、生活のすべてを政府の救助米金に依存するありさまであった。そこで、権大参事山川浩らは、旧藩時代の世禄の廃止・人材の登用・廃刀令の実施・戸籍簿の作成・地元漁業権の否定などに見られたような先進的な行政を基盤に据えながら、「自主の民」となるための方策を積極的に打ち出していった。

その一は授産政策であり、領内各地に救貧所を設立して機織や鍛冶・畳刺しなどの職業指導もしたが、その主眼は農業授産であった。藩では領内各地で開墾を強行していった。その際、むつ市最花地区（妙見平）に農業授産のモデル基地を作ることにし、一戸建約三〇棟・二戸建約八〇棟のバラックの長屋を建設して、明治三年（一八七〇）十月には藩士とその家族およそ二〇〇戸を入居させ、藩名をとってこの地を斗南ヶ丘と呼んだ。

その二は藩士の子弟教育であった。藩では明治三年（一八七〇）八月に、田名部《たなぶ》（現在のむつ市）の民家を借用して藩学校日新館と寄宿寮を開設した。しかし、斗南藩の領地は広く、移住者の子弟全員に平等に教育の機会を与えることが不可能であったために、各地に日新館の分校に当たる漢学校を設置した。

以上のような方策を講じた斗南藩ではあったが、専門の百姓でさえもヤマセ（偏東風）に泣かされた不毛の地であったために、士族集団による農業授産などとうてい無理なことであった。そこで、藩では、盛岡藩時代から天然の良港として栄えてきた北郡の安渡村（むつ市浜町地区）と大平村（むつ市大平地区）を合併して大湊町と称し、ここを「奥羽の長崎」に発展させ、国内はもとより中国貿易を画策しようとした。これらを実現させるために、明治四年（一八七一）二月には藩治庁を五戸から大湊港に近い田名部の吉祥山円通寺に移し、同時に田名部の民家に開設されていた日新館もここに移した。

だが、明治四年（一八七一）七月十四日には廃藩置県の令が下って、斗南藩は斗南県となり、九月四日には斗南・七戸・八戸・黒石・館（旧松前藩）の五県は弘前県に併合され、同月二十三日には青森県と改称した。

以上のように、斗南藩が北奥の地に存立した期間はわずか一年数ヶ月に過ぎず、廃藩置県後は多くの会津人たちが斗南の地を去り、東京・会津若松・北海道をはじめとして全国各地に散っていった。だが、一部の者は北奥の地に踏みとどまって、その後の青森県の政治・経済・教育・文化などの向上に多大の貢献をした。

〔藩の居城〕

名　称　藩治庁

所在地　青森県三戸郡五戸町のち青森県むつ市田名部

家数・人口　不詳

〔親疎の別〕

**松平家**　親藩（旧会津藩時代）

（執筆者・葛西富夫）

# 盛《もり》岡《おか》藩

〔藩の概観〕

盛岡藩は、陸奥国北・三戸《さんのへ》（以上、青森県）・二戸《にのへ》・九戸《くのへ》・閉伊《へい》・岩手《いわて》・志和《しわ》・稗貫《ひえぬき》・和賀《わが》（以上、岩手県）・鹿角《かづの》（秋田県）の一〇郡を領有した外様中藩（後期から大藩）である。南部藩ともいう。

天正十八年（一五九〇）七月、鎌倉御家人の系譜をひく南部信直は、豊臣秀吉の朱印状によって「南部内七郡」を安堵され、近世大名としての存在が確認された。その朱印状によると、本領安堵のほかに、信直妻子の京都在留、太閤検地の実施、家臣の諸城破却と城下三戸への集住などが厳命されている。その後、慶長五年（一六〇〇）徳川家康からも本領がそのまま安堵され、本当の意味で全国的な政治体制下にくみこまれることになった。ところで、「南部内七郡」については諸説もあるが、糠部《ぬかのぶ》・閉伊・岩手・志和・稗貫・和賀・鹿角の七郡とみるべきである。こうして、戦国期以降南部氏が支配していた津軽地方は、天正十八年三月、南部氏と内部抗争を展開していた大浦（津軽）為信が秀吉からその領有を公認されていたため、完全に南部氏の支配から離れることになった。なお、「南部内七郡」中の糠部郡は、おそくとも寛永十一年（一六三四）に至るまでの間に、北・三戸・二戸・九戸の四郡に分割されている。天正十八年十月、奥州仕置軍が帰還すると、まず葛西・大崎一揆、和賀・稗貫一揆などが勃発し、ついで翌年三月には、三戸城の信直に対して、一族の九戸政実が九戸城に拠って反乱をひき起こした。この反乱を自力で鎮定できなかった信直は秀吉に注進し、中央軍の下向をまってようやく鎮圧した。時に天正十九年九月四日のことであった。この戦乱は、南部領における宗主権の確立をめぐって、信直と政実という、新旧二大勢力が二戸地方を舞台にくりひろげたもので、まさに「鉄砲と刀の戦」であったといってよい。

この九戸戦後、信直は九戸城に移って福岡城と改称し、さらに居城を南進させることになり、その結果、北上川の水運を利用した交通の要所で、しかもその流域が穀倉地帯である岩手郡仁王郷不来方《こずかた》の地が、新らしい城地として選ばれた。この地は、政実を討伐しての帰途に、浅野長政・蒲生氏郷などからも勧められていたところでもあり、北上・中津・雫石《しずくいし》の三川が合流する花崗岩台地であり、天然の要害でもあった。

文禄元年（一五九二）、盛岡城下の建設と築城のための基礎的な整地作業にとりかかり、慶長三年（一五九八）から築城に着手した。この築城開始の年代については、文禄元年・同三年・慶長二年・同三年などの諸説があって一様ではないが、京都にいた信直から娘の八戸千代子にあてた書状から考えて慶長三年とみるのがよい。この築城工事は、信直の指示を受けた利直が内堀伊豆と相談し、その実際の指揮監督のもとに進められた。そして、秀吉や信直の相つぐ死去による中断や、地形的に土木工事の困難さによる遅滞もあったが、慶長年間の中頃までには一応の完成をみている。しかし、その後もしばしば水害を受け、そのつど居城は福岡や郡山（日詰）に移された。寛永十年（一六三三）、盛岡城が本格的に完成すると、重直《しげなお》は江戸から帰国入城して居城と定めた。その後、本丸の焼失により一時福岡城を居城としたこともあったが、同十二年盛岡城の修復が完了すると、爾来、明治維新まで南部氏の居城として定着することになった。その規模は正保四年（一六四七）の書上によると、本丸（東西三三間、南北三六間）・二の丸（本丸より一間下、東西二八間、南北三八間）・三の丸（二の丸より二間下、東三三間、西三五間）などからなり、城回り土手の総間数は一一六二間、その総坪数は約九万坪であったという。

この築城と並行して進められた城下町の建設にあたっては、まず中津川以北（河北）の湿地帯を埋めたてて市街化を進め、ついで河南を開発する必要から、中津川に上《かみ》・中《なか》・下《しも》の三橋が架設された。擬宝珠をつけた上の橋と中の橋が完成するのは、それぞれ慶長十四年（一六〇九）と同十六年のことであり、最初から擬宝珠をつけなかった下の橋は同十七年に完成している。この擬宝珠については、南部家一二代と伝えられる政行が京都在番中に勅許を得て、三戸城下熊原川の橋に擬宝珠をつけた例にならい、利直が慶長十四年と同十六年の二度にわたって新鋳したものという。城下の町割については、重臣北信愛《のぶちか》の進言にもとづき、「五ノ字」型の城下とする方針にそって進められ、城を中心として、第一圏に五〇〇石以上の上級武士を住まわせ、第二圏に町人を、第三圏には一般の平士を、そして城下から周辺の村々に通ずる街道のはずれに足軽を置いた。城下北東の山麓には、防衛上の配慮から神社仏閣が配置された。このような町割が整然と行なわれるようになるのは、城下の整備が進んだ元和三年（一六一七）以降のことであった。町人街はそれぞれの出身地名を町名として、同年に三戸町ができ、ついで仙北町・津軽町などが作られた。これらの町の商売は、最初は三戸町を中心に主として定期市で行なわれていたが、しだいに店舗商業へと変化した。城下町の発達にともなって人口も増加した。貞享元年（一六八四）の「雑書」によると、藩の総人口は三〇万四三六八人であり、この内、城下の商工業人口は一万二二七二人、武士人口は召仕や足軽などを含めて二万二〇二五人であった。領内総人口の約一一%が城下に集中しており、しかもその六四%までが武士層であった。寛文期（一六六一～七三）になると、城下はようやく都市的景観をそなえるようになった。城下庶民に対する宗教政策として、また行楽の地として志家村に八幡宮が造営され、延宝八年（一六八〇）八月に最初の祭礼が行なわれた。宝永六年（一七〇九）以降は城下二三町から山車や練物などが出て、いっそう盛んとなった。

ところで、中世以来、三戸地方を中心に勢力を拡大して盛岡に進出した南部氏は、藩祖信直のあと、利直《としなお》・重直《しげなお》・重信《しげのぶ》・行信《ゆきのぶ》・信恩《のぶおき》・利幹《としもと》・利視《としみ》・利雄《としかつ》・利正《としまさ》・利敬《としたか》・利用《としもち》・利済《としただ》・利義《としとも》・利剛《としひさ》・利恭《としゆき》と一六代にわたって在封し、廃藩置県を迎えている。この間、阿曽沼氏の旧領であった遠野地方が、仙台領と境を接する防衛上の要地であったため、寛永四年（一六二七）、利直は一族の八戸直栄を八戸根城から遠野横田城に転封させて固めとしている。同十一年重直の時、徳川家光によって陸奥国北・三戸・二戸・九戸・鹿角・閉伊・岩手・志和・稗貫・和賀の一〇郡、都合一〇万石の所領が公認された。その内高は同年の「覚」によれば、北郡一万三二〇石余、三戸郡三万六八五八石余、二戸郡一万二一九四石余、九戸郡一万三〇二六石余、鹿角郡一万四八二石余、閉伊郡二万三二八四石余、岩手郡二万二七八〇石余、志和郡二万八三二三石余、稗貫郡二万三六八〇石余、和賀郡二万二〇二石余の計二〇万五五四石余であった。重直は「無法非儀の御方」といわれるほどの人で、短気の上に気性がはげしく、家臣の意見を無視したばかりか、寛永十三年（一六三六）には無届けで新丸を増築したり、参勤の日時を遅らせたり、あるいは万治三年（一六六〇）には「墨引人数」という稀有な人員整理を断行し、その代わりに新規家臣を召し抱えるなど、徹底した武断的な独裁政治を行なった。この人員整理は信直・利直二代にわたる一門・一族、それに土豪的性格の強い譜代家臣層による政治に対して、「御一門払」を断行したもので、いわば旧体制を藩政の面から切り離すことによって、領主権力の確立をはかったのである。寛文四年（一六六四）、重直は嗣子を定めず病死したため、盛岡領は盛岡藩八万石（重直の弟重信）と八戸藩二万石（同弟の直房）に分割されたが、天和三年（一六八三）には新田が加増されて一〇万石に復した。元禄七年（一六九四）、行信は弟の政信（麴町侯）に五〇〇〇石、同じく勝信（三田侯）に三〇〇〇石を分知し、それぞれを旗本として出仕させた。利敬の時、文化五年（一八〇八）、東蝦夷地の警衛により領域はそのまま二〇万石に格上げされ、文政二年（一八一九）には、政信から五代目の信隣《のぶちか》に蔵米六〇〇〇石を分与して一万一〇〇〇石の禄とし、諸侯に列せさせた。これが七戸藩のおこりである。

広大な領域からなる盛岡藩には、通《とおり》という独特の代官統治区域が設けられていた。この通制度は領内総検地が進められた寛文六年から天和三年までの間に完成し、享保二十年（一七三五）には領内一〇郡五八七ヶ村を三三通に分割し、一通一代官所を原則として二五代官所に整理した。上田通・厨川《くりやがわ》通・飯岡通・向中野通・見前通・雫石通・徳田通・伝法寺通・日詰通・長岡通・大迫通・八幡通・寺林通・万丁目通・二子通・黒沢尻通・鬼柳通・安俵《あひょう》通・高木通・大槌通・宮古通・野田通・沼宮内《ぬまくない》通・福岡通・三戸通・五戸通・七戸通・田名部通・野辺地通・毛馬内《けまない》通・花輪通・沢内通・遠野通の三三通がそれである。この内、向中野通と見前通、徳田通と伝法寺通、日詰通と長岡通、八幡通と寺林通、万丁目通と二子通、黒沢尻通と鬼柳通、安俵通と高木通は一代官所で兼務した。遠野通は遠野南部氏にその取締りを委任していたので、代官の派遣はなかった。これらの代官が、文化元年（一八〇四）の書上にみられる居城としての盛岡城、抱城としての花巻城、要害屋敷としての遠野城・花輪城・毛馬内城・七戸城・野辺地城などとともに、地方支配にあたっていたのである。

また、藩政期を通じてみられる特徴は、地方知行制が行なわれていたことと、凶作・飢饉・百姓一揆の続発であった。「邦内貢賦記」によって天和年間の給地の割合をみると、総高二四万七七六六石余の内、給地が三七・五%(九万二七八〇石余)を占めている。この比率は幕末になっても変化がない。飢饉は一六年に一度の割合で襲来した。なかでも元禄・宝暦・天明・天保の飢饉は被害が甚大で、四大飢饉といわれている。凶作・飢饉の続発は藩財政を圧迫し、重税とそれに反対する一揆が繰り返され、とくに幕末には頻発した。三閉伊地方を舞台にして、弘化四年(一八四七)と嘉永六年(一八五三)にひきおこされた百姓一揆はその典型的な例である。

慶応四年(一八六八)の戊辰戦争の時、利剛は奥羽越列藩同盟に加わったかどで領地没収の上、隠居差控を命ぜられ、利恭が家名相続を許されて旧仙台領白石一三万石に減転された。明治二年(一八六九)盛岡復帰が認められ、翌年盛岡藩を廃して盛岡県となり、同五年岩手県と改称された。

## 〔藩の居城〕

**城**

名称 ①盛岡城 ②不来方城

所在地 岩手県盛岡市内丸

家数・人口

天和三年 四万八六二〇軒・三〇万六〇三二人(内男一六万七八六九人 女一三万八一六三人)

内、盛岡城下町人 一万二三二四人(内男六七四七人 女五五七七人)

宝暦五年 六万二七一〇軒・三五万八二二二人(内男一九万六六一二人 女一六万一六一〇人)

内、盛岡城下町人 一万六九〇九人(内男九三一〇人 女七五九九人)

○出典(「雑書」(盛岡市中央公民館蔵)、細井計他『岩手県の歴史と風土』『岩手県郷土史年表』)

## 〔藩(大名)の家紋など〕

**南部家**

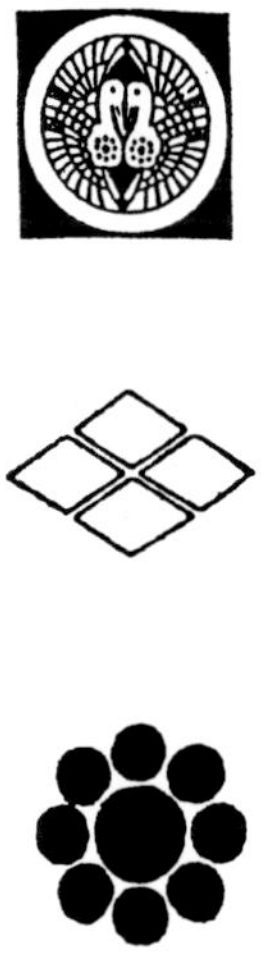

家紋 丸の内向鶴胸に九曜 武田割菱 九曜

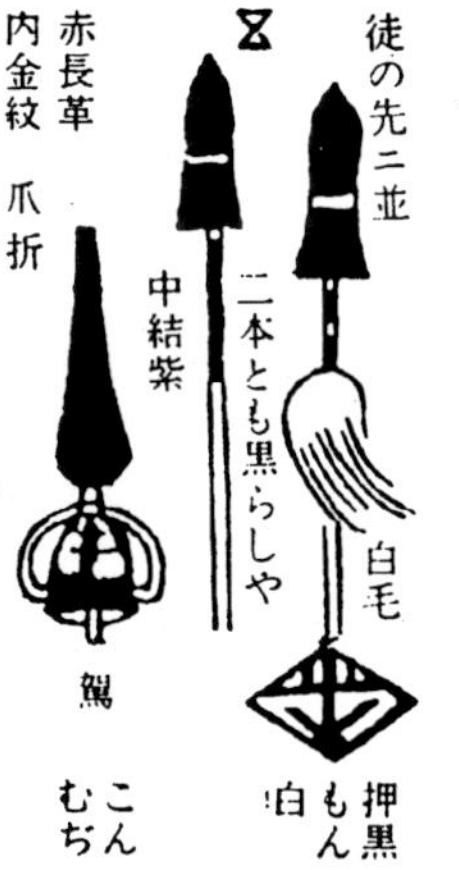


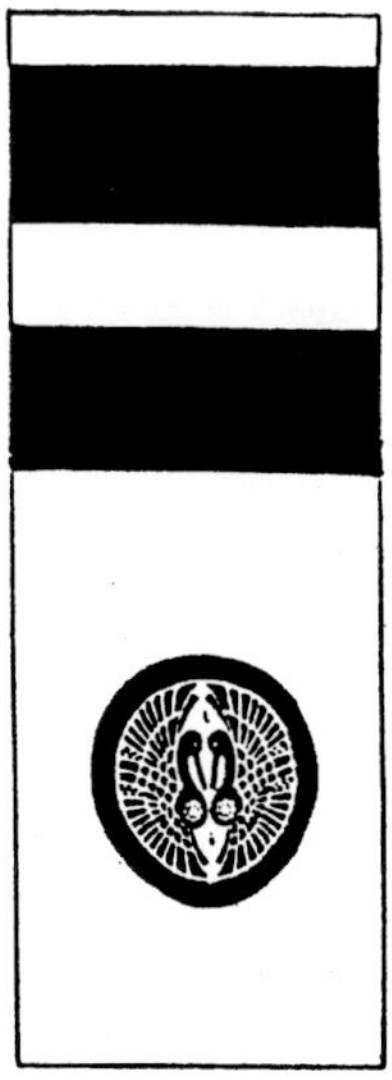

旗差 絹地、黒二筋、向鶴

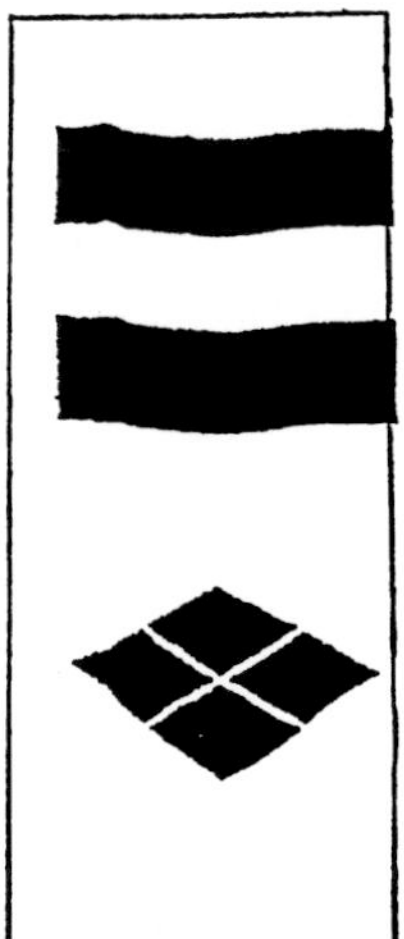

旗差 絹地、黒二筋、武田割菱

○出典(「御式法」(盛岡市中央公民館蔵) 吉田・及川『図説盛岡四百年』『文化武鑑』)

## 〔藩主の系図〕（姻戚関係）

### 南部家　外様

- 1 信直《のぶなお》
  - 2 利直《としなお》
    - 家直
    - 女子　北左衛門直愛妻
    - 政直
    - 女子　東彦七郎胤政妻
    - 3 重直《しげなお》
    - 女子　最上源五郎義俊室、後中野吉兵衛嫁
    - 利康
    - 4 重信《しげのぶ》
      - 5 行信《ゆきのぶ》
        - 女子　青山播磨守幸督室
        - 某
        - 女子　牧野河内守英政室
        - 女子　南部遠江守直政室
        - 女子　毛利駿河守高久室、後小出女蕃重興嫁
        - 実信
        - 6 信恩《のぶおき》
          - 某
          - 女子　永井飛騨守直期室
          - 7 利幹《としもと》　行信四男
            - 8 利視《としみ》　信恩三男
              - 利雄　兄利視養子
              - 信起
          - 利視　兄利幹養子
        - 利幹　兄信恩養子
        - 女子　松平肥前守宣政室
      - 女子　松平伯耆守綱清室
      - 女子　本多肥後守忠英室、後有馬伊予守豊祐嫁
      - 政信　旗本五〇〇〇石（→七戸藩）
      - 勝信　旗本三〇〇〇石
      - 女子
      - 通信　南部遠江守直政養子
      - 定信　坪内物兵衛定重養子
    - 利長
    - 直房　八戸藩祖
  - 女子　八戸弾正直栄妻
  - 女子　秋田忠次郎貞隆室

- 9 利雄《としかつ》　利幹次男
  - 利謹
  - 某
  - 10 利正《としまさ》　利視七男
    - 女子　井伊掃部頭直中室
    - 某
    - 女子　松平左兵衛佐直之婚約
    - 女子
    - 11 利敬《としたか》
      - 12 利用《としもち》　三戸主計信丞長男・利用　利視の孫 三戸左近信浄三男
        - 13 利済《としただ》　利謹次男
          - 14 利義《としとも》
            - 15 利剛《としひさ》　利済次男
              - 女子　華頂宮博経親王妃
              - 16 利恭《としゆき》
              - 英麿　大隈重信養子
              - 信方　南部信民嗣
              - 女子　八戸栄信室
              - 慶磨
              - 女子　秋元興朝室
              - 女子　南部剛隆室
              - 剛護
              - 女子　鍋島直虎室
              - 利克
          - 利剛　兄利義養子
          - 謹詳
          - 信民
          - 女子　南部啓之佐信賢室
          - 剛弘
  - 女子　細川能登守利康室
- 女子　牧野豊前守惟成室
- 信伝
- 信居
- 信駕
- 信周
- 信明
- 利正　兄利雄養子

○出典（『寛政重修諸家譜』『岩手県史』5巻）

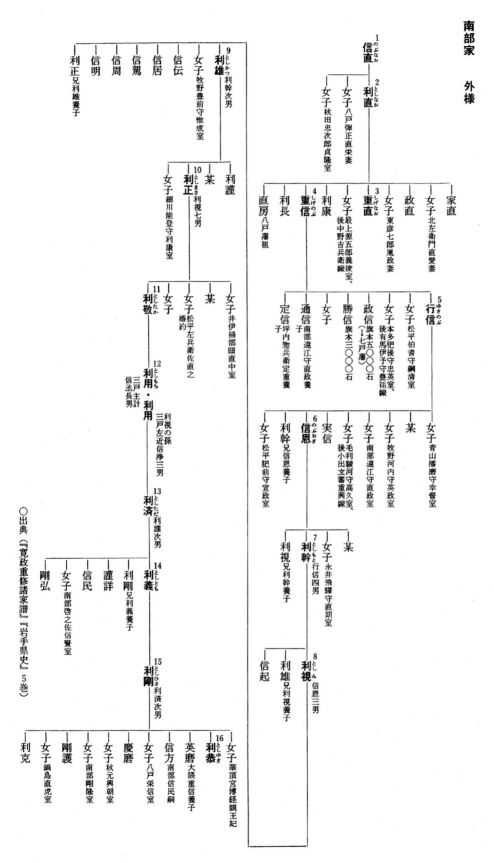

## 〔藩主一覧〕（歴代藩主および石高・所領の変遷）

| 姓 | 諱 | 受領名または官名 | 通称 | 生没年月日 | 戒名と菩提所（所在地） | 藩主就任・退任年月日 | 江戸幕府就任役職名・就任退任年月日 | 石高変遷年月日（西暦） | 石高（表高） | 領地（国郡名） |
|---|---|---|---|---|---|---|---|---|---|---|
| 南部 | 信直 | 大膳大夫 | | 天文15・3 ～ 慶長4・10・5 | 常住院 聖寿寺（青森県三戸郡三戸町） | 天正10・1 ～ 慶長4・10・5 | | 天正18・7・27（一五九〇） | （100000） | 南部内七郡（陸奥国糠部・鹿角・閉伊・岩手・志和・稗貫・和賀郡） |
| 南部 | 利直 | 信濃守 | | 天正4・3・15 ～ 寛永9・8・18 | 南宗院 東禅寺（岩手県盛岡市） | 慶長4・12 ～ 寛永9・8・18 | | 慶長5（一六〇〇） | （ 〃 ） | 〃 |
| 南部 | 重直 | 山城守 | | 慶長11・3・9 ～ 寛文4・9・12 | 即性院 聖寿寺（岩手県盛岡市） | 寛永9・10 ～ 寛文4・9・12 | | 寛永11・8・4（一六三四） | 100000 | 陸奥国北・三戸・二戸・九戸・鹿角・閉伊・岩手・志和・稗貫・和賀郡 |
| 南部 | 重信 | 大膳大夫 | | 元和2・5・15 ～ 元禄15・6・18 | 大源院 聖寿寺（〃） | 寛文4・12・6 ～ 元禄5・6・27 | | 寛文4・12・6（一六六四）<br>天和3・5・7（一六八三） | 80000<br>100000 | 九戸郡四一ヶ村・三戸郡三八ヶ村・志和郡四ヶ村を除いて右に同じ（八戸藩二万石分割）<br>〃（新田二万石加増） |
| 南部 | 行信 | 信濃守 | | 寛永19・8・17 ～ 元禄15・10・11 | 徳雲院 聖寿寺（〃） | 元禄5・6・27 ～ 元禄15・10・11 | | | 〃 | 〃 |
| 南部 | 信恩 | 備後守 | | 延宝6・9・22 ～ 宝永4・12・8 | 霊巌院 東禅寺（前同） | 元禄15・11・27 ～ 宝永4・12・8 | | | 〃 | 〃 |
| 南部 | 利幹 | 大膳亮 | | 元禄2・閏1・20 ～ 享保10・6・4 | 霊徳院 聖寿寺（前同） | 宝永5・閏1・5 ～ 享保10・6・4 | | | 〃 | 〃 |
| 南部 | 利視 | 大膳大夫 | | 宝永5・4・26 ～ 宝暦2・3・28 | 天量院 聖寿寺（〃） | 享保10・7・21 ～ 宝暦2・3・28 | | | 〃 | 〃 |

| 姓 | 諱 | 受領名または官名 | 通称 | 生没年月日 | 戒名と菩提所（所在地） | 藩主就任・退任年月日 | 江戸幕府就任役職名・就任退任年月日 | 石高変遷年月日（西暦） | 石高（表高） | 領地（国郡名） |
|---|---|---|---|---|---|---|---|---|---|---|
| 南部 | 利雄 | 大膳大夫 | | 享保10・6・11～安永8・12・5 | 養源院 聖寿寺（岩手県盛岡市） | 宝暦2・5・25～安永8・12・5 | | | 100000 | 陸奥国北・三戸・二戸・九戸・鹿角・閉伊・岩手・志和・稗貫・和賀郡 |
| 南部 | 利正 | 大膳大夫 | | 宝暦2・3・9～天明4・5・5 | 義徳院 東禅寺（岩手県盛岡市） | 安永9・2・7～天明4・5・5 | | | 〃 | 〃 |
| 南部 | 利敬 | 大膳大夫 | | 天明2・9・29～文政3・6・15 | 神鼎院 聖寿寺（前同） | 天明4・7・17～文政3・6・15 | | | 〃 | 〃 |
| | | | | | | | | 文化5・12・18（一八〇八） | 200000 | 〃（旧領域のままでの格上げ） |
| 南部 | 利用（先） | | 吉次郎 | 文化4・12・19～文政4・8・21 | 常孝院 聖寿寺（〃） | （文政3・9・24）～文政4・8・21 | | | 〃 | 〃 |
| | 利用（後） | 大膳大夫 | | 享和3・11・6～文政8・7・18 | 養徳院 東禅寺（前同） | 文政4・10～文政8・7・18 | | | 〃 | 〃 |
| 南部 | 利済 | 信濃守 | | 寛政9・8・29～安政2・4・14 | 霊承院 聖寿寺（前同） | 文政8・9・23～嘉永1・6 | | | 〃 | 〃 |
| 南部 | 利義 | 甲斐守 | | 文政6・12・12～明治21・8・21 | 東禅寺（前同） | 嘉永1・6・27～嘉永2・9・23 | | | 〃 | 〃 |
| 南部 | 利剛 | 美濃守 | | 文政9・12・28～明治29・11・2 | 護国寺（東京都文京区） | 嘉永2・10・25～明治1 | | | 〃 | 〃 |
| 南部 | 利恭 | 甲斐守 | 納斎 | 安政2・10・9～明治36・10・19 | 護国寺（〃） | 明治1・12・17～明治2・8・9<br>明治2・8・10～明治3・7・10 | | 明治1・12・17（一八六八） | 130000 | 陸前国柴田郡、磐城国亘理・宇多・伊達郡、岩代国伊具・刈田郡（白石藩） |
| | | | | | | | | 明治2・8・10 | 〃 | 陸中国岩手・紫波・稗貫・和賀郡 |

○出典（『寛政重修諸家譜』『南部史要』「内史畧」（『岩手史叢』）「国統大年譜」〔盛岡市中央公民館蔵〕「御系譜」〔岩手県立図書館蔵〕）

# 〔藩史略年表〕

| 西暦 | 和暦 | 月日 | 政治・法制 | 月日 | 社会（文化を含む）・経済 |
|---|---|---|---|---|---|
| 一六〇〇 | 慶長　五 | 8 | 南部利直、徳川方に属し兵五〇〇〇人を率いて出羽山形に出陣する。 | 9 | 前和賀領主忠親ら失地回復をねらい蜂起する。 |
| | | 10・8 | 利直、最上陣を解いて三戸に帰る。 | | |
| 一六〇一 | 六 | 1 | 北信愛ら連署をもって軍令五ヶ条を布告する。 | 4・26 | 利直、和賀一揆を鎮定、和賀一族仙台へ逃れる。 |
| | | | | 5・24 | 和賀忠親ら仙台国分寺で自刃、和賀氏滅亡。 |
| 一六〇二 | 七 | | 北十左衛門直吉、鹿角の金山奉行となる。 | | 鹿角郡白根金山・稗貫郡大迫の僧ヶ沢金山発見され、領内各地にゴールドラッシュ。 |
| 一六〇四 | 九 | 2 | 領内道路の里程を定め、三六町ごとに一里塚を築く。 | | |
| 一六〇九 | 一四 | | 盛岡城下の町造りほぼ完成する。 | 2 | 北上川洪水。 |
| | | | | 10 | 中津川に上ノ橋を架し、青銅擬宝珠二〇個を取り付ける。 |
| 一六一一 | 一六 | 10 | 利直、徳川家康より水戸の徳川頼房の後見を依頼される。 | 8 | 中津川に中ノ橋を架し、青銅擬宝珠二〇個を取り付ける。 |
| | | | | 10・28 | 三陸地方に大地震・大津波発生し、人馬の溺死三〇〇〇余人という。 |
| 一六一二 | 一七 | 6 | 利直、仙台藩境警備として北上川東に土沢館を築き、江刺氏を配置する。 | 9 | 中津川に下ノ橋を架設する。 |
| 一六一三 | 一八 | 8・17 | 花巻鳥谷ヶ崎城の北信愛卒去につき、利直の庶子政直が封ぜられる。 | 4 | 近江出身の商人村井新兵衛、盛岡に定住すと伝える。 |
| 一六一五 | 元和　一 | | 大坂夏の陣において、旧臣の北十左衛門ら豊臣方に参加する。 | 6 | 盛岡侍町の屋敷割をする。 |
| | | | | | 凶作につき造酒を制限する。 |
| 一六一七 | 三 | | 浜田彦兵衛、大槌城代となる。 | | 三戸城下の庶民を盛岡に移して三戸町とする。 |
| 一六二四 | 寛永　一 | | | | 領内大洪水、被害甚大。 |
| 一六二七 | 四 | 2・25 | 八戸弥六郎直栄を八戸から遠野に転封する（遠野南部氏）。 | | 八戸櫛引八幡祭礼の流鏑馬、遠野家士が勤める。 |
| | | 3 | 伝馬条目七ヶ条を布告する。 | | |
| 一六三三 | 一〇 | 2・16 | 南部氏、一〇万石の軍役となる。 | 8 | 幕府巡見使入国する。 |
| | | 3・16 | 九州黒田家の重臣栗山大膳、南部家に預けられる。 | | |
| | | 5 | 盛岡城下に初めて町奉行を置く。盛岡城完成、重直入城して藩主居城と定める。 | | |

| 西暦 | 和暦 | 月日 | 政治・法制 | 月日 | 社会（文化を含む）・経済 |
|---|---|---|---|---|---|
| 一六三四 | 寛永一一 | 8・4 | 将軍家光より盛岡領一〇郡一〇万石の領地安堵状を受ける。 | | 盛岡城本丸に落雷、楼閣・文書記録等を焼失する。 |
| 一六三五 | 一二 | 3 | 朝鮮国交文書改ざん事件により、対馬藩の学僧無方規伯（方長老）、盛岡藩に預けられる。 | | 領内のキリシタン弾圧強化。<br>この頃、遠野の東禅寺、盛岡に移転するという。 |
| | | 12 | 盛岡城の修復工事完成する。 | | |
| 一六三六 | 一三 | 3・21 | 南部重直、幕府より譴責を受ける。 | | |
| 一六三七 | 一四 | | | 6・23 | 北上川大洪水、仙台領農村の被害甚大。 |
| 一六四一 | 一八 | 4 | 岩手郡・志和郡の一部を検地。三閉伊の道程を一里六町と改め、七里塚を築くという。 | | 盛岡城新丸の造営完成する。<br>甲州出身の鋳物師鈴木縫殿召抱えられる。気候不順で凶作。 |
| 一六四二 | 一九 | 6・17 | 盛岡・仙台両藩の境塚を築く。 | | |
| 一六四三 | 二〇 | | 藩士の江戸詰に対して紡制度を設ける。 | 6 | 蘭船ブレスケンス号、山田湾に停泊する。 |
| 一六四五 | 正保二 | | 仙台領石巻港に藩庫を建て、江戸廻米の運送所とする。 | | |
| 一六四六 | 三 | | | 7 | 三戸町、三斎市となる。 |
| | | | | 7・27 | 北上川大洪水、中津川三橋流失する。 |
| 一六四七 | 四 | | 盛岡城の規模を書上げ幕府へ提出する。 | | |
| 一六五三 | 承応二 | 4 | 一里塚の破損状況・並木松等を点検させる。 | | 領内最初の戸口調査行なわれる。戸数三万八七四七軒・人口二九万二〇二八人。 |
| 一六五六 | 明暦二 | 7・19 | 仙台藩と人返しについて打合せをする。 | 9・3 | 北上川に夕顔瀬橋落成する。 |
| 一六五九 | 万治二 | | | | 京都の釜師小泉仁左衛門召抱えられる。 |
| 一六六〇 | 三 | 8・3 | 重直、ゆえなく譜代の臣四二人を馘首する(墨引人数)。 | | 領内の造酒屋を制限する。 |
| 一六六二 | 寛文二 | | | 9 | 北上川大洪水、中津川三橋流失、被害甚大。 |
| 一六六三 | 三 | | | | 加藤市左衛門、油丁に寺子屋「松翠堂」を開設する。 |
| 一六六四 | 四 | 12・6 | 重直、嗣子を定めずして没するも、幕府、弟重信に盛岡八万石、同直房に八戸二万石を分割相続させる。 | 10 | 家名断絶を憂いて藩内騒然となる。 |
| 一六六六 | 六 | | 領内総検地に着手する。 | | |
| 一六六九 | 九 | 7 | 東蝦夷地の変（シャクシャインの乱）に備える。 | | 盛岡城より各地への里程について書上げる。 |
| 一六七〇 | 一〇 | | 和賀・稗貫二郡に検地を行なう。 | 3 | 遊行上人、北山の教浄寺に着く。 |
| | | | | 6・3 | 盛岡大洪水、中津川三橋・夕顔瀬橋流失する。 |
| 一六七二 | 一二 | | 盛岡・八戸両藩の境塚を築く。 | | |
| 一六七四 | 延宝二 | | | | 北上川大沢川原新土手を築く。 |
| 一六七五 | 三 | | 北上川の流路変更工事完成。<br>前年の飢饉のため施粥を行ない、豆腐作りを禁止する。 | 8・28 | 北上川新山橋完成する。 |

| 西暦 | 和暦 | 月日 | 政治・法制 | 月日 | 社会（文化を含む）・経済 |
| --- | --- | --- | --- | --- | --- |
| 一六七六 | 延宝四 | | 南部重信、江戸にて火消番を命ぜられる。 | | 夕顔瀬船橋を土橋に架替する |
| 一六七九 | 七 | | 石高の減少を和賀郡の奥寺新田の開発で補う。 | | 盛岡八幡宮の造営開始。<br>領内民戸四万八九〇八軒。 |
| 一六八〇 | 八 | | 帷子多左衛門、舫制度改革案を提出する。 | 9・20 | 北上川新山船橋落成、渡初め。 |
| 一六八一 | 天和一 | | 盛岡町奉行、寺社奉行兼務により寺社町奉行と称する。 | | 領内人数書上げ、三〇万七六四一人。 |
| 一六八三 | 三 | 5・7 | 新田二万石が加えられ、盛岡藩一〇万石となる。 | 11・3 | 領内人数書上げ、三〇万六〇三二人。 |
| 一六八六 | 貞享三 | | | 3・3 | 岩手山大噴火、盛岡城下にも降灰多し。 |
| 一六九四 | 元禄七 | | 十三日町の麹屋、自今商売を禁止される。 | | 領内大凶作。 |
| 一六九五 | 八 | 8・10<br>11・25 | 飢饉につき、窮民救助のため公庫から五〇〇俵余の米を払出す。<br>参勤を免除される。 | | 飢饉により米三万七〇〇〇石の減収、翌年にわたり窮民救助数三万四〇〇〇人に及ぶ。 |
| 一六九六 | 九 | 1・21 | 徒党を禁じ、伊勢参り等農民の他領移動を禁止する。 | | |
| 一七〇九 | 宝永六 | | | 8 | 盛岡八幡宮祭礼に城下二三町から初めて山車・練物が出る。 |
| 一七一二 | 正徳二 | 12 | 医者の薬種代の定目を定める。 | 10・28 | 領内人数書上げ、三五万一一九三人。 |
| 一七一九 | 享保四 | | 諸士俸禄の借上を命ずる。 | 1 | 岩手山中腹より熔岩噴出する（焼走り）。 |
| 一七二四 | 九 | 4 | 奥州街道松並木修復のため目付役を任命する。 | 6・25 | 大洪水により中津川三橋・新山船橋流失。 |
| 一七二七 | 一二 | | 寸志金と称する人頭税を課す。 | | 大橋山磁鉄鉱発見される。 |
| 一七二九 | 一四 | | 坪役銭と称する宅地税を課す。<br>浦々諸船問屋礼金を制定する。 | 4・2 | 盛岡大火、焼失家屋一九三三軒に達する。 |
| 一七三一 | 一六 | 2 | 南部利視、行政改革を断行する。 | 3 | 和賀・志和両郡の農民、坪役銭に反対して一揆を起こす。 |
| 一七三四 | 一九 | | 沢内新田開発される。 | | 盛岡報恩寺五百羅漢開帳。 |
| 一七三五 | 二〇 | | 代官統治区域を整備し、三三通二五代官所とする。 | | |
| 一七三六 | 元文一 | | 遠州大井川普請を命ぜられ、諸士俸禄の三分の一借上を命ずる。 | | 領内凶作。 |
| 一七四一 | 寛保一 | 7 | 防火上から盛岡城下に瓦葺屋根を許可する。 | | 伊藤祐清、『系胤譜考』、『宝翰類聚』を編集する。 |
| 一七四四 | 延享一 | | 領内の産物を書上げる。 | 2・5 | 黒沢尻通の農民、新田開発に反対して一揆を起こす。 |
| 一七五三 | 宝暦三 | 11 | 幕府より日光山本坊の普請手伝を命ぜられ、諸士から借上する。 | | 凶作につき盛岡城下に飼犬禁止令を出す。 |
| 一七五五 | 五 | 11・4 | 飢饉対策のため諸士から借上、盛岡城下商人共へ一万五〇〇〇両の御用金を課す。 | 9・25 | 領内人数書上げ、三五万八二二二人。<br>大飢饉、米一九万九七〇〇石の減収、餓死者四万九五九四人。 |
| 一七五七 | 七 | | 倹約のため、暫定的に各代官所の代官を一名とする。 | | |
| 一七六〇 | 一〇 | | 田名部檜山御山制度を制定する。 | | 村井甚助、『勘定考弁記』を著わす。 |
| 一七六五 | 明和二 | | 鹿角尾去沢銅山を藩営とする。 | | 夕顔瀬橋に中の島を築く。 |
| 一七七〇 | 七 | | 京都仙洞御所普請手伝を命ぜられ、諸士から借上、富豪に御用 | | |

| 西暦 | 和暦 | 月日 | 政治・法制 | 月日 | 社会（文化を含む）・経済 |
|---|---|---|---|---|---|
| | | | 金を課す。 | | |
| 一七七八 | 安永七 | | 領内各所の新田検地。 | 4・10 | 盛岡大火、焼失家屋二四二六軒・寺院二二ヶ寺に達する。 |
| 一七八三 | 天明三 | | 飢饉対策として諸士から借上をする。 | 8・20 | 盛岡城下で米騒動起こる。 |
| | | | | | 大飢饉、米一八万九二二〇石の減収、餓疫死者六万四六九八人・逃亡者三三三〇人に達す。 |
| 一七九二 | 寛政四 | | 塩の専売を始める。 | | |
| 一七九三 | 五 | | 幕命により松前に出兵する。 | | 三陸地方、津波の被害多し。 |
| 一七九五 | 七 | | | | 臨時税反対の百姓一揆続発。 |
| 一七九七 | 九 | 10 | 幕府から松前警備を命ぜられる。 | | |
| 一七九九 | 一一 | | 幕府から函館警備を命ぜられる。 | | 釜石・両石浦に鮪網紛争起こる。 |
| 一八〇四 | 文化一 | | 幕命により、藩兵を東蝦夷地に配備する。 | | 領内郡名村名仮名付帳、書上げる。 |
| 一八〇六 | 三 | | 野辺地湊より長崎御用銅を大坂に送る。 | 2・22 | 盛岡大火、焼失家屋五四一軒。 |
| 一八〇七 | 四 | | 松前出兵八七〇人に達する。 | | 多賀神社の祠官、江戸で神楽を習う（多賀神楽の始まり）。 |
| 一八〇八 | 五 | | 文化律一一三条を制定する。 | | |
| | | 12・18 | 盛岡藩二〇万石に格上げされる。 | | |
| 一八一〇 | 七 | | 町医の身分制限を令す。 | | 鍬ヶ崎大火、一六二軒焼失する。 |
| 一八一一 | 八 | | 国後島にて露艦と盛岡藩兵との間に発砲事件起こる。 | 7・2 | 盛岡北山聖寿寺境内に五重塔建立される。 |
| 一八一六 | 一三 | 8 | 宗門会合の禁令を出す。 | 7 | 領内総人口三二万六二六二人。 |
| 一八一七 | 一四 | 4 | 御蔵門徒猖獗禁止令を出す。 | | 南部領を盛岡領と改称する。 |
| 一八一八 | 文政一 | | 重臣の八戸弥六郎・中野筑後・北九兵衛・南彦六郎・東勘解由に南部の姓を許可する。 | | 宮古大火、二一〇軒焼失する。 |
| 一八二一 | 四 | 4 | 相馬大作（下斗米秀之進）、弘前藩主津軽寧親を要撃するも失敗。 | | |
| | | | 幕府、蝦夷地守備の任を解く。 | | |
| 一八二二 | 五 | 8・29 | 相馬大作、江戸で処刑される。 | | 三陸地方、大雨の被害多し。 |
| 一八二五 | 八 | | | 1 | 大槌通に塩専売反対一揆起こる。 |
| 一八三二 | 天保三 | | 上野位牌堂建築費として、三万両の御用金を課せられる。 | | 気候不順で大凶作となり、米一五万七〇〇〇石の減収。 |
| 一八三三 | 四 | | | | 凶作により、米一五万五〇〇〇石の減収。 |
| | | | | 8 | 米価高騰により、各地に米騒動起こる。 |
| 一八三五 | 六 | | 産物改役所を設置する。 | | 大飢饉、米二二万三二五〇石の減収。 |
| | | | | 10 | 山蔭焼始まる。 |

| 西暦 | 和暦 | 月日 | 政治・法制 | 月日 | 社会（文化を含む）・経済 |
|---|---|---|---|---|---|
| 一八三六 | 天保　七 | 10 | 藩札（七福神札）を発行する。<br>南部利済、広小路御殿・清水御殿等を造営し、土木工事を成す。 | 11 | 大飢饉、米二〇万一五五〇石の減収。<br>領内各地で百姓一揆起こる。<br>北上川洪水、夕顔瀬橋流失。<br>藩札価下落し金融恐慌となる。 |
| 一八三七 | 八 | 1 | 七福神札の通用を禁止する。<br>諸士に五年間、高の一〇〇分三以上の借上を命ずる。 | | 大飢饉、米二三万二五〇〇石の減収。<br>飢饉、米一二万四〇〇〇石の減収。 |
| 一八三八 | 九 | | | | 大飢饉、米二三万八〇〇〇石の減収。 |
| 一八三九 | 一〇 | | 軒別役一四万九四〇〇両を課す。 | | 志和郡を紫波郡と改称する。 |
| 一八四一 | 一二 | 4 | 仙台角銭の通用を禁止する。 | | 釜石大火、一三九軒焼失。 |
| 一八四七 | 弘化　四 | 10 | 領内に六万両の御用金を課す。 | | 三閉伊の農民ら弥五兵衛に率いられ、遠野に強訴する。 |
| 一八五〇 | 嘉永　三 | 4<br>11 | 和賀・稗貫地方に新田検地。<br>盛岡全町に蔵米三〇〇駄を移して凶荒に備えさせる。 | | 藩営の無尽「惣益講」始まる。 |
| 一八五二 | 五 | | 寺社町奉行を町奉行と寺社奉行に区別する。 | | 吉田松陰、盛岡に来遊する。 |
| 一八五三 | 六 | | 藩政改革を行なう。 | 5 | 三閉伊の農民ら三浦命助に率いられ、仙台領に越訴し、藩政改革を要求する。<br>遠野に郷学校の信成堂創設される。 |
| 一八五五 | 安政　二 | 3 | 東蝦夷地の分轄警備を命ぜられる。<br>新渡戸伝、北郡三本木平の開墾を願出る。 | | |
| 一八五七 | 四 | 7 | 三浦命助、獄死する。 | 12・1 | 大島高任、大橋にわが国最初の洋式高炉を建設し、初めて出銑に成功する。 |
| 一八五八 | 五 | | 七戸の南部信誉《のぶのり》、城主格となる。 | | 大橋鉄山を藩直営とする。 |
| 一八五九 | 六 | 10<br>12 | 東蝦夷地の警備区域中に領地を給せられる。<br>江戸城普請用として岩鉄一万五〇〇〇貫を幕府に献上する。 | | |
| 一八六二 | 文久　二 | | 稗貫地方に知行新田検地。 | | 大島高任・八角宗律等、自然科学専門の日新堂を盛岡城下東中野村に創立する。 |
| 一八六五 | 慶応　一 | | | 2 | 盛岡大火、一二〇〇余軒焼失。<br>藩学校明義堂の規模を拡大して、作人館と改称する。 |
| 一八六六 | 二 | | 大迫通外川目の銭座を藩直営とするも失敗。 | 6<br>12 | 三本木新田の新穴堰着工。<br>鬼柳通に重税反対一揆起こる。 |
| 一八六七 | 三 | | 雫石代官所内三〇〇〇石を作人館の学田とする。 | | |

| 西暦 | 和暦 | 月日 | 政治・法制 | 月日 | 社会（文化を含む）・経済 |
|---|---|---|---|---|---|
| 一八六八 | 慶応 四 | 1・24 | 会津討伐を命ぜられる。 | | |
| | | 閏4・11 | 奥羽諸藩、会津藩の降伏謝罪歎願書を九条奥羽鎮撫総督に提出。 | | |
| | | 5・3 | 奥羽越列藩同盟成立する。 | | |
| | | 6・3 | 九条総督一行、盛岡に来る。盛岡藩八〇〇〇両・八戸藩二〇〇〇両の軍資金を供出する。 | | |
| | | 7・27 | 盛岡藩、鹿角口より秋田に進攻を開始する。 | | |
| | 明治 一 | 9・25 | 盛岡藩、官軍に降伏する。 | 11・18 | 鍵屋茂兵衛、尾去沢銅山の経営権を藩より委譲される。 |
| | | 12・7 | 盛岡藩、領地没収される。 | | |
| | | 12・17 | 南部彦太郎（利恭）、磐城白石一三万石に減転される。 | | |
| 一八六九 | 二 | 3・4 | 彦太郎、版籍奉還を願出る。 | 1 | 白石転封反対運動起こる。 |
| | | 6・17 | 彦太郎、版籍奉還を許されて、白石藩知事に任ぜられる。 | | |
| | | 6・21 | 楢山佐渡、報恩寺にて刎首。 | | |
| | | 7・22 | 南部利恭、七〇万両の献金を条件に盛岡復帰を許される。 | | |
| | | 8・10 | 利恭、盛岡藩知事に任ぜられ、陸中の岩手・紫波・稗貫・和賀の各郡で一三万石管轄と決まる。 | 12・27 | 大凶作を大蔵省へ報告する。 |
| 一八七〇 | 三 | 5・14 | 盛岡藩、七〇万両献金免除される。 | 1 | 遠野の旧学館信成堂再興され寸陰館と改称、さらに修道館と称する。 |
| | | 5・15 | 利恭、県制施行を建白し、盛岡藩知事の辞任を請う。 | | |
| | | 7・10 | 盛岡藩を廃し盛岡県を置く。 | 閏10・5 | 盛岡県、作人館を県立学校と改称して校則を定める。 |
| 一八七一 | 四 | 7・14 | 廃藩置県により、一関藩と八戸藩は一関県と八戸県となる。 | 3 | 盛岡県、郷学校開設を布告する。 |
| | | 11・2 | 盛岡・一関・胆沢・江刺の四県を廃し、改めて盛岡県と一関県を置く。 | 7・1 | 盛岡県、医学局において種痘を実施する。 |
| 一八七二 | 五 | 1・8 | 盛岡県を岩手県と改称する。 | | |

○出典〔『雑書』〔盛岡市中央公民館蔵〕『篤焉家訓』〔同〕『飢饉考』『内史畧』〔『岩手史叢』〕『岩手県郷土史年表』『岩手県の歴史』〕

## 〔家老とその業績〕

| 著名家老名 | 担当職務名 | 活躍期 | 生没年月日 | 主な業績 |
|---|---|---|---|---|
| 北松斎信愛 | | 天正10〜 | 大永3〜 | ・三戸郡（青森県）剣吉城主。<br>・信直・利直二代につかえて南部家の基礎を築く。 |

| | | | | |
|---|---|---|---|---|
| | | 慶長18 | 慶長18・8 | ・「五ノ字」型の盛岡城下の建設を進言。<br>・初代花巻郡代北秀愛（信愛の子）の死去により、慶長三年～一八年まで花巻郡代（のちの花巻城代）をつとめ、和賀・稗貫二郡二万石の統治の基礎を築く。<br>・花巻開町の祖となる。 |
| 横沢兵庫済衆 | | 天保4～嘉永2 | ～文久4・4 | ・藩政改革の実権を掌握して、銭札発行・専売制等の政策を推進する。 |
| 楢山佐渡隆吉 | | 嘉永6～明治2 | 天保2～明治2・6 | ・藩政の指導権を掌握して藩論を統一し、奥羽越列藩同盟を結ぶ。<br>・鹿角口より秋田に進攻、降伏後、責任者として明治二年六月二一日、盛岡報恩寺で刎首される。 |

○出典（『参考諸家系図』『岩手県史』5巻、『盛岡市史』2巻）

## 〔藩の職制〕

### ○藩の職制の大綱

藩主―家老
- 御近習頭
- 御留守居
- 御用人所*1
  - 御用人
  - 御側御用人
- 御目付所*2
  - 大目付
- 御勘定所*3
  - 元締
- 北地御用所
  - 北地御用大番頭
- 御中丸御番頭
- 御新丸御番頭
- 加番組
- 新番組

*1 御用人所
- 御用人
- 御側御用人
- 御用人所御物書
- 御側勘定奉行
- 御座敷奉行
- 御数寄屋奉行
  - 舞台奉行（御座敷奉行・御数寄屋奉行）
- 新田奉行
- 植立奉行
- 国産御用所
  - 国産吟味方―奥国産吟味方―御進物方
  - 橋野鉄山吟味役
  - 銅山奉行
  - 猟師奉行
- 御側目付
  - 御駕籠頭
  - 御同朋頭
    - 御同朋
    - 御坊主頭―御坊主
  - 御供目付
    - 御徒頭―御徒
    - 御徒目付
    - 御供頭
- 鷹匠頭―鷹匠―鳥飼―鳥見
- 牛馬後所―牛馬掛御用人―牛馬改役
  - 桜馬場御馬役―上段御馬役
  - 野場役所―野場別当
  - 仁王御馬役
- 御舟手頭―御舟手

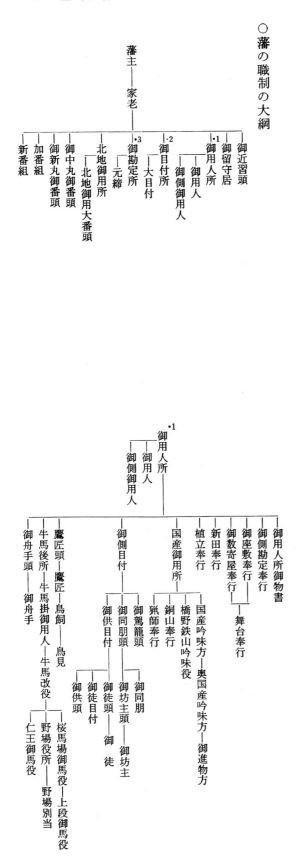

御目付所[2]
- 大目付
- 寺社町奉行
  - 宗門奉行—検断
  - 十人組同心
  - 会所場
- 表目付
  - 牛馬目付
  - 目付
    - 御物頭（同心頭）—同心—目明
    - 御徒目付—御徒頭—御徒
    - 諸番御小人頭—御小人
    - 与力
- 御側目付—御供目付—御手鉾持
- 野辺地境奉行
- 鹿角境奉行
  - 花輪御境奉行
  - 毛馬内御境奉行
    - （野辺地境奉行・花輪御境奉行・毛馬内御境奉行）—御境古人／御境山守／同心
- 御屋敷奉行
- 武具奉行
  - 太鼓役—螺役
  - 御弓方、御鎗方
  - 御旗長柄方
  - 御具足方
  - 御馬具方

御勘定所[3]
- 御勘定吟味役
- 元締
- 諸勘定奉行頭取
- 勘定奉行
- 御側／奥勘定奉行
- 御郡方
- 御代官方
- 御蔵元方
- 御支配方
- 山林方
- 御褒美方
- 御土蔵方
  - 郡奉行—舫奉行（万所及小金所）
  - 本方／払方御金奉行
  - 御蔵奉行
  - 御山奉行
  - 台所奉行—菜園奉行／薬園奉行
  - 銅山奉行—銅山／鉄山／金山／鉛山—吟味役—舗内奉行—；床役—吹役
  - 作業奉行—御舟奉行（造船）—水主
  - 艜奉行—舟手頭—舟手
  - 海辺大奉行—下役
  - 海奉行／川奉行—御舟所
  - 産物吟味方
  - 川除普請奉行
  - 春木極印奉行

○出典（一ノ倉則文「南部藩官職考」〔『奥羽史談』五一四、六一一〕）

## ○格と職

### ①格

**主要な格とその人数**

| | 天保一五年 家格 | 天保一五年 家数 | 明治一年 家格 | 明治一年 家数 | 明治二年 |
|---|---|---|---|---|---|
| 高知 | 御家門 | 三 | 御家門 | 二 | 上士 |
| | 高知 | 二八 | 御三家 | 三 | |
| | | | 着座高知 | 七 | |
| | | | 高知 | 二〇 | |
| 高家 | 御新丸御番頭 | 二二 | 御新丸御番頭 | 一九 | 中士 |
| 本番組 | 平士三〇〇石以上 | 六一 | 平士三〇〇石以上 | 五七 | |
| | 二〇〇〃 | 九六 | 二五〇〃 | 九七 | |
| | 一〇〇〃 | 二三七 | 一五〇〃 | 二三六 | |
| 加番組 | 五〇〃 | 二九三 | 五〇〃 | 二九一 | 下士 |
| 新番組 | 五〇以下 | 八六二 | 五〇石以下 | 八八四 | |
| | 一生御給人 | 一三 | 一生御給人 | 八 | |
| | 勤中御給人 | 一四 | 勤中御給人 | 一二 | |
| 御医師茶道 | 一〇〇石以上御医師 | 一七 | 一〇〇石以上御医師 | 一三 | 中士 |
| | 一〇〇石以下〃 | 七二 | 一〇〇石以下〃 | 七七 | 下士 |
| | 御茶道 | 五 | 御茶道 | 六 | |
| | （城下諸士人数計 | 一七二二） | （城下諸士人数計 | 一七三二） | |
| 在々御給人 | 在々御給人 | 九三二 | 在々御給人 | 一二二四 | 平民のち士族 |
| | （以上小計 | 二六五四） | （以上小計 | 二九五六） | |
| その他 | 御同朋〜御同心 | 一五六四 | 御同朋〜御同心 | 一五二九 | 卒族 |
| | 在々御与力・御同心 | 三九七 | 在々御与力・御同心 | 三七〇 | |
| 合計 | | 四六一五 | | 四八五五 | |

○出典（「天保一五年御国住居諸士」「明治二年身帯帳」、工藤利悦「南部藩士の格」（稿）による。御同心以下は省略）

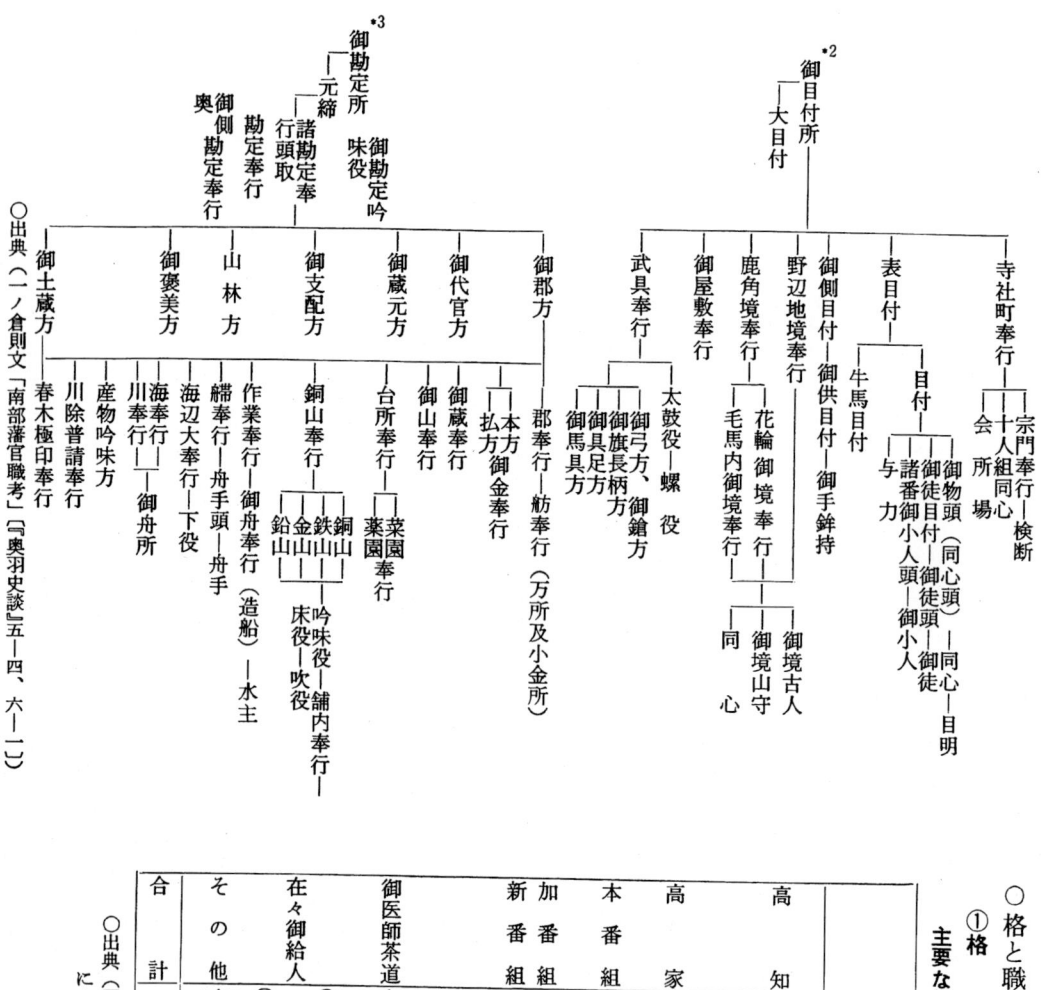

②**職**

・高知（御家門・高知）は、家老・加判役・北地大番頭・御近習頭・御中丸御番頭などに就任。
・高家は、加番組御番頭・御側御用人・御用人・花巻城代・御元締・寺社奉行・御側詰・新番組御番頭などに就任。
・本番組は、御用人・花巻城代・御元締・寺社奉行・御側詰・新番組御番頭などのほか、御境奉行・代官・御船手頭・町奉行・郡奉行などにも就任。
・加番組は、御金奉行・御銅山吟味役・御広式御台所番・御作事奉行・万所奉行・御勝手方などに就任。
・新番組は、諸御山奉行・大納戸奉行・新田奉行・御数寄屋奉行・御国産方などに就任。

○家臣団構成

①**家臣団構成**

一般的な家臣団構成については、前項「格」の項を見よ。

②**郷士制度**

この制度は存在しないが、家臣在郷制がある。これは通常の武士身分で在郷している者。陪臣は在郷の者多し。

**盛岡藩の在郷家臣**（天保十五年）

| 地域区分 | 在郷家臣 | | | | |
|---|---|---|---|---|---|
| | 御給人 | 御役医 | 御与力 | 御同心 | 中使 |
| 花巻 | 一七一（一七二） | 五（一二） | 四（三） | 七〇（七〇） | |
| 上田 | 五（五） | | （一） | | 一（一） |
| 雫石 | （二） | （一） | （一） | （二） | （一） |
| 徳田 | （一） | （一） | | | |
| 日詰 | 二（五） | 三（五） | 一（一） | 一〇（一〇） | （三） |
| 大迫 | （三） | （一） | | | |
| 八幡 | （三） | （一） | （二） | | |
| 二子 | （二） | （二） | （一） | | |
| 鬼柳 | （一八） | （三） | （二） | （五） | |
| 安俵 | （一） | （一） | | | （一） |
| 大槌 | 四九（九一） | （二） | 一（一） | 三（三） | |
| 宮古 | 六二（七七） | 五（六） | 八（九） | 水主一九（一九） 五（一） | 一（一） |
| 野田 | 二〇（一九） | 一（一） | | 五（二） | |
| 沼宮内 | 六（一四） | 一（三） | 一（一） | 五（五） | |
| 福岡 | 五七（八二） | 五（六） | 一三（一二） | 二七（二一） | 三（一） |
| 三戸 | 一一二（一三七） | （二） | 二三（一六） | 二三（二三） | 五（六） |
| 五戸 | 五九（七九） | 一（一） | 三四（二三） | 五（五） | |
| 七戸 | 一八三（一八四） | 二（一） | | 一〇（一〇） | （一） |
| 田名部 | 四六（六一） | 四（七） | 五（四） | 三〇（三〇） | |
| 野辺地 | 二七（二九） | 三（二） | 三（三） | | |
| 毛馬内 | 五〇（七二） | 二（三） | 二（一） | 三六（三六） | |
| 花輪 | 四一（七二） | 二（一） | 七（四） | 三〇（三〇） | 二（一） |
| 沢内 | 七（一一） | （二） | 一（一） | 四（四） | |
| 計 | 八九八（一一六〇） | 三四（六四） | 一〇三（八三） | 二八二（二七五） | 一二（一二） |
| | 九三二（一二二四） | | 三九七（三七〇） | | |

○出典（「天保一五年御国住居諸士」「明治二年身帯帳」、工藤利悦氏の調査により作成。中使以下は省略、（　）内は明治二年分）

〔領内支配（地方支配）の職制と系統〕

家老――代官――肝入（検断）

・代官は一〇〇石以上の本番組士。各通（藩の行政単位）ごとに二人を置く。肝入（検断）を指揮して民政に当たる。
・代官の下に諸役を置く。諸役は御蔵奉行・御蔵番・御蔵肝入・馬肝入・堰守などのほか、各代官が管轄する通の地域性により若干の差がある。

（平野地帯）
鬼柳・黒沢尻代官
- 下役、御山奉行兼帯
- 御物書
- 帳付
- 黒沢尻御蔵帳付並御䌫御物書兼帯
- 鬼柳御境役
- 諸木植立奉行
- 米穀他領出並他郷出吟味方
- 江戸御廻米下差配
- 水沢御山御用達
- 御境古人
- 花巻住居船肝入
- 煤孫滝倉御山守
- 岩崎村水除土手見守方
- 御新田用水古人
- 黒沢尻御蔵番
- 黒沢尻畑返用水堰御用
- 岩崎新田肝入
- 黒沢尻御䌫御膳小頭
- 岩崎御番所下番
- 黒沢尻御船肝入
- 鬼柳御鳥見
- 黒沢尻御䌫所定番
- 硝石製法世話方

（沿岸地帯）
宮　古　代　官
- 下役
- 御物書
- 牛馬役
- 船手役
- 江戸別段御仕向漁物御買上為御登方御用掛
- 長崎俵物御用掛
- 廻船問屋船小宿
- 海防御備米御用掛
- 箆竹御用
- 海防御用*

*
- 鈴久名村檜山守
- 御献上かたくり製法方
- 御船頭
- 御水主
- 塩引切
- 豊間根村山居御山守
- 御城米積船問屋
- 廻船問屋両鉄山宿
- 硝石製法世話方
- 硝石御買入方

（藩境・鉱山地帯）
花　輪　代　官
- 下役
- 御物書
- 硝石製法世話方
- 硝石御買入方
- 焔硝煮世話方並熊沢温泉明礬製法世話方
- 御銅山御買米並御銅山御振向地出金銭取立御用掛
- 牛馬役
- 御銅山付御山奉行
- 御境役
- 真木山金山御用掛
- 畑返御用掛
- 御銅山付熊沢硫黄山差配役
- 鹿角夜明島御山見
- 三矢沢立菱山御山見
- 田山村木地挽
- 硫黄山支配人
- 御銅山主役
- 御銅山御山方
- 廻銅支配人
- 御境古人
- 熊沢御境御山見
- 黒沢御境付御山見
- 土深井村御境付御山見
- 御同心

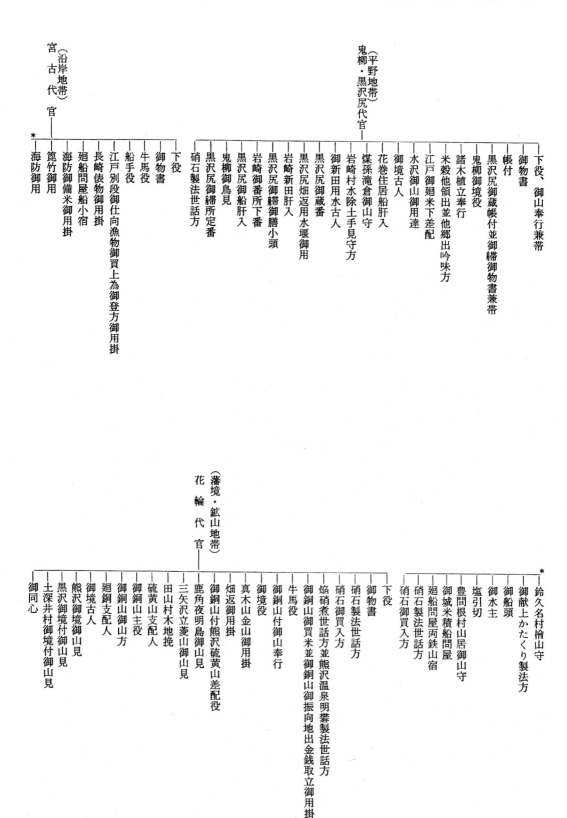

（山間地帯）雫石代官
- 御物書
- 帳付
- 御境役
- 毛皮差配人
- 御境古人
- 尾入御番所船越
- 雫石御山所御極印打
- 橋場村御境山守
- 御山守
- 御鳥見
- 硝石製法世話方

○出典（工藤利悦氏の作成による）

## 〔領内の支配区分〕

領内の代官統治区域を「通《とおり》」という。通の制は、寛文六年（一六六六）から天和三年（一六八三）にかけて整備されて三三通となった。通ごとの地域区分は、時期により若干の異動がある。安永九年（一七八〇）の通区分並びに各通ごとの村数・石高は次表のごとし。

**通ごとの村数・石高**（安永九年）

| 通名 | 村数 | 石高 |
|---|---|---|
| 上田通 | 三一 | 石 五一四〇・六〇〇 |
| 厨川通 | 七 | 六三一八・五〇〇 |
| 飯岡通 | 九 | 八八二五・三〇〇 |
| 向中野通 | 一一 | 六九〇四・九〇〇 |
| 見前通 | 九 | 五五三五・八〇〇 |
| 雫石通 | 一〇 | 六八六三・八〇〇 |
| 徳田通 | 九 | 五六三七・一〇〇 |
| 伝法寺通 | 一〇 | 五八六八・〇〇〇 |
| 日詰通 | 九 | 六一八九・一〇〇 |
| 長岡通 | 一二 | 六〇五七・八〇〇 |
| 大迫通 | 七 | 四九五一・七〇〇 |
| 八幡通 | 二一 | 一万〇八五六・六〇〇 |
| 寺林通 | 二〇 | 一万一八一一・四〇〇 |
| 万丁目通 | 一四 | 一万〇六六四・八〇〇 |
| 二子通 | 一三 | 一万四二六七・一〇〇 |
| 黒沢尻通 | 一二 | 一万二七七四・〇〇〇 |
| 鬼柳通 | 五 | 六三九七・二〇〇 |
| 安俵通 | 一一 | 六七八二・二〇〇 |
| 高木通 | 二三 | 九〇二八・五〇〇 |
| 大槌通 | 二三 | 三三四九・七〇〇 |
| 宮古通 | 五八 | 七三五四・八〇〇 |
| 野田通 | 二二 | 二二二七・二〇〇 |
| 沼宮内通 | 三八 | 一万〇七七三・九〇〇 |
| 福岡通 | 七二 | 一万三七六九・〇〇〇 |
| 三戸通 | 三三 | 一万〇一七七・七〇〇 |
| 五戸通 | 二九 | 一万四一七〇・六〇〇 |
| 七戸通 | 二四 | 五七四八・〇〇〇 |
| 田名部通 | 三七 | 四六四三・〇〇〇 |
| 野辺地通 | 一二 | 一四四一・八〇〇 |
| 毛馬内通 | 四五 | 一万一二六六・五〇〇 |
| 花輪通 | 二四 | 八一七八・三〇〇 |
| 沢内通 | 七 | 四〇八一・〇〇〇 |
| 遠野通 | 四一 | 一万三七一二・八〇〇 |
| 計 | 七〇八 | 二六万一七六八・七〇〇 |

○出典（「邦内郷村志」『南部叢書』5巻）により作成）

## 〔村役人の名称〕

（村方）肝入―老名《おとな》―組頭
（町方）検断―宿老《おとな》

○出典（『盛岡市史』2巻）

・五人組を代表する組頭の重立を老名と称し、その老名の中から選出された肝入が藩政の末端機関として、代官の指揮下にあって村政を担当。
・蔵入地各村ごとに肝入を置く。
・給地（知行地）については、村内各給地ごとに原則として給地肝入を置く。
・町の検断は村の肝入に対応。老名（宿老）は肝入（検断）の諮問に応じて協議する人。

## 〔領内の主要交通路〕

**陸路の主要街道**（次頁の主要街道宿駅図参照）

1　奥州街道
2　浜街道　三陸沿岸を北上し、田名部（むつ市）に至る街道。
3　秋田街道（雫石街道）　盛岡から滝沢・雫石・御明神などを経て橋場の境目番所を通り、秋田領小保内（田沢湖町）に至る街道。さらに角館から秋田に通じている。
4　鹿角街道（津軽街道）　国鉄花輪線沿いの街道で、盛岡から田頭・寺田・荒屋・田山・湯瀬・大里などを経て鹿角（花輪町）に至る街道。さらに神田・松山を経て秋田領沢尻に入り、その先き大館を通って碇ケ関で弘前（津軽）領に通じていた。
5　大槌街道　盛岡から乙部・大迫・達曽部・遠野横田などを経て、三陸沿岸の大槌に至る街道。なお、遠野横田から分岐して甲子を通り、釜石に至る街道がある。これが釜石街道と呼ばれているもので、盛岡・遠野間は大槌街道と兼ねていた。
6　宮古街道（閉伊街道）　盛岡から簗川・田代・門馬・平津戸・川内・箱石・川井・古田・腹帯・茂市・蟇目・根城・田鎖・千徳などを経て、三陸沿岸の宮古に至る街道。
7　小本街道　盛岡から藪川・門・畏綿・岩泉・小友（乙茂）・中島などを経て、三陸沿岸の小本に至る街道。
8　野田街道（沼宮内街道）　奥州街道の沼宮内宿から葛巻・関・小国・木売内・下戸鎖などを経て、三陸沿岸の野田に至る街道。また、盛岡から小本街道を兼ね、岩泉から野田に至る街道。
9　遠野街道（花巻街道）　奥州街道の花巻宿から土沢・下宮守を経て、遠野横田に至る街道。
10　八戸街道　奥州街道の福岡宿から八戸領観音林を経て、八戸に至る街道。
11　福岡鹿角街道　福岡宿から安比川に沿ってさかのぼり、浄法寺・中佐井を経て、曲田（安代町）で盛岡からの鹿角街道（津軽街道）に合流して鹿角（花輪町）に至る街道。
12　沢内街道　盛岡から滝沢を通り、雫石で秋田街道と分かれ、鶯宿を経て沢内に至る街道。盛岡から雫石までは秋田街道（雫石街道）と兼ねていた。また、奥州街道の鬼柳宿（北上市）から横川目・川尻を経て沢内に至る街道もあり、これまた沢内街道と呼ばれている。

○出典（細井計『奥州街道筋駅程図巻』）

**主要な港**（文化元年書上）

閉伊郡　釜石・両石・大槌・吉里吉里・山田・宮古
北郡　泊・野辺地・横浜・大畑・大間・奥戸・佐井・牛滝・川内・安渡
八戸領　久慈・鮫

○出典（「郷村古実見聞記」〔『南部叢書』四〕）

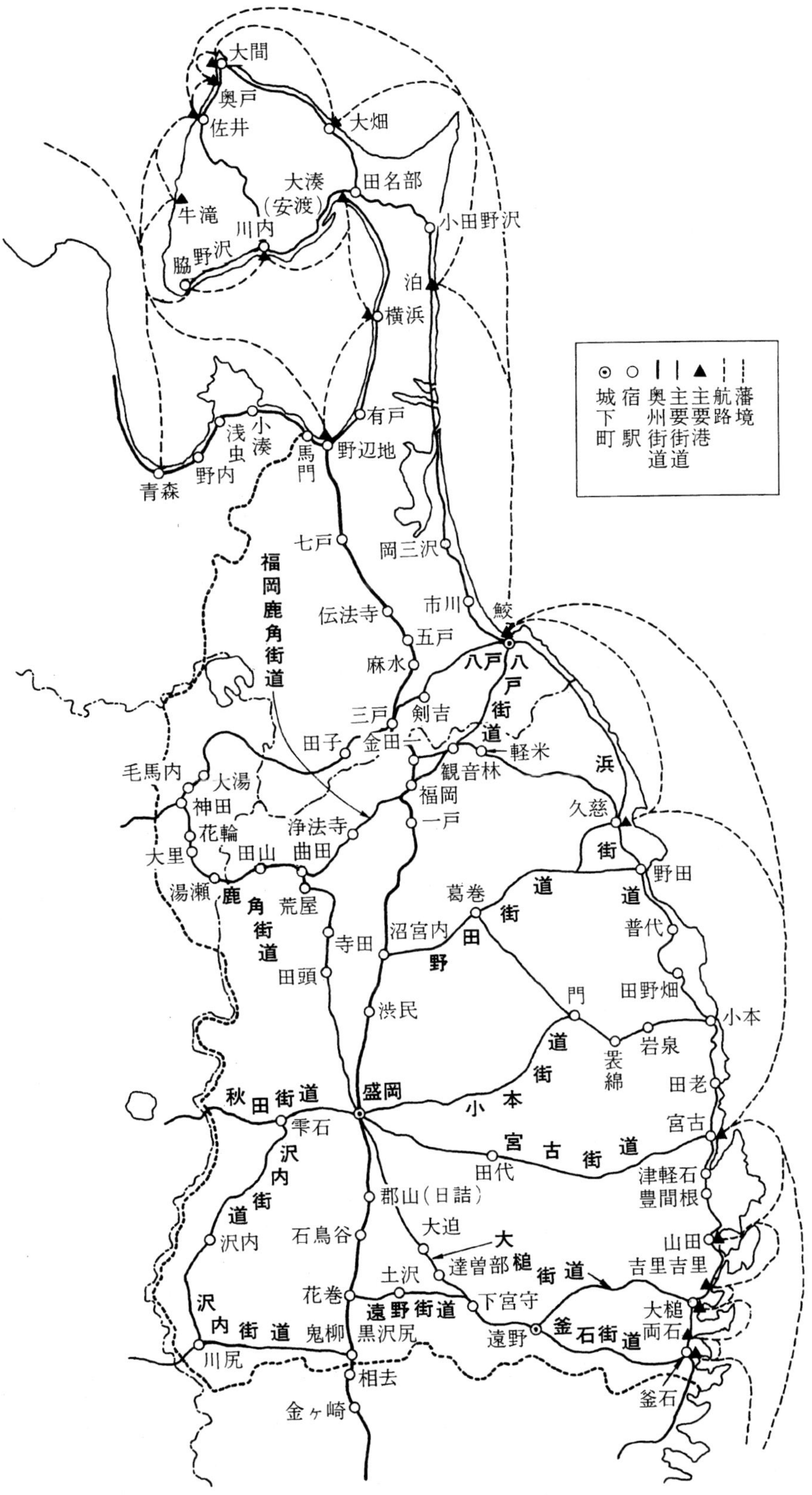


盛岡藩主要街道宿駅図（執筆者作図）

## 〔番所の所在地〕

番所には他領との境目の警衛にあたった境目番所、領内の商品流通の統制を目的とした物留番所、それに船舶を監視した遠見番所などがあった。それぞれの所在地は時期により移動もあるが、おおむね以下のごとし。

・境目番所
和賀郡　鬼柳番所、立花番所、黒岩番所、浮田番所、田瀬番所、倉沢番所、越中畑番所、岩崎番所
閉伊郡　鮎貝番所、荒谷番所、赤羽根番所、平田番所
岩手郡　橋場番所
鹿角郡　熊沢番所、土深井番所、松山番所、濁川番所
北郡　馬門番所

・物留番所
和賀郡　煤孫番所、沢内番所、下中島番所（和賀川の舟運監視）、黒沢尻番所（北上川の舟運監視）
閉伊郡　遊井名田番所
稗貫郡　野沢番所
岩手郡　簗川番所、尾入番所（雫石川の流木監視）
鹿角郡　湯瀬番所
二戸郡　小繋番所
三戸郡　夏坂番所

・遠見番所
閉伊郡　小谷鳥・重茂・箱ケ崎・下ノ崎・羅賀崎
九戸郡　山の上
北　郡　泊ノ崎・尻屋崎・黒岩・牛滝

○出典（「内史畧」(3)、「郷村故実見聞記」(『南部叢書』四)「邦内郷村志」(『南部叢書』五)）

## 〔在町、津出場・米蔵の所在地〕

○在町

在町の概念については、必ずしも一致しているとはいえないが、ここでは一応城下町以外の領内の町場をさすことにする。この町場は町高にもとづく町役を負担し、盛岡藩では「雑書」などに記述されているように、一般に「御町」と呼ばれていた所である。御町＝在町は町分と村分とに分かれており、町分は少なくて一町、一般には二ないし三町から構成されていた。これらの在町は、地域内の商品流通の中核となっていたと同時に、他領間の商品流通の結節点ともなっていた。在町の多くには藩倉が設置され、給人も住んでいたので、蔵米や給人米の払市場を形成していたし、伝馬所としての機能も果たしていた。藩政初期における各郡の在町は以下のごとし。

岩手郡　沼宮内・渋民
志和郡　郡山（日詰）
稗貫郡　花巻・大迫
和賀郡　黒沢尻
閉伊郡　宮古・山田・川井・大槌・釜石・甲子
九戸郡　久慈
二戸郡　福岡・一戸
三戸郡　八戸・櫛引・三戸・名久井・剣吉
北　郡　田名部・野辺地・馬門・五戸
鹿角郡　花輪・毛馬内・大湯

○出典（渡辺信夫『藩政確立期の商品流通』「雑書」(盛岡市中央公民館蔵)）

○津出場・米蔵

領内における藩の倉庫は、蔵米を収納する御米蔵と籾を収納する御籾蔵との二種からなり、主としてその地域の主産物を収納していた。領外

では仙台領の石巻に藩の倉庫があった。慶安年間（一六四八～五二）における藩倉の所在地は以下のごとし。

岩手郡　盛岡（二ヶ所）・沼宮内
志和郡　郡山（二ヶ所）
稗貫郡　花巻（二ヶ所）・大迫・達曽部
和賀郡　黒沢尻
閉伊郡　大槌・宮古
九戸郡　久慈
二戸郡　福岡
三戸郡　三戸・八戸
北　郡　五戸・田名部・横浜
鹿角郡　花輪・毛馬内
仙台領　石巻

○出典（『岩手県史』五巻）

## 〔江戸城の詰間〕

柳間（寛政期）
大広間（天保期、文化二年以降大広間詰）

○出典（『大成武鑑』『天保武鑑』〔盛岡市中央公民館蔵〕）

## 〔江戸屋敷の所在地〕

寛政期

| 屋敷 | 所在地 |
|---|---|
| 上屋敷 | 外桜田 |
| 中屋敷 | 三田寺町 |
| 下屋敷 | 麻市南部坂 |

天保期

| 屋敷 | 所在地 | 備考 |
|---|---|---|
| 上屋敷 | 外桜田 | 六〇一三坪 |
| 中屋敷 | 品川大崎村 | 一五〇〇坪 |
| 下屋敷 | 麻市一本松（南部坂） | 二万八〇〇〇坪 |
| 抱屋敷 | 上志田村 | 二万三〇〇〇坪 |
| 抱屋敷 | 中野村・本郷村 | 五四七三坪 |
| 町並屋敷 | 深川猟師町・佐賀町 | 三七三坪 |
| 河岸地 | | 一一四坪 |

○出典（『大成武鑑』『南部史要』『新編物語藩史』一）

## 〔蔵屋敷の所在地〕

江戸蔵屋敷　芝田町八丁目　七七一坪
大坂蔵屋敷　北浜通過書丁二丁目

○出典（「篤焉家訓」盛岡市中央公民館蔵）

## 〔藩の専売制〕

<table>
<tr><th>専売品目</th><th>専売期間</th><th>専売仕法</th></tr>
<tr><td>塩</td><td>寛政4年～</td><td rowspan="8">弘化四年（一八四七）、大坂商人の鴻池伊助・肥前屋篤兵衛を蔵元として城下に出店させ、近江商人鍵屋茂兵衛・井筒屋権右衛門・同善助等を町用達として、産物会所・藩札会所を中核とする専売制を実施した。元治元年（一八六四）、御国益御用所を設置した。<br>御作事奉行高橋市右衛門を御用材剪出方に任命した。</td></tr>
<tr><td>海産物</td><td rowspan="6">弘化4年～</td></tr>
<tr><td>米穀</td></tr>
<tr><td>大豆</td></tr>
<tr><td>紅花</td></tr>
<tr><td>銅</td></tr>
<tr><td>硝石</td></tr>
<tr><td>木材</td><td>未詳</td></tr>
</table>

○出典（『東北の歴史』下、「内史畧」4）

〔藩札〕

| 藩札名 | | 発行年月 | 使用期間 |
|---|---|---|---|
| 七福神札 | | 天保6年10月 | ～天保8年1月 |
| 福禄寿 | 二四文 | | |
| 布袋 | 三二文 | | |
| 恵比寿 | 一〇〇文 | | |
| 大黒 | 二〇〇文 | | |
| 弁財天 | 三〇〇文 | | |
| 毘沙門 | 一貫文 | | |
| 寿老人 | 二貫文 | | |

○出典（「内史略」4、『盛岡市史』2）

〔藩校〕

| 藩校名 | 成立年月 | 所在地 |
|---|---|---|
| 稽古場<br>明義堂（天保11年改称）<br>作人館（慶応1年改称） | 明和8年12月 | 城下三戸町 |

**沿革**　稽古場は寛永十三年（内丸新丸）に設立され、元文五年に志家村八幡坂上に移されたとの伝もあるが不詳。明和八年に成立した稽古場は武芸専修であったが、天保十一年に明義堂と命名されて文武兼修となり、慶応元年にはその規模を拡大して作人館と改称し、修文所（文学）・昭武所（武術）・医学所の三部制とした。雫石代官所内の学田三〇〇〇石をもって維持する。明治元年十二月廃校。

**目的**　藩士の教育を目標とし、文武両道の兼修。

**教科内容**　漢学、国学、洋学、数学、兵学、馬術、剣、弓、柔術、医学

**学頭（著名な教授）**　漢学＝江幡五郎（那珂梧楼）・照井小作・山崎謙蔵・太田代恒徳・伊藤弁司、国学＝長嶺一兵衛・檜山宇八郎・本堂宜治・江刺和多理・菊池正吉、医学＝佐々木寿山・本堂通伯・青木逸民

○出典（「篤焉家訓」「雑書」［盛岡市中央公民館蔵］『盛岡市史』2巻）

〔藩の武術〕

| 種目 | 流派 | 武術者 |
|---|---|---|
| 弓術 | 印西流（化政年間） | 石井軍蔵綱伴 |
| | 日置流吉田印西派（安政年間） | 下斗米小四郎昌道 |
| | 日置流道雪派（化政年間） | 横浜縫太慶宝 |
| 馬術 | 一和流（明和年間） | 佐羽内九郎治路啓 |
| | 大坪流（寛政年間） | 村松権右衛門 |
| 剣術 | 新当流（天保年間） | 安宅　登 |
| | 柳生流（文政～安政年間） | 猿賀又兵衛慶備 |
| | 心眼流（天保年間） | 松岡倉右衛門重威 |
| | 鞍馬流（明和～安永年間） | 藤田治五右衛門景至 |
| | 戸田一心流（　？　） | 戸田一心斎 |
| | 小野一刀流（嘉永年間） | 伊藤範之丞祐宗 |
| 槍術 | 新当流（化政年間） | 野々村円蔵雅古 |
| | 宝蔵院流（文政年間） | 下田栄助 |
| | 柏原流（延享年間？） | 富田邦広 |
| 鎌術 | 宝蔵院流（延享年間） | 奥大之進 |
| 柔術 | 諸賞流＝観世流（明和年間） | 岡武兵衛庸重 |
| | 関口流（安永年間） | 中村惣治郎 |
| 砲術 | 一火流（安永年間） | 横沢周左衛門 |
| | 行信流（天保年間） | 荒木田辰之進景春 |
| | 種ケ島流（文政～天保年間） | 下河原志津馬恒詮 |
| | 中嶋流（文政・天保年間） | 鈴木嘉忠 |

| | |
|---|---|
| 稲富流(享和年間) | 箱石清左衛門義慰 |
| 萩野流(嘉永年間) | 桜井忠太夫経徳 |
| 西洋流(文久年間) | 大島惣左衛門高任 |

○出典（『盛岡市史』2巻）

## 〔参勤交代〕

参勤交代で白河以南の奥州道中(街道)を利用した大名は三七家を数えるが、そのうち南部氏の場合は、例年四月参府を原則(天保期以降は不定期)として、盛岡城下から江戸日本橋までの一三九里、宿駅九一次の行程を往復した。南部氏が一〇万石の大名として参勤する際の恒例として、街道筋の各宿駅には伝馬一〇〇疋・人足五〇人が準備されていた。奥州街道各宿駅の常備人馬は二五人・二五疋の規定であったから、盛岡藩の場合は規定の四倍の伝馬と二倍の人夫が用意されたことになる。

享保六年（一七二一）、幕府が出した供人数制限令によると、一〇万石以上は馬上一〇騎、足軽八〇人、中間人足一四〇～一五〇人と規定されている。したがって南部氏の参勤交代には、一〇万石の格式の場合でも、二五〇人前後の供を従えて上下し、そのほかに伝馬一〇〇疋と馬ひき一〇〇人、人足五〇人を要したことになる。実際に供奉した人数は江戸中期で五～六〇〇人、文化五年（一八〇八）、二〇万石に格上げされた時代になると、規模が改正されて三〇〇人程度となった。

盛岡藩では原則として、藩士などの江戸往来については一二日振り（一一泊一二日）と規定していたが、文政五年（一八二二）からは、道路状態の悪い九月から二月までの期間は一三日振りと改定された。一二日振りで上ると、鬼柳・一関・古川・国分町・白石・八丁目・須賀川・芦野・喜連川・小金井・杉戸などに宿泊して江戸に到着した。一三日振りだと、花巻・前沢・築館・吉岡・岩沼・越河・二本松・矢吹・越堀・氏家・小金井・粕壁・江戸着となっている。

文政八年（一八二五）、利用の参勤の場合は、四月下旬から五月中旬までの内に盛岡を発駕し、一五日間の日程で江戸に到着する計画が立てられていた。「文政八年酉三月、屋形様当御参勤御用留」(杉村家文書）によると、

十五日振

一郡山昼　一花巻寓
一鬼柳〃　一水沢〃
一一ノ関〃　一神成〃
一高清水〃　一三本木〃
一新町〃　一国分町〃
一岩沼〃　一大河原〃
一越河〃　一福島〃
一二本松〃　一郡山〃
一矢吹〃　一白坂〃
一鍋掛〃　一佐久山〃
一氏家〃　一宇都宮〃
一石橋〃　一杉戸〃
一越谷〃　一千住〃(一日所用)
一江戸

と記されている。

○出典（細井計『奥州街道筋駅程図巻』、吉田義昭他『図説盛岡四百年』上）

## 〔藩の基本史料・基本文献〕

盛岡市中央公民館所蔵
「雑書」、「篤焉家訓」、「公国史」、「国統大年譜」、「盛藩年表」
『南部家文書』　吉野朝史蹟調査会　昭和一三年
『藩法集』9・盛岡藩上下　藩法研究会　創文社　昭和四五～四六年
『南部叢書』(復刻)一〇巻　南部叢書刊行会　歴史図書社　昭和四五～四六年
『岩手史叢』一〇巻　岩手県立図書館　岩手県文化財愛護協会　昭和四八～五九年

『南部史要』（復刻）　菊地悟郎　熊谷印刷出版部　昭和四七年
『岩手県史』5巻・盛岡藩　岩手県　杜陵印刷　昭和三八年
『盛岡市史』（復刻）2巻・3巻　盛岡市　トリョー・コム　昭和五四年
（執筆者・細井　計）

# 七戸藩《しちのへはん》

〔藩の概観〕

七戸藩の成立時期については、文政二年（一八一九）の大名昇格時、安政五年（一八五八）の城主格昇格時、同六年の陣屋地決定時、文久三年（一八六三）の陣屋創設時、明治二年（一八六九）の藩庁創設時などに求める諸説がある。これらの内、厳密にいえば、南部信方《のぶかた》が陸奥国北郡七戸地方において一万石を与えられ、七戸村の旧七戸城を修復普請して藩庁を創設した明治二年をもって、七戸藩の成立とみるのがより適切であろう。しかし、一般的には、当の南部氏が大名に昇格した文政二年にまでさかのぼって、七戸藩と通称される場合が多いようである。

元禄七年（一六九四）、盛岡藩主南部行信《ゆきのぶ》は弟政信《まさのぶ》に利賀《わが》・二戸《にのへ》両郡の内で五〇〇〇石を分知して幕府に出仕させたので、政信は寄合旗本として江戸麹町に屋敷を構えた。この五〇〇〇石の知行地はほとんど新田分から構成されていたが、宝永四年（一七〇七）からは蔵米支給に変更された。政信から五代目の信隣《のぶちか》は、文政二年（一八一九）、宗家の盛岡藩主南部利敬《としたか》から蔵米六〇〇〇石を加増され、一万一〇〇〇石の禄となって諸侯に列し、従五位下、播磨守に任ぜられて江戸城柳間詰となった。

信隣のあと、信誉《のぶのり》・信民《のぶたみ》・信方《のぶかた》と藩主となるが、いずれも参勤交代を行なわない定府大名であった。安政五年（一八五八）、信誉の時から城主格に列せられ、翌年、幕命によって陣屋地を北郡三本木村に指定されたというが、確かではない。また文久三年（一八六三）、信民の時に陣屋を三本木村に創設し、蔵米から地方への切り替えが行なわれ、七戸通六七〇〇石と五戸通で四三〇〇石、都合一万一〇〇〇石の所領が確定したとの説もあるが、これまた確証はない。

慶応四年（一八六八）、戊辰戦争が勃発すると、信民は宗家とともに奥羽越列藩同盟に加わったかどで、一〇〇〇石を減封された上で隠居を命ぜられた。明治二年（一八六九）正月、盛岡藩主南部利恭《としゆき》の弟信方《のぶかた》に家督相続が許され、同年二月、旧七戸城を普請して藩庁を創設し、ついで五月には七戸地方三八ヶ村・一万三八四石余の所領が確定された。これが名実ともに七戸藩の誕生である。翌六月になると、信方は東京にあって版籍を奉還して七戸藩知事に任ぜられ、八月中旬になって初めて七戸に入部した。養父信民は信方を助けて産業・教育の振興に尽力したが、藩政に対する不満がつのり、明治三年閏十月七戸通惣百姓一揆の発生をみている。明治四年、廃藩置県により七戸県を経て弘前県となり、すぐ青森県と改称された。

〔藩の居城〕

**城**
名称　七戸城
所在地　青森県上北郡七戸町
家数・人口　二九九四軒・一万五五二七人
○出典（『藩制一覧』）

〔親疎の別〕　**南部家**　**外様**

（執筆者・細井　計）

# 白《しろ》石《いし》藩

## 〔藩の概観〕

旧仙台藩家臣片倉小十郎の居所および知行地に、亘理伊達氏、石川氏などの知行地を加えて明治元年（一八六八）十二月に成立。

戊辰戦争の戦後処理として、仙台藩は二八万石に削減され、残余はいくつかの藩の取締地および預地となった。その内、刈田郡、伊具郡、柴田郡、宇多郡の内の旧仙台藩領に伊達郡の一部を加えた地域一三万石に、明治元年十二月十七日、旧盛岡藩二〇万石を政府直轄地として没収された南部彦太郎利恭《としゆき》が転封となり、白石城を居城とした。この処置が、居住地を失った家中の北海道移住の契機となったともいえるかも知れない。

当時南部氏は白石には入らず、重臣を中心とした国替停止、盛岡城地安堵の運動がつづけられており、領民もまた二年二月、このことを知って運動を始めた。しかし、三月盛岡藩領を取り締まる松代藩ほか三藩の権知事が盛岡に着任した。四月十一日、それまで片倉氏の預りとなっていた白石城がようやく南部氏へ引渡され、六月南部彦太郎は白石藩知事に任命された。家臣の一部は盛岡から移住を始めたが、七月二十二日復帰運動が功を奏し、七〇万両の献納を条件に復帰が許可となり、八月十日南部彦太郎は盛岡藩知事となり、陸中四郡一三万石を管轄することになった。

盛岡復帰が決定し着任の途中、八月十三日南部彦太郎は初めて白石城に入り、一ヶ月滞在して九月二十日盛岡へ出発した。

その後、二年九月に旧仙台藩領分は白石県となり、権知事武井守正以下二〇人の役人が着任したが、十一月県庁を角田へ移し角田県となった。

○出典（『白石市史』『角田市史』『宮城県通史』）

## 〔藩の居城〕

**城**

名　称　白石城

所在地　宮城県白石市

家数・人口　不詳

## 〔親疎の別〕

**南部家　外様**

（執筆者・齋藤鋭雄）

# 八《はち》戸《のへ》藩

## 〔藩の概観〕

八戸藩は陸奥国三戸《さんのへ》郡（青森県）を中心に、九戸《くのへ》郡（岩手県）と志和《しわ》郡（同県）を領有した外様小藩である。寛文四年（一六六四）九月、盛岡藩二代藩主南部重直《しげなお》が後嗣を決めないまま死去したため、同年十二月幕府は遺領一〇万石を分割し、弟重信《しげのぶ》に八万石で盛岡藩を相続させ、次弟の直房《なおふさ》には二万石を与える処置をとり、八戸《はちのへ》藩が誕生した。翌五年二月領地が配分され、三戸《さんのへ》郡四一ヶ村、九戸《くのへ》郡三八ヶ村、志和《しわ》郡四ヶ村、合計八三ヶ村で、治所は八戸《はちのへ》城と定められた。領有石高は、同年二月二十七日付領地書上目録によれば、本高は三戸郡一万五八五・九七五石、九戸郡六二二五・六三三石、志和郡三一九〇・九六二石、合計二万石、内高は三戸郡二万一一一九・七四八石、九戸郡一万三二〇九・七四三石、志和郡五八六五・四四三石、合計四万二六四・九三四石である。領有地、領有高とも廃藩まで変わることがなかった。

初代藩主南部直房は盛岡藩の刺客により暗殺されたとの口承もあり、早くに死去したが、二代藩主の直政《なおまさ》は元禄元年（一六八八）に将軍綱吉の側用人となり、外様大名としては異例の累進をとげた。しかし、まもなく病気のために辞任したが、この間譜代大名並の待遇を受けることとなった。直政は学才があり、詩文集の『新編文林全集』を編纂した。元禄頃までにはほぼ領内総検地が終り、三代通信《みちのぶ》から四代広信《ひろのぶ》の代に法令や諸制度が整備され、藩政の基礎が確立した。八代信真《のぶまさ》は野村軍記《のむらぐんき》を「御主法替主任」として文政の藩政改革を推進し、財政再建に取り組んだが、天保五年（一八三四）の百姓一揆により挫折した。天保九年（一八三八）沿岸警備の功により城主格となり、薩摩藩より迎えられた九代信順《のぶゆき》の代には、安政二年（一八五五）従四位下、ついで侍従に昇格。戊辰戦争時には消極的ながらも奥羽越列藩同盟に加入し、弘前《ひろさき》藩と野辺地《のへじ》で戦火を交えたが、朝敵となることもなく、明治四年（一八七一）廃藩を迎えた。その後、八戸県を経て同年青森県に編入された。

## 〔藩の居城〕

**陣屋**（天保九年まで）　**城**（同年以降）

名　称　八戸城

所在地　青森県八戸市内丸《うちまる》一—三丁目

家数・人口　五万八五〇七人（元禄八年）
七万一八五二人（寛延二年）
一万三三八六軒・六万七六四七人（明治初年頃）

○出典（八戸南部家文書〔「八戸藩日記」〕『藩制一覧』）

## 〔藩（大名）の家紋など〕

**南部家**

家紋　丸の内向鶴胸に九曜

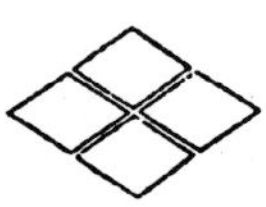
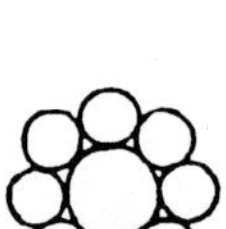

替紋　割菱　九曜　花菱

幕紋・旗紋　丸の内向鶴胸に九曜

○出典（八戸南部家文書〔弘化三年「系譜」・文政三年「幕府差出控図」・年代不明「紋之図」〕『文化武鑑』）

## 〔藩主の系図〕（姻戚関係）

**南部家**　外様

- **直房**《なおふさ》
  - **直政**《なおまさ》
    - **通信**《みちのぶ》 盛岡藩主南部重信四男
      - **広信**《ひろのぶ》
        - **信興**《のぶおき》
          - **信依**《のぶより》
            - **信房**《のぶふさ》
              - **信真**《のぶまさ》 信依三男
                - 信経
                - 信一
                - 忠文
                - 女子 花房大膳職恕室
                - 女子 阿部遠江守正蔵室
                - 女子 柴田日向守嫡子七左衛門康常室
                - 真勝
                - 女子 市橋主殿頭長富室
                - 女子 植村出羽守養子駿河守家貴室
                - **信順**《のぶゆき》 鹿児島藩主島津重豪五男
                - 女子 養子信順室
            - 依晴
            - 信真 信房養子
            - 女子 織田大膳長孺室
          - 岩之進
          - 信充
          - 興長
          - 興春
        - 女子
        - 熊次郎
        - 信之
      - 女子
      - 修理
    - 女子 朽木主水周綱室
    - 女子 南部主計勝信室
  - 直常
  - 女子 市橋左京政勝室

○出典（八戸南部家文書〔「系譜」弘化三年南部信順署名、明治初年「元八戸南部家系」〕『寛政重修諸家譜』）

## 〔藩主一覧〕（歴代藩主および石高・所領の変遷）

| 姓 | 諱 | 受領名または官名 | 通称 | 生没年月日 | 戒名と菩提所（所在地） | 藩主就任・退任年月日 | 江戸幕府就任役職名・ | 就任退任年月日 | 石高変遷年月日（西暦） | 石高（表高） | 領地（国郡名） |
|---|---|---|---|---|---|---|---|---|---|---|---|
| 南部 | 直房 | 左衛門佐 | 数馬 | 寛永5～寛文8・6・24 | 清凉院天性自心　南宗寺（青森県八戸市長者一丁目） | 寛文4・12・6～寛文8・6・24 | | | 寛文5・2・27（一六六五） | 二〇〇〇〇 | 陸奥国三戸郡・九戸郡・志和郡 |
| 南部 | 直政 | 遠江守 | 武太夫 | 寛文1・5・6～元禄12・2・16 | 天祥院月硼宗真　金地院（東京都港区芝） | 寛文8・8・21～元禄12・2・16 | 詰衆<br>側衆<br>側用人 | 貞享4・9・18<br>元禄1・9・12<br>元禄1・11・12～元禄2・1・26 | | 〃 | 〃 |

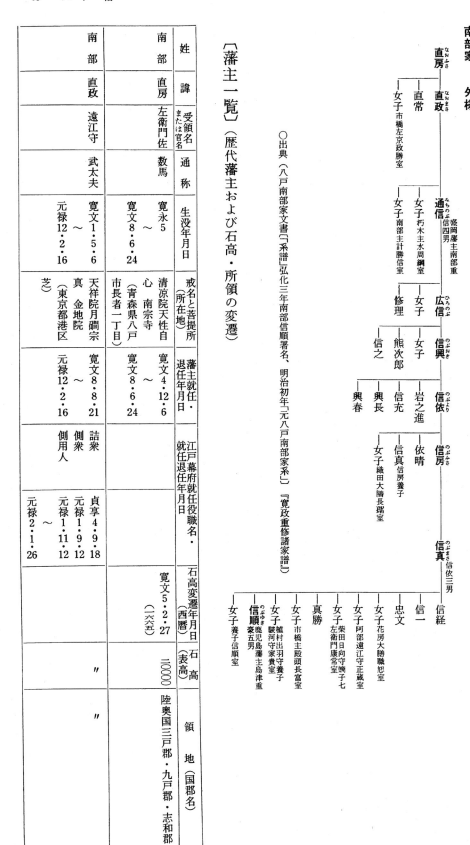

| 姓 | 諱 | 受領名または官名 | 通称 | 生没年月日 | 戒名と菩提所（所在地） | 藩主就任・退任年月日 | 江戸幕府就任役職名・就任退任年月日 | 石高変遷年月日（西暦） | 石高（表高） | 領地（国郡名） |
|---|---|---|---|---|---|---|---|---|---|---|
| 南部 | 通信 | 遠江守 | 右近 | 延宝1・2〜享保1・8・24 | 三玄院法林徹証　南宗寺（青森県八戸市長者一丁目） | 元禄12・5・13〜享保1・8・24 | | | 二〇〇〇〇 | 陸奥国三戸郡・九戸郡・志和郡 |
| 南部 | 広信 | 甲斐守 | 宮内 | 宝永3・3・7〜寛保1・5・2 | 正見院覚雲宗智　金地院（東京都港区芝） | 享保1・10・26〜寛保1・5・2 | | | 〃 | 〃 |
| 南部 | 信興 | 左衛門尉 | 亀之助 | 享保10・9・25〜安永2・8・13 | 龍津院珠厳宗混　南宗寺（前同） | 寛保1・6・24〜明和2・5・29 | | | 〃 | 〃 |
| 南部 | 信依 | 甲斐守 | 亀次郎　左近 | 延享4・2・11〜天明1・6・7 | 宝性院禅岩宗安　金地院（前同） | 明和2・5・29〜天明1・2・14 | | | 〃 | 〃 |
| 南部 | 信房 | 伊勢守 | 繁松　右近 | 明和2・6・15〜天保6・5・16 | 仙溪院仁道宗寿　金地院（前同） | 天明1・2・14〜寛政8・2・13 | | | 〃 | 〃 |
| 南部 | 信真 | 左衛門尉 | 安吉　主水 | 安永7・2・1〜弘化3・12・29 | 惇徳院仁峯宗栄　金地院（前同） | 寛政8・2・13〜天保13・5・11 | | | 〃 | 〃 |
| 南部 | 信順 | 遠江守 | 虎之助　篤之丞 | 文化10・1・11〜明治5・2・20 | 神葬祭により戒名なし　南宗寺（前同） | 天保13・5・11〜明治4・7・14 | | | 〃 | 〃 |

〇出典（八戸南部家文書「弘化三年「系譜」・明治初年「元八戸南部家系」」『寛政重修諸家譜』）

〔藩史略年表〕

| 西暦 | 和暦 | 月日 | 政治・法制 | 月日 | 社会（文化を含む）・経済 |
|---|---|---|---|---|---|
| 一六六四 | 寛文四 | 12・6 | 幕府は南部重直の遺領を分割し、二万石で八戸藩を創設。南部直房、初代藩主となる。 | | |
| 一六六五 | 五 | 2・27 | 八戸藩領地が決定。 | 7・22 | 初めて運送船を雇い、江戸へ台所米を回漕。 |
| | | 8・16 | 志和に米倉建設。 | | |
| 一六六六 | 六 | 5・21 | 直房、初めて八戸へ入部。 | 5・22 | 菩提所南宗寺を類家村に造営。 |
| 一六六八 | 八 | 6・24 | 直房死去、盛岡藩の暗殺との伝。 | 1・23 | 久慈の鉄を盛岡へ駄送、以後鉄は国産として他領へ移出。 |
| | | 8・21 | 直政、二代藩主となる。 | | |
| 一六七一 | 一一 | 6 | 領内を六代官所支配に分ける。 | 6・19 | 南宗寺を糠塚村に移転。 |
| 一六七二 | 一二 | 6・17 | 盛岡藩領との境界を決定。 | | |
| 一六七四 | 延宝二 | | | 10・26 | 八戸荒町、剣吉村より市願出。 |
| 一六七五 | 三 | 8・5 | 領内の金目高を制定。 | 1・26 | 八戸八日町諸役減免の願出。 |
| 一六七七 | 五 | 6 | 領内総検地終了し、小高帳下付。 | | |
| 一六八二 | 天和二 | 4・11 | 領内の制札場定まる。 | 11・19 | 八戸八日町市立の願出。 |
| 一六八四 | 貞享一 | 9・21 | 初めて領地朱印状を受ける。 | | |
| 一六八五 | 二 | 6・15 | 盛岡藩領七崎と侍浜・白米と交換。 | 3・6 | 長苗代通新田へ百姓屋敷配分。 |
| 一六八六 | 三 | 3・1 | 石巻に米倉を建設。 | 3・1 | 志和米を江戸へ初めて回漕。 |
| 一六八七 | 四 | 9・18 | 直政、御詰衆となる。 | | |
| 一六八八 | 元禄一 | 9・12 | 直政、御側衆となる。 | 12・28 | 舫金の制を定める。 |
| | | 11・12 | 直政、将軍綱吉の御側御用人となる。 | | |
| 一六八九 | 二 | 1・26 | 病気のため側用人辞退。 | | |
| 一六九〇 | 三 | 10・5 | 家中の在郷在宅を禁止する。 | 6 | 『新編文林全集』編纂。 |
| 一六九三 | 六 | | | 3・25 | 八戸六日町、朔日町市日願出。 |
| 一六九四 | 七 | 10・17 | 検断を庄屋、肝煎を名主と改称。 | | |
| 一六九五 | 八 | | | 4・6 | 長苗代・是川・糠塚・類家の検地。 |
| | | | | 11・6 | 領内の人口五万八五〇七人。 |
| 一六九六 | 九 | | | 11 | 中里清右衛門『旧話集』五冊編纂。 |
| 一六九七 | 一〇 | | | 8・12 | 領内郷村高四万二五九九石余。 |

| 西暦 | 和暦 | 月日 | 政治・法制 | 月日 | 社会（文化を含む）・経済 |
|---|---|---|---|---|---|
| 一六九九 | 元禄一二 | 5・13 | 養子の通信、三代藩主となる。 | | |
| 一七〇一 | 一四 | 3・14 | 新田開発停止の布令。 | | |
| 一七〇二 | 一五 | 1 | 諸士の領地を遠在に移す。 | 9・19 | 凶作の損毛高一万七八〇〇石余。 |
| 一七〇三 | 一六 | | | 3・15 | 窮民等一万六七四五人。 |
| 一七〇四 | 宝永一 | 6・22 | 酒田からの幕府の城米船入港。 | 10 | 徃鞍流馬術を御家流と称す。 |
| 一七〇六 | 三 | 5・5 | 牝馬の他領払の禁止。 | | |
| 一七〇七 | 四 | 5・24 | 湊川口に十分一役所設置。 | 3・15 | 裏町共より塩たばこ商売願出。 |
| 一七一三 | 正徳三 | 閏5 | 幕府より領民の衣服令伝達。 | 6・15 | 久慈の塩、八戸へ輸送売買厳命。 |
| 一七一六 | 享保一 | 10・26 | 広信、四代藩主となる。 | | |
| 一七一七 | 二 | | | 1 | 幕府へ新田高五〇三〇石報告。 |
| 一七二〇 | 五 | 11・17 | 諸士の江戸、志和往復の旅費を定める。 | 9・10 | 中里清右衛門、『中興記・家譜』編纂。 |
| 一七二一 | 六 | | | 7・19 | 法霊神輿初めて長者山への渡輿。 |
| 一七二三 | 八 | | | 6・25 | 六年よりの他領払牛数調査。 |
| 一七二四 | 九 | 4 | 領内検地法を制定 | 3・3 | 藩営牧場の広野・妙野再牧。 |
| | | | | 9・20 | 鰯・鯎・漁油等の払下価格定める。 |
| 一七二五 | 一〇 | | | 7・24 | 初鮭幕府へ献上、以後恒例化。 |
| 一七二六 | 一一 | 5・9 | 新田開発停止の再達し。 | 10・21 | 領内総馬数二万四一頭。 |
| 一七二八 | 一三 | | | 8・29 | 大雨による被害一万四六二石余。 |
| 一七三一 | 一六 | | | 10・1 | 漁船三六〇艘余、塩釜七三工。 |
| 一七三八 | 元文三 | | | 5・22 | 沖の口の礼金を定める。 |
| 一七四〇 | 五 | 閏7・22 | 家老始め諸役人の勤務規定を定める。 | | |
| 一七四一 | 寛保一 | 6・24 | 信興、五代藩主となる。 | | |
| | | 7 | 諸士の勤務規定・法度の制定。 | | |
| 一七四三 | 三 | 6・6 | 家中衣服着用の制を定める。 | 5・11 | 惣門舛形の規模拡張。 |
| 一七四四 | 延享一 | 5・22 | 信玄流を当家の軍法とする。 | 8・6 | 安藤昌益、遠野射手の病気治療。 |
| 一七四七 | 四 | | 領内高米金の収支書き上げ。 | | |
| 一七四八 | 寛延一 | 5・15 | 軍役人数を定める。 | | |
| 一七四九 | 二 | 12・8 | 新田開発停止の解除。 | 12 | 猪飢渇による餓死三〇〇〇人。 |
| | | 12・19 | 切符切米下付の規則制定。 | 12・26 | 領内人口七万一八五二人。 |
| 一七五〇 | 三 | 1 | 農民の闕所欠落の処分方法定める。 | | |
| 一七五五 | 宝暦五 | 10・23 | 凶作による損毛一万八五七三石余。 | 2 | 昌益の『自然真営道』完成。 |

| 西暦 | 和暦 | 月日 | 政治・法制 | 月日 | 社会（文化を含む）・経済 |
|---|---|---|---|---|---|
| 一七五六 | 宝暦六 | 5・11 | 飢饉による死絶者多し。 | | |
| 一七五七 | 七 | 8 | 勤番中の家禄の改正。 | 4・20 | 八戸町火消し組織定まる。 |
| 一七六一 | 一一 | 11・11 | 諸役人役料合力を定める。 | | |
| 一七六二 | 一二 | | | 8・18 | 湊・白金・鮫の鰯釜七四口。 |
| 一七六三 | 一三 | | | 8・20 | 大雨による耕地人家の被害大。 |
| 一七六五 | 明和二 | 5・29 | 信依、六代藩主となる。 | 10・29 | 久慈通の鰯・〆粕・漁油の調査。 |
| 一七六六 | 三 | 4・25 | 五代官所の役米増加。 | 6・25 | 長苗代通再検地。 |
| 一七六九 | 六 | | | 6・7 | 湊・白銀・鮫・久慈の〆粕五一〇〇俵、漁油一四四四樽。 |
| | | | | 7・16 | 広野・妙野の馬数六四頭。 |
| 一七八〇 | 安永九 | | | 6・10 | 領内へ養蚕奨励。 |
| 一七八一 | 天明一 | 2・14 | 信房、七代藩主となる。 | | |
| 一七八二 | 二 | 11・11 | 藩政批判の山村松現へ切腹命ずる。 | 7・5 | 足軽組丁を移転し、惣門丁を町屋とする。 |
| 一七八三 | 三 | 10 | 未曽有の大飢饉。 | 10・17 | 損毛高一万九二三六石余。 |
| 一七八四 | 四 | 2・30 | 五代官内死絶離散数九五七四人。 | 9・15 | 荒地高一万六四五七石余。 |
| 一七八五 | 五 | | | 9・1 | 大雨による不仕付一三七七石余。 |
| 一七九〇 | 寛政二 | 5・7 | 領内田畑の芒所開墾を指示。 | 2・7 | 社寺に毎年の安全豊作の祈禱。 |
| 一七九三 | 五 | 3・20 | 沿岸警備陣容定め、狼煙篝準備。 | | |
| 一七九五 | 七 | 12・16 | 久慈に一揆の動き、家老処分。 | 4・5 | 御駒代の改訂。 |
| 一七九六 | 八 | 2・13 | 弟信真、八代藩主となる。 | | 前浜、湊の漁船調査二一六艘。 |
| 一八〇五 | 文化二 | | | 6・13 | 三通牛改め、五三四頭。 |
| 一八〇七 | 四 | 6・24 | 沿岸警備の陣容を定める。 | | |
| 一八〇八 | 五 | | | 6・29 | 八戸肴町以外での肴販売禁止。 |
| 一八〇九 | 六 | | | 12・30 | 湊・白銀・鮫の漁獲高一万余貫。 |
| 一八一〇 | 七 | | | 8 | 商法会所商人による藩札発行。 |
| | | | | 9・1 | 領内人口五万一三九六人(百姓人口のみか)。 |
| 一八一四 | 一一 | 8・22 | 藩札と正銭引替について触書。 | | |
| 一八一九 | 文政二 | 6・29 | 野村武一登用、藩政改革始まる。 | 7 | 改革機関の御調役所の設置。 |
| 一八二〇 | 三 | 6・18 | 御用商人七崎屋半兵衛とり潰し。 | | |
| 一八二二 | 五 | 12・12 | 給所地の新田開発の督励。 | | |
| 一八二三 | 六 | 2・12 | 新田開発掛の設置。 | 5・10 | 浜屋茂八郎経営の鉄山を藩営。 |
| 一八二五 | 八 | | | 1・2 | 八戸町大火、二四二軒焼失。 |

| 西暦 | 和暦 | 月日 | 政治・法制 | 月日 | 社会（文化を含む）・経済 |
|---|---|---|---|---|---|
| | | | | 9・19 | 新羅社へ軍装の参拝行列。 |
| 一八二七 | 文政一〇 | 4・15 | 藩名売りこみに相撲抱え政策。 | 7・19 | 長者山三社堂大規模に造営。騎馬打毬の実施。 |
| 一八二八 | 一一 | 3・16 | 改革一〇年満期、意見の聴取 | 4・13 | 城内に大規模な新殿造営。 |
| | | | | 10・25 | 領内へ漆・桑・楮植立の奨励。 |
| 一八二九 | 一二 | 9・27 | 領内総検地の実施。 | 4・9 | 八戸町大火、四〇四軒焼失。 |
| | | | | 4 | 大火後、城下に建築規定。 |
| | | | | 10・15 | 二の丸へ学校創設。 |
| 一八三〇 | 天保一 | 閏3・15 | 野村、軍記の名と感章を拝領。 | 3・15 | 城下の下町振興のため大日市。 |
| 一八三二 | 三 | 2・15 | 諸役人・代官心得発布。 | 2・11 | 新田開墾・田地調査の実施。 |
| | | 3・13 | 倹約服制の口達。 | 11・27 | 凶作による損毛一万一三五三石、以後七ヶ年飢渇始まる。 |
| 一八三三 | 四 | 12・19 | 凶作のため、八戸町の穀改め。 | 10・19 | 領内百姓人口五万五五一人。 |
| 一八三四 | 五 | 1・9 | 久慈の百姓一揆、八戸へ来襲。 | 2・20 | 船小宿礼銭、鮫より湊上回る。 |
| | | 1・15 | 野村、免職となり、失脚。 | | |
| 一八三八 | 九 | 10・6 | 沿岸警備により、城主格に昇進。これ以後御城と呼称。 | | |
| 一八四二 | 一三 | 5・11 | 信真隠退し、薩摩藩からの養子の信順九代藩主となる。 | | |
| 一八四四 | 弘化一 | 6 | 倹約奏功して金三万両蓄財。 | | |
| 一八四七 | 四 | | | 11 | 軽米の豪農淵沢定長、『軽邑耕作鈔』を著わす。 |
| 一八五三 | 嘉永六 | 10・18 | 抱相撲廃止して足軽組増員。 | | |
| 一八五四 | 安政一 | 4・28 | 領内八ヶ所へ台場築造。 | | |
| 一八五五 | 二 | 12・16 | 藩主信順、四品に叙任。 | | |
| 一八五六 | 三 | | | 7・23 | 大地震が起き、津波襲来。 |
| 一八五八 | 五 | 8・6 | 西洋式歩騎砲の練兵実施。 | | |
| 一八五九 | 六 | | | | 藩有船の入港多く、松前・三陸間の近距離の海運盛況。 |
| 一八六〇 | 万延一 | | | 8・9 | 蛇口山水の鴨平の用水堰完工。 |
| 一八六一 | 文久一 | 12・16 | 藩主信順、侍従に叙任。 | | |
| 一八六四 | 元治一 | | | 12・28 | 八戸町大火、三一七軒焼失。 |
| 一八六六 | 慶応二 | | | | 豪商大岡長兵衛、『たしなみ草』執筆。 |
| 一八六八 | 明治一 | 閏4・29 | 奥羽越列藩同盟に署名。 | | |
| | | 7・15 | 庄内征討の命により出兵。 | | |
| | | 9・22 | 野辺地で弘前藩と交戦。 | | |
| 一八六九 | 二 | 3・26 | 藩治職制の改革。 | | |

| 西暦 | 和暦 | 月日 | 政治・法制 | 月日 | 社会（文化を含む）・経済 |
|---|---|---|---|---|---|
| 一八七〇 | 明治　三 | 6・22 | 版籍奉還により藩知事となる。 | 4・8 | 兵学館開校。<br>昨年来、凶作続く。 |
| 一八七一 | 四 | 7・14 | 廃藩置県により廃藩。 | | |

○出典（前田利見『八戸藩史料』『八戸市史』史料編近世一～一〇・同通史編、三浦忠司・高島成侑『南部八戸の城下町』、八戸南部家文書〔「八戸藩日記」「同勘定所日記」青森県・宮崎道生『青森県近代史年表』、八戸港史編集委員会『八戸港史』）

## 〔家老とその業績〕

| 著名家老名 | 担当職務名 | 活躍期 | 生没年月日 | 主な業績（家老就任以前も含む） |
|---|---|---|---|---|
| 船《ふな》越《こし》治《じ》助《すけ》 | | 元禄12以降頃～正徳末頃 | 不詳 | ・藩士の知行制度再編による藩権力の強化。<br>・礼金・諸役金等税制の整備。<br>・相互共済・金融制度の紡《もやい》制の創設。 |
| 紫《し》波《わ》源《げん》之丞《のじょう》 | 御勝手御用掛 | 元文5頃～宝暦6頃 | 不詳 | ・商人による年貢立替の勝手《かって》仕送《しおくり》制度の創設。<br>・旅費規程、服務規程、諸役勤務心得・勤方等、官僚制機構の整備。 |
| 野《の》村《むら》武《よ》一《いち》（軍記《ぐんき》） | 御勝手御役<br>人惣座上 | 文政2～天保4 | 安永3～天保5 | ・国産の奨励と専売制の施行、施策施行のための御調役所《おちょうやくしょ》設置。<br>・新田開発の推進と検地の実施。<br>・特権商人の弾圧と利用。<br>・藩財政の再建。 |

○出典（『八戸市史』通史編、西村嘉『八戸の歴史』）

## 〔藩の職制〕

### ○藩の職制の大綱

- 藩主―家老・中老―
  - 番方―
    - 番頭―番士（三番編成）
    - 者頭―足軽（四番編成）
  - 役方―
    - 側廻用人―
      - 刀番
      - 納戸
      - 近習
      - 側医
      - 祐筆
      - 馬別当―
        - 馬方
        - 馬医
      - 鳥見
      - 御賄―
        - 配膳
        - 御料理
    - 勝手―*
      - 吟味―
        - 吟味添役―吟味下役
        - 大工奉行
        - 破損奉行
        - 用金方
        - 物書
        - 本方―年貢金取立
        - 紡《もやい》金奉行―
          - 紡方帳方
          - 新年賦取立
        - 台所奉行
        - 買物役
      - 目付―
        - 目付添役
        - 書役
        - 徒目付
      - 勘定頭―**
        - 勘定所組頭―勘定方
        - 地方役
        - 蔵奉行
        - 浦奉行
        - 川口奉行

- *
  - 寺社町奉行
  - 山目付
  - 馬目付
- **
  - 堤奉行
  - 各通山奉行
  - 雑穀奉行
  - 各代官

・刀番・納戸・近習を御側三役、吟味・目付・勘定頭を勝手三役という。

○出典（工藤祐董「八戸藩法制の変遷」の図より『幕藩国家の法と支配』所収）

### ○格と職

| 階層 | 家格 | 役職 |
|---|---|---|
| 表 | 家柄（番頭座上・番頭・番頭並・者頭・者頭格） | 家老・中老・番頭・用人・者頭 |
| 表 | 番士（番士・無高番士） | 用人・者頭・吟味・目付・寺社町奉行・勘定頭・山目付・馬目付・刀番・近習・納戸・代官等、勝手小役人を指揮する勝手役人 |
| 勝手 | 給人（給人・給人格） | 勝手小役人（勝手諸職下役） |
| 勝手 | 医師 | 側医・番医 |
| 勝手 | 馬方（馬方・馬方格） | 馬別当・馬方 |
| 勝手 | 勘定方（勘定方・勘定方格） | 勘定組頭・勘定方 |
| 勝手 | 郷士 | なし |

○出典（工藤祐董「八戸藩法制の変遷」の図より『幕藩国家の法と支配』所収）

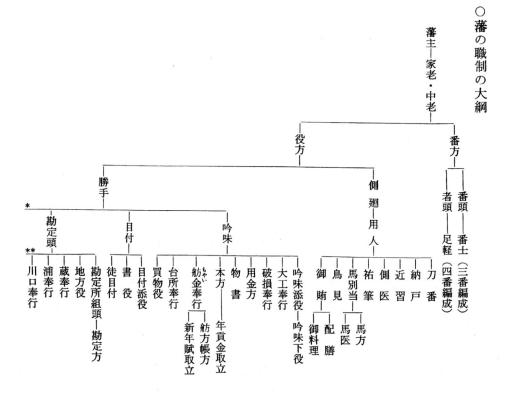

| 封禄形態 ＼ 家格・役職と人員数 | 1 番頭座上・番頭・番頭並・者頭・者頭格 | 2 番士 | 3 給人 | 4 給人雇 | 5 給人格 | 6 給人格雇 | 7 医師 | 8 仲小姓（中） | 9 馬方（馬責） | 10 馬方格 | 11 勘定方 | 12 勘定方格 | 13 徒士 | 14 徒士格 | 15 志和下代 | 16 郷士 |
|---|---|---|---|---|---|---|---|---|---|---|---|---|---|---|---|---|
| | 人員 | 〃 | 〃 | 〃 | 〃 | 〃 | 〃 | 〃 | 〃 | 〃 | 〃 | 〃 | 〃 | 〃 | 〃 | 〃 |
| 知行（金成・蔵米を含む） 403石　～400石 | 2 | | | | | | | | | | | | | | | |
| 400石未満～300石 | 2 | | | | | | | | | | | | | | | |
| 300石未満～250石 | 3 | | | | | | | | | | | | | | | |
| 250石未満～200石 | 6 | 3 | | | | | | | | | | | | | | |
| 200石未満～150石 | 6 | 12 | | | | | | | | | | | | | | |
| 150石未満～100石 | 4 | 46 | | | | | 1 | | | | | | | | | |
| 100石未満～ 50石 | | 58 | | | | | 2 | | | | | | | | | |
| 50石未満～ 20石 | | 5 | 7 | | 2 | | | | | | | | | | | |
| 小計 | （23） | （124） | （7） | （0） | （2） | （0） | （3） | （0） | （0） | （0） | 0 | 0 | 0 | 0 | 0 | 0 |
| 切米 17駄～16駄 | | 2 | 0 | | | | | | | | | | | | | |
| 15駄～11駄 | | 1 | 4 | | | | | | | | | | | | | |
| 10駄～ 6駄 | | 6 | 9 | | | | | | | | | | | | | |
| 5駄～ 2駄 | | | 55 | | 13 | | | 3 | 10 | 1 | 5 | 4 | | | | |
| 小計 | （0） | （9） | （68） | （0） | （13） | （0） | （0） | （3） | （10） | （1） | （5） | （4） | 0 | 0 | 0 | 0 |
| 切符 16両～11両 | | 0 | 0 | 1 | | | | | | | | | | | | |
| 10両～ 6両 | | 19 | 19 | 1 | | | 1 | 1 | | | | | | | | |
| 5両～ 2両 | | 1 | 42 | 0 | 2 | 1 | 3 | 8 | | | 1 | 2 | | | | |
| 小計 | （0） | （20） | （61） | （2） | （2） | （1） | （4） | （9） | （0） | （0） | （1） | （2） | 0 | 0 | 0 | 0 |
| 計 | 23 | 153 | 136 | 2 | 17 | 1 | 7 | 12 | 10 | 1 | 6 | 6 | 0 | 0 | 0 | 1（2人扶持）（総計375） |

・番頭座上・番頭・番頭並・者頭・者頭格を総称して「家柄」という。

・家柄の家格は家老などの重職につく上級家臣。番士は幹部役人につく中級家臣で、騎士格。給人以下は下級家臣の家格。この他に準家臣の足軽の家格がある。

○家臣団構成

**①家臣団構成**

文久以降頃の「御分限附御家中本座列」による家格・役職と封禄形態による家臣団構成は上表の通りである。

・史料によっては、郷士の次に「次坊主」、者頭格の次に「留主居や取次」があげられる。

○出典（工藤祐董「八戸藩法制の変遷」の図より『幕藩国家の法と支配』所収）

**②郷士制度**

郷士という名前があるが、これは軽輩武士の家格・役職を称したもので、この制度は存在しない。

しかし、地方知行制は廃藩まで存続しており、本田支給の純粋な地方知行は有力家臣層に集中している。

〔領内支配（地方支配）の職制と系統〕

勘定頭
- 名久井通代官《なくいどおり》
- 長苗代通代官《ながなわしろどおり》
- 八戸廻代官《はちのへまわり》
- 軽米通代官《かるまいどおり》
- 久慈通代官《くじどおり》
- 志和代官《しわ》

・勘定頭は五〇石以上の番士家格だが、行政経験によっては

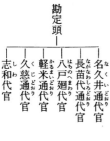

給人家格からの登用もある。二名もしくは三名を置くことあり。代官を指揮して民政に当たる。

・代官は五〇石内外の番士家格。通《とおり》（八戸藩の行政単位）ごとに二名を置く。ただし、宝暦年間中頃より、名久井通と長苗代通は兼職。志和代官は盛岡藩領の飛地管理のため目付役格の高い家格。

・八戸城下には町奉行（定員二名）を置く。

○出典（八戸南部家文書「八戸藩日記」「同勘定所日記」）

## 〔領内の支配区分〕

領内の行政区分を「通《とおり》」という。通制の確立は寛文十一年（一六七一）。通ごとの支配村数は次表の如し。

| 通名 | 村数 |
|---|---|
| 八戸廻 | 三戸郡一八ケ村 |
| | 九戸郡一ケ村 |
| 長苗代通 | 三戸郡一二ケ村 |
| 名久井通 | 三戸郡一一ケ村 |
| 軽米通 | 九戸郡一九ケ村 |
| 久慈通 | 九戸郡一八ケ村 |
| 志和 | 志和郡四ケ村 |

○出典（八戸南部家文書「八戸藩日記」「同勘定所日記」　前田利見『八戸藩史料』など）

## 〔村役人の名称〕

**村方**　名主―乙名―組頭―（百姓）
　　大下書―田屋―下書（名主の下）

**町方**　庄屋《しょうや》―乙名―組頭―（町人）

・名主は各通ごとに四～八名内外置かれ、数ケ村を管轄。町名主と郷名主の区別があり、町名主は八戸町の商人、郷名主は管轄村落の乙名から選出。

・乙名は各村ごとに数名置かれ、五人組の組頭を統轄。実質上の村政運営者。

・大下書・田屋・下書は直接村政に関与しない補助機関。

・大下書は各通ごとに一名、田屋・下書は名主ごとに各一名置かれる。大下書は代官と名主の間に介在し、訴願の処理などの事務手続を行なう。田屋は訴願の処理などのほか、城下における村民の留置施設的役割をはたす。下書は各村の書記役。

・海岸の村には乙名と共に地頭《じとう》あるいは浦乙名《うらおとな》を設置。

・給所（藩士の知行地）の名主は小名主《こなぬし》とも称す。

・元禄七年に村役人・町役人の名称たる肝入《きもいり》、検断《けんだん》を名主、庄屋に改称。

○出典（八戸南部家文書「八戸藩日記」「同勘定所日記」　遠山家文書「名主名書上覚」　三浦忠司・田名部清一『青森県八戸・下長の歴史』）

## 〔領外（飛地）の支配機構〕

・盛岡藩領の志和《しわ》郡に飛地あり。片寄《かたよせ》・稲藤《いなふじ》・土館《つちだて》・平沢《ひらざわ》の四ケ村で、本高三一九〇石余。志和代官所（現岩手県紫波郡紫波町）を置く。

・志和産米を江戸へ回漕するための米穀土蔵が石巻《いしのまき》（現宮城県石巻市）に所在（貞享三年建設）。

○出典（前田利見『八戸藩史料』など）

## 〔領内の主要交通路〕

**陸路の主要街道**（八戸藩の主要交通路と伝馬継所図参照）

1　上《のぼ》り街道　八戸城下より市野沢を経て江戸へ至る。
2　久慈《くじ》街道　八戸城下より大野を経て久慈へ至る。
3　湊街道・浜《はま》街道　八戸城下より湊、さらに小舟渡方面へ至る。

八戸藩の主要交通路と伝馬継所図

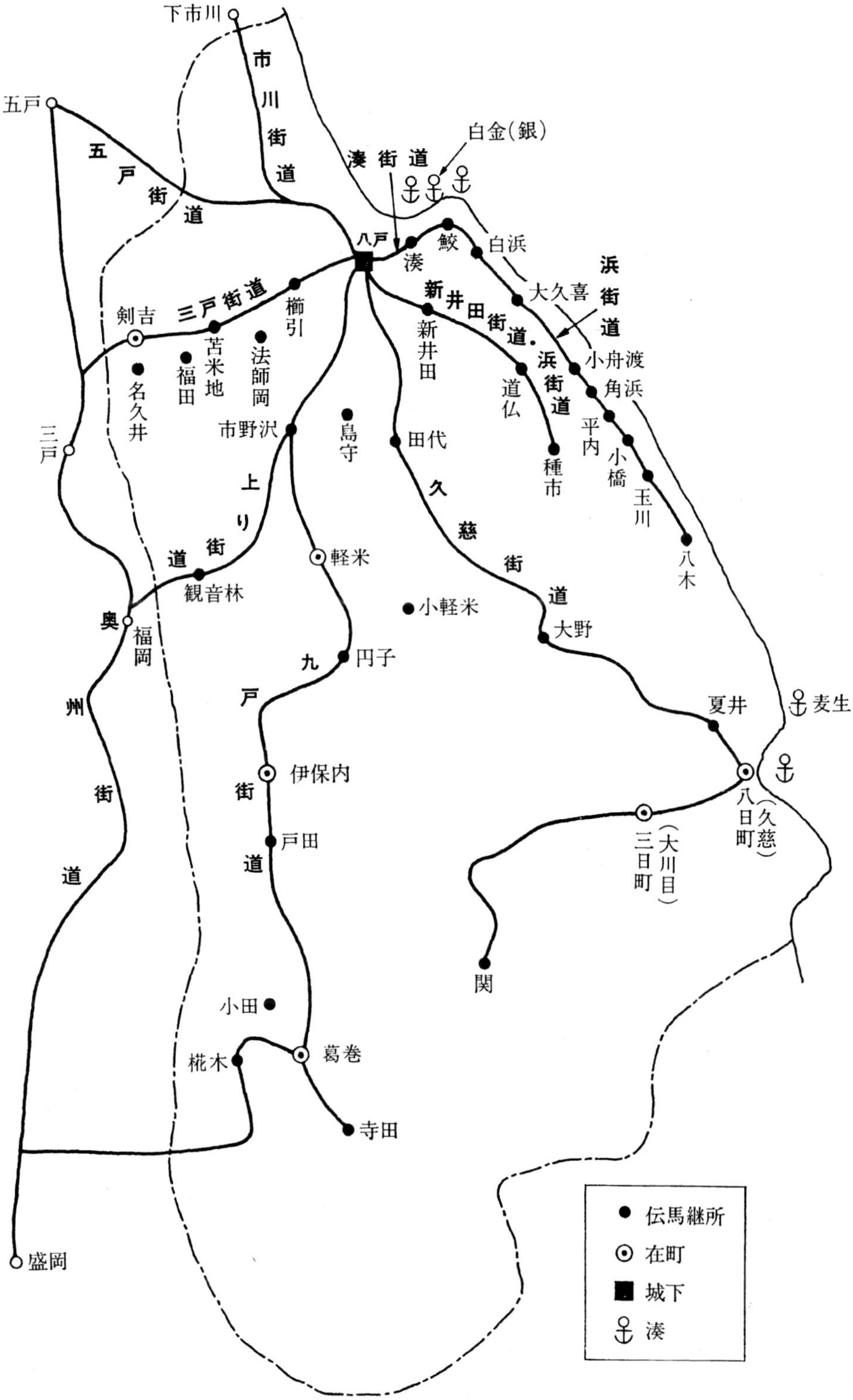


○出典（三浦忠司「八戸藩の交通」『八戸地域史』第三号）をもとに執筆者作成）

4　新井田《にいだ》街道・浜《はま》街道　八戸城下より新井田、さらに種市へ至る。
5　九戸街道　八戸城下より葛巻へ至る。
6　三戸街道　〃　三戸　〃
7　五戸街道　〃　五戸　〃
8　市川街道　〃　市川　〃

○出典（八戸城下絵図、八戸藩領絵図など）

**伝馬継所**（嘉永元年）

| | |
|---|---|
| 上り街道 | 市野沢、観音林 |
| 久慈街道 | 田代、島守、大野、夏井、八日町、三日町、関 |
| 三戸街道 | 櫛引、法師岡、苫米地、福田、剣吉、名久井 |
| 新井田・浜街道 | 新井田、道仏、種市 |
| 湊・浜街道 | 湊、鮫、白浜、大久喜、小舟渡、角浜、平内、小橋、玉川、八木 |
| 九戸街道 | 軽米、小軽米、円子、伊保内、戸田、葛巻、寺田、椛木、小田 |

・八戸城下の伝馬継所は八日町に所在。

○出典（八戸南部家文書「八戸藩勘定所日記」嘉永元年十月二十五日条）

**港**

海に面しているため港多し。延享四年の「浦数覚」（前田利見『八戸藩史料』）によると、次の通り。

湊《みなと》、白金《しろがね》、二子石《ふたごいし》、持越沢《もちこしざわ》、鮫《さめ》、深久保《ふかくぼ》、種差《たねさし》、法師浜《ほっしはま》、大久喜《おおくき》、金浜《かねはま》、道仏《どうぶつ》、大蛇《おおじゃ》、小舟渡《こみなと》、角浜《かどのはま》、平内《ひらない》、川尻《かわじり》、荒津内《あらつない》、玉川《たまかわ》、戸類家《へるいけ》、八木《やぎ》、宿部《しゅくのへ》、久慈《くじ》、小子内《おこない》、有家《うげ》、中野《なかの》、本波《ほんなみ》、麦生《むぎょう》、二子《ふたご》、大尻《おおじり》

この内、回船入港の主な港は、湊、白金、鮫、麦生、久慈など。八戸浦として、湊、鮫が代表的港湾。

## 〔番所の所在地〕

・城下　沢里惣門《さわさとそうもん》と売市惣門《うるいちそうもん》
・久慈《くじ》街道筋　田代《たしろ》番屋
・上《のぼ》り街道筋　天狗沢《てんぐさわ》番屋
・市川《いちかわ》・五戸《ごのへ》街道筋　大橋《おおはし》番所

このほかに、必要に応じて交通の要路に改所が設置された。安永七年の改所は次の如し。

内船渡《ないみなと》、正法寺《しょうぼうじ》、剣吉《けんよし》、観音林《かんのんばやし》、櫛引《くしひき》、市野沢《いちのさわ》、天狗沢番屋《てんぐさわばんや》、葛巻《くずまき》、田代番屋《たしろばんや》

○出典（八戸南部家文書〔「八戸藩日記」「同勘定所日記」〕、八戸城下絵図など）

## 〔在町、津出場・米蔵、鉄山、牧場の所在地〕

○在　町

・在町としては、剣吉、軽米、伊保内《いぼない》、葛巻、大川目《おおかわめ》（三日町）、久慈（八日町）があり、ここには町支配の庄屋が置かれた。
・八戸は城下町。

○津出場・米蔵

・鮫《さめ》に浦《うら》役所と海産物貯蔵の浜《はま》蔵が所在。
・白銀《しろがね》に浜蔵（東・西）が所在。
・湊《みなと》に川口《かわぐち》役所、湊の場尻《ばじり》と新堀《しんぼり》に浜蔵所在。
・米蔵の所在は不詳。志和産米の米蔵は志和（岩手県紫波町）と石巻（宮城県石巻市）に所在。

○鉄　山

・大野《おおの》村に鉄山経営の事務所たる日払所が所在。

・大野に七鉄山所在（天保九年）

玉川山、金取山、葛柄山、水沢山、大谷山、川井山、滝山

○牧　場

藩営牧場として妙野と広野が所在。

○出典（八戸南部家文書「八戸藩日記」「勘定所日記」、天保八年「陸奥国郡村仮名付帳」、天保九年「御巡見御通行御先立勤方並御尋有之節御答心得留控帳」）、小山田家文書「御産物方雑用手控」、前田利見『八戸藩史料』）

## 〔江戸城の詰間〕

柳間（安政二年以前）

大広間（安政二年以降）

安政二年一二月従五位下より従四位下に昇進（青森県立図書館蔵「四品昇進一件」、八戸南部家文書中の「安政二年老中奉書」など）。

○出典（『嘉永武鑑』『安政武鑑』）

## 〔江戸屋敷の所在地〕

| 屋敷 | 所在地（期間） |
|---|---|
| 上屋敷 | 本所馬場（寛文五年以降） |
| 〃 | 浅草田中（天和二年〃） |
| 〃 | 芝愛宕下（貞享四年〃） |
| 〃 | 西丸下馬先（元禄元年〃） |
| 〃 | 麻布市兵衛町（元禄二年以降、明治まで） |
| 中屋敷 | 麻布市兵衛町（年代不詳） |
| 下屋敷 | 麻布新町（寛政四年以降、明治まで） |

○出典（小笠原家文書「付録伝」、「柏崎記」『大成武鑑』、天保・嘉永・安政各『武鑑』）

## 〔蔵屋敷の所在地〕

江戸蔵屋敷　深川富岡町（文政三年・天保六・七年の地所購入、同十一年の借受）

○出典（八戸南部家文書「天保六年「御下屋鋪御相対替一件」、同七年「深川町屋敷御買入一件」、同十一年「深川椀倉大縄組屋敷借受一件」」）

## 〔藩の専売制〕

| 品目 | 期間 | 仕法 | 形態 |
|---|---|---|---|
| 鉄 | 文政頃中心 | 藩営鉄山による生産 | 領内配給、領外移出の独占 |
| 大豆 | 文政頃中心 | 領内からの強制買上 | 領外への移出の独占 |
| 〆粕・漁油 | 文政頃中心 | 領内からの強制買上 | 領外への移出の独占 |
| 塩 | 文政頃中心 | 領内からの強制買上 | 領内配給、領外移出の独占 |

○出典（天保五年正月百姓一揆願状（「八戸藩日記」）、「野沢螢」（『日本庶民生活史料集成』第13巻）、渡辺馬淵「柏崎記」「御産物方雑用手控」（小山田家文書）、西村嘉『八戸の歴史』、『八戸市史』通史編、『概説八戸の歴史』中巻2、森嘉兵衛『九戸地方史』、斉藤潔『八戸の鉄の歴史』（『八戸地域史』第二号所収））

## 〔藩　札〕

| 藩札名 | 発行年月 | 使用期間 |
|---|---|---|
| 預切《あずかりきっ》手《て》（金・銭札） | 文化7年8月 | ～弘化元年頃（中断あり） |

○出典（水原庄太郎『南部貨幣史』、西村嘉『八戸の歴史』）

## 〔藩校〕

| 藩校名 | 成立年月 | 所在地 |
|---|---|---|
| 学校 | 文政12年10月 | 八戸城内二の丸 |

**沿革**　明治三年四月、兵(武)学館と改称し、改革。
**内容**　芸事、武学、儒学、弓術、炮術、躾方、算術
**主な教授**　中村福太郎、菊池大叔、井上桜塘、中里行蔵
○出典（「八戸藩日記」「八戸藩用人所日記」、八戸市教育委員会『八戸市教育史』上・下）

## 〔藩の武術〕

| 種目 | 流派 | 師範名と時代 |
|---|---|---|
| 兵学 | 御家流（甲州流） | 中里覚右衛門（文政12年） |
| | 謙信流 | 嵯峨志津摩（〃） |
| | 北条流 | 〃（〃） |
| | 東軍流 | 室岡台右衛門（〃） |
| | 丸流 | 石井辰右衛門（〃） |
| 剣術 | 東軍新当流 | 室岡台右衛門（〃） |
| | 通神流 | 岩山守度（〃） |
| 薙刀 | 穴沢流 | 室岡台右衛門（〃） |
| | 静流 | 〃（〃） |
| 居合 | 溝口流 | 栃内金右衛門（〃） |
| | | 遠藤多七郎（〃） |
| 弓術 | 日置流 | 中里弥祖右衛門（〃） |
| | 竹林流 | 室岡台右衛門（〃） |
| | 大進流 | 〃（〃） |
| | 吉田印西流 | 苫米地保（〃） |
| | | 西館郡右衛門（〃） |
| 馬術 | 御家流（徒鞍《しくら》流） | 野村武一（文政12年） |
| | 御家流騎射 | 野村武一（〃） |
| | 八条流 | 野村武一（〃） |
| 炮術 | 安見流 | 中里伴治（〃） |
| | 佐々木流 | 山崎世喜山（〃） |
| | 木崎流 | 中里弥右衛門（〃） |
| | 奥谷流 | 栃内金右衛門（〃） |
| | 新当流 | 〃（〃） |
| 鎗術 | 新当流 | 中里弥右衛門（〃） |
| 棒術 | 当田清見流 | 遠藤多七郎（〃） |
| 柔術 | 一当流 | 〃（〃） |
| | 川崎流 | 岩泉喜代人（〃） |

○出典（八戸南部家文書「八戸藩日記」文政十二年の条）

## 〔参勤交代〕

**時期**
入部　宝暦三年の事例
江戸発　四月二十五日
八戸着　五月十一日
参勤　宝暦四年の事例
八戸発　三月十九日
江戸着　四月五日
○出典（八戸南部家文書「八戸藩日記」）

**交通路**
上《のぼ》り街道—奥州街道（盛岡藩領堀野《ほりの》より奥州街道へ）

**江戸屋敷の家臣団構成**
留守居中島武兵衛以下一八名（中島含む）
○出典（八戸南部家文書「天保十三年御家中分限帳」）

**従者の構成**

寛政九年の入部の事例

| | | | |
|---|---|---|---|
| 士 | 四三人 | 御馬付 | 七人 |
| 医師 | 二人 | 小者 | 二五人 |
| 茶道 | 三人 | 板ノ間 | 八人 |
| 足軽 | 二一人 | 又者 | 三三人 |
| 小道具 | 一六人 | 雇 | 一八人 |
| 陸尺 | 一一人 | 合計 | 一八八人 |

○出典（八戸南部家文書「御入部御道中帳」寛政九年五月）

**宿泊地**

・寛政九年の入部の事例

| | (休) | (泊) |
|---|---|---|
| 1) | 草賀 | 杉戸 |
| 2) | 中田 | 小山 |
| 3) | 宇都宮 | 喜連川 |
| 4) | 越堀 | 白坂 |
| 5) | 矢吹 | 郡山 |
| 6) | 二本松 | 福島 |
| 7) | 幸折 | 白石 |
| 8) | 舟迫 | 国分 |
| 9) | 吉岡 | 古川 |
| 10) | 月館 | 有壁 |
| 11) | 前沢 | 水沢 |
| 12) | 鬼柳 | 花巻 |
| 13) | 郡山 | 盛岡 |
| 14) | 渋民 | 沼宮内 |
| 15) | 中山 | 市戸（一） |
| 16) | 観音林 | |

○出典（八戸南部家文書「御入部御道中帳」寛政九年五月）

・文政十一年の参勤の事例

| | (休) | (泊) |
|---|---|---|
| 1) | 観音林 | 市戸（一） |
| 2) | 小繋 | 沼久内（宮） |
| 3) | 渋民 | 盛岡 |
| 4) | 郡山 | 花巻 |
| 5) | 鬼柳 | 前沢 |
| 6) | 有壁 | 月館 |
| 7) | 古川 | 新町 |
| 8) | 国分 | 岩沼 |
| 9) | 大河原 | 越郷 |
| 10) | 瀬ノ上 | 八条目 |
| 11) | 本宮 | 郡山 |
| 12) | 矢吹 | 白坂 |
| 13) | 鍋掛 | 佐久山 |
| 14) | 氏家 | 宇都宮 |
| 15) | 小金井 | 野木 |
| 16) | 幸手 | 越谷 |
| 17) | 千寿 | |

○出典（八戸南部家文書「御参勤御道中手控帳」文政十一年三月）

**経費と藩財政の関係**

不詳。ただし、元禄元年より諸士の江戸勤番の費用を補なうために、相互共済・金融制度たる紡《もやい》制度が発足。

○出典（前田利見『八戸藩史料』）

## 〔藩の基本史料・基本文献〕

八戸南部家文書（八戸市立図書館蔵）
「八戸藩日記」（目付所日記）
「八戸藩勘定所日記」
「八戸藩用人所日記」（在所・江戸）
小笠原家文書（八戸市立図書館蔵）
遠山家文書（　〃　）
小山田家文書（　〃　）
前田利見「八戸南部史稿」八戸市立図書館蔵　八戸南部家文書
前田利見『八戸藩史料』八戸郷友会　昭和四年（昭和四八年、伊吉書院復刻）
『八戸市史　史料編』近世一～一〇　八戸市史編纂委員会　昭和四四～五七年
『八戸市史　通史編』八戸市史編纂委員会　昭和五一年
『概説八戸の歴史』中巻一～二　八戸社会経済史研究会　北方春秋社　昭和三六年
西村嘉『八戸の歴史』伊吉書院　昭和五二年
三浦忠司・高島成侑『南部八戸の城下町』　伊吉書院　昭和五八年
森嘉兵衛『九戸地方史』上・下　九戸地方史刊行会　昭和四五年
三浦忠司・田名部清一『青森県八戸・下長の歴史』八戸市下長地区石堂土地区画整理組合　昭和六一年
『青森県の地名』日本歴史地名大系2　平凡社　昭和五七年
雑誌『八戸地域史』一号～一〇号　八戸歴史研究会　昭和五七～六二年

（執筆者・三浦忠司）

# 仙《せん》台《だい》藩

## 〔藩の概観〕

伊達氏が、仙台藩領として成立する地域に移ったのは天正十九年（一五九一）である。豊臣秀吉によって新たに与えられた領地は、本領黒川・宮城・名取・柴田・伊具《いぐ》・亘理《わたり》諸郡、宇多郡の内、志田郡松山、桃生《ものう》郡深谷に加えて、本吉・気仙《けせん》・牡鹿《おしか》・胆沢《いさわ》・江刺《えさし》・磐井《いわい》・登米《とめ》・桃生の内の旧葛西領と遠田・栗原・玉造・加美・志田の内の旧大崎領であった。居城を玉造郡岩出山城に定めたが、慶長五年（一六〇〇）十二月、新たに仙台城普請の縄張を始め、七年、家臣や町人の移住、八年、仙台城移徙を行なった。この間、旧領刈田郡など四九万五八〇〇石の加増を約束された（「百万石の御墨付」）が、実現したのは刈田郡三万八〇〇〇余石のみであった。ここに伊達氏の陸奥国における所領が確定し、幕末まで変わらなかった。飛領については、慶長六年三月近江国蒲生郡五〇〇〇石の確認があり、慶長十一年三月常陸領一万石、寛永十一年（一六三四）八月近江領五〇〇〇石の加増があって、六二万石の石高は定まった。

政宗《まさむね》は、豊臣・徳川両政権の下ですぐれた外交手腕と政治力をもって生き残り、領内では、慶長・元和二度の検地を実施して、新領地における生産力の把握、荒蕪地の開発、新たな家臣への知行割を行なった。北上川改修と新田開発もその関連事業である。一方、瑞巌寺・松島五大堂・塩釜神社・国分寺薬師堂などの修覆再建、大崎八幡神社の造営にも力を入れ、桃山文化の遺構として現在に残している。また、慶長十八年（一六一三）九月、メキシコとの貿易を求めて、支倉常長をイスパニア・ローマに派遣（元和六年〈一六二〇〉八月帰国）するなど、広く海外にも目を向けている。

翌十九年十二月、庶長子秀宗《ひでむね》は、伊予国宇和島一〇万石を拝領独立したが、寛永三年（一六二六）六月、七男宗高の従五位下右衛門大夫、翌四年十二月の四男宗泰の従五位下三河守叙任は、諸侯扱いとはなったものの独立するまでには至らなかった。

寛永十三年（一六三六）五月、五三年間伊達氏の当主にあった政宗が七十歳で卒したのち、後を継いだのが三十八歳の忠宗《ただむね》である。忠宗は、奉行職（家老）の月番制をはじめ、評定役・目付役などの設置など組織の整備、総検地の実施、貢租制度、家中法度の制定など制度の整備につとめ、藩体制の確立に努力した。また、通常の政務や生活に便ならしめるため二ノ丸造営を行ない、承応三年（一六五四）には、六年の歳月をかけて東照宮を勧請遷座している。この時期、江戸廻米も本格化し買米制も実施に移されていたと考えられ、「小網町御蔵屋敷」の名が散見する。

万治元年（一六五八）、十九歳で封を受けた綱宗《つなむね》は、同三年二十一歳で逼塞を命ぜられ、わずか二歳の亀千代（綱村）が後を継いだ。これによって大叔父伊達兵部大輔宗勝と叔父田村右京亮宗良が各三万石の分知を受けて後見役となり、毎年国目付の派遣を受ける後見政治が行なわれた。この後見政治をめぐって藩内が二分し、寛文十一年（一六七一）の事件となって表面化し、後見政治は終った（寛文事件）。

延宝三年（一六七五）、初入国をはたした綱村《つなむら》は、新たに祠堂を設けて儒礼による先祖礼拝を取り入れ、内藤閑斎・大島良設・田辺淳甫・桑名松雲・遊佐木斎など多くの儒者を召抱えるとともに、儒学の講義を頻繁に行なわせるなど急速に儒学への傾斜を強めていった。この儒学への熱意も、黄檗宗に接するに及んで仏教へ変わり、祠堂の祭を仏祭に改め、儒仏論争を引き起こし、政治にも波及して寵臣古内造酒祐重直の失脚を招いた。そして元禄十年（一六九七）、鉄牛を開山とする黄檗宗両足山大年寺を創建するに至った。この間、天和三年（一六八三）、亀岡八幡宮を創建、元禄八年（一六九五）おそらく藩政期最大と思われる塩釜神社修造に着手し、同年釈迦堂を建立するなど神仏崇敬に熱意をみせるとともに、別荘郷六屋敷も建てている。また入国早々記録所を設置して藩政の日記を残すとともに、諸国に伊達氏関連の古文書・記録の調査を実施し、歴代の治蹟を編纂する事業を始めた。

政治の上では門閥譜代にとらわれず家臣の登庸を積極的に行ない、信賞必罰で臨むなど新官僚層を創出していった。また、天和元年（一六八一）十二月、田村氏が磐井郡一関に所替を命ぜられて一関藩となり、元禄八年（一六九五）、綱宗次男村和が三万石の分知を受けて諸侯に列した（元禄十二年九月逼塞）。財政的には、前述の諸事業や元禄元年（一六八八）に始まる日光廟普請などにより窮迫し、倹約令・家中手伝金の賦課、さらには天和三年（一六八三）および元禄十六年（一七〇三）の楮幣（羽書）発行を実施した。こうした財政運営の失敗や儒仏への異常とも思える執着、政治姿勢などが、藩内の批判の対象となり隠退に追い込まれ、十六年八月、四十五歳で四四年間の藩主の座を吉村《よしむら》に譲った。

五代藩主吉村は、一門伊達氏（本姓田手）の出で、父肥前宗房は忠宗八男で伊達氏を継いだ人である。吉村は、楮幣の発行が、天和三年の場合同様かえって経済を混乱させ領民の評判が悪く、その価値が下落する一方であることから、襲封まもなく発行を停止するとともに回収を行なっている。吉村は、財政再建を目的に買米制度を改め、藩政の改革に着手した。とくに買米制の強化は、江戸の米価騰貴もあって藩財政に余裕をもたらした。政治的には総検地を計画したが、藩内の反対が強く挫折し、改革も十分な効果をあげるに至らず、一門層の存在と地方知行制の強固さが印象に残った。またこの時期鋳銭事業に着手し、以後断続的に幕末まで続いた。当初は銅銭であったが、時期が下るにしたがい鉄銭となり、また通用も領内限と限定されるようになり、銭貨の価値も下落した。

六代宗村《むねむら》以後の藩政の特徴は、連年のように続く洪水その他による生産高の減少（凶作飢饉）および慢性的な財政難、江戸藩邸の数度にわたる焼失と再建、関東諸川修理などの幕府課役、蝦夷地派遣、国役などが借金を増大させ、倹約令の頻発、家臣への手伝金賦課の繰り返しもほとんど効果がなかった。明和七年（一七七〇）、七代藩主重村《しげむら》の時は借金六〇万八六〇〇余両、借米二万四二〇〇余石にも達し、天保七年（一八三六）には七〇万両に増加した。このため重村は、明和七年諸経費を半減し、寛政元年（一七八九）、重村代末期には参勤交代の人数を三分の二削減、天保五年（一八三四）、一二代斉邦《なりくに》による諸式一〇万石格への縮小など思いきった方針をとらざるを得ない状態にまで追い込まれている。加えて八代斉村《なりむら》以後、藩主は相ついで若年で卒し、平均一〇年にみたない治政は、幼少藩主という不安もあって、常に藩政を不安定なものとした。

こうしたなかにあって、一揆や打ち毀しが起こったが、とくに天明三年（一七八三）九月の払米不正をめぐって城下に起こった打ち毀し（安倍清騒動）や、寛政九年（一七九七）、江刺郡から起こり登米・栗原など仙北諸郡をまき込んだ一揆は代表的なものである。寛政の一揆後、藩は農政の改革を実施せざるを得なかった（寛政の転法）。

天保十二年（一八四一）、慶邦《よしくに》は天保年間の相つぐ収穫皆無に近い凶作と飢饉のあとをうけて、一三代藩主にして、藩政期最後の藩主となった。慶邦は、改めて荒地調査、開墾可能地の調査などを通して農村復興を計画したが、彼の治政も洪水・旱害などによる生産高の減少はつづいた。加えて開国以後の国内情勢の変化は、仙台藩にも兵制改革（安政の改革）、軍艦建造（安政四年〈一八五七〉開成丸、長一一丈、幅二丈五尺、高一丈九尺二寸、二本帆柱）などを要求し、安政二年（一八五五）には蝦夷地警備を命ぜられ（白老陣屋）、同六年東蝦夷地の内を拝領するなど財政支出を強いられることが続き、前代同様、倹約令・手伝金賦課を行なうとともに、安政三年（一八五六）、文久元年（一八六一）には参府延期を願い出なければならないほどとなった。

政治的には、尊攘派、佐幕派の対立が藩内を二分するものの、統一した藩論の形成まではいたらず維新を迎えている。

明治元年（一八六八）、東北地方における戊辰戦争は、会津藩の降伏と奥羽越列藩同盟の瓦解で終り、九月十三日仙台藩は降伏、十月二十六日、慶邦・宗敦父子は謹慎を命ぜられ六二万石は没収となった。その後、伊達亀三郎を新たに嗣子とし、新たに二八万石を拝領して仙台藩は存続した。没収地は、盛岡藩が白石一三万石に入封したほか、土浦・宇都宮・高崎諸藩の取締地および沼田・松代両藩の預り地となった。その後各取締地には県が置かれ、仙台藩は、明治二年（一八六九）六月、伊達亀三郎（宗基《むねもと》）が藩知事となった。この年十月、藩庁を廃止して勤政庁を置く藩政改革を行ない、翌三年十月藩知事は、謹慎を解かれた伊達宗敦《むねあつ》に代わった。四年（一八七一）七月、廃藩置県によって仙台藩は仙台県となった。この時期、現在の宮城県には、このほか角田県・登米県・胆沢県（のち一関県）があった。

## 〔藩の居城〕

**城**

**名称**　仙台城

所在地　宮城県仙台市川内《かわうち》

家数・人口

| | 元禄八年 | 寛保二年 |
|---|---|---|
| 総人口 | 八一万九七五七人 | 八一万八〇六一人 |
| 家中 | 二〇万二五四一 | 一八万二六七八 |
| 寺院 | 二八八四 | 六二四九 |
| 農民 | 五四万二二六八 | 五五万九二〇四 |
| 町人 | 二万二七〇六 | 二万〇三七四 |
| 近江領 | 九〇九五 | 一万八三七一（近江領・常陸領） |
| 常陸領 | 一万〇一九四 | |
| 田村家中 | 三三七五 | 二八九二 |
| 田村農民 | 二万六六九四 | 二万五二九三 |
| その他 | — | 三〇〇〇 |

〇出典（『宮城県史』2）

・城下侍屋敷数　寛文八・九年　二五二一軒、延宝六―八年　三二八八軒、安永元―七年　三〇四二軒、文化九―一四年　二三二五軒、安政三―六年　二三八二軒

・享保二年　総人口八六万九八四六人。

・延享四年から天保二年までの奥州分総人口については連年判明する。

・城下人口は、安永期で六万人前後、文化・文政期で五万人前後と推測される（『仙台市史』）。

## 〔藩（大名）の家紋など〕

**伊達家**

家紋

三引両　竹雀

九曜　雪薄《ゆきすすき》

蟹《かに》牡丹《ぼたん》　菊

五七桐　薺《なずな》

鴛鴦丸《おしのまる》

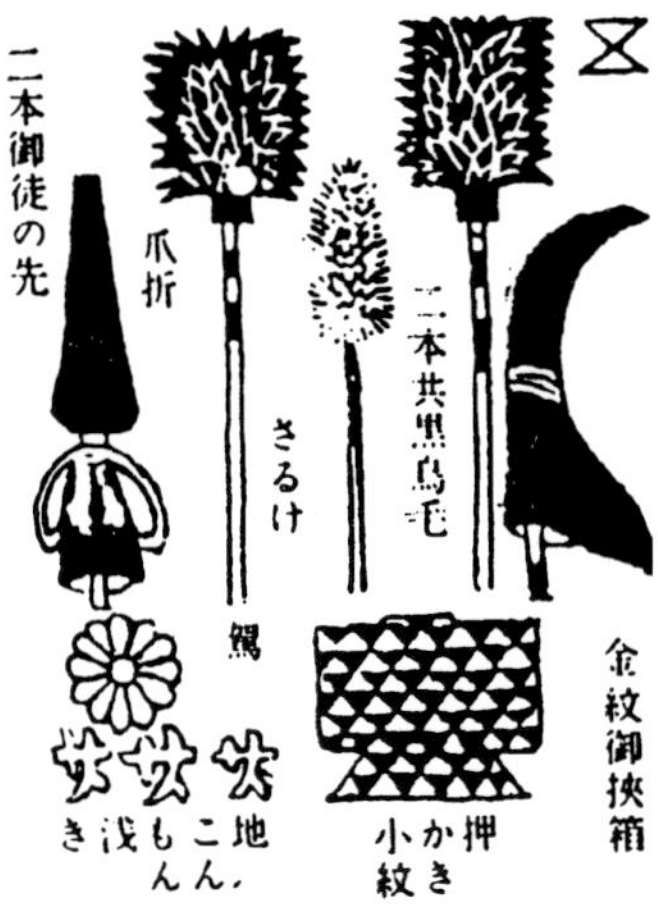

白地赤日の丸（白練地長八尺五寸五幅）

浅黄地赤日の丸

勝色旗（無量地長一丈五尺一寸二幅）

紺地金日の丸

紺地金日の丸　亀岡八幡大神神号（練地色紺、長一丈二尺二幅）

師之卦小龍（白練長六尺八寸四幅）

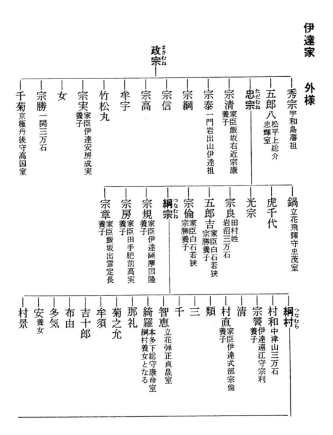

○出典（『伊達家軍器巻』『文化武鑑』）

## 〔藩主の系図〕（姻戚関係）

**伊達家**　**外様**

- **政宗**《まさむね》
  - 秀宗 宇和島藩祖
  - 五郎八 松平上総介忠輝室
  - **忠宗**《ただむね》
    - 鍋 立花飛騨守忠茂室
    - 虎千代
    - 光宗
    - 宗良 田村姓 岩沼三万石
    - 五郎吉 家臣白石若狭宗勝養子
    - 宗倫 家臣白石若狭宗勝養子
    - **綱宗**《つなむね》
      - **綱村**《つなむら》
      - 村和 中津山三万石
      - 宗賛 伊達遠江守宗利養子
      - 清
      - 村直 家臣伊達式部宗倫養子
      - 類
      - 三
      - 千
      - 智恵 立花弾正貞晟室
      - 綺羅 本多下総守康命室 綱村養女となる
      - 那礼
      - 菊之允
      - 牟須
      - 吉十郎
      - 布由
      - 多気
      - 安 養女
      - 村景
    - 宗規 家臣伊達踊摩国隆養子
    - 宗房 家臣田手肥前高実養子
    - 宗章 家臣飯坂出雲定長養子
  - 宗清 家臣飯坂右近宗康養子
  - 宗泰 一門岩出山伊達祖
  - 宗綱
  - 宗信
  - 宗高
  - 牟宇
  - 竹松丸
  - 宗実 家臣伊達安房成実養子
  - 女
  - 宗勝 一関三万石
  - 千菊 京極丹後守高国室

- 扇千代
- 栄
- 伯
- 吉村《よしむら》 一門伊達肥前宗房嫡子
  - 英
  - 村子 松平（池田）大炊頭継政室
  - 村匡
  - 徳子 伊達遠江守村年室
  - 武三郎
  - 橘
  - 敏
  - 村風
  - 宗村《むねむら》
    - 久米之丞
    - 淳子《あつ》 松平（鍋島）信濃守重茂室
    - 重村《しげむら》
      - 女
      - 総三郎
      - 助子《ます》 伊達遠江守村寿室
      - 詮子《あき》 井伊玄蕃頭直富室
      - 暾子 松平相模守治道室
      - 呈子《とき》 土屋但馬守英直室
      - 齊村《なりむら》
        - 周宗《ちかむね》
        - 齊宗《なりむね》 齊村次男
          - 寔丸《ただ》
          - 齊義《なりよし》 田村左京大夫村資三男
            - 齊邦《なりくに》 一門伊達長門完充嫡子
              - 慶邦《よしくに》 齊義三男
                - 斐
                - 婉
                - 禎丸
                - 女
                - 茂村 養子 田村右京大夫邦行嫡子
                - 宗敦《むねあつ》 養子 伊達伊予守宗城五男
                - 純 養女
                - 宗基《むねもと》
                - 松五郎
                - 菊重郎 邦宗
                - 某
                - 徳六郎
            - 徽子《のり》
            - 祺丸《よし》
            - 寿村 慶邦
            - 依
            - 和子
          - 蓁子《もと》
      - 仙三郎
        - 宗純 齊宗
      - 女
      - 甫
      - 慈
      - 籌《かつ》
      - 女
      - 謹子
    - 沛《しげ》 松平肥後守容頌に許嫁
    - 女
    - 敬子 酒井修理大夫忠実室
    - 利徳 土井大隅守利信養子
    - 済子
    - 村倫 家臣伊達因幡村胤養子
    - 某
    - 直
    - 利置 土井大隅守利信養子
    - 従
    - 瑛《たま》 稲葉美濃守正弘に許嫁
    - 方子《より》 松平出羽守治郷室
    - 才
    - 藤七郎
    - 房
    - 正敦 堀田若狭守正富養子
    - 卯
  - 琨子 稲葉丹後守正益室
  - 孝 養女
  - 藤子 松平越中守定邦に許嫁
  - 昌子
  - 村隆 家臣伊達近江村倫養子
  - 某
  - 富之助
  - 村良 家臣伊達近江村倫養子

○出典 『寛政重修諸家譜』『東藩史稿』

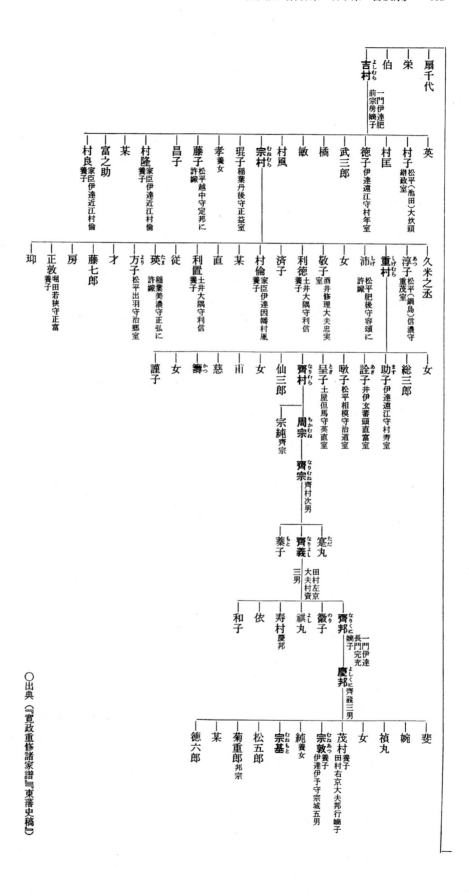

## 〔藩主一覧〕（歴代藩主および石高・所領の変遷）

| 姓 | 諱 | 受領名または官名 | 通称 | 生没年月日 | 戒名と菩提所（所在地） | 藩主就任・退任年月日 | 江戸幕府就任役職名・就任退任年月日 | 石高変遷年月日（西暦） | 石高（表高） | 領地（国郡名） |
|---|---|---|---|---|---|---|---|---|---|---|
| 伊達 | 政宗 | 陸奥守 | 藤次郎 | 永禄10・8・3～寛永13・5・24 | 貞山利公瑞巌寺 瑞鳳殿（宮城県仙台市経ケ峯） | 天正12・10～寛永13・5・24 | | 天正19・9（一五九一） | （五八〇〇〇〇） | 陸奥国黒川・宮城・名取・柴田・伊具・亘理郡・宇多郡の内・志田郡松山・桃生郡深谷および葛西大崎一二郡（本吉・気仙・牡鹿・胆沢・江刺・桃生の内・磐井・登米・遠田・栗原・玉造・加美・志田の内） |
| | | | | | | | | 慶長5～6（一六〇〇～一六〇一） | 六〇〇〇〇〇 | 刈田郡加増（三万八六四六・三六石） |
| | | | | | | | | 慶長6・3・5 | 六〇五〇〇〇 | 近江国蒲生郡の内加増（五〇〇〇石） |
| | | | | | | | | 慶長11・3・3（一六〇六） | 六一五〇〇〇 | 常陸国の内加増（一〇〇五六・七一九石） |
| | | | | | | | | 寛永11・8・2（一六三四） | 六二〇〇〇〇 | 近江国蒲生・野洲両郡の内加増（五〇〇〇石） |
| | | | | | | | | 寛永11・8・4 | 六一五〇〇〇 | 陸奥国桃生・小鹿・流・西磐井・東山・気仙・伊沢・寒郡・玉作・栗原・志田・遠田・刈田・柴田・伊具・日理・名取・宮城・黒川・深谷・宇多二一郡六〇万石<br>常陸国竜ケ崎の内一万石<br>近江国蒲生郡の内五〇〇〇石<br>（八・二加増を合わせると六二〇〇〇〇石） |
| 伊達 | 忠宗 | 陸奥守 | 総次郎 | 慶長4・12・8～万治1・7・12 | 義山宗仁大慈院 瑞鳳寺（宮城県仙台市経ケ峯） | 寛永13・5・26～万治1・7・12 | | | 六二〇〇〇〇 | 〃 |
| 伊達 | 綱宗 | 陸奥守 | 藤次郎 | 寛永17・8・8～正徳1・6・4 | 雄山全威見性院 瑞鳳寺（〃） | 万治1・9・3～万治3・7・18 | | | 〃 | 〃 |

| 姓 | 諱 | 受領名または官名 | 通称 | 生没年月日 | 戒名と菩提所（所在地） | 藩主就任・退任年月日 | 江戸幕府就任役職名・就任退任年月日 | 石高変遷年月日（西暦） | 石高（表高） | 領地（国郡名） |
|---|---|---|---|---|---|---|---|---|---|---|
| 伊達 | 綱村 | 陸奥守 | 総次郎 | 万治2・3・8～享保4・6・20 | 肯山全提大年寺　大年寺（宮城県仙台市茂ケ崎） | 万治3・8・25～元禄16・8・25 | | 寛文3・8（一六六三） | 六二〇〇〇〇 | 常陸国の内三五二五石余召上、常陸国筑波郡の内三八〇二石余拝領 |
| | | | | | | | | 寛文4・4・5（一六六四） | 六二〇〇五五・七六<br>内三万石伊達兵部大輔・三万石田村右京亮 | 陸奥国桃生・牡鹿・登米・磐井・本吉・気仙・胆沢・賀美・玉造・栗原・志田・遠田・刈田・柴田・伊具・亘理・名取・宮城・黒川・江刺二〇郡并宇多郡の内六〇万石<br>常陸国信太・筑波・河内三郡の内一万石余<br>近江国蒲生・野洲両郡の内一万石 |
| | | | | | | | | 貞享1・9・21（一六八四） | 六二〇〇五六・五四<br>内三万石田村右京大夫拝領 | 〃 |
| 伊達 | 吉村 | 陸奥守 | 藤次郎 | 延宝8・6・28～宝暦1・12・24 | 獅山元活続燈院　大年寺（〃） | 元禄16・8・25～寛保3・7・25 | | 正徳2・4・11（一七一二） | 六二〇〇五六・五四<br>内三万石田村氏 | 陸奥国・常陸国・近江国同じ<br>下総国豊田郡の内 |
| 伊達 | 宗村 | 陸奥守 | 総次郎 | 享保3・5・27～宝暦6・5・24 | 忠山浄信政徳院　大年寺（〃） | 寛保3・7・25～宝暦6・5・24 | | | 〃 | 〃 |
| 伊達 | 重村 | 陸奥守 | 藤次郎 | 寛保2・4・19～寛政8・4・21 | 徹山玄機叡明院　大年寺（〃） | 宝暦6・7・9～寛政2・6・23 | | | 〃 | 〃 |
| 伊達 | 斉村 | 陸奥守 | 総次郎 | 安永3・12・5～寛政8・8・12 | 桂山蘭栄永慶院　大年寺（〃） | 寛政2・6・23～寛政8・8・12 | | | 〃 | 〃 |
| 伊達 | 周宗 | | 政千代 | 寛政8・3・2～文化9・4・24 | 紹山隆公青竜院　瑞鳳寺（宮城県仙台市経ケ峯） | 寛政8・9・29～文化9・2・7 | | | 〃 | 〃 |

| 姓 | 諱 | 受領名または官名 | 通称 | 生没年月日 | 戒名と菩提所（所在地） | 藩主就任・退任年月日 | 江戸幕府就任役職名・就任退任年月日 | 石高変遷年月日（西暦） | 石高（表高） | 領地（国郡名） |
|---|---|---|---|---|---|---|---|---|---|---|
| 伊達 | 斉宗 | 陸奥守 | 総次郎 | 寛政8・9・15～文政2・5・24 | 英山元高広徳院 大年寺（宮城県仙台市茂ケ崎） | 文化9・2・9～文政2・5・24 | | | 六二〇〇五六・五四 内三万石田村氏 | 陸奥国・常陸国・近江国・下総国（郡名前同） |
| 伊達 | 斉義 | 陸奥守 | 藤次郎 | 寛政10・3・7～文政10・11・27 | 正山栄因曹源院 瑞鳳寺（宮城県仙台市経ケ峯） | 文政2・7・15～文政10・11・27 | | | 〃 | 〃 |
| 伊達 | 斉邦 | 陸奥守 | 総次郎 | 文化14・9・28～天保12・7・24 | 竜山真珠慈雲院 大年寺（〃） | 文政10・12・25～天保12・7・24 | | | 〃 | 〃 |
| 伊達 | 慶邦 | 陸奥守 | 藤次郎 | 文政8・9・6～明治7・7・12 | 神祭式法諡なし（東京都豊島区より明治23・4大年寺へ改葬） | 天保12・9・7～明治1・12・13 | | | 〃 | 〃 |
| 伊達 | 宗基 | | 亀三郎 | 慶応2・7・15～大正6・1・26 | 大年寺（〃） | 明治1・12・12～明治2・3・25 仙台藩知事 明治2・6・17～明治3・10・25 | | 明治1・12・7（一八六八） | 新知 二八〇〇〇〇 | 陸奥国名取・宮城・黒川・加美・玉造諸郡・志田郡の内 |
| 伊達 | 宗敦 | | 総次郎 | 嘉永5・5・2～明治40・1・6 | 護国寺（東京都文京区） | 仙台藩知事 明治3・10・25～明治4・7・14 | | | 〃 | 〃 |

○出典（『寛政重修諸家譜』『東藩史稿』）

## 〔藩史略年表〕

| 西暦 | 和暦 | 月日 | 政治・法制 | 月日 | 社会（文化を含む）・経済 |
|---|---|---|---|---|---|
| 一五九〇 | 天正一八 | 10 | 葛西大崎一揆。 | | |
| 一五九一 | 一九 | 2・下旬 | 聚楽に屋敷を賜わる。 | | |
| | | 3 | この頃、政宗、侍従兼越前守叙任、羽柴姓を賜わる。 | | |
| | | 9・23 | 玉造郡岩手沢城普請成就、移徙、岩出山と改める。 | | |
| | | この年 | 葛西・大崎一二郡を含む新領成立。家中知行割を実施。 | | |
| 一五九三 | 文禄　二 | 3・20 | 朝鮮へ出発（四月一三日釜山着、九月一八日帰国）。 | | |

| 西暦 | 和暦 | 月日 | 政治・法制 | 月日 | 社会（文化を含む）・経済 |
|---|---|---|---|---|---|
| 一五九四 | 文禄　三 | 閏9・25 | 伏見城下に屋敷を賜わる。 | | |
| | | | 磐井郡東山の金山掘子騒動（待遇改善）。 | | |
| 一五九五 | 四 | 8・上旬 | 豊臣秀次謀叛の一味に疑われる。 | | |
| | 文禄年間 | | 検地あり。 | | |
| 一五九六 | 慶長　一 | 冬 | 政宗、従四位下右近衛権少将兼越前守叙任。 | | |
| 一六〇〇 | 五 | 7・24 | 刈田郡白石城攻撃。 | | |
| | | 8・22 | 旧所領七ヶ所の判物（いわゆる「百万石の御墨付」）を賜わる。 | | |
| | | 9・17 | 最上氏救援出陣（名代伊達上野介政景）、各地で上杉勢と戦う。 | | |
| | | 10 | 和賀一揆（和賀忠親、翌五月二四日仙台国分尼寺にて自刃）。 | | |
| | | 12・24 | 仙台城普請縄張始、千代を仙台と改める。 | | |
| 一六〇一 | 六 | 1・11 | 仙台城普請始。 | | |
| | | 3・5 | 先年秀吉より賜わる知行地、近江蒲生郡の内五〇〇〇石の目録を賜わる。 | | |
| | | 9・朔 | 漆植付の令を出す。 | | |
| | | 10・上旬 | 江戸に屋敷を賜わる。 | | |
| | | この年 | 武州崎玉郡久喜周辺にて鷹場を賜わる。 | | |
| 一六〇二 | 七 | 3・16 | 小人騒動起こる。 | | |
| | | | 岩出山城下士民、仙台へ移る。 | | 仙台同心町に梁川八幡神社勧請（寛永一七年七月亀岡八幡神社として遷座）。 |
| 一六〇三 | 八 | 8 | 仙台城移徙祝儀あり。 | | |
| 一六〇四 | 九 | | | 8・15 | 円福禅寺方丈再造縄張。 |
| | | | | 秋 | 仙台城下竜宝寺八幡宮（大崎八幡神社）造営始。 |
| | | | | 12・15 | 松島五大堂再造成就、入仏。 |
| 一六〇五 | 一〇 | 12・20 | 領内田畑荒地穿鑿を命ずる。 | 6・3 | 円福寺方丈再造斧立、青竜山瑞巌寺と改称。 |
| | | | | | 護国山国分寺薬師堂再造および白山神社修造を命ずる。 |
| 一六〇六 | 一一 | 3・3 | 常陸三郡の内に一万石を賜わる（竜ヶ崎領）。 | | |
| | | 5・5 | 町奉行および町之者へ掟を定める。 | | |
| 一六〇七 | 一二 | 2・14 | 領内検地を命ずる。 | 6・20 | 奥州一宮塩釜神社修造成就、遷宮。 |
| | | 4・朔 | 御小人法度を定める。 | | |
| | | 閏4・朔 | 江戸城天守並堀普請手伝、仙台藩は御堀普請命ぜられる。 | 8・12 | 竜宝寺八幡宮造営成就、遷宮。 |
| | | 11・17 | 御小人仕置五ヶ条の定書を出す。 | 10・24 | 国分寺薬師堂再興成就、入仏。白山神社遷宮。 |

| 西暦 | 和暦 | 月日 | 政治・法制 | 月日 | 社会(文化を含む)・経済 |
|---|---|---|---|---|---|
| 一六〇八 | 慶長一三 | 1 | 政宗、松平氏を賜い陸奥守転任。 | | |
| | | 9 | 家中総知行割実施(一二月終了)。 | | |
| 一六〇九 | 一四 | | | 3・26 | 松島瑞巌寺方丈造営上棟。 |
| | | | | 5・23 | 鋳物師早井弥五郎、領内鋳物師頭に命ぜられる。 |
| 一六一〇 | 一五 | | 仙台城大広間造営成就。 | 1 | 松島瑞巌寺「方丈記」を撰す(覚範寺虎哉和尚)。 |
| 一六一一 | 一六 | 2・26 | 江戸城西丸普請手伝(貝塚御堀普請)。 | 5・8 | 虎哉和尚入寂(八二歳)。 |
| | | | | 10・28 | 領内大地震、津波により一七八三人溺死、牛馬八五匹溺死。 |
| | | | | 11 | ビスカイノ、仙台領沿岸部を調査。 |
| | | | | | ソテロに領内布教許可。 |
| | | | | | 天神社社殿造営。 |
| 一六一二 | 一七 | 12・5 | 公事裁断寄合所御定書を出す。 | | |
| | | 12・12 | 禁中仙洞普請(垣築地分担)。 | | |
| 一六一三 | 一八 | 12 | 越後高田城造営を命ぜられる。 | 8・21 | 南蛮人ソテロ登城。 |
| | | | | 9・15 | 支倉常長一行、牡鹿郡月浦より出帆(元和六年八月二六日帰国)。 |
| 一六一四 | 一九 | 7・5 | 高田城普請成就。 | 8・28 | 江戸大風、仙台藩邸倒壊。 |
| | | 11・29 | 大坂仙波着陣(総人数一万八〇〇〇人)。 | | 始めて馬市を栗原郡岩ヶ崎に開く。 |
| | | 12・28 | 庶長子秀宗、伊予国宇和島一〇万石を賜わる(宇和島伊達家)。 | | |
| 一六一五 | 元和一 | 5・5 | 大坂道明寺口片山着陣。 | 9・21 | 江戸藩邸焼失。 |
| | | 閏6・19 | 政宗、正四位下参議に叙任。 | | |
| 一六一六 | 二 | | | 7・28 | 大地震、仙台城石垣・櫓等ことごとく破損。 |
| | | | | 8・20 | 政宗、横沢将監を南蛮国へ派遣(泉州堺出帆)。 |
| 一六一七 | 三 | 5・16 | 日光山へ金燈籠(南蛮鉄)献上。 | 4・11 | 大風雨、領内郡邑所々破損。 |
| | | 6・6 | 将軍上洛に供奉。 | | |
| 一六一八 | 四 | 6・24 | 桑植付に関する条目を出す。 | | |
| | | 12 | 領内年貢諸役納方の条目を出す。 | | |
| 一六一九 | 五 | 3・22 | 竹伐取方禁制(竹林奨励)。 | | |
| 一六二〇 | 六 | 4・20 | 江戸城普請手伝(二ノ丸大手口石垣一三町余、一一月二一日完成)、人夫四二万三一七九人半、費用黄金二六七六枚五両三分。 | 3・4 | 江戸廻米初見。 |
| | | 9・朔 | 領内竹木(漆等)等の制札を出す。 | | |
| 一六二一 | 七 | 8・16 | 農民取締制札を出す。 | 1・23 | 江戸大火、上下両藩邸焼失。 |
| | | | 相馬氏と境論起こる。 | | 牡鹿郡沼津より金産出。 |

| 西暦 | 和暦 | 月日 | 政治・法制 | 月日 | 社会（文化を含む）・経済 |
|---|---|---|---|---|---|
| 一六二二 | 元和 八 | 8・25 | 最上源五郎義俊領内諸城請取を命ぜられる（人数三〇〇〇人派遣）。 | 7・1 | 支倉六右衛門常長没（五二歳）。 |
| 一六二三 | 九 | | | 4・16 | 刈田嶽噴火。 |
| | | | | 6・20 | 禁中より『皇朝類苑』一部一五冊を賜わる。 |
| | 元和年間 | | 検地あり。 | | |
| 一六二四 | 寛永 一 | | 田畠不熟、飢饉。 | 1 | カルバリヨ神父ほか処刑。 |
| | | | | 10・5 | 明人王翼、命により苅田嶺を祭る（刈田嶺神社）。 |
| 一六二六 | 三 | 閏4・3 | 訴訟手続等に関する法度を出す。 | | 牡鹿郡渡波塩田（入浜式）開く。 |
| | | 8・21 | 政宗、従三位権中納言叙任。 | | |
| 一六二七 | 四 | 5・24 | 知行割掟を定める。 | | 領内より良馬多く産出。 |
| | | 5・27 | 若林城普請。 | | |
| 一六二八 | 五 | 11・16 | 若林城完成。 | | 磐井郡東山岩入に金山発見。 |
| | | 12・2 | 江戸城石壁・堀普請手伝（日比谷口・芝口・山之手御堀）、翌年七月二八日成就。 | | |
| | | | 相馬領と境論（八年五月一五日決着）。 | | |
| 一六二九 | 六 | 1 | 八島下野ら知行地割替に反対し越訴。 | | |
| | | 8・20 | 諸役定を出す。 | | |
| 一六三一 | 八 | 6・26 | 路銭及駄賃条目を定める。 | 9 | 霖雨洪水、人馬溺死。 |
| 一六三二 | 九 | 12 | 家中法度を出す。 | | |
| 一六三三 | 一〇 | | | 10・17 | 大地震。 |
| 一六三四 | 一一 | 8・2 | 近江国蒲生・野洲両郡の内に五〇〇〇石を賜わる。 | | |
| | | 8・4 | 将軍家光領知判物を賜わる（現存最古）。 | | |
| 一六三五 | 一二 | 9・朔 | 家中親類家老書上提出。 | 7・12 | 江戸上下両藩邸焼失。 |
| | | | | 12・朔 | 若林御牒蔵焼失、検地帳等焼失。 |
| 一六三六 | 一三 | 1・8 | 江戸赤坂糀町・市谷等堀橋普請手伝。 | | |
| | | 5・24 | 伊達政宗卒去（七〇歳）。忠宗襲封（五月二六日）。 | | 栗原郡三迫にて鋳銭（一五年迄、鋳銭については〔藩札〕の項参照）。 |
| | | 8・24 | 評定役を設ける。 | | |
| | | 9・20 | 裁許所設置（のち評定所と改称）。 | この頃 | 買米制始まる。 |
| | | 10・2 | 奉行職月番制始まる。 | | |
| | | 11・16 | 伝馬定書を出す。 | | |
| | | 11・20 | 奉行衆心得を出す。 | | |

| 西暦 | 和暦 | 月日 | 政治・法制 | 月日 | 社会（文化を含む）・経済 |
|---|---|---|---|---|---|
| 一六三七 | 寛永一四 | 10・朔 | 諸給人私成敗禁止。 | 6・26<br>10・24 | 領内洪水、二二一人・馬一三八五頭溺死、家屋三三六七棟流失、田畑一万九九六三町九反損害。<br>経ヶ峯貞山公（政宗）廟（瑞鳳殿）落成。 |
| 一六三八 | 一五 | 3・7<br>3・13<br>3・16<br>9・4 | 物成定を出す。<br>家中常々の御掟を出す。<br>路銭御定を出す。<br>二ノ丸普請始（一六年六月落成）。 | 1・8<br>1・28<br>6・23 | 御所的の儀再興。<br>江戸屋敷出火。<br>領内洪水（～二五日）。 |
| 一六三九 | 一六 | 9・7 | 常陸国笠間普請仰付られる（翌年四月竣工）。 | 12・19 | 伴天連フランシスコ孫右衛門を捕え江戸へ護送。<br>切支丹の者に対する刑執行。 |
| 一六四〇 | 一七 | 1・17<br>7・朔 | 御家中法度書を出す。<br>領内総検地開始。 | 4・15<br>7 | 明石内記を捕え江戸へ送る。<br>梁川八幡宮造営成就、遷宮。 |
| 一六四一 | 一八 | 5 | 系図を献ず。 | 9・6 | 洪水。 |
| 一六四二 | 一九 | 4・13 | 武具等について書出、目付衆心得、留守中法度を出す。 | 6 | 「政宗記」（伊達成実）完成。 |
| 一六四三 | 二〇 | 5・13 | 奥方法度を出す。 | | |
| 一六四四 | 正保一 | 9・7<br>10 | 御年貢御定を出す。<br>伊達兵部宗勝に一万石を分知する。<br>家中総知行割を実施（二割出目）。 | 7・朔 | 塩釜神社拝殿造営完成。 |
| 一六四五 | 二 | 12・晦 | 高人数帳作成、現存最古磐井郡東山保呂羽村。<br>伊達宗勝、従五位下兵部少輔叙任。 | | |
| 一六四六 | 三 | | | 4・26<br>7・27<br>8・24 | 大地震、仙台城石壁数十丈崩壊、その他破損多し。<br>大雨洪水。<br>仙台大暴風。 |
| 一六四七 | 四 | 3・22 | 境目留物等定書を出す（以後たびたびあり）。 | 4・12<br>5<br>8・16 | 仙台大火、一五九四軒焼失、一一〇人焼死。<br>松島円通院（忠宗嫡子光宗霊屋）建立。<br>大雨洪水。 |
| 一六四八 | 慶安一 | | | 6・20<br>7・13 | 茶人清水道閑没（七〇歳）。<br>仙台大風雨。 |
| 一六四九 | 二 | | | 5・22<br>8・17 | 北上川洪水。<br>東照宮創建普請始。<br>名取郡岩沼に馬市開設。 |
| 一六五〇 | 三 | 2 | 竹木濫伐禁制。 | 2・17 | 松島陽徳院普請終（政宗室愛姫逆修菩提、承応三年一月二四 |

| 西暦 | 和暦 | 月日 | 政治・法制 | 月日 | 社会（文化を含む）・経済 |
|---|---|---|---|---|---|
| | | | | | 日卒去）。 |
| 一六五一 | 慶安 四 | 8 | この頃大筒組を作る。 | 6・24 | 愛宕神社再興成就、遷宮。 |
| | | | | 6・27 | 天満宮（天神社）造営成就、遷宮。 |
| | | | | 7・3 | 虚空蔵堂再興成就、入仏供養。 |
| | | | | 7・15 | 仙台迅雷甚雨氷雹降る。 |
| | | | | 10 | 城下譜代町に御日市銭徴収の特権を与える。 |
| 一六五二 | 承応 一 | 2・3 | 大番組御番定を出す。 | 1・17 | 仙台大火、町屋敷二四九軒焼失。 |
| | | 8・19 | 御村方万御定を出す。 | 2・18 | 仙台大火、侍・足軽・町屋敷三〇二軒焼失、この後しばしば火災あり。 |
| | | 8・24 | 御物成所務方御定（皆米皆金制）。 | | |
| 一六五三 | 二 | | | 3・24 | 中島伊勢宗信在所伊具郡金山町一宇焼失。 |
| 一六五四 | 三 | | | 3・16 | 東照大権現社上棟、遷座。 |
| 一六五五 | 明暦 一 | | | | 塩釜神社造営開始（寛文三年四月八日完成、遷宮）。 |
| 一六五七 | 三 | 5・14 | 本屋敷に替り、麻布白金台に屋敷を賜わる。 | 1・19 | 江戸大火、桜田上屋敷・本屋敷・愛宕中屋敷・浜下屋敷四ヶ所焼失。 |
| | | | | 1・20 | この時節、仙台より穀船八〇艘余江戸着岸。 |
| | | | | 11・29 | 絵師佐久間左京（修理）没（七七歳）。 |
| 一六五八 | 万治 一 | 6・19 | 麻布下屋敷に替り、品川近所樟原拝領。 | | |
| | | 7・12 | 忠宗卒去（六〇歳）。綱宗襲封（九月三日）。 | | |
| 一六五九 | 二 | | | 8・8 | 雲居和尚示寂（七八歳）。 |
| | | | | | 義山公御廟（感仙殿）造営始まる（寛文四年完成）。 |
| 一六六〇 | 三 | 1・15 | 大番組を十組とする。 | | 城下国分町に馬市開設。 |
| | | 1 | 御台所方定書を出す。 | | |
| | | 2・朔 | 小石川御堀普請手伝（総人数八〇七五人、寛文一年三月二九日完成）。 | | |
| | | 7・18 | 綱宗逼塞（二一歳）（八月二六日品川屋敷へ移る）。 | | |
| | | 8・25 | 亀千代（二歳）家督相続、伊達兵部大輔宗勝、田村右京宗良後見、各三万石分知。 | | |
| | | 9・2 | 国目付津田平左衛門・柘植平右衛門下向、延宝二年まで毎年派遣。 | | |

| 西暦 | 和暦 | 月日 | 政治・法制 | 月日 | 社会（文化を含む）・経済 |
|---|---|---|---|---|---|
| | | | 同時に家臣の子弟を証人として交代上府（寛文五年七月一三日免許）。 | | |
| | | 12・朔 | 領内統治について条目出す。 | | |
| 一六六一 | 寛文一 | 1・28 | 領内統治について条目出す。 | | |
| | | 2・3 | 桜田上屋敷召上（甲府中将綱重屋敷となる）、麻布屋敷を賜わる。 | | |
| 一六六二 | 二 | 6・12 | 田村右京亮、八丁堀法恩寺屋敷拝領。 | | |
| | | 11・16 | 両後見役領内自分制札六ヶ条事件落着。 | | |
| 一六六三 | 三 | 6・3 | 品川大井村の屋敷受取る。 | 7・7 | 穀船、鬼界島漂着。 |
| | | 9・朔 | 常陸領一部召上、替地拝領。 | | |
| | | 11・26 | 領内統治について三九ヶ条の「条々」を出す。 | | |
| 一六六四 | 四 | 5・26 | 奥州御領地御牒提出。 | 12・3 | 刀工本郷国包没（七三歳）。 |
| | | 10・21 | 家臣の新屋敷間数定書を出す。 | | |
| 一六六五 | 五 | 6・15 | 仙台惣屋敷定を出す。 | | 広渕沼竣工、二一〇〇余町歩灌漑（寛文二年起工）。 |
| | | | 久喜鷹場返上。 | | |
| 一六六六 | 六 | | 河野道円父子刎首、奥方女中鳥羽御預の仕置。 | | |
| 一六六七 | 七 | | | 2・1 | 願立流創始者松林蝙也斎没（七五歳）。 |
| | | | | 7・25 | 天神社を榴ヶ岡に遷宮。 |
| 一六六八 | 八 | 4・28 | 伊東七十郎・伊東釆女ほか親類、罪科に処せられる。 | 2・1 | 江戸火災、上屋敷・浜屋敷および伊達兵部・田村右京屋敷焼失。 |
| | | 5・15 | 在々御仕置を出す。 | 7・21 | 仙台大地震、本丸石垣破壊。 |
| | | | | | 長町橋架設。 |
| 一六六九 | 九 | 6・6 | 伊達式部・伊達安芸、谷地論争落着。 | 10・16 | 能役者桜井八右衛門没（七三歳）。 |
| | | 8 | 蝦夷蜂起につき、家臣を気仙・片浜（遠島）両所へ派遣。 | | 俳人大淀三千風来仙（貞享四年三月一九日まで一五年間滞在）。 |
| | | 9・12 | 刈田郡湯原村・伊達郡茂庭村（天領）との山境論落着。 | | |
| | | 12・9 | 亀千代元服（一一歳）、従四位下少将兼陸奥守に叙任、綱基と改める。 | | |
| 一六七〇 | 一〇 | 3・3 | 江戸藩邸門出入条目二二ヶ条を定める。 | | 塩釜村牛生より蒲生村までの運河工事始まる（三年後完成）。 |
| 一六七一 | 一一 | 3・27 | 老中板倉内膳正屋敷にて原田甲斐刃傷。 | | |
| | | 4・6 | 伊達兵部宗勝・田村隠岐守宗良処罰。 | | |
| 一六七二 | 一二 | 12・3 | 倹約につき覚書を出す。 | 1・25 | 瑞鳳寺焼失。 |
| 一六七四 | 延宝二 | | | 4・15 | 本吉郡沿岸、迅雷氷降る。 |
| 一六七五 | 三 | 7 | 一門以下惣士まで兜の前立物の形を定める。 | 3・10 | 仙台城下諸色商売物売散らし令（自由売買令）出る。 |

| 西暦 | 和暦 | 月日 | 政治・法制 | 月日 | 社会（文化を含む）・経済 |
|---|---|---|---|---|---|
| | | 9 | 記録所設置。 | | 磐井郡松川村一揆。 |
| | | 12・15 | 祠堂落成、二二日時祭以下祭祀の式を定める（儒礼による先祖礼拝）。 | | |
| | | 12・28 | 一門一家庶子の幕紋定書を出す。 | | |
| 一六七六 | 延宝四 | 9・26 | 倹約令を出す。 | 5・11 | 与平沼築造者鈴木与兵衛没（五四歳）。 |
| 一六七七 | 五 | 1・1 | 綱基、綱村と改める。 | 1・13 | 胆沢・江刺・玉造・加美諸郡に赤雪降る。 |
| | | 3・2 | 乗輿定・武具定を出す。 | | |
| | | 3・14 | 百姓条目二二ケ条および百姓日常心得八ケ条を定める。 | 5・11 | 本吉郡、迅雷大風氷降る（長六～七寸、幅二～三寸、厚一寸五分）。 |
| | | 6・13 | 不断組三組、給主組三組、名懸組六組の組人数を定める。 | | |
| 一六七八 | 六 | | | 4・18 | 領内、迅雷氷降る（大きさ四～五寸）。 |
| | | | | 8・17 | 仙台地震。 |
| 一六七九 | 七 | 11 | 日の丸・師封両隊旗新製。 | | |
| 一六八〇 | 八 | 8・25 | 近衛家より牡丹紋拝領。 | | |
| | | | 馬売買に関する規定を改める。 | | |
| 一六八一 | 天和一 | 5 | 真浄殿落成。 | 7 | 亀岡八幡宮地所見立（天和三年八月竣工）。 |
| | | 12・26 | 田村家、磐井郡一関へ所替。 | | |
| 一六八二 | 二 | 8・10 | 芭蕉の辻に忠孝札・切支丹禁制札、北目町に売買掟札を建てる。 | | 大淀三千風『松島眺望集』刊行。 |
| | | 11 | 山林に関する条目（伐採と植立）を出す。 | | |
| 一六八三 | 三 | 7 | 祠堂を仏祭に改める。 | | 本吉郡波止上浜に製塩場を設ける（播州赤穂の製法）。 |
| 一六八四 | 貞享一 | | | 5 | 領内各地に薄霜降る（～六月）。 |
| 一六八五 | 二 | | | 12 | 塩釜村百姓へ特令（塩釜振興策）を出す。 |
| 一六八六 | 三 | 閏3 | 古内造酒祐重直失脚。 | 5 | 田辺淳甫、「貞山公年譜」を撰す。 |
| 一六八七 | 四 | | | 1 | 「貞山公御代記録」編纂開始。 |
| 一六八八 | 元禄一 | 1 | 郷六屋敷地鎮（三月別荘抜き）。 | 7・21 | 霖雨、常陸領三二一〇石水損（～八月一日）。 |
| | | 11 | 日光廟修築普請手伝（三年七月完成）。 | 7・19 | 名取・宮城両郡沿岸高潮。 |
| | | | | 7 | 領内大風雨（～八月）。 |
| 一六八九 | 二 | | | 2 | 領内大風雨。 |
| | | | | 12・19 | 京都屋敷火災。 |
| 一六九一 | 四 | | | 5 | 須藤弥兵衛『伊達氏族伝十巻』撰上。 |
| | | | | | 岩出山郷学有備館創設。 |
| 一六九二 | 五 | | | 5 | 性山・貞山・義山三代の治家記録編纂始まる。 |

| 西暦 | 和暦 | 月日 | 政治・法制 | 月日 | 社会（文化を含む）・経済 |
|---|---|---|---|---|---|
| 一六九三 | 元禄 六 | | | 10・21 | 儒者内藤以貫没（六八歳）。 |
| | | | | 12・10 | 加美郡に赤雪降る。 |
| | | | | | 『塩釜神社縁起』を撰す。 |
| | | | | | 品井沼干拓工事始まる（一一年竣工）。 |
| 一六九四 | 七 | 3 | 知行所百姓町人への自分に死罪停止の書付を出す。 | 5・6 | 刈田郡熊野嶽噴火、蔵王権現社焼失。 |
| | | | | 6 | 近江国農民諍論。 |
| 一六九五 | 八 | 7・6 | 伊達左京村和へ三万石分知。 | 3・11 | 釈迦堂完成（前年七月一〇日釿初）。 |
| | | | | 8 | 塩釜神社造営着手（宝永元年九月一〇日遷座）。 |
| | | | | 8・16 | 新陰流狭川新三郎助直没（五六歳）。 |
| 一六九七 | 一〇 | 9・2 | 手伝金を命じる、節倹令を出す。 | 2 | 両足山大年寺（黄檗宗）創建。 |
| 一六九八 | 一一 | 12 | 麻布新堀普請手伝。 | | |
| 一六九九 | 一二 | 3 | 家中身持の書付を出す。 | | |
| | | 6 | 節倹令を出す。 | | |
| | | 9・26 | 伊達村和逼塞。 | | |
| 一七〇〇 | 一三 | 8・9 | 手伝金を命じる。 | 7・13 | 鉄牛和尚示寂（七三歳）。 |
| | | | | | 領内飢饉。 |
| 一七〇一 | 一四 | | | 7・20 | 仙台大雨洪水。 |
| | | | | | 常陸領、一八ヶ村大風雨により田畠損毛。 |
| 一七〇二 | 一五 | | | 4 | 佐久間洞巌、『伊達便覧志』を著わす。 |
| | | | | 11・13 | 塩釜神社仮宮焼失。 |
| 一七〇三 | 一六 | 8・25 | 綱村致仕（四五歳）。吉村襲封。 | 9・6 | 領内風雨洪水。 |
| | | | | | 楮幣発行。 |
| | | | | | 『伊達出自世次考』『伊達正統世次考』成る。 |
| 一七〇四 | 宝永 一 | | | 9 | 儒者大島良設没（七〇歳）。 |
| | | | | | 塩釜神社社殿造営完成。 |
| 一七〇五 | 二 | 2 | 山林制度につき条目を出す。 | | 凶作、一五万六〇〇〇石旱損。 |
| 一七〇七 | 四 | | | 2 | 本吉郡沿岸、台風被害。 |
| | | | | 2・13 | 仙台大火、二〇〇余軒焼失。 |
| | | | | 2・20 | 仙台大火、一五五八軒焼失。 |
| | | | | 3・12 | 常陸領筑波郡吉沼村大火、三六〇軒焼失。 |
| | | | | | 風害、一一万石余。 |

| 西暦 | 和暦 | 月日 | 政治・法制 | 月日 | 社会（文化を含む）・経済 |
|---|---|---|---|---|---|
| 一七〇八 | 宝永　五 | | | 1・24 | 仙台大火、二一三五軒焼失。 |
| 一七〇九 | 六 | | | 5・10 | 穀船一〇余艘遭難、一万五九〇〇余石損失。 |
| 一七一一 | 正徳　一 | 6・4 | 綱宗卒去（七二歳）。 | 4・14 | 穀船遭難、六〇〇〇余石損失（～一五日）。 |
| | | 11・17 | 日光廟修造命あり（三年九月完成）。 | この頃 | 仙台平（小松弥右衛門）始まる。 |
| 一七一二 | 二 | 1・25 | 倹約令を出す。 | 6・27 | 白石新町火災、二八八軒焼失。 |
| | | 6・7 | 知行高三貫文（三〇石）以上の者より修造費用公収。 | 10 | 亘理郡荒浜の水主ら中国に漂着（三年七月一〇日帰国）。 |
| | | 6・27 | 幕命により江戸屋敷につき提出。 | | 伊達吉村選『仙台領名所和歌』刊行。 |
| | | 8 | 相模国浦賀に番所を設け、穀役人を置く。 | | |
| | | 8 | 茶・杉・松・竹・漆等に関する条目を出す。 | | |
| 一七一三 | 三 | | | 3・1 | 仙台火災、二四七軒焼失。 |
| 一七一四 | 四 | 7・11 | 領内一般に五年間の手伝金を命じる（日光修造不足金七万三七〇〇両）。 | 3・1 | 柴田郡川崎町火災、三三七軒焼失。 |
| | | | | 4・22 | 天文学者江志知辰没（六六歳）。 |
| | | | | 9・26 | 栗原郡高清水町火災、二三〇軒焼失。 |
| 一七一五 | 五 | 8・28 | 節倹令。 | 3・12 | 桃生郡横川町火災、二一八軒焼失。 |
| | | | | 8・3 | 大雨洪水（～六日）。 |
| 一七一六 | 享保　一 | | | 3・20 | 綱宗霊廟善応殿落成。 |
| 一七一七 | 二 | | | 10・3 | 仙台地震。 |
| 一七一八 | 三 | 4・5 | 節倹令。 | 4・7 | 仙台火災、八〇〇余軒焼失。 |
| | | 12・3 | 節倹令。 | 12・25 | 江戸上屋敷焼失。 |
| 一七一九 | 四 | 1・20 | 江戸上屋敷建築のため、三年間の手伝金を家臣に命じる。 | 3・24 | 磐井郡東山千厩町火災、三〇〇余軒焼失。 |
| | | 2・6 | 出入司・町奉行・郡奉行・代官・村横目・諸役人・庶民の法度三七ヶ条を定める。 | 8・28 | 洪水、田畠一八万一六四〇石損失。 |
| | | | | | 佐久間洞巌、『奥羽観蹟聞老志』を著わす。 |
| 一七二〇 | 五 | 6・20 | 綱村卒去（六一歳）。 | 1・13 | 牡鹿郡湊町火災、四七八軒焼失。 |
| | | | | | 水旱、一三万五八〇〇余石損失。 |
| 一七二一 | 六 | 7・26 | 陪臣衣服の制を定める。 | | 洪水、一四万五九六五石損失。 |
| 一七二二 | 七 | 6・11 | 節倹令。 | 3・8 | 磐井郡東山千厩町火災、二八五軒焼失。 |
| | | | | 4・4 | 仙台大雨洪水。 |
| 一七二三 | 八 | | | 3・20 | 本吉郡志津川町火災、四四八軒焼失。 |
| | | | | 8・6 | 「肯山公記録」編修成る。 |

| 西暦 | 和暦 | 月日 | 政治・法制 | 月日 | 社会（文化を含む）・経済 |
|---|---|---|---|---|---|
| 一七二四 | 享保　九 | 閏4・1 | 節倹令。 | 10・9<br>11・20<br>1・晦<br>2・28<br>6<br> | 洪水、一八万五九〇〇石損害。<br>石巻穀船、琉球漂着、帰国。<br>江戸上屋敷および木挽丁屋敷焼失。<br>志田郡古川町火災、二一七軒焼失。<br>洪水、一七万七〇〇〇石余損失。<br>黒川郡大平村一揆。 |
| 一七二五 | 一〇 | | 侍屋敷五人組制を定める。 | 2・26<br>9・6<br>9・29 | 玉造郡岩出山町火災、二〇九軒焼失。<br>仙台大雨洪水（〜七日）。<br>常陸国竜ヶ崎領上町火災、三〇〇余軒焼失。 |
| 一七二六 | 一一 | | 藩政改革に着手。 | 3・16 | 仙台大火、一五二五軒焼失。 |
| 一七二七 | 一二 | | | 5 | 霖雨、二三万三二〇〇石余損失。 |
| 一七二八 | 一三 | 11・6 | 節倹令。 | | |
| 一七二九 | 一四 | 7 | 小人組勤務条目を定める。 | | |
| 一七三一 | 一六 | | | 4・15<br>7・12<br>9・7<br>9・8<br><br> | 江戸芝上屋敷焼失。<br>江刺郡岩谷堂町火災、二四七軒焼失。<br>仙台地震。<br>刈田郡黒森銀山を開く。<br>風雨洪水、一二万二〇〇〇余石損失。<br>天文学者戸板保佑、渾天儀を設け観測所を設置。 |
| 一七三二 | 一七 | | | 12・19 | 牡鹿郡渡波町火災、七二〇軒焼失。 |
| 一七三四 | 一九 | | | 10・16<br> | 儒者遊佐木斎没（七七歳）。<br>風雨洪水、一一万八〇〇〇余石損失。 |
| 一七三五 | 二〇 | | | 10・15 | 本吉郡気仙沼町火災、二一八軒焼失。 |
| 一七三六 | 元文　一 | 6・7 | 節倹令。 | 2・11<br>3・20<br>3・26<br>6・15 | 佐久間洞巌没（八四歳）。<br>仙台地震。<br>栗原郡三迫若柳町火災、二〇六軒焼失。<br>仙台に学問所を建てる（一一月一日落成）。 |
| 一七三七 | 二 | 10・26 | 南品川大井村下屋敷と間部若狭守下大崎下屋敷（一万六六六八二坪余）交換。<br>大崎下屋敷巽隅に袖ヶ崎の号あるにより袖ヶ崎邸と号す。 | | |
| 一七三八 | 三 | | | 3・19<br>10・1 | 磐井郡東山大原町火災、二三三軒焼失。<br>儒者田辺希賢没（八六歳）。 |

| 西暦 | 和暦 | 月日 | 政治・法制 | 月日 | 社会（文化を含む）・経済 |
|---|---|---|---|---|---|
| 一七三九 | 元文 四 | | | 5・23 | 牡鹿郡長渡浜沖にロシア船三隻来る。五月二六日亘理郡磯浜沖に現われる。 |
| 一七四〇 | 五 | | | 9・16 | 石巻穀船、蝦夷漂流、帰国。 |
| 一七四一 | 寛保 一 | | | | 佐藤信要、『封内名蹟志』を著わす。 |
| 一七四三 | 三 | 7・25 | 吉村致仕（六四歳）。宗村襲封。 | 9・24 | 刈田郡宮宿火災、二五八軒焼失。 |
| | | 9・24 | 幕命により江戸屋敷書上提出。 | 12・20 | 西磐井郡須川嶽噴火。 |
| 一七四五 | 延享 二 | 2・25 | 節倹令。 | 2・12 | 麻布下屋敷焼失。 |
| 一七四六 | 三 | 12・28 | 節倹令。 | 2・22 | 仙台火災、三四六軒焼失。 |
| 一七四七 | 四 | | | 8 | 相原友直、『塩釜巡覧記』を著わす。 |
| | | | | | 風雨洪水、一六万八三〇〇石余損失。 |
| 一七四八 | 寛延 一 | | | | 洪水・旱害、二二万一二〇〇石余損失。 |
| 一七四九 | 二 | 11・9 | 事務節約令。 | 12 | 伊達・信夫郡百姓一揆、人数三〇〇人派遣。 |
| | | | | | 洪水、三二万石余損失。 |
| 一七五一 | 宝暦 一 | 12・24 | 吉村卒去（七二歳）。 | | |
| 一七五二 | 二 | | | 2・6 | 仙台大火、一五二七軒焼失。 |
| | | | | 5・19 | 栗原郡佐沼地方迅雷雹。 |
| | | | | 11・10 | 名取郡岩沼町火災、二五五軒焼失。 |
| 一七五三 | 三 | | | 1・15 | 亘理郡荒浜の船夫、琉球国漂着。 |
| 一七五四 | 四 | | | 7・21 | 清国浙江省寧波へ漂着の船夫（春日丸）を召見。 |
| 一七五五 | 五 | | | | 藩の買米実施に不満の打ち毀しあり。 |
| | | | | | 洪水、夏冷気、五四万石余損失。 |
| 一七五六 | 六 | 2・2 | 節倹令。 | 8・15 | 「獅山公治家記録」二五〇冊完成。 |
| | | 5・24 | 宗村卒去（三九歳）。重村襲封（七月九日）。 | 11・23 | 麻布下屋敷、木挽丁屋敷焼失。 |
| 一七五七 | 七 | | 買米仕法改正（宝暦の転法）。 | 3・6 | 遠田郡田尻町火災、二三九軒焼失。 |
| | | | | | 石巻穀船、蝦夷漂流、帰国。 |
| 一七五八 | 八 | 3・1 | 節倹令。 | | |
| | | 6 | 上民心得二四ヶ条を定める。 | | |
| 一七六〇 | 一〇 | | | 12 | 相原友直、『平泉旧蹟志』を著わす。 |
| 一七六一 | 一一 | 1・11 | 一門以下三〇〇〇石以上の者、五年間知行高七分の一献上。 | 12 | 相原友直、『気仙風土草』を著わす。 |
| 一七六二 | 一二 | | | 3・15 | 学問所初代主立高橋玉斎没（七八歳）。 |
| 一七六三 | 一三 | | | 5・14 | 清国通州漂着の亘理郡荒浜の船頭らを召見。 |

| 西暦 | 和暦 | 月日 | 政治・法制 | 月日 | 社会（文化を含む）・経済 |
|---|---|---|---|---|---|
| 一七六四 | 明和一 | | | 10・27 | 洪水、一六万余石損失。 |
| | | | | 11・14 | 仙台大火、八九二軒焼失。 |
| 一七六五 | 二 | 11・15 | 四年間の貸上を命じる。 | | 刈田郡湯原宿火災、二一〇軒焼失。 |
| | | | | | 旱害、三〇万九七〇〇石余損失。 |
| 一七六七 | 四 | 1・29 | 関東諸川修理を命ぜられる。 | 5・10 | 柴田郡金ヶ瀬町火災、二〇三軒焼失。 |
| | | | | 11・29 | 地震。 |
| 一七六八 | 五 | 4・25 | 知行高三貫文以上に手伝金を命じる。 | 2・19 | 磐井郡東山藤沢本郷火災、二四六軒焼失。 |
| | | | | 2・26 | 江刺郡岩谷堂町火災、三一七軒焼失。 |
| 一七七〇 | 七 | 4・13 | 藩の諸経費を半減、借金六〇万八六〇〇余両、借米二万四二〇〇余石。 | 8 | 半田吉十郎道時（燕々軒）、『伊達秘鑑』を著わす。 |
| | | 5・22 | 五年間の手伝金を命じる。 | | 旱害、三一万余石損失。 |
| 一七七一 | 八 | | | | 旱害、三二万石余損失。 |
| 一七七二 | 安永一 | | | 1・15 | 田辺希文、『封内風土記』完成。 |
| | | | | 1・26 | 仙台火災、六五一軒焼失。 |
| | | | | 5・3 | 領内地震。 |
| | | | | 12・12 | 儒者田辺希文没（八一歳）。 |
| | | | | | 洪水、三一万石余損失。 |
| 一七七三 | 二 | 閏3・28 | 諸役人の服務につき定書を出す。 | 6・22 | 「風土記御用書出」調査提出始まる（九年まで）。 |
| 一七七四 | 三 | | | | 気仙郡に疫病流行、罹患者一万三四七三人、死亡二二〇七人。 |
| | | | | | 冷害、三一万八〇〇〇余石損失。 |
| 一七七五 | 四 | 10・15 | 手伝金を免じる。 | | 天候不順、三一万七〇〇〇余石損失。 |
| | | 閏12・24 | 陸奥国伊達郡・楢葉郡の内六万石預り地命ぜられる。 | | |
| 一七七六 | 五 | | | 4・18 | 仙台火災、六六五軒焼失（うち侍屋敷一七一軒）。 |
| | | | | 6・2 | 儒者芦東山没（八一歳）。 |
| | | | | | 大風雨、四〇万石余損失。 |
| 一七七七 | 六 | | | | 霖雨、三六万四二〇〇石余損失。 |
| 一七七八 | 七 | 6・25 | 知行高三貫文以上に手伝金を命じる。 | | 相原友直、『松島巡覧記』を著わす。 |
| | | | | | 天候不順、三五万三〇〇〇石余損失。 |
| 一七七九 | 八 | | | | 洪水、二八万余石損失。 |
| 一七八〇 | 九 | | | | 洪水、二八万二〇〇〇余石損失。 |
| 一七八一 | 天明一 | 11 | 林子平、「第二上書」提出。 | | 水害、二八万六〇〇〇余石損失。 |

| 西暦 | 和暦 | 月日 | 政治・法制 | 月日 | 社会（文化を含む）・経済 |
|---|---|---|---|---|---|
| 一七八二 | 天明二 | | | 1・21 | 儒者相原友直没（八〇歳）。 |
| | | | | 2 | 佐蔵信直『仙台武鑑』を著わす。 |
| | | | | | 水害、二七万二〇〇〇石余損失。 |
| 一七八三 | 三 | 8・15 | 今年の家中手伝金を免除する。 | 1 | 工藤平助『赤蝦夷風説考』を著わす。 |
| | | | | 4 | 畑中太沖『経済秘録』を著わす。 |
| | | | | 9 | 安倍清騒動起こる（打ち毀し）。 |
| | | | | 9 | 大槻玄沢『蘭学階梯』を著わす。 |
| | | | | 11 | 儒者田辺希元没（六三歳）。 |
| | | | | | 凶作、五六万五〇〇〇余石損失。 |
| 一七八四 | 四 | | | 9・7 | 天文学者戸板保祐没（七七歳）。 |
| | | | | 12・26 | 江戸上屋敷・木挽丁屋敷焼失。 |
| 一七八五 | 五 | 11 | 林子平、「第三上書」提出。 | | 霖雨、五五万二〇〇〇石余損失。 |
| 一七八六 | 六 | | | 夏 | 林子平『三国通覧図説』を著わす。 |
| | | | | | 洪水、五三万二〇〇〇余石損失。 |
| 一七八七 | 七 | | | 5 | 石巻にて米価騰貴、打ち毀し。 |
| | | | | | 霖雨、三一万三〇〇〇余石損失。 |
| 一七八八 | 八 | | | 2・1 | 京都屋敷焼失。 |
| | | | | | 減収三一万九〇〇〇石。 |
| 一七八九 | 寛政一 | 5・4 | 参勤交代供人数三分の二を削減。 | | |
| 一七九〇 | 二 | 6・23 | 重村致仕（四九歳）。齊村襲封。 | | |
| | | 11・29 | 以後一〇年間、一五万石格として節倹。 | | |
| 一七九一 | 三 | | | 4 | 林子平『海国兵談』完成刊行。 |
| 一七九三 | 五 | | | 1・7 | 大地震。 |
| | | | | 6・21 | 林子平没（五六歳）。 |
| 一七九四 | 六 | 2・15 | 木挽丁屋敷返還（元禄一〇年以来宇和島伊達家より借用）。 | 1・10 | 江戸上屋敷焼失。 |
| | | | | | 大槻玄沢、初めて新元会を開く。 |
| 一七九六 | 八 | 4・21 | 重村卒去（五五歳）。 | 2・16 | 蔵王嶽噴火。 |
| | | 8・12 | 齊村卒去（二二歳）。周宗襲封（九月二九日）。 | 6・7 | 本吉郡大室浜へ中国大澳港の漁船漂着。 |
| | | | | 10・9 | 江戸上屋敷焼失。 |
| 一七九七 | 九 | 5 | 郡村仕法改革（寛政の転法）。 | 3 | 仙北諸郡大一揆。 |
| | | | | 6・17 | 安南国漂着帰国の荒浜漁夫を召見。 |

| 西暦 | 和暦 | 月日 | 政治・法制 | 月日 | 社会（文化を含む）・経済 |
|---|---|---|---|---|---|
| 一七九八 | 寛政一〇 | | | 12 | 里見藤右衛門、『封内土産考』を著わす。 |
| | | | | | 藩医木村寿禎、解剖実施。 |
| 一七九九 | 一一 | | | 7・3 | 国学者藤塚知明没（六三歳）。 |
| 一八〇〇 | 一二 | | | 2・25 | 田辺希績、『伊達世臣家譜』完成。 |
| | | | | 12・10 | 工藤平助没（六七歳）。 |
| 一八〇一 | 享和一 | | | 7 | 出羽国村山郡農民蜂起により、小人・足軽を派遣。 |
| 一八〇二 | 二 | 1・26 | 節倹令。 | | |
| 一八〇四 | 文化一 | | | 6・24 | 仙台城二ノ丸および中奥焼失。 |
| 一八〇五 | 二 | | | 12・10 | ロシアへ漂着、前年九月帰国の穀船若宮丸の水主を召見。 |
| 一八〇七 | 四 | | 赤子養育法制度化。 | 8・9 | 養賢堂蔵板発刊（西村武左衛門）。 |
| 一八〇八 | 五 | 1・22 | エトロフ・クナシリへ一二二〇人派遣。 | 5 | 大槻玄沢、『環海異聞』完成。 |
| | | 閏6・11 | 国役高役を命ぜられる（五年間一万五〇〇〇両）。 | | |
| | | 閏6・22 | 家臣へ貸上金を命ずる。 | | |
| 一八〇九 | 六 | | | 11・23 | 蔵王嶽噴火。 |
| | | | | | 江戸芝上屋敷に学問所順造館を設立。 |
| 一八一〇 | 七 | 8・1 | 節倹令。 | | |
| 一八一二 | 九 | 2・7 | 周宗致仕（四月二四日卒去一七歳）。齊宗襲封（二月九日）。 | | |
| 一八一四 | 一一 | 5・29 | 日光山本坊修営の命あり。 | | |
| 一八一五 | 一二 | 2・15 | 参府の供人数を半減する。 | 9・14 | 養賢堂へ槍術講習場を置く。 |
| | | | | 9・16 | 養賢堂へ撃剣場を設ける。 |
| | | | | | 目々沢鉅鹿、『東海漁唱』を著わす。 |
| 一八一八 | 文政一 | | | 10 | 伊具郡角田郷学成教書院創立。 |
| 一八一九 | 二 | 5・24 | 齊宗卒去（二四歳）。齊義襲封（七月一五日）。 | | |
| 一八二一 | 四 | | | 7 | 桜田周輔、『松島図誌』を著わす。 |
| 一八二二 | 五 | | | 2・26 | 仙台火災、五〇〇余軒焼失。 |
| 一八二三 | 六 | 3・1 | 関東諸川修治の命あり（一〇月竣工）。 | | 舟山万年、『塩松勝譜』を著わす。 |
| | | | | | 伊具郡丸森菊地多兵衛直訴（重課・洪水被害）。 |
| 一八二四 | 七 | | | 8・8 | 気仙郡吉浜村へ外国人五人上陸。 |
| | | | | 12・5 | 江戸上屋敷焼失。 |
| 一八二五 | 八 | | | 1・3 | 仙台火災、九九軒焼失。 |
| | | | | 6・26 | 文芸家只野真葛没（六三歳）。 |
| | | | | | 大凶作。 |

| 西暦 | 和暦 | 月日 | 政治・法制 | 月日 | 社会（文化を含む）・経済 |
|---|---|---|---|---|---|
| 一八二七 | 文政一〇 | 11・27 | 斉義卒去（三〇歳）。斉邦襲封（一二月二五日）。 | 1・25<br>3・晦<br>12・7<br>12 | 仙台火災、三六〇余軒焼失。<br>大槻玄沢没（七一歳）。<br>伊具郡角田町火災、二一〇軒焼失。<br>鈴木春英、『在田利見抄』を著わす。 |
| 一八二九 | 一二 | 5・22 | 関東諸川修繕命ぜられる（費用八万二三〇九両余）。 | | 志田郡松山郷学大成館創設。 |
| 一八三〇 | 天保一 | | | 3・28 | 江戸浅草商人青柳文蔵、書籍二八八〇余部献上（青柳館文庫）。 |
| 一八三一 | 二 | | | 10・19 | 蔵王嶽噴火。 |
| 一八三三 | 四 | | | 7 | 刈田郡白石等八ヶ村、飢民米払出を要求して騒動。<br>霖雨、七五万九三〇〇石損失。 |
| 一八三四 | 五 | 1・11 | 今後五年間、一〇万石格に簡略にすることを命じる。 | 6・5 | 藩医木村寿禎没（六一歳）。 |
| 一八三五 | 六 | | | 6・25<br>閏7・7 | 仙台地震。<br>仙台大風雨洪水、民屋二四一六軒流失、溺死二七人。<br>大風雨洪水、七三万三五二二石余損失。 |
| 一八三六 | 七 | 8 | 藩の借金七〇万両に達する。 | | 凶作、九一万五七八四石余損失。 |
| 一八三七 | 八 | 1・25 | 参府延期を願い、許される。 | | 不熟、六三万二三〇〇石余損失。 |
| 一八三八 | 九 | | | 2・10 | 暴風雨、宮城・名取・亘理三郡漁舟二一艘漂没、漁夫一四二人溺死。<br>不熟、八二万六〇〇〇石余損失。 |
| 一八三九 | 一〇 | 2・5 | 参府延期を願い、許される。 | 11・23<br>12 | 画家東東洋没（八五歳）。<br>高野長英投獄。 |
| 一八四〇 | 一一 | | | | 遠田郡涌谷郷学習館（のち月将館）創設。 |
| 一八四一 | 一二 | 6・21<br>7・24 | 庄内藩農民、酒井氏転封反対を仙台藩に訴える。<br>斉邦卒去（二五歳）。慶邦襲封(九月七日)。 | 2 | 胆沢郡水沢郷学立生館創設。<br>洪水、三六万五五〇〇石損失。 |
| 一八四二 | 一三 | 5・18<br>5・28 | 家中法度を定める。<br>江戸上野の将軍家廟修理を命ぜられる（費用八万三二三一両一四六文）。 | | 天候不順、三九万三四〇〇石余損失。 |
| 一八四三 | 一四 | | | 12 | 石巻・石浜などの船夫、ルソンへ漂着、帰国。<br>減収四八万石余。 |
| 一八四四 | 弘化一 | | | 1・11 | 画家菅井梅関没（六一歳）。 |

| 西暦 | 和暦 | 月日 | 政治・法制 | 月日 | 社会（文化を含む）・経済 |
|---|---|---|---|---|---|
| 一八四五 | 弘化二 | | | 5・23<br><br> | 洋学者小関三英没（五三歳）。<br>旱害、六七万八五六八石余損失。 |
| 一八四六 | 三 | 閏5・15 | 節倹令。 | | 水害、三九万五五六〇石余損失。 |
| 一八四七 | 四 | | | 7・17<br><br>9・8<br><br> | 気仙・本吉・牡鹿・桃生・宮城五郡津波、船七五艘漂没、漁夫三三五人溺死。<br>画家小池曲江没（九〇歳）。<br>水害、四一万八五〇〇石余損失。 |
| 一八四九 | 嘉永二 | | | | 伊具郡金山郷学必勝館（のち日就館）創設。<br>水害、五四万七〇〇〇石余損失。 |
| 一八五〇 | 三 | 11・15 | 宝暦以前の刑法に復す。<br>家臣に武具武器の整備充実を命ずる。 | 1・17<br>2・3<br>10・晦<br><br><br> | 養賢堂学頭大槻平泉没（七八歳）。<br>江戸愛宕下屋敷焼失。<br>高野長英没（四七歳）。<br>小倉三五郎、種痘接種実験。<br>水害、五九万三七〇〇石余損失。 |
| 一八五二 | 五 | | | 12・1<br><br> | 画家菊田伊州没（六二歳）。<br>減収五三万六六〇〇石余。 |
| 一八五三 | 六 | 6 | 盛岡藩農民二九九七人、仙台藩に苛政を訴える。 | | 志田郡大迫村農民越訴。<br>旱害、六八万七〇〇〇余石損失。 |
| 一八五四 | 安政一 | | | 6・14<br>7・8<br>11・28<br><br> | 近江領地震。<br>西洋型大銃を鋳造。<br>暦書（仙台暦）編製頒行を許される（安政四年より売出）。<br>水害、五二万石余損失。 |
| 一八五五 | 二 | 4・1 | 蝦夷地警備を命ぜられる（第一陣、翌三年二月八日出発）。 | | 減収四五万三八六二石余。 |
| 一八五六 | 三 | 12・19 | 参府延期を願い、許される。<br>この頃より、兵制・財政・民政等の改革始まる（安政の改革）。 | 5・15<br><br> | 瀬河原に講武所を置く（文久元年七月廃止、養賢堂へ吸収）。<br>減収三六万石余。 |
| 一八五七 | 四 | | | 2・28<br>7<br><br><br> | 文芸家舟山万年没（六七歳）。<br>寒風沢《さぶさわ》にて軍艦開成丸建造。<br>吉田友好、『仙台金石志』を著わす。<br>減収七七万七三八〇石余。 |
| 一八五八 | 五 | | | 7<br><br> | コレラ流行（～一〇月）。<br>水害、六〇万六三〇〇石余損失。 |

| 西暦 | 和暦 | 月日 | 政治・法制 | 月日 | 社会（文化を含む）・経済 |
|---|---|---|---|---|---|
| 一八五九 | 安政　六 | 4 | 水戸藩農民、仙台藩に強訴(～八月)。 | 3 | 胆沢郡水沢町大火、五六二軒焼失。 |
| | | 9・27 | 東蝦夷地白老より西別までおよび国後島・択捉島拝領。 | 4・6 | 江刺郡岩谷堂町大火、五一一軒焼失。 |
| | | | | 7 | コレラ流行。 |
| | | | | | 小野寺鳳谷、『東藩野乗』を著わす。 |
| | | | | | 甚雨、七〇万一三七〇石余損失。 |
| 一八六〇 | 万延　一 | 1 | 玉虫左太夫、遣米使節に随行、のち『航米日録』を著わす。 | 3・31 | 保田光則、『新撰陸奥風土記』を著わす。 |
| | | 3・26 | 幕府へ蝦夷地処置方策につき回答。 | | 大風雨洪水、五四万五五〇〇石損失。 |
| 一八六一 | 文久　一 | 3・23 | 家中手伝金を命じる。 | 9・18 | 仙台地震。 |
| | | 3 | 藩の役人を削減する(～四月)。 | | 気候不順、水害、五一万三五〇〇石余損失。 |
| | | 8・16 | 参府延期願いを許される。 | | |
| 一八六二 | 二 | 10・3 | 財政窮迫につき覚書を出す。 | 6 | ハシカ流行。 |
| | | | | | 気候不順、五四万三五〇〇石余損失。 |
| 一八六三 | 三 | 1・28 | 藩内尊攘派と佐幕派対立激化。 | | 細倉鉱山にて細倉当百（鉛銭）鋳造。 |
| | | 2・3 | 上京発駕（供人数二二〇〇余人、三月二日京都着）。 | | 減収五六万九八〇〇余石。 |
| | | 2 | 米沢藩領出羽国屋代郷を預かる。 | | |
| | | 4 | 出羽国東置賜郡屋代郷三五ケ村農民、仙台藩家臣白石城主片倉小十郎へ苛政を訴へ天領復帰を願う。 | | |
| | | 8・18 | 節倹令。 | | |
| 一八六四 | 元治　一 | | | 8 | 大雨洪水、五七万二八〇〇石損失。 |
| 一八六五 | 慶応　一 | | | | 旱害・水害、五九万石余損失。 |
| 一八六六 | 二 | | | | 栗原郡三迫百姓一揆（凶作・重税）。 |
| | | | | | 水害・旱害、八六万三〇〇〇余石損失。 |
| 一八六七 | 三 | | | 2・7 | 宮城郡塩釜町二六〇戸焼失。 |
| | | | | | 水害・旱害、五五万石余損失。 |
| 一八六八 | 明治　一 | 1・15 | 朝廷より奥羽諸藩へ援兵の命あり。 | 2 | 蒸汽船（宮城丸）購入。 |
| | | 1・20 | 朝廷より会津征討の命あり。 | | 西磐井郡一揆。 |
| | | 2・29 | 討会の御旗を賜う。 | | |
| | | 3・23 | 奥羽鎮撫総督九条道孝ほか仙台に来り養賢堂を本営とする。 | | |
| | | 閏4・12 | 奥羽列藩会議（二五藩）。 | | |
| | | 7・2 | 日光宮能仁法親王、仙台仙岳院へ入る（一〇月一一日帰京）。 | | |

| 西暦 | 和暦 | 月日 | 政治・法制 | 月日 | 社会（文化を含む）・経済 |
|---|---|---|---|---|---|
| | | 9・13 | 仙台藩降伏。 | | |
| | | 10・6 | 四条総督、仙台に入る（奥羽鎮守府）。 | | |
| | | 10・26 | 慶邦父子謹慎。 | | |
| | | 12・7 | 六二万石没収。 | | |
| | | 12・12 | 伊達亀三郎（三歳）世子となり、新知二八万石拝領。 | | |
| | | 12・13 | 慶邦致仕（四四歳）。 | | |
| 一八六九 | 明治二 | 3・28 | 土浦藩および宇都宮藩取締地、それぞれ涌谷県（権知事奥田図書）および栗原県（権知事大羽循之進）となる。 | | 大凶作。<br>一揆暴動相つぐ。 |
| | | 6・17 | 伊達亀三郎、仙台藩知事となる。 | | 西磐井・登米両郡一揆。 |
| | | 7・20 | 高崎藩取締地、桃生県（権知事山中献）となる（八月一三日石巻県と改称）。 | | 登米郡佐沼一三ヶ村一揆。<br>江刺郡西方諸村一揆。 |
| | | 8・5 | 三陸両羽磐城按察府を刈田郡白石に設置。 | | 伊具郡島田・枝野両村一揆。 |
| | | 8・7 | 南部彦太郎、盛岡へ復帰し、白石県（権知事武井守正）となる（一一月二七日角田県と改称）。 | | |
| | | 8・27 | 涌谷県および栗原県の一部をもって登米県（権知事鷲津宣光）、栗原郡の一部は胆沢県へ編入する。 | | |
| | | 10・12 | 藩庁を廃止し勤政庁設置。 | | |
| 一八七〇 | 三 | 2・27 | 伊達邦成（亘理邑主）ら北海道移住のため出発、白石・角田・岩出山等の家中も、北海道へ移住する。 | 3・17 | 保田光則没（七四歳）。<br>登米郡川西諸村一揆。 |
| | | 9・28 | 石巻県を登米県に合併。 | | 東磐井郡小梨村一揆。 |
| | | 10・25 | 伊達宗敦（一九歳）仙台藩知事となる。 | | 栗原郡宮沢村一揆。 |
| 一八七一 | 四 | 7・14 | 仙台藩、仙台県となる。 | | |
| | | 11・2 | 角田・仙台・登米三県を仙台・一関二県に分ける。 | | |
| | | 12・13 | 一関県を水沢県と改める。 | | |

○出典（『伊達治家記録』『東藩史稿』『宮城県史』『宮城県通史』、各市町村史）

## 〔藩の職制〕

### ○藩の職制の大綱

- 藩主—奉行—（*①）
  - 袖ケ崎御年寄
    - 御用人
      - 定御供
      - 小道具役
      - 御駕籠頭
      - 徒組
      - 御用人手前物書
      - 御馬方
      - 御兵具方御用
      - 御乱舞方御用
    - 小姓頭
      - 奥御小性
      - 表御小性
      - 奥御右筆
      - 表御右筆
      - 御進物方御役人
    - 奥年寄
    - 出入方
    - 御近習
    - 御目付
    - 御番医師
    - 御広敷番頭
    - 御奥方目付
    - 徒目付
    - 並医師
  - 若年寄（**①）
    - 江戸番頭
      - 江戸番馬上（三組）
      - 江戸番組定供
    - 御贈答方
    - 御小性組番頭
    - 御小性頭（***①）
      - 奥小性組
      - 表小性組
      - 内御大所判形役
      - 奥御右筆
      - 表御右筆
      - 御納戸御進物方
    - 御相伴
    - 御徒小性頭
    - 御鷹匠頭
    - 御祭祀奉行
    - 御不断組頭

*①
- 御旗奉行
- 大番頭
  - 大番組（一〇組）
  - 矢目足軽
  - 成田足軽
  - 小舟越足軽
- 評定役
- 出入司
  - 御郡奉行（**②）
    - 御代官
    - 在郷御番外
    - 在郷御給主
    - 在郷御足軽
    - 御足軽御小人組抜並
- （*②）

**①
- 御名懸組頭
- 御旗元足軽頭
- ***①
  - 御茶道組頭
  - 御同朋頭
- 公義使
- 御物置〆役
- 御近習
- 御目付御使番
- 御番医師
- 江戸番与頭
- 御小性与頭
- 並御武頭
- 外人屋御馳走役—外人屋御役人
- 御兵具奉行—御兵具方
- 御刀奉行
- 御奥方目付
- 堂形指南惣〆役
- 御乱舞方
- 御徒目付
- 御厩頭
- 御用家業之者（儒者・剣術者・弓鉄炮指南役・天文暦道など）
- 学問所御目付
- 御徒組

**②
- 竜ケ崎奉行—竜ケ崎御足軽

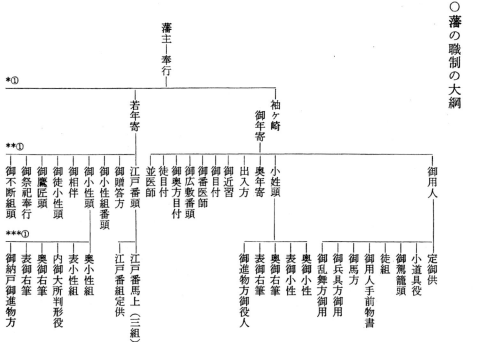

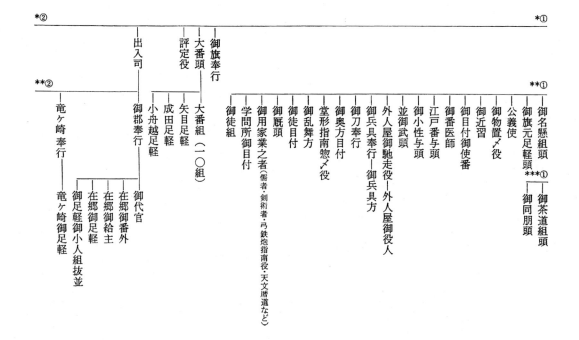

*②

*③

**②

- 御勘定奉行
  - 御勘定所─御勘定人
  - 袖ヶ崎御遣金所主立
  - 津方御勘定役
  - 御舟賦役
  - 御穀積立役
  - 御扶持方所
    - 本〆
    - 御役人
  - 山林方
    - 定役人
    - 〆り
    - 数組
  - 仲所御役人
  - 今市御足軽
  - 福田御足軽
  - 諏訪御足軽
  - 御紙漉
  - 御酒屋
  - 松島御水主
  - 御裏林御山守
  - 御近所御山横目
  - 川内若林原町其外御米蔵
- 御金方
- 御割方
- 京都御留守居
  - 京都小役人
  - 江州御代官
  - 京都定詰御足軽
  - 京都御買物方本〆
  - 京都定詰御使番
- 津方
- 山林方
- 相去御足軽頭
- 浅布御屋敷役
- 御納戸
- 御中奥本〆横目
- 御郡方会所横目
- 深川御屋敷役
- 常州平潟御穀役人
- 潮来銚子御国御穀横目
- 深川并御国御穀横目
- 御国津方御穀横目
- 豆州下田御穀役
- 房州館山御穀役

**③

*③

*④

- 御申次
- 御鑓奉行
- 御奥年寄
  - 御広敷番頭
  - 御用達
  - 御奥方横目
  - 御広敷番

**④

**③

- 総州奥津御穀役
- 御作事方
- 御作事方御足軽
- 御蔵方横目
- 御金山本〆
- 御扶持方所横目
- 御鍛冶奉行
- 御馬方
- 御塗師役人
- 評定所御賭方
- 見届質物方
- 御賄方質物方
- 荒物方并御賄役
- 御塩噌方定横目并御役人
- 御日肴御役人
- 八百屋方
- 御肴蔵見届本〆并御役人
- 江戸御国御下大所定見届
- 江戸御下大所役人
- 御国御下大所役人
- 品川屋敷御塩噌添役
- 御牢指引役人
- 御塩方本〆
- 原町御塩売方所見届横目
- 御薬園役
- 御細工番頭

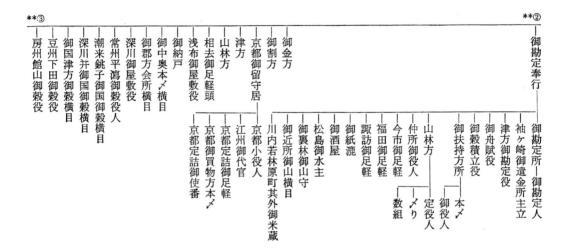

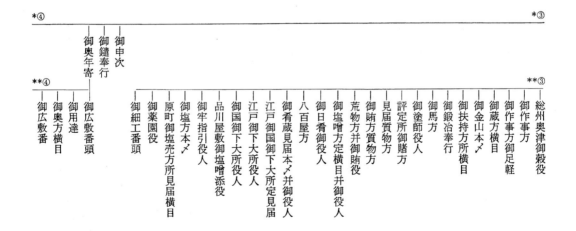

*④
- 脇番頭
- 御城番
- 御町奉行
  - 評定所留付
  - 質物方御役人
- 御近習目付―御町同心
- 御姫様御年寄
- 御二丸御留守居
- 評定所御役人―評定所留付
- 評定所御役人見習
- 切支丹鉄砲改役―両御改所
  - 本〆
  - 御役人
- 御屋敷奉行―御屋敷方
  - 横目
  - 御役人

**④
- 〆り所主立
- 〆り所小役人
- 御大所横目
- 御比丘尼衆御長屋横目
- 御大所組頭
- 御大所役人
- 御大所人
- 御錠口番
- 御酒御家具役人
- 御比丘尼衆御長屋〆役
- 乗物添
- 定詰御足軽
- 御次料理人

○出典（「司属部分録」）

○格と職

①**格**（家格） 明和年間

| 家格 | 人数 |
|---|---|
| 一門 | 一一 |
| 一家 | 一七 |
| 準一家 | 一〇 |
| 一族 | 二二 |
| 宿老 | 三 |
| 着坐 | 二八 |
| 太刀上 | 一〇 |
| 召出一番坐 | 三八 |
| 召出二番坐 | 五一 |
| 平士 | 三六六二 |
| 組士 | 七〇七 |
| 足軽 | 二九七一 |
| 計 | 七五三〇 |

・要害拝領・所拝領・在所拝領・在郷屋敷の区別による「格」も存在。

②**職**

・役に応じた役高相当の基準がある。

・一門は、藩の役職には就任しない。

・最高の奉行職（他藩の家老）は、家格一家～着坐の家柄から輩出、これは奉行職の役高三〇〇〇石に相当する知行高の者が、太刀上・召出・平士に存在しないこと、奉行職就任後、家格「着坐」に班することによる。

○家臣団構成

一般的な構成は、前項①「格」に同じ。

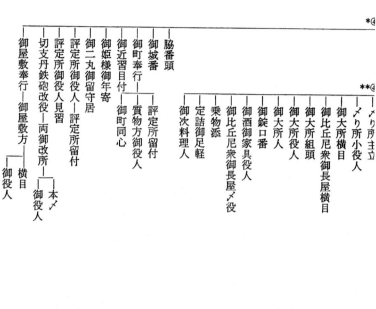

## 〔領内支配（地方支配）の職制と系統〕

・郡奉行は定員四名、役高三〇〇石。四郡奉行区の所属郡については、時期によって若干異動がある。

・代官は定員一九名、一〇〇石～一五〇石の平士から選任。郡奉行が城下の役宅に居し春秋二回の廻村を行なうのに対し、代官は支配区の代官所に常住する義務があった。また代官所は一代官区に一ヶ所とは限らない。

・仙台藩に百姓代はない。

奉行職─出入司─郡奉行─┬代官─大肝入─┬肝入─┬組頭
　　　　　　　　　　　│　　　　　　　│　　　└大組頭（後期）
　　　　　　　　　　　│　　　　　　　├検断
　　　　　　　　　　　│　　　　　　　└判肝入
　　　　　　　　　　　└郡方横目

・郡奉行下の諸役

郡奉行─┬高分役
　　　　├生産係
　　　　├普請本締
　　　　├郡奉行物書
　　　　└郡奉行留付

・代官配下（郡方役人）の諸役

代官─┬諸役係
　　　├普請係
　　　├本石係
　　　├山林係
　　　├普請見習
　　　└加勢役

・町奉行は定員二名、のち三～四名。役高三〇〇石。初見は慶長十一年。南北二ヶ所に奉行所がある。

奉行職─町奉行─┬評定所留付
　　　　　　　　├質物方役人
　　　　　　　　├町同心
　　　　　　　　└町横目

○出典（「司属部分録」「牧野太政官書記官宛書類」〔宮城県庶務課〕）

## 〔領内の支配区分〕

・領内を四郡奉行区一九代官区に区分。

| 郡奉行区 | 所属郡数 | 所属代官区数 | 村数 |
|---|---|---|---|
| 南 | 五郡と二郡の一部 | 四 | 二七二 |
| 北 | 六郡と三郡の一部 | 五 | 二八六 |
| 中奥 | 二郡と四郡の一部 | 五 | 二二五 |
| 奥 | 三郡と二郡の一部 | 五 | 一九六 |
| 計 | 二二郡 | 一九 | 九七九 |

（注）村数は「風土記御用書出」による。　○出典（「牧野太政官書記官宛書類」）

## 〔村役人の名称〕

・大肝入は一代官区一人が原則。ただし規模や地域的特徴によって複数。

・肝入は一村一名が原則。ただし村規模により複数、または数ヶ村で一名となる。

大肝入─┬手代
　　　　├増手代
　　　　├締役
　　　　└小使

肝入─┬手代
　　　└書記
（ただし、村事情による）

・組頭は五人組の組頭、ただし一組五人とは限らない。

・城下二三町に各検断一人、肝入も検断に同じ。ただし、大町のみ二名で二四名。

・町年寄は一町に一人、定組頭は一五戸に一人、当組頭は五戸に一人。

検断肝入─町年寄─定組頭─当組頭

○出典（「牧野太政官書記官宛書類」）

## 〔領外（飛地）の支配機構〕

仙台藩は、常陸・下総国の四郡の内に一万石余の領地があり、竜ヶ崎（現竜が崎市）に陣屋を置いた。また、近江国の内二郡の内に一万石を領し、京都留守居が支配した。

・常陸領

奉行職─出入司─竜ヶ崎奉行─┬横目
　　　　　　　　　　　　　├代官─大庄屋─┬小庄屋─組頭
　　　　　　　　　　　　　│　　　　　　　└名主─組頭
　　　　　　　　　　　　　└足軽

※竜ヶ崎奉行は、のち郡奉行の内から兼帯となる。
※出入司は、藩の財政担当。

・近江領

奉行職─出入司─勘定奉行─京都留守居─┬江州代官
　　　　　　　　　　　　　　　　　　├京都小役人
　　　　　　　　　　　　　　　　　　├京都定詰足軽
　　　　　　　　　　　　　　　　　　└江州足軽

※京都留守居は、のち勘定奉行の内から兼帯。

○出典（『司属部分録』、内山純子「仙台藩の飛地」）

## 〔領内の主要交通路〕

**陸路の主要街道**

1 奥州道中（街道）
2 出羽海道（中山越）　吉岡─尿前関─中山峠─出羽堺田
3 最上海道（軽井沢越）　吉岡─軽井沢峠─出羽尾花沢
4 出羽海道（笹谷越）（笹谷街道）　宮─猿鼻峠─川崎─笹谷峠─出羽山形方面
5 出羽海道（小坂越）（七ヶ宿《しちがしゅく》街道）　伊達郡（天領）藤田─二井宿峠─出羽米沢へ、また金山峠を越えて上ノ山
6 江戸浜海道　岩沼─亘理・新地─江戸へ
7 気仙道・石巻街道　仙台─石巻・気仙沼
8 奥州道中の主な宿より東西に延びる街道

○出典（『元禄十四年仙台領絵図』による）

**港**　気仙沼・石巻・寒風沢《さぶさわ》・塩釜

## 〔番所の所在地〕

**境目番所**

宇多郡　駒ヶ峯・菅谷
伊具郡　大内・峠・水沢・大坊木
刈田郡　越河・上戸沢・湯原
柴田郡　笹谷
名取郡　二口
宮城郡　作並
加美郡　軽井沢・門沢・寒風沢・田代
玉造郡　尿前
栗原郡　鬼首
胆沢郡　下嵐江・相去
江刺郡　寺坂・水押・上口内・野手崎・人首
気仙郡　下有住・上有住・唐丹

このほか、一時期、黒川郡吉田村益沢・枡沢、加美郡小栗山・立板、江刺郡下門岡村高坂にも境目番所が置かれている。

**穀改番所（海筋）**

亘理郡　荒浜
宮城郡　塩釜・磯崎
桃生郡　大塚浜・野蒜
牡鹿郡　門脇・湊・石巻・渡波・小竹浜・小渕浜
桃生郡　釜谷浜
本吉郡　追波浜・清水浜細浦・岩月・名足・松崎・気仙沼・唐桑村鮪立
気仙郡　長部・広田

このほか川筋にもあり、牡鹿郡袋谷地、桃生郡鹿又・和渕、本吉郡柳津、胆沢郡相去、磐井郡西磐井・作瀬、登米郡の登米・西郡・嵯峨立・米谷などに設けられていた時期がある。享保十七年は三九ヶ所あった。

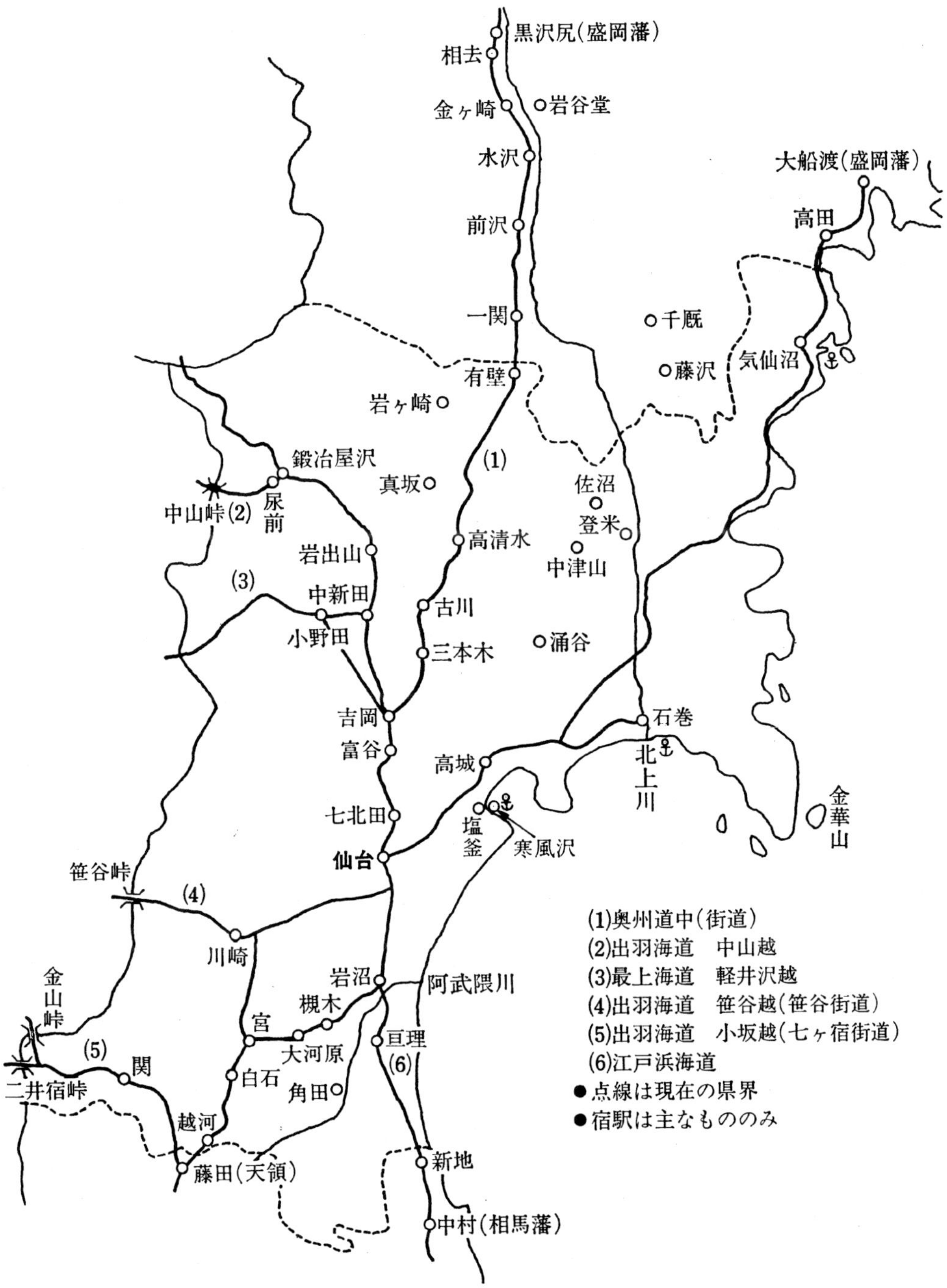


**仙台藩主要街道図**　(執筆者作図)

唐船見張番所

亘理郡　磯浜
桃生郡　大浜
牡鹿郡　鮎川浜
本吉郡　歌津泊浜

○出典（宝暦十一年『奥州仙台領遠見記』）

## 〔在町、津出場・米蔵の所在地〕

○在　町

伊具郡　角田・金津・金山・丸森
刈田郡　白石
亘理郡　亘理
柴田郡　村田・川崎・船岡・大河原
名取郡　岩沼
宮城郡　高城
黒川郡　吉岡
志田郡　三本木・古川・松山
加美郡　中新田・宮崎
玉造郡　岩出山
遠田郡　涌谷・米岡（西野村）・田尻・小牛田
登米郡　登米・米谷・石森・狼河原
栗原郡　高清水・築館・宮野・沢辺・金成・真坂・若柳・岩ヶ崎・佐沼
桃生郡　小野・鹿股・釜屋・横川・飯野川
牡鹿郡　―
本吉郡　津谷・清水川・気仙沼・馬籠・柳津
磐井郡　（西磐井）山ノ目・一関・涌津、（東山）藤沢・千厩・松川・大原・薄衣・猿沢・槻立・長坂・母体・折壁・摺沢・津谷川・門崎、（流）金沢
胆沢郡　水沢・前沢・相去・金ヶ崎
江刺郡　伊手・岩谷堂・口内・人首・野手崎・田母山
気仙郡　高田・今泉・世田米・上有住

これらの町は、大部分は宿場あるいは要害・所・在所拝領の給人の町場である。また、その数も時期によって異なり、中期七七、享保十九年八九、幕末九六と増加している。

○津出場・米蔵

米穀を運送するための舟付場は、北上川・迫川・鳴瀬川・江合川の川筋各地に存在した。

下宮野・姉歯・刈敷・若柳・梨木平・大林・佐沼・登米など。

米蔵も本石蔵五九・買米蔵一七・雑穀蔵一六、合計九二棟（『安永風土記御用書出』）判明しており、風土記書出未発見分や自分蔵も含めればさらに数は増加する。本石蔵でもっとも古いのは、明暦二年設置の志田郡福沼村長瀬である。

**本石蔵と買米蔵の所在地**

| 郡名 | 本石蔵 | 買米蔵 |
|---|---|---|
| 亘理 | 高屋 | 高須賀 |
| 名取 | 藤場（岩沼本郷） | |
| 宮城 | 苦竹・南福室 | |
| 志田 | 長瀬（福沼）・下中目・三本木 | 三本木・千石・稲葉 |
| 加美 | 四日市場 | 中新田 |
| 玉造 | | 成田 |
| 遠田 | 馬場谷地 | 田尻・米岡（西野） |
| 登米 | 水越 | |
| 栗原 | 大林・姉歯・下刈敷・大仏（下宮野）・若柳・北方 | 曽根・稲屋敷・金成・刈敷・若柳・築館 |
| 桃生 | 野蒜・鹿股 | |
| 牡鹿 | 湊・石巻 | |
| 磐井 | 西磐井―中里・狐禅寺、東山―黄海・薄衣・舞草・小嶋・長部、流―日形・富沢 | 西磐井―赤荻 |
| 胆沢 | 金ヶ崎・安土呂井・三ヶ尻・相去・大室（六日入）前沢・下衣川 | 塩釜 |
| 江刺 | | 片岡 |

○出典（『源貞氏耳袋』『風土記御用書出』）

## 〔江戸城の詰間〕

大広間（ただし『徳川禁令考前集第四』二三九二号には「大廊下下之御部屋」とある）

○出典（『文化武鑑』）

〔江戸屋敷・京屋敷の所在地〕

| 屋敷 | 所在地 |
|---|---|
| 上屋敷 | 芝口三丁目 |
| 中屋敷 | 愛宕下 |
| 下屋敷 | 麻布 下大崎 品川 さる丁 木挽丁 |
| 抱地 | 下大崎屋敷続 |
| 外ニ | 預地、河岸拝領地 |

京屋敷 長者町中之町小川通角（寛保元年）
（『奥陽名数』〈弘化二年〉によれば、表口二五間一尺、裏行一八間半）
ただし、江戸初期には三条塩屋町にあったと思われる（「貞山公治家記録」元和元年四月二十一日、寛永三年六月十九日ノ条）。

○出典（「忠山公治家記録」巻之二下 寛保三年九月二十四日、幕府の命により提出、『文化武鑑』、京大絵図〈寛保元年〉『宮城県史』2）

〔蔵屋敷の所在地〕

江戸蔵屋敷 深川
大坂蔵屋敷 上中之島町（宝暦七年）
（ただし、『文化武鑑』記載なし。宝暦七年は幸町に置かれたが、文化三年の絵図によれば上中之島に移っている）

○出典（増脩改正摂州大阪地図〈文化三年〉）

〔藩の専売制〕

| 専売品目 | 専売期間 | 専売仕法 | 専売形態 |
|---|---|---|---|
| 米 | 寛永末～幕末 | 具体的方法は、時期によって異なるが、買米制によって藩が独占的に集荷購入して江戸へ移出。 | 独占移出販売 |
| 塩 | 寛永2頃～幕末 | 藩が公定価格で購入、村々へ戸口に応じて払下げおよび塩問屋を通して小売、売値は藩が決定。 | 領内配給独占 |
| 漆 | 未詳 | 漆実は、村肝入を通して出高を把握し公定値段で買上、在々商人の直買禁止、水漆は公定値段で買上、残余は役銭を収めて他領出し可能。藩買上分はいずれも藩の塗師蔵へ収納。 | |
| その他 | | このほか、一時期専売品となったもの多数あり。 | |

〔藩札〕

仙台藩の藩札（羽書《はがき》と称す）の発行は数回あるが、いずれも成功せず、むしろ蔵元の発行する手形が信用を得て藩札同様流通した。また、鋳銭事業もしばしば行なっており、藩札発行と同様の意義をもっていた。

| 藩札名 | 発行年月 | 使用期間 |
|---|---|---|
| 金一分札 | 貞享1年 | ～元禄2年 |
| 金札・銭札 | 元禄16年3月 | ～宝永3年10月 |
| 銀札 | 天明4年3月 | 自然に通用せず |
| **手形** | **発行年月** | **使用期間** |
| 銭預り切手 | 安永6年7月 | |
| 米札 | 寛政6年 | |
| 預り手形（升屋札） | 文化5年～天保5年 | ～明治 |
| 預り手形（両替所） | 天保8年10月～安政3年 | ～明治 |
| 改正手形（中井家） | 安政3年12月 | ～明治 |

| 鋳銭 | 発行年月～使用期間 | 備考 |
|---|---|---|
| 寛永通宝 | 寛永13年～寛永15年 | 銅銭 |
| 同 | 享保13年2月～享保15年12月 | 銅銭 裏仙字 |
| 同 | 享保17年6月～同18年4月 | 銅銭 |

| | | |
|---|---|---|
| 同 | 元文4年11月～寛保2年12月 | 銅銭 |
| 同 | 明和5年6月～安永1年10月 | 鉄銭　裏千字 |
| 同 | 安永4年～安永6年 | 鉄銭　他領出禁止 |
| 同 | 天明4年11月～天明8年 | 鉄銭（撫角銭） |
| | | 仙台通宝、領内限通用 |
| 同 | 天保8年4月～天保12年4月 | 鉄銭　領内限通用 |
| 同 | 安政6年8月～文久2年 | 鉄銭 |
| 同 | 元治1年 | 鉄銭 |
| 同 | 慶応1年9月～明治1年 | 鉄銭 |

○出典（『仙台貨幣志』）

## 〔藩　校〕

| 藩校名 | 成立年月 | 所在地 |
|---|---|---|
| 明倫館養賢堂　養賢堂（安永元年七月改称） | 天文1年6月 | 仙台北三番丁細横丁西南角　のち、北一番丁勾当台通（宝暦一〇年一一月移転） |

**沿革**　学頭大槻平泉の時、学田一万二〇〇〇石を得て学校経営の資本とした。文化七年、江戸上屋敷内に学問所順造館を置き、文化十二年四月、百騎丁に医学館を創設、藩医の子弟の教育にあたるとともに施薬所を附置して治療も実施、さらに薬園を設け、文政五年には蘭方科を増設した。また、文化四年には、養賢堂蔵板を刊行、文政六年、聖廟が落成した。嘉永五年十一月に川内中坂通に小学校（振徳館）を設置して門閥子弟の講学所とし、安政四年には、養賢堂構内に日講所を置いて、城下の庶民の子弟の教育にあたった。文久元年開物方設置、明治四年廃止となった。

**目的**　藩士の教育を目的とし、文武両道を修めさせたが、武術を学ぶことは、凡下・扶持人は許されなかった。

**教科内容**　学問としては、四書五経を中心とする素読・講釈、文芸関係で礼法・詩・文・書・数、武法は、兵学・剣・槍・弓・馬・砲術があり、科目として数（和算）を置いたことは、全国でも珍しいと思われる。学頭大槻習斎の時西洋学問所を置き、音楽・露語・鋳砲・造船・操銃術などの科目をもうけた。

**学頭**　①主立高橋玉斎　②主立高橋周斎　③学頭田辺楽斎　④学頭大槻平泉　⑤学頭大槻習斎　⑥学頭大槻磐溪　⑦学頭新井雨窓
主な儒員（教授）　佐藤成信・芦野徳林（芦東山）・遊佐好生（木齋）・桜田景質（欽斎）・小野寺篤謙（鳳谷）・国分豊章（平）

## 〔藩の武術〕

仙台藩の武術は、種目・流派・武術指南役ともに不明な部分が多い。判明するのは左記の通りである。

**(1)　寛政元年頃の諸流派**

| 種目 | 流派 |
|---|---|
| 居合 | 一宮流、影山流、今枝流 |
| 兵法 | 柳生流 |
| 剣術 | 八条流、願立流、一刀流、四兼流 |
| 鑓 | 当田流兵術鑓、新陰疋田流、当無辺流、鏡智流、風伝流、日下一旨流 |
| 長刀（薙刀） | 穴沢流、鈴鹿流、静流 |
| 軍（兵）学 | 信玄流、謙信流、正伝流、東条流 |
| 軍馬 | 山形流 |
| 柔 | 直極流、制剛流 |
| 捕手 | 無双流、荒木流 |
| 弓 | 日置流、雪荷派 |
| 鉄砲 | 外記流、不易流、中筒流、南蛮櫟木流、統一流 |

○出典（『伊達家文書』）

(2)　**幕末の諸流派**

| 種目 | 流派 | 指南役 |
|---|---|---|
| 居合 | 影山流 | 坂英力 |
| | 一ノ宮流 | 黒田大六郎 |
| 兵学 | 東条流 | 佐伯善太夫 |
| | 北条流 | 佐伯善太夫 |
| | 謙信流 | 佐伯善太夫、佐藤文太夫 |
| | 長沼流 | 佐伯善太夫 |
| 長太刀 | 聖徳太子流 | 大堀正介 |
| 槍術 | 日下一旨流 | 大堀正介 |
| | 風伝流 | 黒田大六郎 |
| 抜刀 | 香取神刀流 | 中津川要七郎 |
| 薙刀 | 鈴鹿流 | 大津二右衛門、江馬作十郎 |
| 馬術 | 高麗流八条家八条一流武用 | 戸津宗之進 |
| 砲術 | 坂本流 | 真田喜平太 |
| | 西洋伝来高島流 | 真田喜平太 |
| | 東条流 | 犬飼嘉蔵 |
| | 統一流 | 犬飼嘉蔵 |
| 柔術 | 真極流 | 清水直人、奥村勇阿弥 |

○出典（『伊達家文書』）

(3)　**幕末武芸家業人**

| 種目 | 家業人 |
|---|---|
| 剣術 | 狭川(二家)、永井、男沢（以上柳生流)、渋谷・熊谷(以上新蔭流)、玉虫(今枝流居合)、渡辺(香取神刀流)、山崎(剣徳流)、鹿股・山田・菊地・丹野(新蔭流二刀居合)、桜田(一刀流)、男沢(二刀流)、石川(渋谷流)、芳賀(四兼流)、桜田(北辰一刀流) |
| 槍術 | 諏訪(鏡智流)、玉虫(疋田流)、浜田(風伝流)、野村（鏡智流)、大堀(日下一旨流)、栗原(種田流) |
| 軍学 | 佐藤、山崎、佐伯、内海、浅井、内ケ崎 |
| 馬術 | 及川、日下、岩淵(三家)、鈴木、斉藤、佐伯 |
| 砲術 | 大槻、横山、犬飼、望月、伊藤、井上、村上、河村、三宅、多田 |
| 長刀 | 熊耳、佐藤、江馬、山田 |
| 柔術 | 鹿股、山崎、上野 |
| 弓術 | 矢崎、遠藤、山内、坂、三浦、中目、落合、鳴原、沢辺、菱沼、芳賀、菅野、嶋田　（弓術は、慶応三年家業人御免） |

○出典（『仙台戊辰史』）

(4)　**伝系者**

(イ)　願立流　松林蝙也斎(永吉)寛文七・閏二・朔没(七五)　願立流創始者、仙台藩士

(ロ)　新陰流　狭川新三郎助直元禄八・八・一六没(五五)＝新之丞助久享保四・二・二四没(五〇)─新三郎右将《すけまさ》安永二・九・六没(七三)─喜多之助助克安永九・正・朔没(四〇)─新三郎将義文化八・一〇・一四没(四一)＝新之丞将長文政二・九・二二没(五九)

御流儀兵法と称し、藩主歴世修業の師範。

(ハ)　新陰流　渋谷又三郎武敬《たけのり》(初武重)享保一四・六・一八没(五八)　享保五年、五代藩主吉村の師範となる。

(ニ)　本心鏡智流　諏訪万右衛門親清（号又可）享保四・一二・二五没(七九)　五代藩主綱村師範

野村新兵衛永則文政六・七・二七(九八)　八代齊村、一〇代齊宗師範

(ホ)　日置流雪荷派　平塚籾右衛門重次元禄一六・四・二八没(五五)─葛岡源七郎成倫宝暦五・四・二二没─利源太成信安永六・五・二九没、高城宅三郎顕道寛政四・一一・一四没(六六)、山内小藤太致信寛政四・一一・一三没(五五)、遠藤勇五郎時中文政三・八・六没(五八)、山内三保吉秀雄慶応三・五・四没(八四)、遠藤勇五郎時習《ときしげ》嘉永四・五・朔没(五五)、遠藤金右衛門時影明治二一・五・三没(五五)　仙台藩射術師範

(ヘ)　玉虫喜六郎幸茂宝暦四・二・一五没(七一)　疋田流槍術・今枝流居合・真極流柔術・不易流銃術・信玄流軍法、六代藩主宗村師範

玉虫恒太郎久茂　一三代藩主慶邦師範

(ト)　以下、藩主師範役（判明分）

剣術
永井覚弥尚志　新陰流　五代吉村、六代宗村
中津川要七郎　香取神刀流居合　一三代慶邦

槍術
浜田市郎兵衛武次　風伝流　七代重村、八代齊村

弓術
井上八郎兵衛豊庸　雪荷派　六代宗村
桜田幾之丞時里　蟇目射術　一三代慶邦

馬術
岩淵加兵衛実則　高麗流八条家　六代宗村

兵法
布施備前定信　北条流　五代吉村

砲術
古内主殿重信　井上流　初代政宗、御流儀鉄砲
上野郷右衛門　不易流　五代吉村
大槻十郎太夫安寛　外記流　五代吉村
以後代々藩主師範

○出典（『東藩史稿』『仙台人名大辞書』）

## 〔参勤交代〕

**時　期**　参勤上府　三月中下旬（仙台発駕）
帰国下向　四月下旬五月上旬（江戸発駕）

**交通路**　奥州道中　通常七泊八日

**従　者**　延宝三年九月綱村初入国の場合、騎馬五九騎、徒衆五四人、鉄砲六〇挺二組、弓六〇張二組、持筒一五〇挺三組、持弓五〇張一組、長柄六〇本二組など、陪従も含めて三四八〇余人であった。

陪従は六〇〇石の平士で三〇人程の従者と人足一八人雇。天保十二年の一門二万一三八〇石石川義光は、侍五七人、足軽小者六二人、石川氏家中の家中（又家中）三七人など一八一人を従えて藩主慶邦に供奉している。少ない時で一〇〇人前後であった。

**宿泊地**　上府の時および帰国の時または年によって若干異なるが、白石・福島・郡山（須賀川）・芦野・喜連川・小山・糟壁の場合が多い。

**経　費**　宝暦・享保頃で二五〇〇両～三〇〇〇両と計上されているが、それは藩主の直接費用で、供奉する家臣の分も含めれば、石川氏の例でわかるように、莫大なものとなったと思われる。

○出典（『伊達治家記録』『金穀方職鑑』『角田市史』）

## 〔藩の基本史料・基本文献〕

伊達治家記録
性山公～肯山公まで刊本
『伊達治家記録』二四巻　仙台宝文堂　昭和五七年
獅山公～楽山公
「伊達治家記録」（仙台市博物館蔵）
『伊達家文書』一～十　東京大学出版会
『伊達世臣家譜』三巻　復刊　仙台宝文堂　昭和五〇年
『伊達世臣家譜続編』四巻　仙台宝文堂　昭和五三年
『東藩史稿』三巻　復刻　仙台宝文堂　昭和五一年
『宮城県史』三五巻　宮城県　昭和二九～六二年
『仙台市史』一〇巻　仙台市　昭和二五～三一年
『宮城の研究』四・五巻　清文堂　昭和五八年
平重道『仙台藩農政の研究』　学術振興会　昭和三三年

藤原相之助『仙台戊辰史』荒井活版　明治四四年（復刊　柏書房　昭和四三年）
大槻文彦『伊達騒動実録　乾坤』吉川弘文館　明治四二年（復刊　名著出版　昭和四五年）
小林清治『伊達政宗』吉川弘文館　昭和三四年
阿刀田令造『郷土の飢饉もの』『郷土飢饉の研究』　仙台郷土研究会　昭和一八年、二三年
『仙台城下絵図の研究』齋藤報恩会博物館図書部研究報告第四　昭和一一年

（執筆者・齋藤鋭雄）

# 一《いちの》関《せき》藩

〔藩の概観〕

一関藩と称する場合、伊達兵部大輔宗勝《むねかつ》の一関藩と、田村建顕《たけあき》以降の伊達系田村氏による一関藩の二つがある。

伊達宗勝は、仙台藩初代藩主伊達政宗の末子で、寛永頃には一関地方に知行地を与えられていたが、詳細については不明である。万治三年（一六六〇）八月、仙台藩三代藩主伊達綱宗が不行跡を理由に幕府より隠居を命ぜられた際、伊達宗勝は田村宗良とともに幕命によって伊達亀千代の後見役となり、仙台藩領六二万石余の中から一関地方三万石を分知され、大名に列した。しかし、寛文十一年（一六七一）四月、幕府は宗勝を仙台藩寛文事件の中心人物として罰して土佐に流し、その所領は本藩に還付せしめた。

近世大名田村氏の祖宗良は、仙台藩二代藩主伊達忠宗の三男で、はじめ伊達家重臣鈴木家を継ぎ、志田郡古川その他を転封させられたのち、政宗夫人陽徳院の遺言による忠宗の命で、承応二年（一六五三）四月、田村氏を名乗ることになったといわれ、万治二年（一六五九）八月には一一二四貫七五四文（一万一二四七石五斗四升）を有している。

そして前述の如く、万治三年八月、宗良は伊達宗勝とともに幕命により伊達亀千代後見役として、仙台藩六二万石余の内から三万石を分知された大名となり、岩沼地方を領することとなった。

その後、寛文事件の責任を問われて、寛文十一年四月幕府より閉門を命ぜられたが、翌十二年（一六七二）四月許された。宗良は、後見役就任以来病弱を理由に常時滞府を幕府に願い出て許され、在所の岩沼に入部したのは延宝四年（一六七六）のことであり、翌五年には江戸で没した。

その後田村氏は、領内連年の洪水による財政難のため参勤交代も危うくなったので、本藩藩主伊達綱村は延宝九年（一六八一）二月、田村氏二代建顕の意向を聞いた上で、一関地方への所替を幕府に願い出て同年三月許可を得、翌天和二年（一六八二）五月、建顕は一関へ入部した。

一関所替後の田村氏の知行地は、磐井郡西岩井の内一一ケ村・同流《ながれ》の内一三ケ村・同東山の内一〇ケ村半（上奥玉村は本藩と二分）・栗原郡三迫の内二ケ村、合計三六ケ村半都合三万一五七二石五斗四升であった。

以後、誠顕《のぶあき》・村顕《むらあき》・村隆《むらたか》・村資《むらすけ》・宗顕《むねあき》・邦顕《くにあき》・邦行《くにみち》・通顕《ゆきあき》・邦栄《くによし》と一〇代一八〇数年にわたって同地方を支配した。

慶応四年（一八六八）の戊辰戦争では、宗藩に従い奥羽越列藩同盟側に伍して、須川（栗駒山）口から秋田領に侵入、刈和野での激戦後、本藩仙台藩の降伏に従って帰順し、同年十二月、従来の領地から三〇〇〇石を減ぜられ、翌明治二年正月、実弟田村鎮丸《しずまる》が家督相続を許された。そして同二年四月、鎮丸は全国大名と共に版籍奉還を願い出、同年六月、奉還許可と同時に一関藩知事に任命されたが（七月崇顕《たかあき》と改名）、明治四年（一八七一）七月の廃藩置県によって一関県と改められ、一関藩は消滅した。

以後は明治四年十二月水沢県、同八年（一八七五）二月磐井県となり、同九年（一八七八）四月岩手県に編入された。

一関藩田村氏は、前述の如く、幕命によって仙台藩六二万石の内から三万石を分知された内分分家大名である。したがって田村氏は将軍直属の家臣として、参勤交代その他幕府から直接指示を受け、諸事直接奉仕し、直接処罰される存在であった。そして、初代藩主田村建顕の代には、将軍権威の確立を企図する五代将軍徳川綱吉の譜代大名抑圧・外様小藩主および支藩主の幕吏登用政策の下に、譜代衆の列に入り、奥詰・奏者番の要職につき、役儀により城主格となり、美作国津山城受取りの上使や、播磨国赤穂城主浅野内匠頭長矩預り（田村邸で切腹）などを命ぜられている。

その後の歴代藩主は、幕府中枢部の職務に携ったことはないが、各種御門番・火防組・勅使等御馳走役・朝鮮人来聘使送還など、譜代大名並みの公役を直接命ぜられかつ奉仕しており、その意味では独立した大名として扱われている。しかし、田村氏は将軍家より直接領知朱印状を交付されず、本家あて領知判物の中に内分記載されているため、本家からの完全独立はあり得ず、機会あるごとに本藩への従属度を強めていった。

すなわち、大名取立後の伊達宗勝・田村宗良の自立化の動きに対して、寛文二年（一六六二）十一月、領内仕置六ヶ条を示されて、切支丹札以外の制札は本藩で立てることなど、支藩の藩政に大きな枠がはめられ、ついで延宝二年（一六七四）十二月、切支丹改帳は本家を通じて幕府に提出することとなり、同六年には切支丹札も本藩側で立てることになった。

そして一関所替後は、その所領が南北を貫流する北上川をはさんで東西に二分され、しかもその間に仙台藩領一〇数ヶ村が介在すること、藩政後期には本藩から付人が派遣されるなど、政治的・経済的にかなりの従属性を有する存在となっていった。したがって、その領内支配も基本的には本藩である仙台藩の基本方針の枠内でしか実施せざるを得ず、農政機構・租税体系も本藩のそれをほぼ踏襲している。

しかし、このような従属性は内分分家大名として本質的に有する性格であり、一関藩より従属度の強い新田分知や蔵米支給による内分分家大名に比して、一関藩は、直接一円支配する領地と農民を有し、本藩とは別個の家臣団・職制・徴税機構をもって、農民から年貢米その他の諸税を直接徴収して藩庫に収納し、その収入が一関藩の財政収入の基本となっている藩であり、その限りにおいて一定の自立性を有する藩である。

御徒士以上の一関藩家臣団総数は、藩制前・中期には三〇〇〜三一〇名、末期には三三〇〜三四〇余名程度であり、この内知行取衆は八〇〜一〇〇名、扶持取衆は二二〇〜二四〇余名である。しかし、一関藩における地方知行制は、所領総高の一％にも満たない僅かな手作地があるだけで、知行取衆といっても、実際は知行高の四ッ物成で現米を支給される形をとっており、地方知行制はまったく形骸化して、家臣団内部の上層家格を示す貫高表示・石高表示の形でその痕跡をとどめているにすぎない。

この点、東北地方の外様諸藩の多くが家臣団の地方知行を実施していたのと異なり、かつ仙台藩内有力家臣団の陪臣層が、手作地など相当の比重をもった地方知行制に立脚していたのとも大きく異なる。

田村氏の家臣団は、宗良が鈴木氏を名乗っていた頃からの家臣をはじめとして、度重なる知行地の拡大の中で形成されてきた。八巻本「関藩列臣録」（文政六年関玄竜編）記載の徒士以上の三二三名の創出状況をみると、田村氏大名取立以前からの家臣は七五名、岩沼時代に召抱えられた者六九名、一関所替後召抱えられた者一七九名となっており、藩政を主導する家老（老中）その他の要職の多くは、大名取立以前からの家臣達によって占められている。

その職制については、基本史料が欠除していることもあって、現在のところ研究不十分であるが、必ずしも本藩の職制をそのまま移植した形のものでないことは明らかである。

財政面では、田村氏は近世大名としての出発当初より、阿武隈川連年の洪水による減収と、藩主宗良の常時滞府による支出増などのため、建顕が家督を継いだ延宝六年（一六七八）には、すでに二四万五〇〇〇両の借財が累積していた。一関移封後も財政は好転せず、天和二年（一六八二）～安政三年（一八五六）の一七五年間における物成高平均は一万二二八五石余であるのに対し、貞享四年（一六八七）家臣達に支給する現米の合計だけでも一万〇四七四石余にのぼり、前述の如き幕府勤役の負担と参勤交代は藩財政を一層圧迫した。とくに勅使御馳走人を命ぜられた場合は、ほとんど毎回二〇〇〇～三六〇〇両の援助を受けて、ようやく勤務を果たしている。

このような財政難打開の方法として、一般的には農民への増税が考えられるが、既述の如く農政の基本線は本藩より示されているため過度の徴税はできず、とくに寛政九年（一七九七）の大百姓一揆は本藩自身の仕法替をももたらすことになり、増税策には限界があった。また専売政策についても、本藩の方針に従った買米制などは実施しているものの、独自の政策を実施することは不可能であった。

残された方法としては、「加役」・「御手伝」と称する家臣の減俸、富裕な百姓町人からの献金・御用金などと、本藩からの財政援助がおもなものであった。「御當家重寶記」によれば、宝永七年（一七一〇）～天保四年（一八三三）の一二三年間に実施された減俸は三四回、三・六年に一度の割合であり、内三分の二減が五回、五割減が一二回もあった。また、天明・天保の大飢饉時における藩財政のいっそうの破綻から、天保三～四年と、天保四～五年および天保七～一〇年にかけて、近世俸禄体系を否定する危険性を有する面扶持制を実施せざるを得ないありさまであった。

このような状況の中で、すでに宝暦～寛政期には藩政批判のために仙台や江戸に出訴して処罰された家臣が二〇名ほど出ているが、六代藩主宗顕の代に文化六年（一八〇九）～文政二年（一八一九）の一一年間家老の地位にあった佐瀬主計は、同役平田縫殿助とともに諸経費の節減・人員整理を中心とした仕法替を行ない、財政再建にある程度効果があったが根本的解決には至らず、やがて反対派の攻撃にあい、退陣の止むなきに至った。その後、嘉永期の八代邦行の代にも仕法替を施行したが、結局根本的解決を得ないまま維新期を迎えた。

このように、一関藩はかなりの従属性を有した支藩であり、かつ財政難にあえいだ藩であったが、文化面では注目すべきものがある。

その一つは、一関藩がわが国蘭学発達史上重要な役割を果たしていることである。すなわち、『民間備荒録』を著わし、杉田玄白と交流があった二代目建部清庵由正と、その子三代清庵由水を中心として、大槻玄沢・佐々木仲沢らのすぐれた蘭学者を育て、天明五年（一七八五）には一関藩医菊池崇徳ら一六人が、東北で初めて（全国五番目）の人体解剖を行なっている。

他の一つは、江戸後・末期における一関地方は、全国で一・二を争う関流和算の中心地であり、しかも農民中心の和算が広く高度に発達した地域であったということである。すなわち、流郷の中農出身の和算家千葉胤秀が周辺の農民に和算を教え、やがて士分に取立てられて算術師範となり、文政十三年（一八三〇）、和算の自習書『算法新書』を刊行して、関流和算を全国に広く普及させた。その門下からは多くのすぐれた農民出身の和算家が輩出し、彼らはまた多くの和算家を育てていった。

これらの特色ある文化が形成された背景には、初代藩主建顕以来好学の藩主が相次ぎ、町人学者関運吉を藩校の学頭に命ずるなど、百姓町人出身の学者・医者を学頭・師範・藩医などに登用していったこと、しかもそれが零細な家臣団の多い小藩であったが故に、いっそう可能だったのではないかと思われる。しかし、一関藩における蘭学は、幕末の保守反動の大勢の中で漢方医に指導力を握られ、蘭方医家の十分な活動を見ることはできず、また和算も新しい経済体制を求める動きには発展しえないまま、洋算の導入を待つこととなった。

## 〔藩の居城〕

**伊達家**　不明
**田村家**

仙台藩の支藩であり、仙台藩領内では仙台城と白石城しか認められておらず、したがって田村氏のそれは「居所」・「在所」・「居館」と称され、その屋敷も幕府より「城構ニ相見江不申様」と指示されていた。

所在地　岩手県一関市城内

家数・人口

領内人口

享保二年　三万一五六五人（「巡検使記録」）

安永四年　二万二七一九人・四七六九軒（「風土記御用書出」）

両町（一関・二関）家数

城下町的存在としては、一関村・二関村の各町場（地主町・大町）がそれに該当

享保二年　一三七軒（「巡検使記録」）

宝暦十一年一七〇軒（「巡検使答詞書留」）

安永四年　一八一軒（「風土記御用書出」）

天保九年　二一三軒（「巡見答詞」）

○出典（田村家文書、『一関市史』『宮城県史』所収「風土記御用書出」）

## 〔藩（大名）の家紋など〕

**伊達家**

本家の家紋を用いたかと思われるが、詳細は不明。

**田村家**

寛政十二年（一八〇〇）、田村家が幕府に提出した紋帳の控「旗之紋・幕之紋・家之紋」に、次の如く記されている。

「旗之紋　紺地白丸
幕之紋　車前草・桐
家之紋　巻龍《カンリョウ》・車前草・菊・桐・左巴
替之紋　蝶・剣梅鉢・丸車前草・竹雀・丸三引・九曜・沢瀉」

その後文政十一年（一八二八）二月には、これまで新古両様の車前草を用いてきたが、今後は古い方の車前草を用いたい旨幕府に届出て許可を受けている。

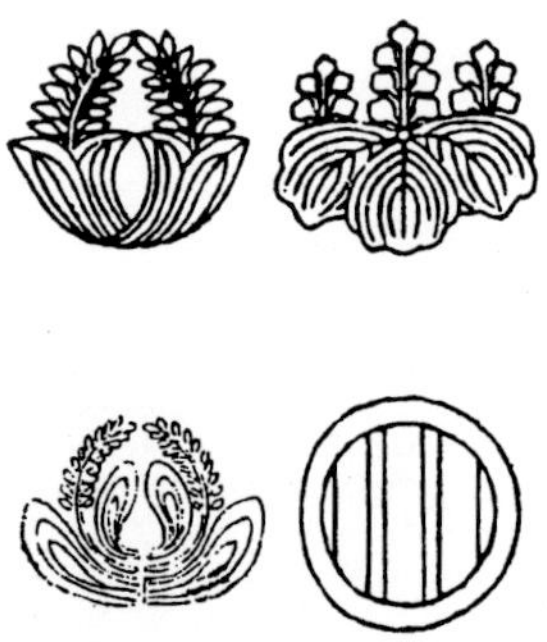

家紋　五七桐　丸に竪三引
車前草（藩制中期）　同（藩制前期および文政十一年二月以降）

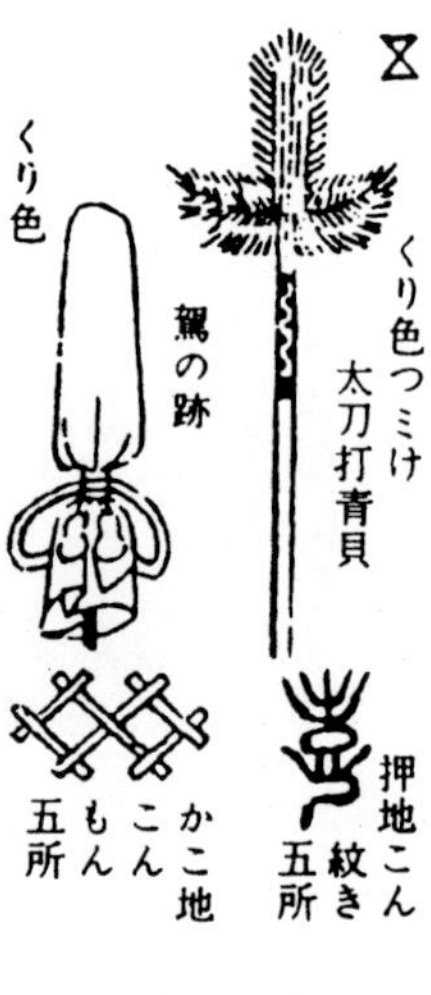


○出典（田村家文書「旗之紋・幕之紋・替之紋」『文化武鑑』）

## 〔藩主の系図〕（姻戚関係）

**①伊達家　外様**

宗勝（伊達政宗末子）
- 正興
  ＝酒井忠清女
  - 千之助
  - 千勝
  - 右近
- 虎之助
- 兵蔵
- 竹

## ②田村家　外様

（○数字は一関藩主代数、（　）数字は田村家代数）

宗良 (1)　仙台藩主伊達忠宗三男　岩沼藩主初代
＝糸　山口内記女

- ①建顕《たけあき》(2)　岩沼藩主二代　一関藩主初代
  ＝繁　松江藩主松平近栄女
- 顕寛《あきひろ》　旗本　田村姓
- 顕始《あきはる》　田村顕寛養子
- 豊　永井日向守室
- 顕普《あきみつ》　田村顕始養子
- 宗常　田村姓

建顕の子
- 熊
  ＝②誠顕《のぶあき》(3)　旗本　田村助大夫顕当五男
  ＝伊与　竹内惟庸卿女
- 萬　板倉越中守重高室
- 喜濃《きの》　松平下野守信治室

誠顕の子
- 高　分部左京亮光忠室
- 百《もも》
  ＝③村顕《むらあき》(4)　宇和島藩主伊達遠江守宗賛次男

村顕の子
- ④村隆《むらたか》(5)　仙台藩主伊達吉村五男
  ＝逸　亘理伊達安房村定女
- 倫（源《もと》）　伊達安房村実女　土方近江守雄年室

⑤村資《むらすけ》(6)　登米伊達式部村良長男
＝琴　脇坂図書頭安親女

村資の子
- 鏻《かね》
  ＝⑥宗顕《むねあき》(7)　堀田摂津守正敦次男
- 常　織田淡路守長祐室、後、津田弾正信高室
- 斉義　仙台藩主伊達斉宗養子　仙台藩一一代藩主
- 顕彰《あきえだ》　旗本田村津久雄養子
- 寿之助　家門鈴木七右衛門養子
- 鏞《はる》　春日左衛門龍顕養女

宗顕の子
- ⑦邦顕《くにあき》(8)
  ＝鍇　堀大和守親宝女
  ＝由　後妻　松平山城守信行妹
- ⑧邦行《くにみち》(9)
  ＝睦《ちか》　成瀬隼人正正住妹
  - ⑨通顕《ゆきあき》(10)　仙台藩主伊達慶邦養子
  - ⑩邦栄《くによし》(11)　角田石川義光次男
  - ⑪崇顕《たかあき》(12)　角田石川義光四男
- 顕泰　鈴木七右衛門養子

○出典（田村家文書、『一関市史』）

## 〔藩主一覧〕（歴代藩主および石高・所領の変遷）

| 姓 | 諱 | 受領名または官名 | 通称 | 生没年月日 | 戒名と菩提所（所在地） | 藩主就任・退任年月日 | 江戸幕府就任役職名・就任退任年月日 | 石高変遷年月日（西暦） | 石高（表高） | 領地（国郡名） |
|---|---|---|---|---|---|---|---|---|---|---|
| 伊達 | 宗勝 | 兵部大輔 | 兵部 | 元和7・3～延宝7・12・4 | 東岳院峯山紹雄大居士　吸江寺（高知県高知市） | 万治3・8・25～寛文11・4・3 | | 万治3・8・25（一六六〇） | 三〇〇〇〇 | 陸奥国磐井郡（西岩井・流） |
| 本藩（仙台藩）直轄領時代（寛文11～延宝9） | | | | | | | | | | |

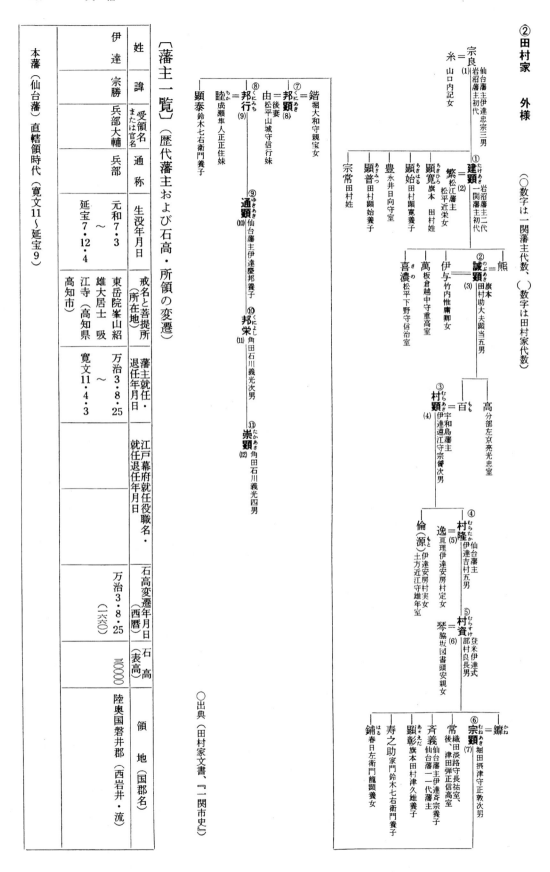

| 姓 | 諱 | 受領名または官名 | 通称 | 生没年月日 | 戒名と菩提所（所在地） | 藩主就任・退任年月日 | 江戸幕府就任役職名・就任退任年月日 | | 石高変遷年月日（西暦） | 石高（表高） | 領地（国郡名） |
|---|---|---|---|---|---|---|---|---|---|---|---|
| 田村 | 建顕 | 因幡守 | 右京大夫 | 明暦2・5・8～宝永5・1・27 | 徳源院殿前因州刺史乾峯自明大居士　東禅寺（東京都港区高輪） | 延宝9・3・16～宝永5・1・27 | 奥詰<br>奏者番 | 元禄4・5・18<br>元禄5・8・15 | 延宝9・3・16（一六八一） | 三〇〇〇〇 | 陸奥国磐井郡（西岩井の内・流の内・東山の内）・栗原郡（三迫の内） |
| 田村 | 誠顕 | 下総守 | | 寛文10・2・1～享保12・6・16 | 瀧潭院殿前総州刺史乾樹槐陰大居士　祥雲寺（岩手県一関市台町） | 宝永5・2・22～享保12・6・16 | | | | 〃 | 〃 |
| 田村 | 村顕 | 左京大夫 | | 宝永4・5・24～宝暦5・8・3 | 霊鳳院殿故左京兆尹性海玄理大居士　東禅寺（前同） | 享保12・8・16～宝暦5・8・3 | | | | 〃 | 〃 |
| 田村 | 村隆 | 右京大夫 | | 元文2・5・23～天明2・2・6 | 景徳院殿故右京兆賢厳道猷大居士　東禅寺（〃） | 宝暦5・9・24～天明2・2・6 | | | | 〃 | 〃 |
| 田村 | 村資 | 左京大夫 | | 宝暦13・1・3～文化5・10・27 | 霊鑑院殿故左京兆大円自覚大居士　東禅寺（〃） | 天明2・3・29～寛政10・4・27 | | | | 〃 | 〃 |
| 田村 | 宗顕 | 右京大夫 | 紀三郎 | 天明4・5・2～文政10・11・8 | 常徳院殿故右京兆天倫紹次大居士　祥雲寺（前同） | 寛政10・4・27～文政10・11・8 | | | | 〃 | 〃 |
| 田村 | 邦顕 | 左京大夫 | 深美《ふかみ》 | 文化13・12・27～天保11・8・23 | 諦観院殿故左京兆真覚円明大居士　東禅寺（前同） | 文政11・2・19～天保11・8・23 | | | | 〃 | 〃 |

| 姓 | 諱 | 受領名または官名 | 通称 | 生没年月日 | 戒名と菩提所（所在地） | 藩主就任・退任年月日 | 江戸幕府就任役職名・就任退任年月日 | 石高変遷年月日（西暦） | 石高（表高） | 領地（国郡名） |
|---|---|---|---|---|---|---|---|---|---|---|
| 田村 | 邦行 | 右京大夫 | | 文政3・7・23～安政4・2・19 | 謙徳院殿故右京兆温恭崇文大居士 東禅寺（東京都港区高輪） | 天保11・11・30～安政4・2・19 | | | 三〇〇〇〇 | 陸奥国磐井郡（西岩井の内・流の内・東山の内）・栗原郡（三迫の内） |
| 田村 | 通顕 | | 磐二郎 | 嘉永3・6・8～慶応3・6・16 | 諸孝院殿恭山通謙大居士 大年寺（宮城県仙台市） | 安政4・5・12～文久3・10・7 | | | 〃 | 〃 |
| 田村 | 邦栄 | 右京大夫 | | 嘉永5・5・20～明治20・2・26 | 常昌院殿安道邦栄居士 青山共同墓地（東京都） | 文久3～明治1・12・7 | | | 〃 | 〃 |
| 田村 | 崇顕 | 右京大夫 | 鎮丸 | 安政5・11・20～大正11・12・11 | 延京院殿明鑑崇顕大居士 | 明治2・1・14～明治4・7・14 | | 明治2・1・14（一八六九） | 二七〇〇〇 | 〃 |

○出典（田村家文書、『一関市史』）

## 〔藩史略年表〕

| 西暦 | 和暦 | 月日 | 政治・法制 | 月日 | 社会（文化を含む）・経済 |
|---|---|---|---|---|---|
| 一六六〇 | 万治　三 | 8・25 | 幕命により、田村宗良召出され、伊達宗勝と共に伊達亀千代の後見を命ぜられ、伊達氏六二万石余の内より両人に三万石ずつ分知される。(イ)（宗勝は一関地方にて三万石、宗良は名取郡・柴田郡の内にて三万石、居館は岩沼） | | |
| | | 11・21 | 伊達宗勝・田村宗良、将軍家に対する起請文を立花飛驒守宛に提出する。(ロ) | | |

| 西暦 | 和暦 | 月日 | 政治・法制 | 月日 | 社会（文化を含む）・経済 |
|---|---|---|---|---|---|
| 一六六二 | 寛文二 | 11・12 | 田村宗良、老中酒井忠清邸において、本藩奉行奥山大学同席のもとに、宗勝・宗良領内仕置につき「六ヶ条之趣」を仰渡される。(イ)(ロ)(ハ) | | |
| 一六六三 | 三 | 7・26 | 仙台藩奉行奥山大学失脚。(ハ) | | |
| | | 11・1 | 宗良、御条目三三ヶ条制定。(ロ) | | |
| 一六七一 | 一一 | 4・3 | 仙台藩寛文事件により、伊達宗勝土佐配流、田村宗良閉門を命じられる（宗良は翌一二年四月閉門を許される）。(ハ) | | |
| 一六七四 | 延宝二 | 12・3 | 切支丹改帳は本藩より幕府に提出するようにと幕府の内命あり。(ロ) | | |
| 一六七八 | 六 | 3・26 | 田村宗良卒去、同年五月建顕家督相続許可。(ハ) | | |
| | | 12・25 | 切支丹制札も本藩で立てることにつき、幕府内諾あり。(ロ) | | |
| 一六八一 | 九 | 3・16 | 田村氏の一関所替につき幕府許可あり(ロ)(ハ)、同二一日岩沼の建顕に届く。 | | |
| 一六八二 | 天和二 | 3・27 | 仙台藩奉行衆より一関所替の知行割目録が出される。(ロ) | | |
| | | 5・2 | 田村建顕、一関入部。(ロ)(ニ) | | |
| 一六八四 | 貞享一 | 3・6 | 朱印改についての郷村帳を本藩より提出する旨、幕府の内諾あり。(ロ) | | |
| | | 9・1 | 建顕、御条目を一五ヶ条に改正。(ロ) | | |
| 一六九一 | 元禄四 | 5・18 | 建顕、奥詰を命じられる。(ニ)(ホ) | 2 | 建顕、一関居館の西方に聖堂を建設（松樹堂と称す）。 |
| 一六九二 | 五 | 8・15 | 建顕、奏者番を命じられる。(ホ) | | |
| 一六九三 | 六 | 6・9 | 建顕、役儀により城主列に召出される。 | | |
| 一六九七 | 一〇 | 8・13 | 美作国津山森美作守城地召上の上使を命じられる。(ロ) | | |
| | | 12・25 | 建顕養子誠顕《のぶあき》、菊間詰となる。 | | |
| 一七〇一 | 一四 | 3・14 | 播磨国赤穂城主浅野内匠頭長矩を預けられ、長矩は同日田村氏邸内で切腹を命じられる。(ロ) | | |
| 一七〇八 | 宝永五 | 1・27 | 建顕卒去、同年二月誠顕、家督相続許可。 | | |
| 一七一一 | 正徳一 | 11・18 | 朝鮮来聘使を山城国境まで送る。 | | |
| 一七一八 | 享保三 | | | 7・27 | 一関大洪水、高さ三丈余。(ヘ) |
| 一七三一 | 一六 | 2・6 | 初めて勅使御馳走役を命じられる。 | | |
| 一七五五 | 宝暦五 | | 御家中面扶持下さる。(ト) | | 宝暦の大飢饉（〜六年）。<br>建部清庵由正、『民間備荒録』を著わす。 |

| 西暦 | 和暦 | 月日 | 政治・法制 | 月日 | 社会（文化を含む）・経済 |
|---|---|---|---|---|---|
| 一七五七 | 宝暦七 | | 秋山覚右衛門、藩政批判し仙台へ直訴。 | | |
| 一七六二 | 一二 | | | 7 | 四代藩主村隆、芦東山を引見。 |
| 一七六九 | 明和六 | | | | 大槻玄沢、建部清庵由正に入門。 |
| 一七七〇 | 七 | | | | 清庵由正、医学上の疑問を記した書状を門人衣関甫軒に託す。 |
| 一七七二 | 安永一 | | | | 杉田玄白、清庵の書状受領し返書を送る。 |
| 一七七八 | 七 | | | | 大槻玄沢上京し、杉田玄白に入門。 |
| 一七八〇 | 九 | | 用人北郷主水、藩政批判して仙台に出訴し、一生逼塞を命じられる。 | | |
| 一七八二 | 天明二 | | 山本文六、同じく仙台に出訴。 | | 建部由道、「厲風秘録」集録。(チ) |
| 一七八三 | 三 | | 家中一統に対し、面扶持支給される（〜四年五月）。(へ) | 3 | 大槻玄沢、『蘭学楷梯』を著わす。 |
| | | | | | 天明の大飢饉（〜四年）。 |
| | | | | 12 | 五代藩主村資、関運吉の建言により藩校設立（一関学館）。 |
| 一七八四 | 四 | | | 8 | 衣関甫軒ら、一関学館蔵版「古文孝経正文」出版。(リ) |
| | | | | | 大槻玄沢、一関藩医となる。 |
| 一七八五 | 五 | | | 11 | 一関藩医菊池崇徳ら一六人、豊吉の遺体解剖。 |
| 一七八六 | 六 | | 佐瀬三郎兵衛、藩政批判し江戸へ出訴。 | | 大槻玄沢、仙台藩医となる。 |
| 一七八八 | 八 | | 十二人衆仙台へ出訴。 | | |
| 一七八九 | 寛政一 | | 普賢寺弥六ら仙台へ出訴。 | | |
| 一七九〇 | 二 | | 北郷主水、松平定信へ出訴。 | | |
| 一七九一 | 三 | | | 8 | 関運吉、藩校教成館学頭となる。 |
| 一七九三 | 五 | | 長野三蔵出訴。 | | |
| 一七九五 | 七 | | | | 大槻玄沢・杉田伯元ら、『和蘭医事問答』出版。 |
| 一七九七 | 九 | | | 4 | 寛政九年の大百姓一揆起こる。 |
| 一七九八 | 一〇 | | | 10 | 流峠村惣左衛門ら、一揆主立の者処刑される。(ヌ) |
| 一八〇〇 | 一二 | | 六代藩主宗顕、広小路に籾倉（備荒倉）を築かす。 | | |
| 一八〇二 | 享和二 | 10・20 | 本藩より一ヶ年一〇〇両ずつ三ヶ年助力を受ける。 | | |
| 一八一六 | 文化一三 | | 二七ヶ条の仕法替実施（平田縫殿助・佐瀬主計ら中心）。 | | 佐々木仲沢、一関藩医となる。 |
| 一八一七 | 一四 | 5・3 | 宗顕、東海道筋甲斐国川々御普請御手伝を命ぜられる。 | | 仲沢、仙台藩医学館外科助教となり蘭学を教授する（全国藩校中初めて）。また、女囚を解剖し、『存真図腋』を著わす。 |
| 一八二二 | 文政五 | | | | |

| 西暦 | 和暦 | 月日 | 政治・法制 | 月日 | 社会（文化を含む）・経済 |
|---|---|---|---|---|---|
| 一八二三 | 文政 六 | 8 | 惣家中銘々、由緒書上を提出、儒官関龍作、書上げの調査を命じられる。(ロ) | | |
| 一八二六 | 九 | 11 | 「関藩列臣録」正本完成。(ロ) | | |
| 一八二八 | 一一 | | | 12 | 千葉胤秀、一代士籍・一関住居の上算術師範を命じられる。(ル) |
| 一八三〇 | 一三 | | | | 胤秀、『算法新書』刊行、以後関流和算が全国に広まる。 |
| 一八三一 | 天保 二 | | | 3 | 胤秀、御徒士組に召出され、数学家業を命じられる。(ル) |
| 一八三三 | 四 | 11・10 | 家中一統に対し、面扶持支給される（～五年九月）。(ヘ) | | 天保の大飢饉（～一〇年） |
| 一八三六 | 七 | 8・7 | 面扶持支給される（～一〇年九月）。(ヘ) | | |
| 一八四五 | 弘化 二 | | | | 医学校「慎済館」開校。 |
| 一八四六 | 三 | | | 1 | 胤秀、八代藩主邦行の資金援助若干を受け算学道場建築。 |
| 一八六二 | 文久 二 | | | | 教成館に国学寮・兵学寮・武道場を併設し「文武館」と総称する。 |
| 一八六八 | 慶応 四 | 1・3 | 鳥羽伏見の戦（～五日）。 | | |
| | | 1・20 | 仙台藩に会津追討令出される。 | | |
| | | 4 | 本藩に従い白石へ出兵。 | | |
| | | 閏4 | 奥羽越列藩同盟成立。 | | |
| | | 7 | 秋田・津軽・三春藩が同盟離脱。 | | |
| | | 8 | 一関藩兵二七二名、須川口より秋田領に侵攻。 | | |
| | 明治 一 | 9・11 | 刈和野の激戦（～一六日）、戦死者三三名。 | | |
| | | 9・22 | 藩主の命により、刈和野口一関藩兵全軍帰藩（二四二名）。 | | |
| | | 10 | 田村邦栄、仙台藩主と共に相馬口に降伏。 | | |
| | | 12 | 王師に抗衡した罪により、三〇〇〇石を減ぜられ、田村邦栄は隠居を命じられる。(ロ) | | |
| 一八六九 | 二 | 1・14 | 邦栄弟鎮丸、家督相続。(ロ) | | |
| | | 6 | 版籍奉還許可、田村鎮丸、一関藩知事に任命される（七月崇顕と改める）。(ロ) | | |
| 一八七一 | 四 | 7・14 | 廃藩置県にともない一関藩は消滅し、田村崇顕（旧名鎮丸）は一関藩知事を免ぜられ(ロ)、従来の藩名をもって一関県と称す。(ル) | | |
| | | 12 | 一関県を水沢県に編入。 | | |

〇出典（『一関市史』のほか、(イ)伊達家文書、(ロ)田村家文書、(ハ)『伊達治家記録』、(ニ)沼田家文書、(ホ)『徳川実紀』、(ヘ)「〔一関藩〕御當家重寳記」、(ト)八巻一雄「御家年表録」〔『岩手県南史談会研究紀要』一六集所収〕、(チ)山形敞一「医学者としての建部清庵」、(リ)関家蔵「古文孝経正文」、(ヌ)八木家文書、(ル)千葉家「系譜書上」、(ヲ)観音堂千葉家文書）

## 〔藩の職制〕

**一関藩御役目順並人数一覧**

| No. | 役職名 | 人数 |
|---|---|---|
| 一 | （御家門） | 一 |
| 二 | 御家老 | 五 |
|  | 同御役御免 | 一 |
| 三 | 御用人 | 四 |
| 四 | 御番頭 | 五 |
| 五 | 本〆 | 五 |
| 六 | 御小性頭 | 三 |
| 七 | 御相伴格 | 二 |
| 八 | 御詮議方 |  |
|  | 町奉行 | 六 |
| 九 | 御目付 | 一四 |
| 一〇 | 御物頭 | 一三 |
| 一一 | 御取次 | 二四 |
| 一二 | 御郡代 | 三 |
| 一三 | 御馬廻組 | 一〇 |
| 一四 | 大小性組 | 五〇 |
| 一五 | 中小性組 | 一五九 |
| 合計 |  | 三〇五 |

○出典（境澤文書「〔分限帳〕」（宝暦年間）山形市境澤和男氏蔵）

御役列　文政二年十二月十四日

一御家門　一御家門嫡子　一御家門嫡孫　一老中　一御用人中　一御勝手御物主　一御隠居御用人　一若殿様御用人　一同御守役　一御旗奉行　一御番頭役　一寺社奉行　一本〆役　一御小性頭役　一御小性頭次席　一御小性頭並　一御兵具奉行　一御相伴格同儒医

右着座以上

一御隠居様御用人添役　一御詮議方　一町奉行　一奥年寄役　一御隠居様御付　一御隠居様御小性頭役　一若殿様御小性頭役　一御目付役　一御供頭役　一御新造様御付役　一御姫様御付役　一御兵具奉行添役　一御留主（ママ）居役　一御取次役　一御使番役　一御郡代役　一御下屋舗御留主役　一御作事奉行

右御作事奉行以上

一御馬廻組　一御入小性組　一御家老嫡流

…………（以下略）…………

○出典（広小路原田家文書「与貝秘録」）

**一関藩家臣団知行高度数分布表**

| 階層 | 貞享四年 A | 宝暦年間 B | 安政六年六月 C | 安政六年八月 D |
|---|---|---|---|---|
| 知行取衆　六〇〇石〜七〇〇石未満 | 一 | 〇 | 〇 | 〇 |
| 知行取衆　五〇〇石〜六〇〇石未満 | 二 | 二 | 一 | 一 |
| 知行取衆　四〇〇石〜五〇〇石未満 | 一 | 一 | 一 | 一 |
| 知行取衆　三〇〇石〜四〇〇石未満 | 一 | 三 | 二 | 二 |
| 知行取衆　二〇〇石〜三〇〇石未満 | 七 | 六 | 四 | 四 |
| 知行取衆　一〇〇石〜二〇〇石未満 | 二三 | 二〇 | 二一 | 二〇 |
| 知行取衆　五〇石〜一〇〇石未満 | 七 | 二一 | 三五 | 三五 |
| 知行取衆　一〇石〜五〇石未満 | 三七 | 三〇 | 三四 | 三三 |
| 知行取衆　一石〜一〇石未満 | 〇 | 〇 | 二 | 一 |
| 知行取衆　不明 | 六 | 〇 | 〇 | 六 |
| 知行取衆　計 | 八五 | 八三 | 一〇〇 | 八七 |
| 扶持取衆　五〇人扶持〜六〇人扶持未満 | 一 | 〇 | 〇 | 〇 |
| 扶持取衆　四〇人扶持〜五〇人扶持未満 | 〇 | 〇 | 二 | 〇 |
| 扶持取衆　三〇人扶持〜四〇人扶持未満 | 〇 | 一 | 〇 | 一 |
| 扶持取衆　二〇人扶持〜三〇人扶持未満 | 五 | 三 | 三 | 三 |
| 扶持取衆　一〇人扶持〜二〇人扶持未満 | 八 | 一八 | 一二 | 一一 |
| 扶持取衆　五人扶持〜一〇人扶持未満 | 二三 | 四四 | 一七 | 七四 |
| 扶持取衆　一人扶持〜五人扶持未満 | 一八六 | 一五四 | 一四九 | 一四二 |
| 扶持取衆　無禄 | 〇 | 〇 | 四 | 〇 |
| 扶持取衆　不明 | 二 | 〇 | 〇 | 〇 |
| 扶持取衆　計 | 二二五 | 二二〇 | 二四一 | 二三一 |
| 現米・本石米 | 〇 | 二 | 六 | 四 |
| 侍衆計 | 三一〇 | 三〇五 | 三四七 | 三三二 |
| 部屋住 | 二九 | — | — | — |
| 計 | 三三九 | — | — | — |
| 足軽 | 一八四 | 一四五 | 二〇〇軒程 | 二二〇 |
| 仲間・小者 | 二七二 | 九〇 | 五〇軒程（仲間・小者、坊主・職人等） | 八〇（仲間・小者、坊主・職人等） |
| 坊主・職人等 | 六二 | 三一 | | |
| 女中 | 六三 | 一六 | — | 九 |
| 総計 | 九二〇 | 五八七 | — | 六四一 |

A「官禄帳」（貞享四年一一月一四日）ただし、貼礼等の上に異筆追記され

ているところは、可能な限り本来記されている数字・人名を採用した。不明の数字は巻末の集計に入ってはいるが、実際の史料には欠落している数字である。

B　「〔分限帳〕」（宝暦十二年までの年号あり）　足軽分の記入箇所が短冊一枚分空欄となっているように、部分的散逸が若干見られる。

C　「分限牒」（安政六年六月）　後筆で訂正されたものは、原則として採用しなかったが、追記分については、そのまま算入した。

D　分限帳（安政六年八月）

A・B・Cは境澤文書所収（山形市境澤和男氏蔵）、Dは田村家文書所収（一関市立図書館蔵）。

○出典（鈴木幸彦「一関藩（田村氏）の基礎的考察（その二）――地方知行と面扶持をめぐって――」『岩手県立博物館研究報告』第五号一九八七年）

## 〔領内支配（地方支配）の職制と系統〕

基本的には仙台藩の地方支配方式の中で実施されているが詳細は不明。

家老（老中）――郡代……代官
　　　　　　└本〆

・郡代は藩庁内に一～三名置かれ、代官を指揮して民政を総括した。
・代官は各行政区に置かれ（人数不明）、村役人を指導して郡内事務を総理し、行政・司法・警察のことを司り、郡方役人以下大肝入の進退を郡代に具申し、肝入以下の村方役人の進退を司った。

○出典（『一関市史』『花泉町史』『大東町史』『千厩町史』）

## 〔領内の支配区分〕

領内を次の三行政区に分け、各々代官を置いて支配した。この三行政区を一般に三郡と称していた。

(1)　西岩井代官区

磐井郡西岩井一一ケ村　一関村・二関村・牧沢《まぎさわ》村・達古袋《たっこたい》村・市野々《いちのの》村・鬼死骸《おにしがい》村・狐禅寺村・上黒沢《かみくろさわ》村・下黒沢《しもくろさわ》村・瀧沢《たきざわ》村

栗原郡三迫の内二ケ村　有壁村・片馬合《かたませ》村

(2)　流《ながれ》代官区

磐井郡流一三ケ村　金沢《かざわ》村・清水《しず》村・涌津《わくつ》村・峠村・楊生《よう》村・金森《かなもり》村・中村・富沢《とみざわ》村・男沢《おとこざわ》村・日形《ひかた》村・上油田《かみゆだ》村・下油田《しもゆだ》村・蝦島《えびしま》村

(3)　東山代官区

磐井郡東山一〇ケ村半　徳田《とくた》村・摺沢村・寺沢村・中奥玉《なかおくたま》村・下奥玉《しもおくたま》村・南小梨村・北小梨村・熊田倉《くまたぐら》村・金田《かんだ》村・清水馬場《しずのばば》村・上奥玉《かみおくたま》村の内

○出典（田村家文書ほか）

## 〔村役人の名称〕

大肝入――肝入　（入は煎・熨とも書く）
　　　└検断

・大肝入は各代官区ごとに一名を置く―西岩井大肝入・流大肝入・東山大肝入。東山大肝入は、北小梨村の菅原家が藩成立当初から幕末までほぼ世襲していたのに対し、西岩井大肝入は数家、流大肝入は一〇余家が交代して勤めている。
・肝入は原則として各村に一名置かれ、村政を総括した。流郷では涌津村肝入のほかに涌津町肝入も置かれ、金沢村の端郷である飯倉《いいぐら》にも肝入が置かれたことがあった。
・検断は原則として各町場に一名置かれ、宿駅業務と町場の行政・司法・警察のことを司っていた。

○出典（『一関市史』ほか前掲町史）

## 〔領外（飛地）の支配機構〕

飛地なし

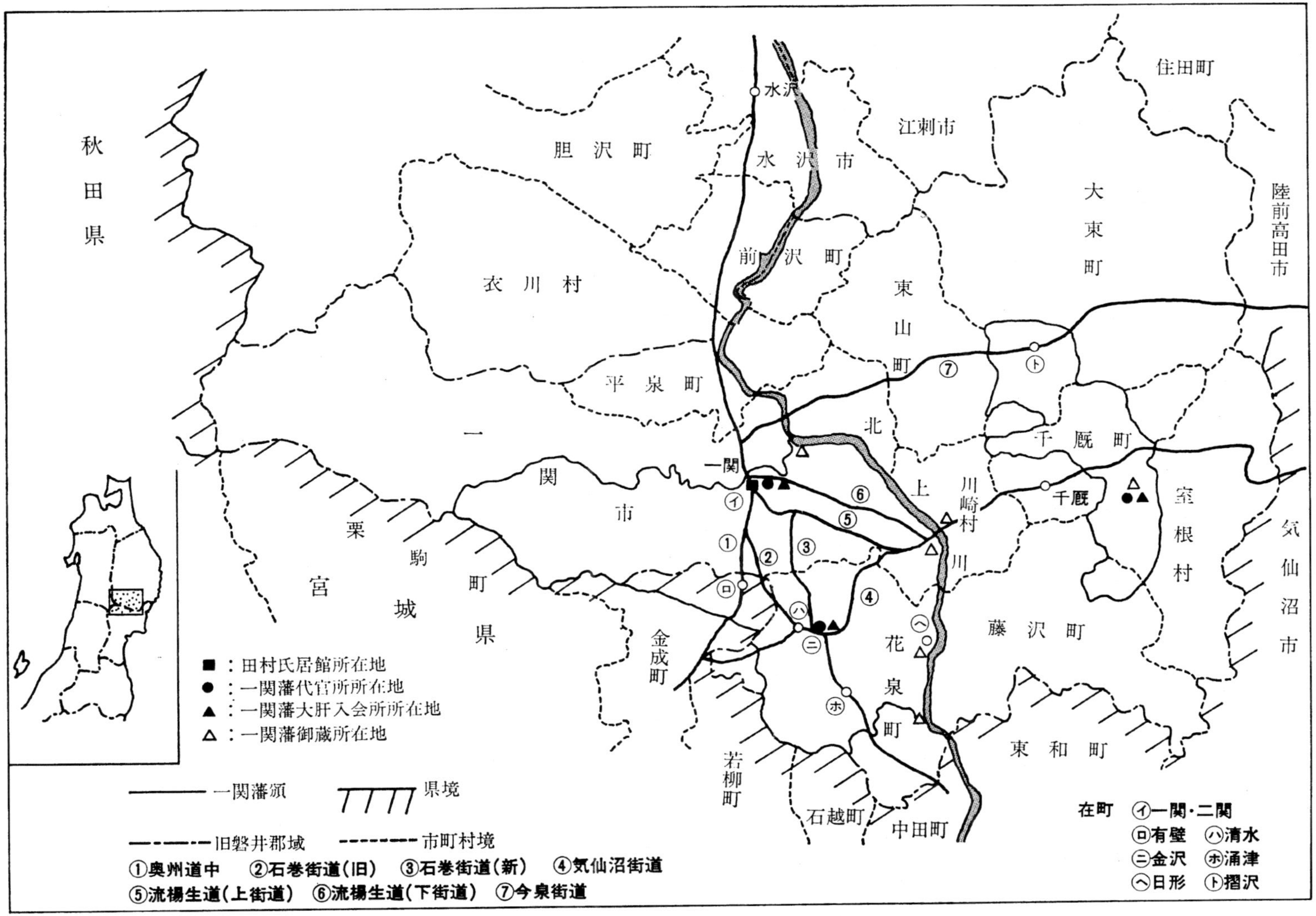


一関藩領域図および街道図

○出典（鈴木幸彦「一関藩田村氏の基礎的考察（その一）」〔『岩手県立博物館研究報告第三号』一九八七年〕岩手県教育委員会『岩手県「歴史の道」調査報告』〔岩手県文化財調査報告書三六・四〇・四一〕『花泉町史』、金野清治郎『真滝五話』により加筆）

## 〔領内の主要交通路〕

1　奥州道中　水沢─一関─有壁─仙台
2　石巻街道　一関─金沢─涌津─永井─石巻
3　今泉街道　山目─相川─長坂─摺沢─大原─今泉
4　気仙沼街道　金沢─薄衣─千厩─（清田）─下折壁─気仙沼
5　流揚《ながれよう》生道（上街道）　一関─（牧沢村）─（滝沢村）─（楊生村）─薄衣
6　流揚生道（下街道）　一関─（三関村）─（滝沢村）─（楊生村）─薄衣

○出典（『一関市史』ほか前掲町史、『岩手県「歴史の道」調査報告』『真滝五話』）

## 〔番所の所在地〕　なし

## 〔在町、津出場・米蔵の所在地〕

○在　町（カッコ内は安永四年の家数）

磐井郡西岩井　一関（九〇軒）・二関（九一軒）
磐井郡流　金沢（一二四軒）・清水（六五軒）・日形（七七軒）・涌津（一二二軒）
磐井郡東山　摺沢（五九軒）
栗原郡三迫　有壁（七四軒）

○出典（『宮城県史』所収「風土記御用書出」）

○津出場・米蔵

一関藩の米蔵としては、御本石（穀）御蔵と御石貯蔵がある。前者は年貢米などを収納、後者は備荒用の備籾を貯えておいたものと思われる。

御本石（穀）御蔵

①一関八幡下御蔵（現一関市）　これはおもに藩保有の台所米を貯蔵したものという。

②狐禅寺御蔵　磐井郡西岩井狐禅寺村舞台（現一関市）にあり、西岩井の村々の年貢米（おもに為登米か）が収納されたと思われるが、詳細は不明。

③富沢御蔵　磐井郡流富沢村茄子沢（現一関市）にあり、流郷富沢村・楊生村の年貢米を収納した。この二ヶ村ははじめ日形御蔵に納めていたが、日形に至る道が山道で運搬に不便なことから元禄二年（一六八九）に設置された。

④日形御蔵　磐井郡流日形村町裏（現花泉町）にあり、はじめ流一三ヶ村の年貢が収納されたが、元禄初期に富沢・楊生二ヶ村が富沢御蔵に移り、享和二年、涌津村など南方五ヶ村が館ヶ崎御蔵に移った。

⑤館ヶ崎御蔵　磐井郡流男沢村館ヶ崎（現花泉町）にあり、享和二年（一八〇二）の大洪水により日形御蔵大破の後、流地方南方の住民の願いによって新設され、涌津村など流地方南部五ヶ村の年貢米を収納した。

⑥北小梨御蔵　磐井郡東山北小梨村大登（現千厩町）にあり、少なくとも東山摺沢村・北小梨村の年貢米を収納したものと思われるが、詳細は不明である。

⑦薄衣御蔵　仙台藩領磐井郡東山南方薄衣村細越（現川崎村）にあり、一関藩領東山一〇ヶ半の村々のどの村の年貢米を収納したかは不明であるが、少なくとも年貢米を北上川で運ぶ場合には一時収納したことは間違いない。

⑧石巻御蔵　仙台藩領石巻にあり、北上川流域の各御蔵に集められた年貢米の内の江戸廻米（為登米）は、藩所属の艜《ひらた》によって石巻港に川下げして、同港町にある一関藩御石宿松本屋の倉庫に一時貯蔵された。

○出典（『一関市史』『花泉町史』）

〔江戸城の詰間〕

**伊達家**　不明

**田村家**

芙蓉間　初代建顕

菊　間　二代誠顕　元禄十年十二月

柳　間　三代村顕以後

○出典（田村家文書、『一関市史』）

〔江戸屋敷の所在地〕

| 屋敷 | 所在地 |
|---|---|
| 上屋敷 | 愛宕下 |
| 中屋敷 | 愛宕下 |
| 下屋敷 | 青山百人丁 |

○出典（『文化武鑑』『一関市史』）

〔藩の専売制〕

米・塩　本藩の方針に従うが詳細は不明。

〔藩　札〕

仙台藩発行の藩札を使用。

〔藩　校〕

| 藩校名 | 成立年月日 | 所在地 |
|---|---|---|
| 一関学館 | 天明3年12月 | 一関市 |

**沿革**　商家出身の儒学者関運吉（養軒）の建言により設立。関運吉が学校守を仰せつけられ、翌天明四年（一七八四）八月には、衣関甫軒によって一関学館蔵版「古文孝経正文」が出版されている。

**学頭**　寛政三年（一七九一）八月、関運吉はその身一代限御徒士組の取扱いを受け、学頭を命ぜられる。

| 藩校名 | 成立年月日 | 所在地 |
|---|---|---|
| 教《こう》成《せい》館《かん》<br>一関学館を改称 | （不明） | 文政元年（一八一八）大手僉議所跡（現一関郵便局）に移転。 |

**教科内容**　四書五経を中心とした素読・会読・講釈が中心で、「忠経正文」・「四書白文」などの教成館蔵版本が多数出版されている。

**学頭**　関養軒・千葉逸斎・菊池大瓠・森包荒

| 藩校名 | 成立年月日 | 所在地 |
|---|---|---|
| 慎済館 | 弘化2年（一八四五） | 表吸川小路 |

**沿革**　医業拡張を企図して、町村の富裕者の寄付を募り、医学校開校、弘化三年慎済館と称す。

**学頭**　総裁佐々木僊庵・学頭笠原耨庵

| 藩校名 | 成立年月日 | 所在地 |
|---|---|---|
| 文武館 | 文久2年（一八六二） | |

**沿革**　教成館に国学寮・兵学寮・演武場（武道場）を併設して文武館と総称

され、文武二道を併修するようになった。明治二年、教成館は教成寮と改称され、明治四年、廃藩置県により閉校した。

**学頭**　森包荒・若生保治・七宮稲峯

○出典（『一関市史』『岩手県南史談会紀要』）

## 〔参勤交代〕

**時期**

参府　子寅辰午申戌　四月
御暇　丑卯巳未酉亥　四月

○出典（『文化武鑑』）

**交通路**

奥州道中

**従者の構成**

**田村氏参勤交代従者種別人数一覧**

| | | | |
|---|---|---|---|
| 御家中 | 四八人 | 御鎗持 | 三人 |
| 御家中従者 | 四九人 | 御長刀持 | 一人 |
| 坊主 | 五人 | 御長柄持 | 一人 |
| 御膳組 | 一人 | 御挟箱持 | 八人 |
| 御用足軽 | 二人 | 御厩小頭 | 一人 |
| 御茶弁持 | 一人 | 御馬取 | 八人 |
| 御菜単笥持 | 二人 | 行馬持 | 一人 |
| 両掛挟箱持 | 四人 | 沓籠持 | 二人 |
| 御台所定付 | 四人 | 御用手木 | 一人 |
| 手明足軽 | 八人 | 足軽小頭 | 一人 |
| 両掛挟箱宰領足軽 | 一人 | 明荷物宰領足軽 | 一人 |
| 中押足軽 | 二人 | 御台笠持 | 二人 |
| 惣合羽宰領足軽 | 二人 | 御笠立持 | 一人 |
| 惣合羽世話役 | 三人 | 御草履持 | 一人 |
| 御手廻小頭 | 二人 | 対御鎗持 | 四人 |
| 御装持 | 二人 | 御小納戸宰領足軽 | 一人 |
| 御中道具持 | 二人 | 御騎馬荷物宰領足軽 | 一人 |
| 御駕籠小頭 | 二人 | 人足肝入 | 一人 |
| 御馬籠之者 | 八人 | 御鉄砲足軽 | 三人 |
| 世話役小頭 | 二人 | 御具足宰領足軽 | 一人 |
| 木綿合羽持 | 一人 | 御小納戸定付 | 一人 |
| 供駕籠之者 | 一二人 | 御馬 | 三疋 |
| 世話役 | 二人 | 惣人高 | 二一八人 |
| 御貸人 | 一人 | 御馬 | 三疋 |
| 跡押足軽 | 二人 | 外に仙台より御付役 | |
| 御弓建足軽 | 二人 | 一、寺嶋　東馬様　御上下 | 一九人 |
| 御具足持 | 三人 | 一、佐伯三右衛門様　御上下 | 二〇人 |
| 同断道具持 | 一人 | | |

○出典（『一関市史』第三巻「天保二年五月　田村右京大夫御入部方　有壁町御昼御宿割帳」）

**宿泊地**

一二日行程　古川　仙台　大河原　桑折　二本松　須賀川　芦野　喜連川　小金井　幸手　千住
一〇日行程　古川　仙台　刈田宮　福島　郡山　白坂　佐久山　小金井　杉戸

○出典（『一関市史』第三巻）

## 〔藩の基本史料・基本文献〕

田村家文書（一関市立図書館蔵）
『一関市史』　一関市　昭和五一～五三年

一関藩の基本史料たる藩庁史料は廃藩置県の頃よりかなり急速に散逸し、したがって藩制期全体を一覧できるような客観的基本史料はまったく存在せず、わずかに田村家自身の史料たる田村家文書と、家老その他の旧家臣団の家に残されている断片的な史料しか存在せず、研究上の大きな壁となっている。

（執筆者・鈴木幸彦）

# 伊達《だて》村和《むらより》領

〔藩の概観〕

元禄八年（一六九五）七月六日、伊達村和《むらより》が仙台藩四代藩主伊達綱村より三万石の分知を受けて成立。村和は、寛文元年（一六六一）八月二十五日、伊達綱宗の次男として生まれた。母は綱村と同じく三沢初子である。同十一年十二月元服し、烏帽子親の田村宗良より田村氏を賜い、田村織部顕孝と称した。

延宝三年（一六七五）閏四月十五日、胆沢《いさわ》郡水沢邑主一六三三三貫五八四文（一万六三三五石八斗四升）一門伊達氏（本姓留守）三代上野宗景の養嗣子となり、四代将監顕孝（のち村任）を称した。貞享元年（一六八四）三月加増を受け、知行高二一六三三貫五八四文（二万一六〇〇余石）となった。

元禄八年六月、綱村は三万石の分知を願い、左京村任と改めさせ、七月七日許されて桃生《ものう》郡中津山を居所とし、同年十二月従五位下美作守に任ぜられ村和と改めた。この時水沢から三三名の家臣が従った。

所領は、元禄九年十月十九日幕府の許可を受けた。桃生郡の内中津山村、寺崎村（宿）・牛田村・倉埣村・脇谷村・永井村・太田村の合わせて七ケ村一一〇〇貫文、および栗原郡三迫の内猿飛来村、平形村、大原木村、岩崎村の合わせて四ケ村四〇〇貫文の離れた二地域で一五〇〇貫文を知行し、残り一五〇〇貫文は江戸蔵米支給となっている。

中津山は、家格一家瀬上氏、ついで元禄六年正月から家格着坐長沼氏の知行地であったが、村和の所領となったため、長沼氏は元禄九年十月加美郡中新田村へ所替となっている。それは村和が、所領について幕府の正式許可を受けた期日と時を同じくしている。仙台藩へ返賜後は、中津山は着坐布施氏、ついで着坐黒沢氏の知行地となった。

一方、水沢の伊達氏は、村和のあと別に綱宗の養子となった一門伊達安芸村元の次男を養嗣子とし、元禄八年七月六歳で家跡を継ぎ五代村景となった。

村和は、はじめ仙台藩麻布下屋敷の内（広尾邸）に住した（『伊達治家記録』は本屋敷〔愛宕下中屋敷〕へ移ったと記している）が、元禄九年正月十一日、新に麻布六本木に屋敷を賜わり移った。この年三月八日四代将軍家綱の一七回忌に際し、参向の公家衆馳走役を仰付られ、十一年七月二十八日には、溝口信濃守重雄とともに、麻布新堀普請手伝を命ぜられ、持場一二町を担当し、翌十二年七月完成した。しかし九月九日重陽の賀儀のため登城の途中、土器坊町において旗本岡八郎兵衛孝常の一行と衝突し、九月二十六日逼塞を命ぜられた。十月二十八日綱村へ御預けとなり、在所での逼塞が許され、宮城郡野村（一説根白石村）に引籠り米二〇〇〇俵、金二〇〇両の支給を受けた。三万石は仙台藩へ返賜となり、十一月二十七日には、六本木屋敷を深川屋敷裏の空地と交換し、深川屋敷の敷地を拡大している。

享保四年（一七一九）十二月逼塞を許された。村和は、翌年九月入道して定岳と称し、同七年六月二十九日六十二歳で卒した。村和は、中津山知行所へは一度も入部しておらず、家臣の移住も不明、まだ仙台藩の管轄下にあったのではなかろうか。

子村詮は、享保七年八月、一門に列せられ柴田郡川崎要害二〇〇貫文（二〇〇〇石）を賜い、幕末まで存続した。

○出典（『伊達治家記録』『伊達世臣家譜』『寛政重修諸家譜』『徳川実紀』『東藩史稿』『伊達家文書』『川崎町史』『水沢市史』「桃生郡七ケ村伊達村和知行所絵図」〔宮城県図書館蔵〕「栗原郡三迫伊達村和知行所絵図」〔宮城県図書館蔵〕）

# 岩《いわ》沼《ぬま》藩

（執筆者・齋藤鋭雄）

〔藩の居城〕

知行所
名　称　中津山知行所
所在地　宮城県桃生郡中津山
家数・人口　不詳

〔親疎の別〕　伊達家　外様

〔藩の概観〕

田村右京宗良《むねよし》が万治三年（一六六〇）八月、伊達兵部大輔宗勝とともに仙台藩四代藩主伊達亀千代の後見役となり、三万石の分知を受け名取郡岩沼を居所としたことにより成立。宗良は、二代藩主忠宗の三男で寛永十四年（一六三七）四月十九日に生まれ、同十六年家臣鈴木七右衛門の養嗣子となり志田郡古川一五〇貫文を拝領、同二十一年八月には二二五貫八〇〇文となった。のち忠宗の母（政宗室田村氏愛姫《めごひめ》）の願いにより田村家を再興。慶安二年（一六四九）八月元服して右京宗良と称し、承応元年（一六五二）二月栗原郡三迫岩ヶ崎を賜い、以後しばしば加増を受けて万治二年八月、一一二四貫七五四文（一万一二四七石五斗四升）を知行するに至った。

万治三年八月後見人就任、同十二月従五位下右京亮に任ぜられた。寛文元年（一六六一）八月、三万石の村付が決定した。それによると、名取郡の内岩沼郷、三色吉《みうるし》村、長岡村、志賀村、小川村、北目村、笠嶋村、小豆嶋村、植松村、北長谷村、南長谷村、飯野坂村、本郷、堀内村、押分村、早股村の内、合わせて一六ヶ村一七三三貫二九〇文、および柴田郡の内四日市場村、上川名村、富沢村、入間田村、葉坂村、入間野村、舟迫村、成田村、小成田村、蛯穴《えびあな》村、菅生村、芦立村、村田郷、小泉村、薄木村、関場村、沼田村、合わせて一七ヶ村一二八三貫七一六文、合計二郡三三ヶ村三〇一七貫〇〇六文（三万一七〇石六升）であった。一方、この一ヶ月前の七月妻子を岩ヶ崎より江戸に移し、同二年岩ヶ崎の家中を名取郡岩沼に移した。

江戸屋敷は、『仙台市史』および『伊達騒動実録』によれば、しばらく仙台藩邸に住し、寛文七年（一六六七）八月久保町屋敷に移り、さらに同九年六月愛宕下の新屋敷に移ったとあるが、『仙台人名大辞書』は、寛文元年六月幕府から八丁堀に屋敷を賜わったとし、説が一致していない。

田村氏が入る前の岩沼は、家格着坐古内氏（一万四九七三石）の知行地で、田村氏入部にともない古内氏は田村氏旧知行地栗原郡三迫岩ヶ崎へ移り、田村氏が一関へ移ったのち再び岩沼へ戻り、要害拝領八〇〇〇石古内氏が幕末まで存続した。岩沼は、奥州街道の宿場であり、江戸浜海道との分岐点、さらには、慶安二年開設の馬市、阿武隈川水運の終着（城米輸送）荒浜の存在など交通の要所にあり、加えて竹駒神社の門前町としても栄えた。

宗良は、寛文十年十二月隠岐守に転任、翌十一年四月寛文事件により閉門となった。十二年四月閉門を許され、延宝四年（一六七六）四月十九日岩沼へ初入部、同六年三月二十六日江戸上屋敷において卒去、四十二歳であった。田村氏の岩沼時代の家中数は、寛文十二年の調査で知行取衆（上士）

一〇六人、扶持取衆(下士)二〇一人、凡下(足軽職人)二六七人、計五七四人であるが、延宝元年から天和元年まで新に扶持取衆二〇人が召抱えられており、転封直前の家中は五九四人であった。

二代目が宗良の次男宗永である。宗永は明暦二年(一六五六)五月八日に生まれ、寛文四年二月元服して内膳宗永と称した。翌年二月修理と改め、同十年十二月従五位下右京大夫に任ぜられた。延宝六年(一六七八)五月二十八日家督相続、同八年九月八日岩沼初入部をはたした。天和元年(一六八一)十二月二十六日磐井郡一関へ転封の命があり、翌二年五月一関に入部、同三年岩沼在住の家中も一関へ移った。

岩沼在住時の田村氏は、領知判物の発給がなく、領知高は仙台藩六二万石の内に含まれた、いわゆる内分大名である。寛文三年三月に落着した夫伝馬、宿送り、献上物、境目通判、人返しなど六ヶ条にわたる制札についての争いは、「相定候制札亀千代様より相立らるべく候」と定まり、「他領の如く振舞う」ことは、身分に過ぎた違法であるとの裁定があり、当時の田村氏の存在のあり方を示しているといえよう。むしろ田村氏知行所と称した方が適切かも知れない。これを受けて同年十一月、「江戸并在所之定」三三ヶ条を定めている。

○出典 『伊達家文書』『伊達世臣家譜』『一関市史』『柴田町史』『伊達騒動実録』『仙台市史』『寛政重修諸家譜』

## 〔藩の居城〕

**知行所**

**名称** 岩沼知行所

**所在地** 宮城県岩沼市鵜ヶ崎

**家数・人口** 家中 五七四人(寛文十二年)

## 〔親疎の別〕

**田村家** 外様

(執筆者・齋藤鋭雄)

# 陸奥国（福島県）の諸藩

中村藩
三春藩
守山藩
平　藩
湯長谷藩
泉　藩
窪田藩
白河藩
白河新田藩
石川藩

浅川藩
棚倉藩
梁川藩
下村藩
桑折藩
下手渡藩
福島藩
二本松藩
会津藩
大久保藩

## 陸奥国（福島県）の諸藩居城・陣屋所在地

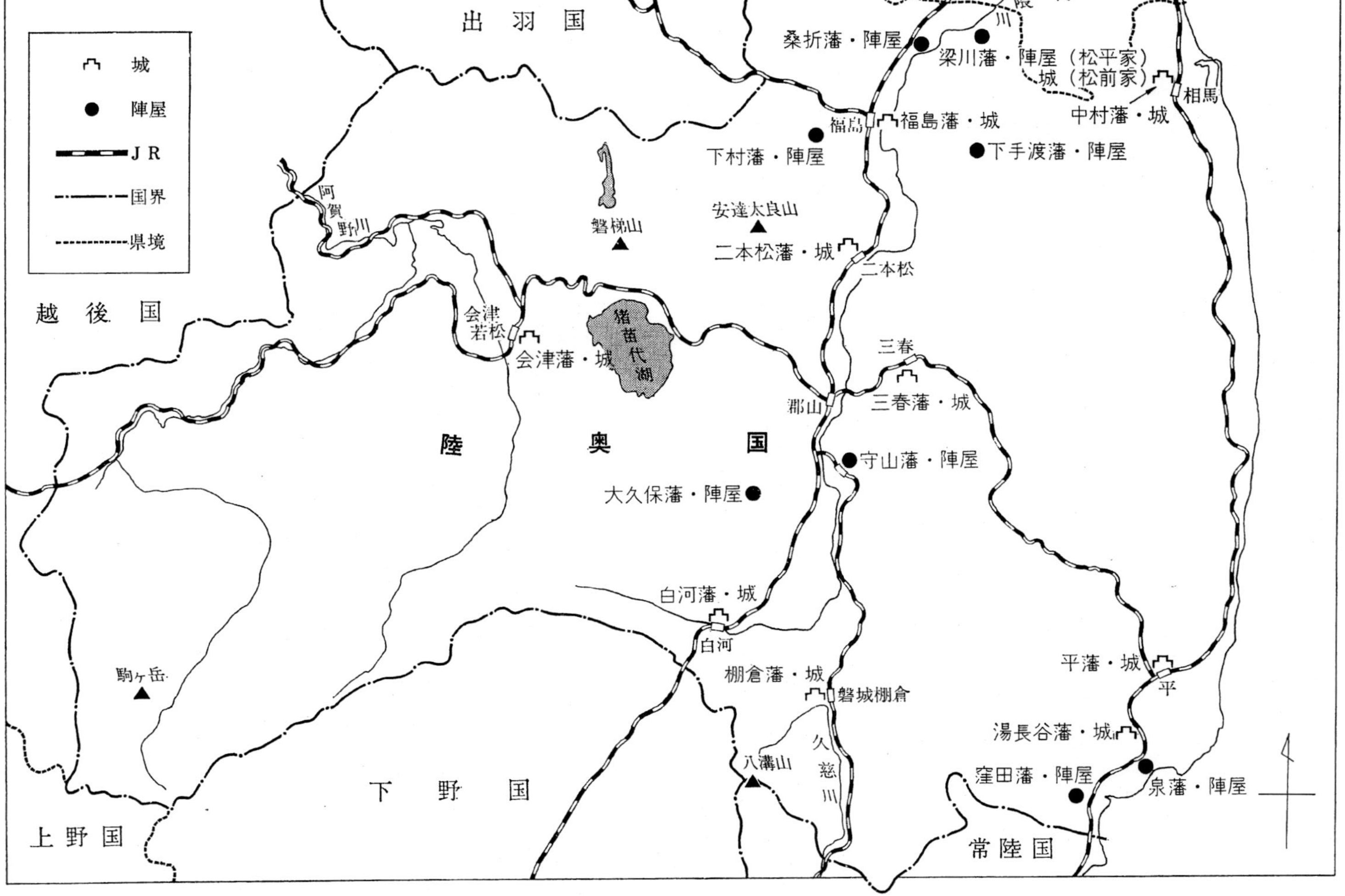

# 中《なか》村《むら》藩

## 〔藩の概観〕

中村藩は、相馬氏が陸奥国宇多《うだ》・行方《なめかた》・標葉《しねは》の三郡を領知した藩である。

相馬氏とこの地方との関係は、文治五年（一一八九）源頼朝の奥州征伐に随従した千葉介常胤《つねたね》が、その功労によって得た所領の内、行方郡を次男相馬師常《もろつね》に分け与えたのに始まる。その後、元亨三年（一三二三）、師常五世の孫相馬重胤《しげたね》（初代）が、下総より行方郡太田村別所の館に下向し、この地方を直接支配するようになった。嘉暦元年（一三二六）には同郡小高《おだか》に築城してここに移り、以来一一代義胤《よしたね》に至るまで、相馬氏はこの城によって中世戦乱の時代を戦いぬいた。天正十八年（一五九〇）、義胤は豊臣秀吉から三郡四万八七〇〇石の知行を安堵され、ここに中村藩の形ができ上がる。

慶長三年（一五九八）、居城を小高から同郡牛越《うしごえ》に移したが間もなく慶長七年（一六〇二）五月、石田三成に与した佐竹氏と親交ある故をもって徳川氏から改易された。しかしその子利胤《としたね》の訴状が聞き届けられ、同年十月には元の如く三郡安堵の沙汰を受け牛越に復した。義胤の跡を継いだ利胤（一二代）は、慶長八年（一六〇三）いったん小高に戻り、同十六年（一六一一）、新に築城して宇多郡中村に移った。以来中村城が、廃藩に至るまでの二六〇年相馬氏累代の居城となる。

中村藩の知行は、天正の検地で四万八七〇〇石、文禄の検地で六万〇四二八石であったが、義胤（一三代）の寛永六年（一六二九）六万石と決定し、これまた廃藩に至るまで変更はない。

慶安四年（一六五一）義胤が死去すると、末期養子の願が聞き届けられ、承応元年（一六五二）、上総国久留里の城主土屋利直の次男式部が婿となって遺跡を相続した。相馬忠胤《ただたね》（一四代）である。忠胤は、大検地を行ない、田制や禄制を改革し、また会所と称する政庁を設け自から出席して評定を聞くというように、内政の整備と充実に意を用いた。万治二年（一六五九）、幕府から譜代並をもって遇せられ帝鑑間詰となった。昌胤《まさたね》（一六代）になると、貞享元年（一六八四）譜代席にあげられ、元禄二年（一六八九）江戸城奥詰となり、将軍綱吉の御側奉公を勤めた。昌胤は和歌を好み連歌師や歌人を登用し堂上とも盛に交流し、この頃藩の文化はいちじるしく向上した。

こうして中村藩は表高六万石とはいえ新田の開発もあり、正徳元年（一七一一）には一七万四四三俵（三斗二升俵）の出米を収めることができた。しかしこの頃を峠とし、その後ははでな支出と度重なる凶作とで経済は次第に逼迫し、尊胤《たかたね》（一八代）の宝暦六年（一七五六）には家中半知を言い渡さねばならなかった。恕胤《もろたね》（一九代）の明和七年（一七七〇）には、厳重な倹約令で家中の知行はすべて扶持方にした。こういう時、遂に天明三年（一七八三）・四年（一七八四）前代未曽有の大凶作に襲われた。損毛届を見ると三年には八万七六〇〇石、四年には七万五八六〇石、五年には八万七一〇〇石で、飢と病のため四年三月までに死亡者四四一六人、欠落者一八四三人を出した。この数はさらに増え、六月の調査では死人八五〇〇人と伝えている。

この時、封を継いだ祥胤《よしたね》（二〇代）は、万策尽きて餓民救済のため幕府に一万両の拝借金を願ったが却下され、再願してようやく五〇〇〇両だけ許可されたものの、そのため差控えの処分を受けた。益胤《ますたね》（二二代）は文化十四年（一八一七）藩制改革を宣言し、六万石を一万石の分限に引き詰め万般にわたって厳しい規制を設けた。こうしてやや立ち直ったかに見えた時、またしても天保四年（一八三三）、七年（一八三六）の凶作で領内の荒廃はその極に達した。

そこで充胤《みちたね》（一三代）は弘化二年（一八四五）、二宮尊徳の興国安民仕法を採用した。これは向う六〇年で元禄・正徳の盛時に返そうとする遠大な計画で、君民一体の努力により着々と成果を挙げつつあったが、明治四年（一八七一）の廃藩で打ち切られた。

明治元年（一八六八）戊辰戦争には、誠胤《ともたね》（一四代）が奥羽越列藩同盟に加わって征討軍を迎え討ったが、征討軍が封境に入るや、大勢を見極めてこれに帰順し本領を保った。

廃藩後は中村県となり、中村県は平《たいら》県に合わされて磐前《いわさき》県となり、さらに磐前県は若松県とともに福島県に合併されて今日に至った。

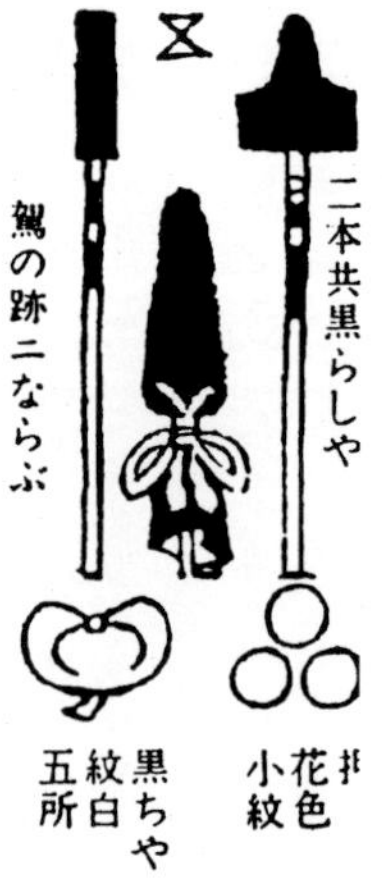

旗差
黒地に緋の丸

○出典（『相馬の歴史』『文化武鑑』）

## 〔藩の居城〕

**城**

名　称　①中村城　②馬陵城

所在地　福島県相馬市中村

家数・人口　八四九八軒・五万二六四七人

○出典（文久元年『奥相志』による）

## 〔藩（大名）の家紋など〕

**相馬家**

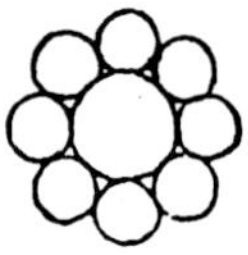

家紋　九曜　繋ぎ駒　亀甲花菱

## 〔藩主の系図〕（姻戚関係）

**相馬家**　**外様**（万治二年**譜代並**、貞享元年**譜代**）

- **義胤**《よしたね》
  - **利胤**《としたね》
    - **義胤**《よしたね》
      - 女子　相馬忠胤室 ＝ **忠胤**《ただたね》　土屋民部少輔利直次男
        - **貞胤**《さだたね》
        - **昌胤**《まさたね》　貞胤養子
          - 女子　相馬叙胤室
          - **叙胤**《のぶたね》　佐竹右京大夫義処次男
            - 徳胤
          - **尊胤**《たかたね》　叙胤養子
          - 都胤　早世
          - 女子　早世
          - 女子　毛利但馬守室
            - 女子　板倉甲斐守室
            - 女子　早世
            - 女子　早世
            - 内匠　早世
            - 福胤
        - 女子　佐竹壱岐守室
        - 女子　那須与市室
    - 女子　寺沢兵庫高堅室
  - 及胤
  - 直胤
  - 女子　岩城貞隆室

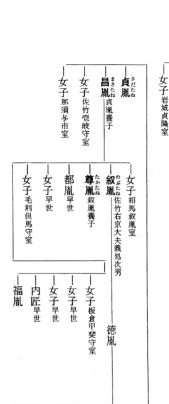

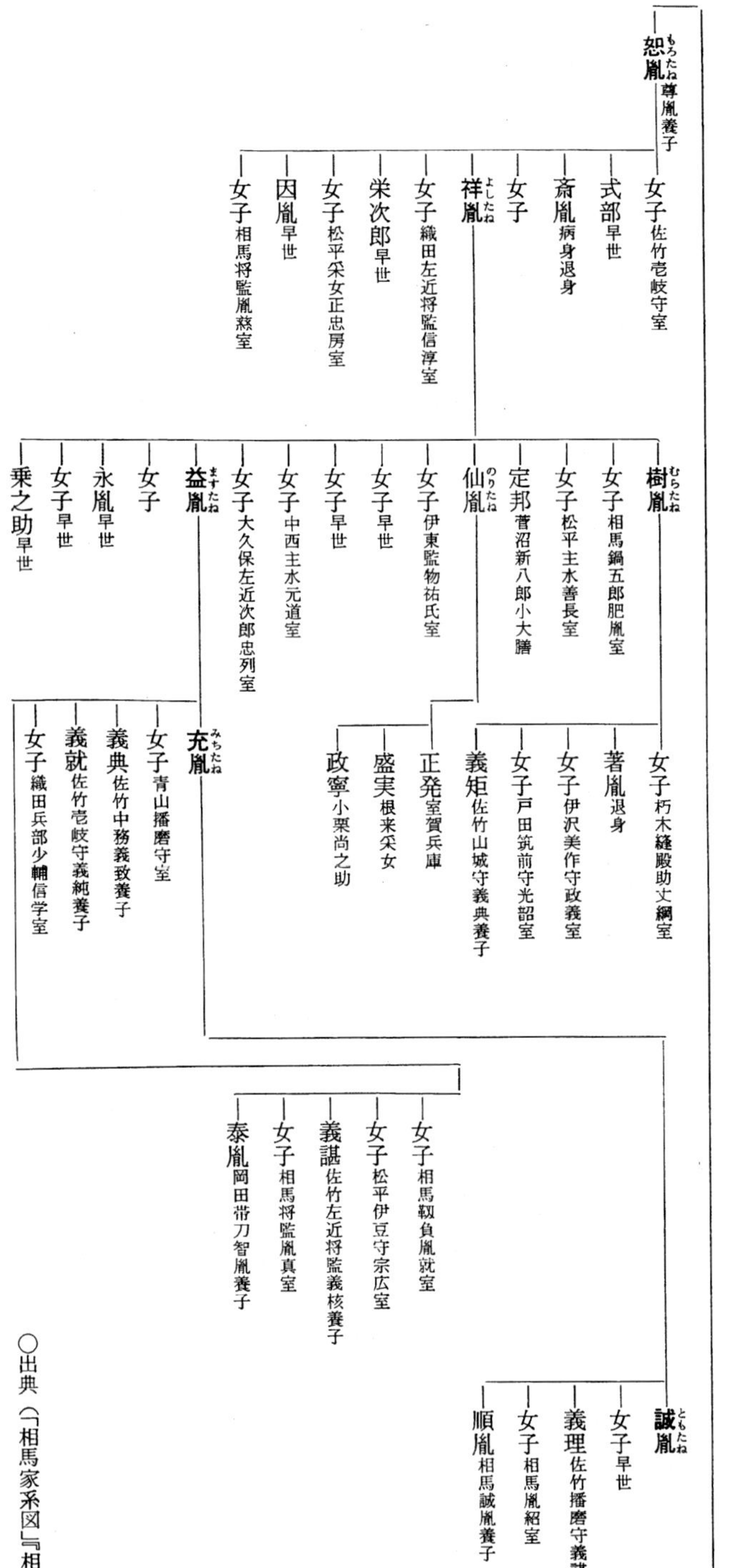


○出典（『相馬家系図』『相馬藩政史』）

## 〔藩主一覧〕（歴代藩主および石高・所領の変遷）

| 姓 | 諱 | 受領名または官名 | 通称 | 生没年月日 | 戒名と菩提所（所在地） | 藩主就任・退任年月日 | 江戸幕府就任役職名・就任退任年月日 | 石高変遷年月日（西暦） | 石高（表高） | 領地（国郡名） |
|---|---|---|---|---|---|---|---|---|---|---|
| 相馬 | 義胤 | 長門守 | 孫次郎 | 天文17～寛永12・11・16 | 蒼霄院殿 同慶寺（福島県相馬郡小高町） | 天正6・1～慶長7・5・12 | | | 四八七〇〇 | 陸奥国宇多郡・行方郡・標葉郡 |
| 相馬 | 利胤 | 大膳大夫 | 孫次郎 | 天正9～寛永2・9・10 | 二照院殿 同慶寺（〃） | 慶長7・10～寛永2・9・10 | | 慶長7・10（一六〇二） | 〃 | 〃 |

| 姓 | 諱 | 受領名または官名 | 通称 | 生没年月日 | 戒名と菩提所(所在地) | 藩主就任・退任年月日 | 江戸幕府就任役職名・就任退任年月日 | | 石高変遷年月日(西暦) | 石高(表高) | 領地(国郡名) |
|---|---|---|---|---|---|---|---|---|---|---|---|
| 相馬 | 義胤 | 大膳亮 | 虎之助 | 元和6・5～慶安4・3・5 | 巴陵院殿 同慶寺(福島県相馬郡小高町) | 寛永2・11～慶安4・3・5 | 大坂城加番 | 慶安2・1・8 | 寛永6・1(一六二九) | 六〇〇〇〇 | 陸奥国宇多郡・行方郡・標葉郡 |
| 相馬 | 忠胤 | 長門守 | 式部 | 寛永14～延宝1・11・2 | 広徳院殿 同慶寺(〃) | 承応1・2・8～延宝1・11・2 | | | | 〃 | 〃 |
| 相馬 | 貞胤 | 出羽守 | 虎千代 | 万治2・5・9～延宝7・11・23 | 光明院殿 同慶寺(〃) | 延宝1・12・25～延宝7・11・23 | | | | 〃 | 〃 |
| 相馬 | 昌胤 | 弾正少弼 | 采女 | 寛文1・7・7～享保13・10・6 | 建徳院殿 興仁寺(福島県双葉郡浪江町・現大聖寺) | 延宝7・12・8～元禄14・2・11 | 江戸城奥詰 将軍御側奉公 | 元禄2・3・2 元禄2・6・4～元禄2・8・21 | | 〃 | 〃 |
| 相馬 | 叙胤 | 長門守 | 仁寿丸 | 延宝5・4・4～正徳1・4・20 | 香雲院殿 同慶寺(前同) | 元禄14・2・11～宝永6・6・5 | | | | 〃 | 〃 |
| 相馬 | 尊胤 | 弾正少弼 | 民部 | 元禄10・閏2・19～明和9・4・6 | 寿高院殿 興仁寺(前同) | 宝永6・6・5～明和2・5・21 | | | | 〃 | 〃 |
| 相馬 | 恕胤 | 長門守 | 内膳 | 享保19・11・5～寛政3・8・14 | 高峻院殿 同慶寺(前同) | 明和2・5・21～天明3・12・1 | | | | 〃 | 〃 |
| 相馬 | 祥胤 | 弾正少弼 | 吉次郎 | 明和2・6・3～文化13・6・20 | 昭嶢院殿 同慶寺(〃) | 天明3・12・2～享和1・3・25 | | | | 〃 | 〃 |
| 相馬 | 樹胤 | 豊前守 | 内膳 | 天明1・11・21～天保10・9・7 | 大隆院殿 同慶寺(〃) | 享和1・3・25～文化10・11・10 | | | | 〃 | 〃 |

| 姓 | 諱 | 受領名または官名 | 通称 | 生没年月日 | 戒名と菩提所（所在地） | 藩主就任・退任年月日 | 江戸幕府就任役職名・就任退任年月日 | 石高変遷年月日（西暦） | 石高（表高） | 領地（国郡名） |
|---|---|---|---|---|---|---|---|---|---|---|
| 相馬 | 益胤 | 長門守 | 吉次郎 | 寛政8・1・10～弘化2・6・11 | 以徳院殿 同慶寺（福島県相馬郡小高町） | 文化10・11・10～天保6・3・7 | | | 六〇〇〇〇 | 陸奥国宇多郡・行方郡・標葉郡 |
| 相馬 | 充胤 | 大膳大夫 | 吉次郎 | 文政2・3・19～明治20・2・19 | 至徳院殿 宝泉寺（東京都中野区） | 天保6・3・7～慶応1・4・24 | | | 〃 | 〃 |
| 相馬 | 誠胤 | 因幡守 | 吉次郎 | 嘉永5・8・5～明治25・2・22 | 慎徳院殿 宝泉寺（〃） | 慶応1・4・24～明治4・7・14 | | | 〃 | 〃 |

○出典（『相馬藩御経済略記』『相馬藩政史』『相馬市史』）

## 〔藩史略年表〕

| 西暦 | 和暦 | 月日 | 政治・法制 | 月日 | 社会（文化を含む）・経済 |
|---|---|---|---|---|---|
| 一五九八 | 慶長三 | 8 | 義胤、小高より牛越へ移城。 | | |
| 一六〇二 | 七 | 5・12 | 義胤、佐竹親交の故で改易。 | | |
| | | 10 | 義胤の子利胤、旧領安堵の沙汰を受ける。 | | |
| 一六〇三 | 八 | | 利胤、牛越より小高城へ戻る。 | | |
| 一六〇四 | 九 | | | | 領内街道に一里塚を築く。 |
| 一六一一 | 一六 | 12・2 | 利胤、小高城より中村城に移る。 | 10・28 | 海辺に大波、領民七〇〇人溺死。 |
| 一六一三 | 一八 | 2 | 秀吉より受領の四万八七〇〇石の朱印、ならびに四万九八〇一石の余田書付を幕府に提出。 | | |
| 一六一四 | 一九 | 10・10 | 利胤、大坂に従軍。 | | |
| 一六一五 | 元和一 | 4 | 利胤、再び大坂に従軍。 | | |
| 一六二二 | 八 | 8 | 最上義俊改易につき、利胤、出羽国亀が崎城受取の命を受ける。 | | この年中村大火、城下過半焼失する。 |
| 一六二五 | 寛永二 | 11 | 利胤の子義胤、家督。 | | |
| 一六二九 | 六 | 1 | 中村藩は六万石の知行に定まる。 | | |

| 西暦 | 和暦 | 月日 | 政治・法制 | 月日 | 社会（文化を含む）・経済 |
|---|---|---|---|---|---|
| 一六三四 | 寛永一一 | 閏7・13 | 酒井讃岐守所替のため、義胤、川越城在番を命ぜられる。 | 3 | 領内街道に並松を植える。 |
| 一六三七 | 一四 | | | 10・22 | 時鐘を定める。 |
| 一六三九 | 一六 | | 大検地、高九万三三〇〇石。 | | |
| 一六四三 | 二〇 | 5・3 | 加藤明成改易につき、義胤、二本松城在番を命ぜられる。 | 8・27 | 中村妙見社造営成就。 |
| 一六四五 | 正保二 | 4・1 | 松下長綱改易につき、義胤、三春城在番を命ぜられる。 | 2・24 | 大蔵流狂言方久田孫左衛門を召し抱える。 |
| | | | この年、各郷に陣屋を設け代官手代を置く。 | | |
| 一六四八 | 慶安一 | 11・27 | 領内絵図を幕府に提出する。高八万〇四二三石余。 | 10・1 | 猪苗代玄盛、里村玄的の弟子となり連歌を学ぶ。 |
| 一六四九 | 二 | 1・8 | 義胤、大坂城加番。 | | |
| 一六五二 | 承応一 | 2・8 | 忠胤、義胤の遺跡を相続する。 | | |
| 一六五五 | 明暦一 | | | | 新枡を定める。古枡一升は新枡一升二合。 |
| 一六五六 | 二 | | | 1・17 | 銭九六文を長一〇〇文に定める。 |
| 一六五七 | 三 | | | 1・18 | 江戸大火、桜田屋敷類焼。麻布に屋敷を求める。 |
| 一六五九 | 万治二 | 2・29 | 忠胤、譜代並をもって遇せられ帝鑑間詰となる。 | 4・7 | 忠胤、麻布に下屋敷を拝領。 |
| 一六六七 | 寛文七 | | | 8 | 中津朝睡の『奥相茶話記』成る。 |
| 一六七〇 | 一〇 | 5・4 | 中村城天守雷火。 | | |
| 一六七三 | 延宝一 | 12・25 | 貞胤、相続。 | | |
| 一六七九 | 七 | 12・8 | 昌胤、襲封。 | | |
| 一六八〇 | 八 | | | 1・11 | 連歌初め。以後毎年この日に連歌を催す。 |
| | | | | 7・25 | 領内大風雨、破船ならびに死人出る。 |
| 一六八二 | 天和二 | 1・19 | 昌胤、高田城在番を命ぜられる。 | 11 | 遊行上人、初めて中村に来る。 |
| 一六八四 | 貞享一 | 12・30 | 昌胤、譜代席を拝命。 | | |
| 一六八七 | 四 | 10・19 | 家中侍に知行判物を与える。 | 5 | 楽人東儀内匠を中村に呼ぶ。 |
| 一六八八 | 元禄一 | | | 9・17 | 松川十二景の和歌、常修院宮より到来。 |
| 一六八九 | 二 | 3・2 | 昌胤、江戸城奥詰を命ぜられる。 | | |
| | | 6・4 | 昌胤、将軍の御側奉公を命ぜられる。 | | |
| 一六九四 | 七 | | | | 関東より鯉の子を取り寄せ所々へ放す。またこの頃牡蠣を松川に放す。 |
| 一六九七 | 一〇 | 4 | 御国絵図を幕府に提出。 | | |
| 一六九九 | 一二 | 5・27 | 江戸角筈屋敷拝領地になる。 | | |
| 一七〇一 | 一四 | 2・11 | 昌胤、隠居。叙胤、家督。 | | |
| 一七〇二 | 一五 | | 人別改め、八万九二〇五人。 | | |

| 西暦 | 和暦 | 月日 | 政治・法制 | 月日 | 社会（文化を含む）・経済 |
|---|---|---|---|---|---|
| 一七〇三 | 元禄一六 | | | 11 | 歌人打它雲泉を召し抱える。 |
| 一七〇九 | 宝永　六 | 6・5 | 叙胤、隠居。尊胤、襲封。 | | |
| 一七一一 | 正徳　一 | 7・6 | 郷村帳を幕府に提出。九万八四一三石。 | | |
| | | | 出米、一七万四四四三俵。 | | |
| 一七三五 | 享保二〇 | | | 4・14 | 中村大地震。 |
| 一七四九 | 寛延　二 | | 出米、九万三九一二俵。 | | 不気候のため前代未聞の不作となる。 |
| 一七五五 | 宝暦　五 | | | | 山中郷飢饉。 |
| 一七五六 | 六 | 2・17 | 家中半知を言い渡す。 | | |
| 一七六五 | 明和　二 | 5・21 | 尊胤、隠居。恕胤、家督。 | | |
| 一七六七 | 四 | | | 3・22 | 中村大風、潰家二九軒。 |
| 一七七〇 | 七 | 9・22 | 厳重な倹約令により家中知行すべて扶持方になる。 | 夏・秋 | 中村に疫痢大流行。 |
| 一七七二 | 安永　一 | | | 2・29 | 江戸大火、桜田屋敷類焼。 |
| 一七七三 | 二 | | | 4 | 儒者尾崎修平を召し抱える。 |
| 一七七九 | 八 | | | 6・6 | 中村大雷、二五ヶ所に落雷。一六ヶ所山崩れ。 |
| 一七八三 | 天明　三 | 12・2 | 祥胤、家督。 | | 不気候のため前代未曽有の不作となる。 |
| 一七八四 | 四 | 2・1 | 本日より五月まで施粥。 | 6 | 去秋より餓死者八五〇〇余人にのぼる。 |
| | | 12・26 | 餓民救済のため幕府より拝借金五〇〇〇両。 | | |
| | | | 出米、三万五一二四俵。 | | |
| 一七八五 | 五 | | 出米、二万七〇〇二俵。 | | |
| 一七八六 | 六 | | | | この年より三男三女以上に養育料を出す。 |
| 一七九〇 | 寛政　二 | | | 秋 | 中村に疫痢大流行。 |
| 一七九二 | 四 | 9・22 | 人別帳提出、四万三八七五人。 | | |
| 一七九三 | 五 | | | 10・5 | 中村大火、三〇軒余焼亡。 |
| 一七九四 | 六 | | | 1・10 | 江戸麹町より出火、桜田屋敷類焼。 |
| 一七九五 | 七 | 6・29 | 倹約令伝達。 | | |
| 一七九七 | 九 | 2 | 中村法令御定書できる。 | 7 | 絵師斎藤秀山、中村に来る。 |
| 一八〇一 | 享和　一 | 3・25 | 祥胤、隠居。樹胤、家督。 | | |
| 一八〇四 | 文化　一 | 10・15 | 倹約令発布。 | | |
| 一八〇七 | 四 | 11 | 倹約の厳法を令達する。 | | |
| 一八〇九 | 六 | 8 | 社倉を建て囲穀を命ずる。 | | |
| 一八一三 | 一〇 | 11・10 | 樹胤、隠居。益胤、家督。 | | |

| 西暦 | 和暦 | 月日 | 政治・法制 | 月日 | 社会（文化を含む）・経済 |
|---|---|---|---|---|---|
| 一八一六 | 文化一三 | 12 | 重倹約を立て藩の分限を一万石に引き詰める。 | | この頃、藩の借金総高二〇万両に上る。 |
| 一八二〇 | 文政三 | | | 8・22 | 中村大暴風雨、城内城下被害甚大。 |
| 一八二二 | 五 | 1・4 | 藩の財政困難を幕府に内訴。 | 4・1 | 藩校育英館できる。 |
| 一八二五 | 八 | 12 | 非常の節倹をもって難局を突破すべきことを諭告する。 | | 天明以来の不作となり、領民一同へ救米。 |
| 一八三〇 | 天保一 | | | 10・27 | 中村大火、救小屋を設け七日間炊き出しをする。 |
| 一八三一 | 二 | | | 6 | 医学所を建て仙台の千葉良蔵を学頭に迎える。 |
| 一八三二 | 三 | 4 | 益胤、参府延引を願う。 | 7 | 家中極難救助四九軒。 |
| 一八三三 | 四 | 5・21 | 気候不順につき諸社寺で五穀成就祈禱。この後も再三祈禱を続ける。 | | 大凶歉。救荒準備成り、餓死者一人も無し。 |
| | | 10・28 | 総家中に凶作の心得を申し渡す。 | | |
| | | 12・12 | 本日より養生方教解のため、在々へ医師を派遣する。 | | |
| 一八三五 | 六 | 3・7 | 充胤、家督。 | 6・25 | 大地震。城の石垣も破損。 |
| 一八三六 | 七 | 8 | 凶荒の兆が見えはじめたので救荒令を下す。 | 閏7・7 | 大風雨洪水、城下に氾濫。 |
| 一八三七 | 八 | 1 | 藩士を始め農家一同に救済米を給し、医師を派遣し養生法を教示する。 | | |
| | | 11・22 | 御国絵図を幕府に提出。 | | |
| 一八三八 | 九 | 1 | 出米、三万六八七一俵。 | | 痢病流行。 |
| | | | 諸郷役人へ人口蕃殖について諭達。 | | |
| | | | 出米、三万五五七一俵。 | | |
| 一八四〇 | 一一 | 7 | 人別届、三万八六九八人。 | 9・10 | 領内大洪水。 |
| 一八四三 | 一四 | 12・17 | 幕命により領内海岸防衛の計画を提出する。 | | |
| | | | 出米、七万六六二〇俵。 | | |
| 一八四五 | 弘化二 | 4・26 | 充胤、二宮尊徳に領内復興の指導を依頼する。 | | |
| | | 12・1 | 二宮仕法を施行し、領内復興にとりかかる。 | | |
| 一八四六 | 三 | | 人別届、四万一一九五人。 | | |
| 一八五二 | 嘉永五 | | | 7 | 医師半井宗玄、種痘開始。 |
| 一八六四 | 元治一 | 1・7 | 充胤、家茂に供奉して上京、二条城警備（～五月三〇日）。 | | |
| 一八六五 | 慶応一 | 4・24 | 誠胤、襲封。 | | |
| 一八六八 | 明治一 | 5・3 | 戊辰戦争、奥羽越列藩同盟に加盟。 | | |
| | | 8・4 | 誠胤、征討軍に帰順。 | | |

| 西暦 | 和暦 | 月日 | 政治・法制 | 月日 | 社会（文化を含む）・経済 |
|---|---|---|---|---|---|
| 一八七一 | 明治 四 | 10・13 | 誠胤、本領安堵の命を受ける。 | | |
| | | 7・14 | 廃藩置県。中村県となる。 | | |

○出典（「相馬藩御経済略記」『相馬藩政史』『相馬市史』）

## 〔家老とその業績〕

| 著名家老名 | 担当職務名 | 活躍期 | 生没年月日 | 主な業績 |
|---|---|---|---|---|
| 熊川左衛門長定 | 城代<br>士大将 | 寛永～万治 | 元和5～万治2・7・13 | ・寛永一四年家老職。<br>・寛永二〇年、藩主義胤二本松城在番につき城代。<br>・正保二年、義胤三春城在番につき城代。<br>・慶安三年、江戸城紅葉山および西丸の石垣普請大奉行。<br>・慶安四年、義胤の死去に際し、前例のなかった末期養子の許可を受け忠胤襲封を実現。<br>・万治一年、江戸城大手門および諸門塀普請の大奉行。 |
| 池田図書胤直 | 郡代頭 | 文化～安政 | 寛政3・1・8～安政2・11・30 | ・家老就任以前より文化の改革に尽力。<br>・文政二年家老職。<br>・天保の大凶作には万策を尽くし、救荒の実績を挙げた。<br>・二宮尊徳より「為政士台帳」を受け、弘化二年、二宮仕法の実施に踏み切った。 |
| 熊川兵庫胤隆 | 郡代頭 | 弘化～慶応 | 文化11～慶応3・12・9 | ・弘化四年、家老職。<br>・蝦夷地開拓を幕府に建議し、文久三年、箱館管内石川・軍川両郷に藩士および移民を送って北門を守った。<br>・海運、ことに松前貿易をもって藩の財政建て直しをはかった。<br>・慶応三年、朝廷が諸侯を召集した時、藩主の名代として上京し遂にその地で没した。 |

○出典（「熊川家系図」『相馬史』『相馬市史』）

## 〔藩の職制〕

### ○藩の職制の大綱

| 職名 | 定員 | 職格 | 職掌 |
|---|---|---|---|
| 城代 | 一 | 一門 | 藩公不在の折御留守役 |
| 家老 | 三 | 大身 | 総ての国事を総理する。外に一門より御頼家老これは定員外 |
| 大番頭 | 四 | 〃 | 侍総大将役 |
| 用人 | 二 | 〃 | 政事に参与 |
| 郡代頭 | 一 | 〃 | 郡代を総轄、民政役 |
| 寺社奉行 | 一 | 〃 | 寺社の取扱役 |
| 留守居役 | 二 | 〃 | 藩公在国の時江戸屋敷を守る |
| 郡代 | 三 | 〃 | 民政役 |
| 町奉行 | 一 | 〃 | 城下町取締 |
| 御納戸役 | 三 | 小身 | 藩公暮方掛役 |
| 勘定奉行 | 六 | 〃 | 政事向会計役 |
| 代官 | 七 | 〃 | 各郷陣屋の役頭 |
| 回米奉行 | 二 | 〃 | 江戸回米掛 |

○出典（『相馬藩政史』の「藩吏職鑑」より摘記）

### ○格と職

前項「藩の職制の大綱」を見よ。

### ○家臣団構成

**①家臣団構成**（数字は安永年間）

| | | |
|---|---|---|
| 府下給人（家中） | 大身 | 三五四 |
| | 小身 | 二八八 |
| | 計 | 六四二 |
| 在郷給人 | 宇多郷 | 三八六 |
| | 北郷 | 二六九 |
| | 中郷 | 三八四 |
| | 小高郷 | 一二九 |
| | 北標葉郷 | 一〇八 |
| | 南標葉郷 | 一五〇 |
| | 山中郷 | 一二九 |
| | 計 | 一五五五 |
| 足軽以下 | | 六八一 |
| | 計 | 六八一 |
| 総計 | | 二八七八 |

○出典（『相馬藩政史』）

**②郷士制度**

いったん追放されたものの子孫で後世召し立てられたものを郷士と称したが、勤務は在郷給人とほぼ同様である。①の在郷給人数には郷士も含まれている。

○出典（『相馬市史』1）

## 〔領内支配（地方支配）の職制と系統〕

領内を七郷に分け、各郷に陣屋を置く。

陣屋の組織

代官一・郷目付一・吟味役一（家中より選任）
地方手代二・金方米方手代各一（給人）
村目付・駒奉行・境目付各若干（給人郷士）
堰奉行・籾奉行各若干（給人郷士）
新軒掛一

○出典（『相馬市史』1）

〔領内の支配区分〕

| 郷名 | 村数 |
|---|---|
| 宇多 | 四〇 |
| 北 | 三一 |
| 中 | 四一 |
| 小高 | 三二 |
| 北標葉 | 二五 |
| 南標葉 | 二七 |
| 山中 | 三〇 |
| 計 | 二二六 |

○出典（『奥相志』）

〔村役人の名称〕

肝入―村長―百石頭―十人組頭

○出典（『相馬市史』1）

〔領外（飛地）の支配機構〕 なし

〔領内の主要交通路〕（主要街道宿駅図参照）

**陸路の主要街道**

1 中村から鹿島・小高・浪江・長塚を経て平、水戸、江戸へ至る街道
2 中村から玉野を経て福島へ至る街道
3 中村から草野を経て川股へ至る街道
4 浪江から津島を経て川股へ至る街道

**港**

原釜　下海老　塚原　請戸

〔番所の所在地〕 なし

〔在町、津出場・米蔵の所在地〕

○在町

中村は城下町、外に在町なし。中村には町奉行を置いた。

○津出場・米蔵

原釜・下海老・塚原・請戸

○出典（『奥相志』）

〔江戸城の詰間〕

帝鑑間（万治二年以降）

○出典（「相馬藩御経済略記」）

〔江戸屋敷の所在地〕

| 屋敷 | 所在地 |
|---|---|
| 上屋敷 | 外桜田 |
| 中屋敷 | 麻布谷町 |
| 下屋敷 | 豊島郡角筈 |

○出典（『相馬藩政史』）

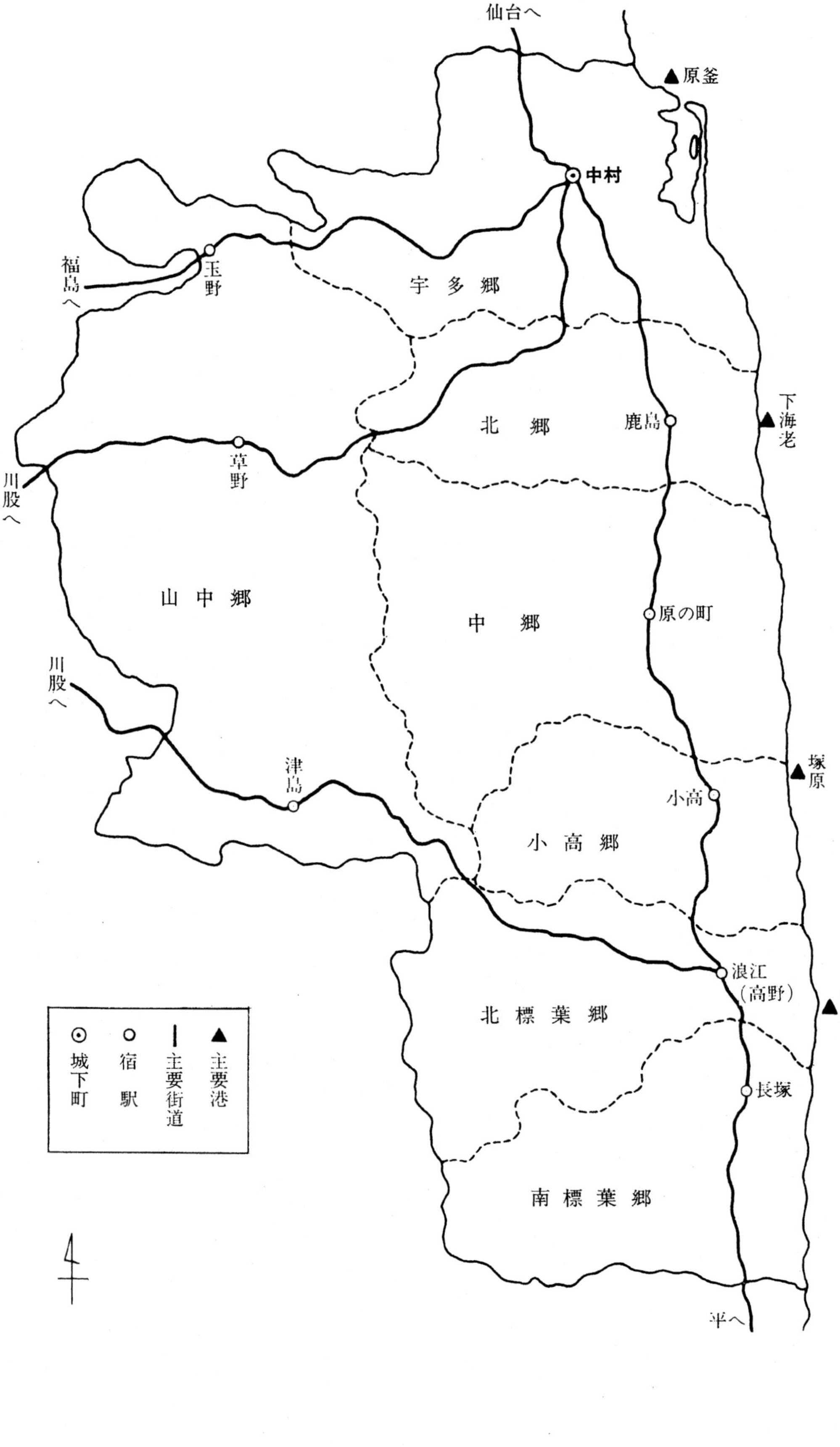


中村藩領内主要街道宿駅図（執筆者作図）

〔藩の専売制〕　なし

〔藩札〕　なし

〔藩校〕

| 藩校名 | 成立年月 | 所在地 |
| --- | --- | --- |
| 育英館 | 文政5年4月 | 中村町大手先 |

○出典（『相馬市史』）

〔藩の武術〕

| 種目 | 流派 | 師範 |
| --- | --- | --- |
| 剣術 | 一刀流（天保） | 植松善治直重 |

○出典（『奥相志』）

〔参勤交代〕

上府　子・寅・辰・午・申・戌四月
御暇　丑・卯・巳・未・酉・亥四月

○出典（『天保武鑑』）

〔藩の基本史料・基本文献〕


「相馬藩御経済略記」（『福島県史』9　昭和四〇年）
「奥相秘鑑」（『相馬市史』5　昭和四六年）
「御家給人根元記」（〃）
「奥相志」（『相馬市史』4　四四年）
今野美寿『相馬藩政史』　相馬郷友会　昭和一五年
泉田胤信『中村藩政史』　泉田健男　昭和六年
歴代藩公の「御年譜」（相馬家所蔵）
「相馬家系図」（相馬市歓喜寺所蔵）


（執筆者・佐藤高俊）

# 三《み》春《はる》藩

〔藩の概観〕

三春藩は、陸奥国（福島県）田村郡内に所領をもつ小藩である。寛永四年（一六二七）二月十日、加藤左馬助嘉明の三男加藤民部大輔明利《あきとし》が、三春城三万石を与えられ、これまでの会津領から分離された。翌寛永五年（一六二八）一月二十二日、加藤明利が二本松城へ転じ、二本松城から松下左助長綱《ながつな》が入り、三春城主となった。寛永二十一年（一六四四）四月十日、岳父土佐国高知城主松平（山内）土佐守忠義の願いによって、城地を返上したため、一時幕領となり、代官樋口又兵衛、福村長右衛門が支配し、中村藩主相馬大膳亮義胤が勤番した。

正保二年（一六四五）八月八日、秋田河内守俊季《としすえ》が、常陸国（茨城県）宍《しし》戸《ど》城から転じて、三春城へ入り、田村郡内五万五〇〇〇石を領有した。加藤、松下二氏は、ともに会津若松城主加藤嘉明の一族であったから、会津藩領から分離し、それぞれ一藩をなしたとはいえ、会津藩加藤氏に付属した与力のような存在であったが、秋田氏の入封によって、三春藩は、ようやく一藩としての独自性を発揮することになった。慶安二年（一六四九）五月十四日、二代盛季《もりすえ》が相続する際に、弟熊之丞季久に五〇〇〇石七ヶ村をわかち、三春藩の領知高は、五万石となった。盛季ののち、輝季《てるすえ》、頼季《よりすえ》、治季《はるすえ》、定季《さだすえ》、千季《ゆきすえ》、謐季《やすすえ》、孝季《のりすえ》、肥季《ともすえ》、映季《あきすえ》と続き、明治にいたった。

戊辰戦争の際は、苦心の末に、無血開城に成功した。三春藩は、明治四年（一八七一）七月十四日の廃藩置県によって、三春県となり、その年十一月二日に、平県に編入され、さらに同月二十九日に、磐前《いわさき》県と改称され、明治九年（一八七六）に福島県に合併された。秋田氏は、俊季が、将軍家光の再従弟《またいとこ》にあたる縁によって遇され、貞享元年（一六八四）十二月三十日、譜代班を命じられ、以来帝鑑間仕候となった。

## 〔藩の居城〕

**城**

名　称　①三春城　②舞鶴城　③臥牛城　④大志田山

所在地　福島県田村郡三春町

家数・人口

| 年次 | | 戸数（内三春町） | 人口 男（内三春町） | 人口 女（内三春町） | 人口 計（内三春町） |
|---|---|---|---|---|---|
| 正保二年 | 領民 | 三二四〇（四一〇） | 一二五二二（一三九九） | 九二四二（　九七一） | 二一七六四（二三七〇） |
| 享保四年 | 領民 | | （一七九二） | （一二一六） | 四三九二（三〇〇八） |
| 明治初年頃 | 領民 | 七三五三 | 一七〇三四（一〇三二） | 一六一五六（一〇七一） | 三三一九〇（二一〇三） |
| | 士族卒族 | 九〇四 | 一四三二（一四三二） | 一三〇二（一三〇二） | 二七三四（二七三四） |
| | 計 | 八二五七 | 一八四五六（二四五四） | 一七四五八（二三七三） | 三五九一四（四八二七） |

（注1）正保二年の戸数は屋敷数、町人口には楽内、芹沢二ヶ村を含む。
（注2）「三陽骨要集」（橘元文書）によった。
（注3）明治初年頃の城下人口は『藩制一覧』により、慶応四年で補充した。

## 〔藩（大名）の家紋など〕

**加藤家**

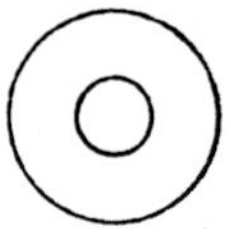

家紋　下り藤　蛇の目

**松下家**

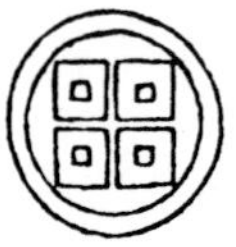

家紋　丸に四目結　五七桐　十六葉菊

**秋田家**

家紋　檜扇鷲羽　獅子に牡丹

○出典『徳川幕府大名旗本役職武鑑』『文化武鑑』

〔藩主の系図〕

**①加藤家**　外様

- 嘉明 会津若松城主
  - 女子 松下石見守重綱室
  - 女子 松平武蔵守家臣池田河内守長政室、後日野大納言光慶室
  - 明成 会津若松城主
  - 明信
  - **明利**《あきとし》 →二本松へ→改易

**②松下家**　外様

陸奥国二本松から→

- 重綱《しげつな》 二本松城主
  - **長綱**《ながつな》→改易
  - 女子 加藤左馬助嘉明家臣佃三郎兵衛和高室

**③秋田家**　外様（貞享元年譜代）

常陸国宍戸から→

- 実季《さねすえ》 宗実、凍蚓、秋田城主、宍戸城主 伊勢朝熊永松庵に蟄居
  - 男
  - **俊季**《としすえ》
    - **盛季**《もりすえ》
      - 東太郎
      - 女子 伊東大和守祐実室
      - 女子
      - **輝季**《てるすえ》
        - **就季**《なりすえ》 広季
          - 万千代
          - 大蔵
          - 女子
          - 女子 輝季養女、頼季室
        - 松之丞
        - 女子
        - 女子
        - 大助
        - 求馬
        - 長十郎
        - 亀蔵
        - 勝之進
        - 女子
        - 女子 秋田兵部季端室
        - 女子 酒井雅楽頭親本室
        - **頼季**《よりすえ》 家臣荒木玄蕃高村男 秋田平大夫季豊養子、秋田信濃守輝季養子
          - **治季**《はるすえ》 延季、太季、扇裏
            - 春之助
            - **千季**《ゆきすえ》 倩季、英翁
            - 季高
            - 季保
            - 氏紀 岩瀬吉右衛門氏以養子
            - 女子 秋元但馬守涼朝養女 京極能登守高中室
            - 季周
            - 女子 永井十右衛門直観室 井戸新十郎弘長室
            - 昌元 家臣細川内蔵助孚元養子
            - 女子
          - 女子 本多豊後守助烈室
          - **定季**《さだすえ》 治季養子
            - 女子 内藤駿河守頼多室 秋田淡路守季高室
          - 民五郎
          - 女子
          - 女子 秋田大和守季通許婚
          - 女子
      - 甚九郎
      - 女子
      - 女子 佐治与九郎一成女、盛季養女、小出甚太郎重堅室
    - 女子
    - 季久《すえひさ》 小姓組番頭
    - 女子 新庄長門守直長室
    - 女子 植村土佐守忠朝室
    - 右近
    - 女子
  - 季次 小姓組番頭
  - 季信 書院番
  - 季長
  - 季則
  - 女子 家臣荒木金右衛門高綱室
  - 女子 伊勢国朝熊住
  - 女子 陸奥国三春住

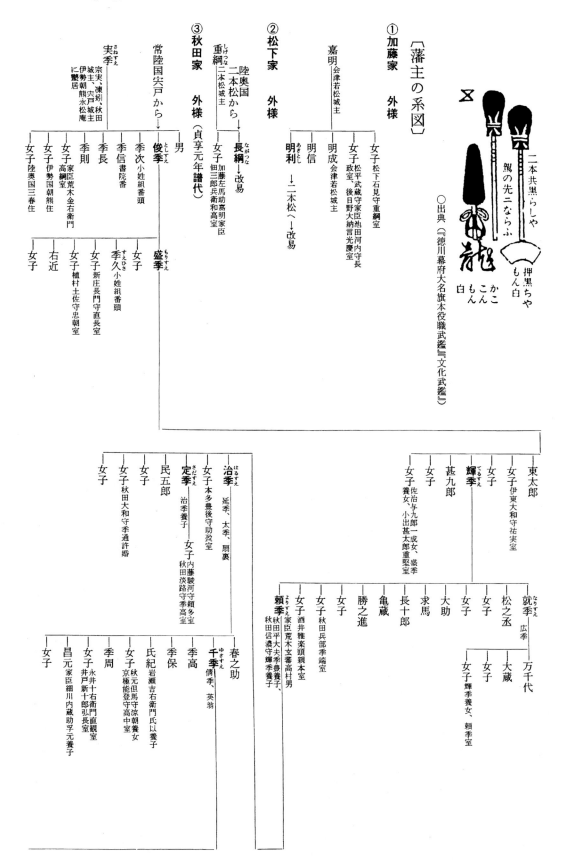

—女子
—女子 加藤右京泰尹室
—東太郎
—女子
—謐季《やすすえ》 長季 — 女子
—女子
—孝季《のりすえ》 謐季養子
—女子 松平政之助勝休室
—女子 小笠原頼母長栄室
—女子 家臣細川内蔵助昌元養女

（孝季の子）
—女子 松平左衛門佐忠和室 井上河内守正春室
—肥季《ともすえ》 憙季
—女子 黒田豊前守直静室
—女子 谷出羽守衛肪室
—季春 主税、静臥
—女子
—鑑之助
—男
—女子 肥季養女、大村丹後守純顕室
—女子 堀大和守親審養女、土岐伊予守頼寧室

（肥季の子）
—男
—女子
—男
—女子
—女子
—映季《あきすえ》 — 重季 大原重徳男 — 一季
—女子
—恭次郎

○出典（『三春町史』8など）

## 〔藩主一覧〕（歴代藩主および石高・所領の変遷）

| 姓 | 諱 | 受領名または官名 | 通称 | 生没年月日 | 戒名と菩提所（所在地） | 藩主就任・退任年月日 | 江戸幕府就任役職名・就任退任年月日 | 石高変遷年月日（西暦） | 石高（表高） | 領地（国郡名） |
|---|---|---|---|---|---|---|---|---|---|---|
| 加藤 | 明利 | 民部大輔 | 民部 | 慶長4〜寛永18・3・25 | 宝樹院殿雲心夢月大居士（福島県二本松市竹田町） | 寛永4・2・10〜寛永5・1・22 | | 寛永4・2・10（一六二七） | 三〇〇〇〇 | 陸奥国田村郡 |
| 松下 | 長綱 | 石見守 | 左助 | 慶長15〜万治1・9・10 | 月照院殿円室宗孤大居士（福島県田村郡三春町字新町） | 寛永5・1・22〜寛永21・4・10 | | 寛永5・1・22（一六二八） | 三〇〇〇〇 | 陸奥国田村郡 |
| 幕領時代 | | | | | | | | | | |
| 秋田 | 俊季 | 河内守 | 東太郎 | 慶長3〜慶安2・1・3 | 真如院殿実岩常固大居士（福島県田村郡三春町字荒町） | 正保2・8・8〜慶安2・1・3 | | 正保2・8・8（一六四五） | 五五〇〇〇 | 陸奥国田村郡<br>陸奥国標葉郡（葛尾村・津嶋村） |

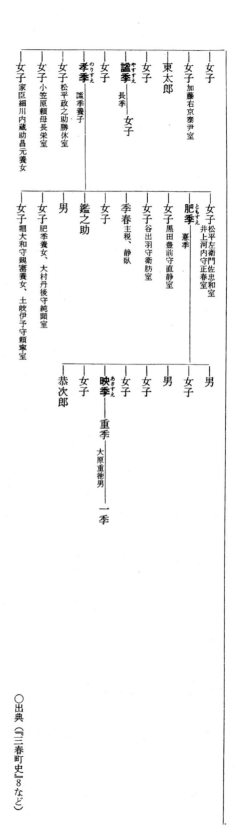

| 姓 | 諱 | 受領名または官名 | 通称 | 生没年月日 | 戒名と菩提所（所在地） | 藩主就任・退任年月日 | 江戸幕府就任役職名・就任退任年月日 | 石高変遷年月日（西暦） | 石高（表高） | 領地（国郡名） |
|---|---|---|---|---|---|---|---|---|---|---|
| 秋田 | 盛季 | 安房守 | 左近 | 元和6～延宝4・1・13 | 陽雲院殿竜天蒼松大居士<br>高乾院（福島県田村郡三春町字荒町） | 慶安2・5・14～延宝4・1・13 | | 慶安2・5・14（一六四九） | 五〇〇〇〇 | 陸奥国田村郡<br>陸奥国標葉郡（葛尾村・津嶋村）<br>（弟熊之丞季久に五〇〇〇石を分知） |
| 秋田 | 輝季 | 信濃守 | 大蔵 | 慶安2～享保5・9・19 | 乾元院殿剛山瑞陽大居士<br>高乾院（〃） | 延宝4・3・6～正徳5・12・7 | | | 〃 | 〃 |
| 秋田 | 頼季 | 信濃守 | 主水 | 元禄9（元禄11・5・10）～寛保3・6・1 | 広運院殿俊徳玄明大居士<br>高乾院（〃） | 正徳5・12・7～寛保3・6・1 | | | 〃 | 〃 |
| 秋田 | 治季 | 山城守 | 東太郎 | 享保3～安永2・7・6 | 天稟院殿令徳永顕大居士<br>高乾院（〃） | 寛保3・7・22～寛延4・9・23 | | | 〃 | 〃 |
| 秋田 | 定季 | 主水正 | 富三郎 | 享保11～宝暦7・6・14 | 恭徳院殿仁則惟敬大居士<br>高乾院（〃） | 寛延4・9・23～宝暦7・6・14 | | | 〃 | 〃 |
| 秋田 | 千季 | 山城守 | 東太郎 | 宝暦1～文化10・8・10 | 健徳院殿古極体仁大居士<br>高乾院（〃） | 宝暦7・8・7～寛政9・7・20 | | | 〃 | 〃 |
| 秋田 | 謐季 | 信濃守 | 乙之助 | 安永7～文化8・7・6 | 大仰院殿法鑑高輪大居士<br>龍穏院（福島県田村郡三春町字荒町） | 寛政9・7・20～享和3・11・20 | | | 〃 | 〃 |

| 姓 | 諱 | 受領名または官名 | 通称 | 生没年月日 | 戒名と菩提所（所在地） | 藩主就任・退任年月日 | 江戸幕府就任役職名・就任退任年月日 | 石高変遷年月日（西暦） | 石高（表高） | 領地（国郡名） |
|---|---|---|---|---|---|---|---|---|---|---|
| 秋田 | 孝季 | 伊予守 | 乙之助 | 天明6～弘化1・11・24 | 大雄院殿英徳文明大居士 高乾院（福島県田村郡三春町字荒町） | 享和3・11・20～天保3・3・23 | | | 五0000 | 陸奥国田村郡 陸奥国標葉郡（葛尾村・津嶋村） |
| 秋田 | 肥季 | 安房守 | 万之助 | 文化10～慶応1・5・4 | 瑞秀院殿麗山紹光大居士 高乾院（〃） | 天保3・3・23～慶応1・5・4 | | | 〃 | 〃 |
| 秋田 | 映季 | 信濃守 | 万之助 | 安政5～明治40・2・19 | 瑞雲院殿春光映季大居士 高乾院（〃）（墓地は、東京青山墓地） | 慶応1・8・5～明治2・6・17（知藩事）～明治4・7・14（廃藩置県） | | | 〃 | 〃 |
| | | | | | | | | 慶応4・8・13（一八六八） | | 本領安堵される。 |
| | | | | | | | | 慶応4・8・29 | | 二本松領安達郡の糠沢組・小浜組・針道組の支配を命じられる。 |
| | | | | | | | | 慶応4・9・15 | | 旗本秋田氏領五〇〇〇石の取締りを命じられる。 |
| | | | | | | | | 慶応4・9・26 | | 二本松領安達郡本宮組・玉井組・杉田組・渋川組・信夫郡八丁目組支配を命じられる。 |
| | | | | | | | | 慶応4 | | 四倉県の支配を命じられる。 |

○出典（『三春町史』2・3・8、『寛政重修諸家譜』『徳川実紀』）

## 〔藩史略年表〕

| 西暦 | 和暦 | 月日 | 政治・法制 | 月日 | 社会（文化を含む）・経済 |
|---|---|---|---|---|---|
| 一五九〇 | 天正一八 | 8・9 | 豊臣秀吉、会津黒川城に入り、奥羽仕置を行なう。 | 10・9 | 田村領指出帳作成される。 |
| | | 9・21 | 田村領の指出しを行ない、片倉小十郎景綱に与える。 | | |

| 西暦 | 和暦 | 月日 | 政治・法制 | 月日 | 社会（文化を含む）・経済 |
|---|---|---|---|---|---|
| 一五九一 | 天正一九 | | 旧田村氏領を伊達政宗より没収し、蒲生飛驒守氏郷に与える。三春城代しばしば代わる。 | 9・13 | 田村郡平沢村の検地帳作成される。 |
| 一五九四 | 文禄三 | | | 6・3 | 田村郡平沢村の検地帳作成される。 |
| 一五九八 | 慶長三 | 1・10 | 会津若松城主蒲生飛驒守秀行、宇都宮城に転じ、上杉中納言景勝入封する。 | | |
| 一六〇一 | 六 | 8・16 | 会津若松城主上杉中納言景勝、米沢城に転じ、蒲生飛驒守秀行再び入封する。 | | |
| 一六二七 | 寛永四 | 2・10 | 加藤民部大輔明利、三春城三万石を与えられる。 | 1 | 三春の農民、大善寺山にたてこもる。 |
| 一六二八 | 五 | 1・22 | 松下左助長綱、三春城三万石を与えられる。 | | この頃以降、縄引きによる割換えが行なわれる。 |
| 一六四一 | 一八 | | | 6・13 | 日光山廟塔造営のため、国産水晶の献上を命じられる。 |
| 一六四二 | 一九 | 7・5 | 大番組頭西山昌時を預けられる。 | | |
| 一六四四 | 二一 | 4・10 | 三春城主松下石見守長綱、岳父高知城主山内土佐守忠義の願いにより封地を収公され、山内忠義に預けられる。 | | この年、松下長綱の家臣二人、キリシタンの疑いにて江戸に送致される。 |
| | | 4・20 | 榊原式部大輔忠次、井伊掃部頭直孝、内藤帯刀忠興、保科肥後守正之ら白川城に参集し、三春城請取りについて協議をする。内藤忠興は兵三〇〇騎を率いる。寺社奉行安藤右京進重長三春城を請取る。三春藩三万石は幕府代官福村長右衛門正直、樋口又兵衛家次の支配となる。 | | |
| 一六四五 | 正保二 | 8・8 | 宍戸城主秋田河内守俊季、三春城へ入る。松平大納言忠長の家臣鈴木重之を引続き預けられる。 | 8・8 | 竹木・漆木・桐木の伐採および二歳三歳駒の売買を禁じる。この年、領内の屋敷数・家数・人数改めが行なわれる。下大越村のキリシタン八人、江戸や三春に拘引される。 |
| 一六四九 | 慶安二 | 1・3 | 俊季、勤番中の大坂城中にて病死し、安房守盛季、番役を引継ぐ。 | | |
| | | 5・14 | 盛季、遺領の内五万石を弟能之丞季久に分ける。 | | |
| 一六五一 | 四 | 7・24 | 盛季が駿府城加番中のこの日、由井正雪自殺する。 | | |
| 一六五二 | 承応一 | | | 1 | 大猷院殿（将軍家光）死去につき国産水晶石を日光山へ献上する。 |
| 一六五八 | 万治一 | | | 11 | この月、一元紹碩の『下国湊両家弁』完成する。 |
| 一六五九 | 二 | 11・29 | 藩祖秋田城介実季、伊勢国朝熊《あさま》の永松寺にて死ぬ。 | | この頃から元禄期にかけて領内の内検地が行なわれる。 |
| 一六六七 | 寛文七 | 10・22 | 代官近山安高を預けられる。 | | この年、「新開」が開発される。 |

| 西暦 | 和暦 | 月日 | 政治・法制 | 月日 | 社会（文化を含む）・経済 |
|---|---|---|---|---|---|
| 一六六九 | 寛文 九 | | | | 上大越村、栗原仕法により一七三石余の新田を開く。以後元禄期まで、栗原新田の開発が進められる。 |
| 一六七六 | 延宝 四 | 1・13 | 盛季、勤番中の大坂城中にて病死し、信濃守輝季、父の番を引継ぐ。 | | |
| | | 3・6 | 輝季、遺領を継ぐ。 | | |
| 一六七九 | 七 | | | 1・19 | 輝季、黒鹿毛の七歳馬を将軍に献上する。以後参勤年の馬献上恒例となる。 |
| 一六八〇 | 八 | | | | 厳有院殿（将軍家綱）死去につき国産水晶石を寛永寺に献上する。 |
| 一六八一 | 天和 一 | 7・4 | 越後高田藩士小栗正矩の兄本多不伯を預けられる。 | | |
| 一六八二 | 二 | 1・17 | 輝季、越後高田城在番を命じられる。 | | |
| 一六八四 | 貞享 一 | 12・30 | 輝季、譜代班を命じられ、帝鑑間仕候となる。 | | |
| 一六八五 | 二 | | | | 駒奉行・駒付役を置き、種馬の貸付けを行なう。 |
| 一六九一 | 元禄 四 | | | 11 | 旱魃のため平沢村惣百姓、物成の減免を求める。 |
| 一六九二 | 五 | | | 12 | 不作小検見の不正について貝山村惣百姓、同村庄屋を訴える。 |
| 一六九三 | 六 | | | 5・10 | 貝山村庄屋、割頭を解任される。 |
| 一六九四 | 七 | | | | この年から在郷給人に給地を支給される。 |
| 一六九八 | 一一 | | 赤松政徳、大郡代に抜擢され、財政改革を行なう。 | | 南部駒を導入して馬種の改良を進め、糶《せり》を藩営とする。 |
| 一七〇八 | 宝永 五 | 11 | 漆役を、漆役米と改称し、米納とする。 | | この頃、田畑永代売買を許可する。 |
| 一七一二 | 正徳 二 | 12・15 | 輝季、三河国豊川の吉田橋工事を命じられ、六五〇〇余両を投じる。 | | 漆木仕立は、土地相応、勝手次第となる。 |
| | | | | 12・26 | 町方に御指上金を命じる。 |
| 一七一三 | 三 | | | 1・19 | 領民に、一〇〇石につき、三両ずつの夫金を課す。 |
| 一七一四 | 四 | 12 | 藩士滋野多兵衛、切腹を命じられる（正徳の御家騒動）。 | | |
| 一七一五 | 五 | 6・4 | 輝季の嫡子伊豆守広季病死する。 | | |
| | | 7・3 | 主水頼季、輝季の養子となる。 | | |
| | | 12・7 | 輝季致仕し、養子頼季封を継ぐ。 | | |
| 一七二四 | 享保 九 | | | 3・21 | 城下に荷物馬次問屋を設ける。 |
| 一七二八 | 一三 | | | 5・7 | 城下に煙草問屋を設ける。 |
| 一七二九 | 一四 | 5・6 | 城代荒木高村、将軍家より蟄居を命じられる（享保事件）。 | | 町年寄橋本惣右衛門、藩士荒木又市家人渡辺長右衛門ら死罪と |

| 西暦 | 和暦 | 月日 | 政治・法制 | 月日 | 社会（文化を含む）・経済 |
|---|---|---|---|---|---|
| | | | | | なる。 |
| 一七三〇 | 享保一五 | 3・7 | 信濃守頼季、閉門を命じられる（7・12、閉門を免じられる）。 | 10 | 渡辺長右衛門の妻、訴状を目安箱へ投じる。 |
| 一七三六 | 元文一 | 6・1 | 頼季、病死する。 | 11・21 | 東郷の領民城下に強訴し、皆文金納を要求する。 |
| 一七四三 | 寛保三 | 7・22 | 山城守治季、父の遺領を継ぐ。 | | |
| 一七四六 | 延享三 | | | 12 | 領民に赤子養育手当を支給する。 |
| 一七四九 | 寛延二 | | | 12・12 | 領内惣百姓、大手へ強訴、いわゆる寛延の一揆起こる。 |
| 一七五一 | 四 | 9・23 | 治季致仕し、弟主水正定季、封を継ぐ。 | | |
| 一七五七 | 宝暦七 | 6・13 | 乙之助（千季）、定季の末期の養子となる。 | | |
| | | 6・14 | 定季死す。 | | |
| | | 8・7 | 東太郎（千季）、封を継ぐ。 | | |
| | | | この年より、しばしば借知を行なう。 | | |
| 一七六一 | 一一 | | | 12・6 | 領内タバコ生産盛んになり、たばこ造り所運上を新設する。 |
| | | | | | この年より絹糸釜役を課する。 |
| 一七八三 | 天明三 | 12・24 | 天明の大凶作のため、財政逼迫し、面扶持制を行なう。 | | |
| 一七八四 | 四 | 3・16 | 領内皆損毛につき、幕府より二〇〇〇両を拝借し、五〇日の差控えを命じられる。 | 4・22 | 領内に飢扶持を支給する。 |
| 一七八五 | 五 | 2・22 | 城下大火のため、三春城本丸焼失する。 | | |
| | | 6・8 | 居城焼失のため、幕府より三〇〇〇両を貸下げられる。 | | |
| 一七八八 | 八 | | | 9 | 赤子養育制を定める。 |
| 一七九七 | 寛政九 | 7・20 | 山城守千季致仕し、河内守謐季、封を継ぐ。 | | |
| 一七九八 | 一〇 | 1 | 越後高田藩浅川陣屋の浅川騒動に出兵する。 | | |
| 一八〇二 | 享和二 | 12 | 笠間藩領仁井町村の仁井町騒動に出兵する。 | | |
| 一八〇三 | 三 | 11・20 | 信濃守謐季致仕し、弟乙之助孝季、封を継ぐ。 | | |
| 一八〇四 | 文化一 | 10・9 | 藩制を改革し、執政奉行を置く。 | | |
| 一八一一 | 八 | 12 | 幕領塙代官寺西封元召集の十一藩会議に出席する。 | | |
| 一八一八 | 文政一 | | 領内極窮村を指定する。 | | |
| 一八二六 | 九 | 7 | 幕領小名浜代官よりの指令で、岩城浦出兵準備をする。 | | |
| 一八三一 | 天保二 | 6・1 | 赤松四郎五郎を大郡代金元勝手方に登用し、藩政改革を進める。 | | この時、赤子養育制を廃止する。 |

| 西暦 | 和暦 | 月日 | 政治・法制 | 月日 | 社会（文化を含む）・経済 |
|---|---|---|---|---|---|
| | | 7・29 | 金主に対し、御借財御断りを申渡す。 | | |
| 一八三二 | 天保三 | 3・23 | 山城守孝季致仕し、信濃守肥季、封を継ぐ。 | | |
| 一八三三 | 四 | 9・18 | 凶作のため領内不穏となり、藩主不時帰国する。 | | |
| | | | 天保の凶作のため、面扶持制を行なう。 | | |
| 一八六四 | 元治一 | 4・15 | 天狗党の乱が起こり、日光山警固のため、藩主肥季、藩兵を率いて出動する。 | | |
| 一八六五 | 慶応一 | 5・4 | 安房守肥季病死する。 | | |
| | | 8・5 | 万之助（映季）、封を継ぐ。 | | |
| 一八六六 | 二 | 6・20 | 信達騒動のため幕領川俣陣屋に出兵する。 | | |
| 一八六八 | 四 | 5・3 | 奥羽越列藩同盟条約に調印する。 | | |
| | | 7・26 | 万之助、西軍に降伏、謹慎し、三春城を無血開城する。 | | |
| | | 8・13 | 本領を安堵される。 | | |
| | | 8・29 | 二本松領東安達の支配を命じられる。 | | |
| | 明治一 | 9・26 | 二本松領西安達の支配を命じられる。 | | |
| | | | この年、四倉県の支配を命じられる。 | | |
| 一八六九 | 二 | 6・17 | 版籍奉還の命により、信濃守映季、知藩事に任ぜられる。 | | |
| 一八七一 | 四 | 7・14 | 廃藩置県により、三春藩は三春県となる。 | | |

○出典『三春町史』2・3・8・9、『徳川実紀』

## 〔家老とその業績〕

| 著名家老名 | 担当職務名 | 活躍期 | 生没年月日 | 主な業績 |
|---|---|---|---|---|
| 小野寺太左衛門重忠 | 年寄・郡代 | 正保2～寛文頃 | 不詳 | ・もと二本松藩士。藩主加藤明利改易後、宍戸藩秋田氏に仕官し、転封後の三春藩民政に郷村通として寄与した。 |
| 赤松六郎大夫政徳 | 年寄末席・大郡代 | 元禄11・1・11～ | 不詳 | ・もと古河藩士。藩主松平日向守忠之改易後、三春藩秋田氏に仕官、元禄一一年、大郡代に抜擢され、財政改革を行ない、馬種の改良と藩営取引を進めた。 |
| 秋田主税季春 | 藩主万之助の後見・大参事 | 慶応1・8・5～明治4・7・14 | 文政1・10・11～明治33・3・14 | ・兄肥季の病死の跡を継いだ幼君万之助を後見し、幕末維新の難局を切抜けた。<br>・和歌を通じて上冷泉家と通じ、公卿大原重徳・大村藩・鳥取藩と接触し、無血開城に成功した。大正七年一一月、従四位を贈られる。 |

# 〔藩の職制〕

## ○席と職(役方)と格(番方)

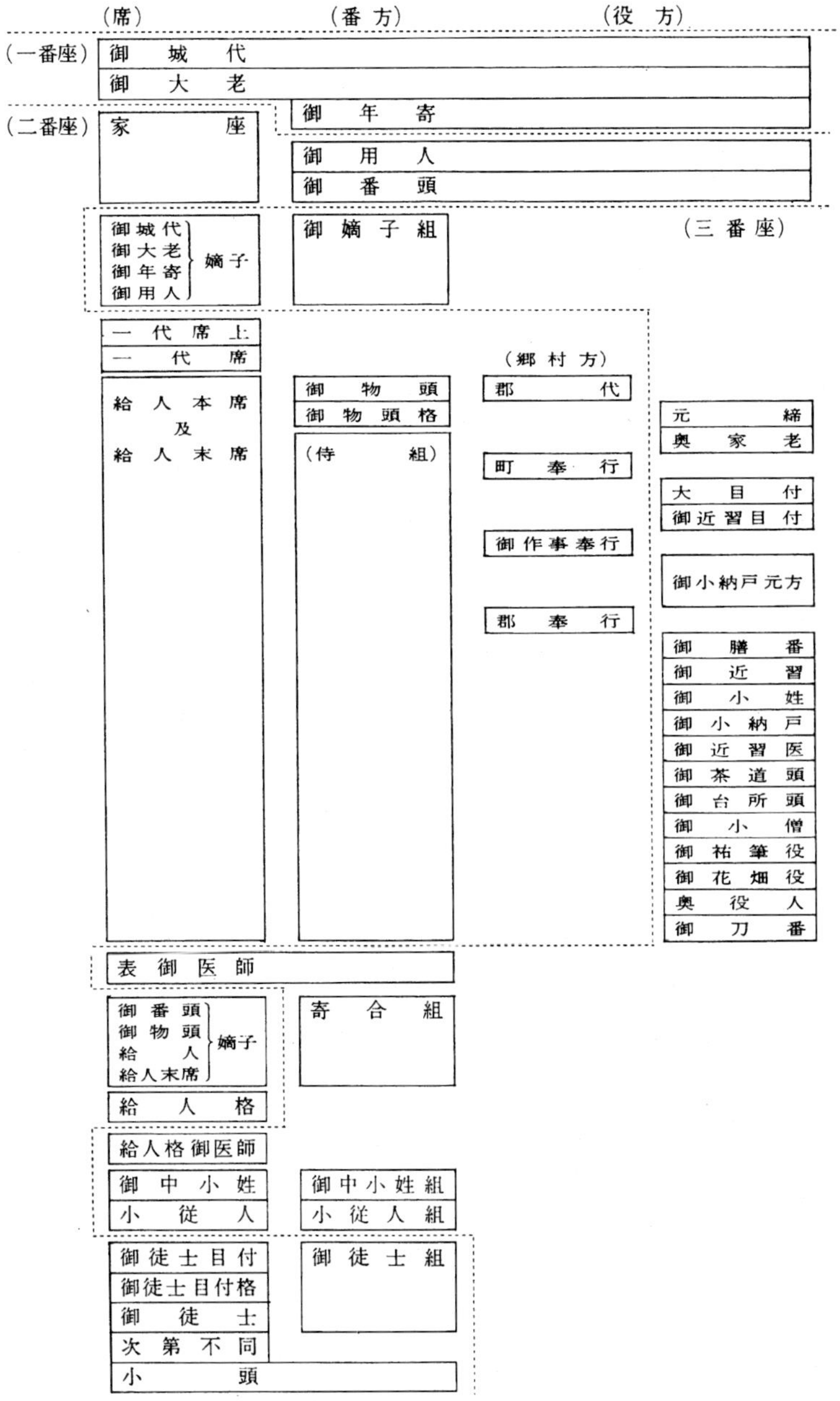


### 席

・表勤と奥勤、格(番方)と職(役方)を有機的に統合するものが本席または礼席という序列である。役方は、また郷村方とその他の二つに分かれる。

・平常時は複数の役人が月番であたり、案件は定例の寄合および小寄合にはかって処理する。なかでも御用人月番(御用番)・大目付月番・

御物頭月番（割番）がとくに庶政処理上の要職であった。

・御城代・御大老は「正徳三年七月三日被仰出書」によって細川・荒木両家世襲となった。同格。御城代上座。

・家席は御家門の秋田・湊などの賜姓家臣一一家〔大浦　安倍（中津川竹ヶ鼻　山館）細川庶家　小野寺　佐塚　波岡　檜山〕。主に年寄・用人・番頭になる。

・嫡子は本席をもたない。御年寄嫡子は御奏者となる。

・一代席は延享期以降設定。一代席上は本席をもたない。

・給人格までは知行取（石取）で、御中小姓以下は本席をもたず、「雇勤」・「無足人」とよばれ、扶持取（切米金支給）である。

・次第不同は町人の格立つ者や抱えの職人である。

・御中小姓以下は同格を省略した。

**職**

・御近習目付から奥家老までは御近習頭分で給人があたり、その下役には御中小姓以下からあてられた。

・御刀番はもと御駕籠脇といわれた。

・ほかに御台所頭・御茶道具頭などがあるが省略した。

○出典（『三春町史』8）

○家臣団構成

①家臣団構成　基本的な家臣団構成については、前項を見よ。

②その他

在郷給人　村役人層に扶持苗字帯刀の格式を与えた。元禄三年の創設と伝えられる。元禄七年以降、新田開発高の一定率を与えた。

郷士制度　城下町および在郷の富裕なものに与えた格式で、席は徒士に順じ、殿中の書院で藩主に拝謁し、諸役免許を受けた。明和九年、葛尾村松本三九郎が、献金二万三〇〇〇両をもって、知行三〇〇石郷士となったのが最初であろう。屋敷は家代名で記載され、町、村の人別から除かれる。

## 〔領内支配（地方支配）の職制と系統〕

―大郡代―郡代（小郡代）―郡奉行―代官―割頭―庄屋―

・大郡代以下は郷村方ともいうべきもので、御年寄以下と区別した。

・はじめ家席の者二人が郡代に任ぜられたが（貞享元年礼席帳）、のち大郡代と郡代に分けられ、郡代以下は給人があてられた。

・宗門奉行も置かれたが、郡奉行と町奉行の兼任であった。

代官ははじめ町役人級の者が任ぜられたが、のち給人・給人格の者の職となった。

・在郷の支配は、享保四年当時東西二郷、元文三年当時東西北三郷、寛政六年当時東西南北四郷、文化二年当時東西二郷制、天保四年当時、東西南北中の五郷制、天保十三年当時、東西北の三郷制であった。天保十五年、五郷制に復す。安政二年当時、東西二郷制となっていた。

・割頭以下は地方役人。

## 〔領内の支配区分〕

前項を見よ。

## 〔村役人の名称〕

**村方**

代官―割頭―庄屋―┬（百姓代）
　　　　　　　　　├長百姓
　　　　　　　　　├村目付
　　　　　　　　　└組頭

**庄屋数と組頭数**（享保四年）

| 庄屋＼組頭 | ○ | 一人 | 二人 | 三人 | 四人 | 五人 | 六人 | 七人 | 八人 | 九人 | 一〇人 | 一一人 |
|---|---|---|---|---|---|---|---|---|---|---|---|---|
| 一人 | 一 | 八 | 二五 | 一五 | 一三 | 一 | 一 | | 一 | | | |
| 二人 | | | | | 一 | | 二 | 二 | 五 | 一 | | 一 |
| 三人 | | | | | | | | 一 | 二 | 一 | | |
| 計 | 一 | 八 | 二五 | 一五 | 一四 | 一 | 三 | 三 | 八 | 二 | ○ | 一 |

（三春町、三春町支配芹沢、同楽内、上宇津志支配横道を除く）

○出典（『三春町史』9）

**町方**

町奉行（月番制）──町検断（年番）・町検断（月番）
- 大町小肝煎──町人・帳末
- 北町小肝煎──町人・帳末
- 中町小肝煎──町人・帳末
- 新町小肝煎──町人・帳末
- 荒町小肝煎──町人・帳末
- 八幡町小肝煎──町人・帳末
- 穢多支配頭──穢多──癩人小屋主

町奉行（月番制）──町年寄

・割頭は、有力な庄屋があてられ、代官所ごとに二〜三人、支配村を割分けて担当した。
・百姓代が記録されている例が少ない。
・村目付は、宝永六年から置かれた。
・庄屋は、門閥世襲、配転、株売買、入札と種々であった。村により二人以上置かれたところもあった。
・組頭は、入札によって決められた。二五人に一人の見当とみられるが、不詳。

〔領外（飛地）の支配機構〕　なし

〔領内の主要交通路〕

1　本宮街道・二本松街道　三春—糠沢—高木—本宮（舟）、三春—糠沢—和田—平石（舟）—二本松（傍線は宿駅、以下同）

2　会津街道　三春—土棚—三町目—鬼生田—八丁目（舟）—日和田—、三春—

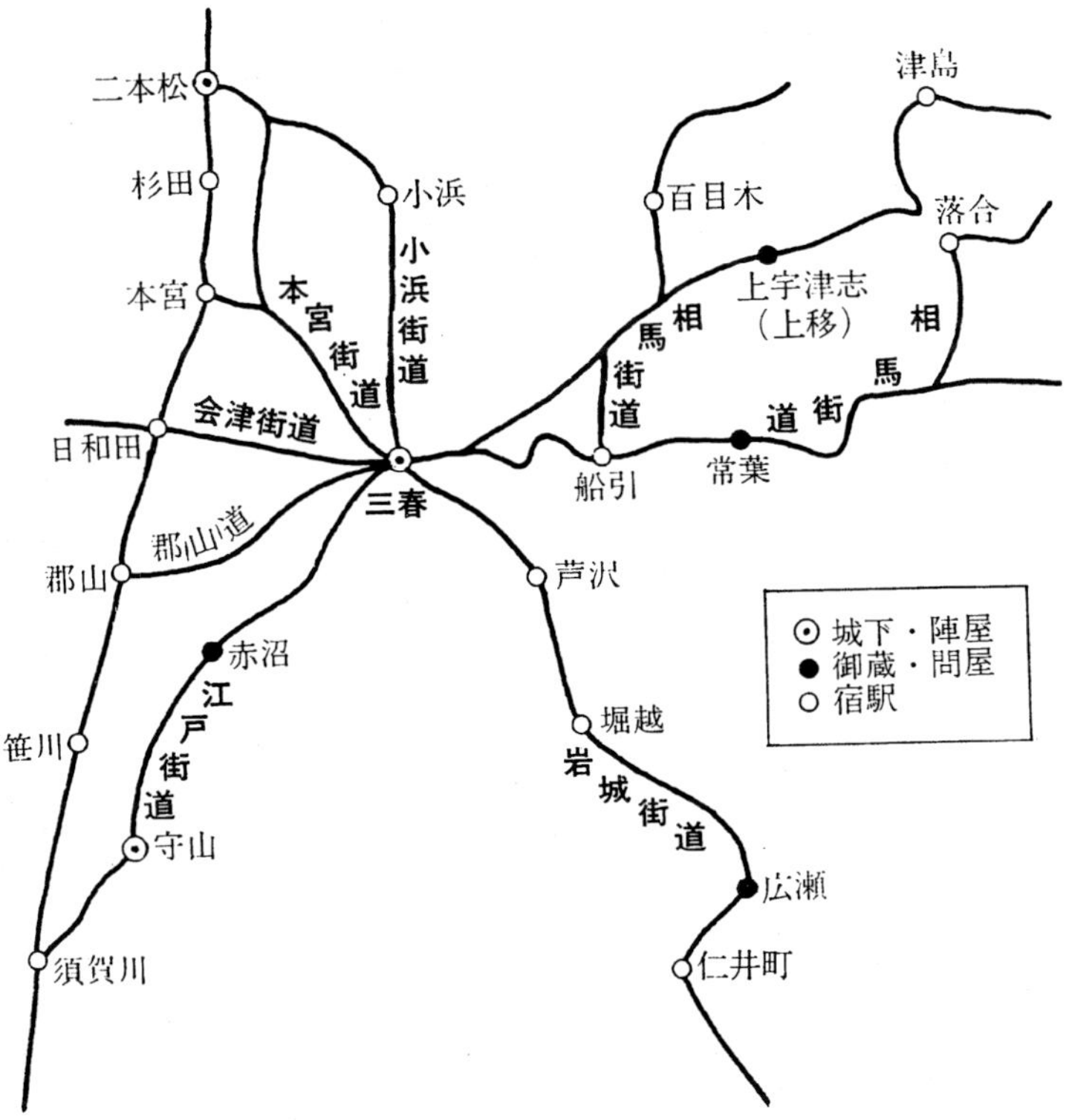


三春藩主要街道宿駅図（執筆者作図）

下舞木―阿久津（舟）―郡山―

3 須賀川街道・江戸街道 三春―鷹巣―赤沼―山中―守山―江持（舟）―須賀川―

4 岩城街道 三春―芹ヶ沢―芦沢―堀越―広瀬―仁井町―

5 相馬街道 三春―船引―常葉―古道―下野上―、三春―船引―常葉―岩井沢―落合―川房―、三春―上移―葛尾―津島―

6 小浜街道 三春―七草木―松沢―稲沢―小浜

## 〔番所の所在地〕

とくに番所と呼称されてはいないが、通り荷の検断のために、上移、常葉、広瀬、赤沼に問屋が置かれた。

## 〔在町、津出場・米蔵の所在地〕

城下を除けば、とくに大きな町はなかった。比較的街村の型をもっていたのは、上移、船引、常葉の三ヶ所であった。米蔵は、各村庄屋に置かれていたが、広瀬と赤沼には、岩城出し米や須賀川出し米などの江戸為登米を収納する蔵があった。

## 〔江戸城の詰間〕

帝鑑間（貞享元年以降）

## 〔江戸屋敷の所在地〕

| 屋敷 | 所在地 |
|---|---|
| 上屋敷 | 外桜田（元禄一六年一一月二二日地震により大破）<br>愛宕下大名小路（宝永四年以降） |
| 中屋敷 | 飯倉町 |
| 下屋敷 | 代々木町 |

## 〔蔵屋敷の所在地〕

江戸蔵屋敷 深川

## 〔藩の専売制〕

| 専売品目 | 専売期間 | 専売仕法 | 専売形態 |
|---|---|---|---|
| 漆　臘 | 会津藩領時代から | 漆の木の高割植栽（正徳2年12月以降停止） | 漆実の取引独占（臘の製造・販売については不詳） |
| 漆 | 同右～正徳2年12月まで | 同右 | 不詳 |
| 馬 | 会津藩領時代から。元禄11年より改正。 | 種馬貸付（貸父）。出生馬の登録。取引（糴）の管理。 | 地立・持立は届出制 |
| タバコ | 宝暦11年より。 | たばこ造り所設置 | 領内外の取引独占 |

〔藩札〕

明治初期。詳細不明。

〔藩校〕

| 藩校名 | 施設名 | 成立年月 | 所在地 |
| --- | --- | --- | --- |
| 講所 | 明徳堂 | 天明1年 | 三春町字南町（当初城門外西南、寛政五年以前に「其南」に移転） |
| 文武局 | 講文堂<br>講武堂 | 明治2年2月 | 同前 |

**沿革** 創建の詳細は、不詳。明治四年七月廃藩にともない廃校。

**教科内容** 四書五経、春秋左氏伝などの素読、会読、学長の月次講釈、習字、漢土歴史（十八史略・史記評林・資治通鑑・増補元明史略）、本邦歴史（日本略史・国史略・日本政記・大日本史）。ただし、本邦歴史は、天保年間以降とされる。武術についての教科もあったが、不詳。講武堂では、鎗、剣、砲の諸術諸流の師範を技芸師として教授させた。

**学長** 古屋重次郎、村瀬主税、山地順祐、倉谷又八（鹿山）、奥村俊蔵（好善）、早川睡鴎、大関勤（貞之進）、山地純之祐（立固）、奥村醇、熊田嘉膳、長谷川弥五左衛門

**教授** 松沢某、片瀬作右衛門、鳥居幸左衛門（以上は湯島より招聘）、千葉弥作、荒木規、町田貢（以上は、砲術師範）、山地軍八、佐久間捨三、三輪鏈次郎、遠藤今朝四郎

**出版書** 村瀬僴一斎校閲（点「大学正文」）
吉井玄化「校刻兵要録」

○出典（『三春町史』2、『大象軒杉山治左衛門先生』『近世藩校に於ける学統学派の研究』上）

〔藩の武術〕

| 種目 | 流派 | 指南役 |
| --- | --- | --- |
| 兵学 | 山鹿流 | 杉山治左衛門<br>大高甚助<br>田部井又四郎<br>秋田主税<br>小野寺披呂見<br>秋田右近 |
| 鎗術 | 真心流（関口流） | 杉山治左衛門<br>小野寺忠郷<br>杉山源太兵衛<br>郡司藤馬<br>中津川簇<br>寺内太郎左衛門<br>沢崎七平 |
| | 一旨流 | 今泉繁八<br>平賀求馬<br>荒沢源右衛門 |
| 柔術 | 戸田流 | 加藤木逸八郎 |
| | 揚心流 | 高島民右衛門 |
| 馬術 | 大坪流 | 園部孫四郎<br>園部権蔵<br>徳田三之丞（好時）<br>徳田三平（好展） |
| 弓術 | 日置古流 | 大江忠次 |
| 剣術 | 鹿島神伝直心影流 | 黒岡九左衛門<br>横田三代太郎 |
| | 宝蔵院流 | 川前英助 |
| 砲術 | 中島流 | 荒木規 |

| | |
|---|---|
| 夢想流 | 千葉弥作 |
| 西洋流（高島流） | 町田貢 |

〇出典（『三春町史』2、『大象軒杉山治左衛門先生』）

## 〔参勤交代〕

**時期**　丑卯巳未酉亥の年の六月に参府。
武鑑には、右のように記してあるが、実際には、左のようであった。
天明元丑年六月
天明三卯年六月
天明五巳年大火、　痔病にて延引
天明六午年二月
天明七未年九月、痔病にて延引

**交通路・宿駅**　奥羽街道・奥州道中・日光道中。ただし、宿駅は、時により変わる。須賀川、芦野、雀宮、小山、古河、草加

**従者の構成**　文化四年の行列九五人、御先供、御本陣番、千住宿詰を加えるとおよそ一五〇人。

高提燈小人壱人　御徒士壱人 御武筒支配　鉄砲足軽壱人　弓立足軽壱人　具足櫃通シ夫六人
鉄炮弓手代具足才料兼 足軽壱人　高提燈小人壱人　徒士壱人　長刀手廻り之者 手代壱人　箱提燈小人壱人 箱提燈小人壱人
駕籠　刀番近習 刀番　侍壱人 侍壱人　駕籠之者 但棒頭共ニ八人　箱提燈小人壱人 箱提燈小人壱人　徒目付壱人
笹躬直鎗手廻り壱人　挾箱雇之者壱人　草履取壱人
笹躬鍵鎗手代り壱人 手廻り壱人　簑箱手代り壱人 雇之者壱人　長柄傘壱人　床机壱人　茶弁当通シ夫三人
茶坊主壱人　刀箱　支配徒士壱人 手廻り之者弐人　弓切箪笥通シ夫四人
用物一荷通シ夫 御召替御具足琉球つつみ　御楽箪笥通シ夫　長持一棹通シ夫 御手許御用物　支配徒士壱人
日覆箱継夫持　箱提燈ロ之者持之　馬ロ附壱人 手代壱人 ロ附壱人　沓籠小人弐人　又者 供鎗　又者 供鎗　又者 草履取
押使番手廻り之者壱人　（以下一列に）近習二十二人　合羽荷　給人壱人
押使番手廻り之者壱人

**江戸屋敷の家臣団構成**
足軽、若党中間、女郎衆も加えておよそ二〇〇人。

**江戸藩庁諸役職員一覧**

| 貞享元年在府役職 | 員数 | 慶応三年在府役職 | 員数 |
|---|---|---|---|
| 万千代様方御用人 | 一 | （江戸御年寄） | （一） |
| 正寿院様方御用人 | 一 | 江戸元〆（御用人） | 一 |
| 江戸御留主居 | 二 | 奥家老 | 二 |
| 江戸元〆 | 一 | 奥目付元方 | 一 |
| 在江戸武具奉行 | 一 | 清泰院様奥目付 | 一 |
| 江戸物師方 | 二 | 江戸吟味役頭取立入 | 一 |
| 江戸大納戸 | 一 | 江戸奥役人 | 一 |
| （能道具） | （三） | 江戸御武具方 | 一 |
| 万千代様方 | 一〇 | （奥様方御錠口番） | （一） |
| | | 代々木御屋敷守 | 一 |
| | | （清泰院様御錠口番） | （一） |

（注）能道具は江戸と確認できない。
江戸御年寄は記載なし、御錠口番は当時欠員。

〇出典（『三春町史』8）

## 〔藩の基本史料・基本文献〕

「御系図」（秋田家文書　東北大学付属図書館蔵）
「安倍家近代御年譜秘録」（千葉文書　千葉ヒデ蔵）
「御家古今事統」（交野文書　交野薫蔵）
「秋田御代々」（松原文書　松原武蔵）
「春士秘鑑」（安斎文書）
「新古代諸役扣」（橋元文書　橋元四郎平蔵）
「日記」（橋元文書　同）
「記録」（川又文書　川又恒一蔵）

『福島県史』　巌南堂　昭和三九～昭和四七年
『三春町史』　三春町　カネサン書店　昭和五〇年～昭和六一年

（執筆者・大内寛隆）

# 守《もり》山《やま》藩

## 〔藩の概観〕

守山藩は、御三家水戸藩の支藩として、元禄十三年（一七〇〇）に成立する。領地は陸奥国（福島県）田村郡の一部・三一ヶ村を本領とし、常陸国行《なめ》方《かた》郡・鹿島郡・茨城郡に分領を持つ表高二万石。守山家の祖・松平頼元《よりもと》は水戸藩の第一祖徳川頼房の第四子で、二代藩主光圀の異腹弟として、寛永六年七月水戸城内で誕生。寛文元年（一六六一）九月、頼元三十三歳の時、頼房の遺命により常陸国額田二万石を水戸家より分知され、水戸新家を創設する。しかし、二代頼貞《よりさだ》の時、元禄十三年九月二十五日、将軍綱吉より新知行地として陸奥・常陸に二万石を与えられ、正式に十一月十六日朱印頂戴、水戸家に額田領を返上し、水戸家より独立。陸奥の本領である守山村を藩名とする守山藩が成立する。歴代藩主は頼貞《よりさだ》・頼寛《よりひろ》・頼亮《よりあきら》・頼慎《よりよし》・頼誠《よりのぶ》・頼升《よりのり》・頼之《よりゆき》と続くが、守山藩は定府制で藩主以下家臣達は江戸小石川の藩家敷に居住し、参勤交代で領国に下ることはなかった。また、守山藩は讃岐高松藩（一二万石）・常陸府中藩（二万石）・常陸宍戸藩（二万石）とともに水戸藩の分家で、御連枝とも呼ばれていた。藩主は水戸藩政務の後見をする一方で、藩政は水戸藩の監督を受けるなど、常に本家（水戸藩）との密接な関係を保って来るのである。

幕末期の尊攘思想の高揚とともに水戸藩では、藩内抗争が激化してくる。元治元年（一八六四）の筑波挙兵（天狗党の乱）は、その頂点に位いするものであった。御本家水戸藩の内訌は支藩守山藩にも影響を及ぼし、この時、守山藩士の内でも事件に関与し処罰者を出している。

慶応四年、戊辰戦争では官軍が北上すると戦わず降伏。守山藩は会津攻略の後方基地ともなり、また旧幕領・二本松・白河藩領二四万石余の管理にあたる。

明治三年、頼元の時、藩庁を常陸国松川に移し、松川藩と改称、明治四年に廃藩となり、陸奥守山領は常陸松川県に属する。その後陸奥領は白河県・磐前県を経て福島県に属する。

## 〔藩の居城〕

**陣屋**

名　称　①陸奥守山陣屋
　　　　②常陸松川陣屋

所在地　①福島県郡山市田村町守山
　　　　②茨城県東茨城郡大洗町松川

家数・人口

三二八九軒・一万七六七三人（内士族・卒族四六六軒・一一八二人）

○出典（『藩制一覧』）

## 〔藩（大名）の家紋など〕

**松平家**

家紋
八角葵　六葵

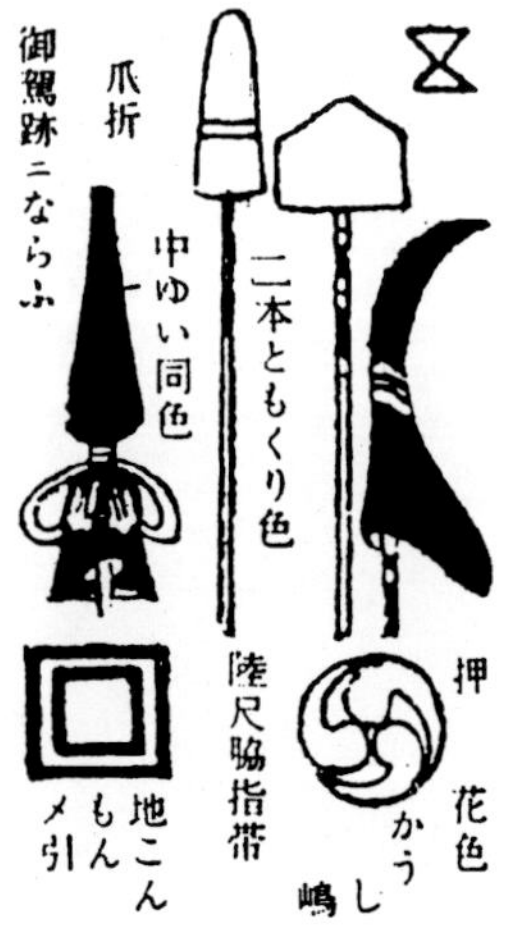


○出典（『文化武鑑』）

## 〔藩主の系図〕（姻戚関係）

**松平家　親藩**

- 頼元《よりもと》
  - 女子　胤　相馬弾正少弼昌胤室
  - **頼貞**《よりさだ》
    - 女子　染　小笠原山城守長信室
    - 女子　千
    - 勝之助
    - 女子　与米　細川伊豆守有清室
    - 女子　多米
    - 頼尚（後改宮内）
    - **頼寛**《よりひろ》
      - 女子　幾（須）　松平（美濃高須）中務大輔義敏室
      - 頼羅
      - 頼篤
      - **頼亮**《よりあきら》
        - 女子
        - 頼孝
        - **頼慎**《よりよし》
          - 女子　高　相馬長門守益胤室
          - 女子　久米　大島左衛門義彬室
          - 女子　熈
          - **頼誠**《よりのぶ》
            - 頼茂
            - 頼歆
            - **頼升**《よりのり》
              - **頼之**《よりゆき》　徳川（水戸）斉昭男　→常陸国松川へ（松川藩参照）
              - 女子　鏘　松平（石岡）頼策室
              - 女子　鐘
            - 女子　銛
            - 女子　祐
            - 頼彬
            - 頼邕
          - 頼賢
          - 女子　勝　徳川治紀養女
          - 女子　丞　頼慎養女、中山備前守信情室
          - 女子　英　松平（大河内）備中守正義室
          - 女子　綿
          - 頼永　松平（伊予西条）左京大夫頼学養子
        - 女子　伴　小笠原近江守貞温室
        - 信典　武田織部護信養子
        - 貞靖　由良新六郎貞陰養子
        - 女子　都　佐竹壱岐守義知室
        - 頼衍　知久図書助頼福養子
      - 頼融
      - 頼溥
    - 七郎
    - 女子　満佐　蜂須賀隠岐守正員室　離縁後堀丹波守直堯室
    - 頼恭　松平（高松）讃岐守頼桓養子（高松藩主）
    - 定賢　松平（久松）越中守定儀養子（陸奥白河藩主）
    - 頼済　松平（石岡）播磨守頼幸養子
    - 女子　喜世　頼愛女、頼貞養女
  - 女子
  - 忠国　本多中務大輔政長養子
  - 女子　松平美作守直高室
  - 女子
  - 女子　小笠原遠江守忠雄養女　松平中務大輔宗昌室
  - 頼愛　水戸藩食封二〇〇〇石
  - 女子
  - 小三郎
  - 女子

○出典（『守山御家譜大全』『徳川諸家系譜』）

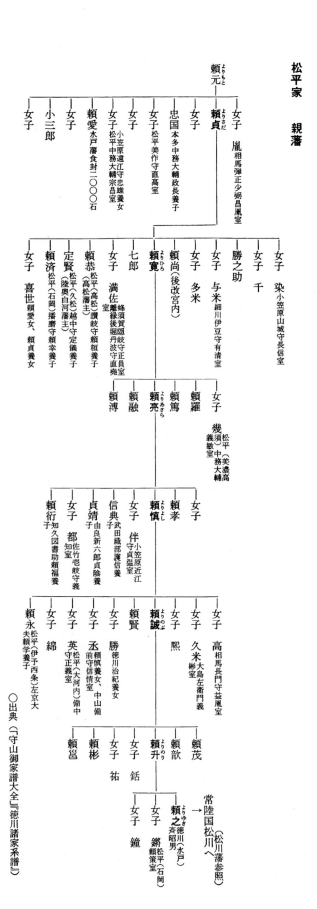

## 〔藩主一覧〕（歴代藩主および石高・所領の変遷）

| 姓 | 諱 | 受領名または官名 | 通称 | 生没年月日 | 戒名と菩提所（所在地） | 藩主就任・退任年月日 | 江戸幕府就任役職名・就任退任年月日 | 石高変遷年月日（西暦） | 石高（表高） | 領地（国郡名） |
|---|---|---|---|---|---|---|---|---|---|---|
| 松平 | 頼元 | 刑部大輔 | 刑部<br>（諡名）<br>恭公 | 寛永6・7・14<br>～<br>元禄6・4・28 | 真源院霊方無外大居士　墓所・瑞竜山（常陸国久慈郡太田、現茨城県常陸太田市）寺・常福寺（茨城県水戸市） | 寛文1・9・26<br>～<br>元禄6・4・28 | | 寛文1・9・26<br>（一六六一） | 二〇〇〇〇 | 常陸国額田郷 |
| 松平 | 頼貞 | 大学頭 | 子剛<br>（諡名）<br>荘公 | 寛文4・1・25<br>～<br>延享1・8・3 | 当體院心誉直指浄禅大居士　墓所・瑞竜山（〃）寺・常福寺（〃） | 元禄6・6・23<br>～<br>寛保3・10・28 | | <br>元禄13・9・25<br>（一七〇〇） | 〃<br>二〇〇〇〇 | 〃<br>（守山藩成立）<br>陸奥国田村郡<br>常陸国行方郡・鹿島郡・茨城郡 |
| 松平 | 頼寛 | 大学頭<br>若狭守 | 頼母<br>（諡名）<br>頃公 | 元禄16・2・7<br>～<br>宝暦13・10・28 | 了本院円与覚心元無大居士　墓所・瑞竜山（〃）寺・常福寺（〃） | 寛保3・10・28<br>～<br>宝暦13・10・28 | | | 〃 | 〃 |
| 松平 | 頼亮 | 大学頭<br>美作守 | 徳之進<br>（諡名）<br>簡公 | 延享1・4・7<br>～<br>享和1・9・8 | 玄理院殿最誉真徳道彰大居士　墓所・瑞竜山（〃）寺・常福寺（〃） | 宝暦13・12・4<br>～<br>享和1・9・8 | | | 〃 | 〃 |
| 松平 | 頼慎 | 大学頭 | 敏丸<br>（諡名）<br>徳公 | 明和7・閏6・28<br>～<br>天保1・7・13 | 墓所・瑞竜山（〃）寺・常福寺（〃） | 享和1・10・24<br>～<br>天保1・7・13 | | | 〃 | 〃 |

| 姓 | 諱 | 受領名または官名 | 通称 | 生没年月日 | 戒名と菩提所（所在地） | 藩主就任・退任年月日 | 江戸幕府就任役職名・就任退任年月日 | 石高変遷年月日（西暦） | 石高（表高） | 領地（国郡名） |
|---|---|---|---|---|---|---|---|---|---|---|
| 松平 | 頼誠 | 大学頭 | 繁麻呂（諡名）祁公 | 享和3・1・24～安政2・8・13 | 墓所・瑞竜山（常陸国久慈郡太田、現茨城県常陸太田市）寺・常福寺（茨城県水戸市） | 天保1・8・28～文久2・8・13 | | | 二〇〇〇〇 | 陸奥国田村郡 常陸国行方郡・鹿島郡・茨城郡 |
| 松平 | 頼升 | 大学頭 | | 天保3・7・3～明治5・9・16 | 法伝寺（東京都文京区） | 文久2・8・28～明治2・8・2 | | | 〃 | 〃 |
| 松平 | 頼之 | | 二十二麻呂 | 安政5・6・1～明治6・8・11 | 墓所・瑞竜山（〃） | 明治2・8・2～明治4・7・14 | | | 〃 | 〃 |

○出典（「守山御家譜大全」）

## 〔藩史略年表〕

| 西暦 | 和暦 | 月日 | 政治・法制 | 月日 | 社会（文化を含む）・経済 |
|---|---|---|---|---|---|
| 一七〇〇 | 元禄一三 | 9・25 | 松平頼貞二万石を領知する（守山藩の成立）。 | | |
| 一七〇二 | 一五 | | | 2 | 領内二七ヶ村百姓、込米減免の訴願。 |
| 一七〇四 | 宝永一 | | | 4・8 | 三城目村百姓、田地出入につき江戸屋敷へ直訴。 |
| 一七〇五 | 二 | 6・11 | 田畑地替の禁止。 | | |
| 一七〇七 | 四 | 3・23 | 守山騒動で庄屋・組頭両人斬罪申付る。 | | |
| 一七一八 | 享保三 | 12・17 | 郷村条目一四ヶ条の公布。 | | |
| 一七二〇 | 五 | | | 1・28 | 金屋・蒲倉・荒井三ヶ村夫食拝借願につき、陣屋へ押かける。 |
| 一七二一 | 六 | | | 11・15 | 江戸御屋敷類焼。 |
| 一七二五 | 一〇 | 1・21 | 家中役人へ条目六ヶ条布令。 | | |
| 一七二七 | 一二 | 3 | 守山に馬市と馬町役所設置（役所は大町仙右衛門宅）。 | | |
| 一七三一 | 一六 | | | 10・3 | 守山穀市開く。 |

| 西暦 | 和暦 | 月日 | 政治・法制 | 月日 | 社会（文化を含む）・経済 |
|---|---|---|---|---|---|
| 一七三六 | 元文一 | | | 12・5 | 大伴村他七ヶ村の質物奉公人、陣屋へ訴願起こす。 |
| 一七四六 | 延享三 | | | 9・5 | 守山領二五ヶ村質物奉公人が陣屋に訴願する。 |
| 一七四九 | 寛延二 | 4・12 | 他領奉公・日雇禁止の布令。 | 3・3 | 金沢村で銀山騒動。 |
| | | | | 12・23 | 陸奥領大一揆。年貢半免・年貢米入目引下・夫食要求（強訴・打ち毀し）。 |
| 一七五〇 | 三 | 7・23 | 前年の寛延騒動に対する処置出る（獄門四人、追放四人等）。 | | |
| 一七五三 | 宝暦三 | 9・5 | 哀郷一一ヶ村に五ヶ年の定免制実施。 | | |
| | | | | 9・15 | 領内質物奉公人、山中明王山へ集結し騒動起こす。 |
| 一七五五 | 五 | | この年まで、松川陣屋奉行が守山陣屋を兼任。 | | |
| 一七五六 | 六 | | | 7・27 | 領内に漆木栽培奨励。 |
| 一七六一 | 一一 | | | 11 | 江戸小石川邸内に藩校（養老館）設立。 |
| 一七六二 | 一二 | | | 2・5 | 御代田・徳定両村間に出作論争。 |
| 一七七二 | 安永一 | | | 2・3 | 大善寺・上行合・金屋村より新田開発を願い出る。 |
| 一七七四 | 三 | 12 | 安永の改革布告（倹約・定免・家臣より分一借上等）。 | | |
| 一七七五 | 四 | 8 | 松川陣屋より矢野庄兵衛、陸奥領代官に着任。種々の取締実施。 | | |
| 一七七八 | 七 | | 養蚕制限令出る。 | | |
| 一七七九 | 八 | 2・8 | 家臣扶持の分一借上実施。 | 5・20 | 領内庄屋宅へ他領の蚕種取来る。 |
| 一七八〇 | 九 | | 山田村庄屋役儀召放（安永四年以来九人目）。 | | |
| 一七八三 | 天明三 | | | | この年領内大飢饉。 |
| | | | | 2・1 | 越後高田領大和久村百姓、村役人不正で守山へ越訴。 |
| | | | | 12・17 | 幕府へ損毛届（陸奥領九八八四石余、常陸領七四四七石余、合計一万七六三一石余）。 |
| 一七八四 | 四 | | 陸奥・常陸両領の郡奉行惣司に矢野庄兵衛任命。 | | |
| 一七八八 | 八 | 2 | 藩財政緊縮のため分一借上実施。 | | |
| | | 4・5 | 廻米宰領、須賀川宿で会議。 | | |
| 一七八九 | 寛政一 | 11・20 | 質物奉公人の年季規制（二年に限る）。 | 3・28 | 芹沢妙音寺、藩祈願寺となる（知行七〇石）。 |
| 一七九〇 | 二 | | | 9・3 | 阿久津・安原両村間で船場争い。 |
| 一七九四 | 六 | | | 8・27 | 金沢村で庄屋不正による一揆起こる（陣屋へ押しかける）。 |
| 一七九六 | 八 | 4・14 | 哀郷村庄屋の解任と他村庄屋兼帯を布令。 | | |
| 一七九八 | 一〇 | | | 2・23 | 芹沢村で赤子養育仕法の願。 |

| 西暦 | 和暦 | 月日 | 政治・法制 | 月日 | 社会（文化を含む）・経済 |
|---|---|---|---|---|---|
| 一八〇二 | 享和二 | 6・3 | 漆仕立仕法布令。 | 12・25 | 須賀川市原貞衛門、赤子生育金の献納願い出る。 |
| 一八〇三 | 三 | 3・24 | 養蚕禁止令の布令。 | 11・23 | 頼慎、武芸場を建設。 |
| 一八〇五 | 文化二 | | | 11・26 | 菅笠・藍玉生産者へ須賀川商人よりの拝借金禁止。 |
| 一八〇七 | 四 | | | 5・18 | 焼失後の藩校造営。 |
| 一八一一 | 八 | 1・13 | 家士の吉凶時の贈答等禁止。 | 2・27 | 藍玉、笠前金は無利息一〇年賦とする。 |
| 一八一七 | 一四 | | | | 三城目村会田善衛門、菅笠問屋を願い出る。 |
| 一八一八 | 文政一 | | | 9・30 | 菅笠会所設置許可。 |
| 一八一九 | 二 | | | | 廻米費用節約策として郡山、須賀川等の地払い方法がとられる。 |
| 一八二四 | 七 | | | 12 | 菅笠会所、北小泉村に移る。 |
| 一八二七 | 一〇 | | | 3・11 | 桑役銭を賦課する。 |
| 一八三〇 | 天保一 | 5・20 | 倹約令布告。 | 3・21 | 守山帳外人勘九郎等、贋金を鋳造する。 |
| 一八三一 | 二 | 6・27 | 赤子生育仕法を実施（三子以上で三子に金三分、四子に金一両支給）。 | 9・19 | 根木屋村で村役人不正から騒動が起きる。 |
| 一八三三 | 四 | 7・9 | 穀留を布令。 | | |
| 一八三四 | 五 | | | 11・13 | 江戸廻米は、地元地払とし代金を上納とする。 |
| | | | | 2・4 | 飯米難儀者へ、御囲米より救米として出す。 |
| 一八三五 | 六 | 7・25 | 穀留令出る。 | | |
| | | 12・24 | 藩士の分一借上実施。 | | |
| 一八三六 | 七 | 6・20 | 穀留令出る。 | | |
| 一八三七 | 八 | | | | |
| 一八四三 | 一四 | | 常陸領鹿島郡荒野村に海防陣屋を設け、大砲を配置（海防問題）。 | 2・28 | 郡山・阿部茂兵衛より二〇〇両借金、他領内外富商より借金。 |
| 一八四五 | 弘化二 | 3・6 | 本家慶篤幼年につき、幕命により頼誠政事を輔ける。 | 10・11 | 元守山陣屋役人青木専三郎、代官不正を訴える。 |
| 一八四六 | 三 | | | 9・17 | 代官山口左市解任。 |
| 一八五三 | 嘉永六 | 7 | 黒船来船につき、守山藩に出動命令。 | | |

| 西暦 | 和暦 | 月日 | 政治・法制 | 月日 | 社会（文化を含む）・経済 |
|---|---|---|---|---|---|
| 一八六三 | 文久 三 | | 水戸藩内天狗党の乱（元治甲子の乱）。 | 3・18 | 守山領岩作村他一三ヶ村、助郷反対のため水戸領へ越訴。 |
| 一八六四 | 元治 一 | 8 | 守山郡奉行加納佑蔵等、江戸表へ軍制改革建白。 | | |
| | | 10・2 | 守山陣屋、水戸藩の擾乱取り鎮めを仙台藩に歎願。 | | |
| 一八六五 | 慶応 一 | 10・22 | 元治甲子の乱で、守山藩関係者処罰される（処刑五人・謹慎一八人）。 | | |
| 一八六八 | 四 | 2・13 | 会津藩追討命令受ける。 | | |
| | | 3・21 | 頼升、大塚邸を去り松川陣屋着。 | | |
| | | 7・27 | 守山藩、東征軍に降伏。 | | |
| 一八六九 | 明治 二 | 6・22 | 松平頼升、守山藩知事となる。 | | |
| | | 8・2 | 頼之家督、守山藩知事となる。 | | |
| 一八七〇 | 三 | 秋 | 松川陣屋に家臣移住する。 | | |
| | | 12・24 | 松川藩と改称。 | | |

○出典（『郡山市史』「守山藩御用留帳」）

## 〔家老とその業績〕

| 著名家老名 | 担当職務名 | 活躍期 | 生没年月日 | 主な業績 |
|---|---|---|---|---|
| 三浦平八郎義質 | 御目付役<br>御用人役 | 幕末期〜明治初期 | 文化10〜明治11・6・15 | ・蘭学・砲術を藩外にて学び、守山藩勤王派の頭目として活躍。<br>・水戸天狗党の乱に連座（謹慎・揚屋牢入）、慶応四年二月出牢後、守山藩を代表して白石会議参加。<br>・明治二年、白川・石川両郡（八万七〇〇〇石余）の知県事、守山藩権大参事を任官。 |

○出典（『郡山市史』）

## 〔藩の職制〕

○藩の職制の大綱

- 年寄衆部屋
  - 家老
  - 御用達
- 御用部屋
  - 御用人役
    - 御番頭
    - 御用人
    - 御小姓頭
    - 御物頭
    - 御側御用人
  - 御目付役
    - 御目付
    - 御徒頭
    - 御取次

**主な役職と禄高**

| 役職 | 禄高 |
|---|---|
| 家老 | 一五〇～三五〇石 |
| 御用達 | 二五〇石 |
| 御番頭 | 一三〇～一五〇石 |
| 御用人 | 一二〇石 |
| 御小姓頭 | 一二〇石 |
| 御目付 | 一〇〇石 |
| 御物頭 | 八〇～一〇〇石 |
| 御徒頭 | 八〇石 |
| 御取次 | 七〇～八〇石 |
| 御刀番小頭 | 七〇石 |
| 御留主居物頭 | 七〇石 |
| 御近習小頭 | 七〇石 |

守山藩は小藩であるため、一〇〇石以上の家臣はわずかである。また、江戸藩邸に常府しており、藩組織も部屋制をとっていた。年寄部屋は藩政の顧問格で、御用部屋が実務を行ない、それぞれ御用人衆・御目付衆として藩政の中枢としてその任にあたっていた。

○格と職

守山藩の主な役職名を江戸屋敷割定についてみると、次のようになっている。

| 役職 | 江戸屋敷長屋割定 間 | 格式 |
|---|---|---|
| 御家老 | | |
| 御用達 | 一二 | 以上、上下差若党 |
| 御番頭 | 九 | |
| 御用人 | 八 | 以上、丸御紋御免 |
| 御側御用人 | 七 | |
| 御小姓頭 | 七 | |
| 大御目付 | | |
| 御物頭 | 七 | |
| 御目付 | 七 | |
| 御徒頭 | 六 | |
| 御取次 | 六 | |
| 御刀番小頭 | | |
| 小普請小頭 | | |
| 御連女様御傅役 | | |
| 御留主物頭 | 五 | |
| 御近習小頭 | 五 | |
| 御通事 | 四 | 以上、頭役と唱腰差・提灯御免 |
| 御使役 | 四 | |
| 御刀番 | 四 | |
| 御勘定奉行 | 四 | |
| 御医師 | 三・五 | |
| 御外料 | | |
| 御郡奉行 | | |
| 御小納戸 | 三・五 | |
| 大納戸 | 三・五 | |
| 御馬廻組頭 | 三・五 | |
| 奥御番組頭 | 三・五 | |
| 御矢倉奉行 | 三・五 | |
| 御祐筆組頭 | 三・五 | |
| 御小姓 | 三 | |
| 御次小姓 | | 以上、御紋白帷子服 |
| 御広間番 | | |
| 吟味 | 三・五 | |
| 御普請奉行 | 三・五 | |
| 石原御屋敷守 | | |
| 御祐筆 | 三 | |
| 御代官 | | |
| 御馬廻目付 | 三・五 | |
| 御膳奉行 | | |
| 御賄奉行 | 三・五 | |
| 御蔵奉行 | 三・五 | |
| 御厨別当 | 四 | |
| 御馬廻り | 三 | |
| 奥御番 | 三 | |
| 御近習目付 | 三 | |
| 御徒目付 | 三 | |
| 小吟味 | 三 | 以上、鐺御免熨斗目若党袴着御目見御着座 |

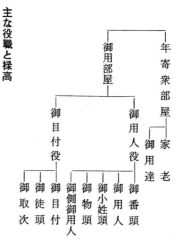

| | | |
|---|---|---|
| 御徒組頭 | 三 | |
| 御包丁人組頭 | 三 | |
| 表医師 | 三・五 | |
| 小従人 | | |
| 御馬乗 | 、三 | |
| 御茶道組頭 | | |
| 御絵師 | | |
| 表坊主組頭 | 二・五 | 以上、別段熨斗目御免 |
| 留役 | | |
| 御徒 | 二・五 | 以上、通御目見刀持召連 |
| 御中間頭 | | |
| 御庖丁人 | | |
| 御大工頭 | | |
| 御職人 | | |
| 御台所下役人 | | 以上、御目通御免 |
| 御奥様御用人<br>御勘定奉行次席 | | |

○出典（「江戸御屋敷御格式鑑」「御長屋割御定帳」〔守山・樫村文書〕）

家臣の内、子弟で登用される「格」については次のようであった。

| | |
|---|---|
| 御家老 | 嫡子　御刀番<br>次男　御馬廻り |
| 御用達<br>御番頭 | 嫡子　御小姓<br>次男　小従人 |
| 御用人より<br>御小姓頭<br>大御目付まで | 嫡子　御次小姓<br>次男　小従人 |
| 御物頭より<br>御近習小頭まで | 嫡子　御馬廻り<br>次男　小従人 |
| 御通事<br>御小納戸 | 嫡子　小従人<br>次男　御徒 |
| 大納戸より<br>御徒まで | 嫡子　御徒 |

ただし、御徒以上にも御取立の者、職人などの嫡子は、手代以下へ召出される時もある。

○出典（「江戸御屋敷御格式鑑」）

## 〔領内支配（地方支配）の職制と系統〕

守山藩では、陸奥領地に守山陣屋、常陸領地に松川陣屋が置かれた。

守山陣屋の場合、郡奉行以下守山詰の藩士三・四名が派遣され、領内の支配にあたっていた。

- 郡奉行
  - 御代官方（御目付方）
    - 取次役
    - 目明
    - 押
    - 新組
  - 御郡方
    - 御駒役
    - 御山横目役
    - 郷足軽

・取次役は領内守山村坂本家が任にあたり陣屋と百姓の間にあって、出願などを取り継いだ。

・御駒役は馬産関係の仕事。

・御山横目役は御用林の管理。

・目明は御目付方の下役。

・郷足軽・押・新組は、陣屋御用向の仕事をした。

・なお、取次役以下は領民の内より取り立てたもの。また、幕末期には、守山村庄屋樫村家が守山陣屋の御郡方吟味役として、領内の財政面を担当してくる。

## 〔領内の支配区分〕

領内行政区は郷に区分されていた。

| 郷 | 村名 |
|---|---|
| 上郷<br>一四ヶ村 | 守山・岩作・大伴・山中・正直・御代田・徳定・大善寺・金屋・小川・金沢・上行合・下行合・手代木 |
| 中郷<br>九ヶ村 | 横川・大平・蒲倉・荒井・白岩・下白岩・安原・阿久津 |
| 下郷<br>八ヶ村 | 南小泉・北小泉・舞木・山田・根木屋・木村・芹沢・三城目 |

〔村役人の名称〕

守山藩成立以降の村役人は、庄屋―組頭―五人組となっている。庄屋については代々世襲制、組頭は入札(投票)が一般的である。

大庄屋は守山藩成立以前の幕領時代までは存在していたが、元禄五年に廃止された。

〔領内の主要交通路〕

守山は、奥州道中須賀川宿より三春城下に至る宿駅でもあった。この道中は、三春藩主の参勤道でもあった。また、阿武隈川の東岸に位置し、奥州道中郡山宿には守山より西へ金屋または御代田を経る街道があった。また、郡山より三春城下へ通じる街道として、領内の阿久津・白岩を通る街道があった。

〔番所の所在地〕

守山領内に番所は存在しなかった。ただし、領内凶作時に穀留が布告されると、阿武隈川沿いの金屋・下行合・安原・阿久津・三城目などの村々に穀留番所が設置された。

〔在町、津出場・米蔵の所在地〕

○在　町

守山領では在町は存在しなかった。守山は宿駅としても発展しており、在町的機能を持っていたが、「守山村」としてあった。

○津出場・米蔵

年貢米は各村の郷蔵または守山陣屋内の米蔵に納めた。

〔江戸城の詰間〕

大広間(文政年間)

○出典（『文政武鑑』）

〔江戸屋敷の所在地〕

守山藩は江戸期を通し、詰間には変化なし。

| 屋敷 | 所在地 |
|---|---|
| 上屋敷 | 小石川大塚吹上 |
| 下屋敷 | 巣鴨村 |

○出典（「守山御家譜大全」）

〔蔵屋敷の所在地〕

江戸蔵屋敷　南本所石原町

石原会所と称し、守山領からの収納米は、ここに廻米された。

○出典（「守山御家譜大全」『郡山市史』3）

## 〔藩の専売制〕

| 品名 | 専売期間 | 専売仕法 | 専売形態 |
|---|---|---|---|
| 漆 | 宝暦年間以降 | | 藩買上げ |
| 藍玉 | 宝暦年間以降 | 前金制実施（藍前金） | |
| 紅花 | 宝暦年間のみ | | 藩買上げ |
| 菅笠 | 不詳 | 前金制実施（笠前金） | 菅笠会所設立 |

・漆は、宝暦六年七月「漆木栽培仕法」を布達し、領内にて本格的漆栽培を奨励。しかし、享和二年以降は減少してくる。
・藍玉は、上郷の金屋・上行合村を中心とした村々で栽培。藍前金を支給して栽培を契励。取引は、生産者と藍商人や領内紺屋との相対取引きで行なわれていた。
・紅花は、生産量も少なく、宝暦年間に紅花栽培があり、藩が買上制を実施したことのみで、以降のことは不詳である。
・菅笠は、三城目・北小泉・南小泉など下郷村々の特産品として藩の奨励品でもあった。藩では笠前金を支給。取引は、生産者と領内外商人との間で行なわれた。文化十五年に三城目村に菅笠会所を設立。販売流通の一本化をはかっている。

○出典（「守山藩御用留帳」）

## 〔藩札〕

なし（発行記録なし）

## 〔藩校〕

| 藩校名 | 成立年月日 | 所在地 |
|---|---|---|
| 養老館 | 宝暦11年11月 | 江戸守山藩邸内 |

**沿革**　二代頼寛は、字を子猛・黄竜とも号した好学の人で、服部元喬を友とした古文辞学派。著書も幕府に献納した『大山川志』百巻ほか、『守山日記』・『守山旧蹟考』など多数ある。頼寛代に藩士子弟の教育のため、藩邸内に設立する。明治五年学制頒布により廃校。
**教科内容**　和漢学を教授し、武術は各自の意向に任せ、武場の設備なし。
**学頭**（著名な教授）　戸崎允明

## 〔参勤交代〕

定府制のため、参勤交代なし。

## 〔藩の基本史料・基本文献〕

「守山藩御用留帳」（郡山市教育委員会蔵）
『福島県史』10上　福島県　昭和四二年
『郡山市史』2・3　郡山市　昭和四六年～四七年
「守山御家譜大全」（水戸彰考館所蔵本）
「源流綜貫」（水戸彰考館所蔵本）
『徳川諸家系譜』第三　続群書類従完成会　昭和五四年
「年中公私日記」（守山樫村文書）（郡山市教育委員会蔵）

（執筆者・大河峯夫）

# 平《たいら》藩

**別称**　①磐《いわ》城《き》平《たいら》藩
②磐《いわ》城《き》（岩城）藩

## 〔藩の概観〕

平藩は、陸奥国磐城平《いわきたいら》（福島県いわき市）を中心として、楢葉《ならは》郡・磐城郡・磐前郡・菊多郡を領有した譜代中藩である。天正十八年（一五九〇）、中世以来磐城地方を領してきた岩城氏が豊臣秀吉から一二万石を安堵されたが、慶長七年（一六〇二）、当主貞隆が関ヶ原戦に徳川方へ不参のため改易された。

慶長七年六月、下総国矢作四万石鳥居忠政《ただまさ》が一〇万石で加増入封、同十年二万石を加増され、ここに平藩が成立した。鳥居氏は三河以来の譜代で、忠政の父元忠は関ヶ原合戦で伏見城で戦死しており、忠政の平藩への加増転封は元忠の戦功による。慶長八年、忠政は岩城氏以来の居城を改め、飯野八幡宮を移して新たに築城を始め、同時に町割を行ない、同十九年平城が竣工した。鳥居氏就封の慶長七年、領内に徳川氏代官頭彦坂元正等の検地が行なわれたが、同十三年を中心に鳥居氏による総検地が実施され、また小物成など三五種目が定まった。鳥居氏在世中開発も進み、六四三五石余の新田が造成された。元和八年（一六二二）九月、鳥居氏は出羽国山形へ二〇万石で転封、この後へ上総国佐貫四万石内藤政長《まさなが》が七万石で加増入封、同時に政長長子忠長《ただなが》（忠興《ただおき》）も菊多郡二万石に入封した。以後一二五年、平藩は内藤氏六代の支配が続いた。

入封後政長はまず、寛永元年（一六二四）領内の検地を始め、同十年、三〇キロにおよぶ大用水小川江開鑿に着手した。同十一年、政長死後を長子忠興が継ぎ、菊多領は弟政晴が襲封し、泉藩が成立した。忠興治世には、同十五年総検地（寅の総検）実施、同十八年家中四ツ物成渡、慶安二年（一六四九）家中・郷村の基本法令壁書制定、承応元年（一六五二）小川江開鑿再開、同二年農政改正、明暦二年（一六五六）地方知行制廃止などが行なわれたが、この諸政策は郡奉行で著名な数学者今村知商を中心として実施され、藩体制が確立した。この時期の藩領の規模を正保四年（一六四七）現在でみると、四郡・一四三ヶ村・本高七万石・新田高二万〇〇七一石・実高九万〇〇七一石である。忠興治世末期、藩政は後退し、寛文三年（一六六三）家中物成半知借上、同七年藩札発行が行なわれた。同十年忠興致仕と三代藩主に文人でも著名な義概《よしむね》就任にともない、新田一万石を次男遠山政亮（頼直）に分封、ここに湯長谷藩が成立した。忠興治世からの重なる公儀役により財政難が進み、延宝年中には家老松賀氏の専横、小姓殺害・脱藩の小姓騒動など藩は混乱した。領内も過重な諸負担と災害などで疲弊が顕在化し、天和二年（一六八二）郷村上申書には傘連判もあり、領内は一揆寸前の状態であった。元文三年（一七三八）六月、六代藩主政樹の時、年貢・諸役減免要求の全藩一揆が発生した。一揆の参加者は八万七〇〇〇人とも称され、藩体制を根底からゆすった。九年後の延享四年（一七四七）三月、内藤氏は日向国延岡へ転封した。

内藤氏の後へは、常陸国笠間藩井上正経《まさつね》が六万石で入封した。この所領は城付二万三〇〇〇石を磐前郡四三ヶ村・磐城郡一一ヶ村・菊多郡三ヶ村、分領は陸奥国伊達郡梁川《やながわ》に三万石と常陸国多賀郡七〇〇〇石で、内藤氏当時の七万石の内、右の城付地以外の四万七〇〇〇石は幕領に編入された。井上氏は正経一代・一〇年の在城のため、とくにみるべき政策もなく、宝暦六年（一七五六）大坂城代として畿内へ転封した。

代わって美濃国加納藩五万石安藤信成《のぶなり》が就封、以来平藩は安藤氏の領有となった。当時の藩領は、前記井上氏の城付地と分領の伊達郡である。この後、安永七年（一七七八）伊達郡領が磐城・磐前・田村の三郡に移されたが、寛政二年（一七九〇）再度伊達郡に復し、享和三年（一八〇三）にはさらに美濃国・三河国に移った。文久元年（一八六一）には一万三九〇〇石が領知替えとなり、同年十月現在の全所領は、城付の磐城領二万五九〇〇石余、美濃領三万〇八〇〇石余、三河領一万〇二〇〇石余、計六万七〇〇〇石余、さらにこの後の減封などにより、明治元年（一八六八）には三万四〇〇〇石に減封された。安藤氏は信成～信勇《のぶたけ》まで七代・一一五年間在城した。初代信成は入封と同時に藩校の施政堂（のち佑賢堂）を開設し、藩士の子弟の教育を進め、寛政五年（一七九三）には老中に就任、松平定信の寛政改革に参画した。五代信正《のぶまさ》（信睦《のぶゆき》）は弘化四年（一八四七）襲封、出費抑制や「一藩面扶持制」など藩政改革を行ない、累積する藩債償却をはかった。万延元年（一八六〇）老中に進み、外国事務専掌となり、大老井伊直弼死後は久世広周《ひろちか》と幕政を執行した。和宮降嫁など公武合体と、親米和平外交を進めたが、文久二年（一八六二）坂下門で浪士に襲われ、老中罷免のうえ隠居・謹慎を命ぜられ、この後、在職中の失政の理由により二万石を減封された。最後に七代信勇が藩主となるが、信正が奥羽越列藩同盟に加盟したため、官軍の攻撃で平城は落ちたが、明治二年信勇は許され磐城平藩知事に就任、同四年廃藩置県となり、藩領は磐城平県・平県・磐前県を経て福島県となった。

## 〔藩の居城〕

**城**

**名　称**　①平城　②磐城平城

**所在地名**　福島県いわき市平

**家数・人口**

全領　五九一三軒・四万七六六七人（寛文六年）
七万八〇六八人（貞享元年）
一万一五二五軒・六万五五三八人（元禄年間）

平町　六三一軒・三三二五人（〃）

## 〔藩（大名）の家紋など〕

**鳥居家**

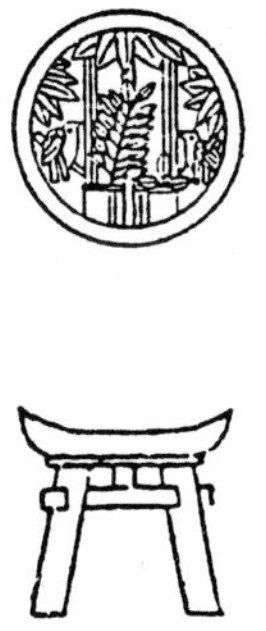

家紋　竹に雀　鳥居

**内藤家**

家紋　下り藤の丸　五七桐

**井上家**

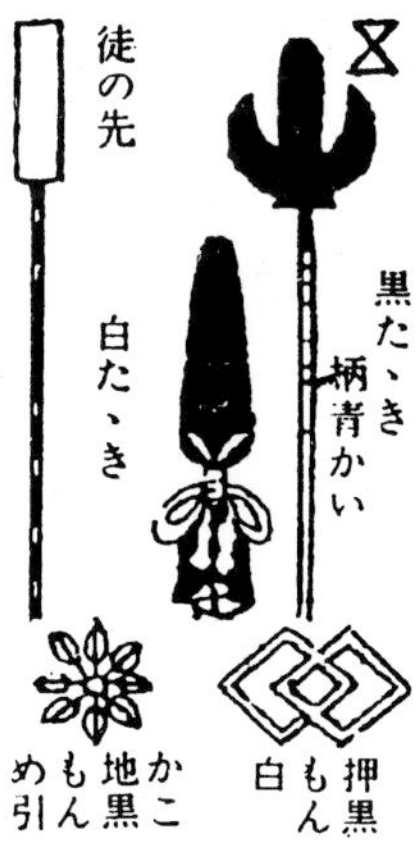

家紋　黒餅に八鷹羽　井筒

**安藤家**

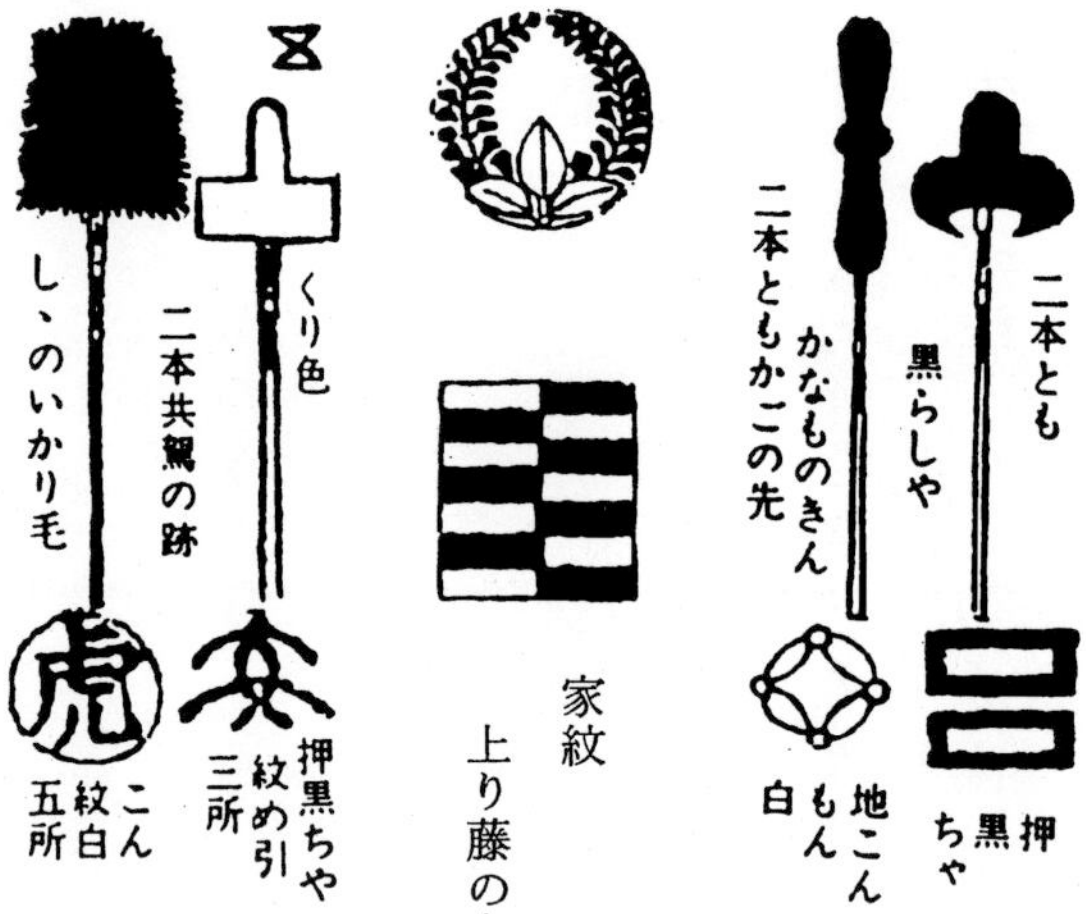


家紋　上り藤の丸　喰違七引両

○出典（『文化武鑑』）

〔藩主の系図〕（姻戚関係）

**①鳥居家**　**譜代**

下総国矢作から→**忠政**《ただまさ》→出羽国山形へ（山形藩参照）
- 成次　甲斐国谷村藩主
- 女子　戸沢右京亮政盛室
- 忠勝　家臣となる
- **忠頼**　徳川氏旗本
- **忠昌**　家臣となる

**②内藤家**　**譜代**

上総国佐貫から→**政長**《まさなが》
- 元長　伏見城で戦死
- 女子　松平三蔵直勝室
- 女子　内藤若狭守清次室
- 女子　石野八兵衛氏置妻
- 女子　家臣宿屋利長妻
- 直政　松平直勝長男、家臣となる

政長 ― 泉から→**忠興**《ただおき》（初忠長）
- 政次
- 政重
- 政晴　兄忠興就封後泉藩主となる
- 女子　蒲生飛騨守家臣蒲生郷喜妻
- 女子　菊田藩土方雄重室
- 女子　西尾豊後守嘉教室
- 女子　平岡石見守頼資室
- 女子　三宅大膳亮康盛室
- 女子　松平美作守定房室
- 女子　松平中務大輔忠知室
- 女子　保科肥後守正之室
- 女子　伊東主膳正祐豊室
- 女子　家臣上田外記信直妻
- 女子　家臣井上宗大夫正勝妻
- 女子　家臣加藤主税助重次妻

忠興の子
- **義概**《よしむね》（義泰《よしやす》）
- 義興
- 頼直　湯長谷藩主
- 女子　養女　堀式部少輔直景室
- 女子　養女　諏訪因幡守忠晴室

義概 ―
- 美邦
- 義英
  - 政樹　義稠養子となり六代藩主に
  - 信政　松平上野介信周養子
  - 女子　松平紀伊守信岑継室
  - 女子　松平播磨守頼永室
- 女子　小出備前守英安室
- 女子　岡部美濃守長泰室
- **義孝**《よしたか》
  - 義覚
  - **義稠**《よししげ》 ― **政樹**《まさき》　義英長男 →日向国延岡へ（延岡藩参照）
  - 女子　松平紀伊守信岑室
- 女子　旗本山角定勝娘　平岡市十郎頼重妻

**③井上家　譜代**

常陸国笠間から→正経《まさつね》→摂津などへ（大坂城代）
　├女子
　└女子森和泉守忠洪室

**④安藤家　譜代**

美濃国加納から→
├信成《のぶなり》──┬信厚──信義信馨養子、三代藩主となる
│　　　　　　　　├信馨《のぶきよ》──勝蔵
│　　　　　　　　└信邦　├桂次郎
│　　　　　　　　　　　├信義《のぶよし》信厚男──信由《のぶより》──信正《のぶまさ》──信民《のぶたみ》──信勇《のぶたけ》内藤志摩守正誠弟
│　　　　　　　　　　　├某
│　　　　　　　　　　　└信由信義後四代藩主となる
├女子西尾富三郎茂教妻
├次猷和歌山藩家老安藤帯刀寛長養子
├信姿安藤九郎右衛門信憲養子
└女子

○出典（明治大学所蔵「内藤家文書」『寛政重修諸家譜』『徳川実紀』『いわき市史』第二巻、『諸侯年表』『新編物語藩史』第二巻）

## 〔藩主一覧〕（歴代藩主および石高・所領の変遷）

| 姓 | 諱 | 受領名または官名 | 通称 | 生没年月日 | 戒名と菩提所（所在地） | 藩主就任・退任年月日 | 江戸幕府就任役職名 | 就任退任年月日 | 石高変遷年月日（西暦） | 石高（表高） | 領地（国郡名） |
|---|---|---|---|---|---|---|---|---|---|---|---|
| 鳥居 | 忠政 | 左京亮 | 新太郎 | 永禄9～寛永5・9・5 | 峯山玉雄俊岳院長源寺（山形県山形市七日町） | 慶長7・6・14～元和8・9・26 | | | 慶長7・6（一六〇二） | 一〇〇〇〇〇 | 陸奥国楢葉郡・磐城郡・磐前郡・菊多郡 |
| | | | | | | | | | 慶長10・2（一六〇五） | 一二〇〇〇〇 | 菊多郡に二万石加増 |
| 内藤 | 政長 | 左馬助 | 金一郎 | 永禄11・3～寛永11・10・17 | 道山悟真院善昌寺（福島県いわき市）のち鎌倉光明寺に移葬 | 元和8・9・28～寛永11・10・17 | | | 元和8・9（一六二二） | 七〇〇〇〇 | 陸奥国楢葉郡・磐城郡・磐前郡・菊多郡 |
| 内藤 | 忠興（初め忠長） | 帯刀 | 金一郎 | 文禄1・2・1～延宝2・10・13 | 長山高岳院光明寺（神奈川県鎌倉市材木座） | 寛永11・10・28～寛文10・12・3 | 大坂城代 | 承応3・3・3～明暦2・10・15 | | 〃 | 〃 |
| 内藤 | 義概（のち義泰） | 左京大夫 | 万鍋 | 元和5・9・15～貞享2・9・19 | 風山美鈴院光明寺（〃） | 寛文10・12・3～貞享2・9・13 | | | | 〃 | 〃 |
| 内藤 | 義孝 | 能登守 | 藤丸 | 寛文9・9・24～正徳2・12・10 | 義山冬玄院光明寺（〃） | 貞享2・11・18～正徳2・12・10 | | | | 〃 | 〃 |

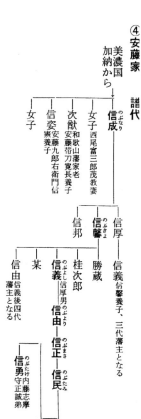

| 姓 | 諱 | 受領名または官名 | 通称 | 生没年月日 | 戒名と菩提所(所在地) | 藩主就任・退任年月日 | 江戸幕府就任役職名・就任退任年月日 | | 石高変遷年月日(西暦) | 石高(表高) | 領地(国郡名) |
|---|---|---|---|---|---|---|---|---|---|---|---|
| 内藤 | 義稠 | 右京亮 | 小一郎 | 元禄12・9・16～享保3・5・21 | 円山廓寥院 善昌寺(福島県いわき市) | 正徳2・12・27～享保3・5・29 | | | | 七0000 | 陸奥国楢葉郡・磐城郡・磐前郡 菊多郡 |
| 内藤 | 政樹 | 備後守 | 豊松 | 宝永3・10・29～明和3・9・24 | 兼山巌正院 光明寺(神奈川県鎌倉市材木座) | 享保3・7・21～延享4・3・19 | | | | 〃 | 〃 |
| 井上 | 正経 | 大和守 河内守 | 利容 | 享保10～明和3・5・晦 | 善得登竜日門 保光院 浄心寺(東京都文京区) | 延享4・3・19～宝暦6・5・7 | 奏者番 寺社奉行 | 宝暦2・8・15 宝暦3・3・28～宝暦6・5・7 | 延享4・3・19(一七四七) | 六0000 | 陸奥国磐城郡・磐前郡・菊多郡・伊達郡 常陸国多賀郡 |
| 安藤 | 信成 | 対馬守 | 勝蔵 | 寛保3・2・23～文化7・2・14 | 法融院顕実意証得悟日準 定恵院(東京都品川区) | 宝暦6・5・21～文化7・2・14 | 奏者番 寺社奉行 若年寄 老中 | 安永3・12・22 天明1・閏5・11 天明4・4・15 寛政5・8・24～享和2・9・28 | 宝暦6・5・21(一七五六) | 五0000 | 陸奥国磐城郡・磐前郡・菊多郡・伊達郡 |
| | | | | | | | | | 安永7・2・17(一七七八) | 〃 | 伊達郡→磐城郡・磐前郡・田村郡 常陸国笠間 |
| | | | | | | | | | 寛政2・6・9(一七九〇) | 〃 | 右所領→伊達郡 |
| | | | | | | | | | 享和3・11・8(一八〇三) | 〃 | 伊達郡→美濃国・三河国 |
| 安藤 | 信馨 | 対馬守 | 勝蔵 | 明和5・10・27～文化9・11・6 | 慈広院正円巍山日宗 栖岸院(東京都杉並区) | 文化7・7・9～文化9・11・6 | | | | 〃 | 陸奥国磐城郡・磐前郡・菊多郡 三河国宝飯郡・額田郡・設楽郡 美濃国本巣郡・方県郡・厚見郡・羽栗郡 |
| 安藤 | 信義 | 対馬守 | 新次郎 | 天明5・9・4～天保14・12・25 | 最隆院憲誉游岳道樹 栖岸院(〃) | 文化9・12・27～文政12・7・5 | 奏者番 | 文化13・7・17～文政12・4・24 | | 〃 | 〃 |
| 安藤 | 信由 | 対馬守 | 浜之助 | 文化3・10・12～弘化4・6・5 | 宣照院光誉和祀自徳 栖岸院(〃) | 文政12・7・6～弘化4・6・5 | 奏者番 | 天保2・8・17～弘化4・6・5 | | 〃 | 〃 |

| 姓 | 諱 | 受領名または官名 | 通称 | 生没年月日 | 戒名と菩提所（所在地） | 藩主就任・退任年月日 | 江戸幕府就任役職名・就任退任年月日 | | 石高変遷年月日（西暦） | 石高（表高） | 領地（国郡名） |
|---|---|---|---|---|---|---|---|---|---|---|---|
| 安藤 | 信正 | 対馬守 | 欽之助 | 文政2・11・25～明治4・10・8 | 謙徳院秀誉巌鶴翁 栖岸院（東京都杉並区） | 弘化4・8・2～文久2・8・16 | 奏者番 | 弘化5・正・23～ | 弘化4・8・2（一八四七） | 五〇〇〇〇 | 陸奥国磐城郡・磐前郡・菊多郡 三河国宝飯郡・額田郡・設楽郡 美濃国本巣郡・方県郡・厚見郡・羽栗郡 |
| | | | | | | | 寺社奉行 | 嘉永4・12・21～ | 文久1・3・21（一八六一） | 〃 | 陸奥国磐前郡・菊多郡 三河国額田郡・設楽郡 美濃国方県郡・厚見郡・本巣郡 |
| | | | | | | | 若年寄 | 安政5・8・2～ | 文久1・8・15 | 〃 | 陸奥国磐前郡・菊多郡 三河国宝飯郡・八名郡 遠江国山名郡・敷知郡 美濃国羽栗郡・席田郡・土岐郡・可児郡・多芸郡 |
| | | | | | | | 老中 | 万延1・正・15～文久2・4・11 | 文久2・8・16（一八六二） | 四〇〇〇〇 | 三河国・遠江国一万石上知 |
| 安藤 | 信民 | | 鏻之助 | 安政6・10・16～文久3・8・10 | 孝懐院即誉哲心迢世 栖岸院（〃） | 文久2・8・16～文久3・8・10 | | | | 〃 | 〃 |
| | | | | | | | | | 文久2・9・1 | 五〇〇〇〇 | 陸奥国磐城郡・磐前郡・菊多郡・白川郡 美濃国五ヶ郡 |
| | | | | | | | | | 文久2・11・24 | 三〇〇〇〇 | 陸奥国磐城郡・磐前郡・菊多郡 美濃国五ヶ郡 |
| 安藤 | 信勇 | 対馬守 | 理三郎 | 嘉永2・10・10～明治41・5・24 | 大乗院信勇日照 良善寺（福島県いわき市平） | 文久3・10・2～明治4・7・14 | | | | 〃 | 〃 |

○出典（明治大学所蔵「内藤家文書」『寛政重修諸家譜』『徳川実紀』『いわき市史』第二巻、『諸侯年表』『新編物語藩史』第二巻）

## 〔藩史略年表〕

| 西暦 | 和暦 | 月日 | 政治・法制 | 月日 | 社会（文化を含む）・経済 |
|---|---|---|---|---|---|
| 一五九五 | 文禄 四 | 10 | 佐竹義宣、岩城領に総検地実施。 | | |
| 一六〇一 | 慶長 七 | 5・8 | 岩城貞隆除封。 | | |

| 西暦 | 和暦 | 月日 | 政治・法制 | 月日 | 社会（文化を含む）・経済 |
|---|---|---|---|---|---|
| | | 6・14 | 鳥居忠政、下総国矢作から一〇万石で入封。徳川氏代官頭等領内検地。翌八年平城築城始まる（一二年竣工）。 | | |
| 一六〇八 | 慶長一三 | | この年を中心に総検地行なわれる。 | | |
| | | | 鳥居氏在世中小物成三五種確定される。また鳥居枡採用。 | | |
| 一六二二 | 元和　八 | 9・26 | 鳥居忠政、出羽国山形へ二〇万石で転封。この後へ上総国佐貫から内藤政長七万石で入封（一一月、鳥居氏より「岩城御領定納之御帳」を引継ぐ）。この時長子忠長（忠興）も菊多郡に二万石で就封（のち泉藩）。 | | |
| 一六二七 | 寛永　四 | 正・4 | 会津藩蒲生氏改易に際し、忠長三春城番を勤め、百姓一揆（大善寺一揆）を鎮圧する。 | | |
| 一六三二 | 九 | 6・20 | 肥後国熊本藩加藤氏改易に際し、政長、幕命により忠長・重政（政長三男）と共に八代城を請取り、法制を沙汰する。 | | |
| 一六三三 | 一〇 | 3 | 関奉行安田靭負、小川村長福寺に江代替地を与える（小川江開鑿工事始まる）。 | | |
| 一六三四 | 一一 | 6・14 | 家光上洛につき、政長、江戸城留守居を命ぜられる。 | | |
| | | 10・17 | 政長死去（六七歳）。忠長遺領を継ぐ。菊多領は末弟政晴が継ぎ、泉藩成立。 | | |
| 一六三六 | 一三 | 正 | 忠長、諸大名とともに江戸城外郭工事を役す。 | | |
| 一六三八 | 一五 | 正 | 「寅の総検」始まる。忠長この頃忠興と改める。 | | |
| 一六三九 | 一六 | 9・25 | 領内銀山見立て行なわれる。 | | |
| 一六四一 | 一八 | 7・23 | 家中四ッ物成渡し始まる。家中役儀改正、代官職務確定。 | | |
| 一六四二 | 一九 | 4 | 将軍家光日光社参、忠興鉢石警備。 | | |
| | | 9 | 譜代藩の参勤交代制決まり、忠興帰国の途中領内関田に至るも江戸城普請役につき帰府。 | 8より | 領内大飢饉。 |
| 一六四四 | 正保一 | | この頃、今村知商、藩につかえる。 | | |
| 一六四九 | 慶安二 | 3・7 | 忠興帰国、「壁書」を制定。 | | |
| 一六五三 | 承応二 | 3・6 | 郡奉行今村知商を中心として農政改革行なわれる。 | | |
| 一六五四 | 三 | 3・3 | 忠興、大坂城代となる（明暦二年交代）。 | | |
| 一六五七 | 明暦三 | 5 | 地方知行制廃止され蔵米制となる。また領内一〇組を一二組とし、全代官交代する。 | | |
| 一六五九 | 万治二 | 6 | 忠興、大坂城番中落雷、損傷個所の内四分三修覆のため、高島 | | 義概（号風虎）、『御点取俳諧百類集』を編す。 |

| 西暦 | 和暦 | 月日 | 政治・法制 | 月日 | 社会（文化を含む）・経済 |
|---|---|---|---|---|---|
| 一六六三 | 寛文三 | 4・15 | 藩・松代藩より一万三〇〇〇両借入。<br>家中に対し八ヶ年間半知借上を令す（同八年中止）。 | | |
| 一六六四 | 四 | | | | 薬王寺僧円智・正誉、忠興嫡子義概呪詛事件。 |
| 一六六六 | 六 | | | | 領内全戸数五九一三軒・人数四万七六六七人。<br>義概、句集『夜の錦』を編す。 |
| 一六六七 | 七 | 2・9 | 藩札（銭札・銀札）発行。 | | |
| 一六六九 | 九 | 12 | 磐城枡（鳥居枡）を京枡に改正。 | | 儒臣葛山為篤、藩命により『磐城風土記』の編纂を始める。 |
| 一六七〇 | 一〇 | 8 | 小物成三五種の内一六種を廃し、一〇月定種籾貸無利息を旧慣の三割に復す。 | | |
| | | 12・3 | 忠興致仕、義概家督を継ぐ。忠興三男頼直、菊多郡に新田一万石を分封される（のち湯長谷藩）。 | | |
| 一六七一 | 一一 | | | 8 | 大風雨、城土手一九ヶ所崩、二〇六軒浸水、七〇〇〇石水損。 |
| 一六七四 | 延宝二 | 2 | 愛谷江開鑿始まる。 | | 義概、句集『桜川』を編す。 |
| 一六七六 | 四 | 8・28 | 諸役所勘定方詳目決まり、諸機構整備される。 | 8 | 大風雨、六〇五軒浸水、一万四六〇石水損。 |
| 一六七七 | 五 | 3 | 義概、家訓二三ヶ条を嗣子義英に与える。 | 10・9 | 領内大地震・津浪のため、四八七軒潰れ、一八九人・牛馬三八疋死亡、船一七九艘流出。 |
| 一六七八 | 六 | 正・10 | 江戸藩邸類焼。借財一万二〇〇〇両。 | | |
| 一六七九 | 七 | 3・3 | 浅香騒動起こる。 | | |
| 一六八〇 | 八 | 2・2 | 御小姓騒動起こる。 | 8 | 大風雨、二一一軒浸水、三万二〇〇石水損。 |
| 一六八二 | 天和二 | 2・2 | 領内郷村調査施行。領内より窮状上申、苛政を訴える。 | | |
| 一六八四 | 貞享一 | | | 7 | 領内人口七万八〇六八人。 |
| 一六八五 | 二 | 9・19 | 義泰（義概）死去。 | | |
| | | 11・18 | 義孝、継ぐ。 | | |
| 一六八六 | 三 | | | | 『義泰朝臣家集』刊行。 |
| 一六八八 | 元禄一 | 3・19 | 窪田領一万石の代行検地実施。 | | 葛山為篤、藩命により『綾類題和歌集』三巻を編す。 |
| 一六九〇 | 三 | 11・15 | 家中給分平均渡しとなる。 | | |
| 一六九五 | 八 | | | 3・18 | 大風、六四七軒潰れる。 |
| 一七〇二 | 一五 | 12 | 国絵図完成、幕府へ提出する。 | | |
| | 元禄年間 | | | | 総家数一万一五二五軒・人数六万五五三八人・牛馬数九三五三疋。 |

| 西暦 | 和暦 | 月日 | 政治・法制 | 月日 | 社会（文化を含む）・経済 |
|---|---|---|---|---|---|
| 一七一八 | 享保　三 | | 郷村掟書を公布する。 | | |
| 一七一九 | 四 | 正・23 | 藩政専横の家老松賀氏等処罪。 | | |
| 一七二三 | 八 | | | 9・10 | 洪水、二万四四九〇石余水損。 |
| 一七二九 | 一四 | 正 | 荒田目村喜惣治、越訴により永牢に処せられる。 | | |
| | | 3・28 | 日光東照宮手伝普請のため、領内より一万四〇〇〇両借上げ。 | | |
| 一七三三 | 一八 | | | | 洪水、一万五〇〇〇石冠水。 |
| 一七三八 | 元文　三 | | | 7 | 全藩一揆起こる。城下打ち毀される。 |
| 一七四七 | 延享　四 | 3・19 | 内藤氏日向国延岡へ転封、常陸国笠間から井上正経六万石で入封。小名浜等幕領となる。 | | |
| 一七五六 | 宝暦　六 | 5・7 | 正経大坂城代となり、五月一六日畿内へ転封、五月二一日美濃国加納から安藤信成、五万石で就封。 | | 安藤信成入封直後、藩校施政堂を設立。 |
| 一七八六 | 天明　六 | | | | 領内大飢饉。 |
| 一七八九 | 寛政　一 | | 信成（若年寄）、松平定信の幕政改革（寛政改革）に参画、同五年八月老中に進む。 | | |
| 一八〇二 | 享和　二 | | 信成、将軍嗣子定慶の教育掛となる。 | | |
| 一八一〇 | 文化　七 | 2・14 | 信成死去、信馨継ぐ。八年より領内に対し間引きの悪弊を矯正する。 | | |
| 一八二八 | 文政一一 | | | | 藩士鍋田晶山、「改正陸奥磐城四郡彊界路定全図」を完成。 |
| 一八三三 | 天保　四 | | | | この年より大飢饉。 |
| 一八四五 | 弘化　二 | | | | 儒臣神林復所、『射覆便蒙』を著わす。 |
| 一八四七 | 四 | 8・2 | 信正五代藩主となり、藩政改革のため用途の倹約「一藩扶持面の制」を行ない、また藩債消却のため公庁入用諸経費節約の七ケ年継続を実施する。 | | |
| 一八六〇 | 万延　一 | 正・15 | 信正老中となる。三月三日、大老井伊直弼桜田門外の変で暗殺。信正老中首席となり、諸外国との交渉、公式合体を進める。 | | |
| 一八六二 | 文久　二 | 正・15 | 信正、坂下門で水戸浪士に襲撃されて負傷。 | | |
| | | 4・11 | 信正、老中罷免。 | | |
| | | 11・20 | 二万石減知のうえ隠居・永蟄居となる。 | | |
| 一八六三 | 三 | 10・2 | 信勇（信濃国岩村田藩主内藤正誠弟）、七代藩主となる。 | | |
| 一八六八 | 慶応　四 | 3・10 | 信正帰国、のち奥羽越列藩同盟に加わったため奥羽征東軍の攻 | | |

| 西暦 | 和暦 | 月日 | 政治・法制 | 月日 | 社会（文化を含む）・経済 |
|---|---|---|---|---|---|
| | | | 撃により平城落ちる。 | | |
| 一八六八 | 明治 一 | 12 | 陸中磐井郡三万四〇〇〇石へ移封を命ぜられるも、信勇の歎願により中止。 | | |
| 一八七〇 | 三 | 8・19 | 信勇、平藩知事となる。 | | |
| 一八七一 | 四 | 7・14 | 廃藩置県。 | | |

〇出典（明治大学所蔵「内藤家文書」『寛政重修諸家譜』『徳川実紀』『いわき市史』第二巻、『諸侯年表』『新編物語藩史』第二巻）

## 〔家老とその業績〕

| 著名家老名 | 担当職務名 | 活躍期 | 生没年月日 | 主な業績 |
|---|---|---|---|---|
| 今村仁兵衛知商 | 郡奉行 | 正保年間～万治年間（内藤家時代） | ？～寛文8 | ・近世前期の代表的な数学者で、河内国にあるとき寛永一六年『竪亥録』、同一七年『因帰算歌』、同一八年『日月会合算法』を著わし、この後幕府勘定頭曽根吉次との関係で内藤氏につかえ、慶安四年、磐城平～江戸への廻米の便をはかるため、常陸国那賀湊から涸沼川―利根川に至る運送路を調査、巴川の中流下吉影村～川口の串挽までの舟通路を開鑿した。<br>・また承応二年農政改革、明暦三年地方知行から蔵米知行への切かえをはじめ、藩体制確立の諸政策を実行した。 |

（注）今村仁兵衛知商は家老ではないが、著名なので挙げた。

〇出典（神崎彰利「磐城平藩確立期の政策」〔明治大学内藤家文書研究会編『譜代藩の研究』〕、日本学士院編『明治前日本数学史』第一巻、林基「近世における東アジアの地域交流」〔『専修大学人文科学年報』第一四号〕）

## 〔藩の職制〕

〇藩の職制の大綱

**内藤家**

正徳四年

| | |
|---|---|
| 家老 | 五名（五〇〇～二〇〇〇石）<br>五組構成で家臣を統轄 |

| | |
|---|---|
| 御番頭 | |
| 御物頭 | |
| 御取次 | |
| 御目付 | 一五〇～二〇〇石 |
| 御使番 | 一五〇～三〇〇石 |
| 御書方 | 一三〇～一五〇石 |
| 郡奉行 | 二〇〇石 |
| 町奉行 | 一五〇～二〇〇石 |
| 寺社奉行 | 一五〇～二〇〇石 |

| | |
|---|---|
| 御普請奉行 | 一五〇石 |
| 御吟味役 | 一三〇～一五〇石 |
| 御櫓奉行 | 一〇〇～二〇〇石 |
| 御勘定頭 | 一〇〇石 |
| 御賄役 | 八〇石～一〇〇石 |
| 御納戸役 | 八〇石 |
| 御書物役 | 一〇〇石 |
| 御土蔵役 | 二〇俵 |
| 御内證金支配 | 一〇〇俵 |
| 御金奉行 | 六〇俵 |
| 小名浜町奉行 | 一〇〇石 |
| 海老沢役 | 一〇〇石 |
| 御鷹方 | 一〇〇石 |
| 百人中間支配 | 七〇俵 |
| 御馬方 | 五〇俵 |
| 御祐筆役 | 七両四人扶持 |
| 下郡 | 一〇〇石～一三〇石 |
| 山奉行 | 一〇〇俵 |
| 浜奉行 | 七〇俵 |
| 御鍛治屋奉行 | 四〇俵五人扶持 |
| 御料理人頭 | 四五俵四人扶持 |
| 御番所判改 | 六〇俵 |
| 磐城御歩行目付 | 二六俵三人扶持 |
| 儒者 | 二〇人扶持 |
| 御絵師 | 三両一〇人扶持 |
| 下吟味 | 五〇俵 |
| 御馬乗 | 二〇俵四人扶持 |
| 御中小性組 | 一五〇石 |
| 御歩行組 | 六両三人扶持 |
| 御瀬戸物屋役 | 一五俵二人扶持 |
| 御坊主組 | 四両四人扶持 |
| 御用人支配 | 二〇俵五人扶持 |
| 下目付組 | 二三俵二人扶持 |

| | |
|---|---|
| 御料理人組 | 二〇俵四人扶持 |
| 御櫓組 | 二〇俵二人扶持 |
| 御勘定所触下 | 二〇俵二人扶持 |
| 郡奉行触下 | 六〇俵 |
| 奉公人役 | 二三俵二人扶持 |
| 海老沢役人 | 一七俵二人扶持 |
| 十五分一役人 | 二五俵二人扶持 |
| 会所御勘定人 | 一〇人扶持 |
| 郷中役人・津留番 | 三人扶持 |
| 御鷹匠組 | 三〇俵二人扶持 |
| 山奉行組 | 一一俵二人扶持 |
| 町奉行組 | 二〇俵二人扶持 |
| 寺社奉行組 | 一五俵二人扶持 |
| 御台所組 | 一二俵二人扶持 |
| 御番組 | 一五俵二人扶持 |
| 御普請方組 | 一五俵二人扶持 |
| 御大工木挽組 | 一三俵二人扶持 |
| 御鍛治屋組 | 一三俵二人扶持 |
| 御馬屋組 | 一五俵二人扶持 |
| 御中間組 | 一五俵二人扶持 |
| 組外 | 五人扶持以下 |

○出典（明治大学所蔵「内藤家文書」正徳四年「諸役人附」）

## ○家臣団構成

### 内藤家

#### 万治・寛文・延宝年間分限帳内訳

| | 組名 | 人数 | 知行高（石） | 籾高（俵） | 扶持高（人） | 金高 |
|---|---|---|---|---|---|---|
| 万治二年 | 上田内膳 | 六九 | 一六七五〇 | | | |
| | 安藤清右衛門 | 六〇 | 一二九二〇 | | | |
| | 宿屋求馬 | 七一 | 一三三〇〇 | | | |
| | 未組入衆 | 二 | 二五〇 | | | |
| | 無役衆 | 一〇 | 一五五〇 | | | |
| | 合計 | 二一二 | 四四七七〇 | | | |

| | | | | | | |
|---|---|---|---|---|---|---|
| 寛文十一年 | 上田主計 | 四七 | 九六〇〇 | 二五〇 | 一八 | |
| | 松賀族之助 | 六二 | 一一九五〇 | 二五〇 | 一九八 | |
| | 宿屋求馬 | 四五 | 六九〇〇 | 六三〇 | 一八 | |
| | 内藤治部左衛門 | 四二 | 六一〇〇 | 八三八 | 一三一 | |
| | 加藤又左衛門 | 三一 | 五九〇〇 | 四一五 | 四六 | |
| | 組不入衆 | 四 | 四五〇 | | | |
| | 合計 | 二三八 | 四一六〇〇 | 二三八三 | 四一一 | |
| 延宝八年 | 内藤大象 | 四四 | 五八〇〇(二四五〇) | 二八〇 | 五〇 | |
| | 松賀族之助 | 七八 | 一四一二〇(二八〇〇) | 三八五 | 二四八 | 六両 |
| | 上田内記 | 四六 | 八三〇〇(二一〇〇) | 七一八 | 六七 | 六 |
| | 松賀菊之助 | 四四 | 五五八〇(七八〇) | 四七〇 | 九一 | |
| | 宿屋求馬 | 四五 | 六四〇〇(四〇〇) | 二八〇 | 五二 | |
| | 加藤又左衛門 | 四一 | 五八三〇(三五〇) | 三五八 | 四九 | |
| | 合計 | 二九八 | 四六〇三〇(六九八〇) | 二四九一 | 五五七 | 一二 |

(注)(　)内数字は新田高。

**万治・寛文・延宝年間知行高別家臣数**

| 知行高 | 万治二年 | 寛文一一年 | 延宝八年 |
|---|---|---|---|
| 二〇〇〇石 | 一 | 一 | 二 |
| 一〇〇〇 | | 一 | 一 |
| 九〇〇 | | | |
| 八〇〇 | | | |
| 七〇〇 | 一 | 一 | 五 |
| 六〇〇 | 三 | 二 | 三 |
| 五〇〇 | 七 | 六 | 三 |
| 四〇〇 | 六 | 七 | 八(一) |
| 三〇〇 | 一九 | 二三 | 一三 |
| 二〇〇 | 七四 | 五八 | 七〇(三) |
| 一〇〇 | 八九 | 八八 | 一一四(八) |
| 九〇 | | | |
| 八〇 | | | 四 |
| 七〇 | 一 | | 一 |
| 六〇 | | | 一 |
| 五〇 | 一〇 | 一〇 | 九(一) |
| 五〇以下 | | | 一(一) |
| 籾 | | | |
| 三〇〇俵 | | 一 | 一 |
| 二〇〇 | | 一 | 二 |
| 一〇〇 | | 九 | 五 |
| 九〇 | | 二 | 一 |
| 八〇 | | 一 | |
| 七〇 | | 五 | 七 |
| 六〇 | | | 二 |
| 五〇 | | 四 | 四 |
| 四〇 | | 三 | 三 |
| 三〇 | | 三 | 七 |
| 二〇 | | | 二 |
| 一〇 | | | |
| 一〇以下 | | | |
| 扶持 | | | |
| 五〇人 | | 一 | 一 |
| 四〇 | | | |
| 三〇 | | 二 | 六 |
| 二〇 | | 四 | 五 |
| 一〇 | | 五 | 一三 |
| 五〜一〇 | | 一 | 一 |
| 五以下 | | 一 | 三 |
| 計 | 二一二 | 二三八 | 二九八 |

注(一)(　)内数字は全知行高が新田による家臣数。
(二) 切米・扶持の両種を有する家臣は切米に、また扶持米・扶持金は扶持米にま

とめた。

○出典（神崎彰利「磐城平藩確立期の政策」〔明治大学内藤家文書研究会編『譜代藩の研究』所収〕）

**・郷士制度**

郷士制度として郷士・与力がある。天和二年「戌之分限帳」や正徳元年「諸品覚書」では、郷士一八名・郷足軽二三〇名、その後の年不詳「郷士与力面附帳」では郷士三〇名・与力五〇名が、前記の各組に郷士六名・与力一〇名宛、このほかに御免新切取一九名がいる。

## 〔領内支配（地方支配）の職制と系統〕

基本は郡奉行—代官となる。

・領内の村々は組（一〇組〜一二組）でまとまり、この組は北筋（北組）・南筋（南組）に構成され、筋に二〜四名の郡奉行が置かれ、代官を統轄する。郡奉行は二〇〇石。

・代官は一組に一名、これに添代官一名がつく。近世前期に、添代官は農民が任命されたこともある。

・代官と並列に山奉行（籾一〇〇俵）・浜奉行（籾七〇俵）が置かれた。

・平・湯本・小名・植田・関田町は町奉行（一五〇石〜二〇〇石）二名が支配し、その下に検断（三人扶持）—町頭が属した。また小名浜にも小名浜町奉行（一〇〇石）が設けられた。

郡奉行（北・南筋）—┬—代官
　　　　　　　　　　├—添代官
　　　　　　　　　　├—山奉行
　　　　　　　　　　└—浜奉行

町奉行—検断

小名浜町奉行—検断

○出典（明治大学所蔵「内藤家文書」）

## 〔領内の支配区分〕

領内の支配は筋—組—村となる。この構成は次の如くである（図参照）。

**組の構成**（元禄九年現在）

| | 組名 | 村数 | 組高 | 家数 | |
|---|---|---|---|---|---|
| 一 | 富岡 | 一九 | 一〇九七八石 | 一五四五 | 北筋 |
| 二 | 川内 | 五 | 四五四八石 | 六五〇 | 北筋 |
| 三 | 四倉 | 一四 | 八八七三石 | — | 北筋 |
| 四 | 玉山 | 一三 | 五七二一石 | 六五四 | 北筋 |
| 五 | 神谷 | 一五 | 一〇〇三二石 | 一〇四三 | 北筋 |
| 六 | 小川 | 一六 | — | — | 北筋 |
| 七 | 高久 | 一九 | 一〇四七四石 | 一二九一 | 南筋 |
| 八 | 矢田 | 一八 | 八三六九石 | 八二三 | 南筋 |
| 九 | 湯本 | 一七 | 七二九八石 | 七六八 | 南筋 |
| 一〇 | 小名 | 四 | 一五六一石 | 一二四七 | 南筋 |
| 一一 | 植田 | 三 | 五〇二石 | 三五二 | 南筋 |

## 〔村役人の名称〕

**村方**

代官—名主頭（組）—名主—（小肝煎）—組頭

**町方**

町奉行—検断—町頭—町年寄

・名主頭は割頭とも称し、北筋・南筋に各一名、藩から扶持を与えられる。名主には名主給があり、ほかに近世前期では、春秋各一人、年間二人の雇人足が公認されていた。

・小肝煎は大村にのみ認められ、また組頭には名主給の半分と規定されている。

○出典（明治大学所蔵「内藤家文書」）

**元禄9年の11組概略**

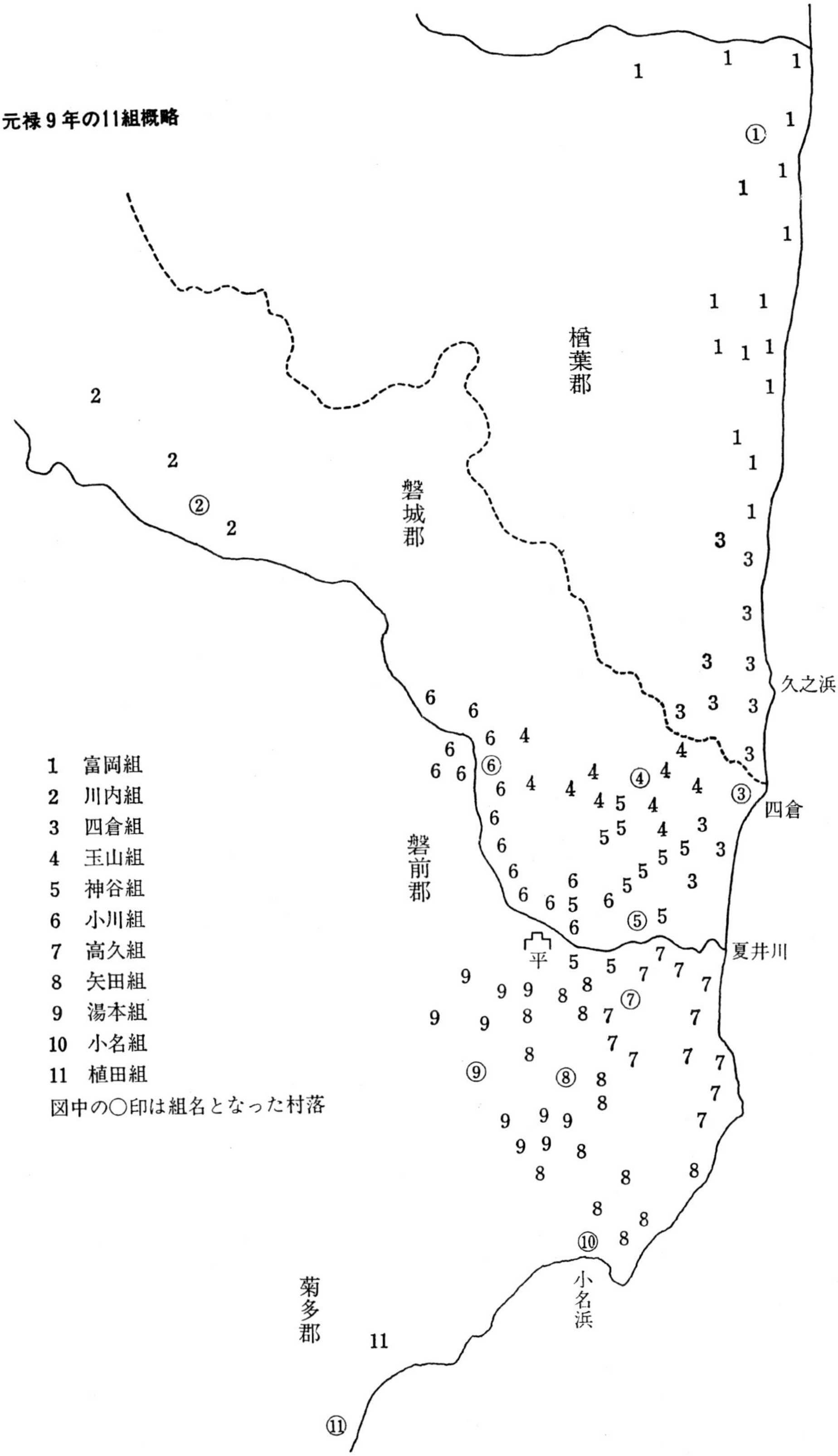


○出典（神崎彰利「磐城平藩確立期の政策」〔明治大学内藤家文書研究会編『譜代藩の研究』〕）

〔領外（飛地）の支配機構〕

・鳥居氏・内藤氏までは飛地はなし。
・井上氏治世に城付地二万三〇〇〇石・陸奥国伊達郡梁川三万石、常陸国多賀郡七〇〇〇石となり、梁川分領は梁川陣屋で管掌。
・安藤氏入封当時、城付地二万三〇〇〇石と伊達郡梁川領二万七〇〇〇石となり、梁川分領は梁川陣屋支配となる。安永七年二月、梁川分領は常陸国笠間領に所替え、笠間陣屋支配、寛政二年六月、笠間分領は再度梁川分領へ復帰、梁川陣屋支配となる。享和三年十一月、梁川分領の内二万二五〇〇石が美濃国方県郡・厚見郡・本巣郡・羽栗郡に移され、厚見郡切通村に陣屋を設置、郡奉行二人・代官四人・与力五人・同心五人を常駐させ支配した。

○出典（『いわき市史』）

〔領内の主要交通路〕

**陸路の主要街道**

1 浜街道 菊多郡関田町（常陸国境 家数一三一・馬三八）一里—植田町（家数一八一・馬数四一）八町—磐前郡上船尾町（家数四一・馬数？）八町—湯本町（家数一六七・馬数一一〇）一里二六町—平（家数六三一・馬数五八）（以上参勤道）二里二八町—磐城郡四倉町（家数三七三・馬数九二）一里—楢葉郡久之浜町（家数二一〇・馬数七四）二里二町—広野町（家数六八・馬数六九）一里三町—富岡町（家数六二・馬数五九）一里四町—標葉郡熊川町

2 平から北好間村—合戸—渡戸—中寺—下市萱——上市萱を経て三春または白河に至る道

3 平から小名浜へ至る道

（注）家数・馬数は正徳元年の数字。

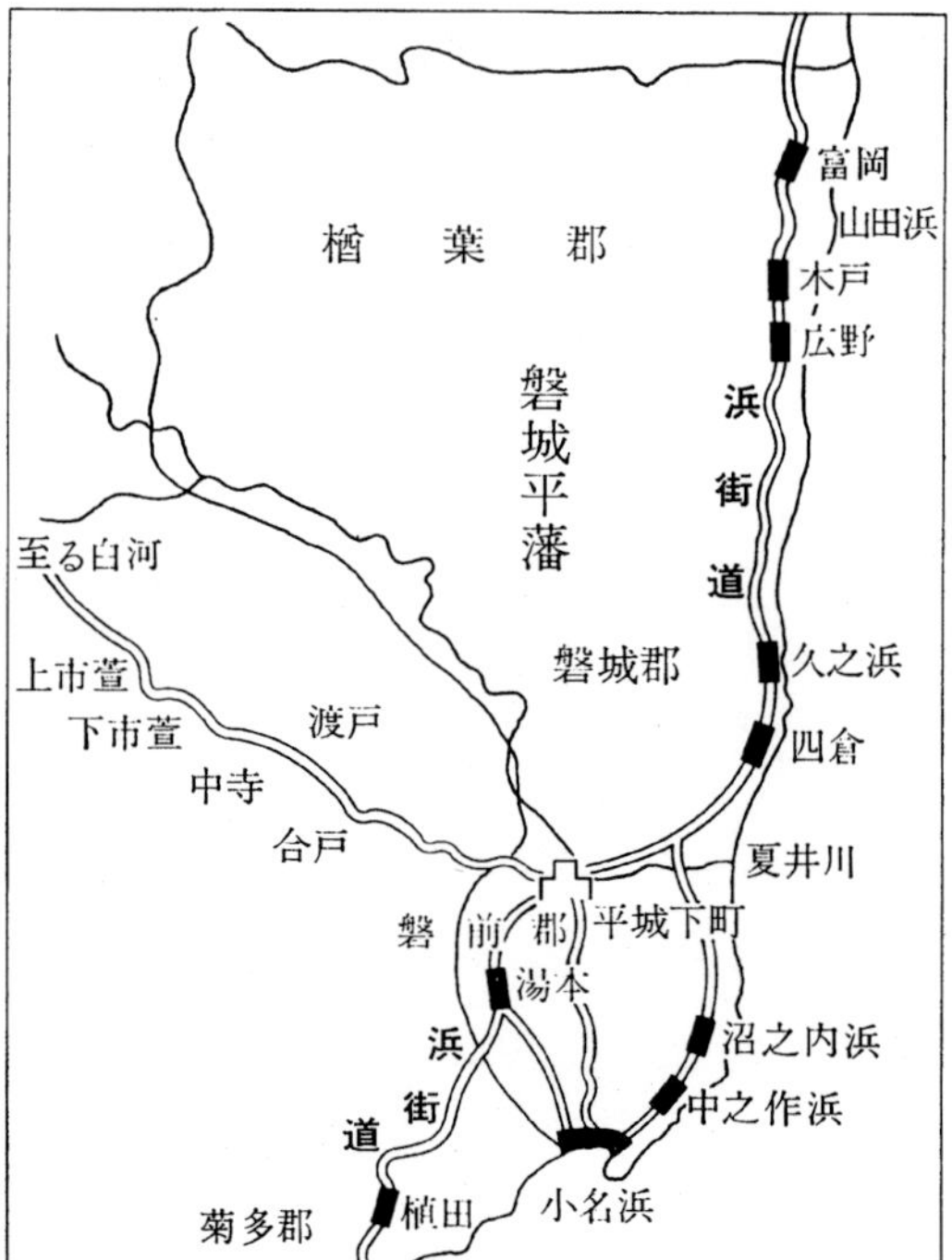

○出典（明治大学内藤家文書研究会編『譜代藩の研究』）

浜（港）

菊多郡 九面浜
磐前郡 小名浜・中之作浜・沼之内浜
磐城郡 江之網浜
楢葉郡 山田浜・仏浜

〔番所の所在地〕

菊多郡 植田町 松小屋村
磐前郡 藤原村 高野村 大利村 合戸村 愛谷村 高萩村
磐城郡 横川新田
楢葉郡 桶売村 小白井村 志田名新田 下川内村 富岡町 手岡村

○出典（内藤家文書）

## 〔在町、津出場・米蔵の所在地〕

○在町

菊多郡　関田町・植田町
磐前郡　湯本町・平町・小名浜
磐城郡　四倉町
楢葉郡　広野町・富岡町

○津出場（組を単位とする）

菊多郡植田組　菊田郡九面浜・磐前郡小名浜
磐前郡好間組　磐前郡小名浜
〃　高久組　〃　薄磯浜・沼之内浜・中之作浜・小名浜
〃　小名組　〃　小名浜・中之作浜
〃　矢田組　〃　薄磯浜・小名浜
磐城郡神谷組　磐前郡沼之内浜
〃　小川組　〃　薄磯浜・磐城郡四倉浜
〃　玉山組　磐城郡四倉浜
〃　四倉組　〃　四倉浜・江之網浜
楢葉郡富岡組　楢葉郡山田浜

○出典（内藤家文書）

## 〔江戸城の詰間〕

**内藤家**　帝鑑間
**井上家**　雁間
**安藤家**　雁間
（注）各家とも平藩治世中。

○出典（武鑑）

## 〔江戸屋敷の所在地〕

| | | |
|---|---|---|
| **内藤家** | 上屋敷 | 虎の門 |
| | 中屋敷 | 麻布六本木 |
| | 下屋敷 | 渋谷 |
| **井上家** | 上屋敷 | 愛宕下 |
| | 下屋敷 | 大久保四丁目 |
| **安藤家** | 上屋敷 | 浜町 |
| | 中屋敷 | 牡蛎殻町 |
| | 下屋敷 | 大塚 |

○出典（武鑑）

## 〔藩札〕

寛文七年二月九日発行
札場　平・小名浜・四倉・広野・富岡
銀札・銭札
請負商人　江戸日本橋尼崎町黒田屋十兵衛
南茅場町大島屋甚十郎
京橋北紺屋町中村屋七左衛門
使用最終年次不明

○出典（内藤家文書）

〔藩校〕

| 藩校名 | 成立年代 | 備考 |
|---|---|---|
| 施政堂<br>のち佑賢堂 | 宝暦年間（宝暦六年安藤氏入部の時と伝えられる） | 初め漢学・習字、のち武術を入れ、文武兼修とした |

〇出典（笠井治助『近世藩校の綜合的研究』、平市教育委員会『安藤侯史料集』）

〔参勤交代〕

**内藤家**

・参府六月　下向六月

・通路　浜街道―水戸道　五泊六日

平―湯本―植田―関田―安良川―大島―水戸―長岡―小幡―堅倉―竹原―府中(石岡)―稲吉―土浦―中村―牛久―若柴―藤代―取手―我孫子―小金―松戸―新宿―千住―江戸

〇出典（内藤家文書正徳元年～五年 享保二年～十年「日記抜書」ほか）

〔藩の基本史料・基本文献〕

内藤家文書（明治大学所蔵）
『内藤侯平藩史料』　平市教育委員会　昭和三七年
『安藤侯史料集』　平市教育委員会　昭和三八年
藤沢衛彦『閣老安藤対馬守』
明治大学内藤家文書研究会編『譜代藩の研究―譜代内藤藩の藩政と藩領―』昭和四七年
『いわき市史』第九巻近世史料　いわき市　昭和四七年
『いわき市史』第二巻近世　いわき市　昭和五〇年

（執筆者・神崎彰利）

# 湯《ゆ》長《なが》谷《や》藩

〔藩の概観〕

元和八年（一六二二）に内藤政長《まさなが》が上総国（千葉県）から磐城平《いわきたいら》藩七万石の領主として入部し、二代忠興《ただおき》により寛文六年（一六六六）に次男政亮《まさすけ》へ所領の内、新田地二万石を分与したい旨を幕府老中土屋但馬《たじま》守に願い出て、四年後の同十年（一六七〇）に陸奥国磐前《いわさき》郡と同国菊多《きくた》郡に一万石が許され、本家磐城平藩に対して、分藩湯長谷《ゆながや》藩が成立した。しかし父忠興は新田のみの一万石ではおぼつかないと思ったか、本田を入れた一万石に改めた。

築城は藩成立から遅れること七年の延宝四年（一六七六）、陸奥国磐前郡下湯長谷《しもゆながや》村（いわき市常磐下湯長谷町）に一年間で六〇〇〇坪の規模にて造営され、ついで城下町の整備にかかった。

初代政亮は、寛永二年（一六二五）に生まれ、はじめ頼直《よりなお》と称し、主殿頭《とのものかみ》、丑《うし》年生まれは兄に対して宜しくないとの浅草寺別当知楽院《ちらくいん》の進言により内藤姓から遠山《とうやま》姓を名乗り、遠山主殿頭政亮を称した。延宝八年（一六八〇）四代将軍家綱公の薨去の際、増上寺仏事勤番中、同役の志摩国鳥羽《とば》藩三万五

○○○石領主内藤忠勝が乱心し、同役永井尚長を斬る人傷事件があり、これを組み止めて功をたてた。また天和二年（一六八二）には大番頭を命ぜられ役料二○○○俵を賜わり、のち丹波国氷上郡《ひかみ》（兵庫県）、何鹿郡《いかるが》（京都府）に二○○○石の加増・拝領をうけ、飛地としての湯長谷藩丹波国分領を持った。

貞享元年（一六八四）九月の所領は、本領陸奥国磐前郡二六村・菊多郡一村。分領として、丹波国氷上郡二村・何鹿郡一村の計四郡三○村、石高一万二○○○石余となり、三年後の貞享四年、大坂定番を命ぜられ、河内国茨田郡《まむた》（大阪府）内に今津村ほか五村三○○○石を拝領し、計一万五○○○石を有する藩主となった。なお政亮については『土芥寇讎記』によれば「うまれつき悠にして、行跡よし、家臣をたすけ育て、奢ることしない。誉れの将なり」と記される人物であった。没年は元禄六年（一六九三）六十九歳。

以後、政徳《まさのり》―政貞《まささだ》―政醇《まさあつ》―政業《まさのぶ》―貞幹《さだよし》―政広《まさひろ》―政偏《まさゆき》―政環《まさあきら》―政民《まさたみ》―政恒《まさつね》―政敏《まさとし》―政養《まさやす》と一二代（一三代中他家よりの養子七代あり）、二○○年余の間に国替えもなく、分領の経営、三代政貞の内藤復姓、本藩内藤家の延岡転封、一○代政民の藩校致道館《ちどうかん》の開校、商人片寄平蔵により領内白水村から石炭が発見され、一大産業の勃興地となり、明治維新を迎えた。

## 〔藩の居城〕

**城**

**名称**　湯長谷城

**所在地**　福島県いわき市常磐下湯長谷町家中跡

**家数・人口**　士・卒　一一○軒・四三九人

平民　一九○五軒・七七六六人

○出典（『藩制一覧』）

## 〔藩（大名）の家紋など〕

**内藤家**

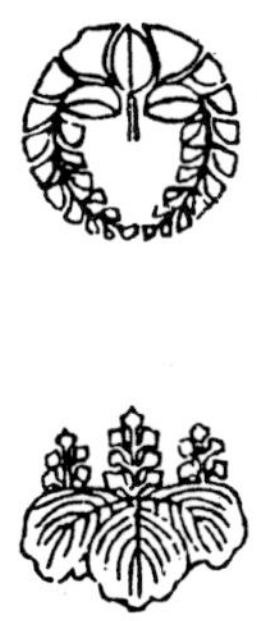

家紋　下り藤の丸　五七桐

○出典（『文化武鑑』）

## 〔藩主の系図〕（姻戚関係）

**内藤・遠山家**　**譜代**

忠興（磐城平藩主）
├義泰（磐城平藩主）
├義興（二十九歳死去）
└**政亮**《まさすけ》―**政徳**《まさのり》（堀主計頭直行次男）―**政貞**《まささだ》（土方民部雄賀次男）―**政醇**《まさあつ》―**政業**《まさのぶ》

―**貞幹**《さだよし》（紀伊大納言宗直六男）―**政広**《まさひろ》（六代貞幹子）―**政偏**《まさゆき》（六代貞幹六男）―**政環**《まさあきら》（水野左近将監忠鼎五男）

―**政民**《まさたみ》（酒井忠徳五男）―**政恒**《まさつね》（松平丹波守光庸四男）―**政敏**《まさとし》（内藤鉉之丞政人子）

―**政養**《まさやす》（一一代政恒子）→（下略）

○出典（『寛政重修諸家譜』『湯長谷藩のしおり』）

## 〔藩主一覧〕

| 姓 | 諱 | 受領名または官名 | 通称 | 生没年月日 | 戒名と菩提寺（所在地） | 藩主就任・退任年月日 | 江戸幕府就任役職名・就任退任年月日 | 石高変遷年月日（西暦） | 石高（表高） | 領地（国郡名） |
|---|---|---|---|---|---|---|---|---|---|---|
| 内藤（のち遠山） | 政亮 | 主殿頭 | 頼直 | 寛永2～元禄6 | 光明寺（神奈川県鎌倉市） | 寛文10・12～元禄6 | 大番頭 天和2 | 寛文10・12（一六七〇） | 一〇〇〇〇 | 陸奥国磐前郡・菊多郡（新田） |
| | | | | | | | | 寛文11・6（一六七一） | 〃 | 〃（本田含む） |
| | | | | | | | | 天和2（一六八二） | 一二〇〇〇 | 陸奥国磐前郡・菊多郡 丹波国氷上郡・何鹿郡（二〇〇〇石加増） |
| | | | | | | | 大坂定番 貞享4 | 貞享4（一六八七） | 一五〇〇〇 | 陸奥国磐前郡・菊多郡 丹波国氷上郡・何鹿郡 河内国茨田郡（三〇〇〇石加増） |
| 遠山 | 政徳 | 内膳正 | | 延宝2（天和3・3養子となる）～元禄16・5 | 光明寺（〃） | 元禄7・1～元禄16・5 | | | 〃 | 〃 |
| 内藤（復姓） | 政貞 | 主殿頭 | | 貞享2（元禄16・2養子となる）～享保7・4 | 光明寺（〃） | 元禄16・7～享保7・6 | 大坂青屋口加番 宝永7・3 | | 〃 | 〃 |
| | | | | | | | | 宝永3（一七〇六） | 〃 | 陸奥国磐前郡・菊多郡（河内領と替地） 丹波国氷上郡・何鹿郡 |
| 内藤 | 政醇 | 播磨守 | 銀一郎 | 正徳4～寛保1 | 龍勝寺（福島県いわき市） | 享保7・6～寛保1 | 江戸馬場先門番 享保13 | | 〃 | 〃 |
| 内藤 | 政業 | 播磨守 | 銀一郎 | 元文5～文化8 | 光明寺（前同） | 寛保1～宝暦11 | | | 〃 | 〃 |
| 内藤 | 貞幹 | 因幡守 | | 延享3（宝暦10養子となる）～安永7 | 光明寺（〃） | 宝暦11・11～安永7・7 | 大坂青屋口加番 明和4・2 明和8 安永6 | | 〃 | 〃 |

| 姓 | 諱 | 受領名または官名 | 通称 | 生没年月日 | 戒名と菩提寺（所在地） | 藩主就任・退任年月日 | 江戸幕府就任役職名・就任退任年月日 | 石高変遷年月日（西暦） | 石高（表高） | 領地（国郡名） |
|---|---|---|---|---|---|---|---|---|---|---|
| 内藤 | 政広 | | | 明和7～天明7 | 光明寺（神奈川県鎌倉市） | 安永7・7～天明7 | | | 一五〇〇〇 | 陸奥国磐前郡・菊多郡 丹波国氷上郡・何鹿郡 |
| 内藤 | 政偏 | 主殿頭 | | 安永2～寛政11 | 光明寺（〃） | 天明7・11～寛政11 | 大坂青屋口加番 | | 〃 | 〃 |
| 内藤 | 政環 | 播磨守 | | ?～天保7 | 光明寺（〃） | 寛政11～文政7 | 大坂青屋口加番 | | 〃 | 〃 |
| 内藤 | 政民 | 因幡守 | | ?～安政2 | 光明寺（〃） | 文政7～文政12 | 大坂青屋口加番 | | 〃 | 〃 |
| 内藤 | 政恒 | 播磨守 | | ?～安政6 | 光明寺（〃） | 文政12～天保14 | | | 〃 | 〃 |
| 内藤 | 政敏 | 因幡守 | | ?～文久3 | 光明寺（〃） | 天保14～文久3 | | | 〃 | 〃 |
| 内藤 | 政養 | | | 安政4～明治? | 龍勝寺（福島県いわき市） | 文久3～明治2 | | | 〃 | 〃 |
| | | | | | | | | 明治1（一八六八） | 一四〇〇〇 | 〃（一〇〇〇石減封） |

○出典『寛政重修諸家譜』『内藤家系譜覚』

## 〔藩史略年表〕

| 西暦 | 和暦 | 月日 | 政治・法制 | 月日 | 社会（文化を含む）・経済 |
|---|---|---|---|---|---|
| 一六〇二 | 慶長　七 | 6・14 | 磐城平藩主として鳥居忠政が一〇万石で入部、後二万石加増される（元和八年山形転封）。 | | |
| 一六二二 | 元和　八 | 9・28 | 磐城平藩主として内藤政長が七万石で上総国より入部。 | | |
| 一六五三 | 承応　二 | | | | 藩士であり、弓の大家鈴木吉之丞は江戸深川三十三間堂通し矢で名声を博す。 |
| 一六六六 | 寛文　六 | | 磐城平藩主内藤忠興は次男政亮のため、所領の内新開発地二万石の分与を幕府に願い出た。 | | |
| 一六七〇 | 一〇 | 12 | 幕府は寛文六年の願い出に対し、新開地一万石の分与を許可し、ここに湯長谷藩が成立した。 | | 初代藩主内藤（遠山）政亮により、領内江名村に江名浜役所が設置され、漁役・船役が制度化され、税の徴収が行なわれた。 |
| 一六七一 | 一一 | 6 | 父忠興の取りはからいにより、新開地一万石は土壌の良い土地を入れた一万石に変えられた。 | | |
| 一六七六 | 延宝　四 | | 湯本に居を構え、湯長谷に屋敷八〇間、七五間の六〇〇〇坪の城と、家臣屋敷五町四方が許可される。 | | |
| 一六七七 | 五 | 4 | 湯長谷城が完成。 | | |
| 一六八〇 | 八 | | 政亮は四代将軍家綱の薨去の際、増上寺の仏事勤番中、鳥羽藩主内藤忠勝が乱心したためこれを組みとめ、功をたてた。 | | |
| 一六八二 | 天和　二 | | 政亮、幕府大番頭を命ぜられ、役料二〇〇〇俵を賜わり、後丹波国氷上郡（兵庫県）・何鹿郡（京都府）にて二〇〇〇石を加増された。 | | |
| 一六八三 | 三 | 3 | 延宝二年堀直行の次男に生まれた政徳は政亮の養子となる。 | | |
| 一六八七 | 貞享　四 | | 政亮、大坂定番を命ぜられ、河内国茨田郡（大阪府）の内に三〇〇〇石を加増され、所領一万五〇〇〇石となる。 | | |
| 一六九三 | 元禄　六 | | 政亮、六九歳で死去。 | | |
| 一六九四 | 七 | 1 | 政徳、家督を相続し、二代藩主となる。 | | |
| 一七〇三 | 一六 | | 政貞は貞享二年窪田藩主土方雄隆の甥として生をうけ、元禄一六年二月政徳の養子になり、七月家督相続し、三代藩主となる。また初代藩主の政亮は本家に対し、遠山姓を名乗ったが、 | | |

| 西暦 | 和暦 | 月日 | 政治・法制 | 月日 | 社会（文化を含む）・経済 |
|---|---|---|---|---|---|
| 一七〇三 | 元禄一六 | 5 | 政貞代に内藤の姓に復した。 | | |
| 一七〇六 | 宝永　三 | | 政徳、三〇歳にして死去。<br>政貞、領知の内河内国茨田郡にある所領三〇〇〇石は幕府御用地となり、菊多郡内に同石にて替地拝領となる。 | | |
| 一七〇九 | 六 | 9 | 政貞、日光祭礼奉行を勤める。（享保一、四年にも同役勤める）。 | | |
| 一七一〇 | 七 | 3 | 政貞、大坂城青屋口加番を命ぜられる。 | | |
| 一七二二 | 享保　七 | 4 | 政貞、三八歳にて死去。 | | |
| | | 6 | 正徳四年生まれの政醇が家督相続し、四代藩主となる。 | | |
| 一七二八 | 一三 | | 政醇、江戸馬場先門番、同一九年には日光祭礼奉行を命ぜられる。 | | |
| 一七三八 | 元文　三 | | 湯長谷藩「郷村掟書」六九ヶ条を布令。 | | 本家内藤家の磐城平藩領内に惣百姓一揆が起き、九月一八日湯長谷藩内藤家は平城に籠城している平藩家臣に対してひそかに米一〇〇俵を送る。 |
| 一七三九 | 四 | | 政醇は江戸城詰番の部屋として、城主格譜代大名着席の帝鑑間詰に復す願いを出す。 | | |
| 一七四一 | 寛保　一 | | 政醇、二八歳にして国元にて死去。国元菩提寺龍勝寺に葬る。<br>元文五年生まれの政業が家督相続し、五代藩主となる。また帝鑑間詰が許可される。 | | |
| 一七四七 | 延享　四 | | 磐城平藩主内藤本家は近世三方領知替により、日向国（宮崎県）延岡七万石に転封され、内藤いわき三家中唯一の湯長谷内藤家となる。 | | |
| 一七五五 | 宝暦　五 | | | | 江名の五十集衆は株所有者が集い、魚商仲間を元禄九年（一六九六）に組織し、宝暦にいたり、魚商人仲間札定を決めた。 |
| 一七六〇 | 一〇 | | 貞幹、延享三年紀伊大納言宗直六男に生まれ、この年、五代政業の養子となる。 | | |
| 一七六一 | 一一 | | 五代藩主政業、病いのため若冠二一歳で隠居し、号を葛山と称した（文化八年七二歳の時に江戸で死去）。 | | |
| | | 11 | 貞幹、家督相続し、六代藩主となる。翌年四月と安永五年（一七七六）に日光祭礼奉行を勤める。 | | |
| 一七六七 | 明和　四 | 2 | 六代貞幹、大坂城青屋口加番を勤め、以後、同八年・安永六年 | | |

| 西暦 | 和暦 | 月日 | 政治・法制 | 月日 | 社会（文化を含む）・経済 |
| --- | --- | --- | --- | --- | --- |
| | | | と三度同職を務める。 | | |
| 一七六八 | 明和　五 | | 年貢取立法は検見取りを実施してきたが、定免法に検見取りを加味する。 | | 江名村持船数二二艘、豊間村一二艘存在し、一艘課役一両二分二〇〇文が徴収される。 |
| 一七七二 | 安永　一 | | | | 酒造としては寛文五年三ヶ村一六五石の生産が八ヶ村一一六二石の生産を示す。 |
| 一七七五 | 四 | | 湯長谷藩家臣団は禄高六〇〇石九人扶持の荒木図書を頭に禄高三〇〇石から一〇〇石八人の重臣を置き、さらに足軽等を入れ総勢一一五人が江戸・国元・丹波分領に在任した。また財政の逼迫回避策として、家臣一一五名から禄高一〇〇俵につき五割引を行ない、二八〇四石をその一策に講じた。 | | |
| 一七七八 | 七 | 7 | 明和七年生まれの政広が父に替り、家督相続し、七代藩主となる。（天明七年（一七八七）九月に若冠一八歳で死去）。 | | |
| 一七八一 | 天明　一 | | 貞幹、三三歳で死去。 | | 白水村の新田開発はじめ領内の新田・手余田・畑等の新規開発が如実となる。 |
| 一七八二 | 二 | | 丹波国分領の節度に対し、本領民のおごりに九ヶ条禁を布し、取締りを行なう。 | | |
| 一七八五 | 五 | | | | 領外の幕領小名浜三ヶ村漁民と江名仲間は魚商人仲間協定を取決めた。 |
| 一七八七 | 七 | 11 | 安永二年六代藩主貞幹の六男に生まれた政偏が八代藩主となる。 | | |
| 一七八八 | 八 | | | | 藩士樫村彦兵衛は関流四世藤田貞資の門人となり、算法を学び同年増上寺内の天満宮に算額を掲げ、その成果を世に問うた。 |
| 一七九〇 | 寛政　二 | | | | 船の法が古法となり、天明期に議定を定めたが、新たに役所会所への手続き等を改めた。 |
| 一七九九 | 一一 | | 唐津藩主水野左近将監忠鼎の五男に生まれた政環はこの年、家督相続し、九代藩主となる。以後日光祭礼奉行・大坂城青屋口加番を勧め、天保七年(一八三六)五二歳で死去、壽山と号す。政偏二七歳で死去、その間、日光祭礼奉行や大坂城青屋口加番を勧める。 | | 白水阿弥陀堂を持つ白水村は、当時、家数四三軒（本百姓一六・水呑二一）・寺三軒、村高三二七石で人口一七一人の村であったが、幕末から片寄平蔵により、石炭が同村より発見され、いわき経済の根幹をなす地となる。 |

| 西暦 | 和暦 | 月日 | 政治・法制 | 月日 | 社会（文化を含む）・経済 |
|---|---|---|---|---|---|
| 一八一一 | 文化　八 | | 幕領塙代官寺西重次郎（小名浜兼務）のいう「御料私領一同民家風俗御改正申渡書」に参同し、十禁の制を施いた。 | | |
| 一八二二 | 文政　五 | | | | 儒学者関口豊種は産児制限を悲しみ『養育教諭』を著わし、安政二年四家又左衛門により刊行された。 |
| 一八二四 | 七 | | 酒井忠徳の五男に生まれた政民は同年家督相続し、一〇代藩主となる。以後日光祭礼奉行・大坂城青屋口加番を勤め、安政二年五〇歳にして死去。 | | |
| 一八二九 | 一二 | | 松平丹波守光庸の四男に生まれた政恒は、家督相続し、一一代藩主となる（安政六年死去）。 | | |
| 一八四三 | 天保一四 | | 内藤鉉之丞政人の子に生まれた政敏は、一一代藩主政恒の子政養が幼少のため一二代として家督相続し、文久三年二一歳で死去。 | | 一二代政敏の代に、祖父政民は隠居の身ながら郭内広小路に藩校致道館を開学し、子弟の教育の場とした。 |
| 一八五二 | 嘉永　五 | | | | 領内の江名・豊間の二ヶ浜は鰹節問屋「伊勢長」との取引きで五万六四五五本の鰹節を生産した。 |
| 一八五七 | 安政　四 | | | | 片寄平蔵により石炭が発見され、この年石炭採掘・製油をする地所を拝借したき旨の願書がでる。 |
| 一八五九 | 六 | | | | 片寄平蔵により幕府外国奉行宛の外国船燃料としての石炭販売と延紙・椎茸の交易願いが出される。同年十一月と目されるが、平蔵宛に軍艦奉行永井玄蕃より出頭命令が出ている。 |
| 一八六〇 | 万延　一 | | | | 一俵一六貫目（一俵につき税一四文～一七文）の石炭三二七一俵を産出し、また文久三年には二万六二三八俵と多量化して行く。 |
| 一八六三 | 文久　三 | | 安政四年一一代政恒の子に生まれ、家督相続した政養は一三代藩主となる。 | 8 | 片寄平蔵四八歳にて死去。 |
| 一八六八 | 慶応　四 | | 政養、戊辰戦争に佐幕軍として参加し、敗戦、領知一〇〇〇石召上げの上、謹慎となる。 | | |
| 一八七一 | 明治　四 | 7・14 | 廃藩 | | 弘化期から元治期にかけ「藤島」の銘を切る刀匠藤島友重が同年調べ「藩士席順」にのる。 |

○出典（『寛政重修諸家譜』『内藤家系譜覚』『福島県史』3、『いわき市史』2・9、『湯長谷藩のしおり』）

## 〔藩の職制〕

### ○格と職

**湯長谷藩家臣数**（明治四年）

| 士・卒区分 | | | 国元 | 江戸詰 | 合計 |
|---|---|---|---|---|---|
| 士族 | 上士 | 二〇石 | 八人 | 二四人 | 三二人 |
| | 中士 | 一六 | 二三 | 一七 | 三九 |
| | 下士 | 一二 | — | 一六 | 一六 |
| | 計 | | 三〇 | 五七 | 八七 |
| 卒 | | 六 | 一九 | 八 | 二七 |
| 合計 | | | 四九 | 六五 | 一一四 |

○出典（「明治四年湯長谷藩士禄高人名簿」いわき市常磐下湯長谷町西本田屋文書）

## 〔領外（飛地）の支配機構〕

・天和二年（一六八二）政亮時代、丹波国氷上郡（兵庫県）勅使島村四四二石七斗二升三合、同郡下竹田村の内一三九五石二斗五升七合、何鹿郡（京都府）松市村の内一六二石二斗の計二〇〇〇石があった。

・陣屋・代官所所在地

丹波国（兵庫県）氷上郡下竹田　藩士二〇石取依田家

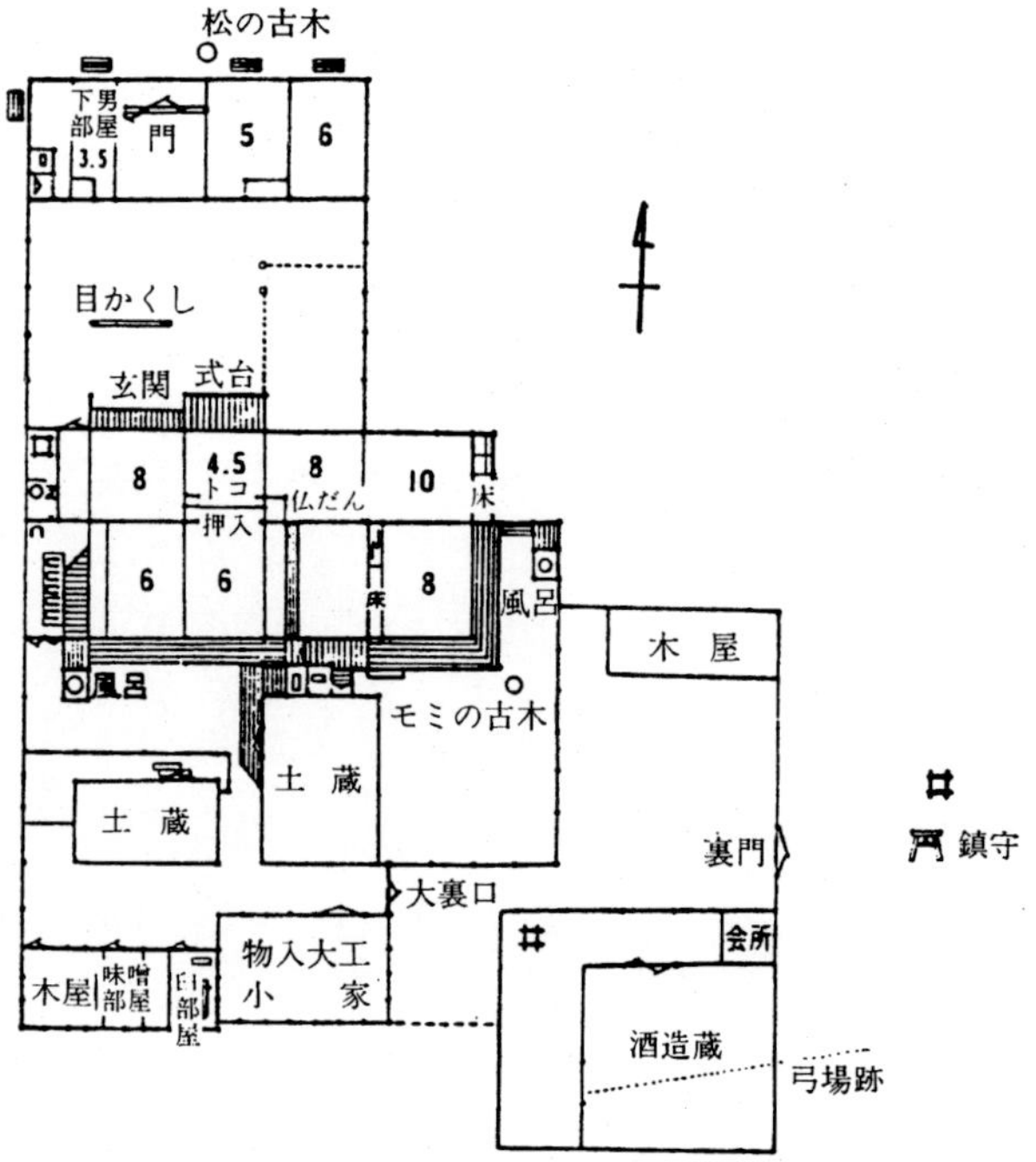


○出典（「下竹田役所配置図」『いわき市史』2）

下竹田湯長谷役所依田家配置図
（兵庫県氷上郡　依田勝治氏蔵により作図）

## 〔領内の主要交通路〕

**陸路の主要街道**

1　水戸・佐倉道延長路（後の陸前浜街道・現国道六号）

2　白河道　小名浜—泉藩新田宿（渡部村）—湯長谷藩上・中釜戸経由上遠野—石川—白河

**港**　磐前郡江名・豊間

〔在町、津出場・米蔵の所在地〕

○在　町

磐前郡下湯長谷村

○津出場・米蔵

1　磐前郡小名浜米野村（慶長七年磐城平藩領 延享四年以降幕領）

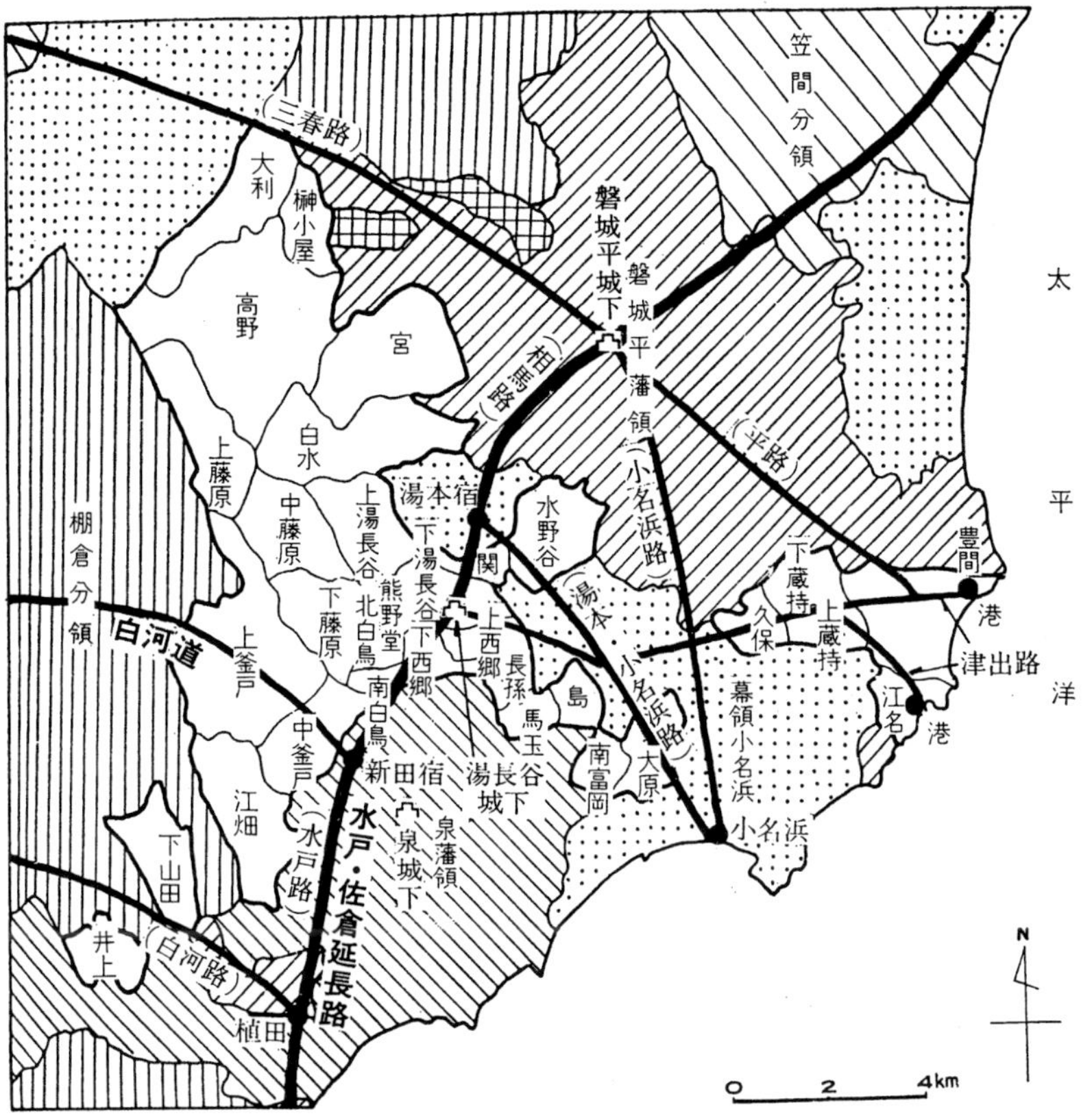


湯長谷藩領域図及び街道図（慶応4年）
（高萩精玄・佐藤勇児作図，道路は執筆者）

湯長谷藩米蔵（小名浜米野村河岸）

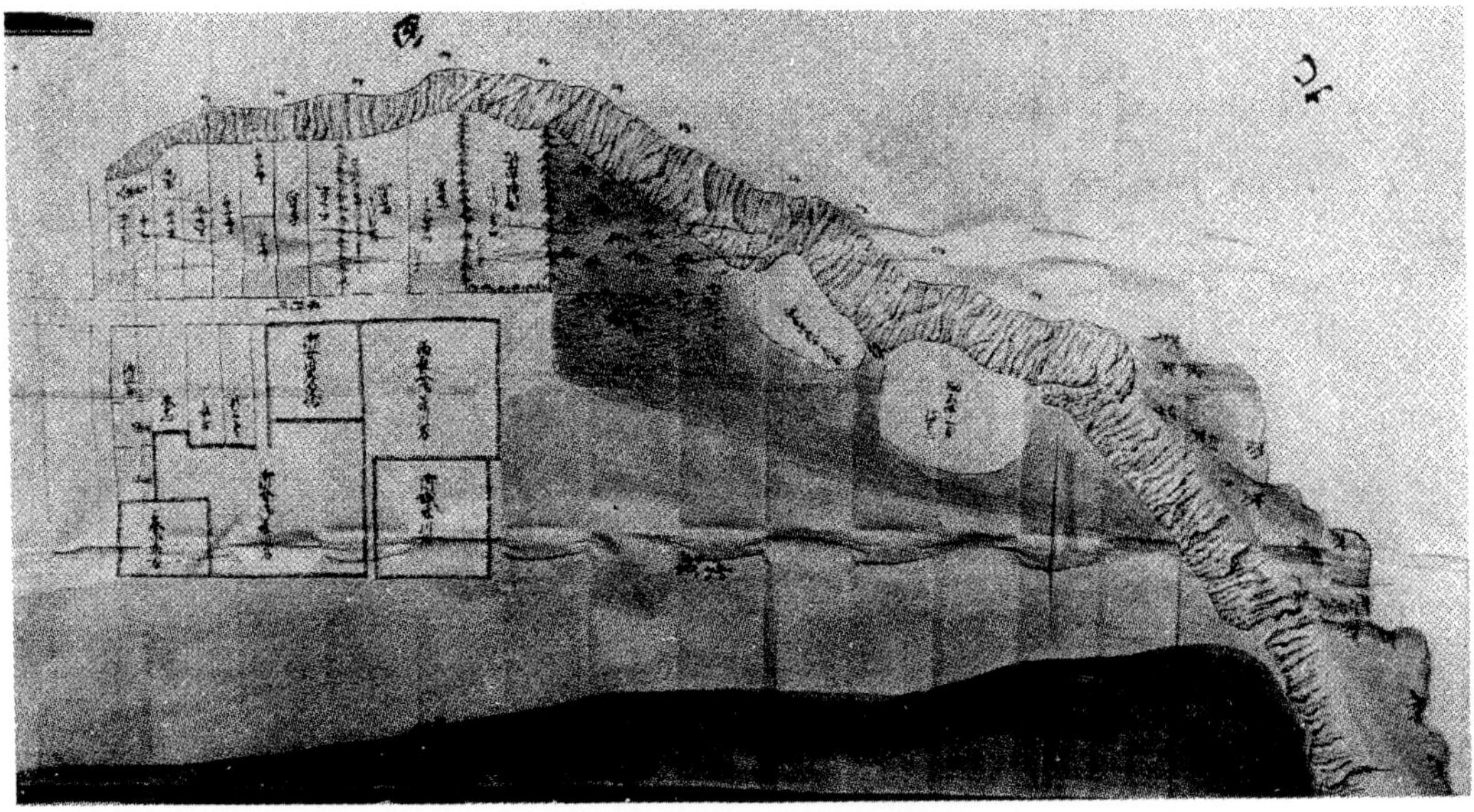

○出典（「小名浜米野村河岸図」明治大学蔵）

湯長谷藩河岸　一ヵ所　一七間 一六間　御蔵と番人役所、地代なし

○出典（「伊呂波寄頭書」明治大学蔵）

2　磐前郡江名村・豊間村

## 〔江戸城の詰間〕

帝鑑間（寛保元年以降）

○出典（『いわき市史』2）

## 〔江戸屋敷の所在地〕

| 屋敷 | 所在地 |
|---|---|
| 上屋敷 | 麻布百姓町　大手ヨリ三二丁 |
| 下屋敷 | 麻布古川町 |

○出典（『文化武鑑』）

## 〔藩札〕

湯長谷藩丹波分領の発行

| 種類 | 発行年月 |
|---|---|
| 文政銀札・青札<br>文久銀札<br>安政銀札・赤札<br>明治銭札 | 明治2年8月 |

## 〔藩校〕

| 藩校名 | 成立年月 | 所在地 |
|---|---|---|
| 致道館 | 天保14年 | 下湯長谷城郭内広小路 |

**沿革**　明治二年に改革、明治四年廃藩にともない、廃止。
**目的**　藩士子弟の教育。
**教科内容**　漢学・和学・剣術・槍術・柔術などあり、また藩校開学以前より算学（和算）が著名。
**学頭**　樫村彦兵衛（算学）・右色伝・染山正尚・松崎元顕・箱崎義房（剣術）・永井徳資（藩医・算学）・関口豊種・関口愷雄（儒学）

## 〔藩の武術〕

弓術　鈴木吉之丞

○出典（『文化武鑑』）

## 〔参勤交代〕

参府　子寅辰午申戌　六月
御暇　丑卯巳未酉亥　六月

## 〔藩の基本史料・基本文献〕


『福島県史』2・3・8　福島県　2昭和四六年　3四五年　8四〇年
『いわき市史』2・9　いわき市　2昭和五〇年　9四七年
『恩栄録・廃絶録』
『寛政重修諸家譜』
『姓氏家系大辞典』
「内藤家系譜覚」（筆者蔵）
『土芥寇讎記』
『東遊雑記』
『徳川加除封録』
『徳川実紀』
小野佳秀『湯長谷藩のしおり』湯長谷城建碑協賛会　昭和五〇年


（執筆者・小野佳秀）

# 泉《いずみ》 藩

## 〔藩の概観〕

元和八年（一六二二）、磐城平城主鳥居忠政《とりいただまさ》は出羽国（山形県）山形へ転封され、上総国（千葉県）佐貫《さぬき》から内藤左馬助政長《まさなが》が七万石を領してそのあと地に移った。この時嫡男忠興《ただおき》は父とは別に二万石を賜わって同行した。寛永十一年（一六三四）十月、父の没後忠興は本家を相続し、忠興の二万石は父の遺命によって末弟政晴《まさはる》が継いだ。泉藩の起こりである。政晴は初め平の高月《たかつき》に住んだが、正保三年（一六四六）二月、その子政親《まさちか》が跡を継ぎ、寛文八年（一六六八）菊多郡泉《いずみ》・滝尻《たきじり》の両村の内に、居館や城下町の造営を始めた。政親の子政森《まさもり》の元禄十五年（一七〇二）、上野国（群馬県）安中《あんなか》藩主板倉重同《いたくらしげあつ》と領地替えを命ぜられた。板倉氏は一万五〇〇〇石であったので、現いわき市の三和方部でその差五〇〇〇石を上知した。板倉氏の治政は短かく、重同の子勝清《かつきよ》の延享三年（一七四六）九月、遠江国（静岡県）相良《さがら》に転じ、同地の本多忠如《ほんだただゆき》が代わって泉に入部した。現在、内藤氏や板倉氏の資料は皆無に等しく、その業績も不明である。

忠如の子忠籌《ただかず》は疲弊した藩の財政の再建をはかり、しばしばきびしい倹約令を出す一方農地を整備し、風俗の矯正・民風の振興に努力した。またその卓越せる政治力は松平定信《まつだいらさだのぶ》に認められ、若年寄・側用人として寛政の改革をたすけ、寛政二年（一七九〇）には老中に列せられ、武蔵（埼玉県）・上野（群馬県）において五〇〇〇石の加増にあずかり計二万石を領した。ついで忠誠・忠知を経て忠徳は、藩校汲深館を設立して文武を奨励し学問の興隆をはかり、藩風の刷新に努力した。六代忠紀《ただとし》は幕末多難の時、寺社奉行や奏者番として幕政に寄与したが、時たまたま戊辰の役に際会して、東北の一藩主として官軍に抗した。明治元年（一八六八）十一月五日、官位は褫《ち》奪《だつ》され、十二月七日、二〇〇〇石を召上げられ隠居を命ぜられた。その後同二十日兵庫助忠伸《ただのぶ》は封地一万八〇〇〇石を継承した。明治二年六月版籍奉還となり、泉藩知事に任命されたが、明治四年（一八七一）の廃藩置県により廃藩となった。

## 〔藩の居城〕

**陣屋**

名称　泉陣屋

所在地　福島県いわき市泉

家数・人口　六六七五人（飛地を含めると一万二七六人）（寛政十年）

## 〔藩（大名）の家紋など〕

**内藤家**

家紋　下り藤の丸　五七桐

**板倉家**

家紋　左巴三頭　巴九曜

**本多家**

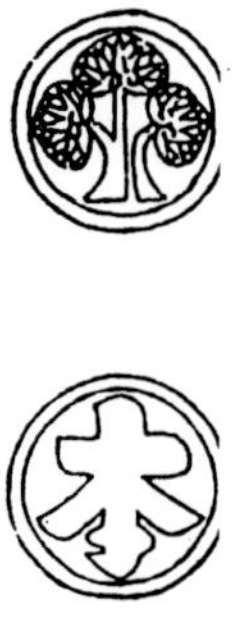

家紋
丸に立葵　丸に本の字

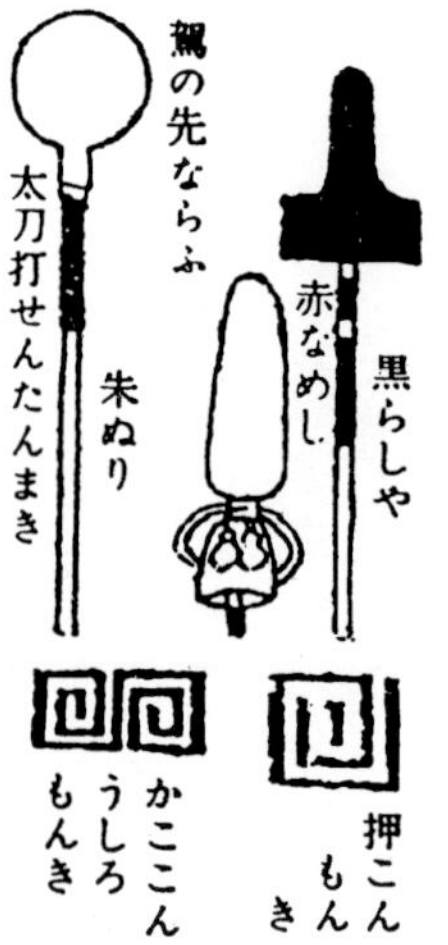


○出典（『文化武鑑』）

## 〔藩主の系図〕（姻戚関係）

### ①内藤家　譜代

- 政長《まさなが》　磐城平藩主
  - 忠興《ただおき》　磐城平藩主
  - 政次
  - 政重
  - **政晴《まさはる》**
    - **政親《まさちか》**
      - 某　寛文10・6・13父にさきだちて卒
      - 某　早世
      - 女子　北条遠江守氏朝室
      - **政森《まさもり》**→上野国安中へ（安中藩参照）
  - 女子　蒲生飛騨守家臣蒲生源左衛門郷喜妻
  - 女子　土方掃部頭雄重妻
  - 女子　西尾豊後守嘉教妻、のち横山土佐守興知に嫁す
  - 女子　竹姫　平岡石見守頼資室
  - 女子　松姫　三宅大膳亮康盛室
  - 女子　祢比姫　松平中務大輔忠知室
  - 女子　菊姫　保科肥後守正之室
  - 女子　家臣原田大学に嫁す
  - 女子　家臣加藤主税助重次に嫁す

○出典（『内藤侯平藩史料』巻一、『寛政重修諸家譜』）

### ②板倉家　譜代

- 重形《しげかた》　上野国安中から
  - 女子　建部内匠頭政実室
  - 女子　神保主膳元茂妻
  - 女子　堀長門守正佑室
  - **重同《しげあつ》**　神保主膳元茂次男
    - 女子　建部丹波守政民室
    - 女子　朽木和泉守直綱妻
    - **勝清《かつきよ》**→遠江国相良へ（相良藩参照）
  - 某　早世
  - 某　早世

○出典（『寛政重修諸家譜』）

### ③本多家　譜代

- 遠江国相良から→**忠如《ただゆき》**
  - **忠籌《ただかず》**
    - 忠雄
    - **忠誠《ただしげ》**
      - 女子
      - 女子
      - **忠知《ただとも》**
        - 女子　京極甲斐守高行室
        - 女子　西丸御小姓大久保備中守忠吉妻
        - 女子　寄合席井上宗三郎正員室
        - **忠徳《ただのり》**―**忠紀《ただとし》**　忠知次男―**忠伸《ただのぶ》**
        - 女子
        - 忠紀　忠徳養子
        - 女子　小普請組支配仙石左近久祇室
        - 女子　寄合石川槙之介総銓室
      - 女子
    - 忠
    - 女子　家臣荒木九兵衛の養女となり、のち太田原帯刀清昭に嫁す
  - 隈五郎　早世
  - 女子　山口兵部弘倉室
  - 女子
  - 女子　家臣甘南備登正矩妻

○出典（『本多忠籌侯伝』『寛政重修諸家譜』）

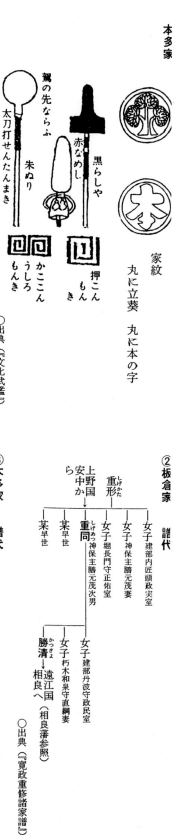

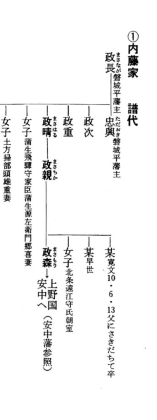

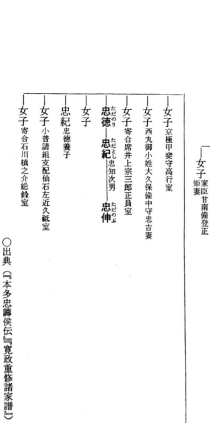

## 〔藩主一覧〕（歴代藩主および石高・所領の変遷）

| 姓 | 諱 | 受領名または官名 | 通称 | 生没年月日 | 戒名と菩提所（所在地） | 藩主就任・退任年月日 | 江戸幕府就任役職名 | 就任退任年月日 | 石高変遷年月日（西暦） | 石高（表高） | 領地（国郡名） |
|---|---|---|---|---|---|---|---|---|---|---|---|
| 内藤 | 政晴 | 兵部少輔 | 兵部 | 寛永3～正保2・8・6 | 光台院殿長誉月秀了山大居士　光台院（東京都港区高輪） | 寛永11・10・28～正保2・8・6 | | | 寛永11・10・28（一六三四） | 三〇〇〇〇 | 陸奥国菊多郡・磐前郡・磐城郡 |
| 内藤 | 政親 | 山城守 | 右近 | 正保2～元禄9・11・6 | 得尤院殿門誉惣持賢山大居士　光台院（〃） | 正保3・2・2～元禄9・11・6 | 奏者番<br>若年寄 | 貞享3・11・27<br>元禄3・7・10～元禄7・4・23 | | 〃 | 〃 |
| 内藤 | 政森 | 丹波守 | 金一郎 | 天和3～元文3・5・12 | 惣持院殿大誉得法向山大居士　光台院（〃） | 元禄9・12・27～元禄15・7・4 | 小姓 | 元禄14・11・9 | | 〃 | 〃 |
| 板倉 | 重同 | 伊予守 | 靱負 | 延宝7～享保2・6・9 | 祥額院殿雲峯源瑞大居士　長円寺（愛知県西尾市貝吹町） | 元禄15・7・4～享保2・6・9 | | | 元禄15・7・4（一七〇二） | 一五〇〇〇 | 陸奥国菊多郡 |
| 板倉 | 勝清（重清） | 伊予守<br>佐渡守 | 百助<br>靱負 | 宝永3～安永9・6・28 | 泰円院殿寿山源翁大居士　長円寺（〃） | 享保2・8・3～延享3・9・25 | 奏者番<br>寺社奉行<br>若年寄 | 享保17・8・7<br>享保20・5・2<br>享保20・6・5 | | 〃 | 〃 |
| 本多 | 忠如 | 讃岐守<br>越中守 | 時之助 | 正徳2～安永2・10・15 | 葆真院殿沖翁玄冥大居士　麟祥院（東京都文京区湯島） | 延享3・9・25～宝暦4・8・29 | | | 延享3・9・25（一七四六） | 一五〇〇〇 | 陸奥国菊多郡 |

| 姓 | 諱 | 受領名または官名 | 通称 | 生没年月日 | 戒名と菩提所（所在地） | 藩主就任・退任年月日 | 江戸幕府就任役職名・就任退任年月日 | | 石高変遷年月日（西暦） | 石高（表高） | 領地（国郡名） |
|---|---|---|---|---|---|---|---|---|---|---|---|
| 本多 | 忠籌 | 弾正大弼 | 雄之進 | 元文4・12～文化9・12・15 | 賢剛院殿忠岳衍良大居士 弘福寺（東京都墨田区墨田） | 宝暦4・8・29～寛政11・11・23 | 若年寄 | 天明7・7・17～天明8・5・15 | | 一五〇〇〇 | 陸奥国菊多郡 |
| | | | | | | | 側用人 | 天明8・5・15～寛政2・4・16 | | | |
| | | | | | | | 老中 | 寛政2・4・16～寛政10・10・28 | 寛政2・4・16（一七九〇） | 二〇〇〇〇 | 陸奥国菊多郡 武蔵国埼玉郡 上野国勢多郡（五〇〇〇石加増） |
| 本多 | 忠誠 | 河内守 | 勇次郎 | 宝暦11・1～天保3・3・8 | 徳照院殿泰岸祥雲大居士 弘福寺（〃） | 寛政11・11・23～文化12・7・5 | | | | 〃 | 〃 |
| 本多 | 忠知 | 河内守 | 正之進 | 天明7・9～天保10・3・14 | 泰嶽院殿松翁真封大居士 弘福寺（〃） | 文化12・7・5～天保7・11・15 | | | | 〃 | 〃 |
| 本多 | 忠徳 | 越中守 | 長三郎 | 文政1・9～万延1・6・12 | 憲徳院殿雄山良義大居士 弘福寺（〃） | 天保7・11・15～万延1・6・12 | 奏者番 | 天保9・9～天保14・12・15 | | 〃 | 〃 |
| | | | | | | | 若年寄 | 天保14・12・15～万延1・6 | | | |
| 本多 | 忠紀 | 能登守 | 哲四郎 | 文政2・11～明治16・2・16 | 温徳院殿静翁楽真大居士 弘福寺（〃） | 万延1・8・20～明治1・12・7 | 奏者番兼寺社奉行 | 文久3・10・1～元治1・7・6 | | 〃 | 〃 |
| | | | | | | | 若年寄 | 元治1・7・6～元治1・12・12 | | | |
| | | | | | | | 若年寄 | 慶応2・6・22～慶応3・4・27 | | | |
| 本多 | 忠伸 | 兵庫助 | 兵庫助 | 嘉永5・1～明治36・3・5 | 忠伸公霊位 泉住院（福島県いわき市泉） | 明治1・12・18～明治4・7・14 | | | 明治1・12・18（一八六八） | 一八〇〇〇 | 〃（二〇〇〇石減封） |

○出典（『いわき市史』その他）

## 〔藩史略年表〕

| 西暦 | 和暦 | 月日 | 政治・法制 | 月日 | 社会（文化を含む）・経済 |
|---|---|---|---|---|---|
| 一六二二 | 元和　八 | 9・28 | 鳥居氏の山形転封後、内藤政長が磐城平七万石に入部。嫡男忠興も父とは別に二万石を賜わり、磐城郡・磐前郡・菊多郡を領す。内藤氏の姻戚土方雄重《ひじかたかつしげ》も菊多郡の一部に転封した。 | | |
| 一六三四 | 寛永一一 | 10・28 | 内藤政晴、兄忠興の本家相続につき、父の遺命により忠興領二万石を継ぎ、平の高月に居住する（泉藩の始まり）。 | | |
| 一六四一 | 一八 | | | 8 | 政晴、延喜式内社住吉神社を再建する。 |
| 一六四五 | 正保　二 | 8・6 | 政晴没す。 | | |
| 一六四六 | 三 | 2・2 | 政親襲封。 | | |
| 一六六八 | 寛文　八 | 3 | 政親、泉村・滝尻村に館・城下町の造営を始める。 | | |
| 一六七〇 | 一〇 | 12 | 磐城平藩主忠興、三男遠山政亮に新田一万石を分封し、湯長谷藩成立（磐城三藩の成立）。 | | |
| 一六八四 | 貞享　一 | 7・22 | 窪田藩主土方雄隆除封。廃藩となる。 | | |
| 一六九六 | 元禄　九 | 11・6 | 政親没し、政森襲封（一二月二七日）。 | | |
| 一七〇二 | 一五 | 7・4 | 政森、上野国碓氷郡・美作国久米・北条郡の内に移され上野国安中を居所とする。板倉重同、安中より入封（一万五〇〇〇石）。磐城三藩、血縁関係を失う。 | | |
| 一七一七 | 享保　二 | 8・3 | 勝清襲封。 | | |
| 一七四六 | 延享　三 | 9・25 | 勝清、遠江国相良に転封。同地より、本多忠如が一万五〇〇〇石で入封。 | | |
| 一七五四 | 宝暦　四 | 8・29 | 本多忠籌、家督相続する。この頃、藩に借財多し。 | | |
| 一七五五 | 五 | 7・16 | 忠籌、大坂加番を命ぜられる。役高一万石。勤務中綿服・小倉袴を着用する。 | | |
| 一七五九 | 九 | | 領内巡検。 | | 下川村に新江を掘削する。 |
| 一七六〇 | 一〇 | 2・14 | 忠籌、大坂加番青屋口勤番を命ぜられる。 | | |
| 一七六一 | 一一 | 9・28 | 経済人久保田平太夫を登用する。 | | |
| | | 11・29 | この年より六ヶ年間大倹約をなし、家格を下げ、一万石をもって藩の財政を処理し、五〇〇〇石を借用金返済にあてる。 | | |

| 西暦 | 和暦 | 月日 | 政治・法制 | 月日 | 社会（文化を含む）・経済 |
|---|---|---|---|---|---|
| 一七六三 | 宝暦一三 | 2・2 | 忠籌、大坂加番雁木坂勤番を命ぜられる。 | | |
| 一七六七 | 明和四 | | 堕胎子戻し禁止を布告する。 | | |
| 一七六九 | 六 | 7・8 | 家中相互に吉凶の振舞を禁ずる。 | | |
| 一七七七 | 安永六 | 11・28 | 安永八年より向七ヶ年間の大倹約を厳命するとともに音信贈答を再び禁止する。 | | |
| 一七八三 | 天明三 | | この時一万両の貯蓄を見る。 | | 農民に扶持米を給する。凶年であったが餓死人は皆無。 |
| 一七八四 | 四 | | | | 黒田村・荷路夫村収穫皆無なるも餓死人なし。 |
| 一七八五 | 五 | 8 | 連年の凶作により大倹約を命ずる。 | | |
| 一七八九 | 寛政一 | | | | 領内に郷倉を創設する。 |
| 一七九〇 | 二 | 4・16 | 忠籌、五〇〇〇石加増になり老中格に列す。 | | |
| 一七九二 | 四 | | | | この年から小児養育手当を給する。 |
| 一七九四 | 六 | 6 | | | 家臣森長兵衛に郷方心学教諭に当たらしめる。 |
| 一七九六 | 八 | 5・5 | 文武を奨励する。 | | |
| 一七九七 | 九 | | | | この年心学講社「善教舎」を泉城下に、支社を大島村に設立する。 |
| 一七九八 | 一〇 | 10・23 | 忠籌、老中辞職願を提出する。 | | |
| 一七九九 | 一一 | 11・23 | 忠籌、致仕して水翁と号す。忠誠襲封。 | | |
| 一八〇一 | 享和一 | 3 | 忠誠、自から廟所を検分する。 | | 忠籌、俳文の『こぞの枝折』を残す。 |
| 一八〇四 | 文化一 | 4・19 | 荷路夫村に忠籌の生祠を建てる。藩営の郷倉を設ける。 | | |
| 一八一一 | 八 | | 塙代官寺西重次郎の「御料私領申合民風御改正申渡書」成る。 | | |
| 一八一二 | 九 | 12・15 | 忠籌、江戸に卒す。 | | |
| 一八一五 | 一二 | 7・5 | 忠誠致仕し、忠知襲封。 | | |
| 一八二〇 | 文政三 | | | 2・2 | 新田宿大火。 |
| 一八二四 | 七 | 5・29 | 平潟沖に唐船見ゆとの連絡あり、泉藩海防隊を編成する。 | | |
| 一八二六 | 九 | 11 | | | 下川村と小浜村の間に鮑漁場の争論起こる。 |
| 一八三六 | 天保七 | 11・15 | 忠知致仕し、忠徳襲封。 | | |
| 一八五二 | 嘉永五 | | | 9 | 汲深館創建。 |
| 一八六〇 | 万延一 | 6・12 | 忠徳卒し、忠紀襲封(八月二〇日)。 | | |
| 一八六七 | 慶応三 | 12・9 | 王政復古の大号令下る。 | | |
| 一八六八 | 四 | 3・19 | 奥羽鎮撫総督、仙台に上陸する。 | | |
| | | 3 | 神仏分離令、廃仏毀釈運動起こる。 | | |

| 西暦 | 和暦 | 月日 | 政治・法制 | 月日 | 社会（文化を含む）・経済 |
|---|---|---|---|---|---|
| | | 4 | 磐城平・泉藩兵、白河に出兵する。 | | |
| | | 5・3 | 奥羽越列藩同盟なる。泉藩も加盟する。 | | |
| | | 5・29 | 輪王寺宮公幻法親王、領内甘露寺村《かんろじむら》慈眼《じげん》院に一泊する。 | | |
| | | 6・19 | 奥羽追討総督（正親町公董《おおぎまちきんただ》）の率いる西軍、平潟に上陸する。 | | |
| | | 6・22 | 泉藩士松井兵馬、割腹自殺をとげる。 | | |
| | | 6・28 | 泉城落ちる。新田山の戦あり東軍敗れる。 | | |
| | | 6・29 | 東西両軍、泉・小名浜の境界二ッ橋に戦い、仙台兵大敗する。 | | |
| | | | この後、小名浜陣屋焼亡する。 | | |
| | | 7・13 | 磐城平城落ちる。 | | |
| | | 8・8 | 平民政局開局し、泉藩領内はその支配下に入る。 | | |
| | 明治一 | 11・5 | 忠紀、官位を剝奪される。 | | |
| | | 12・7 | 二万石の内二〇〇〇石を召上げられ、忠紀、隠居を仰付られる。 | | |
| | | 12・18 | 改めて一万八〇〇〇石を賜わる。 | | |
| | | 12・20 | 忠伸、家名および封禄を継ぐ。 | | |
| 一八六九 | 明治二 | 6・6 | 版籍奉還、忠伸、泉藩知事となる。汲深館総裁を兼ねる。 | | |
| 一八七一 | 明治四 | 7・14 | 廃藩置県。 | | |

○出典（『福島県史』『いわき市史』など）

## 〔藩の職制〕

### ○格と職

藩士の席順（格式）・禄高・職名・人数は、文久二年（一八六二）「本多忠紀分限帳」によって記せば、次表のごとくである。

**藩士格式一覧表**

| 席順 | 人数 | 禄高 | 職名 |
|---|---|---|---|
| 家老 | 一 | 二五〇石 | |
| 中老 | 一 | 一五〇 | |
| 番頭用人 | 五 | 一〇〇役高二〇石 | 郡奉行、勘定奉行等 |
| 役人 | 一六 | 七〇石—八〇石 | 物頭、大目付、取次等 |
| 給人大小姓 | 一六 | 八〇石—一〇石三人扶持 | 広間番、近習刀番等 |
| 役人嫡子席 | 二三 | 九石三人扶持 | 供方広間番、近習刀番等 |
| 医師 | 三 | 四人扶持 | 御出入医師、郷士 |
| 大小姓 | 二八 | 七石三人扶持 | 供方広間番、吟味役等 |
| 大小姓並 | 二九 | 六石二人扶持 | 供方広間番等 |
| 諸士無席 | | | 御出入医師、郷士 |
| 徒士無足 | 四〇 | 四両三人扶持 | 諸式方、諸式方先供徒目付、代官等 |
| 無足人並 | 三一 | 三両二分二人扶持 | 諸式方先供 |
| 無足無席 | 八 | 二両一人扶持 | 表坊主等 |
| 組抜 | 二 | 三両二人扶持 | |
| 足軽小頭 | 二 | 三両二人扶持 | |

| | | |
|---|---|---|
| 江戸譜代組 | 一九 | 三両二人扶持 |
| 泉譜代組 | 二二 | 二両二人扶持 |
| 総計 | 二四四 | |

○出典（『福島県史』8）

・徒士無足より上位のものは上級武士（一二一名）、これより下位のものは下級武士（一二三名）といってよかろう。そしてその数もほぼ等しい。しかし泉藩においては上士・下士の意識も少なく、比較的和やかなものであった。

・なお一石は米一俵のことであり、一人扶持は一日五合（約七〇〇グラム）、一月米一斗五升（約二一キログラム）である。また「御倹約中御借米上納」があったので、これよりは相当少なかった。

○出典（『福島県史』3）

### 〔領内の支配区分〕

| 組名 | 村数 | 村名 |
|---|---|---|
| 泉組 | 一一村 | ○泉 洞 滝尻 本谷 甘露寺 玉崎 泉田 昼野 初田 渡部 松小屋 |
| 下川組 | 一二村 | ○下川 黒須野 小浜 岩間 石塚 佐糠 塩田 東坂 添野 後田 大津 林崎 |
| 大島組 | 一二村 | ○大島 米の倉 中田 前江栗 後江栗 富田 沼部 長子 上小川 下小川 黒田 荷路夫 |

（注）○印は親村

領内を泉組・下川組・大島組に分け、三組の下部に三五ケ村があり、各村に庄屋・組頭・百姓代を置いたことは間違いないが、その上部組織についてはほとんどの人たちがわからない。泉藩の特別な職名として、代官新百姓取立掛りがある。越後から移住した百姓の世話掛りであろう。

### 〔村役人の名称〕

庄屋―組頭―百姓代

上部連絡は明らかでない。

### 〔領外（飛地）の支配機構〕

泉藩の飛地は武蔵国・上野国の二郡であり、いずれも本多忠籌の老中登用の際に賜わったものである。

文久二年・慶応三年の分限帳を見ると、「武州上州郡奉行」という職名が見えるが、本多家の当主本多忠頼氏によると、「どのような管理をしたかについては不明です」、また「飛地についての再度のおたずねですが、前述以外の正確なものは手元にありません。ただ私が聞いていることには、常駐ではなく名誉的な加石のようなものだったと記憶しています」で、要するに不明。年貢の納入期にのみ臨時に出張したものであろう。

### 〔領内の主要交通路〕

**陸路の主要街道**

浜街道

「当御代記」（泉藩の藩政日記）文政十三年（一八三〇）二月の項に、「私領分陸奥国菊多郡初田《はった》村・渡部《わたなべ》村、右両村、前々より新田《しんでん》宿と唱、十五日代り宿役相勤、江戸より水戸通、会津・仙台・南部・出羽・松前江の脇街道に御座候（下略）」とある新田宿は領内唯一の宿場であるが、城下町は街道をそれること約四キロメートルである。したがって新田宿は城下町への関門であるばかりでなく、浜街道を経て全国各地に通する交通上の要衝であった。

**水路**　海上交通は、下川浜より常陸中湊（那珂湊）まで海上二〇キロメートル、那珂川から涸沼《ひぬま》に乗り入れ、川通り一六キロメートル、涸沼西岸海老沢《えびさわ》から陸行八キロメートル吉影《よしかげ》に至り、その後は川舟で巴《ともえ》川を下って塔ケ崎・串挽《くしびき》に出て、北浦の舟運を利用して利根川《とねがわ》に入り、川をさかのぼって取手・関宿に至り、そこから江戸川を下って松戸・市川・行徳《ぎょうとく》を経由し、中川を横切って江戸の隅田川に乗り入れ、深川・小名木川に至るものであった。

なお人馬は多く浜街道により、海上交通は廻米や重い荷物に利用された（東廻り海運である）。

のち中湊から銚子へ行き、そこから相模（神奈川県）の三崎か、あるいは伊豆の下田へ船を進め、順風（西南風）を待って江戸に入る航路も開かれた。

○出典（『福島県史』3、『いわき市史』2）

## 〔番所の所在地〕

平表穀留番所　元禄十五年より菊多郡松小屋村
　元禄十五年（一七〇二）は板倉氏の泉入部の年である。

唐船遠見番所　菊多郡小浜村向山御立林
　外国船の監視ということで、大切な役目を果たした。

## 〔在町、津出場・米蔵の所在地〕

○在　町

泉の城下町の内、上町は泉分、仲間町・下町・横町は滝尻《たきじり》分であって、一括して泉町に区画した。町民は領内の村々から集まり、明治四年（一八七一）頃は約八〇戸で町名主が支配した。いかにも城下町らしく、現在でも鉄砲屋とかとぎ屋などという屋号が通称として残っている。

○津出場

領内下川村は海付きの村で、良港に恵まれており、延享四年（一七四七）三月、領内村々から差出された明細書にも、「下川村　廻米積出役米六俵庄屋へ下さる事」とある。岩城屋新次右衛門・三戸《さんど》亦兵衛など回漕業者も住み、廻米文書も多く残っている。

○出典（『福島県史』3、岡部泰寿『泉の風土と歴史』）

## 〔江戸城の詰間〕

**本多家**　帝鑑間（寛政期）

遠祖本多忠以《ただもち》が石川郡浅川に住す。そののち帝鑑間に候す。のち代々同じと『寛政重修諸家譜』に見える。すると寛文二年（一六六二）十一月以来、本多氏の江戸城における詰間は固定したものであった。

## 〔江戸屋敷の所在地〕

| 屋敷 | 所在地 | 備考 |
| --- | --- | --- |
| 上屋敷 | 麻布市兵衛町　大手より廿二町 | 寛政一一年（一七九九）一月二七日上屋敷辰の口屋敷を返上し麻布市兵衛町木下淡路守上屋敷に移る（『本多忠籌侯伝』） |
| 中屋敷 | 赤坂氷川たい | |
| 下屋敷 | つきち門跡前 | |

○出典（『文化武鑑』）

## 〔藩の専売制〕

藍玉は専売制こそとられていなかったが、これに近い保護政策が行なわれていた。領内大島組の村々では藍玉を作っていた。藍玉を行商した記録は古く寛政年間（一七八九―一八〇〇）から見える。藍玉は普通藍玉宿（商人宿を兼ねるところもある）に集められ、他領の商人にも取引された。また領内の下川村や滝尻村でも小物成に紺屋役が見えるから、小規模ながら染色業も行なわれていたことがわかる。

また領内の村々では、製紙が広い範囲で行なわれ、紙は平・湯本・水戸・江戸などで売られた。遠方には下川港や小浜港などから船積みされた。

## 〔藩　札〕

『大日本貨幣史　藩札部』に、「泉藩の藩札は安政五年（一八五八）に初めて泉及び武蔵の国飛地埼玉郡に於て製造せるもの三種あり。曰く金壱貫文札、曰く五百文札、曰く三百文札、其の総計拾三万七百四拾七枚、此の銭価七万三千九百三拾壱貫七百文なり」とある。この記事は明治二年（一八六九）十二月、明治政府が国内の貨幣流通の統一をはかるために藩札の新規製造を禁止し、翌年二月中までに、それまでに製造した藩札の製造高を報告させているが、それによって報告されたものと考えられる（「福島県におけるおかねのうつり変り」「藩札の発行」（その6）鈴木正敏氏稿）。泉藩では諸事情を勘案して、もっとも無難と思われる安政五年としたものであろう。吉田正徳氏蔵「藩札出入帳」や篠原理男氏蔵「御手形切替渡し記」などは、維新後の明治三年十一月・十二月のものであるが、多額の藩札や手形の発行がみられる。種類・枚数などの詳細はわからない。

○出典（「福島県におけるおかねのうつり変り」〔『福島の進路』昭和六〇年四月号所収〕、『いわき市史』2）

## 〔藩　校〕

| 藩校名 | 成立年月 | 所在地 |
| --- | --- | --- |
| 汲《きゅう》深《しん》館《かん》 | 嘉永5年（一八五二）9月 | いわき市泉町三の二六 |

**沿革**　汲深の名は、藩主本多忠徳の書斎の名であったものを藩校の名に用いたという。忠徳は学問を愛し、毎月儒医小松精紀重喬（華岡青洲門人）の講義を諸臣とともに聴聞していたが、嘉永五年九月に至って藩士衣笠真《きぬがさしん》に汲深館を創立することを命じ、家臣の子弟は必ず入学せしめ、領内の一般の子弟にも願い出があれば入学を許可した。学校の経費は明治三年（一八七〇）までは藩の経費でまかなっていたが、その詳細は明らかでない。明治三年には算学舎、作字舎、医学舎が置かれた。ほかに兵学舎があって、剣やラッパが教授された。明治三年以後は一ヶ年玄米二二七石五斗を経費の定額とした。明治四年の廃藩により汲深館も同年十一月廃館となった。

**目的**　文武の研修練磨によって藩風の刷新をはかる。

**教科内容**　漢学・算術・書道・習礼・兵学・剣・槍・砲術、明治三年以降は教科はさらに拡張された。

**主な教授**　衣笠真《きぬがさしん》、衣笠弘《きぬがさひろし》、岡健蔵《おかけんぞう》、石川良伯《いしかわりょうはく》ほか

## 〔藩の武術〕

| 種目 | 流派 | 武術指南役 |
| --- | --- | --- |
| 槍術 | 不明（幕末） | 衣笠暢蔵《きぬがさちょうぞう》 |
| 剣術 | 一刀流（〃） | 斎藤周平 |

・文久二年の本多忠紀「分限帳」に師範と記載のあるのは、右の両名だけである。その他「弓術世話」とか「鎗術取立」とか「砲術頭取」などいろいろあるが、その実態はわからない。

・幕末になると、江川太郎左衛門に砲術を学んだ恵沢七郎・恵沢次右衛門・岡健蔵、会沢正志斎について兵学を修めた平野廉助《ひらのれんすけ》・逸見直記《へんみなおき》の名がみえる。

○出典（『福島県史』3、『いわき市史』2）

〔参勤交代〕

本多氏は譜代大名であったので、毎年六月に参勤し、交代した。『文化武鑑』によると、それは子・寅・辰・午・申・戌の年で、それ以外の年は在所であった。江戸から泉までは五三里余（約二一二キロメートル）、四泊五日の行程であり、その途中には渡舟を利用しなければならないところも数ヶ所あった。供揃いはいつも四〇名ほどであった。

・文政二年（一八一九）六月、本多忠知の帰邑の道中の模様

十六日　宿割の者出立、入馬先触差出す。

廿一日　在所表へ御発駕、千住本陣御休。新宿《にいじゅく》御立場・松戸御関所・松戸・馬橋・小金御休。小金外れ安彦（我孫子）・鳥手（取手）御泊

廿二日　藤代・若芝・牛久・同所立場・大和田・荒川・中村御休・土浦・稲吉・府中御泊。

廿三日　竹原・小畑・長岡御休・水戸取付立場・枝川・田彦・石神御泊（飛脚足軽一人差出す、明二四日早く着）

廿四日　大橋・森山・孫・助川御休。石師町・高萩御泊。

廿五日　足洗・神岡・粟野・関田・植田御休。新田宿・御館。

・時代は違うが、明和四年（一七六七）忠籌侯の御帰邑御入用金は一五〇両余、翌五年の御参府入用金は一二二両二分であった。小藩にとっては少なからぬ入用で、藩財政を圧迫したことはいうまでもない。

・なお江戸屋敷の家臣団の構成とか行列・従者の構成については、想像の域を出ない。

〔藩の基本史料・基本文献〕

『福島県史』3・8　福島県編・刊　昭和四七年
『いわき市史』2・9　いわき市史編さん委員会　いわき市　9昭和四七年　2昭和五〇年
『福島県史資料目録』第2　福島県　昭和四一年
吉田正愛「寛政名君旧泉藩主本多弾正大弼忠籌侯に関する史料」　昭和一一年（昭和五八年復刻『岩磐史談』全三巻）
黒田伝六『本多忠籌侯伝』　同遺徳顕彰会　昭和一七年
『寛政重修諸家譜』
『徳川実紀』
岡部泰寿『泉の風土と歴史』　自家判　昭和五八年
『渡辺町史』　同編纂委員会　昭和五二年

（執筆者・高萩精玄）

# 窪《くぼ》田《た》藩　別称　菊《きく》多《た》藩

〔藩の概観〕

磐城平《いわきたいら》藩主鳥居忠政《とりいただまさ》が、元和八年（一六二二）山形へ転封したのち、その所領の内七万石が磐城平藩主となった内藤政長《ないとうまさなが》に、またその子忠興《ただおき》に二万石が御蔭料《おかげりょう》として与えられた。さらに政長女婿である土方雄重《ひじかたかつしげ》に、旧領下総国田子《たご》（千葉県多古町）五〇〇〇石の所替えとして陸奥国菊多郡窪田《くぼた》（福島県いわき市）に一万石が与えられ、能登国（石川県）内一万石と合わせ二万石として入部し、これによって窪田藩が成立した。

初代藩主となった土方雄重は文禄元年（一五九二）生まれ、鎬《しのぐ》・彦三郎と

称し、号は雪江。慶長八年（一六〇三）将軍秀忠の小姓となり、同十四年（一六〇九）父雄久《おひさ》の能登の遺領を継ぎ、同年掃部頭従五位下、同十九年（一六一四）大坂冬の陣・夏の陣に戦功をたて、能登・田子に一万五〇〇〇石を領する藩主となり、元和八年陸奥国窪田に入部し、寛永五年（一六二八）三十七歳で没した。

慶長十六年（一六一一）生まれの雄次《かつつぎ》は父の没した翌六年の二月十五日に二代藩主となり、同十二年（一六三五）八月二十五日、はじめて窪田の地に赴く。同十七年河内守・従五位下に任ぜられ、寛文元年（一六六一）佐倉城警衛を命ぜられ、同四年領知朱印状を賜わり、延宝七年（一六七九）十一月二十七日致仕し、同八年正月二十八日七十歳にして没す。室は磐城平藩主内藤忠興女で、七男二女あり（内忠興女三男子）。その間、国元において寛永十年（一六三三）鮫川《さめがわ》沿岸に五箇村《ごかむら》灌漑用水や酒井用水の施設を造営し、新田開発を行ない、また崇神崇仏の念が厚く、寛永十六年（一六三九）姻戚関係にある泉藩内藤政晴《まさはる》領内の錦御宝殿《にしきごほうでん》熊野神社若宮の修理や、同社長床《ながとこ》の修理、延宝五年（一六七七）土方家菩提寺大高寺《たいこうじ》（いわき市勿来町大高《おおだか》・天台宗）の修築を行なった。

三代藩主は嫡子雄信《かつのぶ》が病弱を理由に辞し、寛永十八年（一六四一）生まれの次男雄隆《かつたか》が延宝七年（一六七九）十一月二十七日家督を継ぎ、内二〇〇〇石を弟雄賀《かつよし》に与え、一万八〇〇〇石の藩主となった。同年十二月山城守・従五位下、天和元年（一六八一）伊賀守に改め、同三年五月十三日はじめて窪田に赴く際、不慮を考慮し、家臣で筆頭家老職を務める林家に養子となっていた弟貞辰《さだたつ》（異母兄弟）を新ためて四代家督継承者として言上した。しかし、窪田の地において兄雄信の子内匠《たくみ》を押す川合・阿倍一派からの申し出により、一転して藩主雄隆は内匠を擁立しようとしたため、貞辰が貞享元年（一六八四）六月十日、大目付高木伊勢守守蔵・同秋山修理亮正房に訴状を出し、自ら東叡山寛永寺に潜居・謹慎し、貞辰養子先の林亮之進は国元窪田道山《どうやま》にいる藩公側室の射殺事件まで起こす、家中騒動となった。

結果、貞辰は松平佐渡守康尚に、家臣林亮之進は三春藩主秋田信濃守輝季に、内匠は米津伊勢守政武に、家臣川合・阿倍は溝口信濃守重雄に、さらに藩主雄隆は越後村上の榊原虎之助政邦に、その兄雄信は松平遠江守忠倶に預けられ、同年七月二十二日「武家諸法度」に従い処断され、三代藩主雄隆は家事不整の罪により領知没収・諸役召上げとなり同榊原家にて永謹慎となり、窪田藩土方家は三代六二年余にして御家断絶となった。

後、藩主雄隆は同榊原家で病没し、同地曹洞宗常福寺に葬られた。

そして没収領地は幕領窪田として代官支配がなされ、延享四年（一七四七）近隣の幕領小名浜に編入された。なお窪田藩土方家の名はなくなったとはいえ、三代藩主雄隆が弟雄賀に与えた二〇〇〇石は大高知行領として、旗本土方家の名はその後、一五代を経て明治を迎えた。

## 〔藩の居城〕

**陣屋**

名称　窪田陣屋

所在地　福島県いわき市勿来町窪田

家数・人口　不詳

## 〔親疎の別〕

**土方家　外様**

## 〔藩の基本史料・基本文献〕

『福島県史』3・8　福島県編・刊　昭和四七年

『いわき市史』2・9　いわき市史編さん委員会　いわき市　9昭和四九年　2昭和五〇年

『寛政重修諸家譜』

『徳川実紀』

（執筆者・小野佳秀）

# 白《しら》河《かわ》藩

## 〔藩の概観〕

白河藩は陸奥国（福島県）白河・石川・田村・岩瀬四郡一帯を領有した藩である。中世末、白河の地にあった結城（白河）義親が天正十八年（一五九〇）、小田原不参のかどで領地を没収され、白河の地は会津の蒲生氏郷の配下関一政の支配するところとなった。その後会津は、上杉・蒲生（再封）と交代したが、その間白河にはいずれも城代が置かれた。

寛永四年（一六二七）、蒲生氏が断絶すると、陸奥国棚倉より丹羽長重《ながしげ》が一〇万七〇〇〇石余で入封、白河藩が成立した。長重は入部早々白河城（小峰城）の大修築を行ない、同九年（一六三二）ほぼ完成した。同十四年（一六三七）長重死去により光重《みつしげ》が襲封。同二十年（一六四三）二本松に移封された。白河には上野国館林より榊原忠次《ただつぐ》が三万石加増され一四万石で入封。忠次の支配は短期間ではあったが、藩制の整備につとめた。慶安二年（一六四九）、忠次は姫路に移封、越後国村上より本多忠義《ただよし》が一二万石で入封した。忠義は翌三年領内の総検地を実施、三万七〇〇〇石余を打ち出し、さらに口米のほか別俵とよばれる付加税を徴集するなど、年貢増徴策を強行したため、領民は藩に減免を求め、幕府へ直訴する騒動が起こった。寛文二年（一六六二）、忠義が引退し、忠平《ただひら》が襲封。この頃から土地割替制である縄引きが実施された。天和元年（一六八一）、忠平は宇都宮に転封し宇都宮から松平（奥平）忠弘《ただひろ》が一五万石で入封した。忠弘は病身で、支配期間中に家老奥平金弥と黒屋数馬の対立による家中騒動が起こり、忠弘は閉門、元禄五年（一六九二）、五万石減封のうえ山形に移された。

忠弘のあとには山形から松平（結城）直矩《なおのり》が一五万石で入封した。この内、出羽国村山郡三万石が分領であった。元禄八年（一六九五）直矩が死去し、同年基知《もととも》が襲封した。松平（結城）氏の治世は、財政窮乏、家臣団の困窮・農村の疲弊などが顕在化し、歴代領主は倹約の励行・年貢増徴・藩札の発行などその対策に腐心した。宝永四年（一七〇七）以降、早川茂左衛門の建議によって勧農政策を基礎とする藩政改革がすすめられたが、土岐半之丞らの反対にあい坐折、そして土岐派の強硬政策も、白河領のほぼ全域をまきこむ百姓一揆によって失敗に帰した。享保十四年（一七二九）、基知死去、義知《よしとも》（明矩）襲封、目安箱の設置、馬産の奨励などの改革を行なった。

寛保元年（一七四一）、義知は姫路に移封、代わって越後国高田から松平（久松）定賢《さだかた》が一一万石で入封した。明和七年（一七七〇）、定賢死去し、定《さだ》邦《くに》が襲封、安永三年（一七七四）には田安家より定信《さだのぶ》が定邦の養子となり、天明三年（一七八三）、定邦致仕のあとを受けて襲封した。天明飢饉を乗り切った定信は、その実績を認められ老中首座に就任、幕閣の中心となり寛政改革を推進した。藩主としても、間引禁止・赤児養育の奨励・殖産興業など、農村人口の確保・農業生産力の向上・産業の育成につとめた。また、藩校立教館・郷校敷教舎などの設立、南湖の築造など文教政策もすすめた。文化七年（一八一〇）と文政元年（一八一八、定永の時代）、江戸湾防備を命じられ、房総沿岸の警備に当たった。文化九年（一八一二）定信致仕、定永《さだなが》襲封、文政六年（一八二三）定永は伊勢国桑名へ移封。

代わって武蔵国忍より阿部正権《まさのり》が一一万石で入封した。同年正権死去、紀州家からの養子正篤《まさあつ》が襲封した。以後阿部氏は正瞭《まさあきら》・正備《まさかた》・正定《まささだ》・正耆《まさひさ》・正外《まさとう》・正静《まさきよ》と八代四四年にわたり白河を領した。この間、正篤の時には、文政八年（一八二五）松平（久松）氏の藩校であった立教館跡に、藩校修道館を建設、藩士の学問奨励に力を入れた。正瞭は、藩主として、天保飢饉の諸対策を実施、幕政にあっては、奏者番、寺社奉行などの職を歴任した。正備の時、弘化三年（一八四六）に出羽国村山郡の内一万八四〇八石余を上知、替わって、遠江国、播磨国、信濃国において、三万四六八石余の領地を与えられた。正耆は奏者番・江戸府内取締り・京都警衛に任じられ、藩政面では、領内猟師をもって鉄砲隊を組織するなど、武備の増強につとめた。正外は、奏者番・寺社奉行を経て老中に列し、長州征伐に際しては二度にわたって上京、また京都警衛に当たった。しかし開港論を主張したことから、慶応元年（一八六五）十月一日、勅命によって官位没収のうえ謹慎を命じられ、四万石を削封された。翌二年六月十九日正外は隠居、子の正静が一〇万石を与えられて襲封したが、襲封直後の二十五日、隣接する陸奥国棚倉へ転封となった。

阿部氏のあとには棚倉の松平（松井）康英がいったん入封を命じられた。しかし松平氏はその後武蔵国川越へ転封を変更されたため、白河の地は幕領として小名浜代官所の支配するところとなった。この時白河城は、二本松藩主丹羽長国が在番を命じられた。翌四年二月一日、阿部正静は再び棚倉から白河へ転封を命じられた。阿部氏は二月、白河城をいったん受けとったが、将軍辞職後の移封命令であったため、阿部氏はこれを辞退し棚倉に戻った。四月白河は新政府の直轄地となり、白河民政取締所の支配下に入った。白河の地は拡大する戊辰の戦火の中で、新政府軍と奥羽越列藩同盟軍との争奪の場となり、白河城は灰塵に帰した。明治二年二月、白河民政局設置。同年八月七日白河県が置かれた。明治四年十一月二日、白河県は二本松県に統合され、続いて同月十四日福島県となった。

## 〔藩の居城〕

**城**

名　称　①白河城　②小峰城

所在地　福島県白河市郭内

家数・人口（元禄四年十月）

家数（総家数は不明）

家中屋敷　一二三七軒

町屋敷　九六〇軒

人口　八万八二六三人

内男　四万九五九三人

女　三万八〇八一人

出家　五八九人

〇出典（「侯家偏年録」巻六（『白河市史』所収））

## 〔藩（大名）の家紋など〕

**丹羽家**

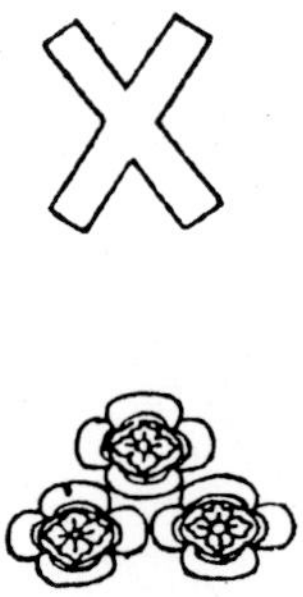

家紋　違棒　三木瓜

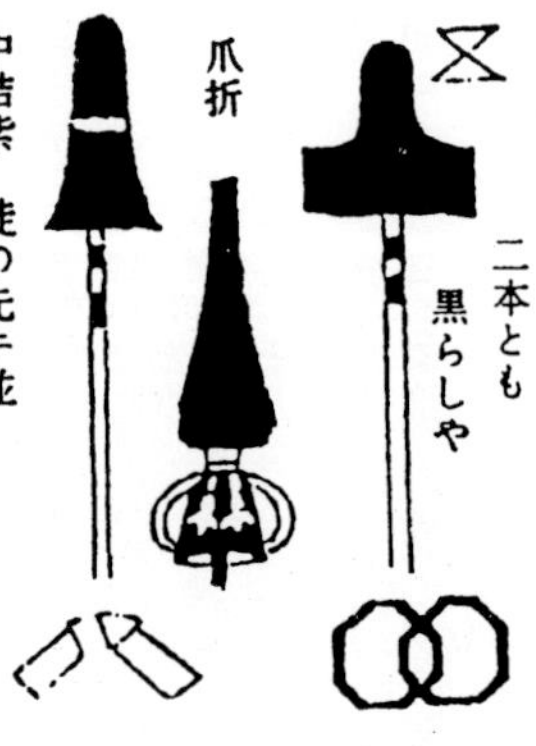


**榊原家**

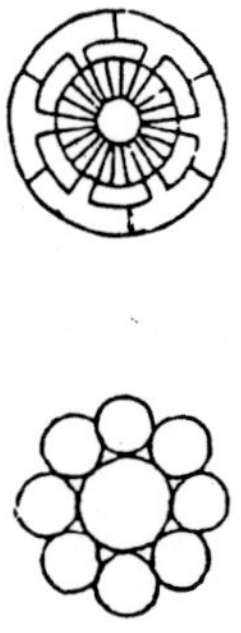

家紋　源氏車　九曜

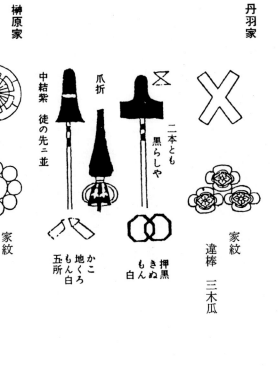

## 本多家

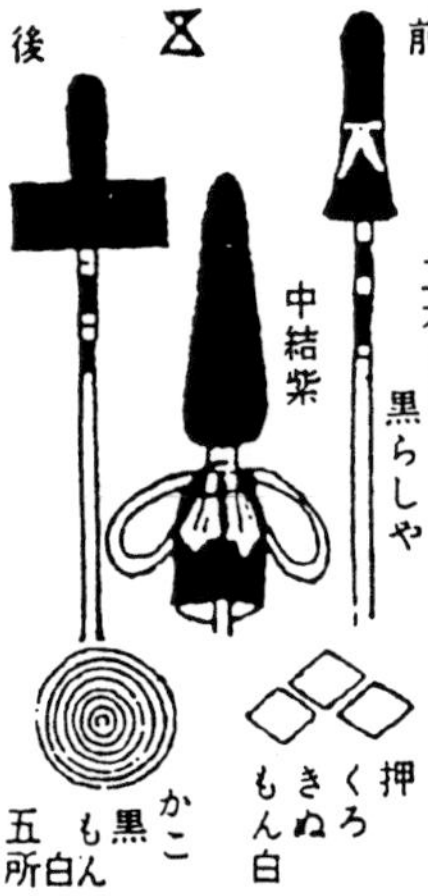

家紋
丸に立葵　丸に本の字

一本杉

## 松平家（奥平）

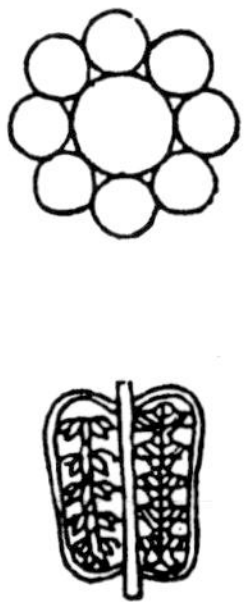

家紋
九曜　軍配団扇の内松竹

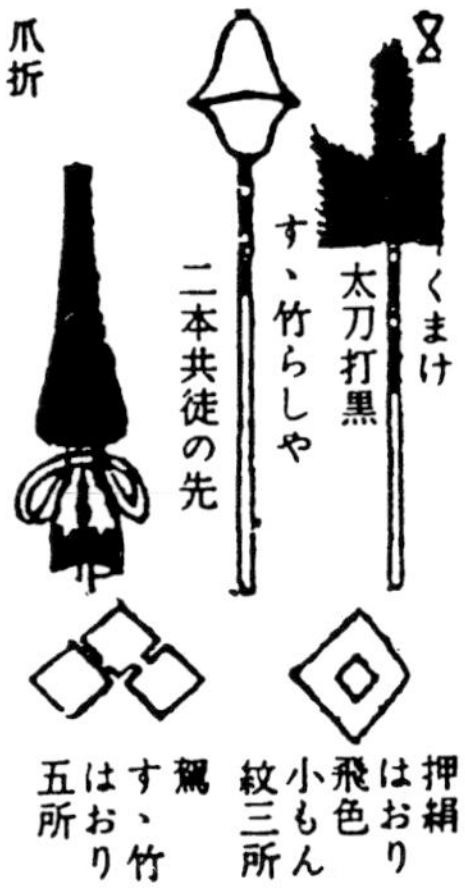


## 松平家（結城）

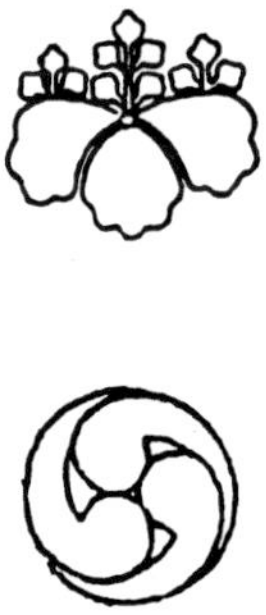

家紋
中陰五三桐　三巴

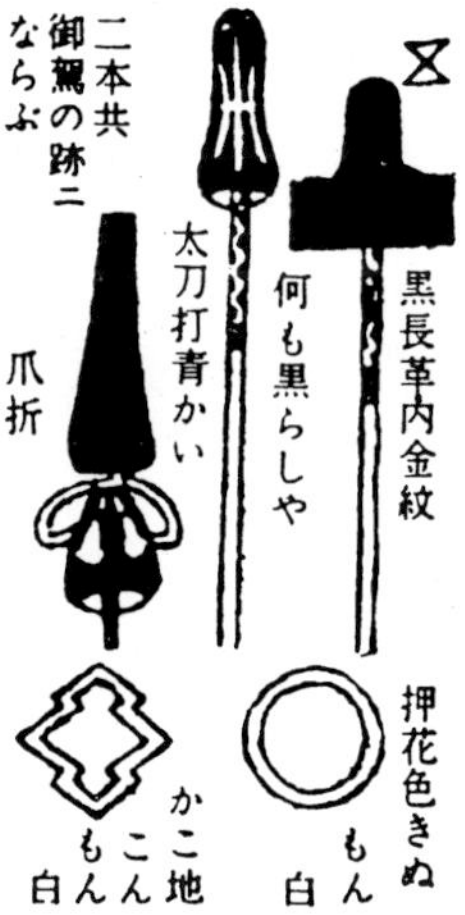


## 松平家（久松）

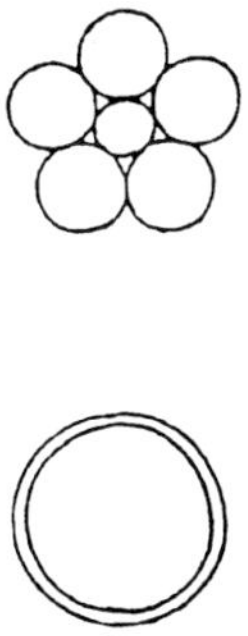

家紋
星梅鉢　細輪

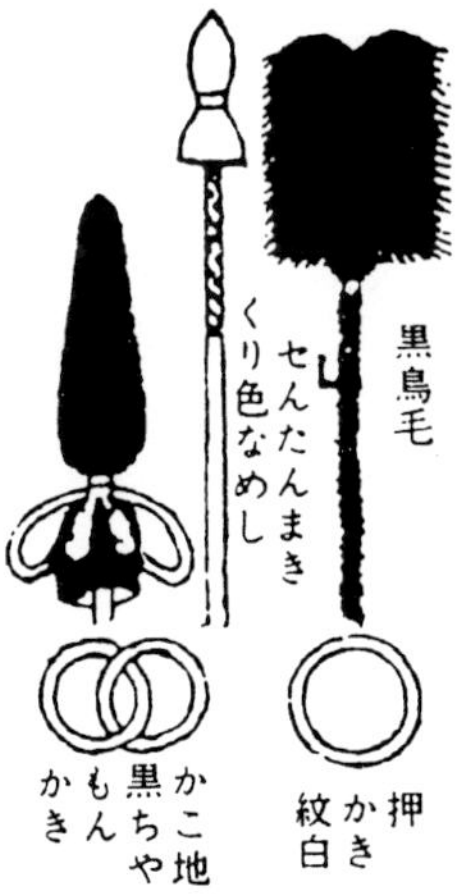


## 阿部家

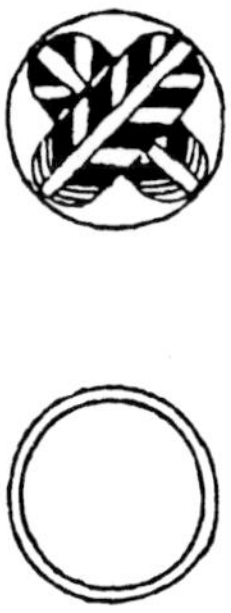

家紋
丸に違い鷹羽　細輪

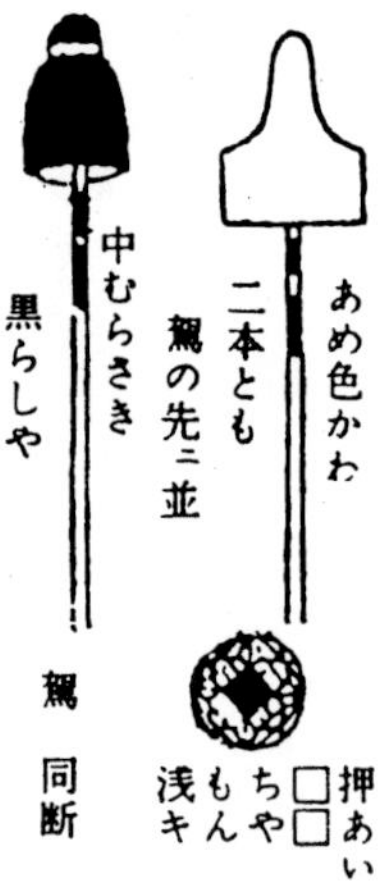


○出典（『寛政重修諸家譜』『大武鑑』『文化武鑑』）

## 〔藩主の系図〕（姻戚関係）

### ①丹羽家　外様

陸奥国棚倉から→長重《ながしげ》
- 光重《みつしげ》→陸奥国二本松へ（二本松藩参照）
- 女子　酒井下総守忠正妻
- 女子　大嶋茂兵衛義唯妻
- 女子　浅野内匠頭長直室

○出典（『寛政重修諸家譜』）

### ②榊原（松平）家　譜代

上野国館林から→忠次《ただつぐ》→播磨国姫路へ（姫路藩参照）

○出典（『寛政重修諸家譜』）

### ③本多家　譜代

越後国村上から→忠義《ただよし》
- 女子　金森長門守頼直室
- 女子　毛利和泉守光広室
- 女子
- 女子　井上中務少輔正任室
- 忠平《ただひら》→下野国宇都宮へ（宇都宮藩参照）
- 忠利　石川藩主
- 忠以　浅川藩主
- 忠晴　兄忠以養子
- 忠周
- 女子
- 女子　松平左京大夫頼純室
- 女子　松平飛驒守利明室
- 女子　石川若狭守総良室
- 女子　松平右京亮忠倫室のち離婚
- 忠常　忠平養子
- 忠寄　忠利養子
- 女子　忠平養女

○出典（『寛政重修諸家譜』）

### ④松平（奥平）家　譜代

下野国宇都宮から→忠弘《ただひろ》→出羽国山形へ（山形藩参照）

○出典（『寛政重修諸家譜』）

### ⑤松平（結城）家　親藩

出羽国山形から→直矩《なおのり》
- 女子
- 某
- 女子　京極甲斐守高任妻
- 女子
- 女子
- 基知《もととも》―明矩《あきのり》　知清長男→播磨国姫路へ（姫路藩参照）
- 女子
- 矩栄
- 知清　新田一万石をもって分家
  - 義知　基知の養子となり本家を相続（＝明矩）
  - 宗矩
  - 女子
  - 長熙
- 女子
- 某　順之助
- 某　七次郎
- 知隆

○出典（『徳川諸家系譜』第四巻）

### ⑥松平（久松）家　親藩

越後国高田から→定賢《さだよし》
- 定邦《さだくに》
  - 定信《さだのぶ》　田安武宗七男
  - 女子　峯　定信室
  - 女子　早世
  - 女子　早世
  - 某　久米五郎　早世
- 某　賢之助
- 女子　真田右京大夫幸弘室

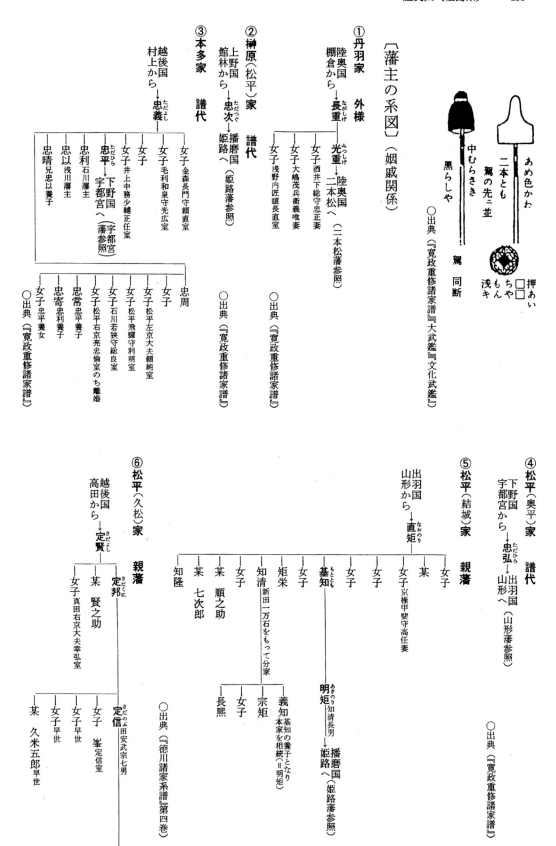

―女子　加藤遠江守泰済室
―女子　牧野河内守忠鎮室、忠鎮の死後、内藤豊前守信敦に再嫁
―**定永**《さだなが》→伊勢国桑名へ（桑名藩参照）
―幸貫　真田弾正大弼幸専養子
―女子　松平（久松）隠岐守定国嫡男定則室、未だ礼成らざるに卒す
―女子　井伊掃部直中嫡男直清室、未だ礼ならざるに直清卒す、松平（大河内）摂津守輝健室、輝健卒後、前田淡路守利幹室
―女子　松浦肥前守熙室
―女子　諏訪伊勢守忠恕室
―女子
―幸良　後、幸貫の嗣
―女子　松平紀伊守信志室
―女子　朽木隠岐守綱条室
―養子　早世
―養女　早世
―養女

○出典（『寛政重修諸家譜』、渋沢栄一著『楽翁公伝』所収系図）

## ⑦阿部家　譜代

武蔵国忍から→**正権**《まさのり》―**正篤**《まさあつ》（松平修理大夫頼興男）―**正暸**《まさあきら》（松平伊豆守信明男）

正暸の子
- ―某　善七郎　早世
- ―某
- ―女子　鋼　大村豊前守純昌男
- ―**正備**《まさかた》
- ―某　禎之進　早世

正備の子
- ―**正定**《まささだ》　阿部遠江守正蔵男
- ―女子　道・定
- ―某　図書　早世
- ―某　観次郎　早世
- ―某　三郎太郎　早世
- ―女子　温（ノブ）早世
- ―女子　丕（モト）・布美　阿部徳次郎正迪室（離縁）
- ―女子　幸（トミ）阿部美作守正静室
- ―女子　右（タカ）早世
- ―某　潜蔵　早世
- ―女子　多（マス）
- ―女子　杰（ヒデ）
- ―女子　修（トリ）早世
- ―女子　与（クミ）
- ―某　田鶴雄

正定の子
- ―**正耆**《まさひさ》　阿部運之助正梓男
- ―女子　昌　早世
- ―女子　千百　阿部鍒吉郎正順室
- ―女子　憲（カヅ）早世

正耆の子
- ―**正外**《まさとう》　阿部正定次男
- ―某　早世
- ―正功
- ―某　叙之助　早世

正外の子
- ―**正静**《まさきよ》→陸奥国棚倉へ（棚倉藩参照）
- ―女子　勝
- ―某　義（タダシ）早世
- ―女子　礼

○出典（阿部家史料集『公餘録』付録系図）

## 〔藩主一覧〕（歴代藩主および石高・所領の変遷）

| 姓 | 諱 | 受領名または官名 | 通称 | 生没年月日 | 戒名と菩提所（所在地） | 藩主就任・退任年月日 | 江戸幕府就任役職名・就任退任年月日 | 石高変遷年月日（西暦） | 石高（表高） | 領地（国郡名） |
|---|---|---|---|---|---|---|---|---|---|---|
| 丹羽 | 長重 | 加賀守 | 五郎左衛門 | 元亀2〜寛永14・閏3・6 | 傑俊浄英大鄰（隣）寺 大鄰（隣）寺（福島県白河市） | 寛永4・2・10〜寛永14・閏3・6 | | 寛永4・2・10（一六二七） | 一〇〇七〇〇 | 陸奥国白河郡・石川郡・岩瀬郡・田村郡 |

| 姓 | 諱 | 受領名または官名 | 通称 | 生没年月日 | 戒名と菩提所（所在地） | 藩主就任・退任年月日 | 江戸幕府就任役職名・就任退任年月日 | 石高変遷年月日（西暦） | 石高（表高） | 領地（国郡名） |
|---|---|---|---|---|---|---|---|---|---|---|
| 丹羽 | 光重 | 左京大夫 | 宮松丸 | 元和7・12・28～元禄14・4・11 | 玉峯性瑤慈明院 大鄰（隣）寺（福島県二本松市） | 寛永14・4～寛永20・7・4 | | | 一〇〇七〇〇 | 陸奥国白河郡・石川郡・岩瀬郡・田村郡 |
| 榊原（松平） | 忠次 | 式部大輔 侍従 | 五郎左衛門 | 慶長10～寛文5・3・29 | 天誉長山浄晃院 随願寺（兵庫県姫路市） | 寛永20・7・4～慶安2・6・9 | | 寛永20・7・4（一六四三） | 一四〇〇〇〇 | 陸奥国白河郡・石川郡・岩瀬郡・田村郡 |
| 本多 | 忠義 | 能登守 | 唐之助 幸千代 | 慶長7～延宝4・9・26 | 本誉忠義大信院 王龍寺（奈良県奈良市） | 慶安2・6・9～寛文2・11・25 | | 慶安2・6・9（一六四九） | 一二〇〇〇〇 | 陸奥国白河郡・石川郡・岩瀬郡・田村郡 |
| 本多 | 忠平 | 下野守 | 唐之助 | 寛永9～元禄8・10・15 | 英誉一峯性統高秀院 王龍寺（〃） | 寛文2・11・25～天和1・7・27 | | 寛文2・11・25（一六六二） | 一〇〇〇〇〇 | 〃（弟忠利・忠以に各一万石分与） |
| 松平（奥平） | 忠弘 | 下総守 侍従 | 鶴松丸 清良 | 寛永8～元禄13・5・16 | 端翁道巌楞伽院 高野山中性院（和歌山県伊都郡高野町） | 天和1・7・27～元禄5・7・21 | | 天和1・7・27（一六八一） | 一五〇〇〇〇 | 陸奥国白河郡・石川郡・岩瀬郡・田村郡（元禄元年、新墾の田二万石を養子忠尚に分与、ただし新田のため石高変わらず） |
| 松平（結城） | 直矩 | 大和守 | 藤松（丸） | 寛永19・10・28～元禄8・4・15 | 天祐院殿鉄船道駕大居士 孝顕寺（福島県白河市、円妙寺の後山にあった） | 元禄5・7・27～元禄8・4・15 | | 元禄5・7・27（一六九二） | 一五〇〇〇〇 | 陸奥国白河郡・岩瀬郡・石川郡・田村郡 出羽国村山郡 |
| 松平（結城） | 基知 | 大和守 | 久太郎 | 延宝7・7・28～享保14・8・14 | 仰高院殿実性英賢大居士 孝顕寺（〃） | 元禄8・6・9～享保14・8・14 | | | 〃 | 〃 |

| 姓 | 諱 | 受領名または官名 | 通称 | 生没年月日 | 戒名と菩提所（所在地） | 藩主就任・退任年月日 | 江戸幕府就任役職名・就任退任年月日 | | 石高変遷年月日（西暦） | 石高（表高） | 領地（国郡名） |
|---|---|---|---|---|---|---|---|---|---|---|---|
| 松平（結城） | 明矩（義知） | 大和守 | 金之助 | 正徳3・8・1～寛延1・11・17 | 正眼院殿郭然無聖大居士 孝顕寺（兵庫県姫路市） | 享保14・9・2～寛保1・11・1 | | | | 一五〇〇〇〇 | 陸奥国白河郡・岩瀬郡・石川郡・田村郡 出羽国村山郡 |
| 松平（久松） | 定賢 | 越中守 | 左門 | 宝永6～明和7・7・12 | 興誉鉄岩仁譲俊徳院 霊巌寺（東京都江東区白河） | 寛保1・11・1～明和7・7・12 | | | 寛保1・11・1（一七四一） | 一一〇〇〇〇 | 陸奥国白河郡・岩瀬郡・石川郡・信夫郡・伊達郡 越後国岩船郡・蒲原郡・三嶋郡・苅羽郡・魚沼郡 |
| 松平（久松） | 定邦 | 越中守 | 久米次郎 | 享保13～寛政2・6・7 | 紹誉継風憐道寛光院 霊巌寺（〃） | 明和7・8・27～天明3・10・16 | | | | 〃 | 〃 |
| 松平（久松） | 定信 | 越中守 侍従 | 賢丸 | 宝暦8・12・27～文政12・5・13 | 宝国院殿崇蓮社天誉保徳楽翁大居士 霊巌寺（〃） | 天明3・10・16～文化9・4・6 | 老中（首座） 老中兼将軍補佐役 | 天明7・6・19～天明8・3・11～寛政5・7・23 | | 〃 | 〃 |
| 松平（久松） | 定永 | 越中守 | 太郎丸 | 寛政3・9・13～天保9・10・18 | 保国院殿宣蓮社衆誉福善一徳大居士 霊巌寺（〃） | 文化9・4・6～文政6・3・24 | | | | 〃 | 〃 |
| 阿部 | 正権 | | 銕丸 | 文化3・1・9～文政6・10・6 | 光覚院殿瑞誉常照智鑑大居士 西福寺（納棺）（東京都台東区）常宣寺（位牌）（福島県白河市） | 文政6・3・24～文政6・10・6 | | | 文政6・3・24（一八二三） | 一一〇〇〇〇 | 陸奥国白河郡・岩瀬郡・石川郡・信夫郡・伊達郡 出羽国村山郡 |

| 姓 | 諱 | 受領名または官名 | 通称 | 生没年月日 | 戒名と菩提所（所在地） | 藩主就任・退任年月日 | 江戸幕府就任役職名・就任退任年月日 | | 石高変遷年月日（西暦） | 石高（表高） | 領地（国郡名） |
|---|---|---|---|---|---|---|---|---|---|---|---|
| 阿部 | 正篤 | 飛騨守 | | 享和1・9・3～天保14・3・17 | 大厳院殿無彊大居士 西福寺（納棺）（東京都台東区）常宣寺（位牌）（福島県白河市） | 文政6・11・23～天保2・11・20 | | | | 二〇〇〇〇 | 陸奥国白河郡・岩瀬郡・石川郡・信夫郡・伊達郡 出羽国村山郡 |
| 阿部 | 正瞭 | 能登守 | 益之助 | 文化10・8・20～天保9・5・12 | 成徳院殿行誉自昭翠山大居士 西福寺（〃） | 天保2・11・20～天保9・5・12 | 奏者番<br>寺社奉行 | 天保7・6<br>天保8・7 | | 〃 | 〃 |
| 阿部 | 正備 | 能登守 | 弾正 | 文政6・6・20～明治7・4・11 | 真厚院養浩 | 天保9・6・28～嘉永1・5・10 | 奏者番 | 天保14・9～弘化4 | 弘化3・6・24（一八四六） | 〃<br>（確認できず） | 〃<br>陸奥国白河郡・岩瀬郡・石川郡・信夫郡・伊達郡 遠江国豊田郡・山名郡・麁玉郡・引佐郡 播磨国加東郡 信濃国伊那郡 |
| 阿部 | 正定 | | 誠一郎 | 文政6・10・26～嘉永1・10・15 | 清竜院智底 | 嘉永1・5・10～嘉永1・10・20 | | | | | 〃 |
| 阿部 | 正者 | 播磨守 | 義三郎 | 文政10～文久3・12・20 | 浄厳院良節 西福寺（〃） | 嘉永1・11・30～文久3・12・20 | 奏者番 | 嘉永2 | | | 〃 |
| 阿部 | 正外 | 豊後守 | 兵庫 | ～明治20（60歳） | 広観院葆真 | 元治1・4・4～慶応2・6・19 | 寺社奉行<br>老中 | 元治1・6・22<br>元治1・6・24～慶応1・10・1 | 慶応1・10・1（一八六五） | （確認できず） | 〃<br>四万石削封 |
| 阿部 | 正静 | 美作守 | 長吉郎 | 嘉永2～明治11・1・23 | 大清院正静 西福寺（〃） | 慶応2・6・19～慶応2・6・25 慶応4・2・1（沙汰やみとなる） | | | 慶応2・6・19 | 一〇〇〇〇〇 | |

○出典（『徳川実紀』『続徳川実紀』『徳川諸家系譜』『寛政重修諸家譜』『藩翰譜』『白河古事考』『白河市史』『西白河郡誌』『福島県史』『楽翁公伝』『桑名市史』、内閣文庫蔵「諸侯年表」、阿部家史料集『公餘録』）

## 〔藩史略年表〕

| 西暦 | 和暦 | 月日 | 政治・法制 | 月日 | 社会（文化を含む）・経済 |
|---|---|---|---|---|---|
| 一六〇一 | 慶長　六 | | 上杉景勝、会津一二〇万石を削られ、米沢三〇万石に減封。 | | |
| | | 8 | 蒲生秀行、宇都宮より再度会津六〇万石の領主として入封。<br>町野左近吉氏、白河城代となる。（なお『氏郷記』には町野左近助繁仍とある。）<br>蒲生忠郷の時代<br>城代松野氏のち城代平野日氏（『白河古事考』）。 | | |
| 一六二七 | 寛永　四 | 1・4 | 蒲生忠郷、若松城において死去、会津六〇万石の領地没収。 | | |
| | | 2・10 | 丹羽長重、白河城主として入封。白河・石川・田村・岩瀬四郡一〇万七〇〇〇石余を領す。 | | |
| 一六二九 | 六 | | 白河小峰城修築開始、九年完成。 | | |
| 一六三四 | 一一 | 7 | 長重、将軍家光に従って上洛。 | | |
| 一六三六 | 一三 | 6・1 | 城下に撰銭に関する高札をかかげる。 | 7 | 白河城下に大鄰(隣)寺を創建。 |
| 一六三七 | 一四 | 閏3・6 | 長重死去、四月光重襲封。 | | |
| 一六四三 | 二〇 | 7・4 | 光重、二本松へ移封。<br>榊原忠次、上野国館林から入封。 | | |
| | | 9 | 年貢諸役に関する「覚」を発する。 | | |
| 一六四四 | 二一 | 1 | 領内へ掟条目を布令。 | | |
| 一六四九 | 慶安　二 | 6・9 | 忠次、播磨国姫路に移封。<br>本多忠義、越後国村上から入封。 | 2 | 石川郡農民一揆。 |
| 一六五一 | 四 | | 領内総検地、三万七〇〇〇石を打出す。定免制を実施、年貢増徴。 | | |
| 一六五七 | 明暦　三 | | | | 忠義、鹿島神社に「神輿」を寄進。鹿島の灯火祭り起こる。 |
| 一六六二 | 寛文　二 | 11・25 | 忠義致仕、嫡子忠平襲封。弟の忠利と忠以（忠序）にそれぞれ一万石ずつ分与、忠晴と忠平に新田二五〇〇石ずつ分与。 | | |
| 一六六五 | 五 | | | 10 | 忠平、関山満願寺に梵鐘を寄進。 |
| 一六八一 | 天和　一 | 7・27 | 忠平、宇都宮へ移封。<br>松平（奥平）忠弘、宇都宮から入封。 | | 忠平移封に際し、異例の青田刈りを強行。 |
| | | | | 12 | 領内の百姓・庄屋ら訴願。 |
| 一六八八 | 元禄　一 | 10・21 | 忠弘、養子忠尚に新墾の地二万石を分封。 | | |

| 西暦 | 和暦 | 月日 | 政治・法制 | 月日 | 社会（文化を含む）・経済 |
|---|---|---|---|---|---|
| 一六九二 | 元禄 五 | 7・21 | 家臣奥平金弥と黒屋数馬の対立による御家騒動が起こり、五万石減封のうえ、忠弘山形へ移封。 | | |
| | | 7・27 | 松平（結城）直矩、山形から入封。 | | |
| 一六九三 | 六 | | | 5 | 城下桜町で女歌舞伎興行。 |
| | | | | 9 | 「野郎が茶屋火事」、城下の大半を焼失。 |
| 一六九五 | 八 | 4・15 | 直矩、江戸で没。六月九日基知襲封。 | 1・11 | 城内で狂言興行。 |
| 一六九九 | 一二 | | 藩財政逼迫、家臣より藩主へ救済を願い出る。藩は家臣の利息を補助する。 | | |
| 一七〇〇 | 一三 | | 家臣団に倹約を令す。 | | |
| | | | 藩札発行を願い出る。 | | |
| 一七〇一 | 一四 | | 七ヶ年の期限付きで藩札発行。 | | |
| 一七〇二 | 一五 | 2 | 家臣阿部五郎大夫ほか八名、借金返済不能により「潰」を願い出る。 | | |
| | | 3 | 家臣救済のため銀札を貸与。 | | |
| | | 6・14 | 藩内に正貨使用（金つかい）を禁止し、藩札通用を令す。 | 12 | 赤穂浪士中村勘助ら、白河藩に預けられる。 |
| 一七〇四 | 宝永 一 | | | 8 | 向寺大橋竣工。 |
| 一七〇五 | 二 | 閏4 | 幕府より江戸本所川浚手伝の命を受ける。 | 7 | 江戸在勤の土岐半之丞、京都の商人吉田忠兵衛より金五〇〇〇両の借入れに成功。 |
| | | | 藩財政窮乏により借知。 | | |
| 一七〇六 | 三 | | 江戸本所川浚竣工。 | | この頃、田畑を放棄し、町場へ流出する者が増加した。 |
| 一七〇七 | 四 | | 藩札通用期限切れ。 | | |
| | | | 年寄早川茂左衛門、藩政改革案を建議。 | | |
| 一七〇九 | 六 | | | | 白河城下天神町横丁から出火、民家三〇、寺院一、家中七軒類焼。 |
| 一七一〇 | 七 | 1 | 江戸城吹上御殿普請手伝。 | | |
| 一七一一 | 正徳 一 | | | 1 | 分領出羽国村山郡尾花沢鈴木八右衛門より四〇〇〇両余借入。 |
| 一七一二 | 二 | 3・25 | 弟知清へ新田一万石を分知。 | | |
| 一七一三 | 三 | | 土岐半之丞の建議により早川茂左衛門罷免、藩論二分。 | | 不作、上黒川村より夫食願出される。 |
| 一七一四 | 四 | | 早川茂左衛門に隠居を命ずる。 | 3・8 | 城下中町より出火、郭内へ飛火、家中の被災者一一九軒。 |
| | | | | | その他放火や出火相つぐ。 |
| | | | | | 常宣寺焼ける。 |
| 一七一五 | 五 | | | 4・8 | 城下横町より出火、一四二軒類焼。 |
| 一七一六 | 享保 一 | | 土岐派が早川派を弾圧。 | | |

| 西暦 | 和暦 | 月日 | 政治・法制 | 月日 | 社会（文化を含む）・経済 |
|---|---|---|---|---|---|
| 一七二〇 | 享保　五 | | 土岐派による年貢増徴。<br>土岐半之丞、百姓一揆により御役御免となる。 | 2・3<br>12・4 | 百姓一揆、農民一万五〇〇〇余人、白河城下に押寄せる。<br>大工町より出火、二四七軒焼失。 |
| 一七二九 | 一四 | 8・14 | 藩主基知死去。九月二日養嗣子明矩襲封。<br>第二回目の藩札発行。 | 3 | 大火、侍屋敷・町方など七三四軒焼失。 |
| 一七三〇 | 一五 | 5・2 | 明矩、白河に初入国。 | | 洪水、領内二四八ヶ村冠水。一万六〇〇〇余石の水損。 |
| 一七三四 | 一九 | | 不作と藩札下落による年貢滞納が増加、夫食貸与。<br>藩札通用の「定」と物下引下げを命ずる。 | | |
| 一七三七 | 元文　二 | 3 | 白河大手前に目安箱設置。<br>農村立直しの改革案を申渡す。 | | 馬産を奨励。 |
| 一七三八 | 三 | | 米の他領出しを禁ずる。 | | |
| 一七四一 | 寛保　一 | 11・1 | 松平（結城）明矩、播磨国姫路へ転封。<br>松平（久松）定賢、越後国高田より入封。 | | |
| 一七四二 | 二 | | | 1・25 | 百姓一揆。三月、新領主へ訴願。 |
| 一七七〇 | 明和　七 | 7・12<br>8・27 | 定賢没。<br>定邦襲封。 | | |
| 一七七四 | 安永　三 | 3・11 | 田安宗武の七男定信、定邦の養子となる。 | | |
| 一七七六 | 五 | 3 | 定信、初めて白河に入る。 | | |
| 一七八三 | 天明　三 | 10・16 | 定邦致仕、定信襲封。<br>天明飢饉。 | | 天明大飢饉、城下に打ち毀し。<br>領内の大庄屋等に銭穀を拠出させる。貧民救済のため阿武隈川の土木工事を起こす。 |
| 一七八六 | 六 | | 藩士町方へ倹約を令す。<br>領内に漆木世話役を置く。 | 12 | 白河大火、救済のため五〇〇両支出。藩費で陶器を作らせる。 |
| 一七八七 | 七 | 6・19 | 白河藩の職規を制定。<br>定信、老中首座となる。倹約令。 | | |
| 一七九〇 | 寛政　二 | | 赤子養育料を支給。間引を禁ずる。 | | 異学の禁。 |
| 一七九一 | 三 | | | 10 | 城下会津町に藩校立教館設立。 |
| 一七九二 | 四 | 11・17 | 海辺防備御用掛となる。房総の富津に御台場を築造。 | | 定信、『宇下人言』を著わす。 |
| 一七九三 | 五 | 7・23 | 定信、老中、将軍補佐役を罷免。 | 1 | 定信、亜欧堂田善を召出す。 |
| 一七九四 | 六 | | | | 立教館に尚齢会を開く。 |
| 一七九五 | 七 | | | | |
| 一七九六 | 八 | | せり駒法改正、青物市場を開く。 | | |

| 西暦 | 和暦 | 月日 | 政治・法制 | 月日 | 社会（文化を含む）・経済 |
|---|---|---|---|---|---|
| 一七九七 | 寛政九 | | 酒造改良のため会津の杜氏を招く。 | | 『集古十種』を編纂。 |
| 一七九九 | 一一 | 1 | 「御百姓心得方申聞書」を出す。 | 5 | 白河と須賀川に郷校「敷教舎」を設立。 |
| 一八〇〇 | 一二 | | | | 『退閑雑記』、「白河関」碑。 |
| 一八〇一 | 享和一 | | | 4 | 南湖浚深。 |
| | | | | | 南湖公園に「共楽亭」を建設。 |
| 一八〇二 | 二 | | | | 立教館改築。 |
| 一八〇五 | 文化二 | | | | 『白河風土記』編纂。 |
| 一八〇七 | 四 | | | 9 | 白川城（搦目城）に「感忠銘碑」。 |
| 一八〇九 | 六 | | | 2 | 白河大火。 |
| | | | | 11 | 焼失した立教館再建。 |
| 一八一〇 | 七 | 2・25 | 房総沿岸防備の命を受ける。 | | |
| | | 3 | 五ヶ年間の倹約令。 | | |
| 一八一一 | 八 | 12・14 | 房総松ヶ岡・竹ヶ岡に台場を完成。 | | |
| 一八一二 | 九 | 4・6 | 定信致仕、楽翁と号す。定永襲封。 | | |
| 一八一八 | 文政一 | 7 | | | 『白河古事考』成る。 |
| 一八二三 | 六 | 3・24 | 定永、桑名に移封。 | | |
| | | | 阿部正権、忍より入封。 | | |
| | | 10・6 | 正権死去、一一月二三日正篤襲封。 | | |
| 一八二五 | 八 | | | 4 | 藩校修道館を建てる。 |
| 一八三一 | 天保二 | 11・20 | 正篤致仕、正瞭襲封。 | | |
| 一八三二 | 三 | | | | 不作、損毛高三万三〇〇〇石余。 |
| 一八三三 | 四 | 6 | 五穀の領外出を禁ず。酒造高1/3に減石、野草の食法書配布。 | | 春より天候不順、凶作。 |
| | | | | | 損毛高七万九〇〇〇石余。 |
| 一八三五 | 六 | | 飯米不足、家中へ米に替り相場代金を支給、倹約を令す。 | | 損毛高四万一〇〇〇石余。 |
| 一八三六 | 七 | | 本町に囲穀、領内に御用金を命ずる。 | 7 | 凶作、損毛高八万九〇〇〇石余。 |
| 一八三七 | 八 | 2 | 家中に餓死者出る。麦の先納を令す。貸馬の制を定める。 | | 上方より米の買入れ。 |
| | | 7 | 正瞭、寺社奉行となる。 | | |
| 一八三八 | 九 | 3 | 大村弾正を養子とする。 | 4 | 巡見使、白河を通る。 |
| | | 5・12 | 正瞭死去。 | | 凶作、損毛高七万九〇〇〇石余。 |
| | | 6・28 | 弾正襲封、正備と称す。 | | |

| 西暦 | 和暦 | 月日 | 政治・法制 | 月日 | 社会（文化を含む）・経済 |
|---|---|---|---|---|---|
| 一八三九 | 天保一〇 | | 忍時代の旧高を白河高割に変更。 | | |
| 一八四六 | 弘化三 | 6・24 | 出羽国一万八四〇八石余を上知、遠江・播磨・信濃国に三万四六八石余を与えられる。 | | |
| 一八四八 | 嘉永一 | 5・10 | 正備致仕、正定（養子）襲封。 | | |
| | | 10・15 | 正定没、一一月三〇日、正者（養子）襲封。 | | |
| 一八五〇 | 三 | | 領内猟師をもって鉄砲隊を組織。 | | |
| 一八五一 | 四 | | | | 駒せり秋市を春市に変更。 |
| 一八五二 | 五 | 1 | | | 関山満願寺観音堂、落雷で炎上。 |
| 一八五三 | 六 | 11 | 下羽大村で軍事調練。 | | |
| 一八五五 | 安政二 | | 領内町人に御用金を命ず。 | | |
| 一八五八 | 五 | | | | 白河で茶の栽培を始める。 |
| 一八五九 | 六 | 2 | 白河藩初めて武装訓練。 | | |
| 一八六三 | 文久三 | 12・20 | 正者没。 | | |
| 一八六四 | 元治一 | 4・4 | 正外（養子）襲封、六月二四日、正外老中就任。 | | |
| 一八六五 | 慶応一 | 5 | 正外、長州征伐に従い京の市中警備に当たる。 | 7 | 関川寺焼失。 |
| | | 10・1 | 正外、老中を罷免される。 | | |
| 一八六六 | 二 | 6・19 | 正外、隠居仰付けられる。正静（養子）襲封。 | | |
| | | 6・25 | 棚倉に移封を命じられる。 | | |
| 一八六七 | 三 | 2・12 | 正静、棚倉へ移る。白河は幕領となり、小名浜代官所支配下に入る。 | | |
| | | 5・24 | 白河城は、丹羽長国在番となる。 | | |
| 一八六八 | 慶応四（明治一） | 2・1 | 正静、再び白河へ所替を命じられる。 | | |
| | | 2・24 | 白河城請取る。 | | |
| | | 3 | 正静、棚倉へもどる。白河城を丹羽氏に返還。 | | |
| | | 4 | 佐久山藩民政取締所の支配となる。 | | |
| | | 閏・4 | 会津藩、白河城を占領。 | | |
| | | 5・1 | 新政府軍、白河城を占領。 | | |
| 一八六九 | 二 | 2・15 | 守山藩民政取締所支配となる。 | 12・20 | 白坂宿助郷一揆。 |
| | | 2・23 | 白河民政局設置。 | | |
| | | 8・7 | 白河県設置、権知事清岡公張。 | | |

| 西暦 | 和暦 | 月日 | 政治・法制 | 月日 | 社会（文化を含む）・経済 |
|---|---|---|---|---|---|
| 一八七一 | 明治 四 | 11・2<br>11・14 | 白河県が二本松県に統合される。<br>二本松県は福島県に改称。 | | |

○出典（『白河市史』）

## 〔家老とその業績〕

| 著名家老名 | 担当職務名 | 活躍期 | 生没年月日 | 主な業績 |
|---|---|---|---|---|
| 早川茂左衛門 | 年寄と郡代兼務 | 宝永5年～正徳3年 | | ・藩主松平（結城）基知のもとで勧農政策を中心とする藩政改革を実施（年貢、小物成等の減免、新田開発の奨励等）。 |
| 吉村又右衛門 | 国家老 | 天明年間 | | ・松平（久松）定信襲封時の家老。天明の凶年に際し、定信に襲封を要請。定信とともに天明飢饉をのり切り、藩政改革を推進した。 |

○出典（『白河藩記録』、松平定信著『宇下人言』『福島県史』『白河市史』）

## 〔藩の職制〕

○藩の職制の大綱（松平〔久松〕家）

白川家御役順

月番（家老）
番頭
奏者番
年寄
新寄付番
舞台番
御宮奉行
奉行
小姓頭

用人
側用人
守役
郡代
町奉行
大目付
旗奉行
物頭
長柄奉行

使番
使番付役
類族奉行
勝手吟味奉行
留守居
大普請奉行
状奉行
徒頭
小納戸頭取

記録役
小納戸
書院番
次番
奥小姓
小姓
通番
小僧
武具奉行
弓奉行
鉄砲奉行
道具奉行
御書物奉行
舟奉行

勘定頭
馬廻り
横目
表記録役
鷹匠頭
廻駒奉行
大小姓
伽役
奥賄
髪結
手廻頭
大納戸
金奉行
賄

膳番
普請奉行
右筆
進物番
医師
茶道
坊主頭
側坊頭
勘定之者
帳預頭取
蔵横目
厩役人
大工頭

代官
山奉行
道奉行
破損奉行
御宮番
郷普請奉行
鷹横目
寄物番
大老物番
馬具預り
割木奉行
材木奉行
次横目
吟味役
持合蔵奉行
徒小頭
腰物使
徒目付
帳付
平徒士
二之丸預り
畳奉行
川口番
当分御用米蔵番
奥上番
人馬割役
細工奉行
蔵奉行
鷹匠
下勘定之者
廻駒吟味役
井水奉行
帳預り

絵図師
大買物役
次右筆
奥物書
台所横目
小納戸坊主
菓子坊主
平坊主
表坊主
料理人
次料理人
次小姓
椀奉行
肴奉行
舂屋奉行
酒奉行
油奉行
味曽奉行
道具預り
小買物使
船預り
絵師
郷手代
細工之者
大筒役
御用米蔵番
目見格
着到横目
御奉行組小頭
御同心小頭
着到付
御足軽小頭
御用人組小頭

本郷新郷小頭
御旗組小頭
炭材木奉行
牢屋目付
御城内番組
御武具手代
御弓手代
御道具手代
町役所物書
廻駒役所下役
郷使
御下横目
月番小使
寒晒役所下役
畑方小頭
番組
御普請物書
御破損手代
御材木手代
二之丸御殿預下役
掃除奉行
奥下賄
御錠口番
御手廻小頭
御厩小頭
御厩賄
御中間小頭
殺生方
御餌指
御鷹部屋定番人
御先手足軽
御用人組足軽
御奉行組足軽

本郷足軽
新郷足軽 ── 御同心
御旗之者 ── 御台所
御火事

・職制の系統は正確には不明。
・時期は、文政年間（久松松平家時代）と考えられる。
○出典（天明～文政六年の公私諸用留の内、「御舞台格心得覚書」〔『白河市史資料集』所収〕）

○格と職（**松平〔久松〕家**）

**主要な格とその人数**

| 階級名 | 人数 | 階級名 | 人数 |
|---|---|---|---|
| 御両家方 | 二 | 御勘定頭 | 九 |
| 御四家方 | 四 | 廻駒奉行 | 二 |
| 御年寄方 | 八 | 御横目 | 一三 |
| 御番頭 | 六 | 大小性 | 四〇 |
| 御奏者番 | 一四 | 奥御守 | 六 |
| 新奇付 | 二 | 御馬廻り | 一八二 |
| 御用人 | 六 | 御賄 | 一〇 |
| 御郡代 | 三 | 御櫛上 | 二 |
| 御町奉行 | 二 | 御手廻頭 | 三 |
| 御大目付 | 三 | 大納戸 | 二 |
| 御旗奉行 | 二 | 御金奉行 | 一〇 |
| 御物頭 | 一八 | 御右筆 | 四 |
| 御長柄奉行 | 三 | 御医師 | 二八 |
| 御使番 | 一二 | 御坊主頭 | 四 |
| 類族奉行 | 二 | 御城代組隠居 | 五 |
| 御留守 | 二 | 御勘定奉行 | |
| 御刀番 | 七 | 御代官 | 六 |
| 御小納戸 | 八 | 御破挽奉行 | 三 |
| 御小性 | 一九 | 御蔵奉行 | 四 |
| 御武具奉行 | 四 | 御当分御用方 | 一〇 |
| 御弓奉行 | 二 | 御徒小頭 | 四 |
| 御鉄砲奉行 | 二 | 御徒目付 | 三 |

| 役職 | 人数 | 役職 | 人数 |
|---|---|---|---|
| 御徒士 | 二二 | 御武具手代 | 七 |
| 奥御番 | 一五 | 御弓手代 | 二 |
| 御勘定人 | 二九 | 御鉄砲手代 | 六 |
| 金付吟味役 | 二 | 御道具手代 | 三 |
| 御帳預り | 七 | 炭材木奉行 | 二 |
| 大買物 | 一 | 町役所物書 | 二 |
| 御次右筆 | 一三 | 金付下役 | 二 |
| 御台横目 | 一八 | 郷下使 | 一七 |
| 御小納戸坊主 | 一三 | 御下横目 | 二八 |
| 御坊主江戸御小納戸 | 五 | 御月番小頭 | 四 |
| 平御坊主 | 五 | 御番組 | 九 |
| 表御坊主 | 一二 | 御破挽手代 | 八 |
| 御椀奉行 | 七 | 御破挽手代並 | 七 |
| 奥物書 | 三 | 掃除奉行 | 一 |
| 小買物 | 一 | 奥下賄 | 三 |
| 御絵図師 | 一 | 御定口番 | 二六 |
| 郷手代 | 一四 | 御手廻り小頭 | 四 |
| 郷手代格 | 三 | 御廐小頭 | 五 |
| 御細工人 | 八 | 御手前職人 | 二三 |
| 御用米 | 一〇六 | 御中間小頭 | 一一 |
| 御着到横目 | 四 | 御殺生方 | 二 |
| 御奉行組小頭 | 二 | 御台所焼方 | 五 |
| 御番組小頭 | 一 | 御同心 | 一九 |
| 御下横目 | 二 | 無格弐人扶持 | 一〇 |
| 御同心小頭 | 二 | 御先手組御足軽 | 二四一 |
| 御着到付 | 五 | 御用人組足軽 | 二八 |
| 御先手組小頭 | 一八 | 本郷方御足軽 | 九 |
| 御用人組小頭 | 六 | 新郷方御足軽 | 四四 |
| 郷方小頭 | 二 | 御旗組御足軽 | 一八 |
| 御旗小頭 | 三 | 新組足軽 | 三八 |
| 御城内番組 | 四四 | 在御足軽 | 二四 |

○出典（川瀬家文書「久松家分限帳」（写本）〔白河市立図書館蔵〕上記文書の裏面に、「嘉永二巳酉写之　川瀬氏」とある。）

## 〔領内の支配区分〕

文化八年現在

| 組名 | 村数 | 組名 | 村数 |
|---|---|---|---|
| 鏡沼組 | 一一 | 町組 | 八 |
| 上小屋組 | 六 | 市原良平組 | 五 |
| 大里組 | 六 | 東海道組 | 一一 |
| 大村組 | 一〇 | 西海道組 | 四 |
| 蕪内組 | 八 | 組外 | 四 |
| 米村組 | 一三 | | |

○出典（「松平越中守様衆ヨリ御領中取扱演説書之内書抜」〔『福島県史』所収〕）

## 〔村役人の名称〕

**在方**

大庄屋――庄屋――組頭――長百姓――五人組頭

**町方**

町年寄――庄屋――町惣代――五人組頭

・大庄屋は正保年中までは在代官といい、白河の町年寄は町代官と唱えていた。
・組ごとに大庄屋を置く。
・村ごとに庄屋を置く。

○出典（「領内北郷大庄屋役書留」〔『白河市史資料集』所収〕）

## 〔領内の主要交通路〕

1　奥州道中（奥州街道・江戸街道）
2　会津街道（白河街道）　白河より長沼、勢至堂峠を経て会津若松に至る街道。
3　原方街道　白河より下新田・上新田を経て黒川に出、栃木県に至る街道。
4　棚倉街道　白河より棚倉に至る街道。
5　羽鳥街道　白河より米、羽太、真名子、羽鳥を経て会津若松へ至る道。
6　甲子街道　白河より甲子を経て下郷に至る街道。

○出典（歴史の道調査報告書『奥州道中』および『白河街道』『西郷村史』）

## 〔在町、津出場・米蔵の所在地〕

○在　町

白河藩においては、白河・須賀川に、町年寄検断を置いた。この内、白河は城下町、須賀川は奥州道中に沿う在町であった。

○出典（『白河市史』『須賀川市史』）

○津出場・米蔵　不明

## 〔江戸城の詰間〕

**丹羽家**　大広間（寛政三年、文化年間も）

○出典（『大武鑑』）

白河藩主要街道図（執筆者作図）

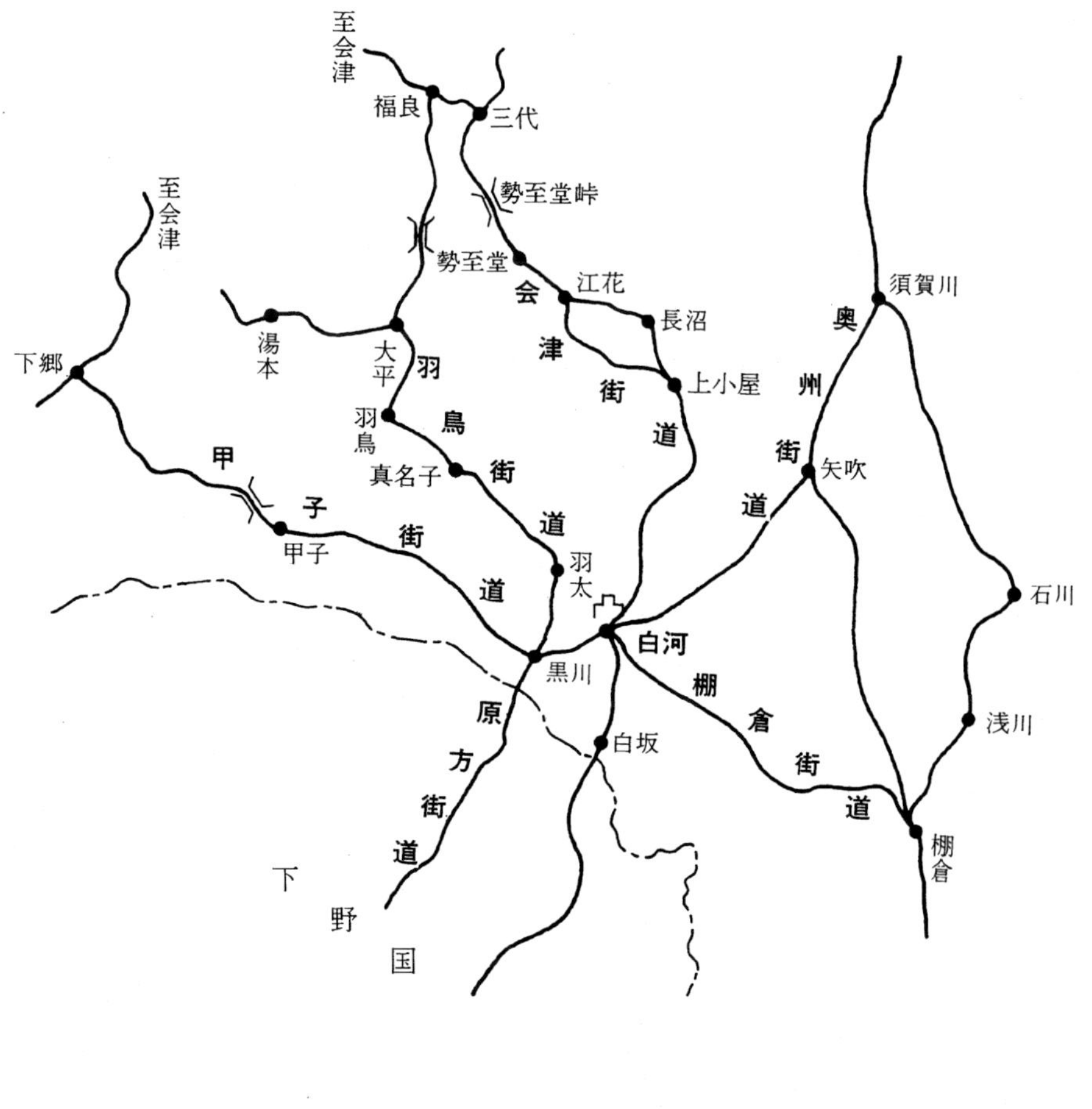

柳間（文政元年）　○出典（『文政武鑑』）

『寛政重修諸家譜』によれば、「席代々柳間たりといえども……従四位下に進めば大広間詰となる」。

なお藩主は従四位下に進むことが多かった。

**榊原家**　帝鑑間（寛政三年）　○出典（『大武鑑』）

**本多家**　帝鑑間（寛文二年以降、代々カ）　○出典（『寛政重修諸家譜』）

『寛政重修諸家譜』では、「代々帝鑑間詰」とあり。

**松平（奥平）家**　溜間（宝永七年）

帝鑑間（寛政三年）　○出典（『大武鑑』『文化武鑑』）

**松平（結城）家**　大広間（文化四年）　○出典（『文化武鑑』『文政武鑑』）

**松平（久松）家**　溜間詰（寛政五年、文化元年）　○出典（『文政武鑑』および広瀬典『羽林源公伝』）

**阿部家**　雁間（文政六年）　○出典（『大武鑑』）

## 〔江戸屋敷の所在地〕

**松平（久松）家**（文化～文政年間）

| 屋敷 | 所在地 |
|---|---|
| 上屋敷 | 北八丁堀　大手より十四丁 |
| 中屋敷 | 市ヶ谷 |
| 下屋敷 | 築地 |

○出典（『文化武鑑』『文政武鑑』）

## 〔藩札〕

| 藩札名 | 発行年月 | 使用期間 |
|---|---|---|
| 元禄札 | 元禄14年 | ～宝永4年 |
| 享保札 | 享保14年 | |

○出典（『日本古紙貨幣類鑑』上巻）

## 〔藩校〕

| 藩校名 | 成立年月 | 所在地 |
|---|---|---|
| 立教館 | 寛政3年7月 | 白河市字会津町 |
| 修道館 | 文政8年5月 | 白河市字会津町 |

### 立教館

**沿革**　白河藩主松平定信が、白河城下会津町二番地に、士屋敷二軒の地を合わせて藩校「立教館」を経営した。定信直筆で「立教館令条」を作り、毎年開校の日に読ましめた。また立教館経営のため、新田を開墾させ、その費用にあてた。これを「学田新田」という。「学田新田」は、小丸山・天王下・高山新田・金作・阿弥陀石・三坂・合戦坂その他にあった。

**目的**　男子十一歳以上の藩士の子弟を全員入学させ、学問と武芸を学ばせる。

**教科内容**　会読・素読・習書・算数・容儀

### 修道館

**沿革**　阿部氏入封ののち、藩主正篤が、文政八年、久松松平氏の藩校「立教館」の跡地に藩校「修道館」を建設し、五月十八日に開校、藩士の子弟の教育にあたらせた。

**目的** 藩士の十歳以上の子弟の教育のため、文武を兼修させた。また内規によれば、「執心の者」は在町の者にも願の上修学を許可することにしている。

・郷校として、白河と須賀川に「敷教舎」が置かれ、農商の子弟の教育にあたった。寛政十一年五月一日開講。

○出典（『羽林源公伝』広瀬典、『公餘録』「阿部家資料集」児玉幸多編、『松平定信ト立教館ノ文庫』―徳川時代ニ於ケル藩学文庫ノ研究―小野則秋、『白河市史』）

## 〔藩の武術〕

**松平**（久松）**家**

| 種目 | 流派 | 武術指南役 |
|---|---|---|
| 柔術 | 起倒流（寛政前後） | 鈴木清兵衛邦教 |
| 剣術 | 甲乙流（〃） | 山本助之進良容 |
| 炮術 | 三木流（〃） | 三木十左衛門 |
| | 三田野部流 | 三木十左衛門 |
| | （四流を統合・一流とす）のち←御家流と称す | 三木十左衛門（三木流） |
| | | 田井吉左衛門（田井流） |
| | | 小野（小野流） |
| | | 宮部林平（宮部流） |
| 槍術 | 風伝流（寛政前後） | 小河内弥内殷古 |
| | 池田流（〃） | 不明（軽輩へ習わせる） |

以下は、藩主松平定信が学んだ流派（右以外のもの）。

| | | |
|---|---|---|
| 剣術 | 新陰流（寛政前後） | 木村左左衛門（田安家の臣） |
| 槍術 | 大島流（〃） | 小南市郎兵衛 |
| 馬術 | 大坪流（〃） | 諏訪部文九郎 |

○出典（『御行状記料』天保六年田内親輔、『楽翁公伝』渋沢栄一）

## 〔参勤交代〕

**松平**（久松）**家**

参府　卯巳未酉亥丑　五月
御暇　寅辰午申戌子　五月
奥州道中を使用。

○出典（『文化武鑑』）

## 〔藩の基本史料・基本文献〕

「白河藩記録」（前橋市立図書館所蔵）
『白河市史資料集』　白河市　昭和三八年
『公餘録』「阿部家史料集」児玉幸多編　吉川弘文館　昭和五一年
『白河古事考』広瀬典　文政元年
『白河風土記』広瀬典　文化年間
『福島県史』近世・史料編各編　福島県　昭和四〇年～四三年
『白河市史』中　白河市　昭和四六年
『須賀川市史』三・近世　須賀川市　昭和五五年
『羽林源公伝』広瀬典
『矢吹町史』　矢吹町　昭和五二年
『鏡石町史』　鏡石町　昭和五七年
『西郷村史』　西郷村　昭和五三年
その他関係町村史
『西白河郡誌』　西白河郡　大正四年
『岩瀬郡誌』岩瀬郡　大正十二年
白河市立図書館蔵　川瀬文書他
須賀川市　市原家・内藤家・相楽家他各文書

（執筆者・竹川重男）

# 白《しら》河《かわ》新《しん》田《でん》藩

## 〔藩の概観〕

白河新田藩は、元禄元年（一六八八）白河藩主松平（奥平）忠弘《ただひろ》の養子忠尚《ただなお》が、忠弘より「新墾の地二万石」を分与されて成立したものである。居城は不明。

松平（奥平）忠弘は天和元年（一六八一）七月二十七日、宇都宮より一五万石で白河に入封した。忠弘は、長子清照（幼名鶴千代のち主税）が病弱であったため廃嫡とし、代わって肥前国唐津七万石の藩主松平（大給）和泉守乗久の長子忠尚（乗高のち乗守）を養子とした。忠尚が忠弘の三女を室としていたため、養子に迎えられたものである。

『土芥寇讎記』によれば、養父の忠弘は「生得愚魯ニシテ然モ文武共ニ不学、去レドモ天性淳直ニ、佞奸邪曲ノ念ナク、穏和ノ人」であり、家中に対しては「緩々タル仕置」を行なっていたという。しかし養子の忠尚は「智有ルニ似タレドモ過タレバ愚ニ等シ」い人物であり、「稠シキ法令ヲ出」したため、家中は二つに分れて対立するようになった。

天和三年、廃嫡の清照に子左膳（のちの忠雅）が誕生し、その継嗣をめぐって家老の奥平金弥と黒屋数馬を中心とする二派の対立が激化した（『白河古事考』）。元禄元年十月十五日、忠雅が忠弘の嗣となったため、忠尚は白河領内の新墾の地二万石を分与され、帝鑑の間に候することとなった。分与された土地の詳細は不明である。

本家の白河藩はなおも家中騒動が続き　奥平金弥派の武士多数が逐電する事態を引きおこした。これが幕府の知るところとなり、元禄五年（一六九二）七月二十一日、忠弘は白河の城地を没収され、五万石削減・閉門、家老二人は遠島に処せられた。忠尚もまたこの騒動に連座し閉門となった。忠弘・忠尚はともに八月十六日赦免、その後逼塞していたが十二月二十日これを許された。松平忠弘は、赦免と同時に出羽国山形一〇万石の藩主として転封になった。

忠尚は、養父忠弘が山形に転封となったあとも白河に分与された二万石を領有していたとみられるが、実態は不明である。

元禄十三年（一七〇〇）一月十一日、忠尚は白河から同国伊達郡桑折《こおり》に移り、桑折藩が成立した。なお地元史料に「白河新田藩」の名称は見えない。

## 〔藩の居城〕

不詳

## 〔親疎の別〕

**松平（奥平）家**　**譜代**

## 〔藩の基本史料・基本文献〕

『寛政重修諸家譜』
『土芥寇讎記』
『白河古事考』　広瀬典　文政元年

（執筆者・竹川重男）

# 石《いし》川《かわ》藩

## 〔藩の概観〕

石川藩は寛文二年（一六六二）十一月、白河藩主本多忠義《ほんだただよし》が次男忠利《ただとし》に陸奥国石川郡の内に一万石を分知して成立した。本藩の白河藩主忠平《ただひら》が天和元年（一六八一）七月に宇都宮に転封されたのにともない、忠利も同年九月に三河国挙母《ころも》に移されたため、わずか一九年間存続した譜代小藩である。忠義の祖父は徳川四天王のひとり平八郎忠勝《ただかつ》である。父忠政の三男で白河城主となった忠義は、きびしい検地を強行し過酷な年貢収奪を行なったことで知られている。その結果、寛文二年の隠居に際し、嫡子忠平に一〇万石を与え、忠利と忠以《ただもち》にそれぞれ一万石、忠晴《ただはる》と忠周《ただちか》にもそれぞれ二五〇〇石を分知できたのである（『福島県史』三、『寛政重修諸家譜』）。

なお、石川郡中野村庄屋二瓶市郎右エ門の「延享三年（一七四六）御尋ニ付種々書上帳扣（マヽ）」には、「寛文五巳年ヨリ　天和元酉年迄拾七年間白川御城主御分ケ地本田長門守領分」とある（二瓶勇家文書）。

寛文四年（一六六四）四月、忠利は将軍家綱から一万石を充行う朱印状を与えられた。その目録にある村々は次の通りである。

陸奥国石川郡之内　拾六箇村
下泉《しもいずみ》村　高田村　内真木《うちまき》村　山形村　双里村　形見村　谷沢《やざわ》村　坂路村　谷地村　北山村　湯郷渡《ゆごうと》村　母畑《ぼばた》村　中野村　塩沢村　沢井村
中田村内　（本多忠晃家文書）

忠利は寛永十二年（一六三五）に生まれ、母は森美作守忠政の女。はじめ一学と称した。寛文二年、父の分知を受けて帝鑑間に詰め（子孫も同じ）、山城守ついで長門守に任じられた。寛文三年、初めて領地に下向した。寛文十年（一六七〇）奏者番となり、同十一年から寺社奉行を兼ね、延宝四年（一六七六）両職を辞任し、天和元年九月に挙母に移封となり、石川藩は廃せられた。

その後、忠利は元禄十二年（一六九九）大坂城の在番を命じられ、翌年五月大坂で死去した。年六十六。法名は玲然性石本覚院。近江国神崎郡高野の永源寺に葬むられた。忠利の跡は忠次《ただつぐ》（山城守、実は毛利甲斐守綱元の次男忠利の養子、室は忠利女）、ついで孫忠央《ただなか》が継いだが、寛延二年（一七四九）遠江国相良に移され、宝暦八年（一七五八）十月に改易された（『寛政重修諸家譜』）。忠利の石川領は白河藩松平（奥平）氏領となり、以後領主が変遷し、幕府領で明治に至った。

## 〔藩の居城〕

未詳。支配下の一六ケ村はすべて現在の石川郡石川町内である。その内の下泉村か高田村に陣屋が置かれたと考えられる。

## 〔藩主の系図〕（姻戚関係）

**本多家**　**譜代**

忠義《ただよし》
- 女子　金森長門守頼直室
- 女子　毛利和泉守光廣室
- 女子　井上中務少輔正任室
- 忠平《ただひら》　白河藩主
- **忠利**《ただとし》→三河国挙母へ（挙母藩参照）
- 忠以《ただもち》　浅川藩主
- 忠晴《ただはる》　越中守忠以養子
- 忠周《ただちか》
- 女子　松平左京大夫頼純室
- 女子　松平飛驒守利明室
- 女子　石川若狭守總良室
- 女子　松平右京亮忠倫室
- 忠常《ただつね》　能登守忠平養子
- 忠寄《ただより》　一學、忠利養子

○出典（『寛政重修諸家譜』）

（執筆者・小豆畑毅）

# 浅《あさ》川《かわ》藩

## 〔藩の概観〕

浅川藩は寛文二年（一六六二）十一月、白河藩主本多忠義《ただよし》が三男忠以《ただもち》に一万石を分知して成立した譜代小藩で、立藩の経緯は石川藩と同じである。二代藩主は弟の忠晴《ただはる》で、天和元年（一六八一）九月三河国伊保《いぼ》に移封されたため、石川藩と同じく一九年間で廃藩となった。

忠以は森美作守忠政《ただまさ》の女を母として、寛永十七年（一六四〇）に生まれ、初めの諱は忠序《ただのぶ》で官兵衛と称した。寛文二年十一月、石川郡・白川郡の内に一万石を分与され、石川郡浅川に住んだ。詰間は帝鑑間（子孫も同じ）で、越中守に任じられた。寛文四年三月大番頭となったが、同年五月二十五歳で死去した。法名は確厳性堅広照院で三河国伊保《いぼ》の永福寺に葬られ、のち遠江国相良《さがら》の宝泉寺に改葬された（『寛政重修諸家譜』）。

忠以の遺骨は江戸から奥州白河に移され、のち永福寺に葬むられたという（「忠以公忠如《ただゆき》公御四代之記」本多忠晃家文書）。

二代忠晴は忠義の四男で、母は忠以と同じ。寛永十八年に生まれ、吉左衛門と称した。寛文二年十一月、忠義の白河領の内新墾田二五〇〇石を分知されたが、寛文四年五月兄忠以の養子となり、同年七月に忠以の遺領を継ぎ、旧知は本家忠平に返還した。同年十二月弾正少弼に任じられ、寛文五年九月、初めて封地に赴いた。七年五月には近江国水口《みなくち》城在番を命じられた。天和元年九月、三河国加茂郡・碧海《あおみ》郡内に転封となり伊保に移ったため、浅川藩は廃された（『寛政重修諸家譜』）。

寛文四年七月の本多吉左衛門忠晴宛将軍家綱朱印状によれば、領地は石川郡内一六ヶ村で六八〇六石七斗余と、白川郡内四ヶ村で三一九三石二斗余で合計一万石である。その目録による村々は次の通りである。

陸奥国石川郡之内　拾六箇村
浅川町村　瀧輪《たきのわ》村　大畑村　蓑輪《みのわ》村　袖山《そでやま》村　根岸村　大草村　中里村　松入《まつのいり》村　畑田村　白石里《しらいしさと》村　白石山村　板橋村　南山形村　福貴作村　染村
白川郡之内　四箇村
大田和村　小貫《おぬき》村　上野出嶋《かみのでじま》村　下野出嶋村（本多忠晃家文書）

忠晴はその後大番頭になり、のち奏者番と寺社奉行を兼ね、五〇〇〇石を加増された。宝永七年（一七一〇）には遠江国相良に在所を移し、正徳五年（一七一五）四月七十五歳で死去し、相良の宝泉寺に葬られた。法名は道麟祥岳清源院。

四代忠如《ただゆき》の時、延享三年（一七四六）九月に、陸奥国泉（いわき市）一万五〇〇〇石に移封され、以後明治の廃藩まで存続した（『寛政重修諸家譜』）。

## 〔藩の居城〕

未詳。支配下の二〇ヶ村は石川郡浅川町とその周辺なので、浅川に陣屋が置かれた可能性が強い。しかし忠以が上野出嶋村板倉に居たという説もある（『白河古事考』『東村村史』上、「忠以公忠如公御四代之記」、本多忠晃家文書）。

〔藩主の系図〕（石川藩と重複するので女子分は略す）

**本多家**　**譜代**

忠義
　├忠平
　├忠利
　├**忠以《ただもち》**―**忠晴《ただはる》**忠義四男→三河国伊保へ（伊保藩参照）
　├忠晴兄忠以養子
　├忠常《ただつね》
　└忠寄《ただより》

（執筆者・小豆畑毅）

# 棚《たな》倉《ぐら》藩

〔藩の概観〕

棚倉藩は、陸奥国白川郡（福島県東白川郡）・菊多郡・磐前《いわさき》郡・磐城郡（福島県いわき市）・常陸国多賀郡（茨城県）あるいは伊豆（静岡県）・播磨（兵庫県）・近江（滋賀県）・出羽（山形県）の一部におよんだ譜代中藩である（初期、外様）。戦国時代末期から常陸太田の領主佐竹氏の支配下にあったが、文禄三年（一五九四）十月から三ヶ月にわたって行なわれた太閤検地では、石田三成の家臣井口清左衛門が検地を行ない、陸奥国南郷、すなわち棚倉をはじめとする白川郡は、二万六八三〇石三斗九升が打ち出された。

慶長五年（一六〇〇）関ヶ原の戦いに、佐竹義宣は豊臣方について破れ、慶長七年出羽国秋田に移された。同年三月（一説には五月）、幕府代官頭彦坂小刑部元正が下代貴志五郎助を派遣して支配し、翌慶長八年（一六〇三）三月領内総検地を開始した。同年筑後国柳川城主であった立花宗茂《むねしげ》が入部し一万石を領し、慶長九年二万五五〇〇石に加増されたが築城せずに、俗称代官町大長屋と称されたところに居住した。元和六年（一六二〇）、立花は旧領柳川に復した。元和八年（一六二二）、丹羽長重《ながしげ》が常陸国古渡から移り五万石を領した。丹羽氏は寛永二年（一六二五）、棚倉城を築いた。城は赤館城の南、久慈川とその支流にはさまれた台地の上に築かれた平城で、近津明神を移転させてその跡地に築城し、亀ヶ城とも称された。城下町は南北に細長く延び、北部の伊野上村、南部の伊野下村の二ヶ村からなり、伊野上村には新町、伊野下村には古町をはじめ鉄砲町・下町が町割された。

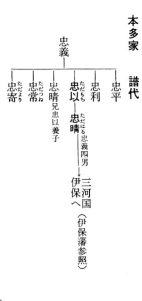

藩主丹羽長重は上方商人を招いて城下町の建設にあたり、佐竹氏時代の土豪層を郷士・検断・名主などにして掌握し、支配体制を固めた。また分領常陸平潟港（北茨城市）は、天然の良港であったため、平潟街道を整備し、廻米および諸物資の移入・移出の確保につとめ、丹羽氏の後も慶応二年まで棚倉藩の支配下に置かれた。寛永四年（一六二七）、丹羽長重は五万七〇〇石を加増され、陸奥国白河に移った。代わって棚倉には、譜代大名内藤信照《のぶてる》が入部し、陸奥国白川・菊多、常陸国多賀の三郡の内に五万石を領した。

寛永六年（一六二九）、信照は紫衣事件に連座した大徳寺玉室宗珀を預っている。また正保四年（一六四七）八月、領内総検地を実施した。寛文四年（一六六四）四月寛文朱印状によれば、白川郡の内八八ヶ村、高三万二五一四石五斗四升、菊多郡の内一〇ヶ村、高七五七三石三斗五升、常陸国多賀郡の内一六ヶ村、高一万二石九斗九升、都合五万九〇石であった（『寛文朱印留』上一五二〜一五三頁）。

二代信良《のぶよし》は、寛文五年六月初入部、同八年から十年に領内検地、同十一年九月には、常陸国多賀郡の内に、新墾田五〇〇〇石を弟信全《のぶのり》に分知した。三代弌信《かずのぶ》は実は内藤信光の次男、延宝元年十月内藤信良の養子となり、延宝八年幕命によって守山幕領の検地を行なった。元禄年間にはご多聞にもれず藩財政が窮乏し、元禄十四年領内検地を行なうとともに、京都の浪人松波勘十郎を起用して藩政改革を行なったが、元禄十五年（一七〇二）八月、棚倉藩南郷・竹貫六三ヶ村の農民は、松波の罷免を要求する訴状を提出した（『古殿町史』上巻）。宝永二年（一七〇五）、弌信は駿河国田中に移封し、代わって太田資晴《すけはる》が田中から入部して五万石を領することとなった。その後、享保十三年（一七二八）五月若年寄に昇進した資晴は、上野国館林に去り、同時に館林から松平（越智）武元《たけもと》が移り五万石を領した。しかし延享三年（一七四六）、再び館林に戻った。代わって遠江国掛川から小笠原長恭《ながゆき》が六万石で入部し、長堯《ながたか》・長昌《ながまさ》と三代続き、文化十四年（一八一七）肥前国唐津に移封となり、井上正甫《まさもと》が遠江国浜松から入部し五万石を領した。その子正春《まさはる》は、天保七年（一八三六）上野国館林に転じた。代わって石見国浜田から松平（松井）康爵《やすたか》が六万石で入部し、康圭《やすかど》・康泰《やすひろ》・康英《やすてる》と続き、慶応元年（一八六五）、康英は老中に就任し二万石の加増を受け、翌二年、維新動乱の直前のあわただしい時に、武蔵国川越に移った。

代わって阿部正静《まさきよ》が白河から移り一〇万石を領した。戊辰戦争では、阿部正静は奥羽越列藩同盟に参加し、白河口において西軍と戦火を交え、また棚倉城も西軍の攻撃を受け、慶応四年六月二十四日棚倉城は落城し、正静は信達分領保原陣屋で西軍に降服した。明治元年十二月相続した阿部正功《まさこと》の時、廃藩置県となった。

## 〔藩の居城〕

**城**

名　称　①棚倉城　②亀ヶ城

所在地　福島県東白川郡棚倉町

家数・人口　五二四三軒・二万六七五六人

○出典（『藩制一覧』）

## 〔藩（大名）の家紋など〕

**立花家**

家紋　祇園守　杏葉　扇祇園守

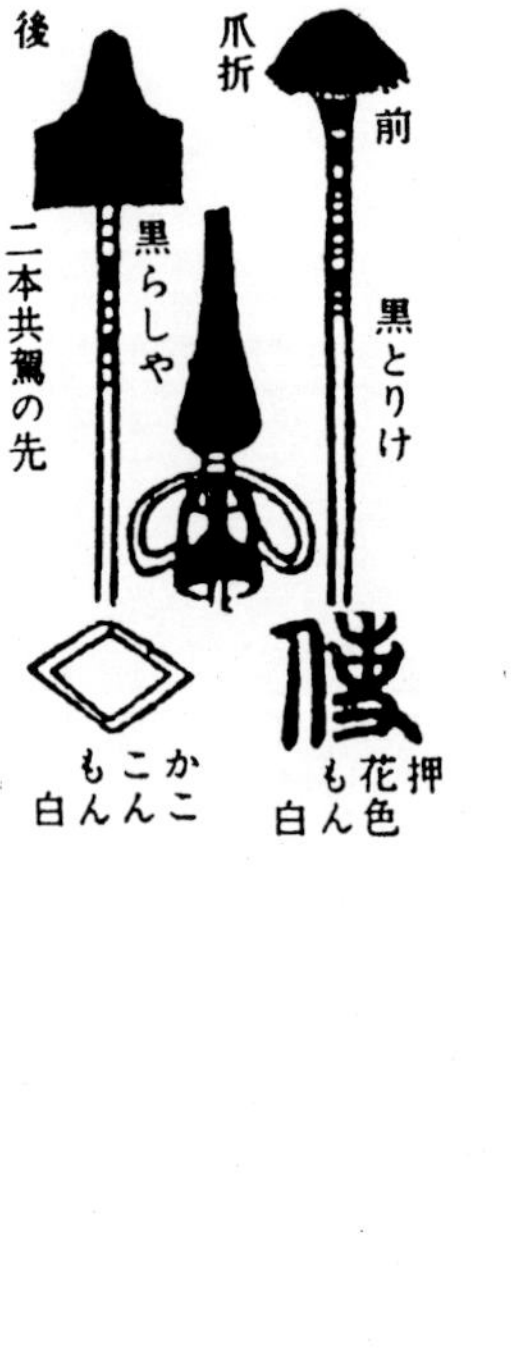


**丹羽家**

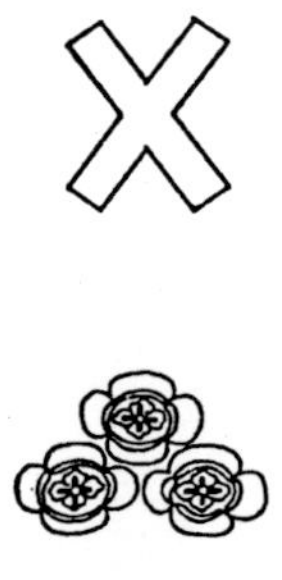

家紋　違棒　三木瓜

## 内藤家

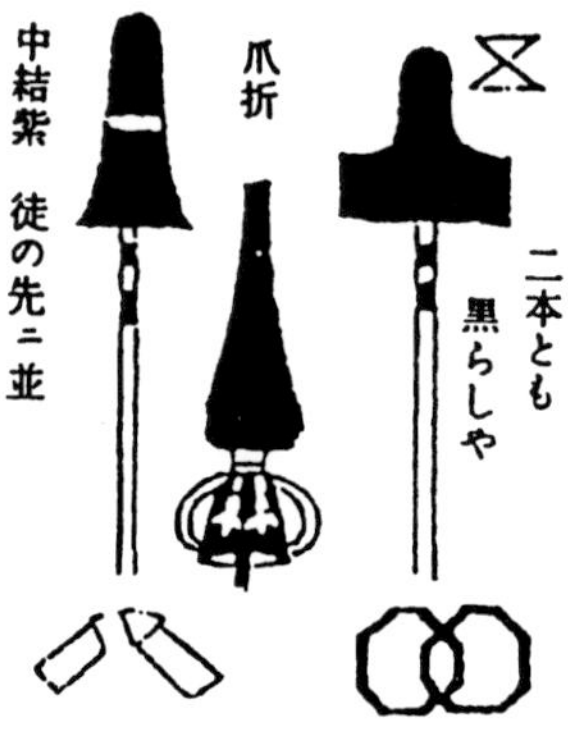

家紋 下り藤の丸(バラ藤) 下り藤の丸 軍配団扇

## 太田家

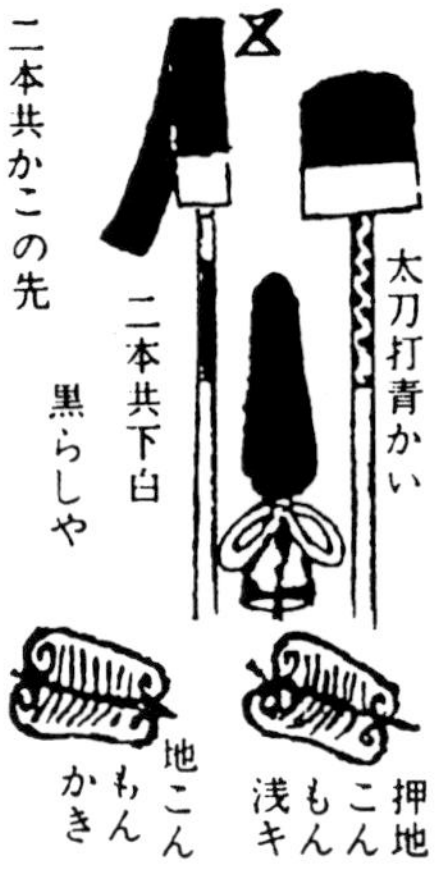

家紋
丸に桔梗 矢尻付き違い矢

## 松平家(越智)

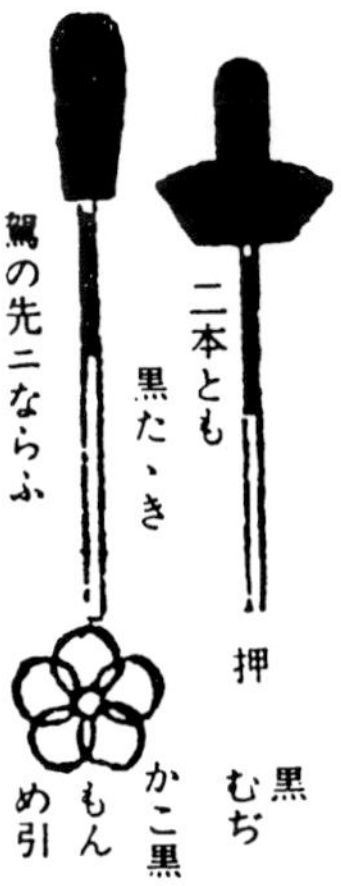

家紋
丸に揚羽蝶 左巴三頭
三葉葵 六葉葵

## 小笠原家

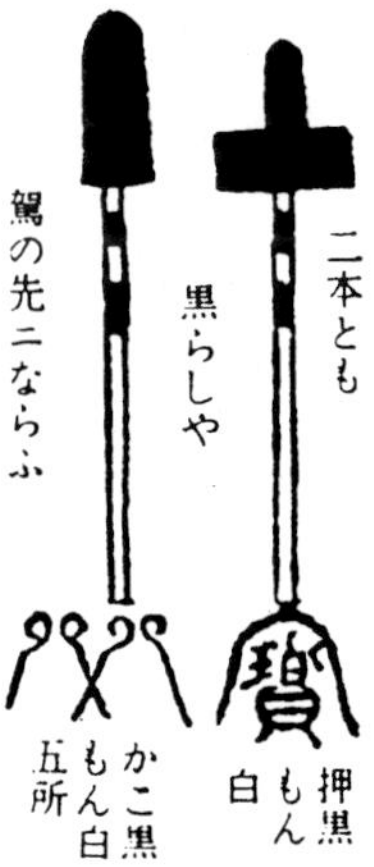

家紋
三階菱 五三桐

**井上家**

家紋
黒餅に八鷹羽　井桁

**松平家**（松井）

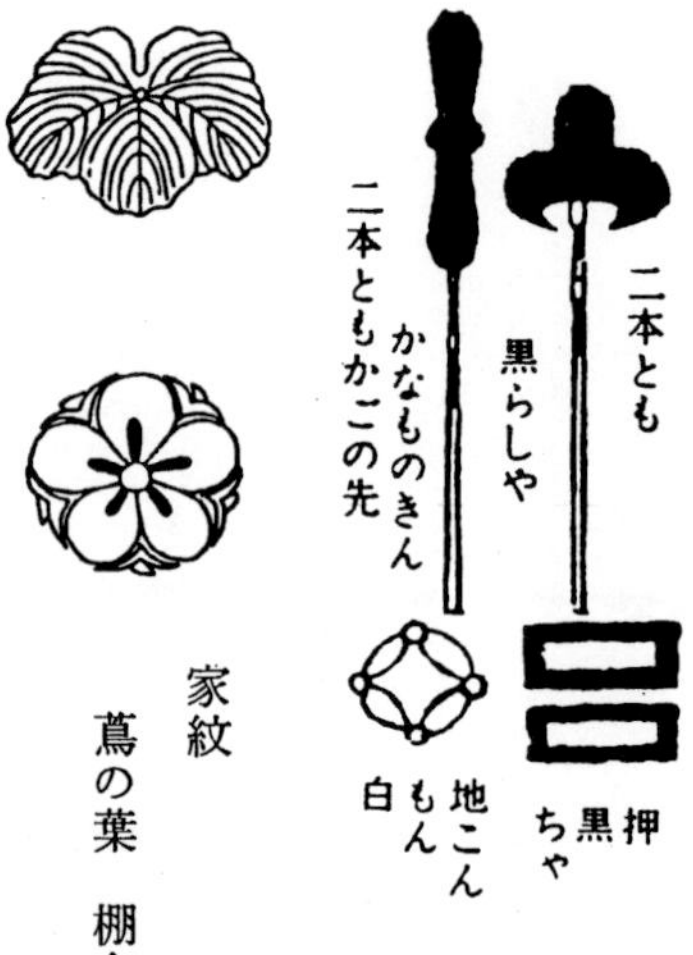


家紋
蔦の葉　棚倉梅

**阿部家**

家紋
丸に違い鷹羽　細輪

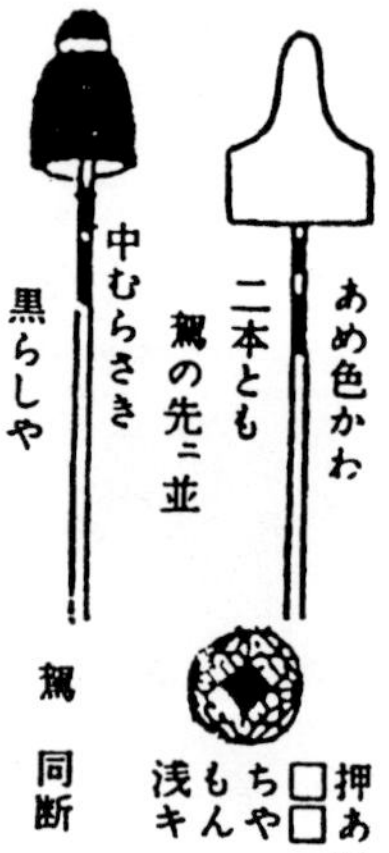


○出典（『文化武鑑』）

## 〔藩主の系図〕（姻戚関係）

**①立花家**　**外様**

筑後国柳川から→**宗茂**《むねしげ》→旧領筑後国柳川へ（柳川藩参照）

**②丹羽家**　**外様**

常陸国古渡から→**長重**《ながしげ》→陸奥国白河へ（白河藩参照）
従三位宰相加賀守、五郎左衛門

- 長正　宮松、備中守、従五位下、母は某氏、越前藤枝五万石、慶長五年領地没収
- 高吉　仙丸、宮内少輔、大和大納言秀長養子、後、藤堂和泉守高虎養子
- 直政　越後守、母は某氏、蜂屋出羽守某養子
- 長俊　長門守、従五位下、母は高吉に同じ
- 長次　丹羽五左衛門長堅祖、熊千代、左近、左近将監、母は某氏
- 女子　母は某氏、赤田隼人正某妻
- 女子　母は某氏、粟屋越中守某妻
- 女子　母は某氏、稲葉彦六郎典通室
- 女子　母は長正に同じ、青山修理亮宗勝妻
- 女子　母は右に同じ、吉田大膳大夫重治妻

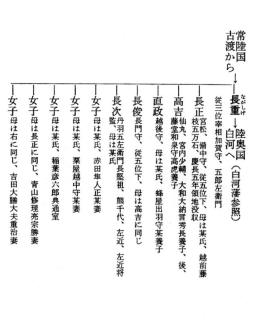

## ③内藤家　譜代

摂津国高槻から↓

- **信照**《のぶてる》 弥七郎、豊前守、従五位下
  - 信武 丹後守、従五位下、母は某氏、元和五年三月二十六日卒
    - 女子 母は某氏、信照養女
  - 信之 伊豆守、従五位下
  - 女子 母は某氏、金森甲斐守重次妻
  - 女子 母は某氏、水無瀬中納言氏信室
  - 女子 母は某氏、家臣内藤新五左衛門信義妻
  - 女子 母は某氏、堀美作守親昌室
  - 信直 玄蕃、母は某氏、病気により棚倉に閑居、寛文八年十二月朔日死
    - 信有 源七郎、釆女、筑後守、内藤三左衛門信全養子
  - 女子 母は某氏、植村帯刀泰朝妻
  - 某 左近、母は某氏
  - 女子 信武女、信照に養われて堀越中守利長室
  - **信良**《のぶよし》 犬千代、淡路守、豊前守、従五位下、母は某氏
    - 女子 母は某氏、岡部播磨守正敦妻
    - 信貞《のぶさだ》 藤太郎、母は直基養女、万治三年生る、延宝元年三月四日死去
    - **弌信**《かずのぶ》 初信勝、市之助、紀伊守、豊前守、従五位下、従四位下、内藤伊勢守信光次男、母は某氏 →駿河国田中へ（田中藩参照）
    - 女子 堀市正通周女、信良に養われて諏訪若狭守頼秋妻
    - 女子 母は某氏、内藤越前守信明妻
    - 女子 母は某氏
    - 信輝 紀伊守、母は某氏、兄弌信養子
  - 女子 母は某氏、家臣鳥居忠左衛門室
  - 某
  - 信全《のぶのり》
  - 某

## ④太田家　譜代

駿河国田中から↓

- 某 早世、釆女、母は重常女
- 某 早世、右京、母同右
- 某 早世、辰之助、母同右
- 某 早世、虎之丞、母同右
- **資晴**《すけはる》 初資重、資在、熊次郎、備中守、従五位下、従四位下、母同右 →上野国館林へ（館林藩参照）
- 女子 母同右、松平能登守乗賢室

## ⑤松平（越智）家　親藩

上野国館林から↓

- 某 早世、万橘、母は伊藤氏
- **武元**《たけちか》 初武元（たけもと）、源之進、右近将監、主計頭、従五位下、従四位下、侍従、松平播磨守頼明次男、母は久野氏 →上野国館林へ（館林藩参照）

## ⑥小笠原家　譜代

遠江国掛川から↓

- 女子 母は長熈女、小笠原備後守貞顕室
- **長恭**《ながゆき》 初長明、土丸、内膳、佐渡守、能登守、従五位下、母は某氏
  - **長堯**《ながたか》 岩丸、津八郎、佐渡守、従五位下、母は某氏
    - 某 早世、千勝丸、母は頼恭女
    - 女子 母は某氏
    - 長瑗《ながてる》 百乙、母は某氏
    - 女子 母は某氏、小笠原丹後守長有養女
    - 女子 母は某氏
    - 女子 母は某氏
    - 某 義八郎、母は某氏
    - 某 角之進、母は某氏
    - 某 篤三郎、母は某氏
    - **長昌**《ながまさ》 →肥前国唐津へ（唐津藩参照） 幼名篤三郎を津八郎と改名、主殿頭
  - 女子 母は某氏、板倉伊予守勝意に嫁し、離婚の後織田左近将監信浮室
  - 長富 鋲次郎
  - 長英 恒五郎
  - 女子 母は某子
- 女子 母は某氏、北条遠江守氏彦室
- 女子 母は某氏、九鬼式部少輔隆貞室

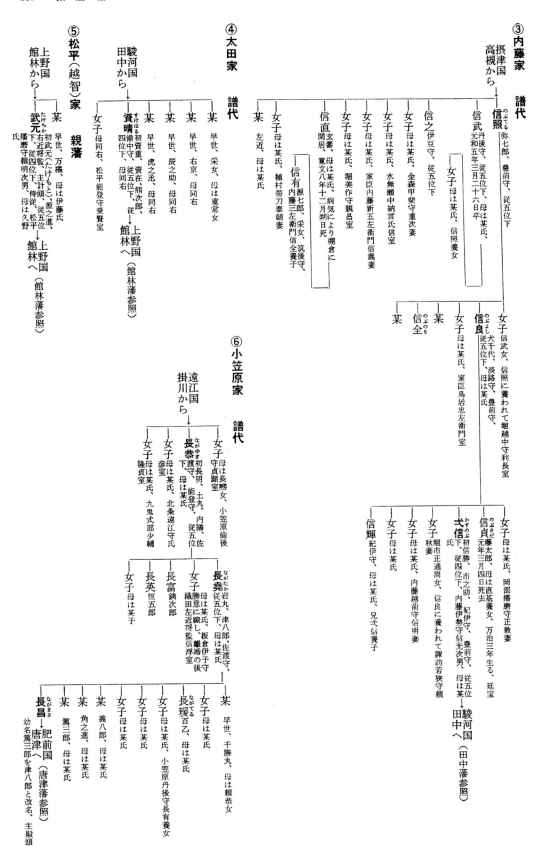

## ⑦井上家　譜代

遠江国浜松から→
- 女子 母は乗佑養女
- 正甫《まさもと》 初正甫（まさよし）、武三郎、直之助、河内守、従五位下、母は桜井氏
  - 正春《まさはる》 従四位、侍従、河内守→上野国館林へ（館林藩参照）

## ⑧松平（松井）家　譜代

石見国浜田から→
- 康寿 左近将監
- 康爵《やすたか》 従五位、左近将監、従四位、周防守、弾正少弼
  - 康圭《やすかど》 兄康爵の養子となる、従五位、周防守
    - 康泰《やすひろ》 初め磐若、従五位、周防守
      - 康英《やすてる》 松平軍次郎の嫡子、初め万太郎、康直と改め、石見守、周防守→武蔵国川越へ（川越藩参照）

## ⑨阿部家　譜代

陸奥国白河から→
- 正静《まさきよ》 初め長吉郎、美作守
  - 正功《まさこと》 従五位下、光之介、基之介、正耆男
  - 女子　恵、喜久
  - 某　信一郎、早世
- 女子　勝
- 某　義、早世
- 女子　礼

○出典（『新訂寛政重修諸家譜』）

## 〔藩主一覧〕（歴代藩主および石高・所領の変遷）

| 姓 | 諱 | 受領名または官名 | 通称 | 生没年月日 | 戒名と菩提所（所在地） | 藩主就任・退任年月日 | 江戸幕府就任役職名・就任退任年月日 | 石高変遷年月日（西暦） | 石高（表高） | 領地（国郡名） |
|---|---|---|---|---|---|---|---|---|---|---|
| 立花 | 宗茂 | 左近将監 飛騨守 | 弥十郎 号 立斎 | 永禄12・8・13～寛永19・11・25 | 松隠宗茂大圓院 広徳寺（東京都練馬区桜台） | 慶長8・10・25～元和6・11・27 | | 慶長8・10・25（一六〇三） | 一〇〇〇〇 | 陸奥国棚倉（一万石） |
| | | | | | | | | 慶長9 | 二五五〇〇 | 陸奥国赤館、上総国山辺郡 |
| | | | | | | | | 慶長14 | 三〇五〇〇 | 五〇〇〇石加増 |
| 丹羽 | 長重 | 加賀守 | 五郎左衛門 | 元亀2～寛永14・閏3・6 | 傑俊浄英大隣寺 大隣寺（福島県白河市） | 元和8・1・11～寛永4・2・10 | | 元和8・1・11（一六二二） | 五〇〇〇〇 | 陸奥国棚倉・赤館 |
| 内藤 | 信照 | 豊前守 | 弥七郎 | 文禄1～寛文5・1・19 | 長誉良栄徹春清浄院 光徳寺（福島県東白川郡棚倉町）・無量院（東京都文京区小石川） | 寛永4～寛文5・1・19 | 大坂定番 慶安2・10・25 | 寛永4（一六二七） | 五〇〇〇〇 | 陸奥国白川郡（三万二五一四石余）〃菊多郡（七五七三石余）常陸国多賀郡（一万二石余） |

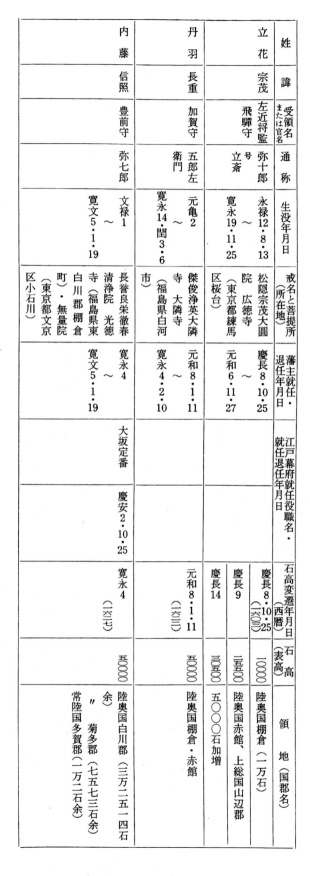

| 姓 | 諱 | 受領名または官名 | 通称 | 生没年月日 | 戒名と菩提所（所在地） | 藩主就任・退任年月日 | 江戸幕府就任役職名・就任退任年月日 | | 石高変遷年月日（西暦） | 石高（表高） | 領地（国郡名） |
|---|---|---|---|---|---|---|---|---|---|---|---|
| 内藤 | 信良 | 淡路守<br>摂津守<br>豊前守 | 犬千代 | 寛永2～元禄8・7・23 | 静誉供安宝岩院光徳寺（福島県東白川郡棚倉町）無量院（東京都文京区小石川） | 寛文5～延宝2・11・16 | | | | 五〇〇〇〇 | 陸奥国白川・菊多郡<br>常陸国多賀郡 |
| 内藤 | 弌信 | 紀伊守<br>豊前守 | 市之助 | 万治1～享保15・11・11 | 檀誉超岳徳林院　無量院（〃） | 延宝2・11・16～宝永2・4・22 | | | | 〃 | 〃 |
| 太田 | 資晴 | 備中守 | 熊次郎 | 元禄8・12・23～元文5・3・24 | 道精日現瑞光院　妙法華寺（静岡県三島市玉沢） | 宝永2・4・22～享保13・9・22 | 奏者番<br>寺社奉行兼<br>若年寄 | 享保8・3・25<br>享保10・6・11<br>享保13・5・7 | 宝永2・4・22（一七〇五） | 五〇〇〇〇 | 陸奥国白川・菊多郡<br>常陸国多賀郡 |
| 松平（越智） | 武元 | 右近将監<br>主計頭<br>右近将監<br>侍従 | 源之進 | 正徳3・12・28～安永8・7・25 | 勇山大超院　善性寺（東京都荒川区東日暮里） | 享保13・9・22～延享3・9・25 | 奏者番<br>寺社奉行兼<br>西の丸老中<br>老中 | 元文4・9・1<br>延享1・5・15<br>延享3・5・15<br>延享4・9・3 | 享保13・9・22（一七二八） | 五五〇〇〇 | 陸奥国白川・菊多・磐前・磐城郡<br>常陸国多賀郡<br>伊豆国君沢・田方郡<br>播磨国加東・美嚢郡 |
| 小笠原 | 長恭 | 内膳<br>佐渡守<br>能登守 | 土丸 | 元文5～安永5・5・29 | 本源崇徳慈雲院　龍光寺（東京都文京区本駒込） | 延享3・9・25～安永5・5・29 | | | 延享3・9・25（一七四六） | 六〇〇〇〇 | 陸奥国白川・菊多・磐城・磐前郡<br>常陸国多賀郡<br>出羽国村山郡<br>伊豆国君沢・田方郡 |
| | | | | | | | | | 宝暦13・4・26（一七六三） | 〃 | 出羽国村山郡を常陸国真壁・河内・筑波郡、近江国甲賀・野洲・蒲生郡六郡の内に移さる |
| 小笠原 | 長堯 | 佐渡守 | 津八郎<br>号 南蕁 | 宝暦11～文化9・5・3 | 南蕁院　龍光寺（〃） | 安永5・7・24～文化9・3・24 | 奏者番 | 寛政2・3・24 | | 〃 | 陸奥国白川・菊多・磐城・磐前郡<br>常陸国多賀・真壁・河内・筑波郡<br>伊豆国君沢・田方郡<br>近江国甲賀・野洲・蒲生郡 |
| | | | | | | | | | 天明2・8・26（一七八二） | 〃 | 伊豆国君沢・田方郡を近江国蒲生・野洲両郡に移さる |
| | | | | | | | | | 天明4・6・6（一七八四） | 〃 | 常陸国筑波・河内・真壁郡、陸奥国菊多郡を陸奥国白川・磐城二郡に移さる |

| 姓 | 諱 | 受領名または官名 | 通称 | 生没年月日 | 戒名と菩提所（所在地） | 藩主就任・退任年月日 | 江戸幕府就任役職名・就任退任年月日 | 石高変遷年月日（西暦） | 石高（表高） | 領地（国郡名） |
|---|---|---|---|---|---|---|---|---|---|---|
| 小笠原 | 長昌 | 主殿頭 | 津八郎 | 寛政8・11・3～文政6・9・29 | 廓岩崇徹霊源院 龍光寺（東京都） | 文化9・3・24～文化14・9・14 | | | 六〇〇〇〇 | 陸奥国白川・磐城・磐前郡 常陸国多賀郡 近江国甲賀・野洲・蒲生郡 |
| 井上 | 正甫 | 河内守 | 直之助 | 安永4～安政5・1・26 | 安住院越海日久 浄心寺（東京都文京区向丘） | 文化14・9・14～文政3 | 奏者番 享和2～文化13 | 文化14・9・14（一八一七） | 五〇〇〇〇 | |
| 井上 | 正春 | 河内守 侍従 | 亀丸 | 文化3・10・5～弘化4・2・12 | 泰煕院俊徳温良日義 浄心寺（〃） | 文政3～天保7・3・12 | 奏者番 文政12・6・28<br>寺社奉行 天保5・4・28<br>大坂城代 天保9・4・11<br>老中 天保11・11・3 | | 〃 | |
| 松平（松井） | 康爵 | 周防守 | | 文化7～明治1・5・8 | 寛隆院温誉誠円 徳潤 天徳寺（東京都港区虎ノ門） | 天保7・3・12～嘉永7 | | 天保7・3・12（一八三六） | 六〇〇〇〇 | 陸奥国白川・磐城・磐前郡 常陸国多賀郡 近江国、三河国 |
| 松平（松井） | 康圭 | 周防守 | | 文政4～文久2・8・22 | 天徳寺（〃） | 嘉永7～文久2・8・22 | | | 〃 | 〃 |
| 松平（松井） | 康泰 | 周防守 | | 嘉永2～元治1・11・18 | 天徳寺（〃） | 文久2・9・14～元治1 | | | 〃 | 〃 |
| 松平（松井） | 康英 | 石見守 周防守 | 万太郎 | 天保1～明治37・7 | 恭徳院謙誉覚道翠山 天徳寺（〃） | 元治1・11～慶応2・6 | 老中 慶応1・4・12～慶応1・10・16<br>慶応1・11・20～慶応4・2・5 | 慶応1（一八六五） | 六〇四〇〇<br>八〇四〇〇 | 〃<br>〃（二万石加増） |
| 阿部 | 正静 | 美作守 | 長吉郎 | 嘉永2～明治11・1・23 | 大清院正静 西福寺（東京都台東区） | 慶応2・6・25～明治1・12・7 | | 慶応2・6（一八六六） | 一〇〇〇〇〇 | |
| 阿部 | 正功 | | 基之介 | 万延1～大正14 | 西福寺（〃） | 明治1・12・14～明治4・7・14 | | | 六〇〇〇〇 | |

○出典（『寛政重修諸家譜』『福島県史』『棚倉町史』『三百藩藩主人名事典』）

# 〔藩史略年表〕

| 西暦 | 和暦 | 月日 | 政治・法制 | 月日 | 社会（文化を含む）・経済 |
|---|---|---|---|---|---|
| 一五九四 | 文禄三 | | 佐竹領総検地、五四万七〇〇〇石余となる。 | | |
| 一六〇二 | 慶長七 | 5 | 佐竹義宣、出羽国秋田に国替えとなる。 | | |
| 一六〇三 | 八 | 3・17 | 南郷の旧佐竹領二万八〇〇〇石、幕府代官彦坂小刑部支配、領内総検地を行なう。立花宗茂入部、一万石。 | | |
| 一六〇四 | 九 | | 宗茂、二万五五〇〇石に加増。 | | |
| 一六〇九 | 一四 | | 宗茂、棚倉領内南郷に五〇〇〇石を賜わる。 | | |
| 一六二〇 | 元和六 | 11・27 | 宗茂、筑後国柳川一〇万九〇〇〇石に転封。 | | |
| 一六二二 | 八 | 1・11 | 丹羽長重、棚倉赤館城主となり、五万石を領す。この時常陸国多賀郡平潟港も支配する。 | | |
| 一六二四 | 寛永一 | 9・2 | 長重、棚倉城の筑城の許可を得る。 | | |
| 一六二五 | 二 | 1 | 長重、棚倉城の構築を開始する。 | | |
| 一六二七 | 四 | 2・10 | 長重、一〇万七〇〇〇石に加増され白河に移る。内藤信照、摂津国高槻より五万石で棚倉に入部。 | | |
| 一六四七 | 正保四 | | 信照、領内総検地を実施。 | | |
| 一六四九 | 慶安二 | 10・25 | 信照、大坂定番となる。 | | |
| 一六五五 | 明暦一 | | | | 信照、眼病治祈願したところ回復し、城下中居の薬師堂建立。 |
| 一六七一 | 寛文一一 | 9・23 | 信良、新田五〇〇〇石を弟信全に分与。 | | |
| 一六七二 | 一二 | | | 1・28 | 棚倉城下大火。 |
| 一六七九 | 延宝七 | | 内藤氏、商品一八品目の領内外移出入に対し課税拡大。 | | |
| 一六八〇 | 八 | | 弌信、幕命により守山幕領を代検地。 | | |
| 一六八七 | 貞享四 | | | 8・9 | 弌信、臣を随え舟で久慈川に遊ぶ。 |
| 一六九七 | 元禄一〇 | | | 10 | 藤沢の遊行上人が領内植田村（塙町）教広寺に入来する。 |
| 一六九九 | 一二 | 9・3 | 弌信、時鐘を城に懸げ、領民をして、勤休、律に合わしむ。 | | |
| 一七〇一 | 一四 | | 弌信、京都の浪人松波勘十郎を登用し、藩政改革を行なう。 | | |
| 一七〇二 | 一五 | | | 8 | 棚倉藩南郷・竹貫六三ヶ村農民、松波勘十郎の罷免要求。 |
| 一七〇五 | 宝永二 | 4・22 | 弌信、駿河国田中に移る。代わって太田備中守資晴、田中より入部する。 | | |

| 西暦 | 和暦 | 月日 | 政治・法制 | 月日 | 社会（文化を含む）・経済 |
|---|---|---|---|---|---|
| 一七〇七 | 宝永　四 | | | | 資晴、領内花園村に日蓮宗長久寺を創建する。 |
| 一七二八 | 享保一三 | | 棚倉藩、窪田出張陣屋開設。 | | |
| | | | 資晴、領内の新田検地を行なう。 | | |
| | | 9・22 | 資晴、上野国館林に移封、代わって館林から松平武元入部。 | | |
| 一七二九 | 一四 | 9 | 塙代官所開設、初代官会田伊右衛門。 | | |
| 一七四九 | 寛延　二 | | | 12 | 塙代官領で戸塚騒動起こる。 |
| 一七五〇 | 三 | 2 | 塙代官領の一揆鎮圧に棚倉藩出兵。 | | |
| 一七八六 | 天明　六 | | 小笠原長堯、重臣の献策を入れ、湯岐温泉の復興・平潟街道の改修を行なう。 | | |
| | | | 小笠原騒動起こる。 | | |
| 一七九八 | 寛政一〇 | 1 | 越後国榊原分領浅川において騒動起き、棚倉よりも一揆鎮圧の援兵を出す。 | | |
| 一八一二 | 文化　九 | 3・24 | 長堯、隠居し南蓴と号す。 | | |
| 一八一七 | 一四 | 9・14 | 小笠原長昌、肥前国唐津に転封し、代わって井上正甫、遠江国浜松から入部。 | | |
| 一八三六 | 天保　七 | 3・12 | 井上正春、上野国館林に転封し、石見国浜田より松平康爵が入部する。 | | |
| 一八五四 | 嘉永　七 | 9・16 | 康爵の弟康圭、封を継ぎ周防守となり、藩の殖産興業を推進する。 | | |
| 一八六二 | 文久　二 | 8・22 | 康圭卒す。九月一四日、康泰封を継ぐ。 | | |
| 一八六四 | 元治　一 | | | | 水戸領内で天狗騒動起こる。 |
| 一八六六 | 慶応　二 | 6 | 松平康英、武蔵国川越に転封し、白河から阿部正静、一〇万石で入部。 | | |
| 一八六八 | 四 | 1・28 | 正静、兵を領内に募る。 | | |
| | | 4・20 | 奥羽越列藩同盟成立。 | | |
| | | 5・1 | 白河城落城。 | | |
| | | 6・24 | 棚倉城落城。 | | |
| | | 7 | 棚倉藩領、黒羽藩が管轄する。 | | |
| | 明治　一 | 9・18 | 阿部正静、保原陣屋において帰順する。 | | |
| | | 12・14 | 阿部基之助（後正功）襲封。六万石に減封。 | | |
| 一八六九 | 二 | 2・17 | 阿部基之助、棚倉城および領地の授受を行なう。 | | |

○出典　『福島県史』『棚倉町史』『三百藩藩主人名事典』

## 〔藩の職制〕

**内藤家**　元禄六年（一六九三）の「分限帳」による。

棚倉城詰

| 役職名 | 人数 | 俸禄 |
|---|---|---|
| 家老 | 三人 | 六五〇石～一一〇〇石 |
| 年寄 | 三人 | 七〇〇石～一〇〇〇石 |
| 医師 | 六人 | 五人扶持～二五〇石五人扶持 |
| 外科 | 一人 | 一〇〇石 |
| 大目付 | 四人 | 一五〇石～二五〇石 |
| 郡奉行 | 三人 | 一五〇石～二〇〇石（役料三〇俵） |
| 大納戸 | 二人 | 一〇〇石～二〇〇石（役料三〇俵） |
| 普請吟味役 | 一人 | 一五〇石 |
| 番頭 | 八人 | 二〇〇石～四〇〇石 |
| 物頭 | 四人 | 二〇〇石～二五〇石 |
| 長柄奉行 | 三人 | 一五〇石～二五〇石 |
| 宗門奉行 | 三人 | 一〇〇石 |
| 給人 | 三八人 | 五〇石～四五〇石 |
| 中小姓 | 二三人 | 三人扶持～金一三両三人扶持 |
| 無役 | 六人 | 四両二人扶持～五人扶持 |
| 代官（西道） | 三人 | 金八両二分三人扶持～籾五四俵と四人扶持（役料三〇俵） |
| 代官（中道） | 三人 | 金八両五人扶持～一〇〇石（役料二〇～三〇俵） |
| 代官（東道） | 二人 | 金七両四人扶持～一〇〇石（役料二〇～三〇俵） |
| 代官（竹貫） | 三人 | 金五両七人扶持～六〇石（役料二〇～三〇俵） |
| 代官（上遠野） | 三人 | 七〇石～一〇〇石二人扶持（役料二〇俵） |
| 代官（松岡） | 二人 | 八〇～一〇〇石（役料二〇俵） |

| | | |
|---|---|---|
| 船手 | 一人 | 一〇〇石 |
| 城中火番役 | 一人 | 籾三五俵三人 |
| 徒目付 | 九人 | 籾三五俵三人～五両一分三人 |
| 普請方 | 一六人と三〇人分 | 一人扶持～七両 |
| 道奉行並びに山林竹木支配 | 三人と中間二人 | 年季二人扶持と金四両二人 |
| 蔵役 | 三人 | 二両二分一人扶持と六両三人 |
| 番所役人 | 五人 | 金一両二人～籾三八俵二人 |
| 廐 | 一〇人と召口取四人、平廐者二〇人 | 金一両一分～金一〇両三人 |
| 会所役人 | 五人 | 金三両二人～籾四五俵四人 |
| 井関川除奉行 | 二人 | 金三両～籾三五俵二人 |
| 下目付 | 一三人 | 金二両二分二人～籾三〇俵二人 |
| 雑色 | 五人 | 籾三五俵二人 |
| 出居番 | 五人 | 金二両二分二人～籾三〇俵一人 |
| 小細工の者 | 八人 | 金二両三分二人～籾三〇俵二人 |
| 足軽 | 小頭五人と九〇人分 | 小頭籾三三俵二人、足軽金二両二分 |
| 中間 | 六人と六二人分 | 籾三〇俵一人～籾五〇俵二人、平中間一人二両二分、年季の者一人扶持、作薗作り籾二六俵一人扶持 |
| 代官手代 | 一二人 | 金二両と二人 |
| 裏門番 | 三人 | 金二両二分一人～三両一人 |
| 合力 | 四人 | 籾三〇俵 |
| 平方（潟）役人 | 四人と四人分 | 一人扶持～金三両二人扶持、例ケ番三人分で金五両四人 |
| 隠居 | 一〇人 | 三人扶持～七人扶持 |
| 扶持方 | 七人 | 一人扶持～二〇人扶持 |
| 御隠居方 | 一人 | 三五〇石 |
| 御隠居方納戸 | 五人 | 金七両三人～一〇〇石 |
| 御隠居方小姓 | 四人 | 四季施二人～四両二人 |
| 御隠居方中小姓 | 一一人 | 金四両二人～六〇石 |
| 歩行目付 | 一人 | 金四両一分三人 |
| 茶道 | 四人 | 金三両二人～金六両二分三人 |
| 表坊主 | 二人 | 金二両二人～金三両一分二人 |

| | | |
|---|---|---|
| 座頭 | 三人 | 金二両～金三両二人 |
| 歩行侍 | 五人 | 金四両二人～金四両三人 |
| 台所役人 | 一三人と一二人分 | 年季一人扶持～籾三五俵二人 |
| | | 板前水汲　年季一人半扶持 |
| | | 手廻　道具持金三両一分、外金二両二分 |
| 女中 | 五人 | 四季施 |
| 出居番 | 二人 | 金三両二人 |
| 門番 | 二人 | 金二両二分一人～金二両三分一人 |
| 寺社 | 一八人 | 籾一俵～五〇石 |
| 郷中山守給 | 一五人 | 籾二俵 |
| 郷中名主給 | 一五人 | 五石～一五石 |
| 江戸詰 | | |
| 家老 | 一人 | 九〇〇石 |
| 小姓頭 | 一人 | 四〇〇石七人扶持 |
| 近習 | 五人 | 二五〇石～五〇〇石七人 |
| 留守居 | 三人 | 一五〇石～二〇〇石七人 |
| 本〆役 | 二人 | 一五〇石七人～二〇〇石七人 |
| 医師 | 三人 | 一五人扶持～二〇〇石五人 |
| 納戸 | 三人 | 金一〇両三人～一五〇石三人 |
| 小姓 | 一三人 | 金二両一〇人～一五〇石四人 |
| 物頭 | 三人 | 二〇〇石八人～三〇〇石一〇人 |
| 給人 | 一九人 | 一〇〇石～二五〇石 |
| 普請奉行 | 一人 | 金一〇両五人 |
| 中小姓 | 八人 | 金五両二人～金一〇両 |
| 供番 | 七人 | 金七両二分三人～一五〇石五人 |
| 祐筆 | 四人 | 金五両三人～一〇〇石七人 |
| 茶道 | 三人 | 金三両二人～金五両三人 |
| 表坊主 | 七人 | 四季施一人～金三両二人 |
| 広間祐筆 | 七人 | 金三両二人～金四両三人 |
| 徒目付 | 六人 | 金四両三人～金六両四人 |
| 歩徒士 | 七人と二四人分 | 平歩行一人に金四両二人 |
| 台所役人 | 一九人と五五人分 | 金一両一分一人半～金六両三人 |
| | | 板前一人一両一分一人半 |
| | | 下男一人一両一分、一人三分 |
| | | 合羽持　年季三人扶持 |
| 普請方役人 | 六人 | 金一両三分一人半～籾三六俵二斗二升二人 |
| 下目付 | 四人 | 金三両二人 |
| 出居番 | 八人 | 金三両二人～金三両二分二人 |
| 札門番 | 一人と八人分 | 金三両三分二人 |
| | | 平番一人に金三両二人 |
| 足軽 | 三人と六〇人分 | 籾三三俵二人 |
| | | 足軽一人に金三両二人 |
| 中間 | 九人と七三人分 | 金二両一人～籾四〇俵二人 |
| | | 平中間一人に二両二分 |
| | | 手廻りの者九人に金二二両九人 |
| | | 駕籠者九人に金一八両二分二朱一三人半 |
| 扶持方 | 八人 | 三人扶持～一〇〇石五人 |

○出典（『棚倉町史』第一巻）

## 〔領内の支配区分〕

天保七年、松平康爵領村高の場合

| | | | |
|---|---|---|---|
| 棚倉 | 南郷一七村 | 高 | 六八八七石七斗一升四合 |
| 〃 | 北郷三九村 | 高 | 一万二一六一石五斗七升五合六勺 |
| 松岡郷（常陸国多賀郡） | 一〇村 | | 五二五七石四斗五升五合 |
| 窪田郷 | 一四村 | 高 | 六五四〇石五斗一升九合 |
| 上遠野郷 | 一二村 | 高 | 七二三六石六斗二升八合 |
| 岩城郷 | 三村 | 高 | 三一三八石二升 |
| | | | 高合四万一二二一石九斗一升一合六勺 |

棚倉藩主松平康爵の領地高六万四〇〇石余に不足する一万九一七八石余は、近江国・三河国において拝領。

○出典（『福島県史』8、『いわき市史』2）

## 〔村役人の名称〕

**村**　大庄屋―庄屋―組頭―百姓代―本百姓

○出典（『塙町史資料集』第一集―棚倉藩領片貝村文書―塙町教育委員会）

**町**　棚倉城下町役人

（享保十四年四月）

| | | |
|---|---|---|
| 検断 | 古町 | 一人 |
| 年寄 | 古町 | 一人 |
| 〃 | 新町 | 一人 |
| 問屋兼庄屋 | 古町 | 一人 |
| 庄屋 | 新町 | 一人 |
| 問屋兼組頭 | 新町 | 一人 |
| 組頭 | 古町 | 三人 |
| 〃 | 新町 | 二人 |

（天保七年五月）

| | | |
|---|---|---|
| 検断 | 古町 | 一人 |
| 検断格年寄 | 新町 | 一人 |
| 年寄 | 古町 | 一人 |
| 〃 | 新町 | 二人 |
| 年寄格庄屋 | 古町 | 一人 |
| 庄屋 | 新町 | 一人 |
| 組頭 | 古町 | 二人 |
| 〃 | 新町 | 二人 |

○出典（『福島県史』8近世資料―棚倉藩）

## 〔領内の主要交通路〕

**陸路の主要街道**

1　水戸通（水戸街道・常陸太田街道）　棚倉城下―八槻村―台宿村―伊香村―植田村―東館村―小田川村―下関河内村―大垬村―常陸国徳田村―常陸太田

2　奥州通（奥筋通）　棚倉城下―堤村―釜子村―中畑村―中畑新田村―矢吹村（奥州街道）

3　平潟街道　棚倉城下―八槻村―双野平村―上渋井村―中塚村―川下村―大畑村―那倉村―常陸国境を経て、―山の小川村―才丸村―山小屋村―平潟港

4　岩城通（御斎所街道）　棚倉城下―宝木村―竹貫村―磐城平へ

5　戸中通　棚倉城下―強梨―戸中―中梓（那須町）―伊王野

**水路**

久慈川通船計画

明暦四年（一六五八）三月、棚倉藩内藤氏による久慈川の通船計画は、久慈川が渇水期になると流水が枯れてしまい通船不可能となり、実現をみるにはいたらなかった。

寛政二年（一七九〇）十一月、「久慈川通船入用拝借願」が、塙村名主久治右衛門から塙代官所に差し出された。天保十二年（一八四一）五月には試船の許可がおりたが、この時も実現をみず計画だけに終った。

## 〔津出場の所在地〕

○津出場

宝永二年（一七〇五）、中田港・九面港（いわき市）および平潟港（北茨城市）。

延享四年（一七四七）、村替えによって、中田港は泉藩領となり、平潟

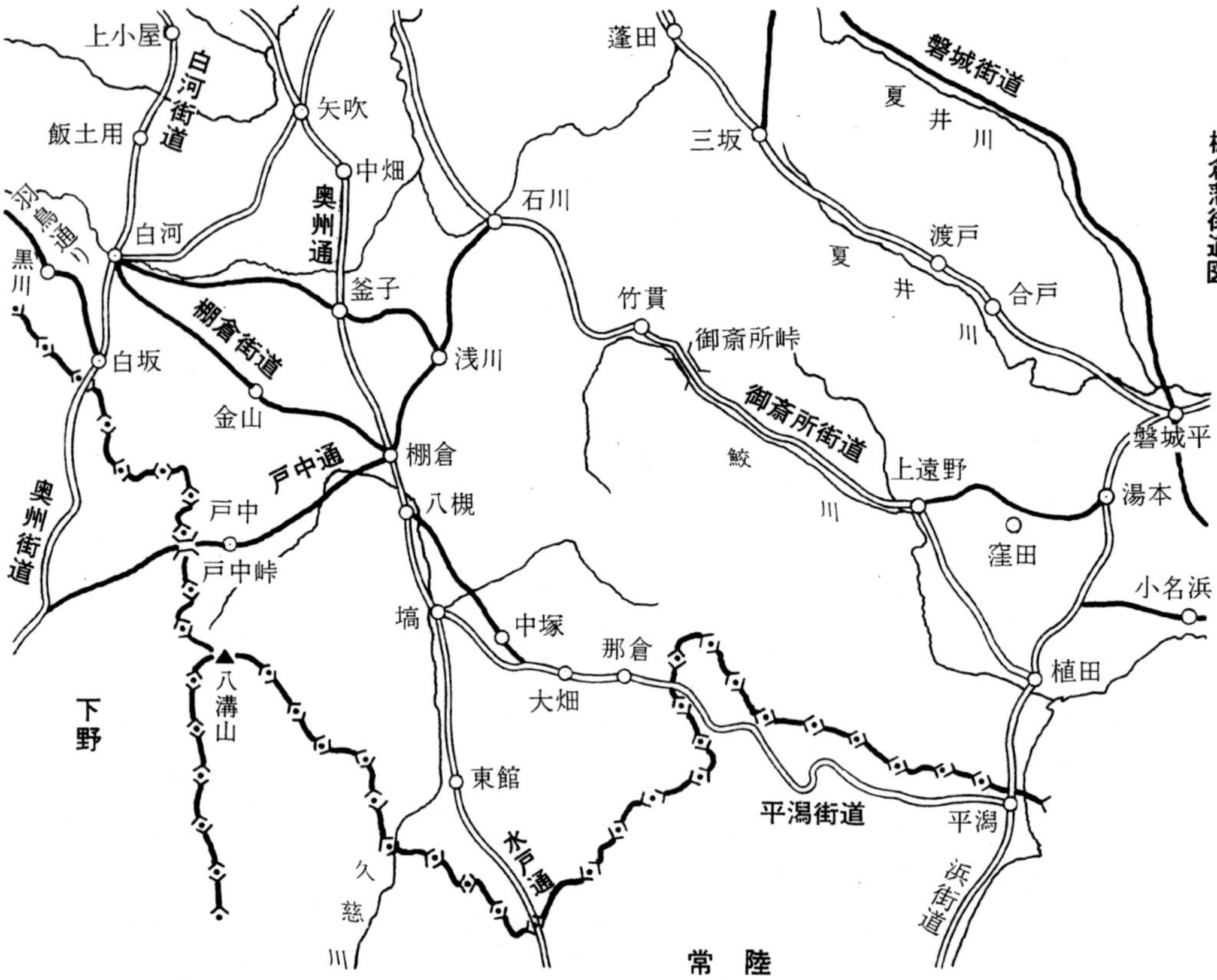


棚倉藩街道図

港、九面港および小浜港（双葉郡富岡町）となる。

〔江戸城の詰間〕

**丹羽家**　柳間
**内藤家**　菊間
**太田家**　雁間（以上の三家は後の武鑑による）
**小笠原家**　帝鑑間
**井上家**　雁間
**松平**（松井）**家**　帝鑑間
**阿部家**　雁間

〔江戸屋敷の所在地〕

**小笠原家**（長堯）

| 屋敷 | 所在地 |
|---|---|
| 上屋敷 | 外桜田　大手ヨリ一四丁 |
| 中屋敷 | 本郷　御弓丁 |
| 下屋敷 | 深川　高はし |

○出典（『文化武鑑』）

**井上家**（正甫）

| 屋敷 | 所在地 |
|---|---|
| 上屋敷 | 虎ノ門之内　大手より一四丁 |
| 中屋敷 | 六間堀 |
| 下屋敷 | 青山おんでん |

○出典（『文政武鑑』）

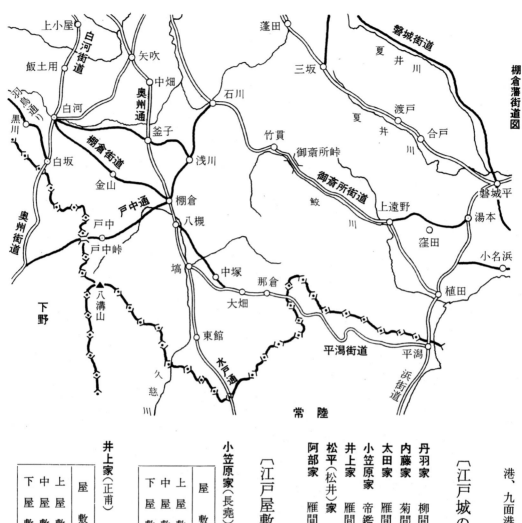

**松平**(松井)**家**(康爵)

| 屋敷 | 所在地 |
|---|---|
| 上屋敷 | 木挽丁五丁メ大手より十七丁 |
| 下屋敷 | 品川戸越むら |
| 〃 | 鉄砲洲 |

○出典(『文政天保国郡全図並大名武鑑』)

## 〔藩校〕

「阿部正功、明治三年黌を開き、幼を導く、名づけて修道館と云ふ。修道館は、文武の二道に分ち、文は田村索軒之を司り、武は森元与太夫、三田三五郎等之を掌る、外に騎を課し、半田万五郎、主として之を授く、講堂は始め伊野上村(棚倉町)に在り、後、北町(山崎邸)に移る。道場を南門外、馬場を小井戸坂上に置く。」

○出典(『東白川郡史』)

## 〔参勤交代〕

**小笠原家**(長堯)

参府　丑・卯・巳・未・酉・亥　六月
御暇　子・寅・辰・午・申・戌　六月

○出典(『文化武鑑』)

**井上家**(正甫)

参府　子・寅・辰・午・申・戌　六月
御暇　丑・卯・巳・未・酉・亥　六月

○出典(『文政武鑑』)

**松平**(松井)**家**(康爵)

参府　丑・卯・巳・未・酉・亥　六月
賜暇　子・寅・辰・午・申・戌　六月

○出典(『文政天保国郡全図並大名武鑑』)

## 〔藩の基本史料・基本文献〕


『福島県史』2・3・8・9・10上・下　福島県史編纂会議編　福島県　昭和四〇年〜四六年
『棚倉町史』全九巻　棚倉町　昭和五二年〜五八年
『塙町史』全三巻　塙町　昭和五五〜六一年
『東白川郡沿革誌』上巻・下巻　大正一三年
『角川日本地名大辞典』7福島県　角川書店　昭和五六年
『東白川郡史』　東白川郡史刊行会編　大正八年
『松平周防時代の棚倉藩政回顧録』　山内一郎編　昭和三九年
『水戸天狗党と久慈川舟運』　金沢春友　柏書房　昭和四九年
『棚倉沿革私考』　石井梅堂　明治三七年
『棚倉往古由来記』　諸根樟一編　昭和六年
『歴史の道調査報告書　水戸街道』　福島県教育委員会　昭和六〇年
『新訂寛政重修諸家譜』第一・二・三・四・一一・一三
「柳河藩政一班」(『福岡県史資料』第二輯)
『阿部家史料集一・二公餘録(上・下)』　児玉幸多校訂　吉川弘文館　昭和五〇年・五一年
『廃絶録』・『恩栄録』　藤野保校訂　近藤出版社　昭和四五年
『旧高旧領取調帳』東北編　木村礎校訂　近藤出版社　昭和五四年


(執筆者・誉田　宏)

# 梁《やな》川《がわ》藩

## 〔藩の概観〕

### (1) 松平氏梁川藩

中世伊達氏興隆の拠点であった陸奥国梁川地方（福島県伊達郡梁川町）は、天正十九年（一五九一）、伊達氏の手を離れ、会津に入った蒲生氏郷《がもううじさと》領に組み入れられた。ついで慶長三年（一五九八）上杉景勝《かげかつ》一二〇万石領となり、伊達政宗を押さえる前線基地の梁川城代には、信濃国海津《かいづ》城より須田長義が派遣された。二万石という破格の扶持であった。のちに上杉氏は関ヶ原合戦で三〇万石、さらに寛文四年（一六六四）には上杉綱勝《つなかつ》に世継なく一五万石に減封され、上杉領は米沢周辺のみとなった。このため梁川地方は幕領に編入されたが、天和三年八月（一六八三）、尾張松平義昌《よしまさ》が新知三万石で梁川藩主に命じられ、松平氏梁川藩が誕生した。松平氏の支配村は現在の梁川町と保原町にまたがる三〇ヶ村である。

下保原村　中村　市柳村　上保原村　高子村　大鳥村　高成田村　所沢村　富沢村　大塚村　金原田村　山野川村　大立目村　泉沢村　柱田村　梁川村　八幡村　舟生村　山舟生村　白根村　大門村　関波村　飯田村　新田村　二野袋村　細谷村　二井田村　塚原村　柳田村　粟野村

義昌は名古屋藩二代藩主徳川光友の三男で、大久保家を名乗った。それは江戸藩邸の上屋敷が四谷大窪にあったからである。名古屋藩は光友の時期、ほかに「四谷・川田久保」の両家も分家させ宗家断絶に備えた。また幕府が御三家名古屋藩の御連枝義昌を梁川に配したのは、仙台藩など外様へ睨みを利かす要所であったからであろう。

松平氏梁川藩は四代にわたるが、在府大名のため治政を示す直接的な資料は乏しい。村文書などから見た当時の梁川は、次の通り。

政庁は、幕領時代の陣屋（六〇×五二間）を手直して使ったらしい。場所は梁川城旧三の丸跡（現梁川町字元陣内）と考えられる。町割はすでに伊達氏時代に形づくられ、通り町六町、裏町三町、横小路二町があり、東西二十六町三十間、南北十九町の規模であった。町を差配する検断が町中央を流れる広瀬川をはさんで、南北に一名ずつ、町年寄二名。家数四五〇余軒、人数はおよそ二〇〇〇人ほどである。四と九の日には、六斉市が開かれ、紙、真綿、生糸が取引された。八幡神社祭礼には馬市が催されるなど、城

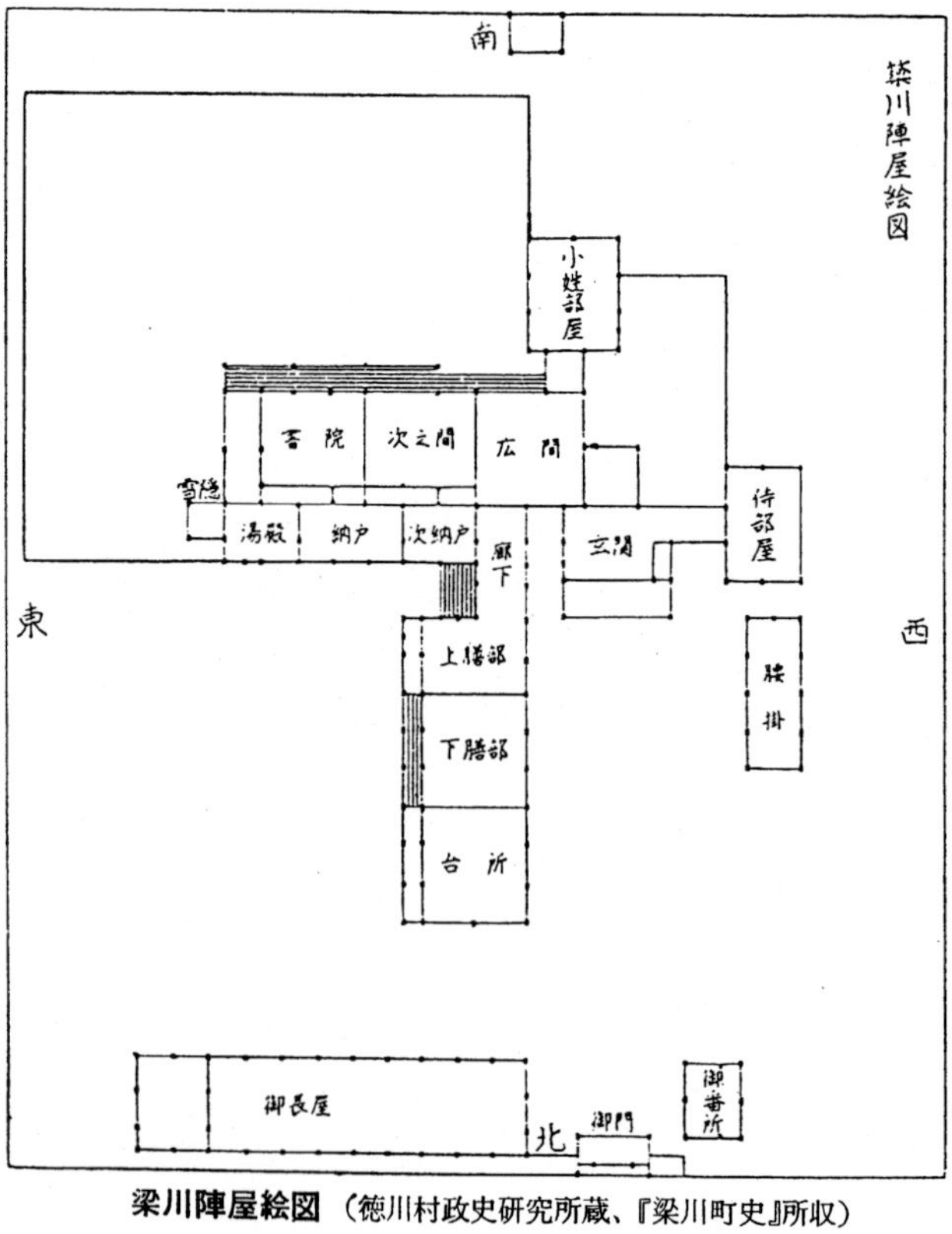


**梁川陣屋絵図**（徳川村政史研究所蔵、『梁川町史』所収）

下町梁川は活気を呈していた。阿武隈川の利用も盛んになり、梁川河岸から積み出された年貢米は、小鵜飼舟で下り、荒浜で海上船に積み替え江戸に輸送された。

その年貢米であるが、この時期、林銭、蔵入米、糸役などが手直されたほかは、半石半永など上杉時代の制度を踏襲している。藩の財源増はもっぱら土地開発に求め、梁川村などは、江戸時代の新田三九町歩の内七七％にあたる三〇町歩が松平氏時代に開かれている。こうした開発の状況は、領内各村ともほぼ同じである。

松平氏梁川藩は、義昌《よしまさ》──義方《よしかた》──義真《よしざね》と続くが、享保十四年（一七二九）五月、三代義真が十一歳で卒去、後嗣がなかったため梁川藩はいったん上知となった。それから三ヶ月後、名古屋三代藩主綱誠の子通春《みちはる》（のち宗春《むねはる》）が梁川藩主に任じられ、藩の再興が成る。しかし翌享保十五年十一月名古屋藩主継友が死去、継嗣のいないことから通春が宗家七代藩主の座につくことになった。光友が尾張家の血脈断絶防止策のため設けた分家が、五〇年後に役立ったわけである。

通春は、名古屋藩主となるや将軍吉宗の経済政策を批判、商業発展策をとったため、治政九年で隠居謹慎させられたことは有名である。なお義昌から三代の葬地は江戸伝通院、通春は尾張建中寺である。

第一期の梁川藩は、こうして五〇年ほどで絶え、この後、幕領、分領を経て七〇年後に第二期の梁川藩時代を迎えるのである。

### (2) 松前氏梁川藩

第二期の梁川藩は、文化四年（一八〇七）八月に成立した。北海道松前藩主、松前章広《あきひろ》が梁川に国替えとなったためであるが、蝦夷地を幕府が直轄地にするという理由からであった。

当時、ロシア船が北海道に接近してきていた。幕府は松前藩に万全の警備を命じたが、藩では積極的な策を講じなかったため、幕府は直接警備を強化する方針を固め、松前氏を新知梁川に転封処分としたのである。

松前を本拠とする松前氏は、まだ米生産が不能であったから、無石の領主とされたが、北海道各地からの産物や交易の運上金で実高は数万石と称され、大名格の扱いであった。それが梁川九〇〇〇石（梁川・大門・金原田・泉沢・西五十沢・大久保、その他常陸国など合わせて一万八〇〇〇石）に減封となったため、二四〇余名の籍をけずり、新領梁川に移したのは一一一名であった。全員の移住が完了したのは文化五年五月で、松前家臣は桑畑など一反歩二両二歩で買い上げ屋敷を構えた。居館は鎌倉時代、伊達氏が築城した由緒ある旧梁川城本丸跡（現在の梁川小学校敷地）に新築を許可され、殿舎や政庁が数棟建造された。作事は地元の領民が六九〇両で入札していることから、本格的な城郭ではない。総工費は付属施設を加えて一六〇〇余両ほど費しているが、これらの費用の大部分は町方からの借入れであった。

梁川での松前藩は多くの辛苦を経験することになるが、その第一は家臣の秩禄制度の変更である。松前藩はこれまで奉禄として知行地（商場）を与えていたが、それを米穀と金子の石高制に切り替えなければならなかった。財政も極度に逼迫し、商人からの借金で補ったが、分領時代末（館藩）の藩で借入れた金額は梁川村だけで九〇〇〇両にのぼっている。もちろん家臣の借用証文も多数残されている。

藩政でとくに目につく治績はなく、一意謹慎、粗衣粗食、倹約を守り領民と事を起こさぬことを旨とした。

こうした中で復帰運動が精力的に続けられ、有力幕閣や公家などにも多くの贈賄をしている。これらが功を奏し、移封後一五年を経た文政四年（一八二一）十一月、蝦夷の治政が整い北辺警備の不安が消えたという理由で復領が許された。その時の家臣団は江戸詰も含め一三三人、九九軒であった。また松前家臣の墓、ゆかりの遺品などが梁川に残されている。松前復領にともない梁川は幕領となるが、安政二年（一八五五）からは松前氏の飛領として奉行を派遣した。支配村は松前氏梁川藩の時と同じ梁川村など六ケ村で、これらの村々は館藩、館県を経て、明治四年福島県所属となった。

## 〔藩の居城〕

**陣屋**（松平家）　**城**（松前家）

名　称　梁川陣屋　梁川城

所在地　①松平家　福島県伊達郡梁川町字元陣内

②松前家　福島県伊達郡梁川町字鶴ヶ岡

家数・人口　梁川城下　四五〇軒・一九八三人余（松平家時代）

同　四一〇軒・一八二二人（松前家時代）

## 〔藩（大名）の家紋など〕

**松平家**

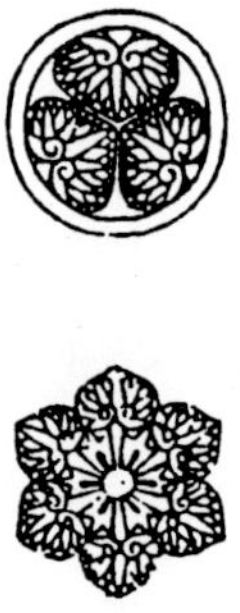

家紋　丸に三葉葵　六葵

**松前家**

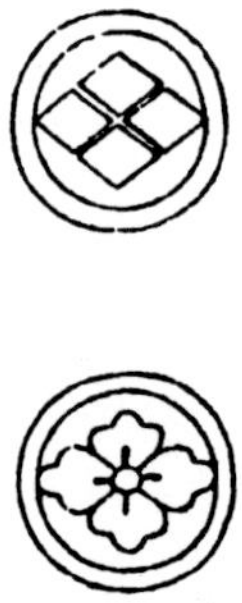

家紋　丸に割菱　丸に花菱

**駕先**

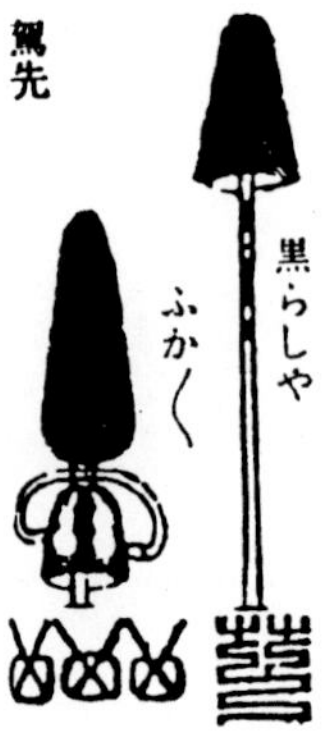


〇出典（『文化武鑑』）

## 〔藩主の系図〕（姻戚関係）

**①松平家**　**親藩**

**義昌**《よしまさ》（初義則）名古屋藩主徳川光友三男、次郎太、出雲守、従四位下、左近衛少将

- **義方**《よしかた》（初義賢）久太郎、求馬、出雲守、左近衛少将
  - 女子　宗春の養女となる　嫁上杉民部大輔宗房
  - **義真**《よしざね》　求馬、従四位下侍従、式部大輔
  - **通春**《みちはる》　実徳川綱誠末男　万五郎、求馬、主計頭
    - 本家（尾張徳川家）相続（名古屋藩参照）
- 女子　夭
- 某　夭
- 某　友太郎夭
- 女子　夭
- 女子　夭
- 女子　夭
- 某　富次郎夭
- 女子　伊東駿河守祐崇妻
- 女子　夭
- 女子　養女、内藤主殿頭政貞室
- 某　夭
- 某　夭
- 義武　長次郎、伊織

### 〔参考〕松平氏梁川藩関係家系図

家康―①義直（尾張徳川家）―②光友

- ③綱誠
  - ④吉通―⑤五郎太＝⑥継友＝⑦宗春＝⑧宗勝（下略）
  - 通顕（→⑥継友）
  - 義孝（→義孝〔高須家〕）
  - 通温
  - 通春（→④通春〔梁川藩〕、→⑦宗春）
- 義行（高須家）＝義孝＝義淳―義敏（下略）（義淳→⑧宗勝）
- ①**義昌**《よしまさ》（大久保家＝梁川藩）―②**義方**《よしかた》―③**義真**《よしざね》＝④**通春**《みちはる》（断絶）
- 友著―友淳（断絶）（友淳→義淳）

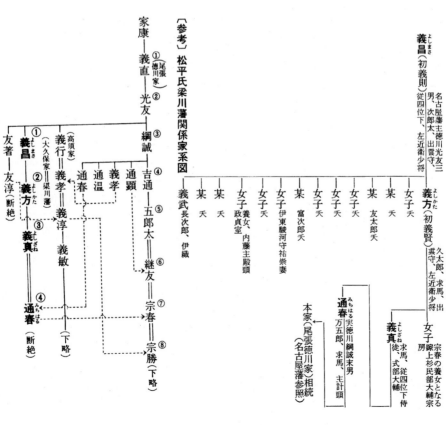

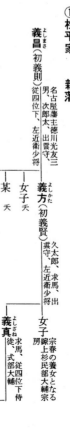

②松前家　外様
蝦夷松前から→章広《あきひろ》→蝦夷松前へ（松前藩参照）

# 下《しも》村《むら》藩

（執筆者・八巻善兵衛）

## 〔藩の概観〕

下村藩は、天明七年（一七八七）十月二日、世に田沼時代と称せられ、幕府の老中として権勢をふるった田沼意次が隠居謹慎を命じられ、代わって家督を継いだ孫の意明《おきあき》は、遠江国相良三万七〇〇〇石から陸奥国信夫《しのぶ》郡・越後国頸城《くびき》郡の内に一万石を与えられ、陸奥国信夫郡下村（福島県福島市佐倉下）に、下村陣屋を構えて成立した。下村をはじめ在庭坂村・下鳥渡村・赤川村・上鳥渡村・内町村・上野寺村など合わせて七ケ村、高六七九二石余を支配し、加えて越後頸城郡の領地は、現在、糸魚川市の地域に入っている西浜七谷と称されたところの内、早川谷、西川谷、根知谷、川西谷の四谷にある三五ケ村、高三一四三石八斗三合であった。陣屋は早川谷上出村に設置された。しかし田沼氏は定府とされていたので、越後の分領は江戸屋敷が直接支配したといわれる。また下村陣屋には、天明七年、御奉行奥山清左衛門・御代官宮本喜三郎・御目付古瀬又右衛門らが勤仕し、領内の支配を行なった。

初代意明は、安永二年（一七七三）生まれ、幼名龍助、淡路守、従五位下に昇進、寛政八年（一七九六）大坂城守衛を仰せ付けられたが、同年九月大坂において病没した。二代意壱《おきかず》は、田沼意知の次男、意明の弟で、安永九年（一七八〇）生まれ、初め意吉、万吉、万之助と称し、従五位下、左衛門佐に昇進した。三代意信《おきのぶ》は、田沼意知の四男、鎌之丞と称し、主計頭に昇進、四代意定《おきさだ》は、田沼市左衛門意英の弟、幼名幾之助と称し、主計頭に昇進する。また藩主在任期間は、初代意明が天明七年十月から寛政八年九月、二代意壱が寛政八年十一月から同十二年八月、三代意信が寛政十二年八月から享和三年九月、四代意定が享和三年十一月から文化元年七月、五代意正《おきまさ》が文化元年七月から文政六年七月であった。

下村藩主田沼氏の陣屋が置かれた下村字宿は、往古紫明神の社があったことから紫の宿とも称され、単に宿とも呼ばれていた。

戦国時代末期、米沢に本拠を置いた伊達輝宗・政宗父子は、仙道諸豪との合戦には、この下村を通る米沢街道を往来したといわれる。近世には米沢藩上杉氏が利用した。

下村陣屋の敷地内には、田沼氏が勧請したといわれる伏見稲荷社があり、寛政五年（一七九三）十一月銘の石燈籠が残っている。また初代奉行奥山清左衛門は、下村陣屋で病没し、近くの上名倉村東源寺に葬られた。いまも苔むした墓碑があり、碑の左側面には、「世を去て死出の山路も小春かな」の辞世が刻されている。

最後の下村藩主となった五代意正は、田沼意次の次男、初め忠徳と称し、老中水野忠友にみこまれて、その養子となったが、父意次が失脚した時、水野家に迷惑が及ぶのをはばかって、水野家を去ったといわれる。

文化元年（一八〇四）七月下村藩を継ぎ、意正と改名したといわれる。文政元年（一八一八）、水野忠成が老中に就任すると、翌二年意正は西丸若年寄に抜擢され、再び幕政の中枢に登場することとなった。またこの年十月越後の分領で、役人の非違が原因で農民一揆が発生した。文政四年（一八二一）四月、下村藩の村替えも行なわれ、陸奥国信夫郡の下村藩領では、上鳥渡・上野寺・内町の三ヶ村、約二二八一石が収公された。一方越後の分領では、上出陣屋支配の三五ヶ村、三一四三石八斗二升が収公され、代わって高田城下にほど近い川浦村他一五ヶ村、約六五〇〇石が与えられ、陣屋は川浦に設けられた。文政六年（一八二三）意正は、父意次の旧領相良を与えられた。世間ではこの国替えを前代未聞のこととして評判となり、幕閣のなかにも、水野忠成に対して直接その不当を難詰した者もあったといわれる。これに対して忠成は、『公徳弁附藩秘録』によると、田沼意次には勤務上の失態というものはなかったこと、将軍家治毒殺のうわさをたてられたが、決して毒殺ではなかった。また家斉が将軍に就任するにあたっては、意次が大変奔走しているので、意正の昇進や国替えは、その恩義に報いる気持から出ていること、また何よりも意正がなかなかの人物であることなどが述べられている。こうして下村藩は五代三七年間で消滅した。

## 〔藩の居城〕

**陣屋**

名　称　下村陣屋（越後分領陣屋　上出陣屋）
（　〃　川浦陣屋）

所在地　福島県福島市佐倉下

家数・人口　未詳

## 〔藩（大名）の家紋など〕

**田沼家**

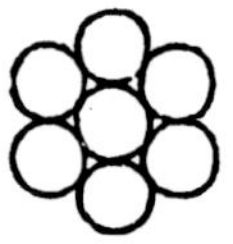

家紋
七曜　丸に一文字

○出典（『文化武鑑』）

## 〔藩主の系図〕（姻戚関係）

**田沼家　譜代**

意次《おきつぐ》
- 意知《おきとも》
  - 1 **意明**《おきあき》 ←遠江国相良から
  - 女子
  - 女子
  - 2 **意壱**《おきかず》
  - 某　幸吉
  - 女子　初稲葉播磨守正武室　後土方大和守義苗室
  - 3 **意信**《おきのぶ》―4 **意定**《おきさだ》 田沼市左衛門意英弟
- 女子
- 某　勇次郎
- 女子
- 女子
- 某　勝助
- 女子　井伊兵部少輔直朝室
- 5 **意正**《おきまさ》　水野出羽守忠友養子　後離縁 → 遠江国相良へ（相良藩参照）
- 女子
- 女子　初大岡兵庫頭忠喜室　後土方近江守雄年室
- 某　松三郎
- 雄貞《かつさだ》　土方近江守雄年養子
- 隆祺《たかよし》　九鬼式部少輔隆貞養子

○出典（『寛政重修諸家譜』）

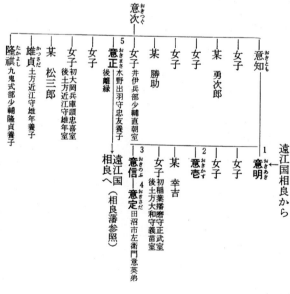

## 〔藩主一覧〕（歴代藩主および石高・所領の変遷）

| 姓 | 諱 | 受領名または官名 | 通称 | 生没年月日 | 戒名と菩提所（所在地） | 藩主就任・退任年月日 | 江戸幕府就任役職名・就任退任年月日 | | 石高変遷年月日（西暦） | 石高（表高） | 領地（国郡名） |
|---|---|---|---|---|---|---|---|---|---|---|---|
| 田沼 | 意明 | 淡路守 | 龍助 | 安永2～寛政8・9・22 | 就道不宰紹徳院　勝林寺（東京都文京区駒込） | 天明7・10～寛政8・9 | | | 天明7・10（一七八七） | 一〇〇〇〇 | 陸奥国信夫郡七ヶ村（七〇〇〇石余）越後国頸城郡三五ヶ村（三〇〇〇石余） |
| 田沼 | 意壱 | 左衛門佐 | 万之助 | 安永9～ | | 寛政8・11～寛政12・8 | | | | 〃 | 〃 |
| 田沼 | 意信 | 主計頭 | 鎌之丞 | | | 寛政12・8～享和3・9 | | | | 〃 | 〃 |
| 田沼 | 意定 | 主計頭 | 幾之助 | | | 享和3・11～文化1・7 | | | | 〃 | 〃 |
| 田沼 | 意正 | 中務少輔　玄蕃頭 | 金弥 | ～天保7・8・24 | 勝林寺（〃） | 文化1・7～文政6・7 | 西丸若年寄 | 文政2 | | 〃 | 〃 |
| | | | | | | | | | 文政4・4（一八二一） | 〃 | 陸奥国信夫郡四ヶ村（四五〇〇石余）越後国中頸城郡川浦村外一五ヶ村（六五〇〇石余） |

（執筆者・誉田　宏）

# 桑《こ》折《おり》藩

## 〔藩の概観〕

元禄十三年（一七〇〇）一月、白河藩主松平（奥平）下総守忠弘の養子、松平宮内少輔忠尚《ただなお》は、白河藩新田分二万石を伊達郡桑折村など二〇ヶ村に移され、幕府桑折代官所に代わって、桑折陣屋を構え、譜代桑折藩が成立した。初代忠尚は、宝永二年（一七〇五）奏者番に昇進したが、正徳二年（一七一二）八月、忠尚の実家松平（大給）和泉守乗久の同族松平左門乗包の家中騒動に連座して閉門に処せられるなど不運が続いた。享保四年（一七一九）十一月致仕し、封を玄蕃頭忠暁《ただあきら》に譲った。白河から桑折に移った初代忠尚は、まず藩の支配機構を整備し、家老を中心に郡代（二人）、代官（五人）、割元（一人）、村方三役という地方支配の体制を一層強化したといわれる。忠尚は移封後、ただちに領内各村に村明細の提出を命じ、領内の実態把握につとめた。元禄十四年、同十五年と続けて新田畑検地を実施し、年貢の増徴をはかり、小物成として上釜一つ銭一三〇文、下釜一ッ銭一〇〇文ずつの絹役を新たに賦課したといわれる。

二代忠暁、実は松平（大給）和泉守乗春の五男で、正徳二年十二月忠尚の養子となり、享保四年十一月封を継ぎ、同九年三月奏者番となり、享保十七年八月寺社奉行を兼ねたが、病気がちで、元文元年（一七三六）二月十四日、四十六歳で病没した。この間、享保八年、（一七二三）領内半田銀山に有力な鉱脈を発見し、産出量を増大させた。

三代忠恒は、元文元年四月父の遺領を継ぎ、延享元年（一七四四）十月宮内少輔にあらため、同四年三月奏者番となった。同年七月、幕府は半田銀山の直接経営に乗り出し、桑折藩二万石の内、伊達郡半田村の銀山およびその近村一万二二五〇石余を収公し、代わりに上野国（群馬県）邑楽・吾妻・碓氷・緑野、伊豆国田方五郡の内に替地が与えられ、邑楽郡篠塚村に陣屋を構えた。これによって桑折藩は事実上消滅するが、なお伊達郡内には八ヶ村、七七五〇石余が存在し、伊達郡東大枝村（梁川町東大枝）に陣屋を建てたといわれる（『国見町史』2）。

延享四年九月、忠恒は寺社奉行も兼任するが、寛延元年（一七四八）八月には、伊達郡八ヶ村の内四ヶ村が幕領に組み込まれ、この時、陣屋も篠塚から碓氷郡上里見に移されたといわれる。また伊達郡の分領は、五十沢村（梁川町五十沢）・光明寺村・森山村・西大窪村・東大窪村（国見町）の四ヶ村だけとなり、東大枝陣屋に代わって、五十沢に陣屋が新設された。

忠恒は寛延元年閏十月一日、若年寄に昇進した。明和四年（一七六七）閏九月、領地の所替えが行なわれ、上野国甘楽・多胡・碓氷三郡の内に与えられ、甘楽郡小幡に陣屋が置かれた。この時、伊達郡の四ヶ村は幕府に収公され、桑折代官所の支配となった。これによって、松平忠恒の分領は消滅した。忠恒自身も明和五年（一七六八）没した。菩提寺は代々牛島（東京都墨田区）の弘福寺とされた。

## 〔藩の居城〕

**陣屋**

名称　桑折陣屋

所在地　福島県伊達郡桑折町

家数・人口　未詳

## 〔藩（大名）の家紋など〕

**松平家**
（奥平）

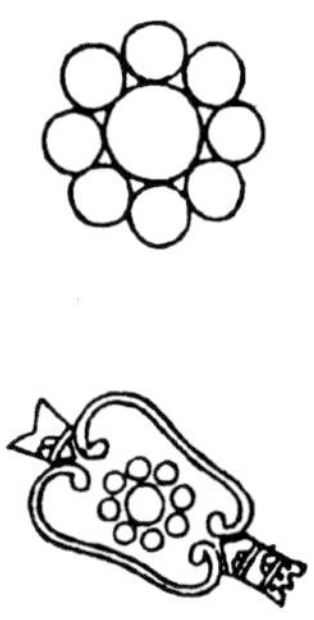

家紋
九曜　軍配の内九曜

○出典（『文化武鑑』）

## 〔藩主の系図〕

**松平（奥平）家**　**譜代**

陸奥国白河新田から→**忠尚**《ただなお》（松平（大給）和泉守乗久長男、松平（奥平）下総守忠弘女婿）―**忠暁**《ただあきら》（松平（大給）和泉守乗春五男）―**忠恒**《ただつね》→上野国邑楽郡へ（上里見・小幡藩参照）

## 〔藩主一覧〕（歴代藩主および石高・所領の変遷）

| 姓 | 諱 | 受領名または官名 | 通称 | 生没年月日 | 戒名と菩提所（所在地） | 藩主就任・退任年月日 | 江戸幕府就任役職名・就任退任年月日 | | 石高変遷年月日（西暦） | 石高（表高） | 領地（国郡名） |
|---|---|---|---|---|---|---|---|---|---|---|---|
| 松平（奥平） | 忠尚 | 宮内大輔 宮内小輔 | 源次郎 | 慶安4～享保11・1・29 | 秀峰義節聞修院 弘福寺（東京都墨田区墨田） | 元禄13・1・11～享保4・11・2 | 奏者番 | 宝永2・1・11～享保3・11・26 | 元禄13・1・11（一七〇〇） | 二〇〇〇〇 | 陸奥国伊達郡桑折村他二〇ヶ村 |
| 松平（奥平） | 忠暁 | 玄蕃頭 | 留之助 | 元禄4～元文1・2・14 | 雲峯浄関高松院 弘福寺（〃） | 享保4・11・2～元文1・2・14 | 奏者番 寺社奉行兼 | 享保9・3・18 享保17・8・7～享保19・5・22 | | 〃 | 〃 |
| 松平（奥平） | 忠恒 | 大蔵少輔 宮内少輔 摂津守 | 定太郎 | 享保5～明和5・11・9 | 徳翁義光大謙院 弘福寺（〃） | 元文1・4・6～延享4・7 | 奏者番 寺社奉行兼 若年寄 | 延享4・3・11 延享4・9・11～寛延1・閏10・1～明和5・11・9 | | 〃 | 〃 |
| | | | | | | | | | 延享4・7（一七四七） | 〃 | 陸奥国伊達郡（七七五〇石余） 上野国邑楽・吾妻・碓氷・緑野郡 伊豆国田方郡（一万二二五〇石余） |

（執筆者・誉田　宏）

# 下《しも》手《て》渡《ど》藩

## 〔藩の概観〕

下手渡藩は、文化三年（一八〇六）六月五日、筑後国三池藩主立花《たちばな》豊前守種善《たねよし》が、陸奥国伊達《だて》郡下手渡村（現福島県伊達郡月舘《つきだて》町字下手渡）に国替を命ぜられて成立した一万石の小藩である。

種善の父出雲守種周《たねちか》は三池一万石の外様大名であったが、寛政五年（一七九三）には若年寄にまで昇進した。しかし、奥向のことを外部に洩らした廉《かど》により文化二年十二月十九日、免職されて隠居し、四男の種善が家督を認められたが半歳後に移封となったのである。

文化三年十二月に川俣《かわまた》代官より引渡された新領は、下手渡村をはじめ御《み》代《よ》田《だ》・小島《おじま》・小神《こがみ》・羽田《はねだ》・西飯野《にしいいの》・飯田《はんだ》・牛坂《うしざか》・石田《いしだ》・山野川《やまのかわ》の一〇ケ村、石高にして九九九八石九斗八升であった。暖国九州から奥州の阿武隈山系を流れ走る広瀬《ひろせ》川沿いを中心とした郷村を、いきなり与えられたのである。

多くの不満はあったろうが、下手渡村字天平《てんだいら》の傾斜地を敷地と定めて陣屋の構築にかかり（文化七年三月完成）、文化五年閏六月には家老立花兵衛名儀で代官および郷方役人に対して三九ヶ条から成る御条目を達した。下手渡藩の民政に関する基本法である。税制はほとんど上杉領時代からのものを踏襲し、定免制を採用したことは文化五年五月の「御定免御請証文」（小神村）で知られ、損毛三分以下、二分九厘九毛迄は引き方のないことを申し渡している。

また、羽田村の春日神社を藩主の祈願所と定め（文化五年十一月、年々五石を寄進）、下手渡村の耕雲寺（曹洞宗）を立花家の菩提寺とした。陣屋敷地内に設けた学問所には、家中の子弟のほか郷村の子弟をも学ばせる道を開くなど、諸般にわたって藩政の基礎を築いた初代種善であったが、天保三年（一八三二）十二月に江戸藩邸で亡くなった。

翌四年三月に家督相続した青年藩主種温《たねはる》は、折悪しく天保の大凶作に直面するところとなったが、家老屋山大進らの補佐を得て、備荒米の放出や減免措置をとって危機を乗りこえた。天保七年からは大坂加番を果たし、同九年の凶作も検約これ努めて乗り切るなど、治政よろしきを得たが嘉永二年（一八四九）二月には、これまた壮年にして江戸藩邸で病没した。

後嗣の種恭《たねゆき》は、初代種善の甥である。嘉永四年十二月には、待望の旧領三池に一部ながら村替えを得て、順風のスタートを切った。文久三年（一八六三）六月に大番頭に進むや、九月には若年寄に昇進し、十一月には外国事務管掌を命ぜられた。しかし、元治元年（一八六四）七月の禁門の変による長州征伐に従軍した頃から、幕府の命運もいよいよ迫って多難となり、慶応二年（一八六六）六月には国許の信達世直し一揆によって、領内一三軒もが打ち毀されるなど、問題は山積した。

いっぽう藩主種恭は、同年七月に外国奉行に推され、慶応四年一月三日の鳥羽伏見の戦い直後の十日に老中格として会計総裁の重責に任ぜられたが、同二十四日には辞職した。さらに新政府が確立されて、将軍徳川慶喜も官位を剝奪されるに及んで、種恭も二月五日に幕閣を辞職した。

三月二日に下手渡陣屋に戻って謹慎していた種恭は、三池陣屋の藩士たちの意見を容れて三十日に出発し、江戸からは海路三八日をかけて閏四月九日に兵庫港につき、柳川宗家とも打合せて、新政府側につくことになった。

国許にあっては、奥州諸藩こぞって会津藩の謝罪嘆願提出に同意したが、閏四月二十日には奥羽鎮撫総督の下参謀世良修蔵が福島城下で暗殺され、決戦の道は回避し得なくなった。しかも、五月三日には奥羽越列藩同盟が締結され、家老屋山外記は下手渡藩を代表して調印したが、藩主種恭と裏腹の行動は仙台藩兵から敵視されるところとなった。かくて八月十四日に下手渡領に侵入した仙兵は、十六日には兵二〇〇名程が天平の陣屋を襲撃し、城下ともども焼払われた。かねて来援の途にあった柳川藩兵の到着はその翌十七日で、ここに領内は仙兵と下手渡藩兵との戦火にさらされたのである。明治改元の翌九月九日に急遽江戸に入った藩主種恭たちは、兵を整えて国許下向を期したが、会津藩降伏の情報を得て中止した。

そして種恭は、改めて三池藩主を命ぜられ、ここに下手渡藩は終りをつげた。しかし、下手渡の旧領はそのまま分領とされたので、小島村の興隆寺を仮陣屋として支配した。明治二年六月二十四日、版籍奉還を認められた種恭は三池藩知事に任命されて引続き支配するが、同四年七月の廃藩置県によって完全に解体する。

## 〔藩の居城〕

**陣屋**

**名　称**　下手渡陣屋

**所在地**　福島県伊達郡月舘《つきだて》町下手渡字天平《てんだいら》

**家数・人口**

城下町（下手渡村）　六三軒・二七四人

全領分（同年次の調査資料なし）

下手渡村周辺五ヶ村　七〇四軒・三三二三人

○出典（天保九年三月御巡見案内）

## 〔藩（大名）の家紋など〕

**立花家**

家紋
祇園守　変わり花杏葉

○出典（『文政武鑑』）

## 〔藩主の系図〕（姻戚関係）

**立花家　外様**

筑後国三池から→**種善**《たねよし》（種周第四子　室、京極兵庫助室の養女（屋山継実女））

- **種温**《たねはる》
  - **種恭**《たねゆき》（種善の弟種通《たねみち》長子）
  - 女子早世
  - 女子早世
  - 女子早世
- 悦次郎
- 鋼之助
- 次郎
- 寛
- 女子
- 女子
- 女子

（5男3女順不詳）

○出典（『下手渡藩史』『下手渡藩』）

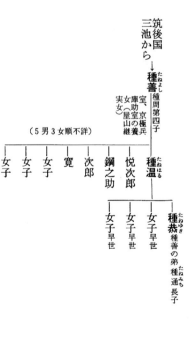

## 〔藩主一覧〕（歴代藩主および石高・所領の変遷）

| 姓 | 諱 | 受領名または官名 | 通称 | 生没年月日 | 戒名と菩提所（所在地） | 藩主就任・退任年月日 | 江戸幕府就任役職名・就任退任年月日 | | 石高変遷年月日（西暦） | 石高（表高） | 領地（国郡名） |
|---|---|---|---|---|---|---|---|---|---|---|---|
| 立花 | 種善 | 豊前守 | 順之助 | 寛政6・1・19～天保3・12・25 | 真厳院殿実恩紹報大居士　広徳寺（東京都練馬区桜台） | 文化3・6・5～天保3・12・25 | | | 文化3・6・5（一八〇六） | 10000 | 陸奥国伊達郡（一〇ヶ村） |
| 立花 | 種温 | 主膳正 | 総之丞 | 文化8・12・6～嘉永2・2・12 | 円体院殿知鑑紹永大居士　広徳寺（同） | 天保4・3・18～嘉永2・2・12 | 大坂加番 | 天保7 | | 〃 | 〃 |
| 立花 | 種恭 | 出雲守 | 鐘之助 | 天保7・2・28～明治38・1・30 | | 嘉永2・4・4～明治1・9（三池藩主） | 大番頭 | 文久3・6・22 | | 〃 | 〃 |
| | | | | | | | 若年寄 | 文久3・9・10 | 嘉永4・12・7（一八五一） | 〃 | 陸奥国伊達郡（六ヶ村）筑後国三池郡（五ヶ村）（村替） |
| | | | | | | | （兼外国事務） | 文久3・11・7 | | | |
| | | | | | | | （兼外国奉行） | 慶応2・7・25 | | | |
| | | | | | | | 老中格（会計総裁） | 慶応4・1・10～慶応4・1・24（会計総裁辞職）慶応4・2・5（老中格辞職） | 明治1・9（一八六八） | 〃 | 〃（伊達郡旧下手渡藩領は分領となる） |

○出典（同前）

## 〔藩史略年表〕

| 西暦 | 和暦 | 月日 | 政治・法制 | 月日 | 社会（文化を含む）・経済 |
|---|---|---|---|---|---|
| 一八〇六 | 文化　三 | 6・5 | 立花種善、筑後国三池より下手渡に転封を命ぜられる。 | | |
| | | 12・24 | 家老立花兵衛、川俣代官所より領地の引渡しを受ける。 | | |

| 西暦 | 和暦 | 月日 | 政治・法制 | 月日 | 社会（文化を含む）・経済 |
|---|---|---|---|---|---|
| 一八〇七 | 文化四 | | 下手渡村字天平に陣屋の建設に着手（文化七年三月完成）。 | | |
| 一八〇八 | 五 | 閏6 | 立花兵衛名で、御条目を代官・地方役人宛に布達。 | | 陣屋内に学問所を開設したのも、この年か。 |
| | | 11 | 羽田村春日神社を藩主の祈願所とし、下手渡村耕雲寺を菩提寺と定める。 | | |
| 一八二〇 | 文政三 | 7 | 霊山《りょうぜん》西麓の入会山につき、関係村対立。下手渡領石田村も加わり、一時は関係諸藩が警固の人を出す（文政七年九月裁定）。 | | |
| 一八二四 | 七 | | | 8 | 領内各村三役人「郡中定書」を定め、藩主・家中の上下についての人馬差出しのことや堰・溜井の維持につき申合せをする。 |
| 一八三二 | 天保三 | 12・25 | 種善、江戸藩邸で病死。 | | |
| 一八三三 | 四 | 3・18 | 種温、家督相続。 | | |
| | | | この年大凶作。藩は減免措置をとり、窮民に備荒米を放出（七・九年も大凶作。検約令布達）。 | | |
| 一八四八 | 嘉永一 | 11・28 | 立花鐘之助（のちの種恭）を養子に定める。 | | |
| 一八四九 | 二 | 2・12 | 種温、江戸藩邸で病死。四月四日、種恭、家督相続。 | | |
| 一八五〇 | 三 | 12・12 | 一部村替を命ぜられる。 | | |
| 一八五一 | 四 | | | 1 | 領内一〇ヶ村の惣代、連名で村替反対を訴願（凶作救済の措置を感謝して書上げ）。 |
| 一八六三 | 文久三 | 6・22 | 種恭、幕府大番頭を命ぜられる。 | | |
| | | 9・10 | 種恭、若年寄を命ぜられ、上屋敷（公邸）を下賜される。 | | |
| | | 11・7 | 種恭、外国事務兼務。 | | |
| 一八六六 | 慶応二 | 6・15 | 信達世直し一揆起こる。 | 6・19 | 領内の目明し・豪農等一三軒が打ち毀される。 |
| | | 7・25 | 種恭、外国奉行兼務。 | | |
| 一八六八 | 四 | 1・3 | 鳥羽伏見の戦（戊辰戦役発端）。 | | |
| | | 1・10 | 種恭、老中格をもって会計総裁を命ぜられる。 | | |
| | | 1・24 | 種恭、会計総裁辞職。 | | |
| | | 2・5 | 種恭、老中格も辞職。 | | |
| | | 3・2 | 種恭、下手渡陣屋に戻り謹慎。 | 3・2 | 奥州鎮撫使、塩釜港に上陸（奥州諸藩、仙台に伺候）。 |
| | | 3・30 | 種恭、下手渡を出発し、京都へ向かう（四月七日江戸着、四月一五日照宝丸で品川沖を出帆、閏四月九日兵庫港着、三池よりの藩士に迎えられ、閏四月一二日大坂港着）。 | 4・11 | 奥羽諸藩、会津謝罪嘆願書の提出を決議（白石集会）。 |
| | | | | 4・17 | 嘆願書却下。仙台藩離反す。 |
| | | 閏4・18 | 種恭、京都紫野大徳寺に入り、政府側につく。 | 閏4・20 | 鎮撫使下参謀世良修蔵、仙台藩士らにより福島城下で暗殺。 |

| 西暦 | 和暦 | 月日 | 政治・法制 | 月日 | 社会（文化を含む）・経済 |
| --- | --- | --- | --- | --- | --- |
| | | 5・1 | 奥羽越列藩同盟成立（下手渡藩は家老屋山外記が調印）。 | 5・1 | 白河城落城（以下、県内の諸藩が相ついで落城）。 |
| | | 8・14 | 仙台兵、下手渡領御代田村に侵攻。 | 9・2 | 福島藩降伏。 |
| | | 8・16 | 仙台兵、下手渡陣屋を襲撃、城下をも焼払う。 | 9・4 | 米沢藩降伏。 |
| | | 8・17 | 柳川藩兵、下手渡に来援（二五日まで領内各地で対戦続く）。 | 9・14 | 仙台藩降伏。 |
| | | 8・18 | 種恭、柳川藩主と東北鎮撫の出兵を命ぜられる。 | 9・15 | 会津藩降伏。 |
| | 明治一 | 9・8 | 明治改元。 | | |
| | | 9・9 | 種恭、江戸に着く（出兵中止）。 | | |
| | | 9 | 種恭、三池移転下命。下手渡領は三池藩の分領となり、小島村の興隆寺に仮陣屋が置かれる。 | | |
| 一八六九 | 明治二 | 6・24 | 三池藩、版籍奉還。 | | |

○出典（同前）

## 〔家老とその業績〕

| 著名家老名 | 活躍期 | 主な業績 |
| --- | --- | --- |
| 立花兵衛包高 | 草創期 | 新領地受取りに任じ、陣屋建設に当たり、御条目を布達する等、藩の基礎を固める。 |
| 屋山外記継篤 | 戊辰戦役期 | 藩の方針大転換となった藩主の上洛を江戸まで見送って引返し、奥羽越列藩同盟には名代として調印。仙台藩からは裏切者視されたが、陣屋焼打ちにも先頭に立って留守を守った。 |

## 〔藩の職制〕

○藩の職制

天保年間

- 藩主―家老
  - 用人―中小姓
    - 小姓
    - 近頭
    - 右筆
  - 中老
    - 弓頭
    - 長柄頭　徒士
    - 寺社奉行　足軽
    - 普請奉行
    - 代官
    - 勘定方
    - 目付

○格と職

| 階級名 | 明治二年一〇月 | 人数 | 備考 |
| --- | --- | --- | --- |
| 執政 | 二〇〇石以上 | 三 | |
| 参政 | 一五〇石 | 一 | |
| 准参政 | 一〇〇石 | 三 | |
| 家令 | 一〇〇石 | 四 | 納戸・奥老御側兼務 |

| | | | |
|---|---|---|---|
| 公用人 | 一〇〇石 | 一 | |
| 弓頭 | 一〇〇石 | 一 | |
| 長柄頭 | 六〇石以上 | 四 | |
| 寺社奉行 | 八〇石以上 | 五 | |
| 奥老 | 五〇・一〇〇石 | 二 | |
| 普請奉行 | 五〇・六〇・八〇石 | 三 | |
| 代官 | 五〇石 | 一 | |
| その他知行者 | 五〇石 | 四 | うち医師一、御匙一 |
| 同格 | | 一八 | |
| 医師 | | 六 | |
| 小役人 | | 三 | |
| 足軽 | | 七〇 | |
| | | 二二九 | |

〔村役人の名称〕

名主—組頭—百姓代

〔領内の主要交通路〕

1　川俣～掛田～保原道

2　藩主参勤街道　下手渡陣屋—小島・小神・羽田・西飯野（以上領内村、舟場より阿武隈川を渡り二本松藩領）—奥州街道

〔江戸屋敷の所在地〕

江戸屋敷　深川高橋（通称高橋）

上屋敷（公邸）　桜田門内（種恭が若年寄を命ぜられ下賜される）

〔藩　校〕

| 藩校名 | 成立年月 | 所在地 |
|---|---|---|
| 学問所 | 文化5年カ | 下手渡陣屋内 |
| 修道館 | 安政2年 | 三池新町陣屋内 |

〔藩の基本史料・基本文献〕

吉村五郎「下手渡藩史」（昭和一一年『岩磐史談』第一巻所収　岩磐郷土研究会）

高橋莞治『下手渡藩』　東京・田中一郎　昭和四七年（吉村著も踏まえ、資料豊富。ただし引用文書に若干の脱漏あり）

屋山家文書（福島市史編纂室寄託）ほか地方文書

（執筆者・大村三良）

# 福《ふく》島《しま》藩

## 〔藩の概観〕

福島藩の成立は、延宝七年（一六七九）六月に大和国郡山《こおりやま》から入封した本多忠国《ただくに》に始まる。表高一五万石の領地は、信夫《しのぶ》・伊達《だて》両郡（信達二郡と通称する）全村と宇多《うだ》郡の一村からなり、込高は二〇万石弱（初期幕領時代の総検地による）に及んだ。

本多平八郎忠勝を藩祖とする譜代大名であり、忠国は水戸徳川家から養子に入ったこともあって、藩内対立の一件（九六騒動）故に移封されたものの、特別の優遇措置といえる。しかし、福島城には天守閣がなかった。もともと福島城は中世以来の平城《ひらじろ》で杉妻《すぎのめ》または大仏《だいぶつ》城と称してきたが、蒲生氏郷の客将木村吉清（五万石）が入って改称したもので、間もなく秀吉の命によって破却された。それを上杉景勝の家臣本庄繁長（一万石）が城代として入り、関ヶ原合戦後に旧城に倍する規模に拡大整備してきたものであった。とはいえ、無天守の城には不満のまま、幕府に願い出て異例の新城認可を得、河村瑞賢を招いて築城に当たらせた。やがて縄張から用材調達にかかった矢先の天和二年（一六八二）二月、忠国は曽祖父ゆかりの播磨国姫路へ転封となり、事は沙汰止みとなった。

したがって、在封三年足らずの治績は見るべきものがなく、上杉領・幕領時代の踏襲に終わったが、城下の市《いち》に庭銭を課したことは中世このかた商人司《つかさ》の商権を保持してきた会津簗田《やなだ》家を押しのけた意味で重要だった。

かくて信達地方は再び幕領とされたが、貞享三年（一六八六）七月に堀田正仲《まさなか》（一〇万石）が山形から移封した。正仲は、大老として権勢を独占した父正俊が殿中で刺殺されたため、山形へ移され、その一年余で再国替となったもので藩財政は窮迫していた。このため、家臣俸禄の歩引を強化し、年貢はもちろん、絹役から温泉湯役銭まで課税対象を拡大した。その反面、幕府の生類憐みの令は徹底的に追従して実施した。

元禄七年（一六九四）八月、正仲の死去により双生児の弟である正虎《まさとら》が養子となって家督相続した。正虎もまた、財政難ながら将軍綱吉の文治主義を拝承し、史跡の顕彰や神社仏閣の寄進に努めた。すべて幕府の譴責に対して畏怖したもので気の毒ともいえるが、元禄十三年正月、再び山形へ転封となり、信達地方は三たび幕領とされた。

元禄十五年十二月、信濃国坂木《さかき》（現長野県坂城町）の領主板倉重寛《しげひろ》が福島国替の命を受けた。堀田氏が磽确《こうかく》の悪地（石の多いやせ地）と嘆いた福島を、板倉氏は欣喜して就封した。それは坂木には城がなく、陣屋支配を余儀なくされてきたからである。重寛の父重種《しげたね》は、西丸兼務の老中に昇進して武蔵国岩槻六万石を拝領したが、将軍世嗣の病死によって免職された。加増の一万石を返上して坂木五万石に移った後、これを嫡子重寛に三万石、本家の甥に二万石を分与して隠居したが、父子ともに淋しい境遇のところへ、城付地へ国替の命が出たのであるから、藩をあげて吉報と迎えたのはいうまでもない。

福島の新領地は、信夫郡の内二三ヶ村と伊達郡の内八ヶ村から成り、石高にして二万六六〇一石余で、周辺はすべて幕領であった（他は藩祖以来の領有地）。阿武隈《あぶくま》川が福島城の南から東へとりまくようにして北上し、水陸の交通路が交わる要地を占めていた。

さて、初代藩主となった重寛は、二の丸に殿中を構えて大手門の改築や両側石垣の造営など、精力的に城の整備をすすめた。また、一社四ヶ寺の制を定めるなど民心を掌握しながら地方《ちかた》支配に備える態勢を確立して隠居した。しかし、このため藩財政は窮乏し、さらに二代の重泰《しげやす》から七代勝矩《かつのり》までの多くが短期間で亡くなり、拍車をかけた。八代勝長《かつなが》の老臣たちは、この財政再建のために虫のよい国替運動を展開し、ついには「城知差上げ」という前代未聞の嘆願書を差出した。これには幕府も捨ておけず、実情調査の結果、寛政四年（一七九二）六月に至って村替を申し渡した。

すなわち、信夫郡の内一万六〇〇〇石余を据置き、三河国碧海《へきかい》郡の内一万石を高替りとして与えられたもので、藩は重原《しげはら》（現愛知県刈谷市内）に陣屋を置いて支配することになった。反対に刈谷藩（土井氏）は板倉の旧領を与えられ、伊達郡湯野村（現福島市内）に陣屋を置いて支配を続けるが、この寛政前後には実に六藩の本藩（下村藩田沼氏）と分領（刈谷・足守・新発田・白河）が福島藩周辺に置かれるのである。

この国替を機に、九代勝俊《かつとし》は積極的に文武両道の施策を講じたが、天保の凶作によって藩財政はまたも傾斜して隠居を余儀なくされた。そして一〇代勝顕《かつあき（かつてる）》は水戸天狗党事件の出陣（元治元年＝一八六四）、一一代勝尚《かつなお》は信達を席巻した世直し一揆（慶応二年＝一八六六）に揺り動かされ、運命の戊辰戦争へと突入しなければならなかった。

慶応四年（一八六八）九月二日、勝尚は西軍に正式降伏し、十二月（明治元年）十五日に減地・土地替・隠居を命ぜられ、十八日に一二代勝達《かっさと》（家老渋川教之助）に家督相続が認められた。翌二年一月、勝達は大沼郡に代地を下賜され、福島藩は消滅した。

## 〔藩の居城〕

**城**

名　称　福島城
所在地　福島県福島市杉妻《すぎのめ》町・舟場《ふなば》町
家数・人口　城下町（福島村）　六四〇軒・四二六一人（元禄十六年）
　町方　七九六軒・三七〇七人（宝暦十一年）
　全領　一万三六七三人（宝永三年）

## 〔藩（大名）の家紋など〕

**本多家**

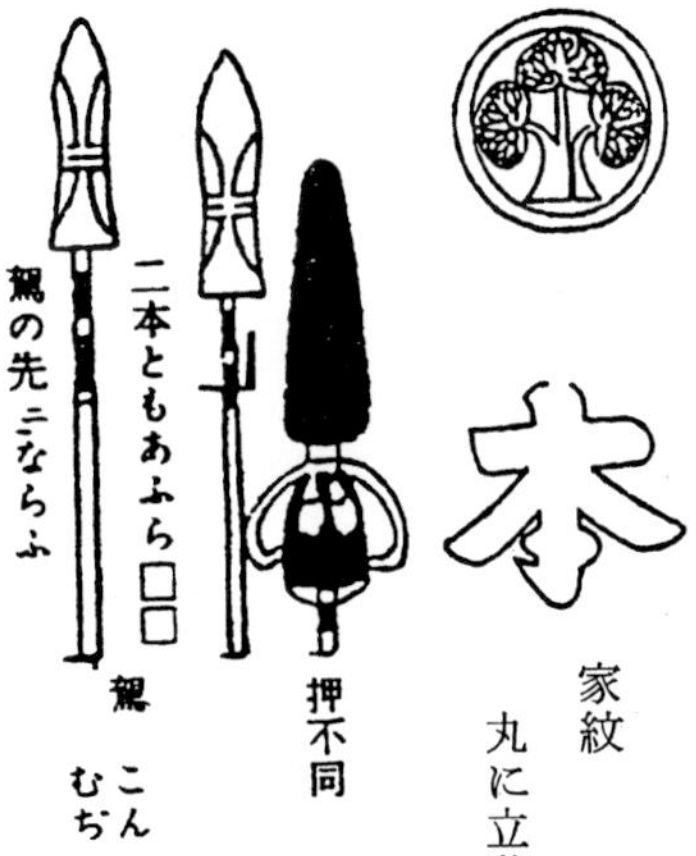


家紋　丸に立葵　本の字

**堀田家**

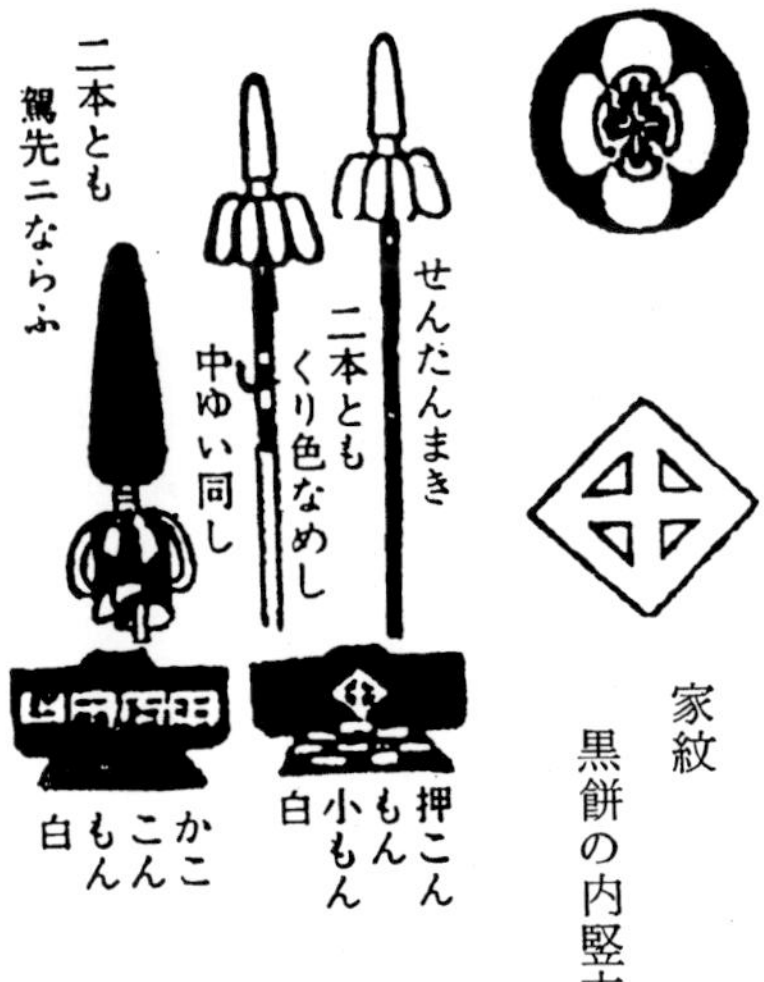


家紋　黒餅の内竪木瓜　田文字

**板倉家**

家紋　九曜巴　左巴三頭

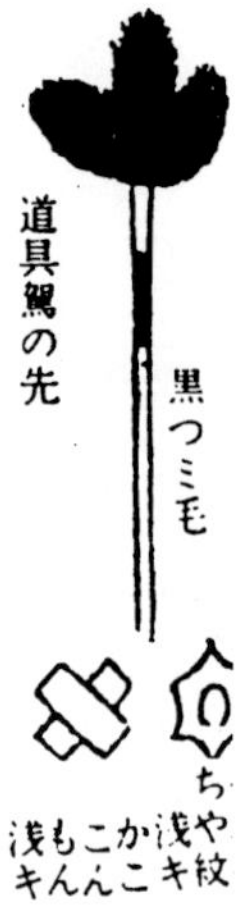


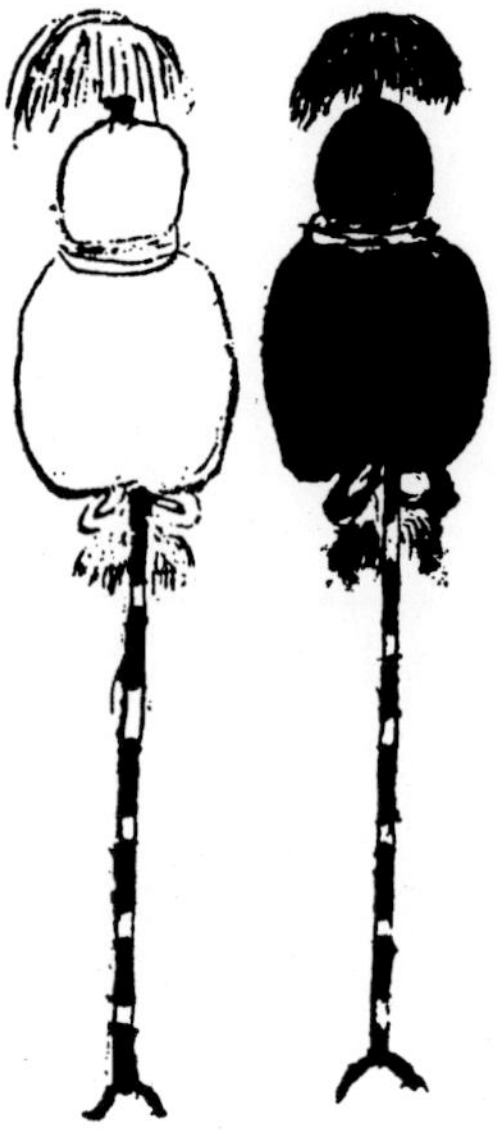

大馬印　瓢箪　（右）黒熊毛　緋縮緬　蛇腹竹　（左）白熊毛　白縮緬

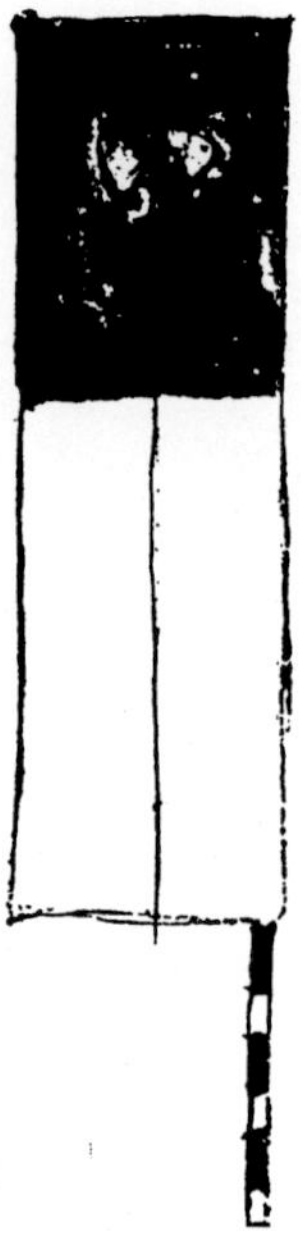

御旗　紺地にい文字

○出典（『板倉家御歴代略記』附図、『文化武鑑』）

## 〔藩主の系図〕（姻戚関係）

### ①本多家　譜代

大和国郡山から→

- 忠国《ただくに》　松平頼元次男（水戸徳川頼房孫）　室は松平伊予守綱政女　→播磨国姫路へ（姫路藩参照）
- 女子　政長女、忠国に婚約、嫁せずして卒

### ②堀田家　譜代

出羽国山形から→

- 女子
- 正仲《まさなか》　貞享元年十月、父正俊の遺領一三万石相続（三万石を弟二人に分与）　→出羽国山形へ（山形藩参照）
- 正虎《まさとら》　貞享元年十月、父の遺領二万石分与（下野国大宮）、元禄七年七月、兄正仲の養子（領地二万石は上知）
- 正高　堀田摂津守正敦の祖、貞享元年十月、父の遺領一万石分与（下野国佐野）
- 女子　養女、曽我又左衛門室
- 女子　養女、阿部遠江守正房室、離婚
- 正武

### ③板倉家　譜代

信濃国坂木から→

- ①重寛《しげひろ》
  - ②重泰《しげやす》　室、水野隼人正忠直女
    - ③勝里《かつさと》　高木主水正正陳次男　室、相馬弾正少弼昌胤女
      - ④勝承《かつつぐ》　室、京極佐渡守高矩女
        - ⑤勝任《かつとう》　勝里次男
          - 女子　勝任養女となり勝行に婚約、勝行の死により嫁せず一柳土佐守末英室
        - ⑥勝行《かつゆき》
          - ⑦勝矩《かつのり》　板倉佐渡守勝清五男　内室縁約なく、側室
      - 勝任　兄勝承養子
      - 寛綱　渡辺図書頭貞綱養子
      - 女子　早世
      - 女子　板倉主税勝延室
    - 女子　没
    - 女子　亀井因幡守玆満室　玆満没後、小出信濃守英持室
  - 女子

- 某　新次郎　早世
- ⑧勝長《かつなが》　室、脇坂図書頭安頭女、継室本多縫殿頭忠蕃女
- 女子　松平日向守直紹室
- 某　与三郎　早世
- 女子　早世
- 勝幹　降臣
- 頼以　内藤大和守長好養子

⑨勝俊《かつとし》 室、上杉弾正大弼治広女
- 女子 坪内定静室
- 女子 早世
- 女子 松平頼母近民室、離縁、家老市川一徳妻
- 女子 早世
- 女子 渡辺能登守輝綱室
- 女子 米倉丹後守昌寿室
- 某 早世
- 某 早世
- 某 早世
- 女子 家老松原邦昌室
- 女子 没
- 某 鎮三郎
- 某 総五郎 若年にして没
- 勝定 降臣して家老となる 一二代勝達の父
- 銀之丞
- 勝成 降臣して家老となる
- 女子 板倉越中守家老板倉勝豊室
- 勝彊 降臣
- 女子 九鬼式部少輔隆都室
- 資順 福原資深養子、若年没
- 某 早世
- 女子 坪内伊豆守定保室
- 女子 花房志摩守正理室
- ⑩勝顕《かつあき》 室、上杉弾正大弼斉定女、のち離別
  - 某 早世
  - 女子 鋭
  - 女子 養女、実は花房志摩守女、九鬼延之助室
  - ⑪勝尚《かつなお》 室、和泉国岸和田城主岡部筑前守女
    - ⑫勝達《かつさと》 家老敀川教之助改め 室、家老松原邦昌次女
      - 勝憲
      - 某
      - 女子 信子
      - 女子 凄子
  - 女子 酒井飛驒守室、のち離別
  - 女子 於詮
  - 勝英（銀吉）
- 勝吉
- 某 早世
- 女子 早世
- 勝直 本多大膳成孚養子（三〇〇〇石）
- 女子 板倉甚太郎勝陳室（八〇〇〇石）
- 尚服 永井肥前守尚典養子（三万石）美濃国加納城主
- 女子 高家日野主税室
- 勝弘 板倉越中守勝全養子（二万石）備中国庭瀬藩主
- 紀吉 板倉主計頭勝殷養子（三万石）上野国安中藩主

○出典（『福島市史』一、三、『佐倉文書』『板倉家御歴代略記』一、二、三）

## 〔藩主一覧〕（歴代藩主および石高・所領の変遷）

**本多**

| 姓 | 諱 | 受領名または官名 | 通称 | 生没年月日 | 戒名と菩提所（所在地） | 藩主就任・退任年月日 | 江戸幕府就任役職名・就任退任年月日 | 石高変遷年月日（西暦） | 石高（表高） | 領地（国郡名） |
|---|---|---|---|---|---|---|---|---|---|---|
| 本多 | 忠国（政義）（政武） | 中務大輔 | 小次郎 平八郎 | 寛文6～宝永1・3・21 | 徳崇院殿霊誉天真英大居士 書写山円教寺（兵庫県姫路市） | 延宝7・6・26～天和2・2・14 |  | 延宝7・6・26（一六七九） | 一五〇〇〇〇 | 陸奥国信夫郡・伊達郡（全村）・宇多郡の内一村 |

**幕領**（天和2・2・15～貞享3・7・12）

| 姓 | 諱 | 受領名または官名 | 通称 | 生没年月日 | 戒名と菩提所（所在地） | 藩主就任・退任年月日 | 江戸幕府就任役職名・ | 就任退任年月日 | 石高変遷年月日（西暦） | 石高（表高） | 領地（国郡名） |
|---|---|---|---|---|---|---|---|---|---|---|---|
| 堀田 | 正仲 | 下総守 | 左京 | 寛文2・7・19～元禄7・7・6 | 常楽院殿其阿法漢映性大居士　清浄光寺（神奈川県藤沢市） | 貞享3・7・13～元禄7・7・6 | | | 貞享3・7・13（一六八六） | 一〇〇〇〇〇 | 陸奥国信夫郡の内・伊達郡の内 |
| 堀田 | 正虎 | 伊豆守 | 織部 | 寛文2・7・19～享保14・1・22 | 慈徳院殿瑞山紹運大居士　日輪寺（東京都台東区浅草） | 元禄7・8・30～元禄13・1・10 | | | | 〃 | 〃 |
| 幕領（元禄13・1・11～元禄15・12・20） | | | | | | | | | | | |
| 板倉 | 重寛（重長）（重知） | 甲斐守 | 千次郎　式部 | 寛文9・1・1～享保6・7・17 | 実崇院殿義峯源阜大居士　長円寺（愛知県西尾市貝吹町） | 元禄15・12・21～享保2・8・3 | 大坂加番 | 宝永3秋　正徳1・7　正徳3・3 | 元禄15・12・21（一七〇二） | 三〇〇〇〇 | 陸奥国信夫郡・伊達郡の内　上総国山辺郡の内三村　三河国幡豆郡の内一村 |
| 板倉 | 重泰（重信） | 出雲守 | 千之助 | 元禄4・5・24～享保3・閏10・23 | 大通院殿了雲源智大居士　長円寺（〃） | 享保2・8・3～享保3・閏10・23 | 大坂加番 | 享保3・7 | | 〃 | 〃 |
| 板倉 | 勝里（重房） | 甲斐守 | 靫負　式部 | 宝永3・9・28～寛保3・7・21 | 真空院殿徹参源恵大居士　長円寺（〃） | 享保3・12・24～寛保3・7・21 | 大坂加番 | 享保11・7　享保13・7　享保18・7　元文1・7　寛保1・8 | | 〃 | 〃 |
| 板倉 | 勝承 | 内膳正 | 式部 | 享保20・7・12～明和2・3・26 | 玄泰院殿寛道源通大居士　長円寺（〃） | 寛保3・9・20～明和2・3・26 | 大坂加番 | 宝暦2　宝暦6　宝暦11・12・24 | | 〃 | 〃 |
| 板倉 | 勝任 | | 富之助　兵庫 | 元文1・12・16～明和3・7・7 | 泰亮院殿宗心源洞大居士　長円寺（〃） | 明和2・5・23～明和3・7・7 | | | | 〃 | 〃 |
| 板倉 | 勝行 | 備中守 | 安之丞　蔵人 | 宝暦2・9・3～安永2・8・16 | 寛亭院殿廓照源明大居士　長円寺（〃） | 明和3・8・29～安永2・8・16 | 大坂加番 | 安永1 | | 〃 | 〃 |

| 姓 | 諱 | 受領名または官名 | 通称 | 生没年月日 | 戒名と菩提所(所在地) | 藩主就任・退任年月日 | 江戸幕府就任役職名・就任退任年月日 | | 石高変遷年月日(西暦) | 石高(表高) | 領地(国郡名) |
|---|---|---|---|---|---|---|---|---|---|---|---|
| 板倉 | 勝矩 | 河内守 | 定五郎 | 寛保2・5・14〜安永4・12・29 | 桃渓院殿仙翁源齢大居士 長円寺(愛知県西尾市貝吹町) | 安永2・8・21〜安永4・12・29 | | | | 三〇〇〇〇 | 陸奥国信夫郡・伊達郡の内 上総国山辺郡の内三村 三河国幡豆郡の内一村 |
| 板倉 | 勝長 | 内膳正 | 伊三郎 | 宝暦11・7・5〜文化12・4・22 | 泰寿院殿仙峯源久大居士 長円寺(〃) | 安永5・1・25〜文化12・4・22 | 大坂加番 | 天明3 天明6 寛政1 寛政3 文化2・6 | | 〃 | 〃 |
| | | | | | | | | | 寛政4・6・15(一七九二) | 〃 | 陸奥国信夫郡の内、上総国山辺郡(据置)、三河国碧海郡の内、幡豆郡の内一村(据置) |
| 板倉 | 勝俊 | 甲斐守(右近将監) | 亥三郎 | 天明8・9・8〜天保12・8・14 | 玉翁院殿崑山源燿大居士 長円寺(〃) | 文化12・6・4〜天保5・12・13 | 大坂加番 | 文政2 | | 〃 | 〃 |
| 板倉 | 勝顕 隠居後、松園 | 内膳正(刑部少輔) | 鋚之助 | 文化11・5・3〜明治10・1・8 | 顕徳院殿 長円寺(〃) | 天保5・12・13〜慶応2・5・2 | 大坂加番 | 天保9・7 弘化4秋 安政3・7 | | 〃 | 〃 |
| 板倉 | 勝尚 隠居後、容園 勝巳 | 甲斐守 | 尚吉 | 嘉永4・3・21〜 | 長円寺(〃) | 慶応2・5・2〜明治1・12・15 | | | | 〃 | 〃 |
| 板倉 | 勝達 | 内膳正 | 千之助 教之助 | 天保〜 | 長円寺(〃) | 明治1・12・18〜明治2・1・25 | | | 明治1・12・18(一八六八) | 二八〇〇〇 | 〃 |
| | | | | | | (岩代国大沼郡へ転封) 明治2・6・26(三河国重原へ国替) | | | 明治2・6・26(重原藩) | (備考) | 岩代国大沼郡、三河国の分領(据置) 三河国幡豆郡・碧海郡・加茂郡・設楽郡の内(一万七七五四石余新知) |

○出典『板倉家御歴代略記』一、二、三

〔藩史略年表〕

| 西暦 | 和暦 | 月日 | 政治・法制 | 月日 | 社会（文化を含む）・経済 |
|---|---|---|---|---|---|
| 一六七九 | 延宝　七 | 6・26 | 本多忠国、家督を相続し、大和国郡山（一二万石）より福島一五万石に転封の幕命を受ける。 | | |
| 一六八〇 | 八 | 2・29 | 福島城下各町ごとに市場庭銭を布令する。この年、新城の築城に着手か。 | | |
| 一六八二 | 天和　二 | 2・14 | 忠国、播磨国姫路へ転封。信達地方は再び幕領となる。 | | |
| 一六八六 | 貞享　三 | 7・13 | 堀田正仲、山形（一〇万石）より福島一〇万石に入封。 | | |
| | | 12 | 家臣の歩引率を強化。 | | |
| 一六八七 | 四 | 3・14 | 間引き禁止令を布達。 | 1・29 | 八丁目宿に馬市を認可。 |
| 一六八八 | 元禄　一 | 1 | 高湯温泉などに湯権の競争入札ほか運上金のせり上げを布達。 | | |
| | | 6・19 | 絹改役を任じ絹織物を統制、絹役の増徴を図る。 | 7 | 摺上川の簗漁と網打漁につき規程締結。 |
| | | 6・20 | 山漆役・山守を任命、漆実の増収を図る。 | | |
| 一六八九 | 二 | 4 | 幕領湯野村ほかと山境論起こる。この年、会津藩廻米につき、山越えの駄賃取り決め。 | 5・1 | 松尾芭蕉、福島に泊る。 |
| | | | | 5・2 | 芭蕉、飯坂に泊る。 |
| 一六九二 | 五 | 2 | 幕領渡利村と秣場出入り起こる。 | この年 | 五ヶ国蚕種商代表が八王子に集会。福島代表が参加し、偽種防止を取り決め。 |
| 一六九三 | 六 | 5・11 | 生類あわれみの令対策、田畑を荒す鳥獣に空鉄砲でおどさせる。 | | |
| 一六九四 | 七 | 5・20 | 間引き禁止令、再布達。 | この年 | 生類あわれみの令による処罰者、再三起こる。 |
| | | 7・6 | 正仲没。 | | |
| 一六九六 | 九 | 8・30 | 正虎家督。 | 11 | 正虎、福島稲荷神社に御能図の大絵馬寄進。 |
| | | | | 5 | 正虎、児塚の碑建立。 |
| | | | | 9 | 正虎、文知摺石碑を建立。 |
| 一七〇〇 | 一三 | 1・10 | 正虎、山形へ再転封。その領地は三たび幕領となる。 | | |
| 一七〇二 | 一五 | 12・21 | 板倉重寛、信濃国坂木三万石より福島三万石に転封下命。 | | |
| 一七〇三 | 一六 | 4・18 | 福島城代松原十郎右衛門、幕府代官池田新兵衛より福島城引渡しを受ける。 | 5・1 | 領内各村に村明細差出帳の提出を命ずる（翌年六月までかかる）。 |
| 一七〇四 | 宝永　一 | 8・14 | 重寛、初入部。 | | 初入部行列に渡利村山ノ内の作左衛門直訴（一一月一三日処刑）。 |

| 西暦 | 和暦 | 月日 | 政治・法制 | 月日 | 社会（文化を含む）・経済 |
|---|---|---|---|---|---|
| 一七〇五 | 宝永二 | 3 | 重寛、領内三一ヶ村巡視。 | この年 | 常光寺に御霊屋建設。 |
| | | 5・11 | 大手門側の時の太鼓開始。 | | |
| 一七〇六 | 三 | | | 2・4 | 城内御殿類焼（本町失火による）。 |
| | | | | この年 | 領内人口一万三六七三人。 |
| 一七〇八 | 五 | 10 | 生類あわれみの令、領内に布達。 | | |
| 一七〇九 | 六 | 7 | 重寛帰城。殿中再建祝賀。 | | |
| 一七一〇 | 七 | 4 | 大手門改築完成。 | | |
| 一七一七 | 享保二 | 8・3 | 重寛隠居、重泰、家督相続。 | | |
| 一七一八 | 三 | 閏10・23 | 重泰、大坂加番勤仕中、病死。 | | |
| | | 12・24 | 養子勝里、家督相続。 | | |
| 一七二一 | 六 | 7・17 | 重寛、病没。 | 3 | 板倉氏江戸屋敷焼失。 |
| 一七二二 | 七 | | | 2・7 | 城下大火、侍屋敷八軒焼失。町家三三九軒・寺五ヶ寺焼失。 |
| 一七二四 | 九 | 9・14 | 城代松原十郎右衛門、検約令を出す。 | 8 | 上州屋伝右衛門、飛脚問屋を開店。 |
| 一七二六 | 一一 | 3・25 | 勝里、大坂加番に福島出発。 | | |
| 一七二八 | 一三 | 2・17 | 勝里また大坂加番（以後三回に及ぶ）。 | | 凶作、大暴雨により田畑被害。 |
| 一七二九 | 一四 | 3・8 | 一揆の農民、福島藩に越訴。 | 3・7 | 幕領農民、大森代官所に強訴。 |
| | | 3・23 | 幕府より退去下知状。 | 3・28 | 二本松藩と共に退去させる。 |
| 一七三五 | 二〇 | 6・12 | 勝里、火消札四〇枚を城下の火消組に下付。 | 3・15 | 城下上町より出火、一三一軒焼失。 |
| 一七三八 | 元文三 | 2 | 城下七町の諸役改め実施。 | 1 | 平藩の打ち毀しに密偵蓮芳軒を派遣。 |
| | | 3 | 穀物その他の諸役銭課す。 | | |
| | | 6 | 徒党禁止令、強化。 | | |
| 一七四三 | 寛保三 | 7・21 | 勝里、福島城で没す。 | 6・26 | 城下の糸問屋、糸・真綿の買取りにつき集会・訴願（処罰）。 |
| | | 9・20 | 勝承、九歳で家督相続。 | | |
| 一七四四 | 延享一 | 4 | 勝承に江戸桜田組御防下命。 | | |
| 一七四五 | 二 | 1・23 | 福島三万石一揆—検断宅等を打ち毀し。 | | 検断・飛脚問屋等処罰。 |
| 一七四六 | 三 | 10 | 財政不如意につき藩士減員策。 | | 飛脚問屋島屋、福島店開業。 |
| 一七四九 | 寛延二 | | 旱魃のため凶作、穀留め令。 | 10・2 | 幕領農民、桑折代官所強訴開始。一〇月一〇日代官所襲撃（天狗騒動）。 |
| | | 12・13 | 桑折代官所へ応援のため出兵（翌年一月引上げ）。 | | |
| 一七六〇 | 宝暦一〇 | 6 | 福島領分物成算用状をまとめ、藩財政の緊縮をはかる。 | | |

| 西暦 | 和暦 | 月日 | 政治・法制 | 月日 | 社会（文化を含む）・経済 |
|---|---|---|---|---|---|
| 一七六四 | 明和一 | 7・8 | 城代松原十郎右衛門閉門（財政失政のためか）、九月これを許し隠居を命ず。 | 3・23 | 福島河岸渡辺十郎右衛門、阿武隈川舟運の舟を増し、増賃。 |
| 一七六五 | 二 | 3・26 | 勝承、福島城で没す。 | | |
| | | 5・23 | 勝任、家督相続。 | | |
| 一七六六 | 三 | 7・7 | 勝任没。 | | |
| | | 8・29 | 勝行、家督相続。 | | |
| 一七六七 | 四 | | | この年 | 渡辺十郎右衛門廃業。上総屋幸右衛門が舟問屋独占。 |
| 一七七一 | 八 | | 領内諸職人の日料を定める。 | | |
| 一七七三 | 安永二 | 8・16 | 勝行、大坂加番の帰途、尾張国起駅で没。 | 1・28 | 信達地方に奥州蚕種本場の允許が幕府より下る（年二六〇両の冥加金）。 |
| | | 8・21 | 勝矩、家督相続。 | | |
| 一七七五 | 四 | 12・29 | 勝矩没。 | | |
| 一七七六 | 五 | 1・25 | 勝長、家督相続（一五歳）。 | | |
| 一七八三 | 天明三 | | 天明の大飢饉。<br>藩は施粥小屋を設け、安永七年以来課税してきた諸職人役銭を中止する。 | 12 | 凶作のための酒糀郡中諸法度に違反した酒造業が打ち毀しにあう。城下の業者にも戸〆の処刑者続出。 |
| 一七八六 | 六 | 10 | 全老中宛に、勝長名で村替歎願を提出（以降、老臣名で再三嘆願）。 | 4・14 | 城下の大火により城中二の丸・三の丸の家中屋敷類焼。 |
| | | 12・23 | 幕府、二五〇〇両を貸与（一〇年賦）。 | | |
| 一七九〇 | 寛政二 | 3・13 | 城知返上の願書を老中に提出。 | | |
| 一七九一 | 三 | 2・2 | 願い出ていた大坂加番下命。 | | |
| 一七九二 | 四 | 6・15 | 三河国刈谷藩領と村替の下命。重原陣屋を設け、三河分領を支配。 | | |
| 一七九四 | 六 | 8 | 「御高三万石御分限御相当御定帳」を定め、寛政の改革とする。 | | |
| 一八〇五 | 文化二 | | | この年 | 江戸藩邸の「幸宗霊武進社」（祭神藩祖重昌）を福島城本丸に遷座。 |
| 一八一五 | 一二 | 4・22 | 勝長、没。 | | |
| | | 6・4 | 勝俊、家督相続。 | | |
| 一八二五 | 文政八 | | | | この年も違作。 |

| 西暦 | 和暦 | 月日 | 政治・法制 | 月日 | 社会（文化を含む）・経済 |
|---|---|---|---|---|---|
| | 文政年間 | | | | 信夫郡九二ヶ村の代表、土湯峠越えの駄送が吾妻山の神霊にふれ凶作をまねくとして通行中止を議定。 |
| 一八三三 | 天保　四 | 1 | 物産会所を起こし、絹糸を重原経由で京都へ輸送。 | | 藩校「講学所」の仮学舎開設。 |
| | | | 天保の大凶作（同七年まで）。藩は施粥を実施。 | | |
| 一八三四 | 五 | 12・13 | 勝俊、隠居。勝顕、家督相続。 | | |
| 一八三七 | 八 | 2 | 藩財政困窮により大坂・近江の豪商より借財。 | | |
| 一八四一 | 一二 | この年 | 向う五ヶ年の節倹令を布達（家臣の俸禄借上げ、御用達等の扶持方半高借上げ）。 | | |
| 一八四六 | 弘化　三 | 8・14 | 隠居勝俊、病没。 | 6 | 洪水の被害甚大。とくに西根堰の揚口破壊され、この修理後に関係町村の新規定ができる。 |
| 一八五一 | 嘉永　四 | 4 | 「福島城地御拝領百五十年」祝賀行事挙行。 | | |
| 一八五三 | 六 | 3 | 大手門内外で初の西洋砲術調練。 | | |
| 一八五四 | 安政　一 | 8 | 勝顕、藩の軍制改革断行。 | 7 | 奥州道中宿詰の助郷につき紛争、翌月議定。 |
| | | 冬 | 城内で大砲鋳造。 | | |
| 一八五五 | 二 | 秋 | 郷方鉄砲組編成。 | | |
| 一八五七 | 四 | 4 | 福島藩が会津米の移入を禁止。 | 8 | 土湯越の駄送取調べ、差押え。 |
| 一八六〇 | 万延　一 | 2 | 信達両郡で安石代願いが出される。 | | |
| 一八六一 | 文久　一 | 春 | 雷原で藩の軍事訓練、郷方鉄砲組参加。 | 2 | 奥州種本場生産者により「蚕種議定録」定められる。 |
| 一八六二 | 二 | | | 2 | 城下魚問屋一件発生（九月に落着）。 |
| 一八六四 | 元治　一 | 1 | 東金領の真忠組事件鎮圧に出兵。 | 9・21 | 桑折代官所、蚕種の改印役を任命（世直し一揆の原因となる）。 |
| | | 10・10 | 常陸国天狗党の乱に出兵の福島藩士、那珂湊で激戦（藩士等の討死三〇名、負傷数名に達す）。 | | |
| | | 12・12 | 降伏の水戸浪士三〇名を東金本漸寺に収容。 | | |
| 一八六六 | 慶応　二 | 5・2 | 勝顕隠居、勝尚、家督相続。 | | |
| | | 6・14 | 世直し一揆起こる。 | | |
| | | 6・17 | 福島藩、桑折代官所の求援により出兵。 | 6・19 | 福島城下だけで一七軒、打ち毀し。 |
| | | 6・19 | 福島藩、一揆代表を説得。 | | |
| 一八六七 | 三 | | | 1 | 桑折代官所、生糸・蚕種の改印実施。 |

| 西暦 | 和暦 | 月日 | 政治・法制 | 月日 | 社会（文化を含む）・経済 |
|---|---|---|---|---|---|
| 一八六八 | 慶応 四 | 1・9 | 鳥羽伏見の戦い（三日）の一報届く。この月、「福島藩役員録」できる。 | | |
| | | 3・2 | 奥羽鎮撫使、塩釜に上陸。家老松原作右衛門らを仙台に派遣。 | | |
| | | 4・12 | 仙台藩兵、福島城下に入る。 | | |
| | | 4・20 | 仙兵、会津軍と土湯口で初戦闘。 | | |
| | | 閏4・11 | 奥羽諸藩の重臣、白石城集合。 | 閏4・11 | 信達農民、惣百姓名で戦争中止の訴状提出。 |
| | | 閏4・12 | 会津藩、謝罪嘆願書提出（却下）。 | | |
| | | 閏4・20 | 下参謀世良修蔵、福島城下で暗殺。 | | |
| | | 閏4 | 醍醐少将、正式に福島入城、会津征討軍本陣とする。 | | |
| | | 5・3 | 奥羽越列藩同盟成立。 | | |
| | | 7・1 | 福島藩兵、会津兵の白河城奪還戦に参加（失敗）。 | | |
| | | 7・25 | 福島藩主ら米沢へ逃亡。 | | |
| | | 7・29 | 福島城、開城を決定。 | | |
| | | 8・8 | 奥羽軍、福島に結集、長楽寺に奥羽軍事局設置。 | 8・1 | 鳥組が城下に乱入、町ごとの自衛組によって撃退。 |
| | | 8 | 福島藩参政内藤豊治郎ら二一士、脱藩して西軍に下る。 | | |
| | | 9・2 | 福島藩主板倉勝尚、正式降伏。 | | |
| | 明治 | 9・21 | 福島藩に旧幕領桑折支配所取締りを命ぜられる。 | | |
| | | 10・24 | 謹慎中の板倉勝尚、上京を命ぜられる。 | | |
| | | 11・7 | 中村民政取締所創置（桑折）、福島領も支配下に組み入れられる。 | | |
| | | 12・15 | 勝尚に減知・土地替・隠居を命ぜられる。 | | |
| | | 12・18 | 渋川教之助（板倉勝達）に家督相続（二万八〇〇〇石下賜）認可。 | | |
| 一八六九 | 二 | 1・25 | 勝達、信夫・東金の領地を上知し、大沼郡に代地下賜さる。 | | |
| | | 2・12 | 福島城を相馬因幡守（中村民政取締所）に引渡す。 | 2・30 | 福島町の検断ら一〇名、板倉氏留任嘆願書を東京の目安箱に投入。 |
| | | | | 3 | 藩士ら福島を去り重原に向う。 |

○出典（『福島市史』二、三、『板倉家御歴代略記』一、二、三）

## 〔家老とその業績〕

| 著名家老名 | 担当職務名 | 活躍期 | 生没年月日 | 主な業績 |
|---|---|---|---|---|
| 都筑惣左衛門安成 | 家老 | 本多家時代 | | ・大和郡山本多家の家督相続にあたり、家中の内紛を押切って忠国を擁立。その結果、忠国は福島一五万石に封ぜられた。<br>・なお、無城（天守閣なし）に居城した例は本多家にはないと老中に申し立て、異例の新城取立て認可を得たのも彼である。 |
| 若林杢左衛門 | 上席家老 | 堀田家時代 | | ・上席家老として補佐に努め、家中の取まとめにあたる。<br>・正仲・正虎の両藩主とももっとも幕府から疎外された時期に、親身になって奔走した。 |
| 松原十郎右衛門 | 城代家老 | 板倉家時代初期 | | ・福島城受取りに際し城代に昇格、福島初代の重寛を補佐して藩の基礎を確立した。<br>・とくに藩主の留守年は藩の一切を取りしきり、功により城外に下屋敷を与えられた。そこの井戸は藩主の御茶の水に用いられたほど良水で知られる。 |
| 渋川教之助 | 年寄役（家老） | 板倉家時代末期 | | ・板倉家から降臣し、年寄役五名の末席であったが、物頭役内藤豊治郎（のち年寄役、魯一と改め愛知県自由民権運動の中心人物となる）と組んで戊辰激動期の藩の運営にあたる。<br>・明治元年一二月、衆望に押され最後の藩主となる。 |

○出典（「老叢談」『岡崎市史』第二巻、『福島市史』七所収「年寄部屋日記書扱」、福島市史資料叢書『板倉家御歴代略記』二、三）

## 〔藩の職制〕

○藩の職制の大綱

**板倉家**

- 藩主
  - 城代（家老）
  - 年寄役　付、用部屋物書
    - 近習頭—広間番（武具役兼務の者あり）—仲小姓—小姓
    - 郡代　付、牢屋番—代官（地方支配）　付、地足軽
    - 物頭—同順序
      - 大番所組—太鼓打・木戸番・武具方・鉄砲師
      - 名倉組ほか五組（いずれも小頭・目付・足軽がつく）
      - 徒士頭—徒士
      - 奥年寄—目付
      - 中屋敷頭取
      - 下屋敷頭取
    - *
  - 年寄留守居役　付、物書

*
- 勘定頭—勘定役
  - 勘定目付—同順席
  - （勘定頭所属カ）蔵奉行・破損奉行・座敷奉行・山奉行
- 小納戸
- 側坊主—勝手坊主（茶道役兼務の者あり）
- 医師
- 儒者
- 講学所世話役
- 賄役—椀方・下蔵方・下台所役・塩方・油方
- 料理方

他に　大工　瓦師

○出典（慶応四年正月改福島藩役員録、『板倉家御歴代略記』三）

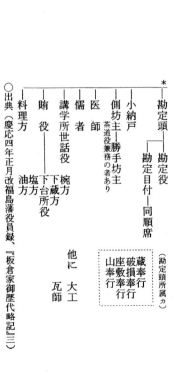

○格と職

| 格 | 人数 |
|---|---|
| 年寄 | 七人（無役・留守居役を含む） |
| 給人 | 七二（給人格を含む） |
| 仲小姓格以上 | 八〇（医師一一人を含む） |
| 徒士格以上 | 六八 |
| 無格小役人 | 一一三 |
| 隠居 | 四 |
| 無役 | 一一 |
| 仲間・小者 | 六〇～七〇 |
| 江戸邸仲間 | 約三〇人 |
| 重原陣屋足軽など | 二〇人 |
| 東金陣屋足軽など | 五人 |

○出典（同前）

〔領内支配（地方支配）の職制と系統〕

代官─┬─町年寄（町方）（1）─┬─本陣（1）─検断（7）─問屋（脇本陣宅）─総町組頭─軒頭─五人組
　　　│　　　　　　　　　　├─同用達
　　　│　　　　　　　　　　└─脇本陣（2）
　　　├─見廻役
　　　├─割元（村方）（1）─┬─名主─┬─組頭─本百姓─水呑
　　　│　　　　　　　　　└─同用達　└─百姓代
　　　├─山守
　　　└─蔵用達

・問屋場には検断が交代で勤務。
・名主は一村一～二名（二名が多い）。

○出典（『福島市史』二）

〔領外（飛地）の支配機構〕

①重原陣屋（愛知県刈谷市野田字下重原）
　代官一、ほか給人・足軽など。
②貝吹村地代官所（愛知県西尾市字貝吹）
　地代官一　板倉家総善提寺長円寺管理、ほか貝吹村一村を支配。
③東金陣屋（千葉県東金市新宿）
　代官一、ほか給人・足軽など。

〔領内の主要交通路〕

**陸路の主要街道**

1　奥州街道
2　藩主参勤街道　福島―八丁目（現福島市松川町）―二本松
3　庭坂街道（米沢街道）　福島より米沢に至る街道
4　中村街道　福島より相馬に至る街道
5　原町街道　福島より川俣に至る街道
6　会津街道　福島より土湯峠を経て猪苗代・会津若松へ至る街道

**水路**

1　阿武隈川舟運
・福島河岸（福島市御倉町）　自藩・幕領・米沢・会津藩の廻米各倉庫あり。
・ただし、商人などの荷は、舟場河岸（現舟場町）。

〔江戸城の詰間〕

板倉家　雁間（福島在封期間を通して同じ）

○出典（『福島市史』一）

〔江戸屋敷の所在地〕

板倉家

| 屋敷 | 所在地 享保年間 | ～文化二年 | 文化三年～文政 |
|---|---|---|---|
| 上屋敷 | 浅草寺町 | 呉服橋之内大手ヨリ六丁 | 土手四番丁大手ヨリ廿二丁 |
| 中屋敷 | | 下谷新寺丁 | 同上 |
| 下屋敷 | | 本所さるへ | 同上 |

○出典（『文化武鑑』『文政武鑑』）

〔藩札〕

なし。ただし幕末に、福島城下に流通した私人札がある。

・預り手形　五拾文・二十五文の二種

引替え元は福島藩御用達頭取和泉屋幸四郎ほか二名である。

〔藩校〕

| 藩校名 | 成立年月 | 所在地 |
|---|---|---|
| 講学所 | 文政年間 | 城内外役所を使用。のち調練所（現福島第一小学校敷地）に兵学所と共に独立校舎建設。 |

〔藩の武術〕（文政年間以降）

| 種目 | 流派 | 武術者（○印は御抱師範） |
|---|---|---|
| 弓術 | 日置古流 | 池田新兵衛<br>竹沢登右衛門<br>池田権左衛門 |
| 馬術 | 大坪本流 | ○中瀬順八<br>同　左太郎<br>同　順三 |
| 鎗術 | 旅川流（板倉家古来の流） | 名倉治部助<br>佐藤素兵衛<br>小倉　与助<br>竹沢　兎平 |
| | 新当流 | ○管田兵左衛門<br>同　兵之助 |
| 剣術 | 新陰流 | ○斎（天野と改姓）勘兵衛<br>米山与兵衛<br>新家庄之進 |
| 柔術 | 真極流 | ○高橋丹右衛門<br>同　直太 |
| 砲術 | 中島流 | 海野　瀬平 |
| | 森重流 | 杉沢清之進 |
| 貝鞁役 | 宮川流 | 今福　成平 |
| 捕方棒術 | | ○福山　大作 |

○出典（『板倉家御歴代略記』二）

## 〔参勤交代〕

板倉重寛の帰国の例（宝永元年）

宝永元年甲申六月十一日　奥州福島城江初而御暇被仰蒙　御時服御拝領
左之通
御帷子三ツ　御単物二ツ　御羽織一ツ

同年八月七日江戸御発駕　板橋海道御旅行　同月十四日福島江
御城着　御帰城御礼之御使者　石川善左衛門　翌日発足罷登ル

（公御入部御旅装御行列之次第）
公御旅装御行列之次第
小頭　御馬　同　同　沓籠　御馬印　同竿　御冑立御具足櫃一荷
同　一荷　御手筒鉄炮　同　同手代　玉箱腰指也　小筒一荷　幕箱　立弓一筋
前付挟箱一荷　挟箱　同　同　対鎗対鎗　鳥毛鎗　立笠台笠　歩行歩行歩行　同同同　御刀筒御刀筒　大身
鎗　長刀半弓一筋　御駕　十文字直鎗　挟箱挟箱　しの箱　茶弁当　御馬　同　沓籠
押押　山駕籠　御乗掛馬　長持　同　挑灯持挑灯持　同同同同　二二二二　同荷馬二疋　押押
徒頭　小納戸　書役　近習　茶道　医師　近習頭　物頭　取次　給人
中小姓　吟味役　年寄

御泊附
八月七日鴻巣　八日佐野　九日宇都宮　十日川出ニテ御昼喜連川御泊ニナル　十一日
芦野　十二日須賀川　十三日八丁目　十四日御城着　御着坐当日人
馬福島ヨリ出之

御入部御供之面々左之通
御年寄松原作右衛門　御近習頭浅井六右衛門　天野太郎左衛門　御者（物）
頭井上権左衛門　御取次落合伊右衛門立帰　内山五郎右衛門　御徒士頭吉
田喜平次　勘定頭赤井与右衛門　御目付山岸藤兵衛　池田小右衛門立帰
岡田弥七　御医師山内道林　御小納戸鷹野粂右衛門　井上沢右衛門
市川藤七　御書役浅井伊兵衛　御近習中根善兵衛　中西藤次郎　鷹野
清助　後藤数右衛門　山野儀右衛門　御禿真野門弥　御茶道近藤浮木
山本古斎　小林杉雪引越　竹下幽下直ク引越　外向赤坂藤太夫　津志三右衛門　田
中新介　小倉孫六　小倉又左（以下略）

翌年宝永二年五月、参府は、同じ道を逆に行った。
福島―八丁目―須賀川―芦野―喜連川―宇都宮―佐野―鴻巣―江戸

○出典（『板倉家御歴代略記』一）

## 〔藩の基本史料・基本文献〕

『福島市史』近世Ⅰ（通史編2）・近世Ⅱ（通史編3）　福島市　昭和四七・四八年
『福島市史』近世資料Ⅰ・Ⅱ・Ⅲ（資料編2・3・4）　福島市　昭和四五年～四六年
福島市史資料叢書
「板倉家御歴代略記」第壱（第29輯）・第弐（第24輯）・第参（第22輯）
「内藤家・名倉文書」（第9輯）
「福島藩三河分領・重原藩」（第10輯）
「千葉県佐倉文書・東金文書」（第17輯）
「福島のいしぶみ」（第48輯）

（執筆者・大村三良）

# 二《に》本《ほん》松《まつ》藩

〔藩の概観〕

二本松藩は、陸奥国安達《あだち》郡六九ヶ村・高六万九七八一石四斗三升九合、同安積《あさか》郡四一ヶ村・高三万一一七二石七斗二升六合、表高十万〇七〇〇石余を領有、居城を二本松に置いた外様中藩である。

近世における二本松発端は、天正十八年（一五九〇）八月、豊臣秀吉の奥羽仕置き、浅野長吉による天正検地により安達郡・安積郡は蒲生氏郷《うじさと》の会津領にくみこまれたことに始まる。氏郷の子秀行《ひでゆき》は慶長三年（一五九八）下野国宇都宮に移され、上杉景勝《かげかつ》が越後より会津一二〇万石に入封したが、支配領は変わらなかった。関ヶ原合戦に石田三成と呼応した上杉氏は、徳川家康の処罰を受け、慶長六年出羽国米沢三〇万石に移り、蒲生秀行が再び六〇万石で会津へ入部した。その子忠郷《たださと》は寛永四年（一六二七）病没、嗣子無く幕府により収公され、伊予国松山より加藤嘉明《よしあき》が、会津四〇万石領有を命じられ入封した。会津領支配下とされた二本松城には、嘉明の娘婿であった下野国烏山城主松下重綱《しげつな》が、嘉明与力衆として入り、安達郡五万石を領知したが、同年暮病没しその子長綱幼少のため、田村郡三春城に移し、三春城にあった嘉明三男明利《あきとし》を二本松城に入れる。明利の子明勝に及び、寛永二十年（一六四三）加藤明成《あきなり》が会津領四〇万石返還を願い出て収公されるまで、二本松には会津支配下による統治が行なわれた。

この年、白河城主であった丹羽光重《みつしげ》が一〇万〇七〇〇石高にて入封、二本松藩が成立する。

丹羽氏は、織田信長の重臣として、信長の天下統一に雄名を馳せた丹羽長秀を家祖とする。天正十年（一五八二）信長が本能寺の露と消えたあと、逡巡時機を失し、輩下であった豊臣秀吉に利用され、織田家重臣の双璧と称された柴田勝家を攻め滅ぼす破目となり、秀吉の意のままに操縦される憤懣に耐えかね、天正十三年に没した。その子長重が十五歳で遺領相続するが、一二三万石所領支配は家中重臣の権力争い、家中取締り不行届、四国征伐、九州征伐の軍令違反を理由に、一挙に加賀国松任城にて四万石に減封され、家臣団の解体、それら家臣団の秀吉による大名取立など、織田取立大名の牽制臣服に、丹羽家は格好であった。さらに蓄積された財力は朝鮮征伐などで費消され、文禄四年（一五九五）越前国小松城一二万五四〇〇石余に加増されたものの、豊臣秀吉のたくみな政策に利用された。

慶長五年（一六〇〇）関ヶ原合戦には、家臣たちの暴走に乗ぜられ、戦後、徳川家康の処罰を受け城知没収、浪々の身となり家臣たちも諸方に散った。しかし当時大坂城に豊臣秀頼がおり、流浪の武士が溢れ人心動揺もはげしかったこともあり、徳川家康は、織田・豊臣取立大名の帰伏策として、名門丹羽氏を利用し、慶長八年、将軍宣下の折に、徳川秀忠の好意として常陸国古渡《ふっと》(茨城県稲敷郡桜川村)で高一万石を宛行い、官位も復し、新らしく徳川取立大名として再生させた。大坂冬の陣・夏の陣においては、丹羽氏一族と家臣たちは、徳川氏の御恩に報いるために懸命の働きを行なった。元和五年（一六一九）、同国江戸崎一万石を加増され、元和八年、陸奥国棚倉五万石高に国替えとなり入封、幕命により棚倉城(亀ヶ城)を新造、城下町造りを行なう。寛永四年（一六二七）、棚倉城荒壁のままのところ、同国白河に一〇万〇七〇〇石高に加増国替えを命ぜられ移る。ここでは奥羽の古来より関門の故に小峰城を新造、城下町造りを幕府より命ぜられる。棚倉・白河両城は丹羽氏のあとは代々明治まで、譜代大名だけが入っている。

白河領主として丹羽長重は没し、その子光重に至り、寛永二十年（一六四三)、一〇万〇七〇〇石高そのままにて、同国二本松に国替えを命ぜられて安達・安積両郡を宛行われた。光重は、阿武隈川《あぶくま》をへだてた安積郡の東岸にある田村郡の内、幕領二四ヶ村一万八〇〇〇石余の預り支配もあわせ命ぜられ、以来延宝六年(一六七八)まで支配する。光重・長次《ながつぐ》・長之《ながゆき》・秀延《ひでのぶ》・高寛《たかひろ》とつづき、高寛の代、享保十四年(一七二九)、伊達郡・信夫郡の幕領に一揆が勃発し、翌十五年より寛保二年(一七四二)まで預り支配を命ぜられ、一揆騒動後の幕領に善政の業績を残した。高寛のあと高庸《たかつね》・長《なが》貴《たか》・長祥《ながあき》・長富《ながとみ》と襲封した。長富の代、天保四年(一八三三)、猪苗代湖南岸部・安積郡二本松領舟津・館・横沢・浜路・安佐野の五ヶ村と、二本松領北部に接する信夫郡八丁目・鼓岡・天明根・上水原・下水原五ヶ村の幕領地との交換が命ぜられ、交換後直ちに猪苗代湖畔五ヶ村は会津藩領り地となる。従来、幕府は猪苗代湖岸の一藩による完全支配を許さなかったが、ここに藩祖保科正之以来の会津藩の悲願を叶えたのは、相模国防備・蝦夷地警備の功労に報いると共に、やがて京都守護職を命ずる含みでもあったからであろう。

安政五年(一八五八)、丹羽長富は、江戸湾警備を幕府より命じられる。異国船の江戸湾進入に備えるためであった。以来慶応三年(一八六七)まで一〇年間、安房国富津《ふっつ》に陣屋を置き、常時一〇〇〇人を配置し、役料として、君津・木更津など付近村々にて五〇〇〇石高を支配した。慶応四年の戊辰戦争では幕府側に立ち、奥羽越列藩同盟に加わり、新政府軍と戦い連戦連敗、七月二十九日、二本松城は攻め落され焼亡した。藩主長国《ながくに》は前日米沢に逃走、九月新政府軍に降伏謝罪し、家臣ともども二本松に帰国を許される。米沢藩主上杉斎憲の子長裕《ながひろ》を養子嗣として家名存続を許され、五万石減知の上宛行われた。明治二年版籍奉還にて二本松県、明治四年廃藩置県にて福島県に統合された。

○出典(『寛文朱印留』『丹羽長重年譜』『二本松市史』)

## 〔藩の居城〕

城
名称　①二本松城　②霞ヶ城
所在地　福島県二本松市郭内三丁目
家数・人口　六九一七軒・三万七三〇七人
(内士・卒族　一〇四五軒・四二九〇人)

○出典(『藩制一覧』)

## 〔藩(大名)の家紋など〕

丹羽家

家紋
違棒(筋違)　三木瓜

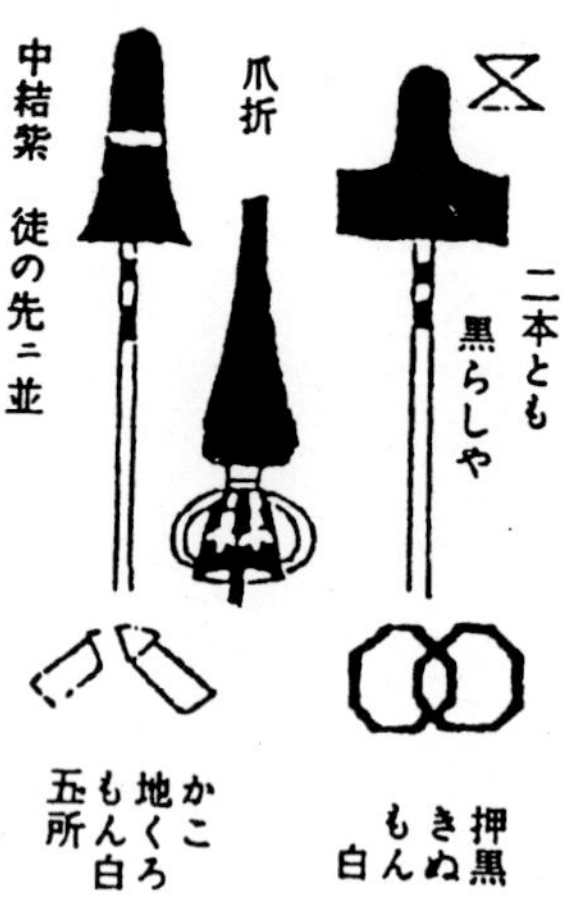


○出典(『丹羽家家譜』『文化武鑑』)

# 〔藩主の系図〕（姻戚関係）

## 丹羽家　外様

陸奥国白河から
↓

- **光重《みつしげ》**
  - 女子　大老酒井忠世舎弟酒井下総守忠政室
  - 女子　旗本一族大島茂兵衛義唯室
  - 女子　笠間、後赤穂城主浅野内匠頭長直室
- **長次《ながつぐ》**
  - 女子　池田光政嫡男松平伊予守綱政室
  - 女子　尾張大納言光友子松平出雲守義昌室
  - 重昌　兄長次の嗣、長之
  - 女子　遠江横須賀城主西尾隠岐守忠成室
- **長之《ながゆき》**　光重次男重昌
- **秀延《ひでのぶ》**
  - 女子　兄秀延養女、高寛を迎える
- **高寛《たかひろ》**　分家丹羽近江守長道嫡子
- **高庸《たかつね》**
  - 女子　備後福山城主阿部伊予守正右室
  - 女子　山城淀城主稲葉丹後守正益室
  - 長倫　旗本生駒主殿親賢養子
  - 女子　遠江横須賀城主西尾播磨守忠雅室
  - 長円　旗本津田外記正春養子
  - 女子　一門旗本丹羽左近長裕室
  - 女子　旗本寄合小浜長五郎致隆室
  - 長賢
- **長貴《ながたか》**
  - 女子　豊後岡城主中川内膳正久徳室
  - 女子　播磨明石城主松平丹後守直恭室
  - 女子　越前鯖江城主間部若狭守詮茂室
  - 長恒　若死
  - 女子　遠江掛川城主太田摂津守資順室
  - 女子　信濃飯山城主本多豊後守助受室
- **長祥《ながあき》**
  - 女子　鹿児島城主島津斎宣室
  - 女子　家臣丹羽貴正妻
  - 女子　寄合小笠原起言室
  - 女子　寄合松平勘英室
- **長富《ながとみ》**
  - 女子　旗本一柳播磨守の息太郎に嫁す。婚儀に至らず死別
- **長国《ながくに》**
  - 女子
  - 祐吉　下総結城城主水野勝任養嗣
  - 女子　美濃大垣新田城主戸田淡路守氏良室
  - 女子
  - 女子
  - 女子
- **長裕《ながひろ》**　米沢藩主上杉斉憲第九子、十歳五万石相続、廃藩置県で二本松藩知事を退き上京

（出典（「丹羽家歴代年譜」『寛政重修諸家譜』『二本松市史』五）

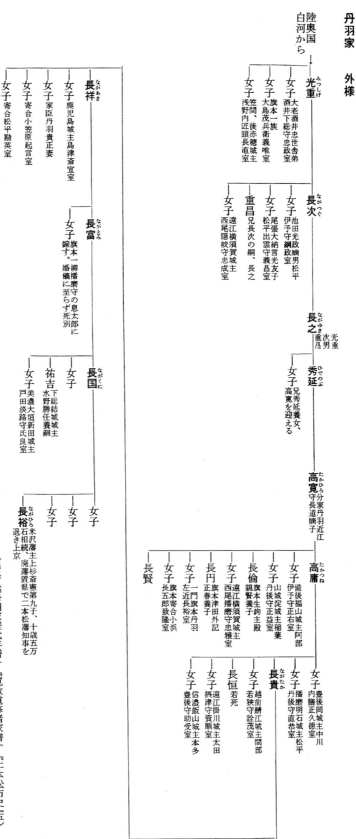

## 〔藩主一覧〕（歴代藩主および石高・所領の変遷）

| 姓 | 諱 | 受領名または官名 | 通称 | 生没年月日 | 戒名と菩提所（所在地） | 藩主就任・退任年月日 | 江戸幕府就任役職名・就任退任年月日 | 石高変遷年月日（西暦） | 石高（表高） | 領地（国・郡名） |
|---|---|---|---|---|---|---|---|---|---|---|
| 丹羽 | 光重 | 左京大夫 | 五郎左衛門 | 元和7・12・28～元禄14・4・11 | 慈明院殿玉峰性瑤大居士 巨邦山大隣寺（福島県二本松市） | 寛永20・8・2～延宝7・4・7 | | 寛永20・8・2（一六四三） | 一〇〇七〇〇 | 陸奥国安達郡・安積郡（陸奥国田村郡幕領一万八〇〇〇石預り支配。延宝6年返上） |
| 丹羽 | 長次 | 左京大夫 若狭守 | 大膳 | 寛永20・9・15～元禄11・6・26 | 興国院殿節山麟功大居士 万松山泉岳寺（東京都港区高輪二丁目） | 延宝7・4・7～元禄11・6・26 | | | 〃 | 〃 |
| 丹羽 | 長之 | 越前守 | 主殿 重昌 | 明暦2・3・21～元禄13・12・7 | 巌松院殿徹外宗紘大居士 巨邦山大隣寺（前同） | 元禄11・8・23～元禄13・12・7 | | | 〃 | 〃 |
| 丹羽 | 秀延 | 左京大夫 | 五郎三郎 尹重 | 元禄6・3・1～享保13・5・5 | 泰雲院殿鉄山玄栄大居士 巨邦山大隣寺（〃） | 元禄14・2・3～享保13・5・5 | | | 〃 | 〃 |
| 丹羽 | 高寛 | 左京大夫 | 五郎左衛門 | 宝永5・1・27～明和6・6・7 | 天嶽院殿豁如了然大居士 巨邦山大隣寺（〃） | 享保13・6・23～延享2・5・9 | | 享保15・6・23（一七三〇） | 〃 | 〃（幕領信夫・伊達郡五万石預り支配、寛保2・11・17返上） |
| 丹羽 | 高庸 | 若狭守 | 五郎左衛門 | 享保15・2・9～明和2・6・16 | 大洞院殿柏庭宗樹大居士 巨邦山大隣寺（〃） | 延享2・5・9～明和2・6・16 | | | 〃 | 〃 |

| 姓 | 諱 | 受領名または官名 | 通称 | 生没年月日 | 戒名と菩提所（所在地） | 藩主就任・退任年月日 | 江戸幕府就任役職名・就任退任年月日 | 石高変遷年月日（西暦） | 石高（表高） | 領地（国・郡名） |
|---|---|---|---|---|---|---|---|---|---|---|
| 丹羽 | 長貴 | 左京大夫 加賀守 | 五郎左衛門 | 宝暦6・5・18～寛政8・3・21 | 雄峯院殿覚道俊英大居士 巨邦山大隣寺（福島県二本松市） | 明和3・1・27～寛政8・3・21 | | | 一〇〇七〇〇 | 陸奥国安達郡・安積郡 |
| 丹羽 | 長祥 | 左京大夫 大炊頭 | | 安永9・10・22～文化10・8・25 | 顕徳院殿円通了然大居士 巨邦山大隣寺（〃） | 寛政8・5・13～文化10・8・25 | | | 〃 | 〃 |
| 丹羽 | 長富 | 左京大夫 左近衛権少将 | 覚蔵 | 享和3・8・27～慶応2・7・3 | 泰国院殿一宝道光大居士 巨邦山大隣寺（〃） | 文化10・11・19～安政5・10・11 | | 天保4・3・10（一八三三） | 〃 | 〃（安積郡五ヶ村と信夫郡五ヶ村と村替） |
| 丹羽 | 長国 | 左京大夫 | 五郎左衛門 | 天保5・4・14～明治37・1・15 | 東京都青山墓地 | 安政5・10・11～慶応4・11・5 | | | 〃 | 〃（上総国富津近辺で役料五〇〇〇石、安政5～慶応3） |
| 丹羽 | 長裕 | 子爵 | 頼丸 | 安政5～明治19・7・29 | 東京都青山墓地 | 明治1・12・26～明治4・7・14 | | 明治1・12・8（一八六八） | 五〇〇〇〇 | 〃 |

○出典（『丹羽家歴代年譜』『二本松市史』五）

## 〔藩史略年表〕

| 西暦 | 和暦 | 月日 | 政治・法制 | 月日 | 社会（文化を含む）・経済 |
|---|---|---|---|---|---|
| 一六四三 | 寛永二〇 | 8・2 | 丹羽光重、白河より二本松に移され、安達・安積両郡一〇万七〇〇石を領知する。幕領田村郡一万八〇〇〇石を併せ預けられる。 | | |
| 一六四六 | 正保　三 | | 二本松城普請・城下町造り始まる。 | | |
| 一六五一 | 慶安　四 | 11 | | | 二本松城中に時鐘を設ける。 |
| 一六五七 | 明暦　三 | 9・27 | 江戸城諸門・櫓・石垣公役勤める。 | | 和算家磯村文蔵を召抱える。 |

| 西暦 | 和暦 | 月日 | 政治・法制 | 月日 | 社会（文化を含む）・経済 |
|---|---|---|---|---|---|
| 一六六一 | 寛文一 | | | | 磯村文蔵、『算法闕疑抄』出版。 |
| 一六六四 | 四 | 3 | 会津藩と山論公事出入起こる。 | | 大岳和尚を招き臨済宗松岡寺を開く。 |
| 一六六五 | 五 | | | | 高泉和尚を招き珊瑚寺を開く。 |
| 一六七二 | 一二 | | 福島藩と境界山公事起こる。 | | |
| 一六七四 | 延宝二 | | | | 幕府に願い、配流預り中の高野山雲堂和尚に遍照尊寺開かせる。 |
| 一六七八 | 六 | | 田村郡御預領一万八〇〇〇石を返上する。 | | |
| 一六七九 | 七 | 4・7 | 丹羽長次、家督相続。 | | |
| 一六八三 | 天和三 | 5・27 | 日光廟修築の命を受け、領内一〇〇〇人余の夫役を出す。 | | |
| 一六八四 | 貞享一 | | 街道奉行を置く。 | | |
| 一六八九 | 元禄二 | | | 5・1 | 松尾芭蕉「奥の細道」行脚で通る。 |
| 一六九〇 | 三 | | 墾田奉行を置く。 | | |
| 一六九一 | 四 | 2・23 | 出羽国置賜郡幕領三万石の検地を命ぜられる。六月二二日終了帰国。 | | |
| 一六九五 | 八 | | | | 日野尚茂（文事）、『花かつみ』集出版。 |
| 一六九八 | 一一 | 8・23 | 丹羽長之、家督相続。 | | |
| 一六九九 | 一二 | | | | 三宅賢隆、『具応算法』を出版。 |
| 一七〇一 | 一四 | 2・3 | 丹羽秀延、家督相続。幼少につき幕府国目付下向、家老誓書出す。 | | |
| 一七一七 | 享保二 | 6 | 二本松藩、法令五八条を触出す。 | | |
| 一七二八 | 一三 | 6・23 | 丹羽高寛、家督相続。 | 9・3 | 領内暴風雨、損毛高一万六〇〇〇石。 |
| 一七二九 | 一四 | 3・19 | 幕領百姓共二本松城下に哀訴。 | | |
| 一七三〇 | 一五 | 6・23 | 幕領信夫・伊達両郡高五万石預りを命ぜられる。 | | |
| | | 12・15 | 日光廟修覆御手伝高七万石役を命ぜられる。 | | |
| 一七三一 | 一六 | 12・4 | 日光修造終了、遷宮。 | | |
| 一七三二 | 一七 | 8 | 下野国渡良瀬川普請国役高掛金出金五〇〇両余命ぜられる。 | | |
| 一七三三 | 一八 | | | 7 | 領内風邪流行、手当行届かず死人多く出る。 |
| 一七三四 | 一九 | 3・12 | 岩井田昨非を登用、藩制改革に着手する。 | | |
| 一七三八 | 元文三 | | | 7・23 | 領内暴風雨、損所山崩多く、損毛高一万七九〇〇石余（～二六日）。 |
| 一七四二 | 寛保二 | 11・17 | 幕領信夫・伊達郡五万石預り支配を免ぜられる。 | | |
| 一七四五 | 延享二 | 5・9 | 丹羽高庸、家督相続。 | 8 | 赤子養育法を行なう。 |
| 一七四七 | 四 | | 安達太良山論、会津藩と公事出入。 | 10 | 風邪領内流行、難儀する。 |

| 西暦 | 和暦 | 月日 | 政治・法制 | 月日 | 社会（文化を含む）・経済 |
|---|---|---|---|---|---|
| 一七四九 | 寛延二 | 11・23 | 美濃・伊勢国川普請御手伝を命ぜられる。 | 12・17 | 一揆騒動、年貢半免願で強訴。 |
| 一七五五 | 宝暦五 | 4 | 戒石銘を刻み諸士のいましめとする。 | 11・15 | 暴風雨、潰家七八四軒、風折木一万三五七八本、損毛高一万三〇五〇石余（〜一六日）。 |
| 一七六一 | 一一 | 12 | 会津領白木城村公事、裁許される。 | 3・1 | 領内に一〇〇石三両御用金、三〇両出金すれば苗字帯刀御免となる。 |
| 一七六三 | 一三 | 2・16 | 江戸増上寺修築御手伝を命ぜられる。 | 12・20 | 領内暴風雨、被害高四万一三〇〇石余を幕府に届ける。 |
| 一七六六 | 明和三 | 1・27 | 丹羽長貴、家督相続。 | 4・6 | 郡山四九〇軒焼失。 |
| 一七六七 | 四 | | | 4・9 | 二本松城下火災、家七五〇軒・土蔵五七・寺社一一焼失。 |
| | | | | 4・11 | 杉田大火、七〇軒焼失。 |
| 一七七一 | 八 | | | 11・9 | 領内損毛高五万二五〇〇石を幕府に届ける。 |
| 一七七三 | 安永二 | 9・15 | 長貴、領内巡検、安積三万石のみにて、安達七万石は廻らず。 | 12・16 | 領内冷害、損毛高二万八〇〇〇石余と届ける。 |
| 一七七五 | 四 | 5・20 | 甲斐国富士川御普請御手伝役を命ぜられる。 | 11・19 | 領内冷害、損毛高二万四〇〇〇石余と届ける。 |
| 一七七六 | 五 | | | 11・18 | 領内気候不順、損毛高四万二〇〇〇石余。 |
| 一七七八 | 七 | | | 4・28 | 郡山大火、二六〇軒余焼失。 |
| 一七八〇 | 九 | | | 12・5 | 領内気候不順、損毛高二万三〇〇〇石余。 |
| 一七八一 | 天明一 | | | 11・15 | 気候不順、領内損毛高二万一三〇〇石余。 |
| 一七八二 | 二 | | | 11・14 | 領内気候不順、損毛高三万〇三〇〇石余。 |
| 一七八三 | 三 | | | 11・24 | 気候不順大凶作、損毛高九万九〇〇〇石余。 |
| 一七八四 | 四 | | | 12・2 | 領内損毛高五万二〇〇〇石余。 |
| 一七八五 | 五 | | | 11・16 | 領内損毛田畑合六万六〇〇〇石余。 |
| 一七八六 | 六 | | | 11・16 | 気候不順、損毛高八万五〇〇〇石余。 |
| 一七八九 | 寛政一 | 3・28 | 美濃・伊勢両国川普請御手伝役を命ぜられ、勤め御上納金一万七〇〇〇両。 | | |
| 一七九〇 | 二 | 7 | 無医辺鄙の村々に外様医を派遣、三〜五年を限り療治に従わせる。 | | |
| 一七九一 | 三 | | | 正 | 安藤保重、『日待雑談』を著わし間引防止を説く。 |
| 一七九二 | 四 | 9・7 | 省略倹約の幕府に応じ、参府供揃人数減少を願出て許される。 | 1 | 貧民孤独・不具者のため滝沢に御救小屋を再興する。 |

| 西暦 | 和暦 | 月日 | 政治・法制 | 月日 | 社会（文化を含む）・経済 |
|---|---|---|---|---|---|
| 一七九三 | 寛政五 | 5・13 | 丹羽長祥、家督相続。 | 6 | 三宅隆強、『正術算学図解』を出版。 |
| 一七九六 | 八 | 6・19 | 美濃・伊勢両国川普請御手伝金一万五一二〇両余命ぜられ、四度に分納する。 | | |
| 一七九七 | 九 | | | 9 | 佐々木露秀が句集『蝉塚集』出版。 |
| 一七九八 | 一〇 | 1・27 | 高田藩分領浅川陣屋支配村々に一揆騒動発生、二本松藩は国境笹川を固める。 | | |
| 一七九九 | 一一 | 2・4 | 幕府の命にて警備を解く。 | 2 | 成田頼直、『松藩捜古』を著わす。 |
| | | 5 | 会津領山潟と安積浜路山論出入。 | | |
| 一八〇一 | 享和一 | 7・13 | 出羽国一揆騒動につき藩境に出兵。 | 5 | 塩田冥々が句集『粟蒔集』出版。 |
| 一八〇四 | 文化一 | 8・4 | 領内奥州道中一二宿、人馬賃銭一割増を許される。 | | |
| 一八〇六 | 三 | | | 2・16 | 本宮宿五三五軒余焼失。 |
| | | | | 11・21 | 三本松城下一一〇軒余焼失。 |
| 一八〇七 | 四 | | | 3・21 | 郡山大火、五七〇軒余焼失。 |
| 一八〇九 | 六 | 5・29 | 領内奥州道中一二宿、人馬賃銭一割五分増を許される。 | | |
| 一八一三 | 一〇 | 11・19 | 丹羽長富、家督相続。 | | |
| 一八一四 | 一一 | 1 | 猪苗代湖航漕荷物一件にて会津藩と出入起こる。 | | |
| 一八一五 | 一二 | 12・27 | 東叡山修築御手伝役を命ぜられる。 | | |
| 一八一七 | 一四 | | | | 藩校「敬学館」を設け、文武を学ばしめる。 |
| 一八一九 | 文政二 | | | 6 | 最上流和算家渡辺治右衛門を召抱える。 |
| | | | | 9 | 根本与人、句集『黒塚集』を出版。 |
| 一八二二 | 五 | 12・12 | 幕領川俣代官支配八丁目村外八ヶ村農民、二本松城下に凶作延納取次を越訴。 | | |
| 一八二四 | 七 | 10 | 村々引立修法二五人組制を布き、倹約を令す。 | 8・15 | 岳温泉山崩れ、湯治人約二〇〇人死傷する。 |
| 一八二五 | 八 | 7・20 | 家老丹羽貴明の施政を批判した根来伝右衛門・鈴木尭民ら獄に下る。 | | |
| 一八三一 | 天保二 | | | 6・24 | 二本松城下に遊女町できる。 |
| 一八三二 | 三 | 3・10 | 大手門・竹田町門工事完成。 | 6・24 | 二本松城下に定芝居小屋でき、郡代・郡奉行・代官が世話人として、領内百姓の観劇を強要する。 |
| 一八三三 | 四 | 3・10 | 安積郡五ヶ村と信夫郡五ヶ村交換を命ぜられ、引継ぐ。 | 11・18 | 二本松領凶害、一〇万〇五〇〇石余減収となる。穀留きびし。 |
| 一八三四 | 五 | 11 | 久保丁御門できる。 | 9 | 田辺喜理、『続世臣伝』を編集。 |

| 西暦 | 和暦 | 月日 | 政治・法制 | 月日 | 社会（文化を含む）・経済 |
|---|---|---|---|---|---|
| 一八三六 | 天保七 | | | 9・21 | 凶害、四万六九〇〇石余損毛。 |
| | | | | 11・6 | 安積艮斎、二本松藩出入儒者となる。 |
| 一八四三 | 一四 | | | 8 | 安積艮斎、一五〇石藩儒となる。 |
| 一八四四 | 弘化一 | | | 3・21 | 二本松大風害、手習所・敬学館等廓内建物倒壊はなはだし。 |
| | | | | 12・28 | 安積艮斎、二本松より江戸に召され将軍家慶に御目見。 |
| 一八四八 | 嘉永一 | 6・6 | 江戸城修築御手伝。 | | |
| 一八四九 | 二 | 3・17 | 鈴石村名主、不正・無道・横暴にて一揆騒動起こる（〜六月二五日）。 | | |
| 一八五〇 | 三 | | | 3・28 | 安積艮斎、幕府昌平黌教授を任命される。 |
| 一八五二 | 五 | | | | 大鐘義鳴、『相生集』の編纂終る。 |
| 一八五三 | 六 | | | 5 | 小此木間雅、領内に始めて種痘を行なう。 |
| 一八五五 | 安政二 | 10・4 | 江戸大地震、御見舞金・御用金・御貸上金・無尽金・献上金の数々にて出金多く上下迷惑する。 | 6・24 | 東安達村々疫痢流行、死人多し。藩医出張治療する。 |
| 一八五八 | 五 | 5・22 | 上総国富津砲台警備を命ぜられ、一〇〇〇人を常駐させる。 | | |
| | | 10・11 | 丹羽長国家督。 | | |
| 一八五九 | 六 | | | 7・25 | 領内再度の暴風雨にて三万三五〇〇石余減収損毛する（〜八月一三日）。 |
| 一八六〇 | 万延一 | | 江戸城修築、領内産川崎大奉書一万束（一五〇〇両）を献ずる。 | 3・29 | 本町火災、六〇軒余焼失。 |
| | | | | 4・16 | 根崎町出火、六〇〇軒余焼失。 |
| 一八六一 | 文久一 | 10 | 守山領小泉村と福原村野論出入、江戸評定所に訴出る。 | | |
| 一八六二 | 二 | 8 | 参勤交代制ゆるみ、藩主家族二本松に帰国する。 | | |
| 一八六三 | 三 | 3 | 異国船江戸湾侵入に備えて警備を命ぜられる。一〇〇〇余人派兵（〜五月二八日）。 | | |
| | | 9 | 京都警衛の命により、一〇〇〇人を率いて上洛。 | | |
| 一八六四 | 元治一 | 正・23 | 京都警衛の役終り江戸帰着。 | | |
| | | 7・29 | 水戸騒動につき常陸・下野国に出兵鎮圧する。一一一一人出兵。 | | |
| 一八六五 | 慶応一 | 10・12 | 京都警衛として一〇〇〇人を率い上洛。 | | |
| 一八六六 | 二 | 正・1 | 京都警衛を終り帰藩（〜正月二二日）。 | 4・15 | 郡山宿馬子、安米救米訴へ山籠り愁訴（〜五月一日）。 |
| | | 6・21 | 伊達・信夫幕領強訴発生、鎮撫として派兵する。 | | |
| 一八六七 | 三 | 3・13 | 富津砲台警備を許され、江戸湾第二砲台守備に代わる。 | | |

| 西暦 | 和暦 | 月日 | 政治・法制 | 月日 | 社会（文化を含む）・経済 |
|---|---|---|---|---|---|
| | | 5・24 | 白河城番を命ぜられる。 | | |
| | | 9 | 守山領小泉村と二本松領福原村公事出入、評定所より裁判あり。 | | |
| 一八六八 | 慶応　四 | 1・3 | 鳥羽伏見にて戊辰戦争起こる。 | | |
| | | 2・29 | 丹羽長国、二本松城に帰る。 | | |
| | | 3・19 | 奥羽鎮撫総督一行松島湾に入り、奥羽諸藩に会津征伐を命ずる。 | | |
| | | 3・26 | 仙台勢二本松領内に繰込む。二本松藩も兵備をととのえる。 | 閏4・4 | 安積郡内の会津領諸村が次々と焼かれる。 |
| | | 4・17 | 二本松勢、土湯口守備。 | | |
| | | 閏4・19 | 奥羽鎮撫軍参謀世良修蔵、福島で仙台兵に殺される。 | | |
| | | 閏4・20 | 二本松守衛の白河城を会津兵に占領される。 | 4・23 | 中山村竹ノ内、会津兵が焼く。 |
| | | 閏4・25 | 奥羽越列藩同盟成立、加盟する。 | 4・24 | 中山村、会津兵にて焼かれる。 |
| | | 5・1 | 政府軍、白河城攻略。 | | |
| | | 6・24 | 政府軍、棚倉城攻略。 | | |
| | | 7・13 | 浜通り進攻の政府軍が平城攻略。 | | |
| | | 7・26 | 守山藩・三春藩、単独で降伏。 | | |
| | | 7・27 | 本宮合戦、二本松兵敗走。 | | |
| | | 7・29 | 二本松城落城、藩主は前日米沢に逃れる。 | | |
| | 明治　一 | 9・9 | 丹羽長国、降伏謝罪を申出て許される。 | 8・1 | 郡山村打ち毀し。大槻村打ち毀し（～八月二日）。 |
| | | 9・20 | 二本松に帰国。家臣と共に謹慎。 | 8・7 | 郡山、会津兵の砲撃にて火を発し、町の五分の四の家を焼く。 |
| | | 10・9 | 長国、詮議のため上京を命ぜられる。 | | |
| | | 12・7 | 所領没収、官爵も除かれ謹慎を命ぜられる処分を受ける。 | | |
| | | 12・8 | 米沢藩主上杉茂憲弟頼丸を嗣として、五万石減知の上家名存続を許される。 | | |
| 一八六九 | 二 | 6・17 | 版籍奉還を許され、二本松藩知事に任ぜられる。 | | |
| 一八七一 | 四 | 7・14 | 廃藩置県の令布告。二本松県となるが、間もなく福島県に合併された。 | | |

○出典（「丹羽家家譜」「世臣伝」「続世臣伝」（新家譜）『二本松市史』四・五・六、『福島県史』第一〇巻上、『福島県災害誌』『安積艮斎詳伝』『郡山市史』『相生集』『松藩捜古』『蟬塚集』『栗蒔集』『黒塚集』『世直し一揆の研究』『近世百姓一揆の研究』）

## 〔家老とその業績〕

| 著名家老名 | 担当職務名 | 活躍期 | 生没年月日 | 主な業績 |
|---|---|---|---|---|
| 浅尾数馬助重常 | 仕置 | 元和8～承応2 | ～承応2・11・26 | ・棚倉亀ヶ城・城下町造り奉行。<br>・白河小峰城・城下町造り奉行。<br>・二本松城・城下町造り奉行。<br>・二本松藩藩制機構整備。 |
| 樽井弥五左衛門重継 | 仕置 | 元和2～寛文2 | 文禄1～寛文2・5・28 | ・棚倉亀ヶ城築造奉行。<br>・白河小峰城造り奉行。<br>・二本松城築造奉行。<br>・二本松藩藩制機構整備。<br>・領内渋川村樽井新田開発。 |
| 大谷志摩守秀成 | 仕置 | 元和8～寛永17 | 天正15～寛永18・2・25 | ・棚倉城築造奉行。<br>・白河小峰城築造奉行。<br>・江戸市ヶ谷溝濠工事奉行。 |
| 大谷与兵衛秀信 | 御部屋家老 | 寛文1～寛文6 | 元和1～元禄7・9・13 | ・大城代・番頭<br>・二本松二代藩主長次の養育に献身する。 |
| 日野新右衛門重尚 | 仕置 | 寛永12～万治3 | 文禄3～万治3・10・4（大隣寺にて横死） | ・二本松城・城下町築造奉行。<br>・日光山神廟石碑造立奉行。<br>・江戸城赤鑰御門修造奉行。<br>・二本松地方支配機構整備。 |
| 丹羽庄兵衛正吉 | 仕置 | 寛永13～慶安2 | 慶長2～慶安2・12・3 | ・二本松城・城下町築造奉行。<br>・領内支配機構整備。 |
| 和田弥一右衛門安清 | | 承応2～元禄3 | 寛永2～宝永4・7・17 | ・木幡山治陸寺・岩角寺の復旧に尽力奉行する。<br>・二本松藩の文学振興基礎つくりを行なう。著名学者・名僧と交流多い。<br>・二本松藩主家譜編纂。 |

| 氏名 | 役職 | 在任期間 | 生没年 | 事績 |
|---|---|---|---|---|
| 丹羽図書忠亮 | 仕置 | 享保10～享保17 | 元禄8～享保17・3・19 | ・享保改革を行ない、藩財政立て直しをはかり、人材登用を行なう。 |
| 内藤式部正置 | | 寛保1～宝暦4 | 享保3～宝暦5・11・9 | ・享保改革を推進。<br>・二本松藩内に文武産業を振興させる。 |
| 丹羽久馬介貴明 | 仕置 | 天明8～弘化2 | 宝暦11～弘化2・2・27 | ・藩校敬学館創立、文武を振興。<br>・藩政改革を行ない産業振興。<br>・晩年、城下町に遊廓・芝居小屋を建立し、政治を腐敗させる。 |
| 丹羽丹波富教 | | 安政2～慶応4 | 天保2～明治14・9・14 | ・奥羽越列藩同盟に加わり、二本松藩総督として戊辰戦に転戦、降伏除族蟄居となる。 |
| 丹羽一学富穀 | | 嘉永2～慶応4 | 文政4～慶応4・7・29（城中にて自害） | ・奥羽越列藩会議二本松代表、徹底抗戦をとなえる。 |

○出典（『二本松藩世臣家譜』『二本松市史』）

## 〔藩の職制〕

○藩の職制の大綱

- 藩主─家老─*
  - 大目付─徒士目付─足郷目付─郷目付
    - 御小姓目付
    - 江戸目付
  - 大城代─小城代
  - 大番頭─御旗頭
    - 御先手頭
    - 持筒頭
    - 長柄頭
    - 小普請頭
- *─郡代─町奉行
  - 郡奉行─代官
  - 勘定奉行
  - **
    - 割奉行
    - 宗門奉行
    - 山奉行
    - 駒奉行
    - 作事奉行
    - 紙奉行
    - 氷餅奉行
    - 座敷奉行
    - 竹木元方

*
- 御用人―御勝手方頭―御内御用達
  - 御内所付御用聞
  - 夫人御用聞
  - 麗性院様御用聞
  - 美姫様御用聞
  - 浄珠院様御用聞
  - 奥ノ間書役
  - 奥御右筆

**
- 土蔵奉行
- 鍛冶奉行
- 御用米奉行
- 御扶持方奉行
- 御膳番
- 御帳着
- 御旅役
- 御納戸
- 生育方
- 評定所当役
- 御医師
- 儒者
- 算者

江戸詰

藩主
- 江戸目付
- 本締（江戸家老）―御留守居（御用達）―御留守居周旋方（御用達席）―***

***
- 本締書役
- 御留守居書付
- 御勤方書役
- 押切役
- 供番
- 使番
- 作事小奉行
- 土蔵小奉行
- 座敷小奉行
- 買方役
- 看板役
- 金銭小払役
- 御預所調役
- 賄元方役
- 賄役
- 算者
- 医者
- 奥右筆
- 長者丸・霞ヶ関屋敷守

○出典（慶応四年「御家中知行」『二本松藩士人名辞典』）

○格と職

| 階級名 | 人数 | 扶持高 | |
|---|---|---|---|
| 一門 | 一八 | 五〇〇〇石迄 | 大身　一七家 |
| 家老 | 六 | 〃　〃 | |
| 大城代 | 一 | 〃　〃 | |
| 小城代 | 一 | 〃　〃 | |
| 番頭 | 八 | 五〇〇石以上 | |
| 御用人 | 七 | 四六〇石迄 | 中身　五二家 |
| 御目付 | 六 | 〃 | |
| 旗頭 | 一 | 〃 | |
| 物頭 | 七 | 〃 | |
| 江戸本締 | 二 | 〃 | |
| 郡代 | 三 | 〃 | |
| 町奉行 | 二 | 〃 | |
| 郡奉行 | 四 | 二五〇石以上 | |
| 宗門奉行 | 二 | 二三〇石以下 | 小身二四二家 |
| 勘定奉行 | 四 | 〃 | |
| 長柄奉行 | 二 | 〃 | |
| 代官 | 一一 | 五〇石以上 | |

・二本松藩では、重臣はいずれも一門と丹羽氏の系譜にない者は重職となれなかった。

○出典（『二本松市史』四・五・六）

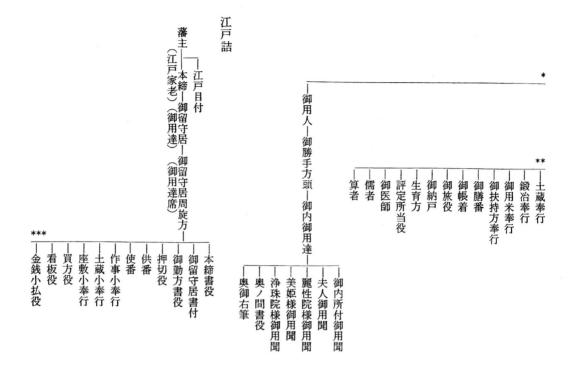

## 〔領内支配（地方支配）の職制と系統〕

町　郡代―町奉行―与力―同心―足軽―小者

村　郡代―郡奉行―代官―同心―足軽―小者

・郡代は二〇〇石以上・二五〇石内外の中身の家臣から選ばれ、三人ないし四人置かれ、町奉行・郡奉行を指揮し民政に当たった。

・町奉行は一五〇石より二〇〇石内外の家臣より選び、二本松城下町のあらゆる業務を担当、二人置かれた。

・郡奉行は一五〇石より二〇〇石の家臣より選ばれ、地方支配に当たった。二本松藩は領内を一〇組（幕末に一一組）に分割支配し、四人の郡奉行が置かれ、各組ごとには代官一人を置いた。

・代官は七〇石より一六〇石内外の家臣より任命された。城下屋敷を代官所とする地代官五人と、赴任する遠代官六人が置かれた。代官のもとに諸下役が置かれたが、各代官所ごとに相違しており、時代による増減も見られた。

遠代官―┬同心
　　　　├手付
　　　　├足軽小頭
　　　　├足軽
　　　　├蔵番
　　　　├書付
　　　　└小者

○出典（『二本松市史』四）

## 〔領内の支配区分〕

領内行政区分は、前領主加藤氏の制度そのままに入部時踏襲して、組ごと二名の代官を置いたが、城・城下町の整備が完了する承応三年頃より、組村の編成替えが行なわれ一人制となる。天保四年二月に安積郡大槻組五ヶ村と、信夫郡五ヶ村の振替を幕府より命ぜられた。

| 郡名 | 組別 | 村数 | 備考 |
|---|---|---|---|
| 安達 | 城下 | 六 | 地代官 |
| | 渋川 | 八 | 地代官 |
| | 杉田 | 七 | 地代官 |
| | 玉ノ井 | 九 | 地代官 |
| | 本宮 | 一三 | 遠代官 |
| | 小浜 | 一一 | 地代官 |
| | 針道 | 一三 | 遠代官 |
| | 糠沢 | 八 | 遠代官 |
| 安積 | 郡山 | 一三 | 遠代官 |
| | 大槻 | 一七 | （遠代官 天保四年二月信夫郡五ヶ村と振替） |
| | 片平 | 一一 | 遠代官 |
| 信夫 | 八丁目 | 五 | 遠代官 |
| | 計 | 一一六 | |

○出典（『積達大概録』）

## 〔村役人の名称〕

年番名主―名主―組頭―┬長百姓
　　　　　　　　　　　└百石百姓

町年寄―町検断―組頭―┬長町人
　　　　　　　　　　　├村目付
　　　　　　　　　　　├鉄砲目付
　　　　　　　　　　　├糸釜目付
　　　　　　　　　　　├生育目付
　　　　　　　　　　　├池番
　　　　　　　　　　　├山守
　　　　　　　　　　　├割元
　　　　　　　　　　　├伝馬指
　　　　　　　　　　　└酒目付

○出典（今泉文書「郡山村役人給分覚帳」）

・村役人の名称として、郡山村（現郡山市）上町検断今泉家史料を示した。
・各組ごとに名主中より一名を選び、代官所内に会所を設け置き、藩庁より地方に関する触書の伝達、願書提出を役とした。年番名主と名乗る。
・二本松・本宮・郡山の三町は名主でなく町検断、長町人を名乗る。

## 〔領外（飛地）の支配機構〕

・寛永二十年（一六四三）より延宝六年（一六七八）まで、田村郡三〇ヶ村幕領預り支配中、守山代官所を置く。
・享保十五年（一七三〇）より、寛保二年（一七四二）まで、幕領伊達郡・信夫郡内五一ヶ村を預り支配した時、伊達郡飯野代官所・信夫郡大森代官所を置き、代官を任命支配した。
・安政五年（一八五八）より慶応三年（一八六七）まで、江戸湾富津砲台警衛役を命ぜられ、付近村々高五〇〇〇石余の役料村々を宛行れ、現千葉県富津市に置いた陣屋にて支配した。

## 〔領内の主要交通路〕

**陸路の主要街道**

1 奥州街道　笹川―松川（旧八丁目）
2 郡山より舟津に至り、舟津河岸より猪苗代湖上漕運で会津笹山に至る街道
3 会津街道　本宮より若松に至る街道
4 本宮より石莚を経て猪苗代に至る街道
5 二本松より猪苗代湖に至る街道
6 二本松より猪苗代街道と合流し、福島、松川に至る街道
7 二本松より針道を経由し川俣原町に至る街道

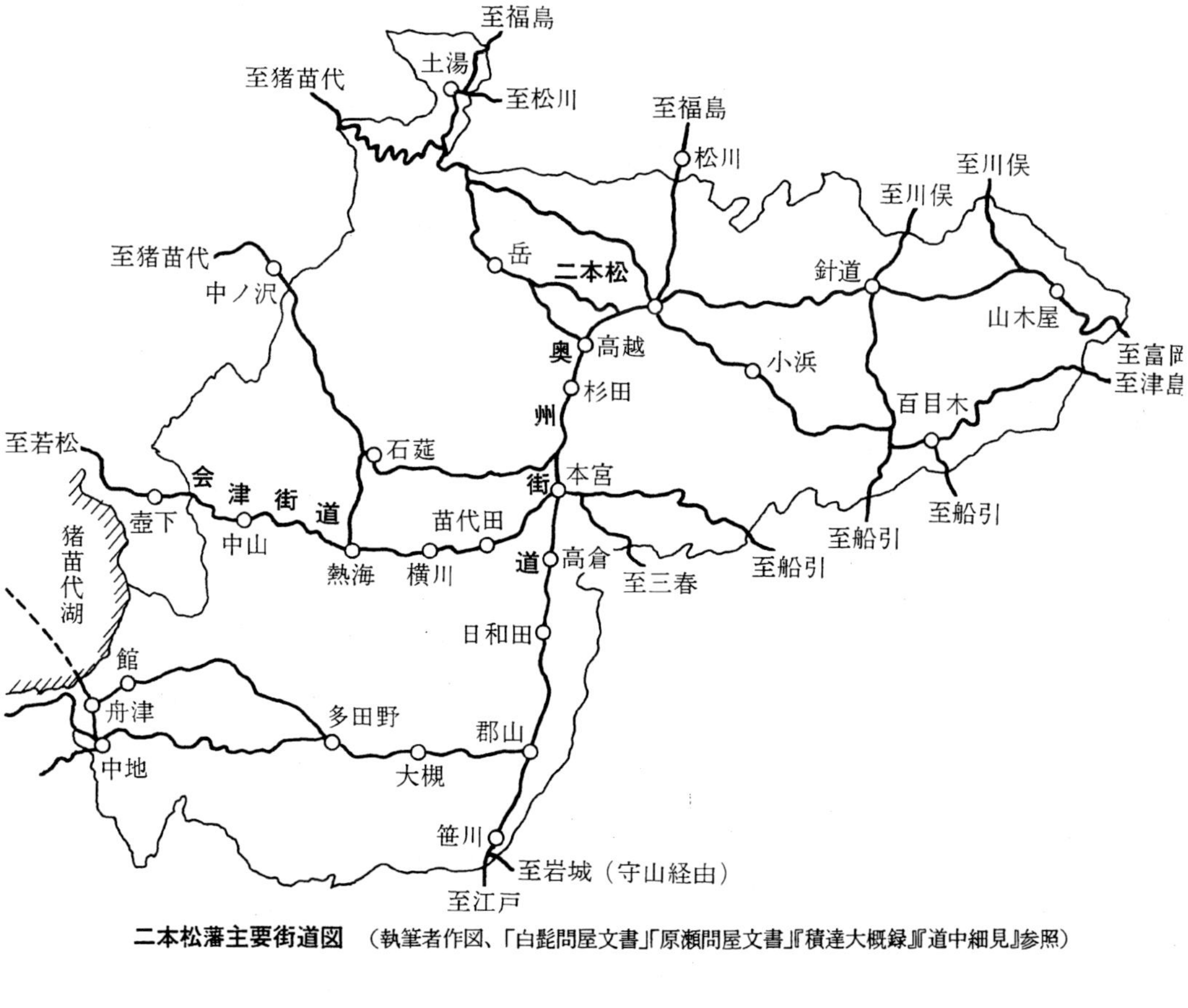


**二本松藩主要街道図**　（執筆者作図、「白髭問屋文書」「原瀬問屋文書」『積達大概録』『道中細見』参照）

8　二本松より小浜・百目木を経由して船引に至る道路
9　二本松より針道・山木屋を経由して富岡に至る街道
10　本宮より三春・船引に至る街道

**漕運**

天保四年（一八三三）まで、猪苗代湖東岸の舟津河岸による物資漕運は多量に及んだが、同年以降会津領に編入され、漕運は衰える。

## 〔番所の所在地〕

・二本松藩は、隣接する他藩・幕領などに一揆騒動の発生の場合、藩境に臨時に番所を設けるほかは特別の番所を置かなかった。
・天明凶作・天保凶作などの場合は、藩より足軽目付・足軽など二人程度を派遣して、穀留番所を臨時に藩境である道路・舟渡場などに設置している。

## 〔在町、津出場・米蔵の所在地〕

○在　町

二本松藩庁所在地である城下町のみに町奉行が置かれたが、文政八年（一八二五）から郡山と本宮が、在町変更を幕府勘定奉行より承認され、在町となる。

○津出場・米蔵

安積三組の米蔵は郡山に、本宮・糠沢両組米蔵は本宮に、針道・小浜組は小浜に米蔵が置かれ、城下周辺の各組は二本松城内の米蔵に年貢米を納入した。

津出米（二本松藩では港湾なし）と同じく、江戸為登米（廻米）と称して郡山・本宮の米蔵から積み出されている。

○出典（『郡山市史』『二本松市史』『福島県史』）

## 〔江戸城の詰間〕

柳間

○出典（『文政武鑑』『二本松市史』四）

## 〔江戸・京都屋敷の所在地〕

| 屋敷 | 所在地 |
|---|---|
| 江戸屋敷 | |
| 上屋敷 | 永田丁桜馬場 |
| 中屋敷 | 芝新網町 |
| 下屋敷 | 青山長者丸 |
| 京都屋敷 | 松屋町通り中立売下ル神明町西側 |

○出典（『文政武鑑』「安井時僚覚書」）

## 〔藩の専売制〕

| 専売品目 | 専売期間 | 専売仕法 | 専売形態 |
|---|---|---|---|
| 紙 | 未詳 | 紙札発行と価格指定 | 領内外公定紙札販売 |

## 〔藩　札〕

元禄末期に藩札発行の企画があったが、発行に至らなかった。この問題は、以後享保・宝暦まで藩財政枯渇のためにたびたび問題となったが、実現しなかった。

## 〔藩　校〕

| 藩校名 | 成立年月 | 所在地 |
|---|---|---|
| 敬学館（的場手習所、武芸場） | 文化14年 | 二本松城内 |

**目的**　藩士の教育を目標とし、文武両道の兼修を行なった。

**教科内容**　儒学は昌平黌出身者を招き、医学は蘭法を主とし、算学は最上流が行なわれ、国学は教科目に入らなかった。学館構成に見られる素読・手習・弓・馬・剣・槍・柔・砲が包合されていた。

**著名な学者**　安積艮斎・竹内東仙・高橋西渓・服部大方・堀江惺斎・三谷慎斎・渡辺竹窓・岡村君明・山田次郎八

○出典（『二本松藩史』『二本松藩士人名辞典』）

## 〔藩の武術〕

| 種目 | 流派 | 武術指南役 |
|---|---|---|
| 軍学 | 山鹿流（慶応3年） | 小川平助 |
| 剣術 | 林崎流居合術（〃） | 中川文右衛門 |
| | 忠哉派一刀流（〃） | 根来伝右衛門 |
| | 影流居合術（〃） | 遊佐孫九郎 |
| | 小野派一刀流（〃） | 日夏孫兵衛 |
| | 〃（〃） | 山田胖蔵 |
| 槍術 | 宝蔵院流（〃） | 土肥庄介 |
| | 伊東流（〃） | 山本彦右衛門 |
| 長刀 | 先意院流（〃） | 今泉理左衛門 |
| 柔術 | 揚心流（〃） | 今泉理左衛門 |
| 馬術 | 大坪流（〃） | 山田友右衛門 |
| 馬術 | 大坪本派（慶応3年） | 加藤清右衛門 |
| | 〃（〃） | 遊佐壮三郎 |
| | 〃（〃） | 田中新左衛門 |
| | 八友流（〃） | 大島金三郎 |
| 弓術 | 日置流雪花派（〃） | 花沢彦八郎 |
| | 日置流印西派（〃） | 名幡仙右衛門 |
| | 〃（〃） | 原　兵右衛門 |
| | 〃（〃） | 桑原守渡 |
| 砲術 | 外記流（〃） | 井上権平 |
| | 〃（〃） | 斎藤彦之丞 |
| | 武衛流（〃） | 木村貫吾 |
| | 〃（〃） | 朝河八太夫 |
| | 〃（〃） | 大原銑介 |

○出典（『二本松藩士人名辞典』『二本松寺院物語』）

## 〔参勤交代〕

・二本松藩は、外様大名として毎年四月に参勤交代が原則として定められていた。

・正徳元年（一七一一）の例

四月十二日上使来り、帰国の命と先格の如く御袷・白銀を与えられ、翌十三日江戸城に登城、休暇御礼言上、先格通り献上物を捧げ、江戸町中受持の火之番引継などあり、同月二十五日江戸発。六日予定にて領国に入り、五月朔日郡山に着すや、直ちに先格通りの帰国お礼の使者が献上物を持って江戸に出発。五月七日江戸城に登城、桧の間で献上物を捧げ、老中がこれを見ることと定められ、この使者には、時服二着が与えられる。

・次の年江戸参勤は、国許出発の伺を差出し、許しを得て二本松を発足する。正徳二年四月六日出発。同月十二日江戸到着、直に老中に届出る。

翌十三日将軍家より上使到来、懇な言葉が与えられ、同十五日には先格通りの献上物を持って登城、参勤出府の報告が行なわれた。これを毎年くり返すのが大名の生活であった。

・参勤交代の供揃は、一〇万石以上のために馬上侍一〇騎、足軽八〇人、仲間人足一四五人、それに家臣であった。この人数で二本松藩は毎年、江戸と二本松間の往来を行なった。

○出典（『丹羽秀延年譜』『江戸時代制度の研究』）

## 〔藩の基本史料・基本文献〕

『二本松藩史』　二本松藩史刊行会　歴史図書社　昭和四八年
『福島県史』二・三・一〇上　福島県編・刊　昭和三七年〜四七年
『福島県史資料所在目録』四・七・八　福島県編・刊　昭和三八年〜四七年
『二本松市史』二本松市編・刊　昭和五四年
『郡山市史』二近世上・三近世下　郡山市編・刊　昭和四六年
『大玉村史』　安達郡大玉村編・刊　昭和五一年
『物語藩史』第二巻「二本松藩」　田中正能　人物往来社　昭和五一年
「二本松藩譜」（丹羽家家譜として元禄一二年・寛政五年の二回編纂された。東京都丹羽長聡氏所蔵）
「二本松藩世臣家譜」（藩主長祥の命にて、佐野武保・成田頼直・黒田則恭・鈴木至易等編纂。二本松市茶園鈴木マス氏所蔵）
『本宮地方史』　曽我伝吉編　本宮町公民館　昭和三六年
『二本松藩士人名事典』　古今堂書店古典部編　古今堂書店　昭和九年
平島郡三郎『二本松寺院物語』　二本松公民館　昭和二九年
木代建達『積達大概録』（元禄年間、写本）
「積達風土明細録」　富田秀継編述　明治八年（郡山市新国正信氏所蔵）
「今泉文書」（郡山図書館所蔵、貞享年間以降のみ）

（執筆者・田中正能）

# 会《あい》津《ず》藩

## 〔藩の概観〕

会津藩は、陸奥国若松に居城を定めた藩である。天正十八年（一五九〇）奥羽仕置のため会津黒川城に入った秀吉は、伊達政宗から没収した会津地方と、白川・石川など仙道地方合わせて九〇万石余を蒲生氏郷《がもううじさと》に与えた。会津へ入部した氏郷は、城と城下町の本格的な経営を行ない、黒川の名を若松と改めた。文禄二年（一五九三）には七層の天守閣が完成し、町割りも行なわれ、「奥州の都」とうたわれる程に繁昌したという。氏郷はまもなく文禄四年死去、幼い秀行《ひでゆき》が跡を継いだ。

だが家中の不和・騒動などを理由に、慶長三年（一五九八）秀吉は蒲生秀行を宇都宮へ移し、上杉景勝《かげかつ》を会津一二〇万石に封じた。上杉氏は領内の要所に二八城を置き、大身の士にこれを守備させた。貢制は蒲生氏同様半石半永制を採用、漆・蠟も重い賦課の対象とした。慶長五年には、若松城の北西神指《こうざし》村に新城の築城も始めている。しかし関ヶ原の戦いにさいし石田三成に呼応した景勝は、慶長六年会津など九〇万石を削られ、三〇万石で米沢へ移された。

あとへは、家康の女婿蒲生秀行が再度封ぜられ、会津・仙道諸郡合わせて五七万九〇〇〇石余、幕府に対する役義などの格式としては六〇万石を支配することとなった。慶長十七年秀行が死去すると、嫡子亀千代(忠郷《たださと》)が家督を相続したが、寛永四年（一六二七）嗣子なく忠郷が没すると、封は収められ、伊予国松山より、加藤嘉明《よしあきら》が入封した。会津諸郡に安積《あさか》・岩瀬・田村の諸郡合わせて四〇万石余を領した。嘉明の子明成《あきなり》の時代には、若松城の大改修が行なわれている。慶長十六年（一六一一）の大地震以来傾いたままだった天守閣はこの時改修され、七層が改められ五層となった。寛永二十年（一六四三）、明成は封の返上を幕府へ申し出、それは収められた。幕府の許可を得ることなしに行なった若松城の修築、堀事件が原因とも、また厳しすぎる貢租収取、飢饉と逃散による領内支配の動揺が原因ともいわれる。

代わって同年八月、出羽国最上より、保科正之《まさゆき》が会津二三万石の領主として入部した。正之は徳川秀忠の子である。以来幕末まで保科松平（元禄九年、松平の姓を許される）氏の支配がつづいた。会津入部と同時に、会津・大沼・岩瀬・下野国塩谷郡の内五万石余が「私領同様」に預けられた。以後この地は、元禄元年～宝永二年、正徳三年～享保七年、宝暦五年～宝暦十三年、天保八年～弘化四年と四度幕府直支配となるが、他の時期は会津藩預り支配が行なわれ、元治元年には会津藩領に編入されている。

正之は入国すると次々に新法令を発し、領国支配の確立に努めた。八月農村に対し年貢収納の細則を示し、十二月には地方仕置の条々を発した。「留物令」が出され、「蠟・漆・鉛・熊皮・巣鷹・女・駒・紙」の八品は、無手形で他領へ出すことが禁じられた。正保四年（一六四七）には諸宿駅の掟が定められ、翌年年季召仕の仕置が定められた。明暦元年（一六五五）には農民救済を目的として「社倉制」が成立している。万治三年（一六六〇）には、郷頭《ごうがしら》の平百姓に対する恣意的支配が禁じられた。寛文年間には領内通用の升・秤が統一された。農村統治に細心の注意が払われた。他方家臣団の編成・維持、政治機構の整備にも意の用いられたことはいうまでもない。寛文八年（一六六八）定められた「家訓」十五ヶ条は、会津藩政の基本的な方向を示すものであり、幕末まで、藩主・家臣の精神的支柱となった。慶安四年（一六五一）、幼い家綱の輔翼を家光に依頼されて以後、ほとんど帰国しなかった正之であったが、幕政に深く関わりながら、会津藩政の基礎を確立したといえよう。

二代正経《まさつね》・三代正容《まさかた》の時代は、なお一層の藩政の整備をみてゆくが、しかし同時に藩財政の窮乏もあらわれ始めた。藩は倹約を訴えながら、貨幣の改鋳、藩札の発行を行ない、享保二年（一七一七）には「反畝取りの法」を始めた。この貢租収取法は、反当たり収量の上昇を詳細に調査し、農業生産力の向上による剰余をことごとく収取しようとしたものであった。だが藩札発行は物価高を招き、直ちに中止せざるをえず、「反畝取りの法」と高率貢租は農村の疲弊を招いた。当時幕府直支配となっていた南山に享保五年（一七二〇）起こった「南山御蔵入騒動」は、改めて藩当局に農村政策の重要なことを痛感させた。正容は、享保期、財政を建直し、藩政を刷新するため、種々の方策を実行した。倹約令、役人などの不正防止のための吟味改役の新設など士風の刷新、藩財政の処理を目的として設けられていた新貸方役所の廃止、「反畝取りの法」廃止、定免制の実施などなどであった。また郷頭・肝煎の不正を厳しく取締まるなど民政にも努力を積み重ねたので、享保十五年（一七三〇）の蠟の豊作、十七年の米の豊作とあいまって、一時的にではあるが事情はいくらか好転した。しかしこれも長くは続かなかった。

正容が死に、幼い容貞《かたさだ》が襲封した享保十六年、江戸芝の屋敷が類焼、若松城下大火、十八年千代田城堀さらいの御手伝い普請と出費がかさみ、借知によってもその不足分は補えず、再び藩財政は深刻な危機に陥った。農民の貧窮化は進行し、手余り地が増大していった。貢租収取を強化するか、民力を休養させるかをめぐり藩内には対立が生じていた。おりしも寛延二年（一七四九）、猪苗代地方からあがった一揆の火の手は、またたくまに領内一円に拡大していった。大規模な一揆であったから、藩政に与えた影響は大きかった。

寛延三年、二十七歳で他界した四代容貞の跡を継いだ容頌《かたのぶ》は七歳であったため、天明年間まで叔父容章《かたあきら》の補佐を受けたが、天明七年（一七八七）、家老田中玄宰《はるなか》の建議にもとづき藩政改革に着手した。改革の第一目標は、郷村支配の強化と農村の復興であった。郡奉行・代官を農村に出役させ、直接支配を強化した。郷頭は名称とわずかな職務を残し、地方支配の重要な立場からはずされることとなった。郡奉行―代官―肝煎という地方支配の実現がはかられた。五人組制度は従来より徹底され、年貢不納などの連帯責任が強調された。農村の荒廃を防ぐため、手余り地の処理がはかられ、いわゆる「土地分給策」がとられた。これは熟田が上層農に集中し、貧農層は薄田のみになっている状態を是正しようとしたもので、土地所有の均等化をはかり、本百姓体制の再編を意図したものであった。耕作人口確保のため産子養育にも力が注がれた。

殖産興業も改革の重要な柱であった。養蚕の奨励、紅花栽培の指導、漆器の改良に努力した。酒造は、播州などの酒造技術を導入、良酒製造をはかった。藩営の形で薬用人参の栽培・販売も行なった。寛政五年（一七九三）には、江戸中橋に会津藩産物会所を設置、領内商品の販売を行なわせた。

従来の河陽流にかわり長沼流軍学が採用され、藩士の軍事面が再編成された。学制改革も行なわれ、教学の振興がはかられた。寛政十一年（一七九九）、藩校日新館の造営に着手、享和三年（一八〇三）完成、諸士および子弟には文武を学ぶことが奨励された。藩の正史たる『家世実紀』、領内の状況を調べあげた『新編会津風土記』が編纂されたのも、この時代であった。

だが、「土地分給策」にしてもどれだけ実施されたか判明せず、農村の建直しに充分効を奏したとはいいがたい。天保初年の相つぐ大凶作は、さらに農村に大きな打撃を与えた。藩政の危機は一層深まった。棄捐令、倹約令、諸役人の勤務の刷新、国産の奨励、株仲間の解散と再興などなどが次々に行なわれた。そして海をもたない会津藩も、文化年間からたびたび命じられる海岸防備によって迫りくる外圧を知り、内外共に危機感の高まっていた嘉永五年（一八五二）、九代藩主容保《かたもり》が封を継いだのである。

文久二年（一八六二）、容保は京都守護職に任ぜられ、幕末の難局にあたることとなった。役料として五万石が与えられている。文久三年八月十八日の政変などにさいしての功を賞して、元治元年（一八六四）には五万石増封となり、「南山御蔵入地方」が藩領に編入された。同年七月の禁門の変においても、蛤門を守って長州勢とはげしく戦った。この間容保は、一時京都守護職を免ぜられ、軍事総裁職に任ぜられたが、短期間で再び京都守護職に任ぜられている。慶応三年（一八六七）十月大政奉還、十二月王政復古の詔勅が出されたあと、京都から大坂へ移っていた会津・桑名など幕府側の兵と、薩摩・長州諸藩の兵とが、鳥羽・伏見で戦端を開いたのが慶応四年（一八六八）正月、戊辰戦争の始まりであった。会津藩はこの戦いに破れ、九月二十二日、若松城を開いて降伏した。藩主容保・喜徳父子は滝沢の妙国寺に入って謹慎、藩士達は猪苗代・塩川村で謹慎、十月一日には若松に民政局が設置された。十月十九日容保父子は東京に移され、因州池田家、久留米有馬家にそれぞれお預け、明治二年（一八六九）正月には、旧会津藩士らが東京、越後高田へ移された。五月、戦争の全責任を負う形で家老萱野権兵衛長修《ながのぶ》が切腹、会津戦争に終止符が打たれた。

会津では明治二年六月、民政局が廃止され、若松県が置かれた。明治九年、若松県は福島、磐前二県と合併、福島県となった。松平家は明治二年十一月家名再興を許され、容保の子慶三郎（容大《かたはる》）に、陸奥国北・三戸《さんのへ》・二戸《にのへ》郡の内三万石が与えられた。「斗南藩《となみ》」と称した。斗南藩の政庁は、はじめ五戸《ごのへ》の旧代官所に置かれたが、明治四年（一八七一）二月、田名部《たなぶ》に移された。この年七月廃藩置県により、斗南藩は「斗南県」となり、九月には弘前県と合併して「青森県」となった。

## 〔藩の居城〕

**城**
**名　称**　①若松城　②鶴ヶ城
所在地　福島県会津若松市追手町
家数・人口　全領　一六万八一七九人（享保元年）　○出典（『家世実紀』）

城下町若松
郭外　三二五六軒・一万八四三五人（寛文六年）
郭内　士屋敷四四三軒（加藤時代）
○出典（『町中の由来』簗田文書）
○出典（『会津若松史』2）

## 〔藩（大名）の家紋など〕

**上杉家**
家紋　竹に飛雀　菊　五七桐

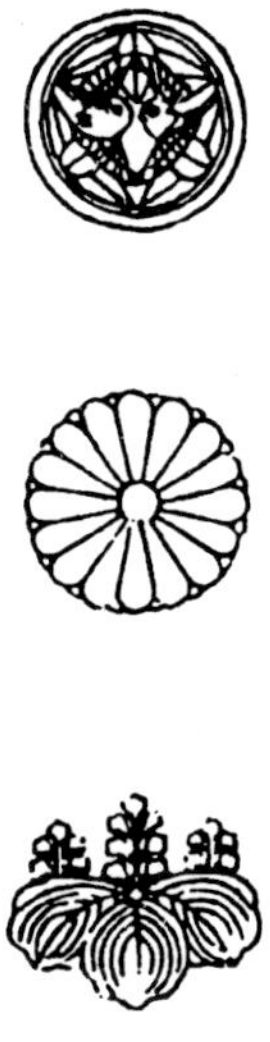

**加藤家**
家紋
下り藤　蛇の目

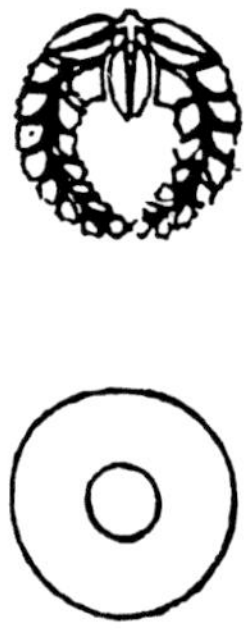

**保科家**（松平）
家紋（保科姓の時）
角九曜　梶の葉

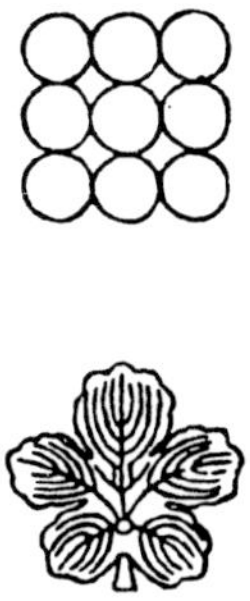

家紋（松平改姓後）
丸に三葵　花葵

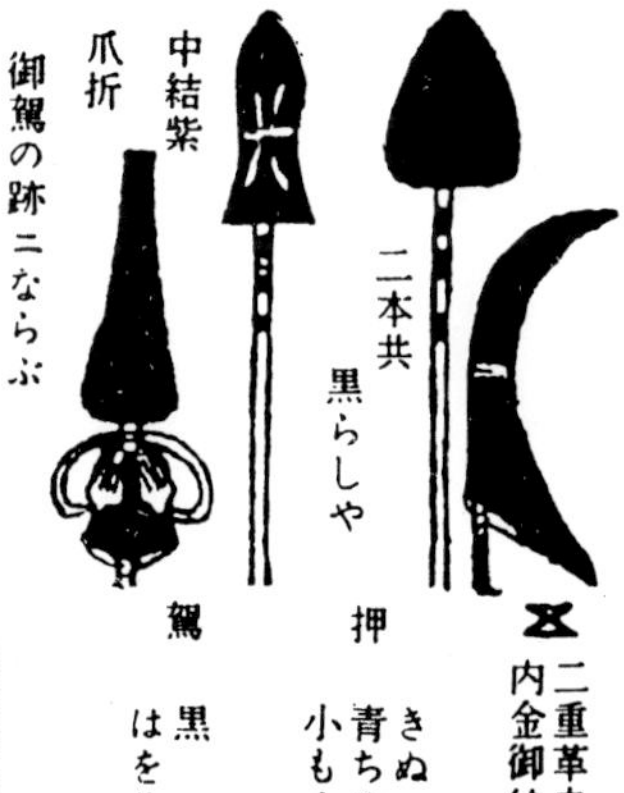


○出典（『文化武鑑』『寛政重修諸家譜』）

## 〔藩主の系図〕（姻戚関係）

①**上杉家**　外様
越後国春日山から→**景勝**《かげかつ》→出羽国米沢へ（米沢藩参照）
○出典（『寛政重修諸家譜』）

②**蒲生家**　外様
下野国宇都宮から→**秀行**《ひでゆき》—
- 女子加藤肥後守忠広室
- **忠郷**《たださと》→無嗣絶家
- 忠知
- 女子

○出典（『氏郷記』『断家譜』『寛政重修諸家譜』）

③**加藤家**　外様
伊予国松山から→**嘉明**《よしあきら》—
- 女子松下石見守重綱室
- 女子松平武蔵守家臣池田河内守長政に嫁し、離婚、後、日野大納言光慶に再嫁
- **明成**《あきなり》室は保科弾正忠正直女→封土返上
- 明信
- 明利
- 女子南部山城守重直室、後、離婚

○出典（『寛政重修諸家譜』）

## ④保科・松平家　親藩

出羽国最上から（室は内藤左馬助政長女）→正之《まさゆき》

- 正之《まさゆき》
  - 某
  - 正頼
  - 女子　上杉播磨守綱勝室
  - 女子
  - 某
  - 女子
  - **正経**《まさつね》　室は松平肥前守利常女
    - **正容**《まさかた》　正之六男　室は阿部豊後守正武女
      - 女子
      - 正邦
      - 某
      - 正甫　室は松平安芸守吉長女
      - 某
      - 女子
      - 正房
      - 某
      - 女子　松平隠岐守定喬と婚約、嫁せずして卒す
      - 某
      - **容貞**《かたさだ》　室は松平讃岐守頼豊女
        - **容頌**《かたのぶ》　室は阿部豊後守正允女
          - 容詮《かたさだ》　容章嫡男、室は松平加賀守治修女
          - 女子　松平左兵衛督信明室、後、加藤遠江守泰侯室
          - 女子　大村信濃守純鎮室、後、離婚
        - 貞歴
        - 女子
        - 女子　稲葉美濃守正弘室
      - 女子　松平加賀守宗辰室
      - 容章
        - 容詮　容頌養子
        - 女子　容頌養女
        - 女子　右同
    - 女子
  - 女子　松平加賀守綱紀室
  - 女子　稲葉丹後守正往室
  - 女子
  - 女子
  - 正純
  - 女子
  - 正容　兄正経養子
  - 女子

- 容詮
  - 女子
  - 某
  - **容住**《かたおき》　室は井伊掃部頭直幸女
    - 某
    - **容衆**《かたひろ》　室は徳川家斉女
    - 容和《かたまさ》　容衆養子、容敬
    - **容敬**《かたたか》　容住三男　室は佐竹右京大夫義和姉
      - 女子
      - 女子
      - 某
      - 女子
      - 某
      - 女子
      - 女子　奥平昌服室
      - **容保**《かたもり》　美濃高須藩主松平義建六男
        - 喜徳　徳川斉昭男
        - 女子
        - 容大《かたひろ》→陸奥国斗南へ（斗南藩参照）
        - 健雄
        - 女子
        - 女子
        - 英夫
        - 恒雄
        - 保男
      - 女子　容保室
      - 某
      - 某
      - 女子
  - 容序

○出典『寛政重修諸家譜』『会津松平家譜』『若松市史』

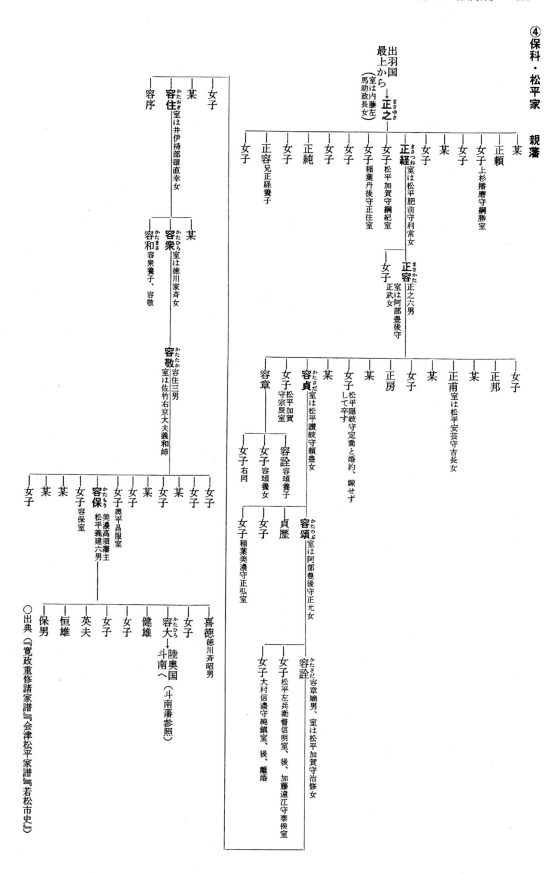

〔藩主一覧〕（歴代藩主および石高・所領の変遷）

| 姓 | 諱 | 受領名または官名 | 通称 | 生没年月日 | 戒名と菩提所（所在地） | 藩主就任・退任年月日 | 江戸幕府就任役職名・就任退任年月日 | 石高変遷年月日（西暦） | 石高（表高） | 領地（国郡名） |
|---|---|---|---|---|---|---|---|---|---|---|
| 上杉 | 景勝 | 越後守 | 喜平次 | 弘治1・11・27～元和9・3・20 | 覚上院殿空山宗心大居士　法音寺（山形県米沢市御廟一丁目） | 慶長3・1・10～慶長6・8・16 | | 慶長3・1・10（一五九八） | 一二〇〇〇〇〇 | 陸奥国会津・大沼・河沼・耶麻・白河・石川・岩瀬・安積・安達・田村・伊達・信夫・刈田郡　出羽国長井・田川・櫛引・遊佐郡　佐渡国羽茂・雑太・加茂郡 |
| 蒲生 | 秀行 | 飛驒守 | 藤三郎 | 天正11～慶長17・5・14 | 弘真院殿前拾遺覚山静雲　弘真院（福島県会津若松市門田町） | 慶長6・8～慶長17・5 | | 慶長6・8（一六〇一） | 六〇〇〇〇〇 | 陸奥国会津・大沼・河沼・耶麻・白河・石川・岩瀬・安積・安達・田村・刈田郡 |
| 蒲生 | 忠郷 | 下野守 | | 慶長8～寛永4・1・4 | 見樹院前相公得誉立光大禅定門　高巌寺（福島県会津若松市中央二丁目） | 慶長17・5～寛永4・1・4 | | | 〃 | 〃 |
| 加藤 | 嘉明 | | 孫六 | 永禄6～寛永8・9・12 | 三明院宣興（初諱号は松苑（寂）院殿拾遺道誉大禅定門）東大谷墓地（京都市東山区） | 寛永4・2・10（一説3月）～寛永8・9・12 | | 寛永4・2・10（一六二七） | 四〇〇〇〇〇 | 陸奥国会津・大沼・河沼・耶麻・安積・岩瀬・田村郡 |
| 加藤 | 明成 | | 孫次郎 | 文禄1～寛文1・1・21 | 円通院休意　東大谷墓地（〃） | 寛永8・9～寛永20・5・2 | | | 〃 | 〃 |

| 姓 | 諱 | 受領名または官名 | 通称 | 生没年月日 | 戒名と菩提所（所在地） | 藩主就任・退任年月日 | 江戸幕府就任役職名・就任退任年月日 | 石高変遷年月日（西暦） | 石高（表高） | 領地（国郡名） |
|---|---|---|---|---|---|---|---|---|---|---|
| 保科 | 正之 | 肥後守 | 幸松 | 慶長16・5・7～寛文12・12・18 | 土津《はにつ》霊社（神）土津神社（福島県猪苗代町見祢山） | 寛永20・7・4～寛文9・4・27 | | 寛永20・7・4（一六四三） | 二三〇〇〇〇 | 陸奥国会津・耶麻・大沼・河沼郡・安積郡の内五ヶ村 越後国蒲原郡の内七一ヶ村 |
| 保科 | 正経 | 筑前守 | 大之助 | 正保3・12・27～天和1・10・3 | 宜山休公鳳翔院 院内廟所（福島県会津若松市東山町） | 寛文9・4・27～天和1・2・19 | | | 〃 | 〃 |
| 松平（保科） | 正容 | 肥後守 | 重四郎 | 寛文9・1・29～享保16・9・10 | 徳翁《とこお》霊神 院 内廟所（〃） | 天和1・2・19～享保16・9・10 | | | 〃 | 〃 |
| 松平 | 容貞 | 肥後守 | 長菊 | 享保9・8・16～寛延3・9・27 | 土常《つちとわ》霊神 院 内廟所（〃） | 享保16・10・23～寛延3・9・27 | | | 〃 | 〃 |
| 松平 | 容頌 | 肥後守 | 亀五郎 | 延享1・1・9～文化2・7・29 | 恭定《ゆうしず》霊社 院 内廟所（〃） | 寛延3・11・12～文化2・7・29 | | | 〃 | 〃 |
| 松平 | 容住 | 肥後守 | 慶三郎 | 安永7・11・20～文化2・12・27 | 貞昭《すみてる》霊社 院 内廟所（〃） | 文化2・8・19～文化2・12・27 | | | 〃 | 〃 |
| 松平 | 容衆 | 肥後守 | 金之助 | 享和3・9・15～文政5・2 | 欽文《あきさと》霊社 院 内廟所（〃） | 文化3・2・14～文政5・1・29 | | | 〃 | 〃 |
| 松平 | 容敬 | 肥後守 | 靱負 | 文化3・4・28～嘉永5・2・10 | 忠恭《まさお》霊社 院 内廟所（〃） | 文政5・2・21～嘉永5・2・10 | | | 〃 | 〃 |

| 姓 | 諱 | 受領名または官名 | 通称 | 生没年月日 | 戒名と菩提所（所在地） | 藩主就任・退任年月日 | 江戸幕府就任役職名・就任退任年月日 | 石高変遷年月日（西暦） | 石高（表高） | 領地（国郡名） |
|---|---|---|---|---|---|---|---|---|---|---|
| 松平 | 容保 | 肥後守 | 銈之允 | 天保6・12・29～明治26・12 | 忠誠《まさね》霊神　院内廟所（福島県会津若松市東山町） | 嘉永5・2・25～慶応4・2・4 | 京都守護職 文久2・閏8・1～<br>軍事総裁職 元治1・2・15～<br>京都守護職 元治1・4・7～慶応3・12・9 | | 二三〇〇〇〇 | 陸奥国会津・耶麻・大沼・河沼郡・安積郡の内五ヶ村<br>越後国蒲原郡の内七一ヶ村 |
| | | | | | | | | 文久2<br>元治1・2・10（一八六四） | 二八〇〇〇〇 | 役料五万石<br>南山蔵入地五万石会津領に編入 |

○出典『寛政重修諸家譜』『柳営補任』『会津松平家譜』

## 〔藩史略年表〕

| 西暦 | 和暦 | 月日 | 政治・法制 | 月日 | 社会（文化を含む）・経済 |
|---|---|---|---|---|---|
| 一六〇〇 | 慶長五 | 2・10 | 上杉景勝、神指に新城造築開始。 | | |
| 一六〇一 | 六 | 8・17 | 景勝、会津を没収され、米沢へ。 | | |
| | | 9・26 | 蒲生秀行、会津入部。 | | |
| 一六〇七 | 一二 | | 江戸城本丸石垣普請命ぜられる。 | | |
| 一六一一 | 一六 | 8・21 | | | 大地震起こる。 |
| 一六一二 | 一七 | 5・14 | 秀行死去、子忠郷相続。 | | |
| 一六一六 | 元和二 | | 家中紛争再び激化。 | | |
| | | 11・29 | 漆売買の掟が定められる。 | | |
| 一六二四 | 寛永一 | | | 9 | 陸奥国飢饉。 |
| 一六二七 | 四 | | 加藤嘉明、会津入部。 | | |
| | | 9・1 | 年貢収納に関する七ヶ条の覚書出る。 | | |
| 一六三一 | 八 | 9 | 嘉明死去、子明成襲封。 | | 大洪水、次郎水とよばれる。 |
| 一六三五 | 一二 | | | | キリシタン横沢丹波一族処刑。 |
| 一六三九 | 一六 | | 若松城の大改修始まる。 | | |
| | | | 会津騒動。 | | |
| 一六四二 | 一九 | | | | 若松城下町商人、仲間掟定める。 |

| 西暦 | 和暦 | 月日 | 政治・法制 | 月日 | 社会（文化を含む）・経済 |
|---|---|---|---|---|---|
| 一六四三 | 寛永二〇 | 5・2<br>7・4<br>8・23 | 加藤明成、封土返還。<br>保科正之、会津入部。<br>郷村諸収納方定められる。<br>蠟を藩の直売とする。<br>留物令出る。 | | 大凶作、被害甚大。 |
| 一六四六 | 正保三 | | 会津惣絵図、城下絵図、高辻帳、幕府へ提出。 | | |
| 一六四七 | 四 | | 諸宿駅の掟定められる。 | | |
| 一六四八 | 慶安一 | | 年季召仕の仕置定まる。 | | |
| 一六五一 | 四 | | 正之、将軍家綱の補佐役となる。 | | |
| 一六五二 | 承応一 | | 軍令・軍禁・家中掟定められる。<br>人返役置かれる。 | | |
| 一六五五 | 明暦一 | | 社倉の制実施される。 | | |
| 一六五六 | 二 | | 甲賀町口・大町口に町奉行所が設置される。 | | |
| 一六五八 | 万治一 | | 初めて倹約令発布。<br>社倉金置かれる。 | | |
| 一六六〇 | 三 | | 郷頭の平百姓に対する恣意禁ず。 | | |
| 一六六一 | 寛文一 | | 正之、殉死を禁ず。<br>相場米買上制始まる。 | | 正之、吉川惟足を招き神書を講じさせる。 |
| 一六六三 | 三 | 4・8 | 組々二三ヶ所に籾蔵建てられる。 | | |
| 一六六四 | 四 | | | 閏5 | 正之、山崎闇斎を招く。<br>稽古堂できる。 |
| 一六六五 | 五 | | 総検地始まる。 | | 『会津寺院縁起』成る。 |
| 一六六六 | 六 | | | | 『会津風土記』完成。 |
| 一六六七 | 七 | | 領内の升・枡を統一する。 | | 領内主街道に一里塚築かれる。 |
| 一六六八 | 八 | | 正之、家訓一五ヶ条を定める。 | | 大川筋川普請完成。<br>『二程治教録』できる。 |
| 一六六九 | 九 | 4・27 | 正之致仕、正経襲封。<br>郷頭開発新田の取石を定める。<br>郷頭開発新田に平百姓並の年貢をかける。 | | 『伊洛三子伝心録』完成。 |
| 一六七〇 | 一〇 | | 三夫食制実施。 | | |

| 西暦 | 和暦 | 月日 | 政治・法制 | 月日 | 社会（文化を含む）・経済 |
|---|---|---|---|---|---|
| 一六七一 | 寛文一一 | | 常平法実施。 | | 領内神社を唯一神道とするため、寺社改定条目制定。 |
| 一六七二 | 一二 | | | | 『会津旧事雑考』完成。『会津神社志』『土津霊神事実』など完成。 |
| 一六七三 | 延宝一 | | | | 『会津四家合考』完成。 |
| 一六七四 | 二 | | | | 藩士の学問所講所郭内に建つ。『会津増風土記』完成。 |
| 一六七六 | 四 | | 領内惣検地。 | | |
| 一六八〇 | 八 | | 参勤交代の道中掟制定。肝煎無役高制定められる。 | | |
| 一六八一 | 天和一 | 2・19 | 正経致仕、正容襲封 | | 若松町大火。 |
| 一六八四 | 貞享一 | | | | 『土津霊神言行録』成る。『会津農書』成る。 |
| 一六八七 | 四 | | 南山預り地、幕府支配となる。 | | |
| 一六八九 | 元禄二 | | 桂昌院の館新築手伝命ぜられる。田方米納畑方金納となる。 | | 『旧証類聚』完成。 |
| 一六九一 | 四 | | | | 『会津幕之内誌』成る。 |
| 一六九五 | 八 | | | | 南山松川通り新道開道。 |
| 一六九六 | 九 | | 松平の姓を許され、葵紋の使用認められる。 | | |
| 一六九八 | 一一 | | 倹約令出される。 | | 大雨洪水。 |
| 一七〇〇 | 一三 | 11・15 | 金札発行。 | | |
| 一七〇二 | 一五 | 5・1 | 金札通用停止。 | | |
| 一七〇五 | 宝永二 | | 南山地方会津藩預りとなる。 | | |
| 一七〇九 | 六 | | 火消定制定される。 | | 若松大火。 |
| 一七一二 | 正徳二 | | 南山、幕府直支配となる。 | | 河沼郡野沢村大火。『幕内農業記』出る。 |
| 一七一七 | 享保二 | | 反畝取りの法実施。 | | |
| 一七二〇 | 五 | | 南山御蔵入地方に百姓一揆起こる。 | | |
| 一七二二 | 七 | | 南山地方会津藩預りとなる。 | | |
| 一七二三 | 八 | | 反畝取りの法やめる。 | | 若松大火。 |
| 一七二四 | 九 | | 越後国魚沼郡の内七万石余、会津藩預り地となる。 | | |

| 西暦 | 和暦 | 月日 | 政治・法制 | 月日 | 社会（文化を含む）・経済 |
|---|---|---|---|---|---|
| 一七二八 | 享保一三 | | 領内に金銀相対済し令を発す。<br>定免制採用。 | | 坂下村大火。 |
| 一七三一 | 一六 | 9・10 | 正容死去。一〇月二三日容貞襲封。 | | 若松大火。 |
| 一七三三 | 一八 | | 江戸城堀さらい手伝普請命ぜられる。 | | |
| 一七九一 | 寛政三 | | | | 大坂流酒造法導入、産業の育成、奨励行なわれる。 |
| 一七九三 | 五 | | 江戸に藩の産物会所設置される。 | | |
| 一七九四 | 六 | | | | 耶麻郡小荒井村大火。 |
| 一七九九 | 一一 | | 商工業者仲間組織再編強化。 | | 日新館の造営始まる。 |
| 一八〇三 | 享和三 | | 藩債の返済五ヶ年停止。 | | 「日新館童子訓」できる。 |
| 一八〇四 | 文化一 | | 藩士に対する新貸金の元利棄捐。 | | |
| 一八〇五 | 二 | 7・29 | 容頌死去。八月一九日容住あとを継ぐ。 | | |
| | | 12・27 | 容住死去。 | | |
| | | | 面扶持制実施。 | | |
| 一八〇六 | 三 | 2・14 | 容住の弟容衆襲封。 | | |
| 一八〇七 | 四 | | この頃、株仲間の株究め行なわれる。 | | |
| 一八〇八 | 五 | | 蝦夷地守備命ぜられる。 | | |
| 一八〇九 | 六 | | | | 『新編会津風土記』完成。 |
| 一八一〇 | 七 | | 相模湾一帯の警備命ぜられる。<br>産物奉行任命。 | | 学制改革、朱子学に復する。 |
| 一八一一 | 八 | | 魚沼・蒲原二郡内預り地にかわり、相模国三浦・鎌倉二郡の内三万石与えられる。 | | |
| 一八一五 | 一二 | | | | 『家世実紀』完成。 |
| 一八一八 | 文政一 | | | | 若松大火。 |
| 一八二〇 | 三 | | | | 大暴風雨。 |
| 一八二二 | 五 | 1・29 | 容衆死去。二月二一日養子容敬襲封。 | | |
| 一八二三 | 六 | | 新たに信夫郡大笹生村など一万石余預る。 | | 『日新館志』できる。 |
| 一八二八 | 一一 | | 信夫郡の預り地の内三〇〇〇石余収められ、越後国蒲原郡の内にて三〇〇〇石余預けられる。 | | |
| 一八三二 | 天保三 | | | | 領内凶作。 |
| 一八三三 | 四 | | | | 大凶作。 |
| 一八三六 | 七 | | | | 天保四年とならぶ大凶作。 |

| 西暦 | 和暦 | 月日 | 政治・法制 | 月日 | 社会（文化を含む）・経済 |
|---|---|---|---|---|---|
| 一八三七 | 天保八 | | 財政窮乏、家臣に借知命ず。 | | |
| | | | 南山、直支配となる。 | | |
| 一八三八 | 九 | | 五年間溜銭復活。 | | |
| 一八四〇 | 一一 | | 諸役人の服務の厳正要求される。 | | 地方・町方に米金棄捐。 |
| 一八四二 | 一三 | | 冥加金廃止、株仲間解散。 | | 塩川村、熱塩村大火。 |
| | | | | | 国産奨励のため、梁川より養蚕指導者招致。 |
| 一八四三 | 一四 | | 藩士山本良高、チモール銃の鋳造に成功、洋式訓練を行なう。 | | |
| 一八四四 | 弘化一 | | 株仲間再興。 | | |
| 一八四五 | 二 | | 江戸城本丸再建の御用金賦課。 | | |
| 一八四七 | 四 | | 南山地方、預り地となる。 | | |
| | | | 安房・上総の海岸防備命ぜられる。 | | |
| 一八五〇 | 嘉永三 | | 家臣の借金一万三〇〇〇両余棄捐。 | | 猪苗代町大火。 |
| 一八五一 | 四 | | 江川太郎左衛門に依頼した大砲「ヘキサンス」完成。 | | |
| 一八五二 | 五 | 2・10 | 容敬死去。二月二五日容保襲封。 | | |
| 一八五三 | 六 | | 品川第二砲台の防備命ぜられる。 | | 小荒井村大火。 |
| 一八五七 | 安政四 | | 南山小塩・塩生両村に人参干根製造場が設置される。 | | |
| 一八五九 | 六 | | 幕府、東蝦夷の西別から西蝦夷の沢喜の地を会津藩に与える。 | | |
| 一八六〇 | 万延一 | | | | 若松大火。 |
| 一八六二 | 文久二 | 閏8・1 | 容保、京都守護職に任命される、役料五万石。 | | |
| 一八六三 | 三 | 8・18 | 八月十八日の政変。 | | |
| | | | 容保、朝儀参与を命ぜられる。 | | |
| 一八六四 | 元治一 | 2・10 | 南山領、会津藩に編入される。 | | |
| | | 2・15 | 容保、守護職を免ぜられ、軍事総裁職に任ぜられる。 | | |
| | | 4・7 | 容保、再び守護職に任ぜられる。 | | |
| | | 7 | 禁門の変。 | | |
| 一八六六 | 慶応二 | | | | 若松大火。 |
| 一八六七 | 三 | 12・9 | 王政復古の大号令、守護職廃止、帰国を命ぜられる。 | | |
| 一八六八 | 四 | 1・3 | 鳥羽・伏見の戦い。 | | |
| | | 2・4 | 容保、藩主の地位を養子喜徳に譲り、恭順の意を表す。 | | |
| | | 3・10 | 軍制改革、朱雀・青竜・玄武・白虎隊編成、農兵を募集。 | | |
| | | 4 | 西軍越後国長岡に迫る。会津藩四境に出兵。 | | |

| 西暦 | 和暦 | 月日 | 政治・法制 | 月日 | 社会（文化を含む）・経済 |
|---|---|---|---|---|---|
| | | 4・10 | 会津藩と庄内藩の軍事同盟締結。 | | |
| | | 閏4・17 | 会津藩恭順歎願、拒否される。 | | |
| | | 5・3 | 奥羽越列藩同盟成立。 | | |
| | | 8・20 | 会津攻撃の命令、西軍に下る。 | | |
| | | 8・23 | 白虎隊自刃。 | | |
| | （明治一） | 9・22 | 若松城開城、容保父子妙国寺に入る。 | | |
| | | 10・1 | 民政局設置。 | | 世直し一揆起こる。 |
| 一八六九 | 明治 二 | | 会津藩士の処分決定、信濃国松代、越後国高田にお預け。 | | |
| | | 6・15 | 民政局廃止。 | | |
| | | | 若松県設置。 | | |
| | | 11 | 会津松平家の家名再興が認められ、旧南部領で三万石が与えられる(斗南藩)。 | | |
| 一八七〇 | 三 | | 松平容大、斗南藩知事に任ぜられ、斗南藩への移住が始まる。 | | |
| 一八七一 | 四 | | 若松城北出丸の東西両角櫓と全城の塀のとりこわしが始まる。 | | |
| | | | 廃藩置県。 | | |

○出典（『家世実紀』『福島県史』『会津若松史』）

## 〔家老とその業績〕

| 著名家老名 | 担当職務名 | 活躍期 | 生没年月日 | 主な業績 |
|---|---|---|---|---|
| 友松（佐藤）勘十郎氏興 | 家老 | 寛文3〜延宝7 | 元和8・3・3〜貞享4・2・29 | ・山崎闇斎から儒学、吉川惟足から神道の教えを受けた氏興は、保科正之の文治政治に大きな役割を果たした。<br>・会津藩政の基本的精神となった「家訓」十五ヶ条の制定を建言、毎条に衍義を付した。<br>・正之の命を受け、『会津風土記』『会津神社志』等を編集。<br>・正之の神葬執行、猪苗代見祢山霊廟の造営に貢献。 |
| 田中三郎兵衛玄宰《はるなか》 | 家老<br>地下町方勝手方担当 | 天明1・10〜文化5 | 寛延1・10・8〜文化5・8・7 | ・徂徠学者古屋鬲を招き藩学振興。<br>・天明七年、藩政改革大綱を提出、郷村再編成、国産奨励、教学振興の一環としての藩校日新館の建設など、諸種の改革を実行に移した。 |

| | | | | |
|---|---|---|---|---|
| 萱野《かやの》権兵衛長修《ながのぶ》 | 家　老 | 慶応1〜明治1 | 文政11（天保1）〜明治2（切腹） | ・『新編会津風土記』を総裁として編纂。<br>・幕命による蝦夷地防備の一切の手配を行なった。<br>・会津戊辰戦争の首謀者という形で藩の責任を一身に負い、切腹。 |

○出典（『諸士系譜』『家世実紀』『会津若松史』『会津藩教育考』）

## 〔藩の職制〕

○藩の職制の大綱（**松平家**、化政期以降）

〔藩の政庁〕

- 藩主
  - 家　老
  - 若年寄
    - （御用所）密事頭取
      - 密事
      - 常和
        - 付人—使番
  - 奉行
    - （御用部屋）御用部屋勤
      - 密事
      - 常和
        - 付人—使番
  - 大目付
  - 目付—徒目付—同心
    - 中奥徒目付
    - 道中目付—付人
    - 学校目付—出欠改役兼文庫役
  - *
  - （町役所）町奉行—町役所勤
    - 寺社方下役
    - 公事方下役
    - 交易方下役
    - 望性貸方下役
    - 切支丹類族改役
    - 絵図役
      - 同心小頭—同心—定廻り
  - **

*

- （御蔵入役所）御蔵入郡奉行
  - 御蔵入郡役所勤—吟味役—調役—公事方—同心小頭—同心
    - 廻米役
    - 取立方
  - 御蔵入勘定頭
  - （御蔵入代官所）代官—吟味役—調役—公事方—同心小頭—同心
    - 取立方
- （郡役所）郡奉行
  - 郡役所勤—郷割元役—調方役人（以下略）
    - 吟味役
  - （代官所）代官—帳付（以下略）
- （公事所）公事奉行—吟味役—調役下役（以下略）
- （武具役所）武具奉行
  - 武具役所勤—武具役人
    - 兵器手入役
    - 兵器製作方（以下略）
  - 支配の各種武具職
- （式方）式方役人（＝目付の一人）—式方下役
- （廻米役所）廻米奉行—廻米上役—荷頭（以下略）
- （駅方役所）道中奉行—駅方役人
  - 駅方下役
  - 貫目改役（以下略）

**

- （神料役所）神料方役人
  - 神料方下役—同心
  - 神料賦物調役

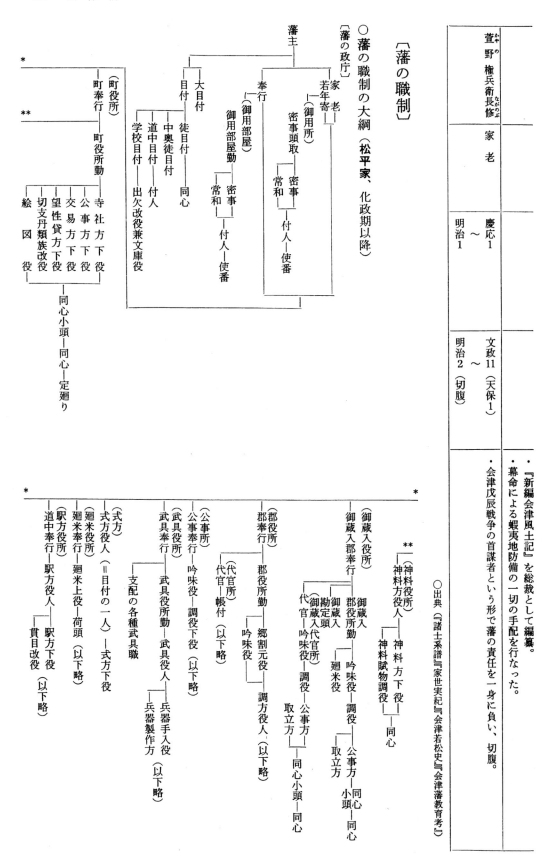

*

- （山役所）山奉行—山役所勤—山役人—漆木役
  - 材木受払任役（以下略）
- （金山役所）金山奉行—金山役所勤（以下略）
- （駒役所）駒奉行—駒役所勤—駒役所吟味役（以下略）
- （人蔘役所）人蔘奉行—人蔘方勤（以下略）
- （産物役所）産物奉行—産物役人（以下略）
- （蔵役所）蔵奉行—蔵役人—蔵小頭（以下略）
- （勘定所）勘定頭—勘定改役
  - 貸方役人
  - 金銭払役人（以下略）
  - 借金方金銭受払役人
  - 扶持方支配
- （御用人所）用人—吟味役—用人所下役—物書
  - 用人物書—用人付人
  - 書簡—物書—付人
    - 小性
    - 厩別当（以下略）
    - 供番

**

- 刀番（以下略）
- 使番
- 大納戸役—（以下略）
  - 支配の諸職
- 次番
- 祐筆
- 側医師
- 医師
- 番医
- 茶道頭—組頭—茶番（以下略）

*

- （学校役所）学校奉行—学校奉行添役—学校吟味役（以下略）
  - （学料役所）学料役所任役（以下略）
  - 開版方任役
  - 日新館諸職制（略）

**

- 文庫役人—文庫下役人
- 庭方役人
- 鷹匠頭（以下略）
- 絵師
- 蠟・油任役
- （賄所）賄所頭—賄所下役
- （台所）台所頭—台所組頭（以下略）
- （割方役所）物頭（以下略）
- （普請方）普請奉行—小奉行—吟味役（以下略）
  - 支配の諸職
- 中奥付
  - 老女—若年寄—側
    - 次（以下略）
  - 中奥錠口番
  - 女中付御用役
  - 仕立所付人
  - 姫、後室付それぞれにあり（略）

・軍事方組織　別にあり（略）

## ○格

| 班席 | 近習（文官） | 外様（武官） |
|---|---|---|
| 御敷居内 | 大老 | 番頭 |
| 目見 納戸紐 | 家老 | 猪苗城城代 |

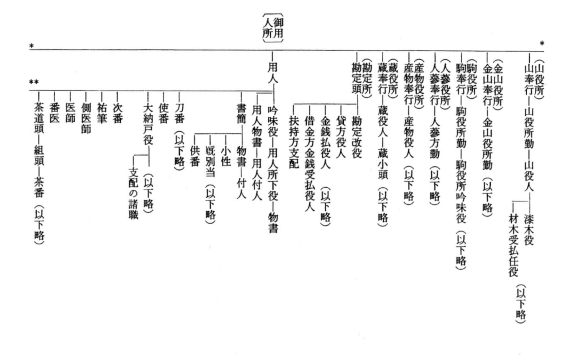

| | | |
|---|---|---|
| | 若年寄 | 新番頭 |
| | 奉　行 | 家老組組頭 |
| | 側 | 大組物頭 |
| | 用　人 | 大砲奉行 |
| | 馬方支配 | |
| | 小姓頭 | |
| | 書　簡 | |
| | 御供番頭 | |
| | 軍事奉行 | |
| | 側大目付 | |
| | 学校奉行 | |
| | 大目付 | |
| 格役 黒紐 | 奏者番 | 番頭組組頭 |
| | 刀　番 | 猪苗代組頭 |
| | 聞　番 | 新番組組頭 |
| | 使　番 | 旗奉行 |
| | 小　姓 | 物　頭 |
| | 町奉行 | 家老組旗奉行 |
| | 蔵入郡奉行 | 大砲隊組頭 |
| | 郡奉行 | |
| | 公事奉行 | |
| | 産物奉行 | |
| | 普請奉行 | |
| | 学校奉行添役 | |
| | 武具奉行 | |
| | 道中奉行 | |
| | 金山奉行 | |
| | 目　付 | |
| | 学校目付 | |
| 黒紐 | 納戸役 | 家老組外様士 |
| | 次　番 | 番頭付外様士 |
| | 祐　筆 | 大砲隊外様士 |
| | 供　番 | |
| | 近習一ノ寄合 | |
| | 勘定頭 | |
| | 代　官 | |
| 紺紐 | | 猪苗代外様士 |
| 花色紐 | 厩別当 | 家老付一ノ寄合 |
| | 側医師 | 家老付二ノ寄合 |
| | 近習二ノ寄合 | 新番組外様士 |
| | 武芸指南役 | |
| | 組外之士 | |
| 独礼御目見 茶紐 | 医　師 | 家老付三ノ寄合 |
| | 坊主頭 | 家老付四ノ寄合 |
| | 賄　頭 | |
| | 蔵小頭 | |
| | 御用所役人 | |
| | 御用部屋の者 | |
| | 御用人所吟味役人 | |
| | 神料役人 | |
| | 普請吟味役 | |
| | 勘定改役 | |
| | 深川屋敷守 | |
| | 学校吟味役 | |
| | 江戸金払役 | |
| | 廻米役人 | |
| | 検地役竿頭 | |
| | 近習三ノ寄合 | |

（以下略）

（注1）　功労によって班席だけ進められたこともあり一定しない。

（注2）　花色紐以上が知行取。

（注3）　紐制、襟制をとった。

○出典（職制・格とも『会津若松史』12による）

## ○家臣団構成

①家臣団構成（寛文四年）

| 種別 | 人数 | 石高 |
|---|---|---|
| 知行取 | 五八九人 | 一六万九五〇五石 |
| 石切符独立以上の者 | 四九六 | 知行に直して　六万三〇九二 |
| 高懸りの者 | 一九二二 | |
| 金切符の者 | 三〇 | |
| 扶持方 | 五二 | |
| 合計 | 三〇八九 | 二三万二五九七 |

○出典（『会津若松史』2による）

②安永四年より一部で地方給人制を採用、無毛地生帰りをはかった。在郷武士を「地方御家人」といった。

○出典（『家世実紀』『会津若松史』）

## 〔領内支配（地方支配）の職制と系統〕

家老―奉行―郡奉行―代官
（郡）（数組）

・代官は数組を合わせて統轄。
・郡奉行は全郡の民政を担当。

○出典（『会津若松史』2）

## 〔領内の支配区分〕

郡の下に組が置かれ、郷頭が配された。

藩領（二三万石）について

| 郡名 | 組名 | 村数 |
|---|---|---|
| 会津郡 | 滝沢組 | 一一 |
| | 原組 | 一一 |
| | 高久組 | 三〇 |
| | 中荒井組 | 三二 |
| | 南青木組 | 三七 |
| 耶麻郡 | 猪苗代 | |
| | 川東組 | 三三 |
| | 川西組 | 三八 |
| | 塩川組 | 二四 |
| | 小沼組 | 一八 |
| | 熊倉組 | 一七 |
| | 小田付組 | 一六 |
| | 小荒井組 | 一八 |
| | 五目組 | 二六 |
| | 慶徳組 | 一八 |
| | 木曽組 | 二三 |
| | 大谷組 | 一七 |
| | 吉田組 | 二八 |
| 大沼郡 | 橋爪組 | 二七 |
| | 高田組 | 二三 |
| 河沼郡 | 代田組 | 四〇 |
| | 笈川組 | 二四 |
| | 青津組 | 二六 |
| | 坂下組 | 二八 |
| | 牛沢組 | 四〇 |
| | 野沢組 | 四〇 |
| 安積郡 | 福良組 | 六 |
| 蒲原郡 | 海道組 | 一〇 |
| | 鹿瀬組 | 九 |
| | 上条組 | 三〇 |
| | 下条組 | 二七 |

○出典（『新編会津風土記』）

## 〔村役人の名称〕

**村**

郷頭―肝煎――地首―老百姓―五人組頭
（組）（村）

・組ごとに郷頭を置く。
・村ごとに肝煎を置き、肝煎の下に諸役目あり。

**町**

町検断―町名主―町頭

○出典（『会津若松史』2・12）

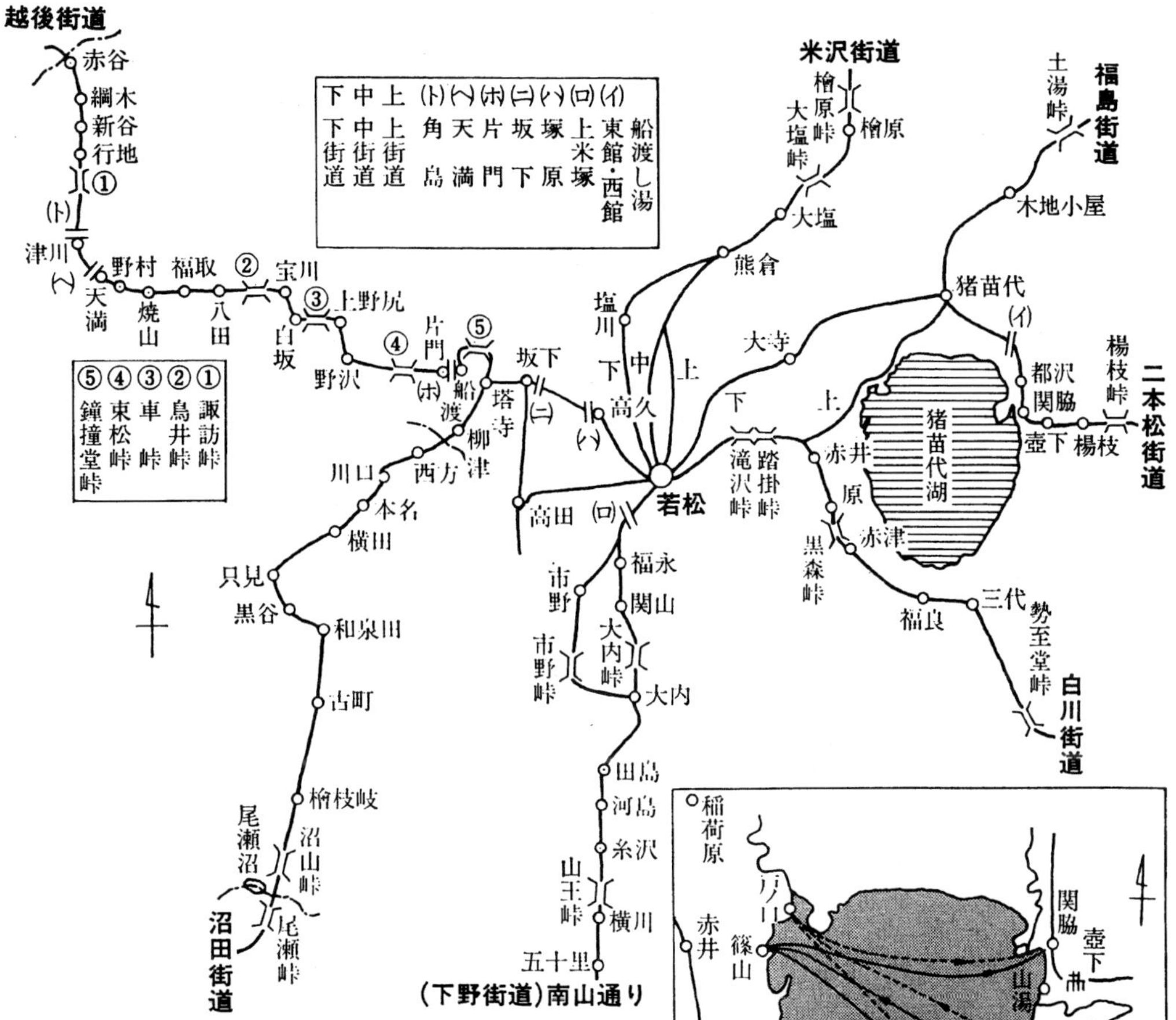


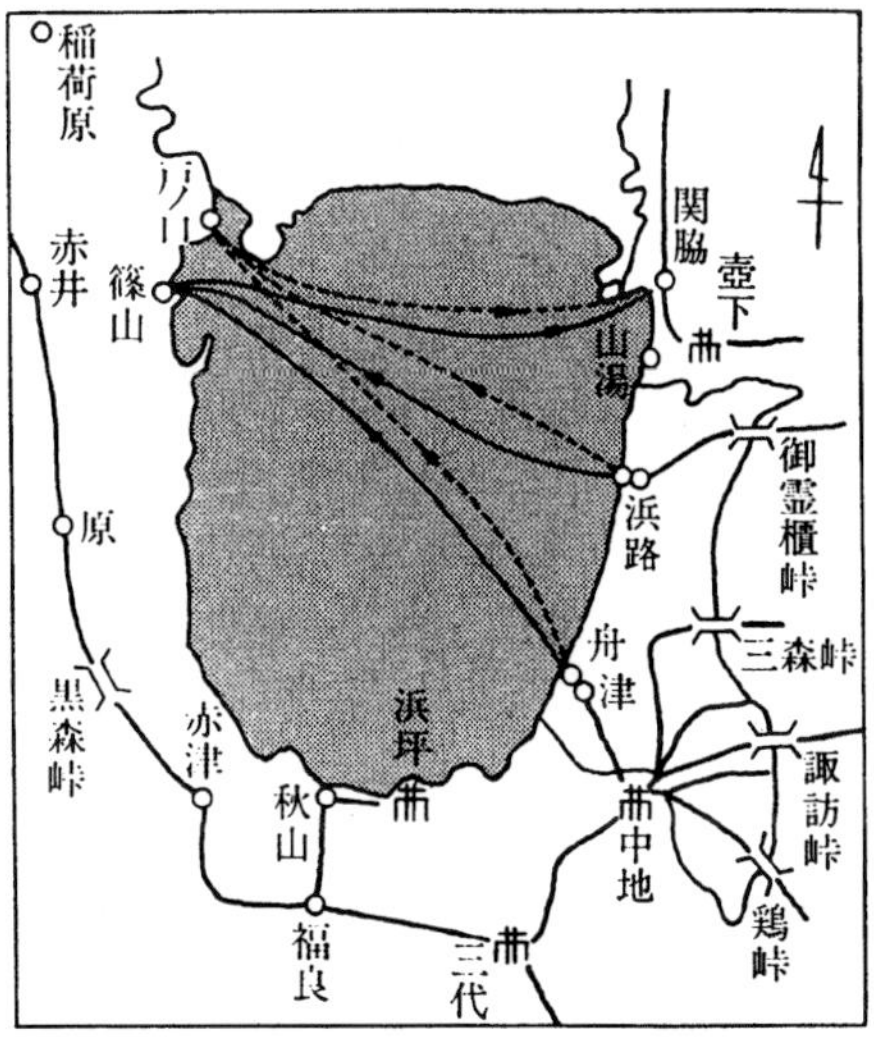


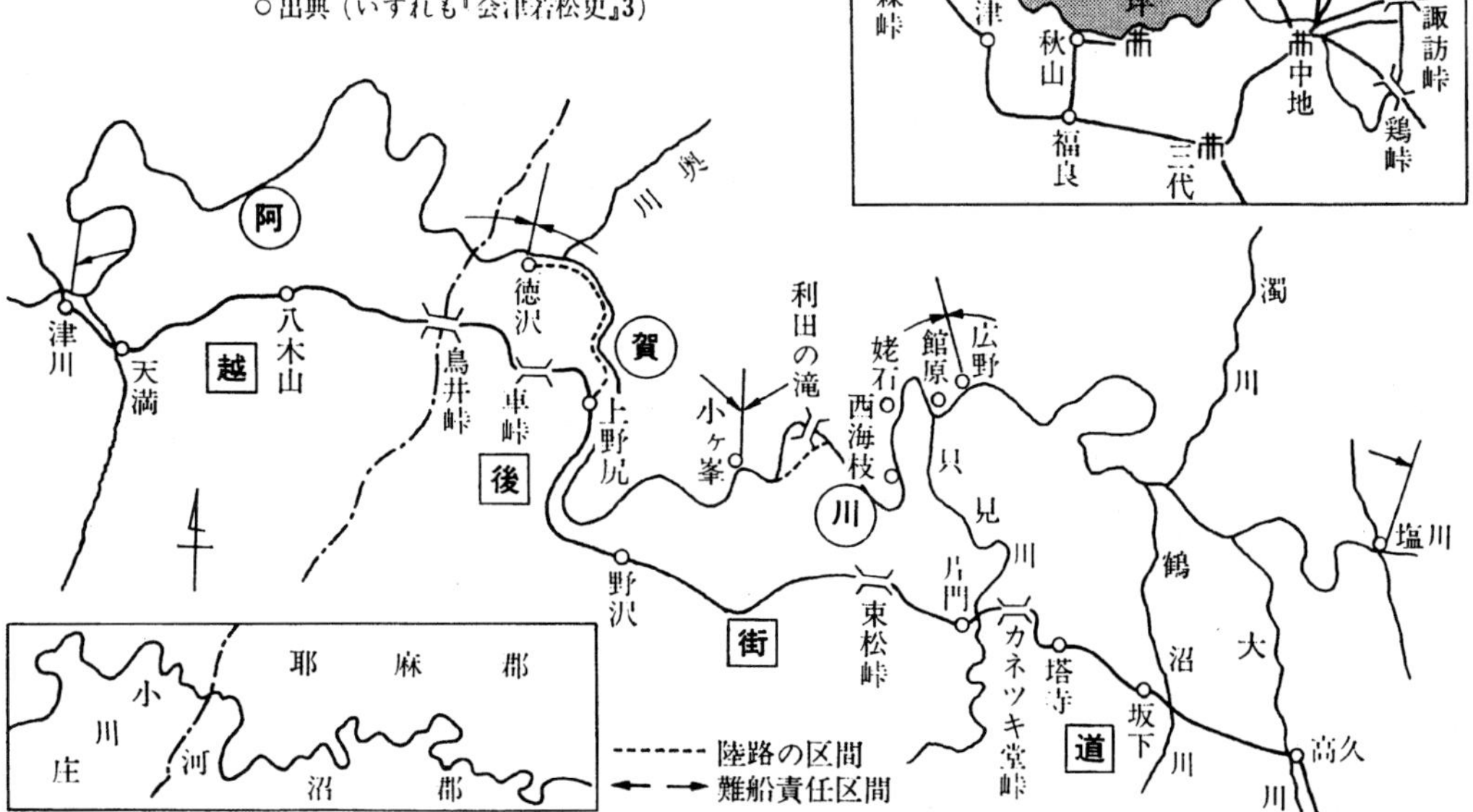


▲会津藩主要街道宿駅略図

▶猪苗代湖岸の船つき場略図

▼塩川・津川間の阿賀川水路略図

○出典（いずれも『会津若松史』3）

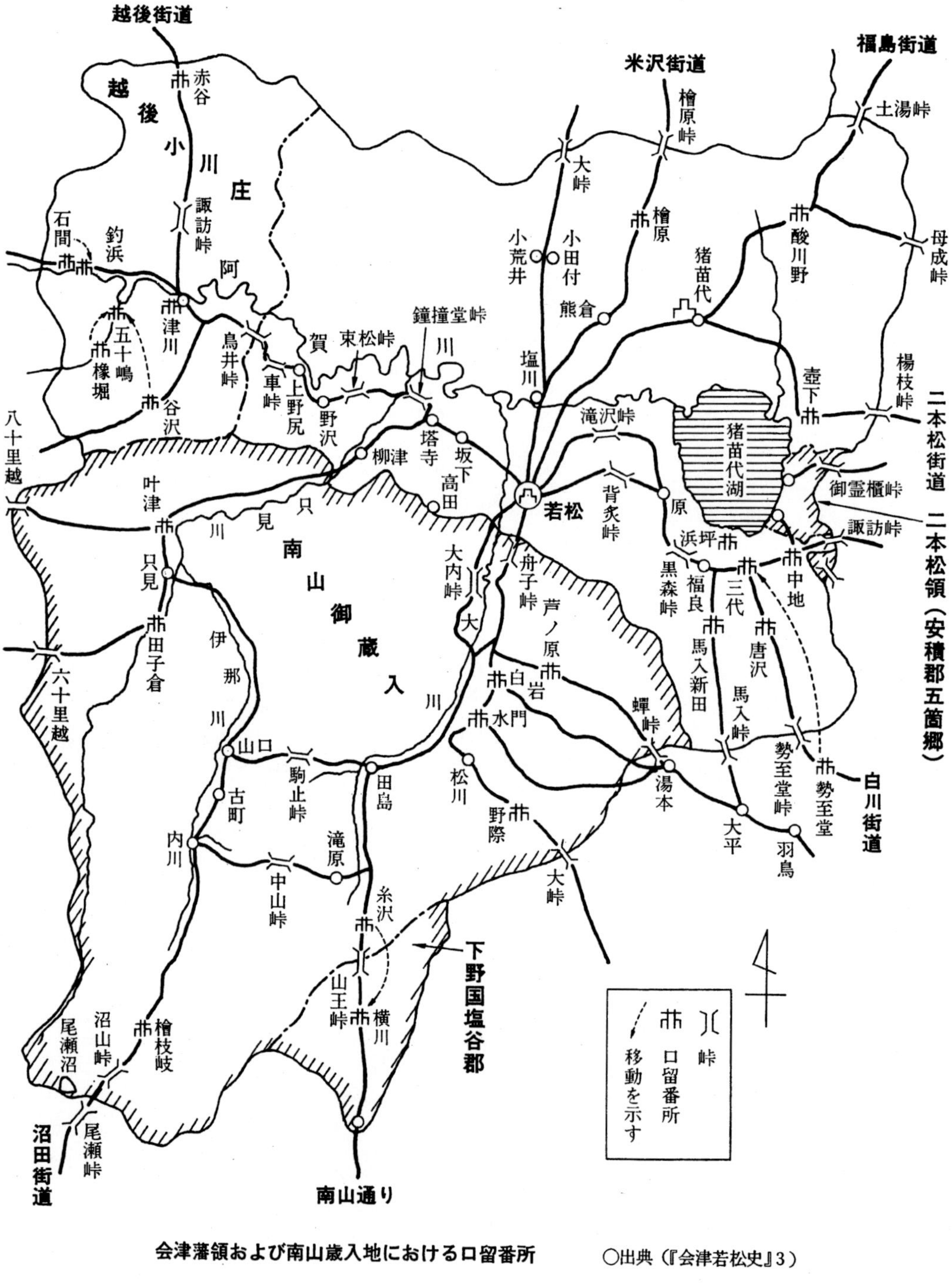


会津藩領および南山蔵入地における口留番所　　○出典（『会津若松史』3）

## 〔領外（飛地）の支配機構〕

会津藩には預り地あり。
　南山蔵入地の陣屋は田島組田島村に置く。
　越後国預り地の陣屋は小千谷に置いた。

○出典（『家世実紀』『新編会津風土記』）

## 〔領内の主要交通路〕

**陸路の主要街道**（主要街道宿駅略図参照）

1　下野街道（南山通り）若松より下野国に至る
2　白川街道　若松より白川に至る
3　二本松街道　若松より二本松に至る
4　福島街道　若松より福島に至る
5　米沢街道　若松より米沢に至る
6　越後街道　若松より越後に至る
7　沼田街道　若松より只見・檜枝岐を経由して下野国に至る

**湖上交通**（猪苗代湖岸の船つき場略図参照）

船着場　会津領は西岸篠山《ささやま》・戸ノ口
　北岸関脇
　二本松領浜路・舟津
船番所は浜坪

**水路**　阿賀川（塩川・津川間の阿賀川水路略図参照）

○出典（『家世実紀』『会津若松史』『会津鑑』）

## 〔番所の所在地〕（図参照）

口留番所
米沢口　檜原《ひばら》村
二本松口　壺下《つぼおろし》村
中地口　中地村
白川口　勢至堂村→元禄元年、三代村へ移す。
馬入口　正徳元年、馬入新田に置かれた。
福島口　寛文三年、酸川野村
越後口　橡堀村・谷沢村｝寛政五年これを廃し、五十嶋村に設置。
　赤谷村
　石間村　寛政七年、釣浜村へ移す。
船番所
　浜坪村　津川町
南山預り地　口留番所
日光口　糸沢村→寛文元年、横川村へ移す。
白川領湯本口　芦ノ原村、白岩村、水門村
　元禄八年、松川通新道開かれ野際新田村。
上州沼田口　檜枝岐村
越後口八十里越え　叶津村
　六十里越え　田子倉村

○出典（『会津鑑』『会津若松史』3）

## 〔在町、津出場・米蔵の所在地〕

○在　町

若松は城下町、猪苗代にも中世以来城があり、近世には城代が置かれ、町場を形成していた。

小田付・小荒井・坂下・高田・野沢原町・塩川はいずれも在町的なもの。

○津出場・米蔵

村ごとに一、二屋の米倉をもち、また組ごとに、組の中心となる村に組の米をいれる米倉が置かれている。塩川には大坂への廻米を納める蔵が置かれた。阿賀川の水路と、陸路併用で津川まで運ばれた米は、津川より舟を用いて新潟を経由大坂へ運ばれた。代田組稲荷原《とうかはら》村には、江戸廻米のための米倉が置かれた。猪苗代湖岸戸ノ口にも蔵がたてられ、戸ノ口、篠山から湖上を運漕された。

○出典（『新編会津風土記』『会津若松史』）

## 〔江戸城の詰間〕

**松平家**

帝鑑間

溜間

○出典（『文政武鑑』『寛政重修諸家譜』『会津松平家譜』）

## 〔江戸屋敷の所在地〕

**松平家**

| 屋敷 | 所在地 |
|---|---|
| 上屋敷 | 和田倉門内（現千代田区丸ノ内） |
| 中屋敷 | 源助丁海手（現港区東新橋） |
| 下屋敷 | 三田綱坂（現港区三田二丁目） |

○出典（『文化武鑑』『会津若松史』4）

・抱屋敷（藩が買上げた地）

深川屋敷（現江東区扇橋三丁目）

主として会津から廻送される米の蔵、蠟燭蔵あり。

・借入

大川端屋敷（現中央区東日本橋一丁目）（寛政元年より文政頃まで）

○出典（『会津若松史』4）

## 〔藩の専売制〕

| 専売品目 | 専売期間 | 専売仕法 | 専売形態 |
|---|---|---|---|
| 蠟 | 加藤時代より | くず蠟まで厳しく買い上げ、江戸に蔵本をたて、奉行人が出むいて直払いした。 | 独占的に買上、販売 |
| 漆 | | 漆の有木数を調査し掌握、年貢の一部として、組ごとに収納。初期においては、役漆納入後、内々売ることが認められていたが、寛文三年以降これも厳禁となる。 | 独占的に収取および買上、販売 |

○出典（『家世実紀』『会津若松史』3）

〔藩札〕

| 藩札名 | 発行年月 | 使用期間 |
|---|---|---|
| 金札（一両札、一分札、二朱札） | 元禄13・11・15 | ～元禄15・5・1 |
| 銭札（一文札、二文札、三文札、五文札、十文札、百文札） | 元禄14・3・23 | ～元禄16・4・2 |

○出典（『家世実紀』『会津若松史』2、『福島県史』2、『図録・日本の貨幣』5）

〔藩校〕

| 藩校名 | 成立年月 | 所在地 |
|---|---|---|
| 日新館 | 寛政11年4月造営に着手、享和1年10月文武の学寮完成、同3年大成殿完成。 | 米代《よねだい》二ノ丁（現在の米代一丁目） |

**沿革**　はやく寛文四年、横田俊益を中心とした士庶の有志によって「稽古堂」が作られていたが、延宝二年（一六七四）、藩によって、本一ノ丁甲賀通東北角に学問所が設けられた。郭内構所といった。間もなく衰退したが、元禄元年、三代正容が再興、元禄二年、町講所と名を改めた稽古堂とともに、前者は武士の教育を、後者は庶民の教育を行なう場とされた。天明八年、郭内講所を整備拡充、新校舎が作られ、西講所・東講所と名づけられた。また軽輩の子弟のため、花畑講所が設けられた。しかし、学習内容が多岐にわたり、かつ専門化し手狭になったので、西講所・東講所を発展的に統合したものとして、寛政十一年「日新館」の造営が始まった。なお、花畑講所、町講所＝甲賀町講所は、日新館付属となっていった。

**目的**　藩士の教育を目的とした。文武両道の教育機関。

**教科内容**　素読、書道、講釈、輪読会、神道、礼式、数学、天文、医学、雅楽、兵学、弓・馬・槍・刀・砲・柔・居合・水練

**著名な学者**　古屋昰、安部井鱗、上田文長、武井躍、今泉延蘭、安部井褧、高津泰

○出典（『家世実紀』『日新館志』『会津藩教育考』『会津若松史』3、4）

〔藩の武術〕

| 種目 | 流派 | 武術指南役（主として会津藩における祖） | 上記人物の活躍時期 |
|---|---|---|---|
| 弓術 | 日置《へき》豊秀流 | 園城寺豊貞 | 慶安3年～ |
| | 印西派後日置流 | 小原光俊 | 寛永前後 |
| | 日置流道雪派 | 加須屋武成 | 慶安4年～ |
| 馬術 | 大坪流―古流 | 守能長明 | 正保頃 |
| | 新流 | 小原俊周 | 寛文・延宝頃 |
| | 本流 | 荒井安春 | |
| 槍術 | 大内流 | 戸田一吉 | ～万治元年没 |
| | 宝蔵院流高田派 | 原田政信 | 元文年間～ |
| | 高田派一旨流 | 森惣兵衛 | ～寛文3年改易 |
| 刀術 | 一刀流溝口派 | 池上安通 | 享保10年～ |
| | 真天流 | 小山田盛信 | 寛文5年～ |
| | 安光派 | 望月安光 | 承応2年～ |
| | 太子流 | 中林尚堅 | 元禄2年～ |
| | 神道精武流 | 小笠原長政 | 寛政年間～ |
| | 堅昆流 | 河原政心 | 享和頃 |
| | 稲留流 | 明石重貞 | 寛永頃～ |
| 砲術 | | 江尻（後酒井）吉沢 | 寛永頃～ |
| | 種子島流 | 小平諸算 | 享保頃 |
| | 夢想流 | 横田清真 | 慶安3年～ |
| | 自由斎流 | 町田宗勝 | 万治～ |

| | | | |
|---|---|---|---|
| | 荻野流 | 金子豊安 | 天明頃 |
| | 一味流 | 中野重良 | |
| | 永田流 | 永田武治 | 正徳5年～ |
| | 新格流 | | |
| | 諸葛流 | | |
| | 高島流 | 山本良重 | 天保年間 |
| | 智徹流 | 一瀬忠英 | 元禄13年～ |
| 柔術 | 神道精武流 | 小笠原長政 | 寛政年間～ |
| | 神妙流 | | |
| | 稲上心妙流 | | |
| | 水野新当流 | 小林歳程 | ～享保15年没 |
| | 夢想流 | | |
| 居合術 | 林崎新夢想流 | 小原俊因 | 延宝年間～ |
| | 無楽流 | | |
| | 一ノ宮流 | 一宮信嗣 | 寛文・延宝頃 |
| | 今井景流 | 明石重貞 | 寛永頃～ |
| | 荒木当流 | | |
| 水練 | 向井流 | 片峯勝興 | 化政期 |

○出典（『家世実紀』『諸士系譜』『会津藩教育考』『会津古人伝』）

## 〔参勤交代〕

**時期**

江戸へ向かうのは四月前後（正之時代には正月のことあり）。

国元へ帰るのは六月前後。

『家世実紀』に毎年記述あり。

**交通路**

圧倒的に白川街道＝東通りを用いている。しかし寛文九年～天和元年は下野街道＝南山通り、元禄九年には松川通新道を利用している。

**従者の構成**

延宝八年四月、行列の制を定めた。人数はだいたい五八〇名内外、文政十年の多い時で六二五名。

**延宝八年四月五日定められた行列の構成**（原則として行列の先頭から順に従って記載したが、足軽目付など行列に散在する者は初出の所へ数字を一括した。なお行列中の家老などは抜いて後へまとめた）

| | 人数 |
|---|---|
| 先払足軽 | 二 |
| 足軽 | 三 |
| 先乗使番 | 一 |
| 物頭 | 三 |
| 鉄砲足軽 | 二三 |
| 足軽目付 | 二六 |
| 玉薬箱郷中間 | 四 |
| 足軽小頭 | 四 |
| 長柄の中間 | 二五 |
| 長柄の杖衝 | 一 |
| 厩小頭 | 一 |
| 馬の口取 | 一四 |
| 沓持 | 一一 |
| 手明 | 一一 |
| 徒仮目付 | 三 |
| 蓑箱本中間 | 二 |
| 挟箱の者 | 八 |
| 御台笠草履取 | 二 |
| 立傘草履取 | 一 |
| 持筒の者 | 五 |
| 持弓の者 | 四 |
| 立弓一担本中間 | 三 |
| 半弓一担本中間 | 一 |
| 小道具の者 | 九 |
| 大鳥毛小道具の者 | 三 |
| 馬印郷中間 | 三 |
| 馬印竿郷中間 | 一 |
| 冑立本中間 | 二 |
| 冑箱郷中間 | 二 |
| 具足櫃郷中間 | 四 |
| 羽織箱郷中間 | 二 |
| 徒小頭 | 一 |
| 徒 | 二〇 |
| 供番 | 八 |
| 駕舁 | 一六 |
| 徒目付 | 二 |
| 小道具頭 | 一 |
| 床机持本中間 | 一 |
| 草履取 | 三 |
| 茶弁当郷中間 | 三 |
| 茶坊主 | 二 |
| 茶水桶郷中間 | 二 |
| 弁当本中間 | 二 |
| 郷中間 | 七 |
| 才料料理人 | 一 |
| 〃定押の者 | 二 |
| 柄杓持 | 三 |
| 馬の下乗 | 一 |
| 挑灯箱郷中間 | 四 |
| 中間頭 | 一 |
| 手明本中間 | 三〇 |
| 又者 | この年は一五四 |
| 合羽扼持夫丸 | 三〇 |
| 笠籠持夫丸 | 八 |

| 職名 | 人数 | 職名 | 人数 |
|---|---|---|---|
| 押の者 | 一六 | 納戸役 | 一 |
| 手明足軽 | 二五 | 右筆 | 一 |
| 側 | 五 | 御用部屋役人 | 二 |
| 用人 | 一 | 召替駕郷中間 | 四 |
| 持弓頭 | 一 | 才料足軽 | 五 |
| 使番 | 一 | 弓箱一担郷中間 | 六 |
| 組付士 | 六 | 医師 | 三 |
| 組頭 | 一 | 取置籠三担郷中間 | 六 |
| 小性 | 三 | 両懸薬箱一担郷中間 | 二 |
| 小性組 | 二 | 横目 | 一 |
| 薬煎道具郷中間 | 二 | 跡払足軽 | 四 |
| 懸硯郷中間 | 三 | | |
| 才料持筒の者 | 二 | 計 | 五八八 |

加えて家老など四名。

**宿泊地**

白川街道利用の場合

福良《ふくら》、白川、喜連川、小山、粕壁→江戸

元禄十一年には次を用いている。

三代、白川、大田原、氏家、小山、幸手、草加→江戸

下野街道利用の場合

田島、五十里、今市、小山、粕壁→江戸

松川通新道利用の場合

松川、吉村、氏家、古河、千住→江戸

**江戸屋敷の家臣団構成**

**江戸常詰家臣数**

| 職名 | 人数 | 職名 | 人数 |
|---|---|---|---|
| 家老 | 一 | 密事 | 二 |
| 若年寄 | 一 | 常和 | 二 |
| 密事頭取 | 一 | 廻米上役 | 一 |
| 勘定頭 | 一 | 使番 | 一 |
| 勘定改役 | 一 | 大納戸役 | 二 |
| 貸方役人 | 一 | 祐筆 | 二 |
| 金銭払役人 | 一 | 側医師 | 一 |
| 用人 | 一 | 医師 | 二 |
| 吟味役 | 一 | 茶道頭 | 二 |
| 用人所下役 | 三 | 絵師 | 一 |
| 物書 | 一 | 蠟・油任役 | 一五 |
| 書簡 | 一 | 賄所頭 | 一 |
| 戸番 | 三 | 台所頭 | 一 |
| 平番 | 四 | 割方役所一の組 | 四 |
| 奏者番 | 一 | 〃　二の組 | 四 |
| 手廻 | 二〇 | 中奥付錠口番 | 二 |
| 押の者 | 一 | 〃　女中付御用役 | 四 |

**経費と藩財政の関係**

二代正経の延宝八年、参勤交代にさいしての行列の制を定め、正之以来の遺訓として、供の者は、武具・馬具など相応に持参してもよいが、決して綺羅がましいことをしてはならぬといましめた。江戸の支出も極力抑えたが、元禄・享保期に生じた藩財政の困難の一因には、江戸での生活費支出の増大があった。安永期、五代容頌は、在府の年は九八〇〇両余、在邑の年は八八〇〇両余と支出の枠を定め、規制した。天明二、三、四年は大凶作、とくに三年がひどかったので、天明四年には三谷に、江戸扶持入用の借用を申し入れ、江戸入用六〇〇〇両の出金を承知してもらっている。幕府からは、銀三〇〇貫が貸し与えられ、参勤交代が一年免除された。参勤交代のさいの経費は時代によって若干異なるが、

藩主　休息　三〇〇疋～五〇〇疋
　　　宿泊　銀三枚位
家臣　一泊　一七〇文～一八〇文、人馬の駄賃と共に支払い

と記されている（「文政十年殿様御通一件御用留」会津短大所蔵）。

○出典（『家世実紀』『会津若松史』3、12）

## 〔藩の基本史料・基本文献〕

『家世実紀』二七七巻　会津藩編　会津松平家所蔵、写本は会津若松市立会津図書館、東京大学史料編纂所所蔵
『会津藩家世実紀』一五巻　右本の活字本、家世実紀刊本編纂委員会編　吉川弘文館　昭和五〇年より逐次刊行　現在（昭和六二年六月）第一三巻まで刊行済
『会津風土記』保科正之編　写本は、国会図書館他所蔵（『続々群書類従』八所収）
『新編会津風土記』一二〇巻　会津藩編　写本は福島県立図書館他所蔵（『大日本地誌大系』所収、雄山閣）
『会津旧事雑考』向井好重著　写本は福島大学、会津図書館他所蔵（『会津資料叢書』下などに所収）
『旧証類聚』会津藩編　会津若松市立会津図書館所蔵
『会津鑑』高嶺慶忠編　写本は初瀬川家他所蔵（会津史料大系「会津鑑」一～五　吉川弘文館　昭和五六年～）
『忠恭様御年譜』会津藩編　会津若松市立会津図書館所蔵
『諸士系譜』会津藩編　会津若松市立会津図書館所蔵
『会津若松史』一三巻　会津若松市編　昭和三九年～四二年
『若松市史』上・下　若松市役所編　昭和一七年
『福島県史』10(下)近世資料4　福島県編　昭和四三年
『会津松平家譜』佐治東嶺・広沢安任他編　昭和一三年

（執筆者・丸井佳寿子）

# 大久保藩《おおくぼ》

別称　岩瀬《いわせ》藩

## 〔藩の概観〕

大久保藩は、天和二年（一六八二）二月、播磨国明石《あかし》六万石の領主本多政利《ほんだまさとし》が藩政不良、その上巡検使の応接もよろしからずと咎められ、事実上の削封により、陸奥国岩瀬《いわせ》郡の内一万石を与えられて成立した。

岩瀬郡の近世は、天正十八年（一五九〇）蒲生氏郷《がもううじさと》の支配を受けたことから始まる。まもなく、慶長三年（一五九八）、蒲生氏に代わり会津《あいず》一二〇万石へ入封した上杉景勝《うえすぎかげかつ》領となり、景勝が慶長六年（一六〇一）、米沢《よねざわ》に去ると、再び会津六〇万石に封ぜられた蒲生秀行《ひでゆき》領となった。秀行の子忠郷《たださと》が寛永四年（一六二七）無嗣断絶すると、伊予国松山《まつやま》の加藤嘉明《かとうよしあきら》が会津四〇万石に入封。この時、岩瀬郡の内湯本《ゆもと》・上小屋《かみごや》・下小屋《しもごや》・成田《なりた》・前田川《まえだがわ》・浜尾《はまお》・和田《わだ》・中宿《なかじゆく》および阿武隈川以東の諸村が丹羽長重《にわながしげ》に分与され、白河藩一〇万石の領地に変わり、その他の諸村は、会津領として残り加藤氏の支配を受けた。寛永二十年（一六四三）、加藤嘉明の子明成《あきなり》が、突然四〇万石を返上すると、出羽国山形《やまがた》から保科正之《ほしなまさゆき》が会津二三万石に、白河には丹羽光重《みつしげ》に代わり、上野国館林《たてばやし》より榊原忠次《さかきばらただつぐ》が一四万石で入封した。このため、それまで会津領であった岩瀬郡中央部の諸村、約四万石が白河領となり、勢至《せいし》堂《どう》村のみが分離され、南山御蔵入領に属し会津藩預り地となった。慶安二年（一六四九）、榊原氏が播磨国姫路《ひめじ》へ転ずると、越後国村上《むらかみ》より本多忠義《ただよし》が白河一二万石に移った。同時に、岩瀬郡の内、長沼《ながぬま》中心の二万石余、村数三

一ヶ村が白河領より分離して幕領となった。成立した幕領は陣屋を長沼に置いたため、以後「長沼領」とよばれたが、寛文十三年（一六七三）代官市《いち》川孫《かわまご》右衛門《うえもん》が実施した検地により、幕領の石高は二万九〇〇〇石余に増加した。

こうした、めまぐるしい変遷のなかで本多政利が、前記のように天和二年二月、陸奥国岩瀬に転じ幕領の内、大久保村外一〇ヶ村、一万石を領知することになり陣屋を大久保村に置いた。領地は同年四月、長沼代官市川孫右衛門の手代海野藤右衛門《うんのとううえもん》と大久保藩家老深津杢之助《ふかつむくのすけ》・同臼杵六兵衛《うすきねろくべえい》・代官佐藤兵右衛門により引き継ぎが行なわれたという（「万集留記」須賀川市渡辺一家文書）。また「本田出雲守奉行佐藤兵衛門《さとうひょうえもん》同代官小嶋九兵衛《こじまきゅうべえい》同代官小《お》川茂《かわも》兵衛《へえい》大久保村割元相楽十次郎《さがらじゅうじろう》」（「石背古事記」長沼町石背国造神社蔵）と記されていることから、藩の郷村支配機構は奉行―代官―割元―庄屋、であったことになる。この割元制については、すでに幕領に設置されていた代官―割元―庄屋という、割元制にならったことはいうまでもない。現存する大久保藩の年貢割付状は、大桑原《おおくわはら》村の天和三年（一六八三）と貞享元年（一六八四）の二通のみだが、幕領時代にくらべ年貢率も高く、口米・口永の賦課は倍となり、新たに夫金が課されていた。しかし、元禄六年（一六九三）六月、本多氏は改易され全領地が没収された。政利改易の理由は「平常の言行不良なれば、さきにもいましめられしに、こたび罪なき婢を殺したるにより、所領一万石収公せられ」（『徳川実紀』巻二七）、酒井《さかい》左衛門尉忠真《ただざね》に預けられた。庄内藩御預けとなった正利は、六月二十八日の須《す》賀川《かがわ》市の日に通り過ぎたが、「誠に迷惑なる事どもと、皆々申され候」（「万集留記」須賀川市渡辺一家文書）との、声があった。治政わずか一二年にして廃藩となった大久保領一一ヶ村は、七月十八日再び幕領となり、長沼代官柘植伝兵衛《つげでんべえい》の支配地に切り替えられた。

こうして、岩瀬郡内の幕領は元禄七年（一六九四）当時、村数三二ヶ村・二万九二九一石余となったが、元禄十年（一六九七）七月、幕府が旗本五〇〇俵以上の蔵米取りを、地方知行に変えた地方直しにより、南横田《みなみよこだ》中心の七ヶ村が溝口宣秋《みぞくちのぶあき》、今泉《いまいずみ》村中心の七ヶ村が三枝守輝の知行所に変わった。また、元禄十三年（一七〇〇）九月、残余の幕領一八ヶ村は水戸徳川の分家松《まつ》平頼隆《だいらよりたか》が拝領すると、岩瀬郡の幕領は消滅した。その後、一八世紀末に岩瀬郡の支配体制は白河・長沼・土浦・越後高田領・旗本三枝・溝口領に分割されることになるが、そのままの体制で幕末をむかえた。

## 〔藩の居城〕

**陣屋**

名　称　大久保陣屋

所在地　福島県岩瀬村大久保

家数・人口　不詳

## 〔藩主の系図〕

**本多家**　**譜代**

播磨国明石から→**政利**《まさとし》（改易）

├政真《まささね》　父が罪に坐し一柳兵部少輔真治にあずけられる

├女子　本多肥後守忠英養女

└女子　中務大輔忠良室

○出典（『寛政重修諸家譜』）

（執筆者・武田奥一）

# 出羽国（秋田県）の諸藩

秋田藩
秋田新田藩
秋田新田藩
角館藩
横手藩
亀田藩
本荘藩
仁賀保藩
矢島藩

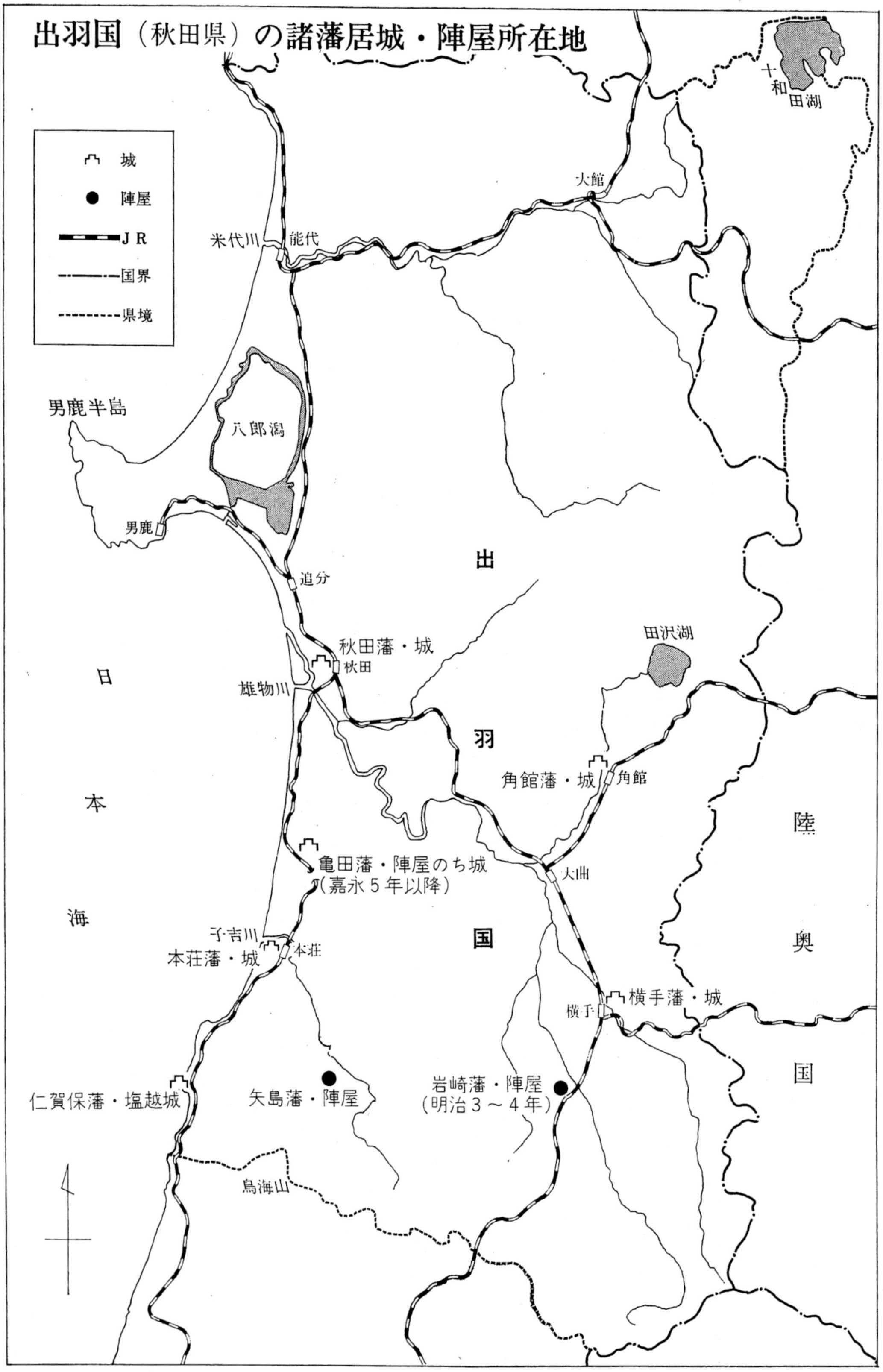

出羽国（秋田県）の諸藩居城・陣屋所在地

# 秋《あき》田《た》藩

別称　久《く》保《ぼ》田《た》藩

## 〔藩の概観〕

秋田藩は、出羽《でわ》国（秋田・山形県）の内、秋田・檜山《ひやま》（寛文四年＝一六六四以降は山本《やまもと》）・豊嶋《としま》・（同河辺《かわべ》）・山本《せんぼく》（同仙北《せんぼく》）・平鹿《ひらか》・雄勝《おかち》の六郡と下野《しもつけ》国（栃木県）河内《かわち》・都賀《つが》二郡の内一一ヶ村を領有した外様大藩である。

藩祖佐竹義宣《さたけよしのぶ》は、関ヶ原戦の後、慶長七年（一六〇二）、常陸《ひたち》国（茨城県）から秋田に国替えを命じられた。最初に前領主秋田《あきた》氏の居城湊《みなと》城に住んだ義宣は、翌年窪田《くぼた》（久保田）神明《しんめい》山に築城し、慶長九年（一六〇四）に移った。天守閣と石垣がなく、土塁と水濠で固めた城であった。築城と併行して城下町の建設も進められた。これは、城を中心に旭《あさひ》川の東を内町《うちまち》として侍屋敷、西を外町《とまち》として町人屋敷を配し、城中に寺社を、また城東には佐竹関係寺院を、そして四〇ヶ寺院を外町西部に置いた。また国替えの後、地方支配と警備のために前領主の旧城に有力家臣を配したが、これは後に所預《ところあずかり》と称し廃藩まで存続した。十二所《じゅうにしょ》（塩谷《しおのや》→梅津《うめつ》→茂木《もてぎ》）・大館《おおだて》城（赤坂→小場《おば》）・檜山（小場→多賀谷《たがや》）・角館《かくのだて》（芦名《あしな》→佐竹北家）・横手《よこて》城（伊達《だて》→須田《すだ》→戸《と》村《むら》）・湯沢《ゆざわ》（佐竹南家）・院内（矢田部《やたべ》→大山《おおやま》）、また国替え当初に駐在していた米内沢《よないざわ》・長野《ながの》・大曲《おおまがり》・六郷《ろくごう》・金沢《かねざわ》・浅舞《あさまい》・増田《ますだ》城などは、元和元年（一六一五）の一国一城令その他の事情で破却し、ほかに刈和野《かりわの》（渋江組下《しぶえくみした》）・角《かく》間川《まがわ》（梅津組下）があった。

藩政初期の財政を支えたものの一つに、鉱山からの収入がある。すでに佐竹入部以前から開発されていた檜木内《ひのきない》・大葛《おおくぞ》・阿仁《あに》などの金山、藤琴《ふじこと》・八《はち》森《もり》などの銀山があった。入部後は院内《いんない》銀山・阿仁銅山が稼行し、国内有数の鉱山となった。しかし、一七世紀以降は金・銀山が衰退し、銅山が主流をしめる。もう一つの財源は、林業よりの収入があった。すでに秋田氏時代の秋田杉は、太閤軍役板として軍船・伏見城用材などに使用されるため、海路敦賀《つるが》まで回漕された。佐竹時代に入ってからは、藩の主要な財源となった。初期の家老渋江内膳《しぶえないぜん》は、「国の宝は山なり」、「山の衰えは則ち国の衰えなり」として、その重要性を説いた。主として藩の北半に秋田杉は分布する。しかし、乱伐の結果、一七世紀後半から林政改革を行なうことになる。

藩の財源となったものには、他でもみられる米がある。この収入を確実に得るために、検地を実施した。秋田藩では、佐竹入部後の慶長八年（一六〇三）頃に先竿《さきざお》、慶長十九年（一六一四）頃に中竿《なか》、正保三年（一六四六）〜慶安元年（一六四八）に後竿《あと》の領内一斉検地を実施し、それぞれ、税率などを定めた「黒印御定書《こくいんおさだめがき》」を各村に配布した。一方、佐竹氏は国替え以来、家臣団に新田開発を奨励した。初期においては、開発場所が全部知行地となる指《さし》紙（開発許可状）開であったが、藩財政の窮迫の時点である延宝期（一六七三〜一六八〇）から一部辛労免《しんろうめん》地となる注進開に切り替えられる。この結果、国替え当時約二〇万石であった高が、享保十四年（一七二九）には約三八万石に増加する。また、藩の知行地は、寛永二年（一六二五）合計二四万八二五〇石に対し、一六万八五七〇石、寛政六年（一七九四）合計三一万二八〇七石に対し、二二万二四七八石であり、ほぼ七割が地方知行地であって、廃藩の時点まで存続した。藩の領地は国替え当初においては、秋田・仙北二部のみとあって高が示されていなかったが、寛文四年（一六六四）に至って、二〇万五八〇〇石が明示された。

藩の職制は、国替え当初に宿老・年寄と呼称された家老が、藩主を補佐した。その後藩制が整備されるに及び、寛文十二年（一六七二）になると、従来、月番家老が城内御用部屋または私宅で行なった政務を評定所《ひょうじょうしょ》で行ない、また関係奉行などが月三回評定寄合を行なった。延宝四年（一六七六）には、御相手番・御用人など政務の取り次ぎを行なう御側方《おそばかた》、勘定・惣山《そうやま》・作事・町・郡《こおり》奉行など財政・民政を担当する表方《おもてかた》、大番頭・大小姓頭・物頭など警備・軍事を担当する番方《ばんかた》の三方《さんかた》が整備された。また、評定所は元禄十四年（一七〇一）に会所《かいしょ》となって城内に移され、月番家老・諸役人の合議により政務・財務を運営しようとした。さらに享保十年（一七二五）藩主親政を意図し、会所政治の廃止そして政務所が設置された。

藩の財政は、延宝八年（一六八〇）に銀四九四四貫の借財があったが、元禄十一年（一六九八）〜正徳二年（一七一二）に一時好転したものの再び財政事情が悪化し、享保三年（一七一八）の藩の財政収支見積書では、収納米三万九〇〇〇石・支出米四万〇三〇〇石で一三〇〇石の不足、収納銀五五八一貫・支出銀一万六七〇三貫で一万一一二二貫の不足が見込まれている。藩では、役銀の増徴・御用銀の賦課・家臣の知行借上《ちぎょうかりあげ》などによって打開しようとした。とくに享保六年（一七二一）、家老に就任した今宮《いまみや》大学は、積極的な財政策を献言した。政務の簡略化と刷新・郷《ごう》役銀や人足代銀の米納・家臣からの借上の減少・地方知行を廃止し蔵米取の実施・畑作の奨励などであった。一部実施されたものの、結果的には財政難を解消するまでには至らなかった。

三代藩主義処《よしずみ》は元禄十四年（一七〇一）に弟義長《よしなが》に二万石（秋田新田藩のち岩崎藩）、甥義都《よしくに》に一万石を蔵入《くらいり》新田地内より分知した（秋田新田藩）。しかし、義都の子義堅《よしかた》は享保十七年（一七三二）五代藩主義峯の養子となったので一万石を本藩に返上した。義峯《よしみね》の死後、藩主継承問題として俗にいわれる"佐竹騒動"が生じた。義峯は分家佐竹壱岐守《いきのかみ》家の出身であるが子がなかった。壱岐守家の義道《よしみち》は子の義明《よしはる》に宗家相続を期待していたが、義峯は従兄弟義都《よしくに》の子義堅《よしかた》を養子に迎えた。しかし、義堅は早世したので、義堅の子義真《よしまさ》を養嗣子とした。義真は寛延二年（一七四九）襲封し、六代藩主となった。それも束の間、宝暦三年（一七五三）、実年二十二歳の若さで急死した。そこで義明が臨終養子となり、同年襲封し、七代藩主となった。

その翌年、藩財政再建の一環として銀札《ぎんさつ》仕法《しほう》が実施された。これは、銀札と引き換えに正銀を藩で吸収しようとしたもので、銀札には一・二・三・五・一〇・五〇匁があった。しかし、銀札は暴落し、物価高騰を招いた。さらに宝暦五年（一七五五）には大凶作が到来し、出費がかさみ、銀札仕法は大混乱に陥った。宝暦七年（一七五七）藩庁内では銀札推進派と反対派に分かれて争ったが、結果的には推進派が死罪を含む処罰の形で落着した。

義明の子で八代藩主となった義敦《よしあつ》の頃は、秋田蘭画の草創期であった。義敦自身もその道では名高い作品を残しているが、『解体新書』の図や「不忍の池」で知られる小田野直武《おだのなおたけ》が活躍した時期であった。しかし、米価低落と凶作の繰り返しによって、農村の荒廃が目立つ時期でもあった。とくに無符人高《むふにんだか》の増加、そして耕地の減少がそれを象徴的に示していた。享保十四年（一七二九）約三四万石の高が、寛政六年（一七九四）には約三一万石に減少している。このような事態を再建しようとしたのが、義敦の子で九代藩主義和《よしまさ》の寛政改革である。寛政元年（一七八九）には改正の大綱を示したが、それは政治・財政の紊乱《びんらん》、紀律の弛緩、そして土地の荒廃を指摘し、それを再建するために具体的施策を行なうということであった。寛政四年（一七九二）には産物取立を命じ、同五年（一七九三）には廃田再興策を打ち出し、積極的な殖産興業策を企画した。また、寛政七年（一七九五）には郡奉行を再設置し、農村統制を強化して右の二つの施策を推進させようとした。このほか、林政改革や商業統制など広範囲にわたる改革を意図した。さらには、学館《がっかん》を整備し、寛政五年に明道《めいどう》館と命名し、文化八年（一八一一）明徳館《めいとくかん》と改め、藩士の教学の中心とした。

こうした改革の後に、秋田藩は未曽有の大凶作に見舞れることになった。同藩では、藩政期を通じ四年に一回の凶作がある。主として冷害が多いが、農民がその対応策を怠っていると指摘する識者もいる。天保四年（一八三三）は「巳年のケカチ」といわれるもので、農民は非常食を野山に求めた。風説では、秋田藩の人口四〇万人の中一〇万人が死亡したともいわれる。雄勝郡杉宮《すぎのみや》村久昌《くしょう》寺の過去帳に残る「飲食飽満《おんじきほうまん》信士」の戒名が、飢饉の様相を物語るものである。藩では豪農から米を供出させたり、他領から移入したり、節米を指示した。しかし、同年七月、土崎湊の小間居《こまい》の騒動、そして同地の仲仕《なかし》の騒動が続いた。天保五年（一八三四）一月には、余米の強制買上げに反対した仙北郡前北浦《まえきたうら》の農民は、長野村《ながの》の役屋《やくや》（郡方役所）に強訴した。そして、二月には、奥北浦の農民が阿仁銅山への仙北米の廻米に反対して、角館方面に強訴した。その要求の中には、郡方・養蚕方・木山方《きやま》（寛政改革で設置された地方および殖産興業推進の役所）の廃止があった。この事件に対し、藩では郡奉行の更迭や一〇代藩主義厚《よしひろ》が領民鎮撫のための巡行を行なうなど、政治的に対応した。

幕末期になると、秋田藩には平田篤胤《あつたね》の思想を基本とした尊攘派が形成された。その指導者は吉川忠行《きっかわただゆき》・忠安《ただやす》の父子であった。とくに忠安は雷風《らいふう》義塾《ぎじゅく》によって、教学および教練を実施していた。忠安の政治理念と構想はその著『開化策論《かいかさくろん》』に述べられているが、尊皇思想を中心とした一藩絶対主義を主張したものである。慶応四年（一八六八）、大政奉還・王政復古の大号令そして討幕へと推転する。この中で秋田藩も仙台《せんだい》・米沢《よねざわ》藩が主導する奥羽越列藩《おおうえつれっぱん》同盟に調印する。しかし、一方で奥羽鎮撫総督の要求も入れていた。総督一行が久保田入りした後、藩論は対立したが、一二代藩主義堯《よしたか》は、「一藩勤王」に決定した。その以前から活動していた砲術所の勤王派は、仙台藩使者を殺害した。これによって、秋田藩は周囲を敵としなければならなくなった。北方面は盛岡藩、南方面は庄内・仙台その他の藩から一斉攻撃を受け、南方面は久保田近くまで攻め入られた。しかし、西南諸藩の援軍などもあって、体制を立て直した。秋田六郡の内五郡が大小にかかわらず戦火の波を受け、軍事費の負担・不作にあえぐ藩の終末であった。

その後、明治二年（一八六九）久保田藩となり、同三年（一八七〇）岩崎《いわさき》藩が独立し、明治四年（一八七一）七月秋田県、十二月に岩崎・亀田《かめだ》・本荘《ほんじょう》・矢島《やしま》・江刺《えさし》県の一部の鹿角《かづの》郡を加えて、秋田県が誕生した。

## 〔藩の居城〕

**城**

名称　①秋田城　②久保田城

所在地　秋田県秋田市千秋公園

家数　享保十五年（一七三〇）領内　五万六八一三軒（ただし、給人・町人町を除く）

嘉永二年（一八四九）久保田町　四七四三軒

人口　享保十五年（一七三〇）領内　三四万一二六〇人、久保田町一万九〇四〇人（ただし、宗教関係者を除く）

安政六年（一八五九）領内　三八万八二七四人

## 〔藩（大名）の家紋など〕

**佐竹家**

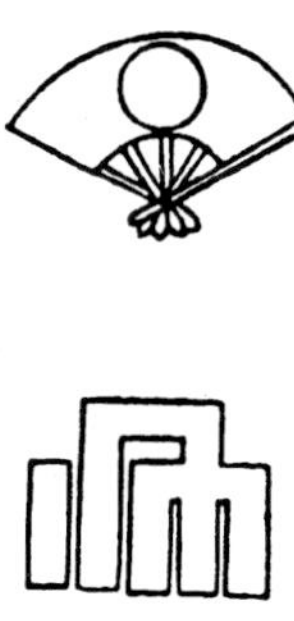

家紋

五本骨扇に月　源氏香《げんじこう》（花散里《はなちるさと》）

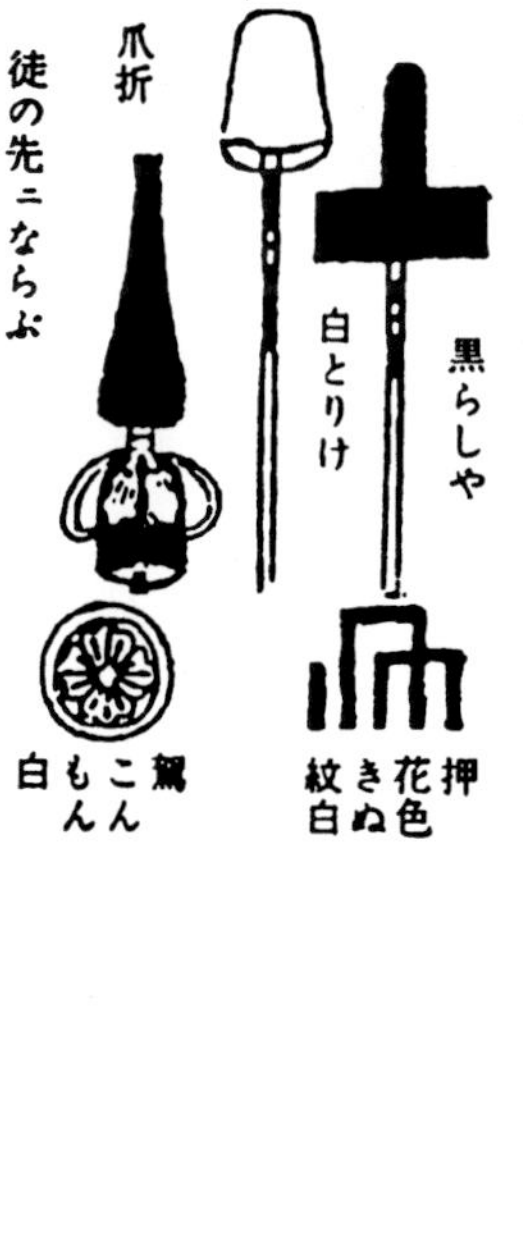


〇出典 『寛政重修諸家譜』『文化武鑑』

## 〔藩主の系図〕（姻戚関係）

**佐竹家　外様**

常陸国水戸から→**義宣**《よしのぶ》
- ┄┄義直
- **義隆**《よしたか》（義宣弟岩城貞隆の子）
  - 女子（黒田甲斐守長興室）
  - 義眞―義都―義堅（義峯養子）
  - **義処**《よしずみ》
    - 義苗
    - 叙胤
    - 女子（藤堂佐渡守高通養女）
    - 女子（松平越後守宣富室）
    - 女子（黒田隠岐守長軌室）
    - **義格**《よしただ》―**義峯**《よしみね》（佐竹義長次男）
      - 義堅（佐竹義眞の孫）―**義真**《よしまさ》―**義明**《よしはる》（佐竹義道の子）
        - **義敦**《よしあつ》
          - 女子（松平豊後守齊宣婚約）
          - **義和**《よしまさ》
            - 女子（松平肥後守源容敬室）
            - **義厚**《よしひろ》
              - 女子（伊達大膳太夫藤原宗徳室）
              - **義睦**《よしちか》
              - **義堯**《よしたか》（相馬益胤三男 佐竹壱岐守嗣）
            - 女子（従三位宰相齊泰許嫁）
            - 義尹
          - 女子（松平豊後守齊宣室）
        - 義方
      - 女子（松平隠岐守定喬室）
      - 女子（松平丹波守光雄室）
      - 女子（佐竹右京太夫義明室）
      - 女子（松平壱岐守邦室）
    - 女子（松平出羽守宣維室）
  - 義慰
  - 義長

○出典（『寛政重修諸家譜』『新編佐竹氏系図』）

## 〔藩主一覧〕（歴代藩主および石高・所領の変遷）

| 姓 | 諱 | 受領名または官名 | 通称 | 生没年月日 | 戒名と菩提所（所在地） | 藩主就任・退任年月日 | 江戸幕府就任役職名・就任退任年月日 | 石高変遷年月日（西暦） | 石高（表高） | 領地（国郡名） |
|---|---|---|---|---|---|---|---|---|---|---|
| 佐竹 | 義宣 | 左中将 | 次郎 | 元亀1・7・16〜寛永10・1・25 | 傑堂天英大居士 天徳寺（秋田県秋田市泉） | 慶長7・7・27〜寛永10・1・25 | | 慶長7・7・27（一六〇二） | （表示なし） | 出羽国秋田郡・仙北郡 |
| 佐竹 | 義隆 | 左少将 | 四郎次郎 | 慶長14・1・14〜寛文11・12・5 | 鑑照院殿天山良応大居士 天徳寺（〃） | 寛永10・2・26〜寛文11・12・5 | | 寛文4・6・3（一六六四） | 二〇五八〇〇 | 出羽国秋田郡・山本郡・河辺郡・仙北郡・平鹿郡・雄勝郡 下野国河内郡内・都賀郡内 |

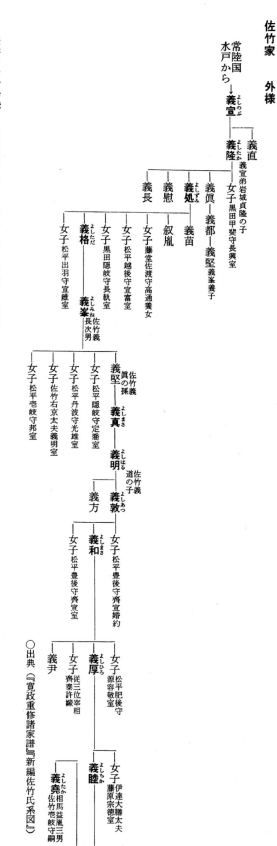

| 姓 | 諱 | 受領名または官名 | 通称 | 生没年月日 | 戒名と菩提所（所在地） | 藩主就任・退任年月日 | 江戸幕府就任役職名・就任退任年月日 | 石高変遷年月日（西暦） | 石高（表高） | 領地（国郡名） |
|---|---|---|---|---|---|---|---|---|---|---|
| 佐竹 | 義処 | 左少将 | 次郎 | 寛永14・8・21～元禄16・6・23 | 徳雲院殿不山宗見大居士 天徳寺（秋田県秋田市泉） | 寛文12・2・9～元禄16・6・23 | | | 二〇五八〇〇 | 出羽国秋田郡・山本郡・河辺郡・仙北郡・平鹿郡・雄勝郡 下野国河内郡内・都賀郡内 |
| 佐竹 | 義格 | 太膳大夫 | 源次郎 | 元禄7・12・11～正徳5・7・19 | 天祥院殿実巌円国大居士 天徳寺（〃） | 元禄16・8・12～正徳5・7・19 | | | 〃 | 〃 |
| 佐竹 | 義峯 | 左少将 | 求馬 | 元禄3・9・13～寛延2・8・10 | 円明院殿月翁智心大居士 天徳寺（〃） | 正徳5・9・12～寛延2・8・10 | | | 〃 | 〃 |
| 佐竹 | 義真 | 左兵衛督 | 次郎 | 享保13～宝暦3・8・20 | 通霄院殿融山了本大居士 天徳寺（〃） | 寛延2・10・6～宝暦3・8・20 | | | 〃 | 〃 |
| 佐竹 | 義明 | 右京大夫 | 次郎 | 享保8・11・5～宝暦8・3・18 | 恭温院殿徳巌玄光大居士 天徳寺（〃） | 宝暦3・9・3～宝暦8・3・18 | | | 〃 | 〃 |
| 佐竹 | 義敦 | 右京大夫 | 次郎 | 寛延1・10・4～天明5・6・10 | 源通院殿泰嶽良清大居士 天徳寺（〃） | 宝暦8・5・11～天明5・6・10 | | | 〃 | 〃 |
| 佐竹 | 義和 | 右京大夫 | 次郎 | 明和8～文化12・7・8 | 天樹院殿泰峩凌雲大居士 天徳寺（〃） | 天明5・7・26～文化12・7・8 | | | 〃 | 〃 |
| 佐竹 | 義厚 | 右京大夫 | 次郎 | 文化9・7・17～弘化3・9・8 | 宏徳院殿雍山道熙大居士 天徳寺（〃） | 文化12・9・7～弘化3・9・8 | | | 〃 | 〃 |
| 佐竹 | 義睦 | 右京大夫 | 次郎 | 天保10・5・22～安政4・7・10 | 憲諒院殿文岳仁裕大居士 天徳寺（〃） | 弘化3・11・4～安政4・7・10 | | | 〃 | 〃 |

| 姓 | 諱 | 受領名または官名 | 通称 | 生没年月日 | 戒名と菩提所（所在地） | 藩主就任・退任年月日 | 江戸幕府就任役職名・就任退任年月日 | 石高変遷年月日（西暦） | 石高（表高） | 領地（国郡名） |
|---|---|---|---|---|---|---|---|---|---|---|
| 佐竹 | 義堯 | 右京大夫 | 左近 | 文政8・7・27～明治17・10・20 | 顕徳院殿忠勲鳳瑞大居士 総泉寺（東京都板橋区小豆沢） | 安政4・7・20～明治2・6・17 | | | 二〇五八〇〇 | 出羽国秋田郡・山本郡・河辺郡・仙北郡・平鹿郡・雄勝郡 下野国河内郡内・都賀郡内 |

○出典（『寛政重修諸家譜』『新編佐竹氏系図』『秋田県史』近世編上、同七巻年表索引編）

## 〔藩史略年表〕

| 西暦 | 和暦 | 月日 | 政治・法制 | 月日 | 社会（文化を含む）・経済 |
|---|---|---|---|---|---|
| 一六〇二 | 慶長 七 | 7・27<br>9・9 | 徳川家康、佐竹義宣に領知朱印状を与える。<br>義宣、出羽国秋田に入る。 | 10・5 | 山本郡六郷の土豪、佐竹入部反対の一揆起こす。翌年にかけて四地域でも起こる。 |
| 一六〇三 | 八 | 5 | 義宣、神明山に築城を始める。領内総検地を実施（先竿）。 | | 雄勝郡院内銀山が開発される。 |
| 一六〇七 | 一二 | 2・1 | 久保田城下の町割りを始める。 | | |
| 一六一〇 | 一五 | | 秋田・盛岡領との境界論争始まる。 | | |
| 一六一三 | 一八 | | | | 秋田藩、領内の切支丹を迫害する。 |
| 一六一四 | 一九 | <br>11・26 | 領内総検地を実施（中竿）。<br>義宣、大坂の陣において、摂津今福に布陣し、木村重成・後藤基次等と戦う。 | | |
| 一六一七 | 元和 三 | 1・10 | 義宣、運上の金銀を秀忠に進めるが、秀忠、これを返付する。 | | |
| 一六一九 | 五 | <br><br>12・7 | この頃、久保田外町の町割進められる。<br>秋田・仙北在住の中・上級家臣を久保田へ移す。<br>大番組を編成する。 | | |
| 一六二〇 | 六 | 3・24 | 藩は給人に対して、自己の新開に限り、知行高結びを許可する。 | | 阿仁金山大火、類焼者、山師労働者七四五人、町人二七九人、焼失家屋一二九軒。 |
| 一六二三 | 九 | 6・20 | 義宣、越前敦賀より鉄砲一〇〇挺を国許に送る。 | 3・11<br>6・11 | 義宣、仙北金・銀山の切支丹を検索し、久保田へ召上げ、投獄して、その名簿を幕府に提出することを命じる。<br>久保田で、各地の切支丹二五名、院内切支丹二五名を斬首する。 |

| 西暦 | 和暦 | 月日 | 政治・法制 | 月日 | 社会（文化を含む）・経済 |
|---|---|---|---|---|---|
| 一六二八 | 寛永五 | | | 3・7 | この頃、連歌行なわれる。この日、梅津忠雄の夢想連歌ふるまいがある。 |
| 一六二九 | 六 | | | | 義宣、狂言師大蔵を召寄せ、若衆に大蔵流踊りの稽古を命じる。 |
| 一六三二 | 九 | | | 3・13 | 義宣、銀銭を鋳造させ、また国許の金銭を悉く江戸に送らせる。 |
| | | | | 6・25 | 久保田城下、大洪水によって町内浸水し、堀川の橋も流される。 |
| 一六三三 | 一〇 | | | 9・21 | 久保田城焼失する。 |
| 一六三五 | 一二 | | | 7・25 | 切支丹を湊において処刑する。 |
| 一六三九 | 一六 | | | | 久保田城西南曲輪の先に鐘楼を置き、時鐘を鳴らす。 |
| 一六四一 | 一八 | | | 8 | 不作につき領内酒造を禁止する。 |
| 一六四三 | 二〇 | 10 | 領内各所に唐船見番所を設ける。 | | |
| 一六四四 | 正保一 | | | 9・18 | 秋田大地震。 |
| 一六四五 | 二 | | 幕命により、「出羽国十二郡絵図」を作る。 | | |
| 一六四六 | 三 | 5・22 | これより領内総検地を実施（後竿）。 | | |
| 一六五〇 | 慶安三 | | | 3・23 | 久保田五丁目より出火、二〇〇〇軒焼失する。 |
| 一六五一 | 四 | | 諸役を銀納制とする。 | | |
| 一六五七 | 明暦三 | | | 1・18 | 江戸大火、藩神田上屋敷類焼する。 |
| 一六六四 | 寛文四 | 4 | 山本郡を仙北郡に、檜山郡を山本郡に、豊嶋郡を河辺郡に改める。 | 11・10 | 今宿・五十目・花立・角間川等の諸村に在方市が許可される。 |
| | | 4・5 | 幕府、佐竹義隆に初めて領地判物を与える。高二〇万五八〇〇石とする。 | | |
| 一六六九 | 九 | | | 4・2 | 久保田大火。 |
| 一六七〇 | 一〇 | | | 11・1 | 領内洪水・不熟のための倹約を命じる。 |
| 一六七一 | 一一 | 10・9 | 初めて郡奉行を置き、宇留野源兵衛・中川宮内を任命する。 | | |
| 一六七二 | 一二 | 11・12 | 仙北郡大沢郷藪台山台地入会につき、亀田藩領北野目村と矢島藩領寺館村、秋田藩領寺館尻引村争論、裁許となる。 | | |
| 一六七三 | 延宝一 | | 沖口出役銀取立を始める。米一石につき銀一匁とする。 | | |
| 一六七四 | 二 | 10・16 | 本田一免、新田半免の臨時増税を行なう。 | 4・28 | 久保田大火、焼失町数三一町・家数一九六六軒ほか。 |
| | | | | 10・17 | 久保田寺町より出火、焼失町数一一町、家数三二五軒ほか。 |
| 一六七五 | 三 | 11・20 | 藩財政難のため、久保田給人九分の一・在々給人八分の一の知 | | |

| 西暦 | 和暦 | 月日 | 政治・法制 | 月日 | 社会（文化を含む）・経済 |
|---|---|---|---|---|---|
| | | | 行借上げを行なう。 | | |
| 一六七六 | 延宝四 | 2 | 藩の職制改革を行なう。 | | 江戸談林派の「俳諧当世男」の中に、秋田俳人四人の句あり。 |
| 一六七七 | 五 | 4・16 | 鹿角郡をめぐる盛岡領と秋田領の境界論争につき、幕府の検使が実施踏査し、決定する。 | | |
| 一六八三 | 天和三 | 8・27 | 大身の代官所を廃し、近進より代官を命じる。 | | |
| 一六九一 | 元禄四 | | | 9・8 | 久保田大火、火元大町三丁目、焼失町数二〇、家数八二五軒、土蔵五八。 |
| 一六九二 | 五 | | | 11・16 | 大町三丁目より家督商品、木綿・古手・絹布等の脇売禁止を訴願する。 |
| 一六九四 | 七 | | | 5・27 | 山本郡富根・駒形・桧山等大地震。倒潰家屋三九四軒、焼失二一三二軒、能代の死者三〇〇人。 |
| 一六九六 | 九 | | | 5 | 秋田銀と元禄銀の引替始める。 |
| 一六九七 | 一〇 | | | 8 | 史料編纂のため、御文書所を設立する。 |
| 一七〇一 | 一四 | 2・11 | 壱岐守義長へ蔵出二万石、式部少輔義都へ同一万石を分知する。 | | |
| 一七〇四 | 宝永一 | | | 閏4・24 | 大地震、久保田町民動揺する。能代地方大地震、潰家焼失一四〇〇余軒、近郷潰家一一三五軒、圧死・焼死七二人。 |
| 一七〇五 | 二 | | 藩では給分村と蔵入村に分けて発布していた黒印御定書を、一本にまとめて配布した。 | | |
| 一七一二 | 正徳二 | 4 | 藩は林政改革を公布する。植立・青木・雑木の分収率を五公五民とする。 | | 寺島良安、『和漢三才図会』を著わす。 |
| 一七一四 | 四 | | | 7・9 | 久保田大火、二丁目、上米町、茶町、柳町焼失する。 |
| 一七一六 | 享保一 | | 幕府、長崎御用銅の新法を定め、秋田藩に対して毎年一七〇万斤の廻銅要求するも、藩出銅不足を訴える。 | 12・13 | 虫害につき、高三万六九〇〇石の不熟の旨を幕府に届ける。<br>領内九鉱山の内、五ヶ山休山となる。 |
| 一七一八 | 三 | 3・9 | 藩の借金一二万両余。家臣から知行借上げをする。<br>久保田城、幕府の許可で土居普請を行なう。 | | |
| 一七一九 | 四 | 7・22 | 藩は赤字財政のため、家臣の知行半知借上げをする。 | | |
| 一七二〇 | 五 | | | 11 | 当秋の虫付・不熟損亡分、四万六三六三石の旨を届ける。 |
| 一七二一 | 六 | 8 | 家老今宮大学、財政改革に着手する。 | 2・15 | 土崎大火、本家二三七軒・長屋五二七軒等焼失する。 |
| 一七二三 | 八 | | | 11・24 | 五月より八月にかけての大雨・洪水・大風による損亡高五万七二三〇石の旨を届ける。 |
| 一七二六 | 一一 | | | 5・23 | 藩は、酒屋へ株札を交付する。 |

| 西暦 | 和暦 | 月日 | 政治・法制 | 月日 | 社会(文化を含む)・経済 |
|---|---|---|---|---|---|
| 一七三〇 | 享保一五 | 1 | 町奉行・勘定奉行等、米価下落により四万五〇〇〇両の赤字を報告する。 | 4・6 | 久保田大町一丁目より出火、本家一一一〇軒、借家長屋九四五軒焼失する。 |
| 一七三一 | 一六 | 3・10 | 勘定奉行、赤字金一万一五〇〇両と報告する。 | | |
| | | 5・18 | 知行半知を命じる。 | | |
| 一七三三 | 一八 | | | 2・2 | 土崎大火、七九〇軒焼失する。 |
| | | | | | 藩は、在方市を同日市とする。 |
| 一七三七 | 元文　二 | 11・24 | 藩では、鋳銭座の設置を幕府に願い許可を得る。川尻村に鋳銭所を設置する。 | | 久保田大火、焼失家屋三一〇軒。 |
| 一七四〇 | 五 | 11・1 | 借上高半知割直しを令し、銀子をもって返還する。 | 5 | 鳥海山噴火する。 |
| 一七四一 | 寛保　一 | | | | 久保田肴町商人塩谷七左衛門が石巻より鮭網(仙台網)を導入、雄物川で鮭漁に成功する。 |
| | | | | | 与謝野蕪村が九十九袋《やしゃふくろ》を訪れる。 |
| 一七四五 | 延享　二 | 2・17 | 秋田の鋳銭座、幕命により停止される。 | | 土崎・川尻・矢橋・五城目で芝居興行を免許される。 |
| 一七五〇 | 寛延　三 | | | | |
| 一七五三 | 宝暦　三 | 6・27 | 亀田藩より雄物川筋登り船役を徴すべき旨照会があり、秋田藩これを許諾する。 | | |
| 一七五四 | 四 | 12・11 | 六項目にわたる銀札仕法を布達する。 | | 貨幣制みだれ、秋田郡各地騒ぎ立てる。 |
| 一七五五 | 五 | | 領内ですべての売買、銀札をもって行ない、正銀使用を禁止する。 | | 安藤昌益の『自然真営道』成る。 |
| 一七五七 | 七 | 7・8 | 銀札通用停止、銀札一匁を一文、一〇ヶ年賦で交換と決定する。 | | 久保田大火、焼失家屋一二八八軒。 |
| 一七六一 | 一一 | 4・11 | 赤字財政のため、藩主参勤交代にさしつかえる。 | | 八沢木保呂羽山羽宇志別神社焼失する。 |
| 一七六三 | 一三 | | | | 久保田大火、一八〇〇軒焼失する。 |
| 一七六七 | 明和　四 | | | 4・7 | 久保田大火、五五九軒焼失する。 |
| 一七六九 | 六 | | | 6・15 | 佐藤信淵、雄勝郡西馬音内に生まれる。 |
| 一七七〇 | 七 | | | 3・14 | 土崎酒田町より出火、本屋二六〇軒、長屋六二五軒焼失する。 |
| | | | | 4・7 | 久保田大火、八四〇軒焼失する。 |
| | | | | 4・29 | 同大火、一二七軒焼失する。 |
| 一七七三 | 安永　二 | | | 閏7・10 | 久保田城出火、ほとんど焼失する。 |
| | | | | | 藩では、平賀源内等を秋田銅の銀絞方伝授として招く。 |

| 西暦 | 和暦 | 月日 | 政治・法制 | 月日 | 社会（文化を含む）・経済 |
|---|---|---|---|---|---|
| 一七七四 | 安永三 | | | | 『解体新書』成る。挿絵を藩士小田野直武が画く。 |
| 一七七六 | 五 | | | 8・24 | 平田篤胤、藩士大和田清兵衛の四子として久保田に生まれる。 |
| 一七七八 | 七 | | | 閏7 | 久保田城焼失する。 |
| 一七八二 | 天明二 | | | 9 | 木綿・古手・繰綿・塩類の移出を禁止する。 |
| 一七八三 | 三 | | | 3・1 | 久保田外町大火、一九五六軒焼失する。 |
| | | | | 9・14 | 仙北郡六郷で打ち毀し起こる。 |
| 一七八四 | 四 | | | 9 | 菅江真澄、出羽国へ入国する。 |
| 一七八六 | 六 | | | 9・9 | 角間川の儒者落合東堤、「上書」を藩に提出する。 |
| 一七八八 | 八 | 7 | 幕府の巡検使領内を巡検する。古川古松軒随伴する。 | | |
| 一七八九 | 寛政一 | | | 7・8 | 藩校創設の旨布達される。 |
| 一七九四 | 六 | | | | 手柄岡持の狂歌集『五十五日記』刊行される。 |
| 一七九五 | 七 | 9・14 | 郡奉行を一郡一人ずつ置く。 | | |
| 一八〇二 | 享和二 | | | 3・1 | 久保田大火、上米町五〇軒焼失、潰家七八軒、大工町より上肴町中通町まで焼失する。 |
| | | | | 8・1 | 伊能忠敬、能代において日食を観測する。 |
| 一八〇七 | 文化四 | 5・25 | 幕命により、藩兵六四九名を松前に派遣する。 | | 林取立役栗田定之丞の指導により、海岸砂防林の植栽盛んとなる。 |
| | | 11 | 開発令を出す。 | | |
| 一八〇八 | 五 | | | | 賀藤景林、山林視察を行ない、復命書を提出する。 |
| 一八一一 | 八 | 6・12 | 植立青木の分収率を、五公五民から三公七民に改める。 | 7 | 菅江真澄、佐竹義和より出羽六郡の地誌作製の内命を受ける。 |
| | | | | 12・3 | 藩校を「明徳館」と改称する。 |
| 一八一二 | 九 | | | 1 | 絹糸を村を通して直接購買とする。 |
| | | | | | 大友直枝が平田篤胤の門に入る。 |
| 一八一六 | 一三 | | | | 久保田商人那波家が領内の織絹支配人となる。 |
| 一八二〇 | 文政三 | | | 8・11 | 雄勝郡川連村の関喜内、養蚕（種紙）の国産化を藩に献言する。 |
| 一八二一 | 四 | | | 4 | 渡部惣治・斧松、男鹿払戸村鳥居長根の開発を許可される。 |
| 一八二八 | 一一 | | | | 感恩講を那波三郎右衛門の基金で設立する。 |
| 一八三三 | 天保四 | | | 8・17 | 大凶作。土崎港で米商人に米を要求する打ち毀し生じる。 |
| 一八三四 | 五 | | | 1・26 | 仙北郡前北浦四三ヶ村で、銅山廻米・家口米仕法に反対し、越訴する。 |
| | | | | 2・18 | 仙北郡奥北浦四三ヶ村で富農に米を要求、殖産政策反対等を |

| 西暦 | 和暦 | 月日 | 政治・法制 | 月日 | 社会（文化を含む）・経済 |
|---|---|---|---|---|---|
| | | | | | 掲げた打ち毀しが生じる。 |
| 一八四二 | 天保一三 | | | 3・13 | 仙北郡六郷東根で藩主の巡行へ群訴する。 |
| | | | | 7 | 菅糸、今年に限り無役で他領移出を認める。 |
| | | | | | 市場以外での商工業を禁止する。 |
| 一八四八 | 嘉永一 | | | | 男鹿南磯で年平均一万駄、北磯で四・五千駄の鰰が水揚げされる。 |
| 一八四九 | 二 | | | | 久保田大火、内町二五〇〇軒、外町二〇〇〇軒を焼失する。 |
| 一八五三 | 六 | 2 | 海岸防備のため、男鹿・新屋・八森・湊に六三人の金納郷士を配置する。 | | |
| 一八五四 | 安政一 | | | 12 | 絹・紬・木綿・麻・古手等の陸路移入を禁ずる。 |
| | | | | | 久保田町人山中新十郎、衣料の陸路移入禁止を建言する。 |
| 一八五六 | 三 | 2・10 | 蝦夷地警備のため、藩からも出兵する。 | | |
| 一八五八 | 五 | | | 8・8 | 久保田の大火により七七四軒焼失する。 |
| 一八五九 | 六 | | | | 山中新十郎に、縞木綿開産を命じる。 |
| 一八六四 | 元治一 | | | 3・12 | 久保田下亀の丁大火、六〇〇軒焼失する。 |
| 一八六五 | 慶応一 | 2 | 吉川忠安、炮術館頭取に任じられる。 | | |
| 一八六七 | 三 | | | 8 | 吉川忠安の『開化策論』成る。 |
| 一八六八 | 四 | 4・6 | 鎮撫総督より藩へ、庄内藩追討の命下る。 | | |
| | | 4・16 | 討庄軍六〇〇名を矢島口に進発させる。 | | |
| | | 5・3 | 白石盟約書に藩家老戸村十太夫調印する。 | | |
| | | 7・4 | 藩壮士、仙台藩使者を殺害する。 | | |
| | | 7・25 | 授軍長崎振遠隊三〇八〇名、船川港に上陸する。 | | |
| 一八六九 | 明治二 | 6・2 | 戊辰勲功により賞典禄として、佐竹義尭二万石下賜される。 | 2・13 | 藩の経済混乱し、地域的に騒擾起こる。 |
| | | 6・17 | 義尭、知藩事に任命される。 | | |
| 一八七〇 | 三 | 2・25 | 秋田新田藩（佐竹義理）を岩崎藩と改める。 | | |
| 一八七一 | 四 | 12・26 | 島義勇、秋田県権令となる。 | | |

○出典（『秋田県史』第七巻年表索引編）

## 〔家老とその業績〕

| 著名家老名 | 担当職務名 | 活躍期 | 生没年月日 | 主な業績 |
|---|---|---|---|---|
| 渋江内膳政光《しぶえないぜんまさみつ》 | | 慶長8～慶長19 | 天正2～慶長19・11・26 | ・「渋江田法」といわれる秋田藩検地の祖である。「政光遺言黒沢道家覚書」に、「国の宝は山也、山の衰は則国の衰也」と指摘したことは、林政を重視する藩の基本的姿勢を示すものとして有名である。<br>・大坂冬の陣（今福）で、奮戦の上戦死した。 |
| 梅津主馬政景《うめつしゅめまさかげ》 | 山奉行<br>院内銀山奉行<br>惣山奉行<br>勘定奉行<br>など歴任 | 寛永5～寛永10 | 天正5～寛永10・3 | ・山奉行・院内銀山奉行そして、慶長一九年惣山奉行として、初期秋田藩の鉱山経営の中心的存在であった。<br>・大坂の陣後は勘定奉行としてその敏腕を振った。<br>・元和の初め頃は、鉱山の排水の技術を生かして、トンネルを掘り山本郡比井野（二ッ井町）の新田開発を行なう。その水路を「岩堰用水」と呼んでいる。政景大明神を合祀した二ッ井町岩堰《いわぜき》神社が現存する。<br>・日記二五（現二四）冊を残し、刊本となっている。慶長一七年―寛永一〇年の秋田藩の鉱山経営・藩の政治・経済研究の好資料である。 |
| 今宮大学義透《いまみやだいがくよしすく》 | | 享保6・閏7・21～寛延1・10・6 | 元禄4・2・2～宝暦3・9・6 | ・藩の財政難を克服するため、職制・財政改革を意図した。職制では藩主権力の強化のため、会所政治を廃止し政務所を設置した。また、本方奉行を廃止した。さらに地方知行を廃止し、蔵米知行化を提案したが、受け入れられなかった。 |
| 山方《やまがた》太郎左衛門<br>泰護《たいご》 | | 正徳3・9・24～享保5・11・4 | 寛文2・1・29～享保5・11・4 | ・藩の財政難をおごりの矯正による支出節約および武士・庶民共に風紀の刷新によって打開しようとした。 |
| 疋田斉定綱《ひきたいつきていこう》 | | 享和1・7・5～文化14・1・23<br>文政3・4・23～天保3・2・11 | 安永8・12・27～天保4・7・17 | ・文化四年、松前出兵（約六〇〇人）を手がけた。<br>・文化面では、学館（藩校、のち明徳館）の創設に尽力したのを初めとして、自身も文人として知られている。 |

| | | | | |
|---|---|---|---|---|
| 渋江内膳厚光 | | 文久1・8・2〜元治1・8・14 | 文化14・11・20〜明治22・2・16 | ・平田篤胤そして吉田松陰と親交があったといわれ、尊皇攘夷思想をもっていた。慶応四年に当藩も参加した奥羽越列藩同盟には、反対したといわれる。同年仙台藩使者の殺害、庄内進攻には望んで出陣した。戊辰戦争の功績により、奥羽鎮撫総督から感状とピストルを拝受した。 |
| 戸村《とむら》十太夫義効《よしかた》 | | 文久2・8〜慶応4・8・3 | 文政1〜明治13・6・19 | ・慶応四年、秋田藩も参加した奥羽越列藩同盟に、藩主の命により代表として調印した。しかし、藩論が「一藩勤王」に変わると、生涯蟄居を命じられた。その後、仙台・庄内軍などの同盟軍の進攻に際しては、横手城（城代であった）で防戦したが落城した。 |

○出典（『秋田県史』第二巻近世編上、第三巻同下、第四巻維新編）

## 〔藩の職制〕

○藩の職制の大綱（文化年間）

藩主—家老—
- （側方）
  - 相手番
  - 記録方支配頭
  - 用人
  - 留守居
  - 膳番
  - 上々様頭役
  - 刀番
  - 厩頭取
  - 目付
  - 納戸役
- （表方）
  - 寺社奉行
  - 能代奉行
  - 勘定奉行
  - 郡奉行
  - 評定奉行
  - 町奉行
  - 財用奉行
  - 境目奉行
  - 武芸方
  - 大筒方支配
  - 小筒方支配
  - 学館方
- （番方）
  - 大番頭
  - 兵具奉行
  - 物頭

○出典（『秋田県史』第一冊〈旧〉『秋田県史』第二巻近世編上）

○格と職

・側方　城中で藩主の補佐・政務の取次・伝達。

・表方　政務一般・財政・民政など。

・番方　城中・城下・江戸屋敷の警備など。

①**格**

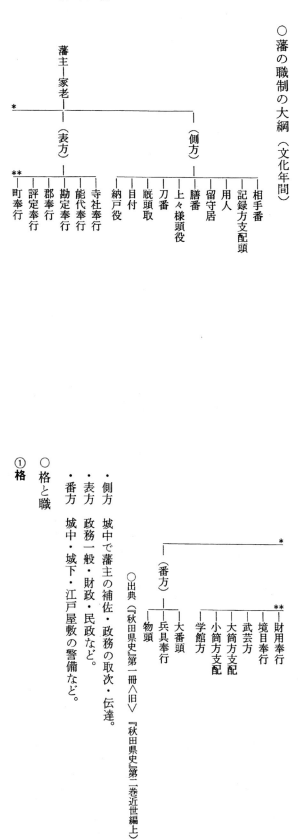

**主要な家格と家数**

| 家格 | 家柄 | 家数 |
|---|---|---|
| 一門 | 佐竹苗字衆 | 五 |
| 引渡 | 常陸時代からの門閥 | 一五 |
| 廻座 | 譜代世臣又勲功将士 | 五〇～六〇 |
| 一騎 | 上士の由緒あるもの一五〇石以上 | 三〇〇余 |
| 駄輩 | 七〇石以上 | ？ |
| 不肖 | 三〇石以上 | ？ |
| 近進 | 門閥分家・近年新給の駄輩、三〇石以下 | ？ |
| 近進並 | 駄輩以下の臨時登用者 | ？ |

**②職**

- 一門の中三家は所預。
- 引渡は所預・家老・相手番。
- 廻座は家老・相手番や寺社奉行・大番頭など。
- 一騎は諸奉行より納戸役まで。
- 駄輩は副役より諸調役まで。
- 不肖は政務所物頭以下。

○家臣団構成

**嘉永元年（一八四八）秋田藩家臣編成**

| 居住地＼知行高 | 一〇〇〇〇石以上 | 五〇〇〇 | 三〇〇〇 | 二〇〇〇 | 一〇〇〇 | 五〇〇～九〇〇 | 四〇〇～三〇〇 | 二〇〇～一〇〇 | 五〇～九〇 | 一〇～四〇 | 一〇以下 | 知行取計 | 扶持米取 | 合計（その他を含む） |
|---|---|---|---|---|---|---|---|---|---|---|---|---|---|---|
| 久保田 | 一人 | 一 | 一 | 一 | 一三 | 一三 | 三五 | 三〇一 | 三三六 | 四八六 | | 一一八八 | 三五三 | 一五四一 |
| 院内 | | | | | | 一 | | 一 | 八 | 四 | 三 | 一七 | 七 | 七七 |
| 湯沢 | | 一 | | | | | | 一 | 二四 | 四八 | 一三 | 八七 | 一〇二 | 一八九 |
| 横手所預 | | 一 | | | | | | 一 | 一四 | 八七 | | 一〇三 | 一九 | 二七八 |
| 上同組下 | | | | | | | | 四 | 一四 | 四七 | 二〇 | 八五 | 二五 | 一八二 |
| 角館所預 | | 一 | | | | | | 三 | 一一 | 三五 | 九 | 五九 | 二三 | 一三七 |
| 上同組下 | | | | | | | | 二 | 七 | 二四 | 六 | 三九 | 一一 | 五八 |
| 刈和野組下 | | | | | | | | | 三 | 一六 | 一 | 二〇 | 六 | 九七 |
| 角間川組下 | | | | | | | | | 一 | 四五 | 二四 | 七〇 | 一 | 七五 |
| 檜山所預 | | | 一 | | | | | | 二 | 五 | | 八 | 八 | 一八 |
| 上同組下 | | | | | | | | | 五 | 二六 | 一一 | 四二 | 二五 | 一四四 |
| 大館 | | 一 | | | | | | 一一 | 二五 | 七四 | 二〇 | 一三一 | 四三 | 二四八 |
| 十二所 | | | | 一 | | | 一 | 六 | 二五 | 五五 | 一八 | 一〇六 | 一八 | 一九三 |
| 在々合計 | | 四 | 一 | 一 | | 一 | 一 | 二九 | 一三九 | 五九一 | | 七六七 | 二八七 | 一六九六 |
| 在々久保田合計 | 一 | 五 | 二 | 二 | 一三 | 一四 | 三六 | 三三〇 | 四七五 | 一〇七七 | | 一九五五 | 六四〇 | 三二三七 |

○出典（『秋田県史』第二巻近世編上）

## 〔領内支配(地方支配)の職制と系統〕

家老——郡奉行——郡方吟味役——郡方見廻役——郡方足軽

・郡奉行は寛政七年(一七九五)再設置されたもので、一郡に一人を原則とするが、複数郡または他職を兼務する場合もあった。民政一般を担当し、春・秋には郡内を巡回した。

・郡方吟味役は、郡内役屋ごとに配置され、役屋に常駐し、法令の伝達・検地・収納・訴訟の受理・殖産・治安などの事務をとった。

・郡方見廻役は、役屋に二名配置され、村々の巡回や、公事・訴訟の事務をとった。

・郡方足軽は、各郡に配置され、全藩で二〇〇人おり、年貢の催促・治安の維持を任務とした。

○出典(『秋田県史』第二巻近世編上)

## 〔領内の支配区分〕

領内行政区分を「郡」という。佐竹移封より名称変更のほかは変化なし。享保十五年(一七三〇)の村数は次表の通りである。

**郡ごとの村数**

| 郡名 | 村数 | 郡名 | 村数 |
|---|---|---|---|
| 雄勝 | 八八 | 秋田 | 二九〇 |
| 平鹿 | 一一五 | 山本(檜山) | 七八 |
| 仙北(山本) | 一七五 | | |
| 河辺(豊嶋) | 五七 | 計 | 八〇三 |

※( )は旧名。

○出典(「六郡郡邑記」『秋田叢書』第二巻所収)

## 〔村役人の名称〕

親郷肝煎《おやごうきもいり》—寄郷《よりごう》肝煎—長百姓《おとなひゃくしょう》(組頭《くみがしら》)

(町)庄屋《しょうや》—町代《ちょうだい》—組頭

・郡奉行の下に郡数名の親郷肝煎を置き、法令の通達・寄郷肝煎より上申・寄郷間の調停を行なう。寛文年間より設置。

・行政単位は寄郷であり、原則として一名置く。

・長百姓は寄郷肝煎の補佐役であり、大村はその下に組頭を置く場合があり、長百姓と組頭が同一の場合もある。

・町方の庄屋は肝煎(寄郷)に対応、以下同じ。

○出典(『秋田県史』第二巻近世編上)

## 〔領外(飛地)の支配機構〕

下野国　河内郡の内　八ケ村(薬師寺《やくしじ》村　仁良川《にらがわ》村　町田《まちだ》村　田中《たなか》村　東根《ひがしね》村　磯部《いそべ》村　花田《はなだ》村)　高五〇三九石四斗

同　国　都賀郡の内　三ケ村(萱橋《かやばし》村　山田《やまだ》村　飯田《いいた》村)　高七七八石六斗

○出典(『秋田県史資料』近世編上)

・豊嶋郡新堀村東比叡山領抱屋敷　文化三年(一八〇六)三五三九坪

・足立郡代官所抱地　享保三年(一七一八)五二三二坪

○出典(『秋田沿革史大成』下巻付録)

## 〔領内の主要交通路〕

**陸路の主要街道**

1　羽州街道　下院内—湯沢町—横手町—久保田(秋田)—大館—長走村

2　湯沢《ゆざわ》町から西馬音内《にしもない》村を経て矢島《やしま》領老方《おいかた》村に至る街道

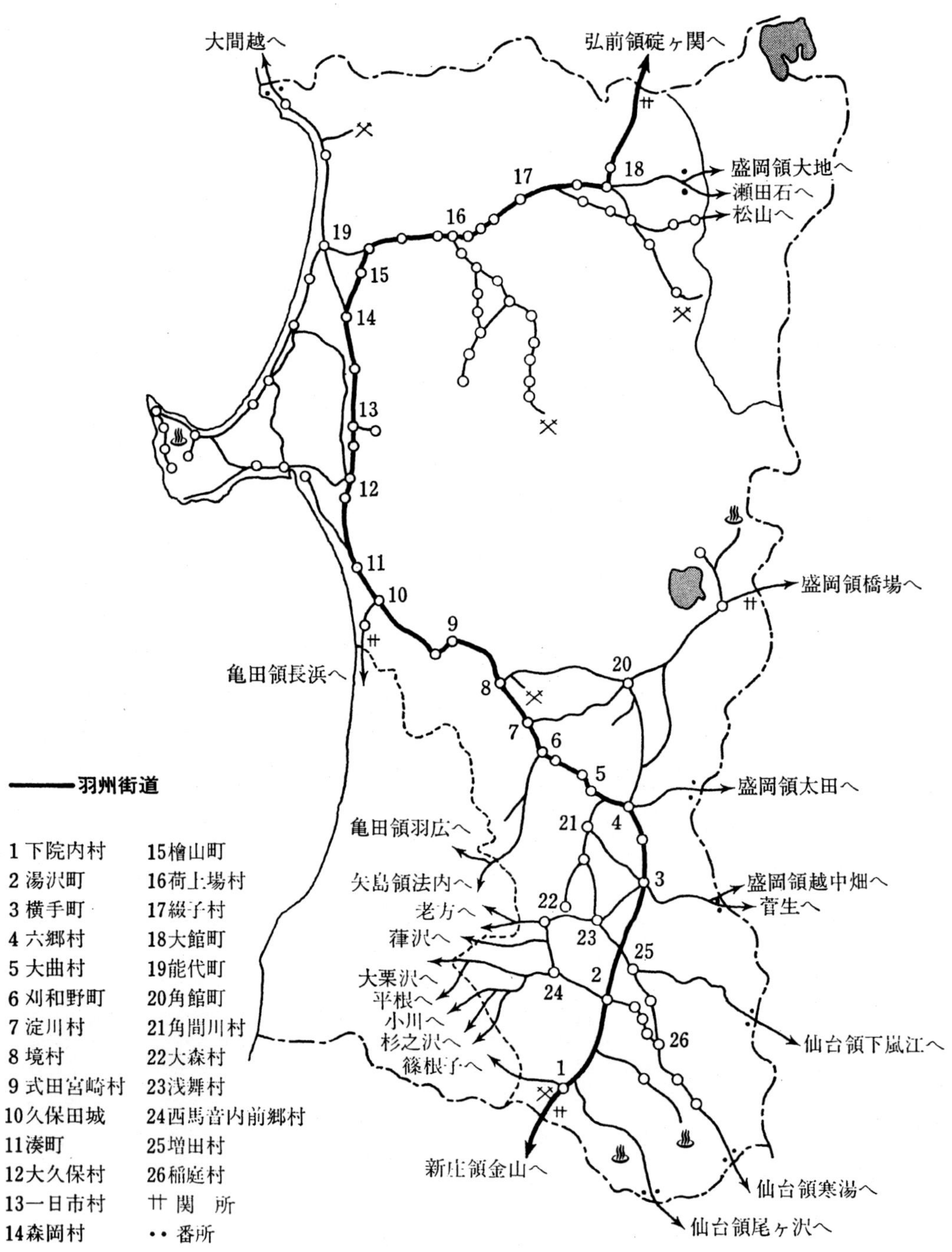


**秋田藩主要街道・駅馬図（天和元年）**

○出典（『秋田県史』第2巻近世編上、工藤吉治郎「近世における道路開発の地理学的研究」第1・2図による）

3　六郷村から横沢村・角館町・生保内村を経て盛岡領橋場に至る街道
4　久保田馬苦労《ばくろう》町から荒屋《あらや》村を経て亀田《かめだ》領桂根《かつらね》村に至る街道
5　森岡《もりおか》村から八森《はちもり》村・岩館《いわだて》村を経て弘前領に至る街道
6　綴子《つづれこ》村から板沢《いたざわ》村・新田《しんでん》村・扇田《おおぎた》村・十二所村を経て盛岡領松山《まつやま》村に至る街道
7　下院内《しもいんない》村から横堀《よこぼり》村・川井《かわい》村を経て仙台《せんだい》領尾ケ沢《おがさわ》村に至る街道
8　湯沢町から・岩崎《いわさき》村・増田《ますだ》村・稲庭《いなにわ》村を経て仙台領寒湯《ぬるゆ》村に至る街道
9　増田村から田子内《たごない》村・岩井川《いわいかわ》村を経て仙台領下嵐江《おろしえ》村に至る街道
10　横手《よこて》町から小松《こまつ》川村を経て盛岡領越中畑《えっちゅうはた》に至る街道
11　六郷村から善知鳥《うとう》村を経て盛岡領太田《おおた》村に至る街道
などが他領への主な街道で、この外小街道があった。

○出典（『秋田県史』第二巻近世編上）

**港**　秋田郡土崎湊・山本郡能代湊

○出典（『秋田県史』第三巻近世編下）

## 〔番所の所在地〕

各郡には次の番（関）所があった。

雄勝郡　院内（関所）・湯野台《ゆのたい》・小安《おやす》・手倉《てぐら》・西馬音内・大沢《おおさわ》
平鹿郡　小松川《こまつかわ》
仙北郡　生保内・善知鳥・北野目《きたのめ》
山本郡　岩館
秋田郡　白沢《しろさわ》・葛原《くぞはら》
久保田町　久保田川口《かわぐち》

○出典（『(旧)秋田県史』第二冊）

## 〔在町、津出場・米蔵の所在地〕

○在　町

雄勝郡　銀山《ぎんざん》町・横堀《よこぼり》村・稲庭《いなにわ》村・西馬音内前郷《にしもないまえごう》村・湯沢《ゆざわ》町・院内《いんない》村
平鹿郡　増田《ますだ》村・浅舞《あさまい》村・今宿《いましゅく》村・大森《おおもり》村・横手《よこて》町・角間川《かくまがわ》村
仙北郡　六郷《ろくごう》村・大曲《おおまがり》村・白岩前郷《しらいわまえごう》村・角館《かくのだて》町・刈和野《かりわの》町
河辺郡　なし
秋田郡　湊《みなと》町・五十目《ごじょうのめ》村・鷹巣《たかのす》村・新田《しんでん》村・扇田《おおぎだ》村・檜山《ひやま》町・大館《おおだて》町・十二所《じゅうにしょ》町
山本郡　能代《のしろ》町

○出典（『秋田県史』第二巻近世編上）

○津出場・米蔵

・津出場　土崎湊・能代湊
・米蔵　久保田城北ノ丸籾倉・五丁目庫（久保田町亀ノ町）・石庫（川尻村の内川口）・土崎湊御蔵・鳥越様御倉（土崎湊）・四ツ小屋御籾蔵（河辺郡）
　各郷藩倉　檜山・横手・十二所・大館・湯沢・院内・角館

○出典（『秋田沿革史大成』下巻付録）

## 〔江戸城の詰間〕

大広間（安政年間）

○出典（『安政武鑑』）

〔江戸・京屋敷の所在地〕

安政期

| 屋敷 | 所在地 |
|---|---|
| 江戸屋敷 上屋敷 | 下谷七軒町 |
| 中屋敷 | 神田佐久間町、本所十間川 |
| 下屋敷 | 日暮里浅草鳥越 |
| 京屋敷 | 柳馬場通り四条上ル丁 |

○出典（『安政武鑑』）

〔蔵屋敷の所在地〕

大坂蔵屋敷　堂島

○出典（『安政武鑑』）

〔藩の専売制〕

| 専売品目 | 専売期間 | 専売仕法 | 専売形態 |
|---|---|---|---|
| 米 | 天保4年～天保5年 | 藩で余米を強制的に集める | 消費者に配給する |
| 養蚕種紙 | 文政9年～天保6年 | 藩の養蚕座で生産する | 関東に種紙を販売。他領移入禁止。 |

○出典（『秋田県史』第三巻近世編下）

〔藩　札〕

| 藩札名 | 発行年月 | 使用期間 |
|---|---|---|
| 宝暦銀札 | 宝暦5年2月 | ～宝暦7年7月 |

○出典（『秋田県史』第七巻年表索引編）

〔藩　校〕

| 藩校名 | 成立年月 | 所在地 |
|---|---|---|
| 御学館<br>明道館（寛政5年）<br>明徳館（文化8年改称） | 寛政2年3月 | 久保田町東根小屋 |

○出典（『秋田県史』第三巻近世編下）

**沿革**　藩主佐竹義和が藩政改革の一環として創設した。儒学を根本原理としたが、ほかに武芸所・礼法方・算法方を置き、寛政七年（一七九五）に医学館、文政八年（一八二五）には和学方を併置した。明治四年（一八七一）、廃藩とともに自然閉校した。寛政五年（一七九三）、藩内の武士駐屯地に郷校が設置され、明道館（明徳館）の分校となる。

**目的**　藩士としての知識・技能を修得させる。

**祭酒**　中山菁莪・瀬谷小太郎・野上陳令

## 〔藩の武術〕

慶応三年（一八六七）頃

| 種目 | 流派 | 武術指南役 |
| --- | --- | --- |
| 弓術 | 日置流 | 大山学助、介川作美 |
| 馬術 | 大坪本流 | 丹　金作 |
| | 信直流 | 林　慶八 |
| | 大坪流 | 林　永助 |
| 剣術 | 一刀流（木太刀） | 藤本作門 |
| | 天流（ササラ） | 鈴木新八郎 |
| | 一刀流（ササラ） | 安達茂助 |
| | 柳生流（ササラ） | 武藤与惣 |
| | 武蔵丸（二刀流竹刀） | 川井右馬之助 |
| | 一派流（ササラ） | 深谷学助 |
| | 一当流（竹刀） | 山崎左仲 |
| | 天流（棒・大刀・ササラ） | 荻津助吉 |
| | 柏木流（甲冑・木刀・ササラ） | 鈴木新八郎 |
| | 手裏剣（竹刀） | 左近司縫殿 |
| | 真信影流（竹刀） | 大嶋源治 |
| | 真影柳生（竹刀） | 中川健蔵 |
| 柔術 | 日下新流 | 中川金吾 |
| | 日新流 | 根田治部之助 |
| 居合 | 林崎夢想流 | 大森小平太 |
| 槍・長刀 | 無辺流 | 介川作美 |
| | 加極流 | 宮沢　茂 |
| | 長刀流 | 大友織部 |
| | 新天流 | 高橋久太、加藤左門 |
| | 桜廷無辺 | 森田冬蔵 |
| | 一風太刀槍 | 吉成嘉門 |
| | 宝蔵院流（十文字） | 前沢東一 |
| 鉄砲 | 無残流 | 奈良力蔵 |
| | 稲留流（小筒） | 長沢文蔵 |
| | 荻ノ流（大筒） | 道源弥右衛門 |
| | 安見流（大筒） | 石井門八郎 |
| | 〃（小筒） | 中村茂吉 |
| | 甲山流（雷纏） | 河津信助 |
| | 三全流（大筒）以上火縄銃 | 熊谷助之丞 |
| | 小銃（西洋） | 吉川久治 |
| | 小銃 | 小林和吉 |

○出典（『秋田沿革史大成』下巻）

## 〔参勤交代〕

・元和二年（一六一六）、初代藩主佐竹義宣の帰国における月日と道順

五月九日江戸発—粕壁（武蔵国埼玉郡）一〇日—小山（下野国都賀郡）一一日—白沢（同河内郡）一二日—蘆野（同那須郡）一三日—須賀川（陸奥国岩瀬郡）一四日—八丁ノ目（同安積郡）一五日—斎川（同刈田郡）一六日—笹谷（同柴田郡）一七日—六田（出羽国村山郡）一八日—新庄（同最上郡）一九日—院内（同雄勝郡）二〇日—横手（同平鹿郡）二一日—六郷・刈和野（同仙北郡）二二日—久保田着（一四日）

○出典（『梅津政景日記二』）

・寛永十九年（一六四二）、行列人数　一三五〇人

○出典（『秋田県史』資料近世編上所収「江戸御供帳」）

・天和二年（一六八二）、江戸参勤人数

江戸御供（上下共三六四人）・大番組頭（上下共六六人）・大小姓（上下共七〇人）・児小姓（上下共六九人）・医者（三人）・駄輩（上下共一七人）・台所（一五人）・右筆（五人）・大番所物頭（二人）・茶道（五人）・膳番物頭（上下共四人）・児小姓頭物頭（一人）・腰物拵役歩行（二人）・歩行目付（七人）・膳奉（上下共一〇人）・馬役（六人）・細工役人（一人）・茶屋坊主（二人）・時計坊主（四人）・歩行（五五人）・茶屋（一〇人）・掃除坊主（七人）・厨屋

（二六人）・中間（八〇人）・足軽（一七〇人）・駕籠（一四人）・草履取（六人）
合計一〇二〇人
○出典（『国典類抄』第十三巻嘉部一）

〔藩の基本史料・基本文献〕


東京大学史料編纂所『大日本古記録　梅津政景日記一―九』岩波書店　昭和二八年～四一年
秋田県立秋田図書館『国典類抄』秋田県教育委員会　昭和五三年～六一年〈一五冊発刊以下続刊〉
「秋田藩家蔵文書」（秋田県立秋田図書館蔵）
今村義孝・高橋秀夫『秋田藩町触集』上・中・下　未来社　昭和四六年～四八年
橋本宗彦『秋田沿革史大成』上・下　明治二九年・明治三一年
佐久間舜一郎『新編北羽発達史』上・下　秋田県教育会　明治四一年
『秋田県史』第一冊・第二冊　秋田県　大正四年
『秋田県史』資料近世編上・下　秋田県　昭和三八年
『秋田県史』第二巻近世編上　秋田県　昭和三九年
『秋田県史』第三巻近世編下　秋田県　昭和四〇年
原武男『新編佐竹氏系図』加賀谷書店　昭和四八年
（伝）中村光得『羽陰史略』（秋田叢書第一巻・第二巻所収）
岡見知愛『六郡郡邑記』享保一五年（秋田叢書第二巻所収）
橋本五郎左衛門『八丁夜話』（第二期新秋田叢書所収）


（執筆者・国安　寛）

## 秋田《あきた》新田《しんでん》藩

⇩秋田藩を見よ

〔藩の居城〕　不詳

〔親疎の別〕　**佐竹家**　**外様**

（執筆者・国安　寛）

## 秋田《あきた》新田《しんでん》藩

**改称**（明治三年二月二十五日）　岩崎《いわさき》藩

〔藩の概観〕

秋田新田藩は、秋田藩の支藩である。秋田藩三代藩主佐竹義処《よしずみ》の弟義長《よしなが》が、元禄十四年（一七〇一）に秋田藩領の内新田二万石を分与されて成立した。ただし、この以前から義長は天和三年（一六八三）の『武鑑』や元禄三年（一六九〇）頃の成立とされる『土芥寇讎記』に二万石で登場している。この間の事情は明らかではない。特定の領地を持たずに本藩から蔵米を支給され、江戸定府であった。そのため『武鑑』などには「秋田新田」と記されている。本藩からは、壱岐守《いきのかみ》家、または代々浅草鳥越《とりごえ》屋敷に居住したので鳥越様と呼ばれた。本藩五代藩主義峯《よしみね》、七代義明《よしはる》、一二代義堯《よしたか》は、それぞれ壱岐守家から入ったものであり、宗家継嗣のための予備的な存在であった。

家臣団編成の詳細は不明であるが、大名として独立以後の家臣は、江戸で召し抱えられている。所付けがないため、幕府からの国役賦課はなかったが、公家衆馳走役・駿府加番などを他の大名同様につとめ、その際には本藩から援助を受けていた。本藩の財政窮乏が深刻化するにつれて蔵米の支給がしばしばとどこおり、安永三年（一七七四）には、むこう五年間、年々米五〇〇〇石を百姓直納とすることを本藩に約束させている。

義諶《よしずま》の代、明治元年（一八六八）、江戸幕府の崩壊にともない、秋田に移って河辺郡椿台《つばきだい》（現秋田県雄和町）に居住。戊辰戦争の際には本藩軍とともに庄内軍と戦う。明治三年、本藩支配地の内三五ヶ村を分割されて義理《よしさと》が藩知事に任命されたが（岩崎藩の成立）、翌年廃藩。

## 〔藩の居城〕

**陣屋**　ただし、江戸定府。

## 〔藩主の系図〕（姻戚関係）

**佐竹家**　**外様**

- **義長**《よしなが》
  - 男子
  - 女子
  - **義峯** 宗家佐竹大膳大夫義格養子
  - 男子
  - 女子
  - 女子
  - **義道**《よしみち》 宗家家人佐竹将監義本長男
    - 義明 宗家佐竹兵衛督義真養子
    - 義敏
      - 女子
      - 義祇 義忠養子
      - 女子
    - 女子 松平大隅守直道室
    - **義忠**《よしただ》
      - **義祇**《よしもと》 義敏長男
        - 女子
        - **義知**《よしちか》
          - 女子
          - 女子
          - **義純**《よしずみ》 義泰長男
            - **義堯**《よしたか》 相馬長門守益胤三男 後宗家佐竹右京大夫義睦嗣
            - 女子 義堯室
            - 女子
            - **義諶**《よしずま》 相馬長門守益胤四男
              - 義脩 宗家佐竹右京大夫義堯養子
              - 女子
              - 男子
              - **義理**《よしさと》 相馬充胤次男
          - 女子 義純室
          - 女子 松平直春室
        - 女子
        - 義智
      - 男子
      - 義泰
        - 女子
        - 女子
        - 義純 義知養子
        - 男子
        - 義音
      - 女子 青木甲斐守一貞室
      - 女子
    - 道刑
    - 重喜 蜂須賀志摩至央養子
  - 女子 義道室
  - 女子

○出典（『寛政重修諸家譜』『羽後岩崎佐竹家譜』）

## 〔藩（大名）の家紋など〕

**佐竹家**

家紋
輪の内に五本骨扇に月

○出典（『文化武鑑』）

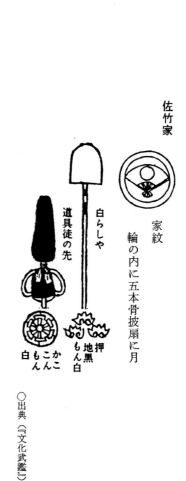

## 〔藩主一覧〕（歴代藩主および石高・所領の変遷）

| 姓 | 諱 | 受領名または官名 | 通称 | 生没年月日 | 戒名と菩提所（所在地） | 藩主就任・退任年月日 | 江戸幕府就任役職名・就任退任年月日 | 石高変遷年月日（西暦） | 石高（表高） | 領地（国郡名） |
|---|---|---|---|---|---|---|---|---|---|---|
| 佐竹 | 義長 | 壱岐守 | 左近 | 明暦1・9・4～元文5・12・7 | 指月院殿空山亘弾大居士 総泉寺（もと江戸浅草橋場、現在東京都板橋区小豆沢） | 元禄14・2・11～享保3・9・6 | | 元禄14・2・11（一七〇一） | 二〇〇〇〇 | 出羽国秋田の内新田 |
| 佐竹 | 義道 | 壱岐守 | 求馬 | 元禄16・7・15～明和1・閏12・7 | 大仙院殿道安円成大居士 総泉寺（〃） | 享保3・9・6～宝暦13・5・14 | | | 〃 | 〃 |
| 佐竹 | 義忠 | 壱岐守 | 多宮 | 享保15・9・15～天明7・9・24 | 観量院殿法性賢融大居士 総泉寺（〃） | 宝暦13・5・14～安永9・11・7 | | | 〃 | 〃 |
| 佐竹 | 義祗 | 壱岐守 | 栄之助 | 宝暦11・9・6～寛政5・9・19 | 泰量院殿月相瑞円大居士 総泉寺（〃） | 安永9・11・7～寛政5・9・19 | | | 〃 | 〃 |
| 佐竹 | 義知 | 壱岐守 | 亀丸 | 天明7～文政4・7・11 | 真乗院殿諦応道説大居士 総泉寺（〃） | 寛政5・11・14～文政4・7・11 | | | 〃 | 〃 |
| 佐竹 | 義純 | 壱岐守 | 政之助 | 享和2～安政3・11・26 | 憲明院殿義純仁沢大居士 総泉寺（〃） | 文政4・9・16～嘉永2・10・26 | | | 〃 | 〃 |
| 佐竹 | 義堯 | 右京大夫 | 左近 | 文政8・7・27～明治17・10・23 | 顕徳院殿忠勲鳳瑞大居士 総泉寺（〃） | 嘉永2・10・26～安政4・7・20 | | | 〃 | 〃 |

| 姓 | 諱 | 受領名または官名 | 通称 | 生没年月日 | 戒名と菩提所（所在地） | 藩主就任・退任年月日 | 江戸幕府就任役職名・就任退任年月日 | 石高変遷年月日（西暦） | 石高（表高） | 領地（国郡名） |
|---|---|---|---|---|---|---|---|---|---|---|
| 佐竹 | 義諶 | 壱岐守 | 求馬 | 天保8～明治3・4・16 | 龍沢院殿徳厳道本大居士　総泉寺（〃） | 安政4・9・16～明治2・5・25 | | | 二〇〇〇〇 | 出羽国秋田の内新田 |
| 佐竹 | 義理 | 壱岐守 | 常丸 | ～大正3・4・26 | 義鳳院殿仁質理性大居士　総泉寺（〃） | 明治2・5・25～明治4・7・14 | | 明治3・2・25（一八七〇） | 〃 | 羽後国雄勝・平鹿両郡の内三五ケ村 |

○出典（『寛政重修諸家譜』『羽後岩崎佐竹家譜』『新編佐竹氏系図』ほか）

## 〔藩史略年表〕

| 西暦 | 和暦 | 月日 | 政治・法制 | 月日 | 社会（文化を含む）・経済 |
|---|---|---|---|---|---|
| 一七〇一 | 元禄一四 | 2・11 | 義長、秋田藩領新田高の内二万石を分与される（秋田新田藩の成立）。 | | |
| | | 10・16 | 義長、火消役を命ぜられる。 | | |
| 一七〇二 | 一五 | 2・14 | 義長、院使馳走役を命ぜられる。 | | |
| | | 7 | 義長、方角火消を命ぜられ、本藩から足軽二五人を貸与される。 | | |
| 一七〇九 | 宝永六 | 1・25 | 義長、女院使馳走役を命ぜられる。 | | |
| | | 10・9 | 義長、両国橋火の番を命ぜられる。 | | |
| 一七一〇 | 七 | 2・11 | 義長、江戸芝筋通・新見付門普請手伝役を命ぜられる。本藩から二〇〇〇両を用立てられる。 | | |
| 一七一三 | 正徳三 | | | 12・22 | 江戸大火、中屋敷等類焼。 |
| 一七一九 | 享保四 | 2・9 | 義道、法皇使馳走役を命ぜられる。 | | |
| 一七二〇 | 五 | 6・12 | 義道、呉服橋門番を命ぜられる。 | | |
| 一七二四 | 九 | 9・29 | 義道、呉服橋門番を免ぜられる。 | | |
| 一七二五 | 一〇 | 3・15 | 義道、法皇使馳走役を命ぜられる。入用金一八八八両余の内、本藩から五〇〇両を借りる。 | | |
| 一七二六 | 一一 | 4・26 | 義道、呉服橋門番を命ぜられる。 | | |

| 西暦 | 和暦 | 月日 | 政治・法制 | 月日 | 社会（文化を含む）・経済 |
| --- | --- | --- | --- | --- | --- |
| 一七三〇 | 享保一五 | 2・8 | 義道、法皇使馳走役を命ぜられる。 | | |
| 一七三二 | 一七 | 5・24 | 義道、駿府城代加番役を命ぜられる。入用金二八〇〇両の内、本藩から一三〇〇両を用立てられ、また足軽四〇人を貸与される。 | | |
| 一七三六 | 元文一 | 8・14 | 義道、常盤橋門番を命ぜられる。 | | |
| 一七四二 | 寛保二 | 3・8 | 義道、常盤橋門番を命ぜられる。 | | |
| 一七四七 | 延享四 | 5・22 | 義道、聖像遷座御用を命ぜられる。 | | |
| 一七五四 | 宝暦四 | 8・11 | 義道、本所御蔵火の番を命ぜられる。 | | |
| 一七五六 | 六 | 2・21 | 義道、勅使馳走役を命ぜられる。本藩から五〇〇両の合力を受ける。 | | |
| 一七五八 | 八 | 8・3〜10・29 | 義道、勘定奉行大橋近江守親義を預けられる。警備のため、本藩から、士分五人、足軽一〇人を貸与される。 | | |
| 一七六〇 | 一〇 | 3・14 | 義道、本所御蔵火の番を命ぜられる。 | | |
| | | 7・22 | 義道、女院使馳走役を命ぜられる。 | | |
| 一七六一 | 一一 | 2・6 | 義道、本所御蔵火の番を免ぜられる。公家衆馳走役を命ぜられる。 | | |
| 一七六三 | 一三 | 2・3 | 義道、本所御蔵火の番を命ぜられる。 | | |
| | | 6・22 | 義忠、常盤橋門番を命ぜられる。 | | |
| 一七六四 | 明和一 | 7・29 | 義忠、公家衆馳走役を命ぜられる。 | | |
| 一七六五 | 二 | 5 | 義忠、公家衆馳走役を勤める。本藩から金一〇〇〇両と来春米一〇〇〇石の合力を受ける。 | | |
| | | 5・29 | 義忠、家臣が市中で追剝を働き、出仕を停められる（〜六月二八日） | | |
| 一七六六 | 三 | 10・25 | 義忠、常盤橋門番を命ぜられる。本藩から合力を受ける。 | | |
| 一七七〇 | 七 | | | 12 | この年から、本藩に損亡高があれば、壱岐守分も幕府に届け出ることとする。 |
| 一七七四 | 安永三 | | | 10 | 本藩蔵出しでは納り方とどこおるにつき、むこう五年間、平鹿・仙北両郡の内にて米五〇〇〇石を百姓直納とする。 |
| 一七八一 | 天明一 | 7・13 | 義祇、本所御蔵火の番を命ぜられる。 | | |
| 一八〇三 | 享和三 | 5・10 | 義知、東海道甲斐国川渠修理助役を命ぜられる。 | | |
| 一八四七 | 弘化四 | 5・17 | 義純、関東川々普請助役を命ぜられる。 | | |
| 一八五八 | 安政五 | 8・23 | 義諶、公家衆馳走役を命ぜられる。 | | |

| 西暦 | 和暦 | 月日 | 政治・法制 | 月日 | 社会（文化を含む）・経済 |
|---|---|---|---|---|---|
| 一八六二 | 文久二 | 8・28 | 義諶、公家衆馳走役を命ぜられる。 | | |
| 一八六七 | 慶応三 | 12・24 | 義諶、両国橋・柳橋の警備を命ぜられる。 | | |
| 一八六八 | 明治一 | 3・27 | 義諶、江戸を発し秋田に向かう。秋田到着後、河辺郡椿台（現雄和町）に居住。戊辰戦争の際には、本藩軍とともに庄内軍と戦う。 | | |
| 一八六九 | 二 | 10・18 | 本藩知事佐竹義堯、支配地の分割と義理の藩知事任命を願う。 | | |
| 一八七〇 | 三 | 2・25 | 義理、岩藩崎知事に任命される（岩崎藩の成立）。 | | |
| | | 4・29 | 義理、岩崎に着す。 | | |
| 一八七一 | 四 | 7・14 | 廃藩置県の詔書。 | | |

○出典（『国典類抄』『徳川実紀』『秋田県史』『秋田県岩崎町郷土史』）

## 〔家老とその業績〕

大名として独立する以前の壱岐守家は、本藩家臣が定役あるいは年番となっていたが、元禄十四年の独立以後は、江戸で新規に召し抱えた。初期の家老名は森川新右衛門・岩永軍兵衛・小野崎舎人。以後詳細不明。

○出典（『国典類抄』）

## 〔江戸城の詰間〕

柳間（代々）

○出典（『寛政重修諸家譜』『大武鑑』『文化武鑑』）

## 〔江戸屋敷の所在地〕

| 屋敷 | 所在地 |
|---|---|
| 上屋敷 | 浅草鳥越 |
| 下屋敷 | はま丁 |

○出典（『文化武鑑』）

## 〔藩校〕

| 藩校名 | 成立年代 |
|---|---|
| 学館　勅典館 | 義純の代（文政～嘉永年間）に創始。 |

**学頭**　亀田三蔵・芳野立蔵・原田徳三郎・渡長三郎

○出典（『秋田県岩崎町郷土史』）

## 〔藩の武術〕

| 種目 | 流派 | 武術指南役 |
|---|---|---|
| 剣術 | 直真影流 | |
| 槍術 | 一指流 | |
| 柔術 | 起倒流 | |
| 弓術 | 日置流 | |
| 馬術 | 大坪本流 | |
| 砲術 | 荻野流 | |

○出典（『秋田県岩崎町郷土史』）

〔参勤交代〕

江戸定府のため、なし。

〔藩の基本史料・基本文献〕

『秋田県史』維新編・資料明治編上　秋田県　昭和三五・三六年
『国典類抄』賓部一・二　加賀谷書店　昭和五五・五八年
「羽後岩崎佐竹家譜」（東京大学史料編纂所蔵）
「佐竹義理家記」（東京大学史料編纂所蔵）
佐竹文庫（秋田県立秋田図書館蔵）
『秋田県岩崎町郷土史』岩崎町　昭和一五年

（執筆者・今野　真）

# 角館《かくのだて》藩

〔藩の概観〕

戦国時代、出羽国山本郡の角館城に拠って勢力を保持していたのは戸沢《とざわ》氏である。戸沢氏の本貫地は、陸奥《むつ》国雫石《しずくいし》の郊外戸沢といわれている。戸沢氏の角館入部の時期については応永三十年（一四二三）前後という説と、天文年間（一五三二〜一五五四）とする二説がある。天正六年（一五七八）八月、父道盛《みちもり》の家督を相続した戸沢盛安《もりやす》は「鬼九郎《おにくろう》」と呼ばれた武人で、近隣の小野寺《おのでら》氏や秋田《あきた》氏などと抗争を繰返していた。

天正十八年（一五九〇）三月、盛安は豊臣秀吉の小田原征伐に参陣したが、同年六月急死した。長子の政盛が幼少であったため、同年七月盛安の弟光盛《みつもり》（十三歳）の家督相続と、戸沢氏の本領安堵《ほんりょうあんど》が認められた。翌月秀吉は光盛に角館城を残し、その他の領内三五ヶ所の城の破却を命じている。さらに、この年の九月には出羽国仙北《せんぼく》地方において、いわゆる太閤検地が実施された。その結果、戸沢氏の領知は勝楽村・古米沢村・中泊村・白岩村など四三ヶ村四万四三五〇石四斗四升九合に確定している。光盛は文禄元年（一五九二）三月二十五日、朝鮮の役に赴く途中、播磨国姫路で病死した。光盛の跡は盛安の長子政盛《まさもり》が継ぎ、豊臣秀吉から本領安堵の朱印状を得ている。この時政盛は僅か八歳であり、家督相続がそのまま認められた裏には、徳川家康の助言があったといわれている。政盛は、夫人が徳川家康の近習鳥居元忠《とりいもとただ》の女《むすめ》であったということもあり、慶長五年（一六〇〇）の上杉景勝《うえすぎかげかつ》討伐の時には、家康から直接命令を受けて出陣している。同年の関ヶ原役に際しては東軍の陣営に属し、封疆《ほうきょう》を守り上杉景勝に備えた。

政盛は慶長七年（一六〇二）九月、常陸国水戸の城主であった佐竹氏の出羽国久保田《くぼた》への転封にともなう措置の一環で、常陸国松岡へ移封となった（林正崇『図説角館城下町の歴史』では、慶長七年には常陸国小河へ移り、松岡転封は慶長十一年としている）。この転封により、旧角館藩域は久保田に入封した佐竹氏の領知に組み込まれた。なお、厳密な意味の角館藩はこの段階で消滅したのであるが、慶長八年（一六〇三）八月から承応二年（一六五三）六月までは、佐竹氏の家臣である芦名《あしな》氏、明暦二年（一六五六）八月から明治に至る間は佐竹氏の一族佐竹北家が角館を拠点に一万五〇〇〇石を領しており、藩に準ずるような存在となっていた。元和六年（一六二〇）の一国一城令により角館城自体は破却され、館《やかた》構えとなったが、芦名・佐竹北家の手により町割りが行なわれ、小規模ながら近世城下町の構造をもつ町並が作られた。近世中・後期には、武家が約二四〇戸、町家が約四三〇戸あったと伝えられる。一戸あたりの人員を五名とすると、城下の人口は三三〇〇人前後と推定できる。

〔藩の居城〕

城

名　称　角館城

所在地　秋田県仙北郡角館町

家数・人口　未詳

〔親疎の別〕　戸沢家　外様

（執筆者・近松鴻二）

# 横《よこ》手《て》藩

〔藩の概観〕

天文年間（一五三二〜一五五四）、横手地方を含む出羽国平鹿《ひらか》郡の支配権をめぐって、横手城に拠る横手《よこて》佐渡守と同国雄勝《おかち》郡に勢力を持っていた小野《おの》寺《でら》氏との間で激しい攻防戦が繰返されていた。天文二十一年（一五五二）小野寺輝道《てるみち》らの軍が横手氏を駆逐し、朝倉山に新しい横手城が構築された。小野寺輝道・義道《よしみち》父子はこの城を拠点に、平鹿・雄勝両郡を仙北上浦《せんぼくかみうら》郡と称して支配した。その後小野寺義道は出羽国最上《もがみ》郡制覇をめざし、山形の最《も》上《がみ》義光《よしみつ》や大宝寺《だいほうじ》（庄内）の大宝寺義氏《よしうじ》との抗争を展開した。

義道は天正十八年（一五九〇）、豊臣秀吉の小田原征伐に参陣し、翌天正十九年正月十七日、秀吉から三万一六〇〇石余の領知が安堵されたという。これは小野寺氏が申請した分で、仙北上浦郡の三分の二にあたり、残りの三分の一は太閤蔵入地《くらいれち》に編入された。この時、いわゆる太閤検地が実施されたのであるが、検地奉行《けんちぶぎょう》として派遣された大谷吉継《おおたによしつぐ》が、横手城入城の際人質をとったり、蔵入地の代官をめぐり、義道の代官就任を望む小野寺氏側の要請を受け入れないなど両者の行き違いがあった。とくに蔵入地の代官に任命された最上義光との対立が深まった。

慶長五年（一六〇〇）の関ヶ原役では、初め徳川家康に応じ最上義光に協力したが、過去の経緯から、のちに上杉景勝《うえすぎかげかつ》に通じたため、戦後領知を没収され、身柄は翌六年十一月、石見《いわみ》国津和野《つわの》の坂崎出羽守直矩《さかざきでわのかみなおのり》の許《もと》に預けられた。義道は、坂崎氏改易後、代わって入封した亀井《かめい》氏の預りとなり、正保二年（一六四五）十一月、八十歳で没した。義道の津和野における待遇は、罪人扱いではなく客人扱いであったという。

小野寺輝道・義道父子の横手在城時代には、寺院の移築、城下町の整備など、横手の町の骨格を形成した。なお、小野寺氏改易後の旧領域は、出羽国久保田《くぼた》に入部した佐竹《さたけ》氏の領知に組み込まれた。そして元和六年（一六二〇）の一国一城令の施行に際しては、出羽国大館《おおだて》城とともに例外の扱いとなり、破却を免れ、領内支配の拠点として所預りが置かれた。江戸時代の横手の町は、厳密な意味では藩庁所在地あるいは城下町とはいえないが、横手地方の軍事・政治・経済の中心地となった。横手の所預りは慶長七年（一六〇二）から寛永元年（一六二四）までは伊達盛重《だてもりしげ》、寛永元年から寛文十二年（一六七二）までは須田盛秀《すだもりひで》、寛文十二年以降は戸村義連《とむらよしつら》を初代とする戸村家が代々引き継いだ。

〔藩の居城〕

**城**

名　称　①横手城　②龍ヶ崎城　③衡城　④韮城

所在地　秋田県横手市城山町

家数・人口　未詳

〔親疎の別〕

**小野寺家**　関ヶ原の役以前の大名なのでこの範疇には入らない。

（執筆者・近松鴻二）

# 亀《かめ》田《だ》藩

〔藩の概観〕

元和九年（一六二三）〜明治四年（一八七一）までの岩城氏二万石の外様藩。

藩領は、子吉《こよし》川北岸を中心として本荘藩・生駒領・秋田藩と接する。

入部当初実高は二万石に満たなかったが、その後の新田開発により、享保十年（一七二五）には総高二万七四八〇石余に上昇している。米以外に見るべき収入のないこともあり、藩財政の悪化に悩む。主な金主は泉州商人食野《めしの》家をはじめとして庄内の本間家、それに領内の豪農畑谷村の高野家などであった。財政窮乏対策として領内において実施されたのが、次の二点である。まず第一は、享保三年（一七一八）頃から二千石割と呼ばれる増徴制度を恒久化したことである。第二には、藩財政の安定を目ざし、元文四年（一七三九）からこれまでの地方知行制を変更し、蔵米知行制を実施したことである。

しかし、年貢増徴策は当然の如く領民の生活を圧迫し、天明大飢饉のさ中の天明五年（一七八五）、二千石上納に反対する騒動（亀田藩百姓一揆と呼んでいる）が発生している。領内での倹約・増徴の実が思うように上がらないこともあり、藩領域周辺に新たな収入を求めた。その結果、秋田藩との間で雄物《おもの》川川役一件（別名、大正寺論争、明和七年（一七七〇））を、本荘藩との間で寛政元年（一七八九）に子吉川論争を引き起こすこととなった。この二つの争いは、ともに亀田藩が意図した方向では解決をみなかった。

藩主家である岩城氏の慶長期の当主貞隆《さだたか》は、佐竹義宣の弟であったため、佐竹氏とのつながりが深く、前封地信濃国川中島から由利郡亀田への転封についても「信州川中嶋ニ罷在候而ハ遠国ニて義宣指図も罷成間敷被思召候ニ付一倍之御加増ニ而」（秋田県庁所蔵文書）とあるように、隣藩秋田藩との関係が強く、入封直後の検地・城下建設も佐竹氏からの全面的支援があった。そのため秋田藩は、まさに宗藩的存在であった。

しかし、その佐竹氏との姻戚関係も三代藩主までで、その後二代つづけて仙台藩伊達氏からの養子が藩主となったこともあって、仙台藩との関係が強まる。このような事情の中で、宝暦十一年（一七六一）、藩士一〇四人の秋田藩来訴事件（秋田退散事件と呼んでいる）が起きている。原因は財政対策に関する意見の対立からであるが、その背後には藩主側（伊達氏養子）と一門側（岩城氏）との確執があった。しかも、来訴を受けた秋田藩では、彼らを説得して帰藩させたが、後日一門をはじめ多数の者が蟄居、改易となったことにより宗家秋田藩の立場は低下し、亀田藩への不信は高まることとなった。

財政難への有効な対策を見い出せないまま幕末、戊辰戦争を迎える。戊辰戦争においては当初秋田藩とともに行動したが、奥羽越列藩同盟側の伊達・庄内軍の戦況が有利に展開するにおよび関ヶ原の二の舞をおそれ同盟軍側に藩論変更。戦後、隆邦は二〇〇〇石の減封となる。

## 〔藩の居城〕

**陣屋のち城**（嘉永五年〈一八五二〉十二月二十七日城主格となり、陣屋から城主格に変更）

**名称** ①亀田城 ②天鷺《あまさぎ》城

**所在地** 秋田県由利郡岩城町亀田

**家数・人口** 四三五六軒・二万三八九四人

○出典（『藩制一覧』）

## 〔藩主の系図〕（姻戚関係）

**岩城家** **外様**

- 貞隆
  - 女子 東源六郎義直室
  - ①**吉隆**《よしたか》 信濃国川中島から→ のち、佐竹義宣養子、秋田藩二代藩主義隆
    - 宣隆 佐竹義重四男
      - ②**重隆**《しげたか》
        - 女子 石川美作守乗政室
        - 景隆—秀隆 采女
        - ③**秀隆**《ひでたか》—④**隆韶**《たかつぐ》 伊達肥前村興の子—⑤**隆恭**《たかよし》 伊達靭負村望嫡男
          - 女子 細川和泉守立礼室
          - ⑥**隆恕**《たかのり》
            - ⑦**隆喜**《たかよし》
              - 隆興 米吉
              - ⑧**隆永**《たかなが》—⑨**隆信**《たかのぶ》 隆喜三男
              - 隆信 兄隆永養子
              - ⑩**隆政**《たかまさ》—⑪**隆邦**《たかくに》 隆喜五男
              - 鷹之助（隆邦）兄隆政養子
            - 長粲 前田靭負長英養子
            - 女子 前田大和守利和室
            - 茂高 山本伊予守惣領越前守茂村養子
            - 女子 小堀冨五郎政純室
            - 女子 大久保甚四郎忠冨室
          - 女子 織田織部信応室
      - 女子 早世
      - 隆房 主殿介
  - 女子 黒田甲斐守長興室

〔参考〕

- 佐竹義重
  - 義宣 秋田藩主—義隆
  - 貞隆 岩城家養子—吉隆→養子に（義隆）
  - 宣隆—養子に→宣隆（吉隆の子）

○出典（『本荘市史』史料編Ⅱ）

## 〔藩（大名）の家紋など〕

**岩城家**

家紋 中丸角引両 丸引両 五七桐

○出典（『文化武鑑』）

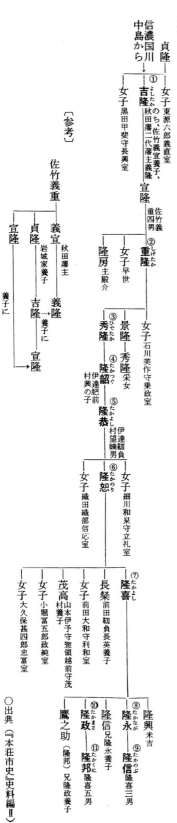

## 〔藩主一覧〕（歴代藩主および石高・所領の変遷）

| 姓 | 諱 | 受領名または官名 | 通称 | 生没年月日 | 戒名と菩提所（所在地） | 藩主就任・退任年月日 | 江戸幕府就任役職名・就任退任年月日 | 石高変遷年月日（西暦） | 石高（表高） | 領地（国郡名） |
|---|---|---|---|---|---|---|---|---|---|---|
| 岩城 | 吉隆 | 修理大夫 | 四郎次郎 | 慶長14・1・14～寛文11・12・5 | 天山良応鑑照院殿　天徳寺（秋田県秋田市泉） | 元和6～寛永3・4 |  | 元和9・11（一六二三） | 二〇〇〇〇 | 出羽国由利郡 |
| 岩城 | 重隆 | 伊予守 | 左京 | 寛永5・1・17～宝永4・12・11 | 大通院　総泉寺（東京都板橋区小豆沢） | 寛永6～宝永1・2・18 |  |  | 〃 | 〃 |
| 岩城 | 秀隆 | 伊予守 | 采女 | 延宝1～享保3・10・25 | 常心院　龍門寺（秋田県由利郡岩城町亀田） | 宝永1・2・18～享保3・10・25 |  |  | 〃 | 〃 |
| 岩城 | 隆韶 | 河内守 | 左京 | 宝永5～延享2・8・29 | 真正院　龍門寺（〃） | 享保3・12・7～延享2・8・29 |  |  | 〃 | 〃 |
| 岩城 | 隆恭 | 左京亮 | 民部 | 享保9・9・6～天明2・11・5 | 正法院　総泉寺（前同） | 延享2・11・10～天明2・11・5 |  |  | 〃 | 〃 |
| 岩城 | 隆恕 | 伊予守 | 采女 | 明和4・3・18～文化14・5・21 | 徳正院　総泉寺（〃） | 天明2・12・29～文化14・5・21 |  |  | 〃 | 〃 |
| 岩城 | 隆喜 | 伊予守 | 采女 | 寛政3・11・2～嘉永6・12・16 | 龍徳院　龍門寺（前同） | 文化14・7・12～嘉永6・12・16 |  |  | 〃 | 〃 |
| 岩城 | 隆永 | 但馬守 | 房之助 | 天保7・6・4～安政2・5・14 | 元亨院　総泉寺（前同） | 嘉永7・2・21～安政2・5・14 |  |  | 〃 | 〃 |

| 姓 | 諱 | 受領名または官名 | 通称 | 生没年月日 | 戒名と菩提所（所在地） | 藩主就任・退任年月日 | 江戸幕府就任役職名・就任退任年月日 | 石高変遷年月日（西暦） | 石高（表高） | 領地（国郡名） |
|---|---|---|---|---|---|---|---|---|---|---|
| 岩城 | 隆信 | | 雅五郎 | 天保9・4・10～安政2・12・22 | 温良院 総泉寺（東京都板橋区小豆沢） | 安政2・7・5～安政2・12・22 | | | 二〇〇〇〇 | 出羽国由利郡 |
| 岩城 | 隆政 | 修理大夫 | 濤三郎 | 天保13・7・12～文久1・9・29 | 憲正院 龍門寺（秋田県由利郡岩城町亀田） | 安政2・12・28～文久1・9・29 | | | 〃 | 〃 |
| 岩城 | 隆邦 | 左京大夫 | 鷹之助 | 弘化1・4・13～明治44・2・18 | 龍門寺（〃） | 文久1・10・16～明治2 | | | 〃 | 〃 |

○出典（『本荘市史』史料編Ⅱ）

## 〔藩史略年表〕

| 西暦 | 和暦 | 月日 | 政治・法制 | 月日 | 社会（文化を含む）・経済 |
|---|---|---|---|---|---|
| 一六二三 | 元和　九 | | 岩城吉隆、二万石で由利郡亀田に信濃国川中島一万石から加増転封。 | | |
| 一六二四 | 寛永　一 | | 亀田城下の町作り開始。 | | |
| 一六二五 | 二 | | 秋田藩重臣梅津政景、亀田領内を総検地する。 | | |
| 一六二六 | 三 | | 岩城吉隆、佐竹義宣の養子となる。 | | |
| 一六六六 | 寛文　六 | | 重隆、円満院御門跡御馳走役となる。 | | |
| 一六七二 | 一二 | | 藪ケ台論争起こる。 | | |
| 一六七六 | 延宝　四 | | つなぎ村と佐竹領女米木村との境界論争起こる。 | | |
| 一六八五 | 貞享　二 | | 公儀預人として代官市岡理右衛門御預。 | | |
| 一六九三 | 元禄　六 | | 公儀預人として八王寺成就院御預。 | | |
| 一七〇五 | 宝永　二 | | | | 六ケ村堤の工事開始。 |

| 西暦 | 和暦 | 月日 | 政治・法制 | 月日 | 社会（文化を含む）・経済 |
|---|---|---|---|---|---|
| 一七三八 | 元文 三 | | 庄内の御用商人和田兵左衛門撤退、領内の有力者高野与次右衛門（六代目）を後任に任命。 | | |
| 一七三九 | 四 | | 蔵米知行制開始。 | | |
| 一七五五 | 宝暦 五 | | | | 領内大凶作。 |
| 一七六一 | 一一 | | 秋田藩来訴事件（秋田退散事件）発生。 | | |
| 一七六三 | 一三 | | 隆恭、准后使御馳走役となる。 | | 亀田城下大火、一三一軒焼失。 |
| 一七六五 | 明和 二 | | 隆恭、梶井御門跡御馳走役となる。 | | 亀田城下大火、二五〇軒焼失。 |
| 一七七四 | 安永 三 | | 小普請組支配の青山主馬御預。 | | |
| 一七八五 | 天明 五 | 6 | 領民二〇〇〇石上納に反対し強訴（亀田藩百姓一揆）。 | | 藩校創設、儒校を長善館、医校を上池館と称す。 |
| 一七八六 | 六 | | | | 石川善兵衛、石脇浜に黒松七〇〇万本植林。 |
| 一七八八 | 八 | | | | 赤田大仏堂建立、翌年完成。 |
| 一七九二 | 寛政 四 | | | | 藩士湯田善右衛門、最上郡より蚕師を招き小栗山に御倉をかりて養蚕を近村に伝習。 |
| 一八〇一 | 享和 一 | | | | |
| 一八二四 | 文政 七 | | | | 藩校長善館を亀田に新築。 |
| 一八三〇 | 天保 一 | | シーボルト事件の関係者馬場為八郎配流。 | | |
| 一八五二 | 嘉永 五 | 12・27 | 岩城氏城主格に昇格、陣屋を亀田城と改称。 | | 亀田城下大火、一三六軒焼失。 |
| 一八六八 | 明治 一 | 4・19 | 本荘藩らとともに新政府軍側として庄内軍と交戦（三崎口合戦）。 | | |
| | | 8・3 | 亀田藩、庄内軍へ降服。 | | |

○出典（『本荘市史』史料編Ⅱ）

## 〔藩の職制〕

○格と職

御家門方　物頭衆　御目付

御老中　御蔵衆　御祐筆

宿老衆　御納戸　御広間衆

○家臣団構成

天和二年「亀田藩分限帳」より

| 知行高 | 人数 |
|---|---|
| 一〇〇〇石 | |
| 七〇〇石 | |

| | |
|---|---|
| 六〇〇石 | |
| 五〇〇石 | 一 |
| 四〇〇石 | 二 |
| 三〇〇石 | 三 |
| 二〇〇石 | 一五 |
| 一〇〇石 | 四五 |
| 五〇石 | 三一 |
| 五〇石以下 | 一六 |
| 知行取合計 | 一一三人 一万三一四一石（四ッ高） |
| 扶持取合計 | 四八〇人（足軽二一一人を含め） 一一五〇人半扶持 |
| 総人数 | 五九三人 |

・郷士制度 なし

〔領内支配（地方支配）の職制と系統〕

郡奉行――大庄屋――肝煎
（文化六年設定）

〔領内の支配区分〕

享保十年
内越通り 二二ケ村
川大内通り 二三ケ村
大正寺通り 一三ケ村
下浜通り 一六ケ村
合計 七四ケ村

○出典（『本荘市史』史料編Ⅲ）

〔村役人の名称〕

大庄屋――肝煎――組頭

〔領外（飛地）の支配構構〕 飛地なし

〔領内の主要交通路〕

1 亀田より大正寺通りに至る街道
2 石脇より下浜通りに至る街道
3 石脇より大川内通りに至る街道
4 石脇より内越通りを通り亀田に至る街道

〔番所の所在地〕

石脇御番所 桂根（関所） 畑谷番所

〔在町、津出場・米蔵の所在地〕

○在 町

亀田藩においては、城下のほかに石脇を町扱いとした。

○津出場・米蔵

・津出場 内越通り 石脇湊、松ケ崎湊
・米蔵 石脇御蔵（本荘市石脇字中町）
徳沢御蔵（大内町字徳沢）

〔江戸城の詰間〕

柳間（文化期）

〔江戸屋敷の所在地〕

文化期

| 屋敷 | 所在地 |
|---|---|
| 上屋敷 | 小石川御門内　大手ヨリ十七町 |
| 下屋敷 | 本所五ツめ、大くぼ |

○出典（『文化武鑑』）

〔藩校〕

| 藩校名 | 成立年月 | 所在地 |
|---|---|---|
| 長善館 | 天明6年 | 当初は陣屋内に設置 |

**沿革**　六代藩主岩城隆恕の代に創設。
**目的**　藩政に有為なる人材を登用すること。
**教科内容**　習字・素読・自読・輪講
**主な教授**　大内久太夫・鵜沼助四郎

〔藩の基本史料・基本文献〕

『本荘市史』史料編Ⅱ・Ⅲ　本荘市　昭和五七年
『亀田郷土史』上・下　岩城町郷土史編集委員会　昭和五五年

（執筆者・半田和彦）

# 本《ほん》荘《じょう》藩

〔藩の概観〕

元和九年（一六二三）から明治四年（一八七一）までの六郷氏二万石の外様藩。藩領は子吉《こよし》川南岸を中心として仁賀保氏領、生駒氏領、亀田藩と接する。領域の中に天下の景勝地〝象潟《きさがた》〟が含まれている。

家臣団構成は旧領出羽仙北《せんぼく》以来の直臣を中心とし、その他有力外様の一統衆や由利入部後の新採用家臣、そして常陸府中期の現地採用家臣など六〇一名（延宝二年御家中分限帳）からなっている。藩政の前中期には、隣領亀田藩との真木《まぎ》山論争、旗本領との冬師《とうし》・かじか沢論争の二大論争があり、ともに対立の中で死者を出している。

天明期、石沢騒動といわれる農民騒動が勃発するが、農民側への弾圧で事件を解決。文化元年（一八〇四）の象潟地震は死者一六一人の大被害となり、地盤の隆起で象潟は陸化し、天下の景勝地は消滅する。藩は跡地の新田開発を計画したが、その地の古刹蚶満寺《かんまんじ》住職の閑院宮家を後盾とした開田反対運動（蚶満寺一件）にあい、長期化の後完成する。藩制のほぼ全期にわたり、四ッ取を原則とする蔵米知行制であった。藩石高は新開を中心として増加し、ピーク時の寛政十年（一七九八）には三万一五九一石余に達している。米作が中心で他の産業に見るべきものはない。わずかに海岸部の金浦《このうら》、塩越地域で漁業が行なわれている程度である。城下に接する湊町古雪《ふるゆき》は、西廻海運の寄港地として各地の物質が集積し、有力廻船問屋が発達した。

藩財政は成立当初より逼迫し、各地の有力商人に依存していた。中でも酒田の本間家と泉州商人食野《めしの》家と深く結びつく。商圏的には酒田圏に入る。文化期の藩政担当者、新参江戸家老内本一九郎による財政再建策は、譜代勢力の反対にあい失敗（内本一九郎事件）した後、無策の内に天保十四年（一八四三）本間による取引停止となる。その後、幕末期に年貢の増徴や御用金賦課、人材登用などを行なったが有効な打開策を見い出せないまま戊辰戦争を迎える。戊辰戦争では当初から隣接する大藩秋田藩と行動を共にし、庄内軍と戦い領内の過半を戦火で焦土とする。

## 〔藩の居城〕

**城**

名　称　①本荘城　②鶴舞城

所在地　秋田県本荘市出戸町字尾崎

家数・人口　三七八四軒・二万三九一一人（延宝二年）

## 〔藩主の系図〕（姻戚関係）

**六郷家**　**外様**

常陸国府中から→**政乗**《まさのり》

- **政勝**《まさかつ》
  - **政信**《まさのぶ》
    - **政晴**《まさはる》
      - 政英
      - **政長**《まさなが》
        - **政林**《まさしげ》政蔭男政経
          - 政展 政長次男
          - **政速**《まさちか》
            - 政芳—政恒
            - **政純**《まさずみ》—**政恒**《まさつね》政芳男—**政殷**《まさただ》—**政鑑**《まさかね》
          - 女子 三枝土佐守守義妻
        - 政展
        - 女子 佐竹山城妻
      - 女子 牧野内膳正康周室
      - 女子 大関伊予守増興室
      - 政蔭—政経
      - 女子 生駒刑部親賢妻
      - 女子 小堀大膳政春室
    - 女子 三枝摂津守妻
    - 女子 松平金七郎妻
- 政徳 平兵衛
- 政直 藤右衛門
- 政秀 十左衛門

## 〔藩（大名）の家紋など〕

**六郷家**

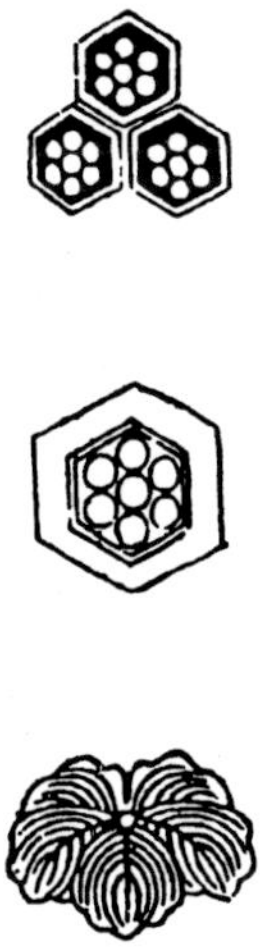

家紋　三亀甲の内七星　亀甲の内七星　蔦

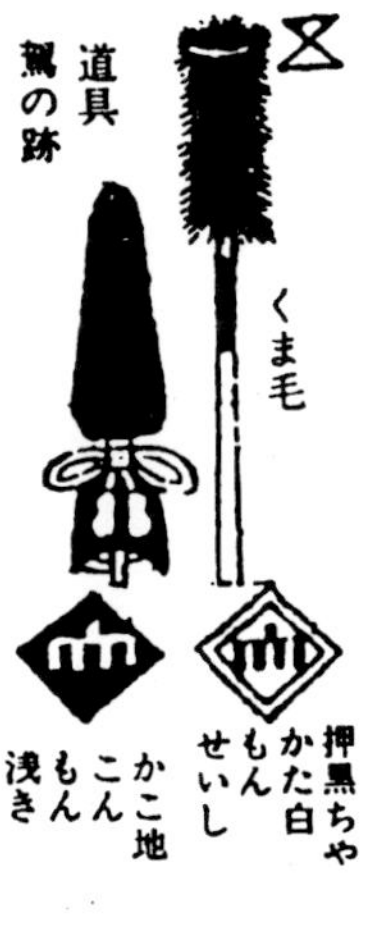


○出典（『文化武鑑』）

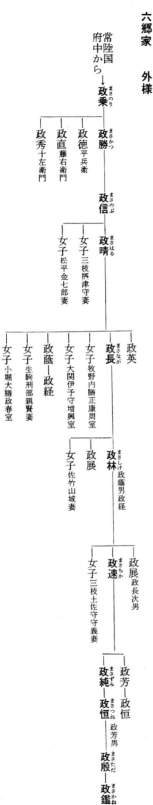

## 〔藩主一覧〕（歴代藩主および石高・所領の変遷）

| 姓 | 諱 | 受領名または官名 | 通称 | 生没年月日 | 戒名と菩提所（所在地） | 藩主就任・退任年月日 | 江戸幕府就任役職名・就任退任年月日 | 石高変遷年月日（西暦） | 石高（表高） | 領地（国郡名） |
|---|---|---|---|---|---|---|---|---|---|---|
| 六郷 | 政乗 | 兵庫頭 | 長五郎 | 永禄10～寛永11・4・28 | 政乗院　永泉寺（秋田県本荘市出戸町給人町） | 元和9・10～寛永11・4・28 | | 元和9（一六二三） | 二〇四〇〇 | 出羽国由利郡 |
| 六郷 | 政勝 | 伊賀守 | 長五郎 | 慶長14～延宝5・1・12 | 陽光院　万隆寺（東京都台東区浅草） | 寛永11・6・6～延宝4・6・晦 | | | 〃 | 〃 |
| 六郷 | 政信 | 佐渡守 | 伊織 | 寛永12～貞享2・7・21 | 見性院　万隆寺（〃） | 延宝4・6・晦～貞享2・7・21 | | | 〃 | 〃 |
| 六郷 | 政晴 | 阿波守 | 荘之助 | 延宝3～寛保1・3・27 | 善性院　万隆寺（〃） | 貞享2・9・22～享保20・3・2 | 奥詰　元禄6・1・28～元禄7・11・11 | | 〃 | 〃 |
| 六郷 | 政長 | 伊賀守 | 民部 | 宝永3～宝暦4・8・5 | 瑞林院　万隆寺（〃） | 享保20・3・2～宝暦4・8・5 | | | 〃 | 〃 |
| 六郷 | 政林 | 兵庫頭 | 長之助 | 元文2～寛政9・9・10 | 徳巌院　万隆寺（〃） | 宝暦4・10・2～天明5・3・10 | | | 〃 | 〃 |
| 六郷 | 政速 | 伊賀守 | 尚三郎 | 明和1～文化9・10・26 | 寛広院　万隆寺（〃） | 天明5・3・10～文化9・10・26 | | | 〃 | 〃 |
| 六郷 | 政純 | 阿波守 | 勝吉 | 享和1～文政5・8・22 | 寛量院　万隆寺（〃） | 文化9・12・28～文政5・8・22 | | | 〃 | 〃 |

| 姓 | 諱 | 受領名（または官名） | 通称 | 生没年月日 | 戒名と菩提所（所在地） | 藩主就任・退任年月日 | 江戸幕府就任役職名・就任退任年月日 | 石高変遷年月日（西暦） | 石高（表高） | 領地（国郡名） |
|---|---|---|---|---|---|---|---|---|---|---|
| 六郷 | 政恒 | 兵庫頭 | 繁次郎 | 文化8～嘉永3・10・16 | 真霊院　永泉寺（秋田県本荘市出戸町給人町） | 文政5・12・14～嘉永1・2・22 | | | 二〇〇〇〇 | 出羽国由利郡 |
| 六郷 | 政殷 | 伊賀守 | 佳之助 | 文政11～文久1・3・14 | 賢良院　万隆寺（東京都台東区浅草） | 嘉永1・2・22～文久1・3・14 | | | 〃 | 〃 |
| 六郷 | 政鑑 | 兵庫頭 | 長五郎 | 嘉永1～明治40・7・23 | | 文久1・6・5～明治4・7・14 | | | 〃 | 〃 |

〇出典（『本荘市史』史料編Ⅱ）

## 〔藩史略年表〕

| 西暦 | 和暦 | 月日 | 政治・法制 | 月日 | 社会（文化を含む）・経済 |
|---|---|---|---|---|---|
| 一六二三 | 元和九 | 10 | 六郷政乗、二万石で由利本庄に常陸国府中一万石から転封。 | | |
| 一六二四 | 寛永一 | 10 | 領内総検地を実施。 | | |
| 一六二八 | 五 | | 政乗、江戸城石垣修築助役を命ぜられる。 | | |
| 一六二九 | 六 | | 紫衣事件で妙心寺の僧単伝、本庄に配流。城下泉流寺に住す。 | | |
| 一六三三 | 一〇 | | 松平忠直の家臣小山田伝四郎、本庄に配流。 | | |
| 一六三五 | 一二 | | 対馬国竜法院の卜庵、本庄に配流。 | | |
| 一六三六 | 一三 | | 政勝、江戸城惣郭造営を命ぜられる。 | | |
| 一六四〇 | 一七 | | 生駒氏領仁賀保郷と六郷氏領下村・玉米・向矢島の替地。 | | |
| 一六四四 | 正保一 | | | | 領内大地震、死者六三人。 |
| 一六五一 | 慶安四 | | 公儀預人の卜庵病没。 | | |
| 一六五四 | 承応三 | | 新貢租制度として加免一ッ七歩出の制度開始。 | | |
| 一六五八 | 万治一 | | 火事復興のため幕府より借銀、一三〇貫。 | | |
| 一六六〇 | 三 | | 政勝、下屋敷拝領。 | | |

| 西暦 | 和暦 | 月日 | 政治・法制 | 月日 | 社会(文化を含む)・経済 |
|---|---|---|---|---|---|
| 一六六三 | 寛文三 | | 公儀預人の小山田伝四郎、赦免。 | | |
| 一六六七 | 七 | | 幕府巡見使、来庄。 | | |
| 一六六九 | 九 | | 藩主一族、政信物成の内四三〇〇石、次男頼母二〇〇〇石四ツ取、主馬助四〇八石分知、地方にて渡す。 | | |
| 一六八一 | 天和一 | | 政信、随心院御門跡御馳走役となる。 | | |
| 一六八三 | 三 | | 冬師・かじか沢論争起こる。 | | |
| 一六八七 | 貞享四 | 7・6 | 幕臣竹内三郎兵衛、本庄に配流。 | | |
| 一六九五 | 元禄八 | | 不作のため家中知行半知となる。 | | |
| 一六九六 | 九 | | 政晴、院使醍醐大納言殿御馳走役となる。 | | |
| 一七〇一 | 一四 | | 政晴、江戸城石垣普請を命ぜられる。 | | |
| 一七〇三 | 一六 | | 政晴、公家御馳走役となる。 | | |
| 一七〇四 | 宝永一 | | 政晴、江戸城辺石垣修築助役となる。 | | |
| 一七〇九 | 六 | | 政晴、中宮使外山宰相殿御馳走役となる。 | | |
| 一七一二 | 正徳二 | | 真木山論争起こる。政晴、仙洞使中院大納言殿御馳走役となる。 | | |
| 一七一四 | 四 | | 政晴、女院幸原宰相殿御馳走役となる。 | | |
| 一七一八 | 享保三 | | 政晴、法皇使御馳走役となる。 | | |
| 一七三七 | 元文二 | | 政長、仙洞使御馳走役となる。 | | |
| 一七五三 | 宝暦三 | | | 12・25 | 本庄城下大火(一八〇軒焼失)。 |
| 一七六四 | 明和一 | | 泉州商人食野、銀主を拒否。 | | |
| 一七六五 | 二 | | 政林、日光青蓮院宮様御馳走役となる。 | | |
| 一七七〇 | 七 | | | 5・1 | 日食を観測。 |
| 一七八四 | 天明四 | | 石沢騒動発生。 | | |
| 一七八八 | 八 | | | | 本庄廻船問屋と平沢・三森問屋の対立起こる。 |
| 一七八九 | 寛政一 | | 本庄町と隣領石脇村との間で子吉川論争発生。 | | |
| 一七九三 | 五 | | | | 塩越潤の工事開始。 |
| 一七九五 | 七 | | 政速、院使堀川宰相殿御馳走役となる。 | 3・23 | 本庄城下大火(七八〇軒焼失)。 |
| 一八〇四 | 文化一 | | | 6・4 | 象潟大地震(領内の死者一六八人)。景勝地〃象潟〃消滅。 |
| 一八〇五 | 二 | | | | 本庄城下大火(作事所火事)。 |
| 一八一〇 | 七 | | 江戸家老内本一九郎、財政改革実施。蚶満寺の僧覚林、象潟干拓への反対運動起こす。 | | |
| 一八一三 | 一〇 | | 内本一九郎失脚(内本一九郎事件)。 | | |

| 西暦 | 和暦 | 月日 | 政治・法制 | 月日 | 社会（文化を含む）・経済 |
|---|---|---|---|---|---|
| 一八一八 | 文政一 | | 酒田の本間、銀主に依頼される。 | | |
| 一八二一 | 四 | | 政純、院使冷泉前中納言殿御馳走役となる。 | | |
| 一八二八 | 一一 | | 西目潟干拓開始。五ヶ年の倹約令実施。 | | |
| 一八二九 | 一二 | | 政恒、院使高倉中納言殿御馳走役となる。 | | |
| 一八三七 | 天保八 | | | | 城下近郊に大堤建設。人足一三一六人を動員。 |
| 一八四二 | 一三 | | 西目潟完成。 | | |
| 一八四三 | 一四 | | 銀主、酒田の本間融資を拒否。 | | |
| 一八五二 | 嘉永五 | | 六ヶ年倹約令実施、刈掛制実施。 | | |
| 一八五八 | 安政五 | | 政殿、准后使堀川三位殿御馳走役となる。 | | |
| 一八六八 | 明治一 | 4・19 | 本荘藩、新政府軍側として庄内軍と交戦（三崎口合戦）。 | | |
| | | 8・6 | 本庄城自焼。 | | |

○出典（『本荘市史』史料編Ⅲ）

## 〔藩の職制〕

○格と職

御一門　御勝手御給人格
御着座格　表御中小姓格
物頭格　御白木之間御中小姓格
奉行格　御徒士格
表給人格

○家臣団構成

| | 慶安三（一六五〇） | 延宝二（一六七四） | 明治四（一八七一） |
|---|---|---|---|
| 一〇〇〇石 | | 二(二) | |
| 七〇〇石 | | 三(三) | 一(一) |
| 六〇〇石 | | | 一(一) |
| 五〇〇石 | 一(一) | 三(一) | |
| 四〇〇石 | 一(一) | | 一(一) |
| 三〇〇石 | 四(三) | 二 | |
| 二〇〇石 | 二 | 九 | 六(一) |
| 一〇〇石 | 一八(一) | 二八(一) | 三二(三) |
| 五〇石 | 三 | 八 | 四三 |
| 合計人数 | 二九人(五) | 五五人(七) | 八四人(六) |
| 知行高計 | 四三〇〇石<br>取米六七二〇俵 | 四ッ高二〇三七石<br>取米二四七〇〇俵 | 九五七〇石<br>取米二六〇〇俵 |
| 金切米 | | | |
| 合計人数 | 三一人 | 八五人 | |
| 取米計 | 九六八俵 | 六九七俵＋三九九両 | |

| 米切米 | 合計人数 | 取米計 | その他 | 足軽 | その他 | 江戸屋敷 | |
|---|---|---|---|---|---|---|---|
| | 六一人 | 一七四四俵 | | 一三七人 三三〇八俵 | 一〇一人 七六八俵 | 七人 ？ | 合計三六六人（帳簿上三七〇人） 取米 一三五二八俵 |
| | 一三人 | 三八二俵 | | 一七七人 四九一〇俵 | 一三三人一八六〇俵＋三六両 | | 五六一人（帳簿上六〇一人） 取米 三五三四九俵 |
| | 三五一人 | 一〇五五五俵 | | 三一三人 八七四俵 | | | 六四八人 三〇九二九俵 |

（　）は一族数。

○出典（半田和彦『秋田地方史論集』）

〔領内支配（地方支配）の職制と系統〕

郡奉行（2名）——郷代官（最大数12名）——手代（郷に1名）

〔領内の支配区分〕

| 郷名 | 村数 | 備考 |
|---|---|---|
| 内越郷 | 五 | |
| 小友郷 | 一〇 | |
| 石沢郷 | 七 | |
| 滝沢郷 | 一四 | |
| 鮎川郷 | 五 | |
| 子吉郷 | 五 | |
| 潟保郷 | 二 | |
| 琴浦郷 | 二 | |
| 芹田、金浦郷 | 五 | 芹田組、金浦組となっている |
| 塩越郷 | 四 | |
| 西小出郷 | 九 | |
| 出戸分 | 一 | 城下周辺農村 |
| 計 | 七二ケ村 | （注、合計数字は史料のママ） |

○出典（「元禄六年藩内取米立付帳」鈴木専太郎氏所蔵文書）

〔村役人の名称〕

名主（肝煎、庄屋と称した時期もある）——組頭（村ごとに二名以上）
　　——小走（数ケ村に一名）

〔番所の所在地〕

琴浦郷——琴浦番所
滝沢郷——吉沢番所
鮎川郷——黒沢番所
西小出郷——冬師・釜ケ台番所
内越郷——川口番所・土谷番所（初期のみ設置）
石沢郷——鳥田目番所
出戸分——下川原番所・大水口番所（役所）
塩越郷——塩越新番所

## 〔在町、津出場・米蔵の所在地〕

○在町

本荘藩では、城下と塩越（現象潟町）に町奉行を置いた。そのほか滝沢郷内に前郷町がある。

○津出場・米蔵

・津出場　古雪港、三森港、塩越港の三港

・米蔵　本荘市出戸町岩渕下に、藩の米蔵である岩渕御蔵があった。

## 〔江戸城の詰間〕

**柳間**（天明期）

## 〔江戸屋敷の所在地〕

| 屋敷 | 所在地 |
|---|---|
| 上屋敷 | 浅草観音裏 |
| 下屋敷 | 浅草田中 |

○出典（『天保武鑑』）

## 〔藩札〕

明治二年十二月から向こう四年間通用。五〇〇文札、一二〇文札の存在確認。発行元不明。発行量不明。

## 〔藩校〕

| 藩校名 | 成立年月 | 所在地 |
|---|---|---|
| 修身館 | 天明年間 | 城中三ノ丸 |

**沿革**　七代藩主六郷政速が、城中三ノ丸（後城下桜小路に移動）に創立したもの。維新後の明治二年、総称館と改称。五〇名余の定員。

**目的**　藩士子弟の教育をめざし、漢籍を中心とし、皇学・兵学・算学・珠算・算道など五教科を学んだ。

## 〔参勤交代〕

本庄―酒田―尾花沢―関町―郡山のルート。一一日間の行程。延宝五年（一六七七）、三代政信の時の例では、一行二六〇人（四五人家中、五二人雇、一六〇人足軽・中間年季者）。

## 〔藩の基本史料・基本文献〕

『本荘藩分限帳』上・中・下（本荘市誌編纂資料八・九・一〇）

『本荘市史』史料編Ⅱ・Ⅲ　本荘市　昭和五七年

（執筆者・半田和彦）

# 仁《に》賀《か》保《ほ》藩

〔藩の概観〕

元和九年（一六二三）から寛永元年（一六二四）までの一万石の外様藩。

藩領は、由利郡の内平沢・院内以南と旧本多正純領の内の知行配分残りの一五八石であった。なお、六郷氏本荘藩と接する地域の室沢村は、本荘藩と仁賀保藩の相給村であった。この藩域の中に天下の名勝地象潟《きさがた》がある。

藩主仁賀保氏は、中世以来由利を支配してきた武将で、由利諸領主（由利十二頭）の中では旗頭的存在であった。太閤朱印状によると、天正十八年（一五九〇）時の知行高は三七一六石である（仁賀保家文書より）。

関ヶ原合戦の際、上杉攻撃の功が認められ、慶長七年（一六〇二）、常陸国武田（茨城県行方郡）に五〇〇〇石で移封された後、「庄内と由利三崎山の関所の押えとして」元和九年、一万石の大名として旧領に遷封された。

居城は戦国期の山城、山根館（現仁賀保町地内）ではなく、海岸部の湊町塩越（現象潟町地内）の塩越城とした。

寛永元年（一六二四）二月、初代藩主挙誠《たかのぶ》死去。菩提寺の禅林寺《ぜんりんじ》（仁賀保町院内字大門）に葬る。その所領は遺言により長男蔵人良俊に七〇〇〇石、次男内膳誠政に二〇〇〇石、三男内記誠次に一〇〇〇石、四男主馬に七〇〇石と、それぞれ分知し、ともに旗本となった。

その後、主馬は寛永五年、蔵人は同八年死去し、ともに嗣子がないため断絶。

結局、この地には二〇〇〇石家と一〇〇〇石家の二旗本領が、仁賀保の平沢にともに陣屋を構え領民を統治した。

〔藩の居城〕

城

名　称　塩越城

所在地　秋田県由利郡象潟町

家数・人口　未詳

〔親疎の別〕　仁賀保家　外様

（執筆者・半田和彦）

# 矢《や》島《しま》藩

〔藩の概観〕

寛永十七年（一六四〇）七月から万治二年（一六五九）までの一万石の外様藩。初代藩主生駒高俊《いこまたかとし》は讃岐高松一七万石の大大名であったが、家臣間の対立事件——生駒騒動——により領地没収となった。しかし、名族故家名存続として賄料一万石で、由利郡矢島に入部した。無城格で陣屋は八森《はちもり》城。領地は当初、旧内越氏領三〇〇〇石(矢島筋)、旧仁賀保領七〇〇〇石(仁賀保筋)、それに旧本多正純領(大沢筋)からなっていた。

しかし、生駒氏の入部直後に、本荘藩六郷氏領向矢島、玉米・下村方面四六〇〇石余と生駒氏領仁賀保筋四六〇〇石余を領地替えしたため所領は複雑となり、矢島筋三〇〇〇石余、仁賀保筋一三〇〇石余、大沢筋一〇〇〇石余、そして向矢島、玉米・下村筋四六〇〇石の四地域からなっていた。そのため仁賀保筋の伊勢居地村は生駒氏領三七二石のほか、六郷氏領一三〇石、仁賀保氏領五四石と三領主の分割支配する相給村であった。

家臣団は、それぞれの出身からみると讃岐以来の直臣団を中心としながら、地元矢島在住の旧内越氏家臣や戦国期の大井氏(由利十二頭のひとり)家臣らを含んでおり、領地同様複雑な構成となっている。

初代高俊の母円智院は藤堂高虎の養女であったこともあり、藤堂家の後見は長く続き、天保飢饉の際も同家からの援助米を受けている。妻は有力譜代大名土井利勝の娘であった。万治二年六月矢島にて疫没。菩提寺である竜源寺に葬る。白性院芳厳道栄という。

高俊の子高清《たかきよ》は万治二年、父の遺言により領地の内二〇〇〇石を弟俊明《としあき》に分知(生駒、伊勢居地家)したため、両家ともに旗本身分となり江戸在住となる。

しかし、宗家は交代寄合表御礼衆として万石大名に准ずる格式であった。家紋は半車。

## 〔藩の居城〕

**陣屋**

名　称　①矢島城　②八森館

所在地　秋田県由利郡矢島町

家数・人口　未詳

## 〔親疎の別〕

**生駒家**　　**外様**

(執筆者・半田和彦)

# 出羽国（山形県）の諸藩

新庄藩　長瀞藩
庄内藩　天童藩
大山藩　山形藩
左沢藩　上山藩
松山藩　高畠藩
丸岡藩　米沢藩
村山藩　米沢新田藩

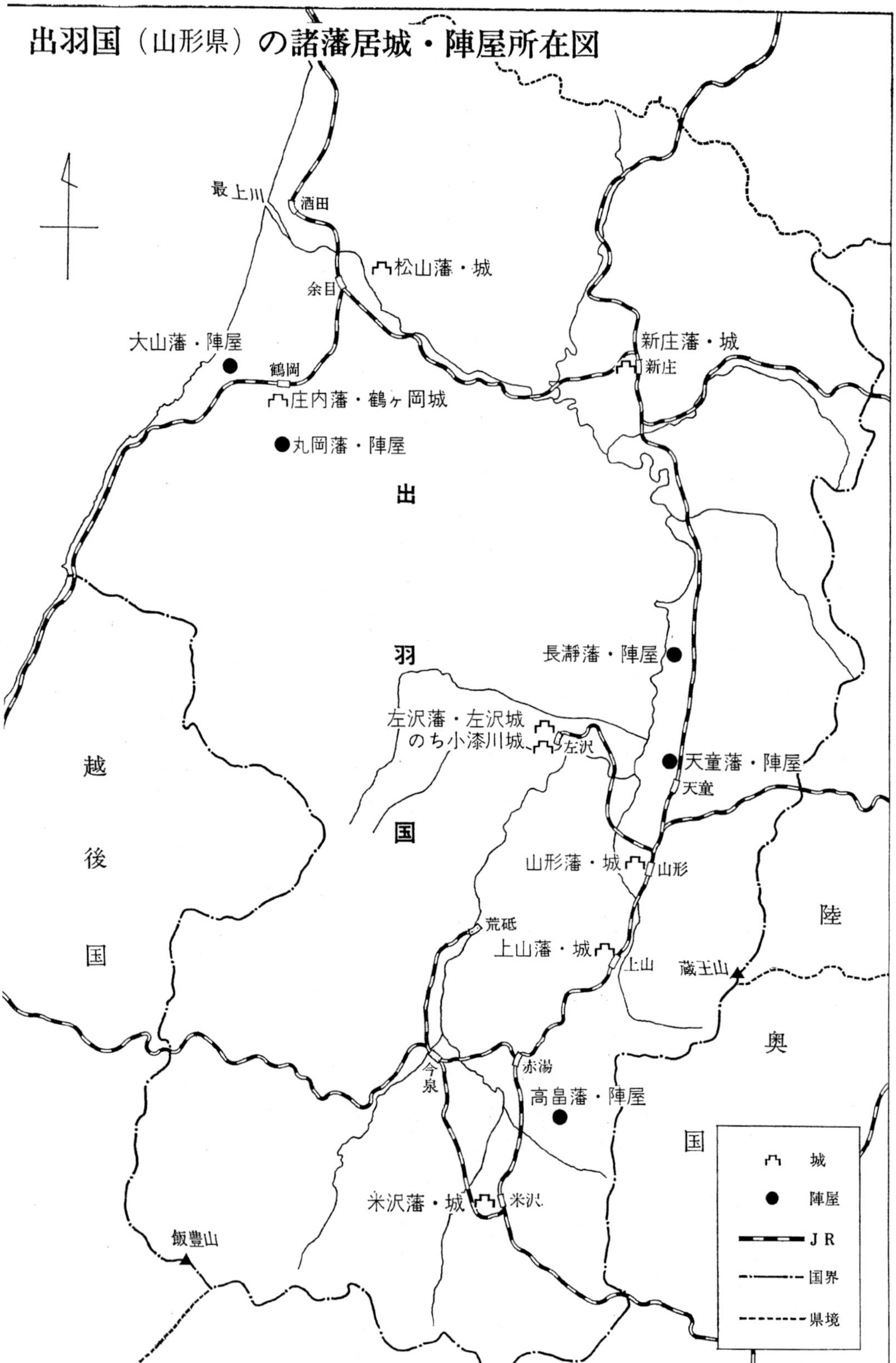
出羽国（山形県）の諸藩居城・陣屋所在図
最上川
酒田
松山藩・城
余目
大山藩・陣屋
鶴岡
庄内藩・鶴ヶ岡城
丸岡藩・陣屋
新庄藩・城
新庄
出
羽
国
長瀞藩・陣屋
左沢藩・左沢城
のち小漆川城
左沢
天童藩・陣屋
天童
山形藩・城
山形
荒砥
上山藩・城
上山
蔵王山
陸
奥
国
越
後
国
赤湯
今泉
高畠藩・陣屋
米沢藩・城
米沢
飯豊山
城
陣屋
JR
国界
県境

# 新《しん》庄《じょう》藩

〔藩の概観〕

新庄藩は、出羽国最上《もがみ》郡(山形県)一円と村山郡の一部(大石田町・村山市・河北町の各一部)を領有した外様中藩である。新庄藩は、元和八年(一六二二)、戸沢政盛《まさもり》の入部によって始まる。すなわち、同年、この地方を領していた山形最上氏の改易にともない、戸沢氏が当地方六万石を継ぐことになった。戸沢氏は、以後明治初年まで一一代にわたってこの地方を支配した。

政盛は、はじめ最上氏家臣鮭延《さけのべ》氏の居館真室《まむろ》城に入部したが、新庄城の完成とともに、ここに移って藩政を展開した。新庄城は、最上家臣日野将監の居館を拡張整備したものである。彼はこの城を中心に城下町の整備をすすめ、家臣団を編成し、さらに領内の新田開発、鉱山開発を推進し、余剰の物産を上方市場に移出して藩財政の確立につとめた。

寛永二年(一六二五)、新庄藩は六万八二〇〇石の表高になる。これは政盛が実施した領内検地の成果と新田開発による増加であった。

慶安三年(一六五〇)、政盛の死去により、正誠《まさのぶ》がその跡を継いだ。正誠は以後宝永七年(一七一〇)まで、六〇年にわたって藩主の座にあり、ほとんど専制的な権力を振った。城下町整備事業の完成、多数の家臣の新規召抱え、領内総検地の実施(寛文・延宝期)、近世的貢租体系の確立(天和の盛付)、地方知行から蔵米制への転換(寛文八年)などなど、藩政確立の指標はほとんどこの時代に求められる。

元禄・宝永の頃、新庄藩は全盛時代を迎えた。年貢収納高のもっとも多いのも(元禄十三年、一三万二〇〇余俵)、また、領内人口がピークに達したのも(元禄十六年、五万八〇〇〇余人)、この時代である。

しかし、反面、正誠の放慢な政策もあって、藩財政は次第に窮迫を告げ、宝永七年(一七一〇)には、家臣からの借上げが行なわれるようになった。三代正庸《まさつね》は退勢を挽回すべく、大規模な地方帳の整備を行なったり(正徳の地方改め)、厳しい倹約令を布達したりしたが(正徳の条々)、崩れかけた大勢は留む得べくもなかった。加えて、中期~後期には、宝暦五年(一七五五)、天明三~四年(一七八三~八四)、天保四年(一八三三)とほとんど周期的に凶作・飢饉に見舞われ、農村は極度に疲弊した。年貢収納高は激減し、藩財政は危機的状況にまで追い込まれた。

藩の負債は膨大となり、天保二年(一八三一)の調べでは、江戸表分だけでも九万四〇〇〇余両に及んだ。これは藩収入のほぼ三~四年分に匹敵する額であった。領内人口の減少も深刻なものがあった。元禄期に約五万八〇〇〇人を数えた人口が、宝暦九年(一七五九)には四万五〇〇〇余人までに落ちこんだ。以後、この数は、藩の必死の努力にもかかわらず、ほとんど変らなかった。

五代藩主正諶《まさのぶ》(延享二年家督、明和二年卒去)は、宝暦飢饉後の危機を克服すべく、家老北条六右衛門を用いて、藩士の俸禄を減じたり、幕府に拝借米を願い出たり、田畑の改め(安永の地押)を行なったりして改革をはかったが、目立った効果はなかった。

一〇代藩主正令《まさよし》もやや根本的な改革をはかったが、在職四年にして、その成果をみないままに急死した。しかし、改革の精神は家老吉高勘解由によってひきつがれた。吉高の改革は嘉永の改革といわれ、財政の緊縮、年貢の代官直取立、強制的な備荒貯穀、漆・桑などの強制植立、養蚕奨励、紫山の新田開発、絹織物・製陶などの国産奨励などの多岐にわたる積極的なものであった。これによって、藩財政はかなりの好転をみせ、領内人口も幾分の回復をみた。

慶応四年（一八六八）四月、新政府の奥羽鎮撫軍副総督沢為量の一行は、仙台から笹谷峠を越え、山形・天童を経て新庄に至り、同月二十三日には、新庄兵とともに、庄内領清川に攻め入った。しかしこれは庄内勢の迎撃に会い失敗した。その後、新庄藩は奥羽越列藩同盟に加盟し、佐幕の立場に立った。新政府軍は一時秋田に退くが、間もなく勢をもりかえし、七月、雄勝峠を越して新庄領に進入した。同盟軍はこれを主寝坂峠で防いだが、新庄藩の同盟離脱により惨敗した。これを怒った同盟軍は、庄内兵を中心に反撃を開始し、新庄城を攻略した。新庄の城と町は黒煙を噴いて焼け落ちた。藩主正実《まさざね》は政府軍とともに秋田に落ちのび、新庄は以後政府軍の再奪回まで七〇日間にわたって庄内藩の占領下に置かれた。

明治二年、正実は戦後の論功行賞によって一万五〇〇〇石を賜わった。同二年六月、版籍奉還により藩主は藩知事に任ぜられたが、同四年、廃藩置県によって東京に移り、新庄藩は一時新庄県を称するが、同年九月、山形県に併せられた。

## 〔藩の居城〕

**城**

**名称** ①新庄城 ②沼田城 ③鵜沼城

**所在地** 山形県新庄市堀端町

**家数・人口** 延宝六年 一三五〇軒（新庄城下軒数・家中町共）・五万三三七〇人（藩士以外）

延宝八年 一〇四二軒（新庄城下軒数・家中町共）・五万二五六〇人（藩士以外）

寛政六年 七五〇一軒・四万一五〇六人（全領藩士以外）

文化九年 七七〇七軒・四万三九五一人（全領藩士以外）

○出典（『吉村本新庄領村鑑』、鳥村家文書『増訂最上郡史』所収）

## 〔藩（大名）の家紋など〕

**戸沢家**

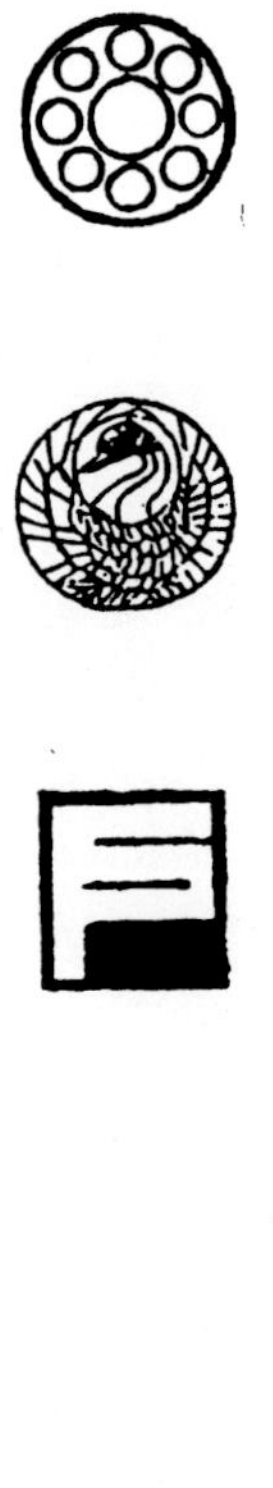

家紋 丸に九曜 鶴の丸 戸の字

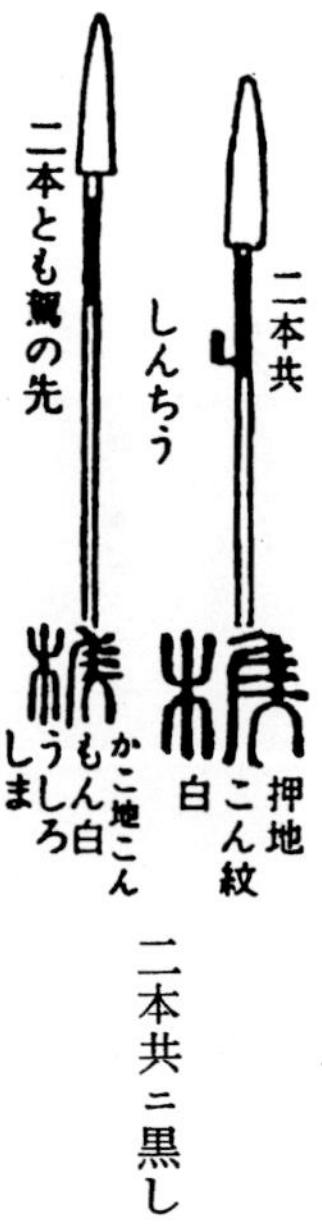


二本共ニ黒し

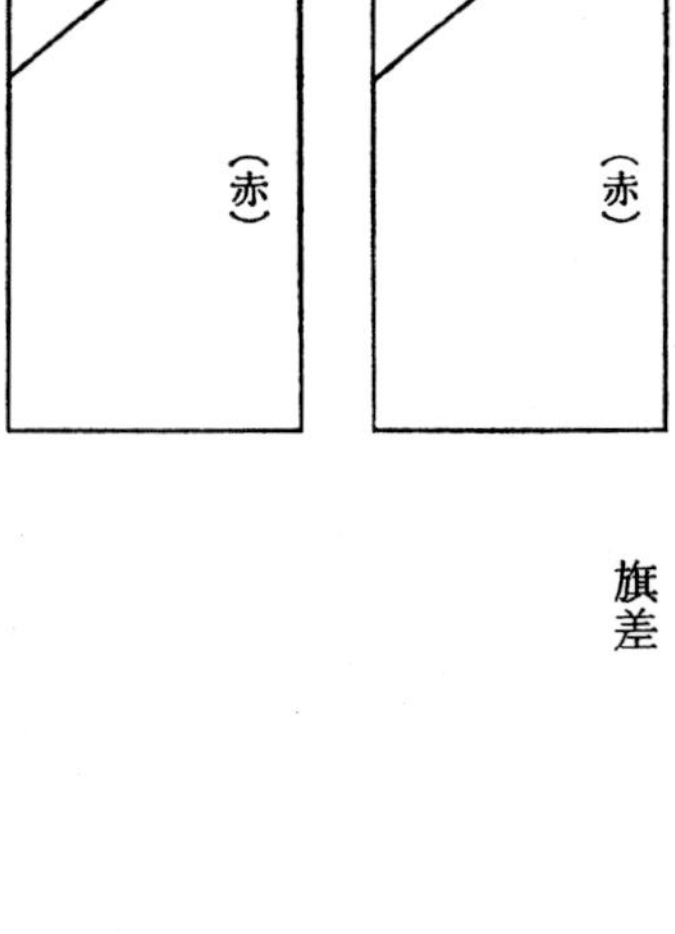


旗差

馬標 三階笠

○出典（『武鑑』（表紙欠）『政盛公・正職公・正庸公・正勝公御四代之御記録』〔戸沢家文書〕『文化武鑑』、現存の実物）

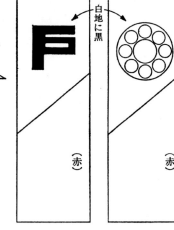

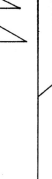

## 〔藩主の系図〕（姻戚関係）

**戸沢家**　**外様**（譜代待遇）

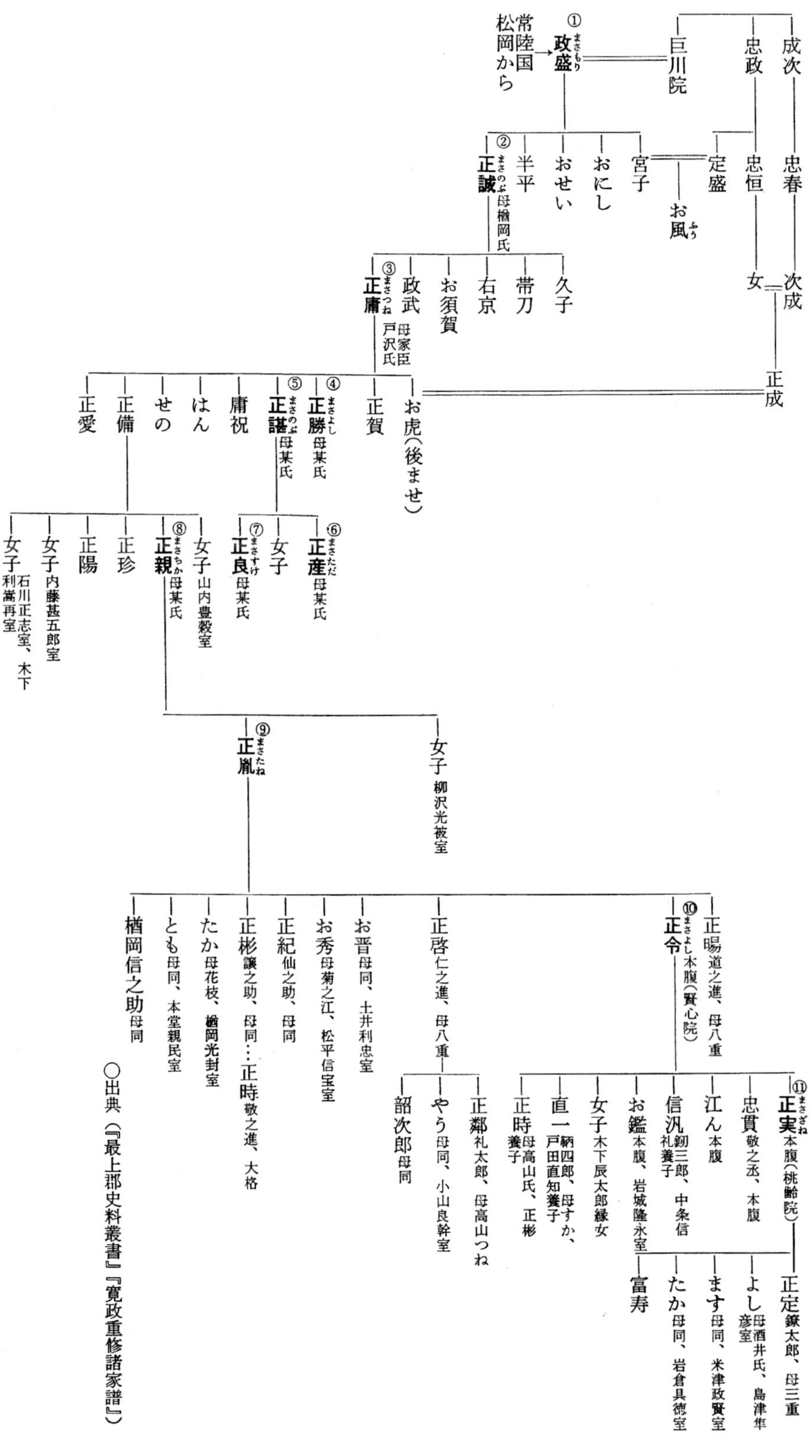


○出典（『最上郡史料叢書』『寛政重修諸家譜』）

## 〔藩主一覧〕（歴代藩主および石高・所領の変遷）

| 姓 | 諱 | 受領名または官名 | 通称 | 生没年月日 | 戒名と菩提所（所在地） | 藩主就任・退任年月日 | 江戸幕府就任役職名・就任退任年月日 | 石高変遷年月日（西暦） | 石高（表高） | 領地（国郡名） |
|---|---|---|---|---|---|---|---|---|---|---|
| 戸沢 | 政盛 | 右京亮 | 九郎五郎 | 天正13～慶安1・閏1・22 | 源勝院庭山前公 常林寺（東京都港区三田） 瑞雲院（山形県新庄市十日町太田） | 元和8・10・19～慶安1・閏1・22 | | 元和8・10・1（一六二二）<br>寛永2・3・7（一六二五） | 六〇〇〇〇<br>六八二〇〇 | 出羽国最上郡・村山郡の一部<br>出羽国最上郡・村山郡の一部 |
| 戸沢 | 正誠 | 能登守 | 千代鶴 | 寛永17・10・13～享保7・2・3 | 大輝院鳳山徳公、後贈香雲寺 桂岳寺（山形県新庄市十日町上西山） | 慶安3・8・7～宝永7・2・12 | | | 〃 | 〃 |
| 戸沢 | 正庸 | 上総介 | 内記 | 寛文4・5・4～元文5・12・27 | 源徳院瀧山常隆 瑞雲院（前同） | 宝永7・2・12～元文2・12・5 | | | 〃 | 〃 |
| 戸沢 | 正勝 | 上総介 | 六三郎 | 享保7・5・3～延享2・8・14 | 威箭院重山両透 常林寺（前同） 瑞雲院（前同） | 元文2・12・5～延享2・8・14 | | | 〃 | 〃 |
| 戸沢 | 正諶 | 上総介 | 猪野七郎 | 享保7・7・11～明和2・9・20 | 智徳院仁山宗勇 常林寺（〃） 瑞雲院（〃） | 延享2・10・7～明和2・9・20 | | | 〃 | 〃 |

| 姓 | 諱 | 受領名または官名 | 通称 | 生没年月日 | 戒名と菩提所（所在地） | 藩主就任・退任年月日 | 江戸幕府就任役職名・就任退任年月日 | 石高変遷年月日（西暦） | 石高（表高） | 領地（国郡名） |
|---|---|---|---|---|---|---|---|---|---|---|
| 戸沢 | 正産 | 能登守 | 孝次郎 | 宝暦10・6・23～安永9・10・3 | 宿仙院徳巌慈本　瑞雲院（山形県新庄市十日町太田） | 明和2・11・12～安永9・10・3 | | | 六八二〇〇 | 出羽国最上郡・村山郡の一部 |
| 戸沢 | 正良 | 主計頭 | 左京 | 宝暦12・閏4・16～天明6・8・10 | 戒運院勇山良将　瑞雲院（〃） | 安永9・12・7～天明6・8・10 | | | 〃 | 〃 |
| 戸沢 | 正親 | 上総介 | 城之進 | 宝暦7・3・3～寛政8・9・18 | 賢凉院寛翁道清　瑞雲院（〃） | 天明6・閏10・7～寛政8・9・18 | | | 〃 | 〃 |
| 戸沢 | 正胤 | 大和守 | 金太郎 | 寛政4・12・10～安政5・7・13 | 賢徳院義翁仁道　瑞雲院（〃） | 寛政8・11・19～天保11・3・18 | | | 〃 | 〃 |
| 戸沢 | 正令 | 能登守 | 千代鶴 | 文化10・1・2～天保14・5・22 | 仁亮院豪道善雄　常林寺（東京都港区三田）　瑞雲院（〃） | 天保11・3・18～天保14・5・22 | | | 〃 | 〃 |
| 戸沢 | 正実 | 上総介 | 千代鶴 | 天保3・11・17～明治29・8・16 | 正龍院（東京都港区三田）　瑞雲院（〃） | 天保14・7・16～明治2・3・27 | | 明治2・6・2 | 〃 | 一万五〇〇〇石、賞典拝領 |

○出典（「戸沢家譜」〔戸沢家文書〕『政盛公・正職公・正庸公・正勝公御四代之御記録』〔戸沢家文書〕）

## 〔藩史略年表〕

| 西暦 | 和暦 | 月日 | 政治・法制 | 月日 | 社会（文化を含む）・経済 |
|---|---|---|---|---|---|
| 一六二二 | 元和八 | 10・19 | 戸沢政盛、新庄領六万石を賜わる。 | | |
| 一六二三 | 九 | 7 | 政盛、真室城に入る。 | | 泉田村、開かれる。 |

| 西暦 | 和暦 | 月日 | 政治・法制 | 月日 | 社会（文化を含む）・経済 |
|---|---|---|---|---|---|
| 一六二四 | 寛永一 | | | | 庭月村名主大膳、村民二〇人を語らって仙北に逐電。吉沢堤築かれる。 |
| 一六二五 | 二 | 3・7 | 六万八二〇〇石の表高となる。 | | |
| 一六二九 | 六 | 9・初 | 新庄城普請始まる。山形城主鳥居忠政の縄張り。 | 4・18 | 新庄城本丸・二の丸・惣矢倉・家中町とも残らず焼失。 |
| 一六三三 | 一〇 | | | | この頃、大川与五兵衛父子、谷口銀山経営。 |
| 一六三五 | 一二 | 8 | 政盛、朝鮮信使饗応役を仰付けられる。鳥越街道に土居を築き柳を植える。 | | 蔵岡村渋谷助右衛門、幕府に領主の非法を訴える。 |
| 一六三六 | 一三 | 2 | 政盛、江戸城石垣普請仰付けられる。 | 8・3 | 新庄侍屋敷より出火。居城焼失。 |
| 一六三七 | 一四 | | | | 小国郷の耶蘇宗徒、仙台に逃れる。戸沢四郎兵衛を遣わし、これを誅戮せしめる。 |
| 一六四一 | 一八 | 2・2 | 戸沢定盛卒去。 | | 一八・一九両年、大飢饉。 |
| 一六四五 | 正保二 | | 領内絵図作成、幕府に差出す。 | | |
| 一六四七 | 四 | | 領内郷村帳作成。 | | |
| | 正保年中 | | | | 綱木左源太、切支丹宗の故に江戸にひかれる。明暦三年、放免帰国。 |
| 一六四八 | 慶安一 | 閏1・22 | 政盛江戸にて卒去、追腹二人、安部井半之丞・長浜二郎助。 | | |
| 一六五〇 | 三 | 8・7 | 正誠、家督を相続する。 | | |
| 一六五七 | 明暦三 | | | | この年から翌年にかけ、松本・山口の家中屋敷を神明町等に移す。 |
| 一六六〇 | 万治三 | 5・6 | 片岡一族成敗（片岡騒動）。 | | |
| 一六六二 | 寛文二 | | この頃より寛文検地始まる。 | 3・4 | 新庄昼火事、大手以北家中屋敷残らず焼失。 |
| 一六六八 | 八 | | 地方知行制廃止。 | | |
| 一六六九 | 九 | 7・6 | 大坂御加番につき、藩主以下本合海より最上川を下る。 | | |
| 一六七二 | 一二 | | | 7・13 | 及位村火事、全村焼失。 |
| 一六七三 | 延宝一 | | 河村瑞賢の廻米船三五七艘、最上川を下る。 | | |
| 一六七八 | 六 | | 検地被仰付候御条目布達。 | | |
| 一六八一 | 天和一 | | 正誠、大坂御加番。 | | 正誠、有屋に出張して龍馬山の龍馬を見る。 |
| 一六八三 | 三 | | 日光山大地震により、宮廻り破損、御普請御手伝仰付けられる。 | | |
| 一六八五 | 貞享二 | | 桜馬場普請、翌年三月完成。 | | |
| 一六八九 | 元禄二 | | | 6 | 松尾芭蕉来新。渋谷甚兵衛等と歌仙をまく。 |

| 西暦 | 和暦 | 月日 | 政治・法制 | 月日 | 社会（文化を含む）・経済 |
|---|---|---|---|---|---|
| 一六九一 | 元禄四 | | 新庄城追手門・石垣・土居等修復願い、八月六日付許可。 | | |
| 一六九四 | 七 | 11 | 赤子養育令初発。以後しばしば。 | | |
| 一七〇〇 | 一三 | | 米納一三万余俵。古来最高の物成。 | | |
| 一七〇四 | 宝永一 | | | 2 | 大雨洪水、舟形往還三日杜絶。 |
| 一七〇六 | 三 | 6・13 | 新庄両町（五日町・十日町）を南本町・北本町と改称。 | | |
| 一七〇八 | 五 | 6・10<br>7・13 | 新庄北川丁を吉川丁、東川丁を中山丁と改める。<br>常葉丁下屋敷普請完成。 | | この年大雪。一一月一六日より最上川結氷。翌年一月一七日解氷。 |
| 一七〇九 | 六 | | | | この年、五〇年来の旱魃。ただし三〇年来の豊作。 |
| 一七一〇 | 七 | | 御借上始まる。 | 6・27 | 夜、古口村大火、一〇四軒焼失。 |
| 一七一三 | 正徳三 | | 「条々」・「覚」等の農民法令、郷村に布達。 | | 神田村一揆、庄屋庄左衛門・孫市追放。 |
| 一七一七 | 享保二 | | | | 江戸町人鎌倉屋長右衛門、小以良川上流に築堤、中山野の開発をはかる。 |
| 一七一八 | 三 | | 倹約令布達。 | 11・21 | 御長柄町を馬喰町裏に移し、その跡を町家となし、清水川町・落合町と称する。 |
| 一七二二 | 七 | | 享保三年以前の御種借夫食、御借米等すべて返却免除。 | | |
| 一七二三 | 八 | | 長瀞村質地騒動。谷地郷に出兵。米・雑穀・銅等留物条例布達。 | | |
| 一七二八 | 一三 | | | 3・12 | 肘折村大火、残らず焼失。 |
| 一七二九 | 一四 | | | 4 | 古口村大火、一三九軒焼失。<br>栄天和尚・小屋一無等赤子養育無尽始める。 |
| 一七三六 | 元文一 | | | | 中山村開村、越後国より移住。 |
| 一七三七 | 二 | | 小国郷の米、初めて舟で下す。 | | |
| 一七四六 | 延享三 | | 巡見使来新。 | | 大沢郷木材、大坂に移出する。 |
| 一七四八 | 五 | | 谷地商人和田兵右衛門に三〇〇石を賜う。後に五〇〇石。借金のため。 | | |
| 一七四八 | 寛延一 | | | | 堀内村騒動。山守・長百姓等庄屋を排斥。後に長百姓斬罪。 |
| 一七四九 | 二 | | 漆植立奨励。漆汁および実の三分の二を植主に与える。 | | |
| 一七五二 | 宝暦二 | | 正議、永松銅山御成り。 | | |
| 一七五五 | 五 | | | | 大凶作。餓死者堀内村のみにて一二四人。郷村荒廃、藩財政いよいよ困難となる。 |
| 一七五六 | 六 | 3・7 | 凶作につき、幕府に三〇〇〇石の拝借米を出願。 | 8・25 | 城内天満宮祭典始まる。<br>福井富教、『豊年瑞相談』を著わす。 |

| 西暦 | 和暦 | 月日 | 政治・法制 | 月日 | 社会（文化を含む）・経済 |
|---|---|---|---|---|---|
| 一七五七 | 宝暦七 | | | 5・25 | 最上川大洪水、領内川通り郷村四〇〇軒流失。 |
| 一七六〇 | 一〇 | | 谷地商人和田兵右衛門等、新庄藩の滞金を幕府に訴える。 | | |
| 一七六五 | 明和二 | | | 6・14 | 新庄大火、南本町より万場町まで一三七軒焼失、七軒解屋。 |
| 一七七五 | 安永四 | | 「安永の地押」始まる。家老北条六右衛門の藩政改革。 | | |
| 一七八三 | 天明三 | | 大坂町人松浦長左衛門、新庄藩の滞金を江戸町奉行所に出訴。 | | 翌年とも大凶作。餓死人多く、郷村荒廃する。 |
| 一七八四 | 四 | | | 6・17 | 新庄大火、落合町より南本町まで二〇〇余軒焼失。 |
| 一七八八 | 八 | | 巡見使来新。庄内領への途中、最上川にて嵐に会う。 | | |
| 一七八九 | 寛政一 | | 養老典、七〇歳以上の老人を城内に招き、料理を賜う。 | | |
| 一八〇〇 | 一二 | | 戸沢家家譜を幕府に差出す。 | | |
| | 寛政年中 | | | | 大滝村騒動、庄屋長右衛門及位口追放。 |
| 一八〇一 | 享和一 | 6 | 村山地方米騒動。谷地陣屋警固のため物頭以下二〇〇人出張。 | | |
| 一八〇四 | 文化一 | | | | 鳥海山噴火、焼砂・小石しばしば降る。 |
| 一八〇九 | 六 | | 八柳騒動。御広間衆、御年寄駒杵を排斥し、騒動に及ぶ。同一一年、八柳極人父子斬罪。 | | |
| 一八一一 | 八 | | | | 川内村騒動。村民六〇余名城下に出て庄屋の不正を訴える。首謀者三人牢舎、内一人牢死。 |
| 一八一四 | 一一 | | | | 南山村地崩れ、三軒埋没。 |
| 一八三〇 | 天保一 | | | | 長泉寺綾織三三観音像完成。上野国館林等より織師を招き、国産絹織物の奨励をはかる。 |
| 一八三一 | 二 | | 江戸町人伊勢屋忠兵衛、新庄藩滞金につき幕府に出訴。 | 7・22 | 新庄万場町火事、七五軒焼失。 |
| 一八三三 | 四 | | 凶作につき、藩主正胤帰国し領内巡察。大坂表より救助米移入。禄制を改め「面扶持」の制とする。 | | 冷害にて大凶作。六月大洪水、古口村のみで一一八軒流失。米価一升二三〇文まで高騰。翌年餓死人多し。南山村庄屋柿崎弥左衛門の「巳荒子孫伝」に詳しい。 |
| 一八三四 | 五 | | 藩札発行、一分金札。 | | |
| 一八三五 | 六 | | 正胤、凶作の手当てよろしきをもって幕府より賞せられる。 | | |
| 一八四一 | 一二 | | | | 酒井弥兵衛、藩の招きにより、東山にて焼物を創める。 |
| 一八四五 | 弘化二 | | 米沢より御仕法人遠藤仁右衛門を招く。漆・桑・楮の植立奨励。 | | |
| 一八四八 | 嘉永一 | | 家老吉高勘解由の藩政改革始まる。向う五ヶ年倹約令布達。 | 12 | 曲川村村民、庄屋と争い逃散、後捕えられて牢舎。 |
| 一八五二 | 五 | | 紫山開墾始まる。遠藤の指導。 | | |
| 一八五二 | 六 | | | | 石名坂村庄屋、村民を促し、仙台領に立退かんとし、徒罪に処せられる。 |

| 西暦 | 和暦 | 月日 | 政治・法制 | 月日 | 社会（文化を含む）・経済 |
|---|---|---|---|---|---|
| 一八五四 | 安政一 | 8・19 | ペリー再来につき出陣。御用金三〇〇〇両を領内に課す。家老竹村半太夫以下要路のもの、金子預札を乱発せし故をもって罰せられる。 | | 福寿野村開村、村山郡岩木村より移住。 |
| 一八五八 | 五 | | | 7・24 | 落合町・清水川町・馬喰町・山口町・片原町等火事。 |
| 一八五九 | 六 | | 江戸表への廻米積船、南部大淀にて破船。 | | |
| 一八六〇 | 万延一 | 11 | 江戸芝赤羽橋接遇所固め仰付けられる。 | | |
| 一八六一 | 文久一 | | 神奈川異人宿警固、郷村に御用金を課す。 | | |
| 一八六二 | 二 | | | | 石名坂村にて古銭四五貫文発掘。 |
| 一八六三 | 三 | | 藩主正実の母、新庄着、常葉丁邸に入る。幕命により帰国。 | 8 | 新庄町にて初めてコレラ流行。 |
| 一八六五 | 慶応一 | | | 2 | 釜淵村農民、御聖天参りと称して城下に入る。首謀者四人徒罪。 |
| 一八六六 | 二 | | 御手許金一万両を藩士一同に分かつ。 | | |
| 一八六七 | 三 | | | 4 | 舟形町大火、御番所等四軒を残し全戸焼失。 |
| 一八六八 | 明治一 | 4・23 | 奥羽鎮撫軍副総督沢三位一行新庄着陣。清川口合戦。 | | |
| | | 5 | 奥羽越列藩同盟加盟。 | | |
| | | 7・11 | 主寝坂峠合戦（同盟離脱）。 | | |
| | | 7・13 | 舟形口合戦。 | | |
| | | 7・14 | 新庄城落城。 | | |
| | | 10・1 | 正実、秋田より帰国。 | | |
| 一八六九 | 二 | 2・12 | 正実参内。 | | |
| | | 3・27 | 版籍奉還。 | | |
| | | 6・2 | 正実、賞典を賜わる。 | | |
| | | 6・19 | 正実、新庄藩知事に任ぜられる。 | | |
| 一八七一 | 四 | 7・14 | 新庄藩を廃し、新庄県を置く。 | 7 | 藩校明倫堂廃校。 |
| | | 8・19 | 正実、東京に移住。 | | |
| | | 11・2 | 新庄県を山形県に併合。 | | |

〇出典（『政盛公・正職公・正庸公・正勝公御四代之御記録』『戸沢家中分限帳』『戸沢家家譜』『増訂最上郡史』『真室川町史』『舟形町史』『鮭川村史』）

## 〔家老とその業績〕

| 著名家老名 | 担当職務名 | 活躍期 | 生没年月日 | 主な業績 |
|---|---|---|---|---|
| 北条六右衛門 | 代官 | 寛永年間 | | ・新庄藩創業期の家老として、在来土豪層勢力の排除等に活躍。<br>・寛永一一年、渋谷助右衛門目安事件を処理。 |
| 片岡理兵衛 | 家老 | 明暦・万治 | ～万治3・5・6没 | ・新田開発等に功績あるが、藩政確立期の御家騒動（片岡騒動）にて成敗。 |
| 北条六右衛門良鑑 | 御年寄職 | 宝暦～安永 | ～天明3・8・4没 | ・五代正諶・六代正産・七代正良の三代につかえ、宝暦大飢饉の危機を克服すべく「安永の地押」等幾多の改革を実施。<br>・また、藩士を江戸に学ばせ、藩校の基を開く。 |
| 吉高勘解由 | 家老 | 弘化～嘉永 | ～慶応4没 | ・弘化二年、御手元並郷中御備米係となり、備米制を確立。<br>・翌年家老となり、年貢米の代官直取立、藩士禄米の面扶持制実施、米沢より遠藤仁右衛門を招き紫山開発を行なわせ、領内の養蚕を盛んにし、織物・製陶の国産を興す等、いわゆる嘉永の改革を行なう。<br>・戊辰戦争にて戦病死。 |

○出典（『新庄古老覚書』『戸沢家中分限帳』『増訂最上郡史』）

## 〔藩の職制〕

○藩の職制の大綱

（幕末頃）

- 藩主
  - 家老4・5人
    - *本〆3人—勘定頭5人—吟味役—小役人
      - **匕医
      - 座敷役
      - 庭方
      - 水道方
      - 医師
      - 茶道
      - 苗木方
      - 並木方
    - 寺社奉行2人
    - 取次定員なし
    - *留守居1・2人—添役—書役1人
  - 中老非常置
  - 側用人1人
  - 横目付1人

- *番頭6人
  - 定火消12人—添役6人
  - 宗門奉行
- 用人7～10人
  - 側小姓
  - 表小姓
  - **小納戸—研師2人・柄巻師・仕立物師
  - 大納戸定員なし
  - 右筆々頭
  - 上台所—膳番2人・上台所役2人・料理7人・膳扱・板前7人

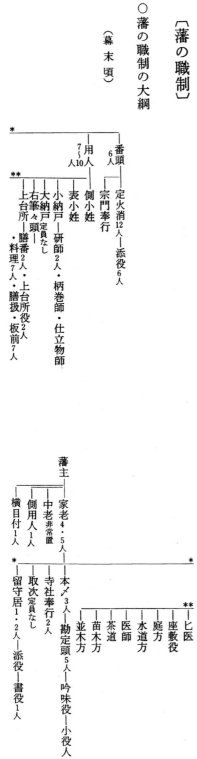

## ○格と職

| 階級名 | 明治二年の改正役名 | 役高 | 備考 |
|---|---|---|---|
| 家老 | 大参事 | 五〇〇石 | 五〇〇石未満の者の場合は足高 |
| 中老 | 権大参事 | 三〇〇石 | |
| 番頭 | | およそ三〇〇石以上 | 古くは組頭とよぶ |
| 用人 | 御家令 | 二〇〇石 | |
| 本〆 | 会計権小参事 | 一〇〇石、役料五人扶持 | 天和三年初置 |
| 取次 | | | |
| 表無役 | | | 五〇〇石以上の嫡子が家督を継げばこの役につく |
| 内証無役 | | | 五〇〇石以下で番頭等を勤めたものの嫡子 |
| 留守居 | 公用人権小参事 | 二〇〇石、役料五人扶持 | |
| 旗奉行 | | | |
| 物頭 | | 一二〇石 | |
| 郡奉行 | 民政司 | 役料五人扶持 | |
| 目付 | 監察 | 役料五人扶持 | |

*
- 旗奉行1人
- 物頭10人
- 郡奉行3人―書役2人
- 代官12人―御手代
- 地方―普請方・川筋方
- 目付6人―徒士目付定員なし・夜廻目付定員なし・足軽目付定員なし
- 町奉行2人―町年寄4～5人―下役4～5人
  - 町同心―目明―牢守
- 長柄奉行5人
- 作事奉行5人―小奉行2人―杖突き2人―大工・木挽・屋根葺・瓦師
- 使役定員なし
- 道奉行2人―道手代2人
- 刀番4人―徒士小頭―徒士定員なし

○出典（『増訂最上郡史』）

| | | | |
|---|---|---|---|
| 長柄奉行 | | | 寛文五年初置 |
| 目付格 | | | |
| 町奉行 | 市井司 | 役料四人扶持 | |
| 使役 | | | |
| 作事奉行 | 匠作司 | | |
| 道奉行 | 街道司 | | |
| 奥重役 | （家扶の内） | | |
| 小納戸 | （家扶の内） | | |
| 横目 | | | |
| 組頭 | | | 享保頃迄は番頭とよぶ |
| 刀番 | （家扶の内） | | |
| 厩締役 | | | |
| 武器方 | | | |
| 一騎役 | | | 組付の侍で一二〇石以上の者 |
| 勘定頭 | 会計司 | 役料三人扶持 | |
| （以上を直参衆といい、直接家老の支配を受ける） | | | |
| 知行組付 | | | 一一五石以下の組付知行侍 |
| 知行組付引続 | | | 無足の侍であるが渡物は知行侍並 |
| 無足組付 | | | |
| 知行寄合組 | | | |
| 表小姓 | （家扶の内） | | |
| 側（小姓） | （家扶の内） | | |
| 表小姓格 | （家扶の内） | | |
| 側（小姓）格 | | | |
| 大納戸 | （家扶の内） | | |
| 膳番 | （家扶の内） | | |
| 右筆筆頭 | 大書史 | | |
| 上台所役 | （家扶の内） | | |
| 匕医 | （家扶の内） | | |
| 匕医引続 | | | |
| 二ノ丸筆頭 | | | |
| （以上が、藩主から御盃をもらうことができる。以下は御流れを頂く） | | | |

| | | | |
|---|---|---|---|
| 中小姓 | （家従の内） | | |
| 右筆 | 小書史 | | |
| 吟味役 | 検査 | | |
| 中小姓格 | | | |
| （以上が熨斗目以上。熨斗目着用の資格あり） | | | |
| 庭奉行 | | | 庭方ともいう |
| 水道奉行 | | | 水道方ともいう |
| 並医 | （家従の内） | | |
| 二ノ丸番士 | | | |
| 無足代官 | | 代官の役料三人扶持 | 閑職なり |
| 徒士目付小頭 | | | |
| 徒士小頭 | | | |
| 茶道小頭 | | | |
| 小役人 | 会計属 | | |
| 徒士目付 | 小監察 | 役高三人扶持払二〇俵 | |
| 奥番人 | （家従の内） | | |
| 平勘定 | 会計史 | | |
| 寄合組 | | | |
| 表小供 | | | |
| 料理人 | （家従の内） | | |
| 帳付 | 書記 | | |
| 夜廻目付 | 巡邏方 | | |
| 徒士 | （家従の内） | | |
| 鷹匠 | | | |
| 徒士格 | | | |
| 茶道 | （家従の内） | | |
| 佐藤百度《じんど》兵衛 | | | 焔硝蔵守 |

○出典（「席順」〔戸沢家文書〕『増訂最上郡史』）

○家臣団構成

明治四年頃に作成された『戸沢家中分限帳』によれば、新庄藩家臣団は知行侍と無足侍に大別される。前者は禄高三〇石以上の上・中級の家臣であり、後者はこれ以下の扶持米取りの家臣である。前記「分限帳」によれば、知行侍は二七五人、無足の侍数は分限帳の一部が欠けている（九冊の内四冊欠）ので確かでないが、一七三人が数えられる。

知行侍を禄高別にみると、二〇〇〇石（一人）を最高に、以下五〇〇石まで六人、四〇〇石から三五〇石まで七人、三〇〇石が一一人、二五〇石が一八人、二〇〇石が四六人、一五〇石が四五人、一三〇石が三人、一〇〇石が五六人、八〇石が二四人、七〇石ないし六〇石が二六人、五〇石から三〇石までが三三人である。

また、『新庄古老覚書』によれば、寛永初め頃の知行とりの侍は、禄高二〇〇〇石から五〇石までが一四九人、この内二〇〇〇石から五〇〇石までが九人、四〇〇石ないし三〇〇石が一八人、二五〇石ないし一五〇石が七三人、一〇〇石ないし五〇石が四九人で、この知行高は三万一〇五〇石である。

○出典（『戸沢家中分限帳』『新庄古老覚書』）

## 〔領内支配（地方支配）の職制と系統〕

領内を一二の郷に分かち、それぞれに一名の代官、その下に三〜五名の郷手代を置いた。

家老—本〆—郡奉行—代官—郷手代

・新庄城下に町奉行を置いた。
・代官は一〇〇石〜五〇〇石ぐらいの中堅級が選ばれた。
・郡奉行は代官の中から才能あるものが選ばれる場合が多い。

○出典（『増訂最上郡史』）

## 〔領内の支配区分〕

・入部当初は、従来の支配関係に基き、清水廻・鮭延廻・小国廻の三廻りと横山・留並・うわ野・谷地廻之内などに区別されていたが、後、領内を一二ヶ郷に区画し、各郷に代官一名を置いた。一二ヶ郷成立の時期は寛永末年の頃か。各郷名とそれぞれの管轄町村は左表の通りである。

**領内各郷村数**

| 郷名 | 村数 | 内古村 | 同新村 | 備考 |
|---|---|---|---|---|
| 舟形郷 | 七 | 五 | 二 | |
| 上小国〃 | 七 | 六 | 一 | |
| 下小国〃 | 六 | 五 | 一 | |
| 北本町〃 | 八 | 五 | 三 | |
| 南本町〃 | 一〇 | 九 | 一 | |
| 庭月〃 | 六 | 六 | 〇 | |
| 川口〃 | 一〇 | 五 | 五 | |
| 古口〃 | 八 | 三 | 五 | |
| 金山〃 | 一六 | 一三 | 三 | |
| 大沢〃 | 八 | 五 | 三 | |
| 上谷地〃 | 八 | 七 | 一 | |
| 下谷地〃 | 一〇 | 六 | 四 | |
| 計 | 一〇四 | 七五 | 二九 | |

（注）新村は新田開発の進行により元禄末年に古村より分離独立。村数は時代により少しの差あり。『新田本新庄領村鑑』には「御領内総村数百弐ヶ村内五拾九ヶ村最上郡、同拾三ヶ村村山郡、同三拾ヶ村新村」とあり。

○出典（『吉村本新庄領村鑑』）

・一二郷の代官の内、大沢・金山・古口・舟形・上下小国・上下谷地の各郷には代官所（陣屋と呼ぶ所もあり）を置いたが、他は新庄城下の自宅を役所に当てた。

○出典（「御前帳写」〔新庄図書館『郷土資料叢書』第一三輯所収〕『吉村本新庄領村鑑』『増訂最上郡史』）

## 〔村役人の名称〕

庄屋　各村に一人。延宝頃までは、名主または肝煎と呼ばれていたが、その後は庄屋が一般的である。ただし、新庄南本町のみは後々まで名主と称した。代官役所所在地の庄屋を割元（庄屋）という。代官役所のない郷は、その郷内の中心的村の庄屋を割元とした。

組頭　各村に数名。庄屋を補佐。

筆取　年貢など課役の計算。願書などの執筆。

鍵取　郷蔵の番人。

五人組頭

長百姓　百姓を代表して、庄屋・組頭を監視。百姓代ともあり。

村目付　享保三年に廃止。

升取　年貢米をはかる。

山守　藩有林の保護。盗伐を監視。山守の内、古参のものは大山守。

苗木方　国産方の下にあって漆・栗・松・杉などの植栽に当たる。

本陣（問屋）　街道に沿う宿駅に置く。問屋ともいう。ただし、商品を扱う問屋とは別。古くは検断という（万治二年令）。庄屋と同格。なお、庄屋の下に常番と小走が置かれた。

町年寄　新庄城下に置く。

町年寄下役　町年寄を補佐。

若者頭

○出典（『増訂最上郡史』）

### 〔領外（飛地）の支配機構〕

新庄藩には飛地なし。ただし、江戸市中に屋敷地として購入した土地あり。「御四代之御記録」（戸沢家文書）享保十四年の項に、「浅草花川戸抱屋敷北三谷村百姓八郎兵衛江 譲渡之」とあり。

○出典（「御四代之御記録」）

### 〔領内の主要交通路〕

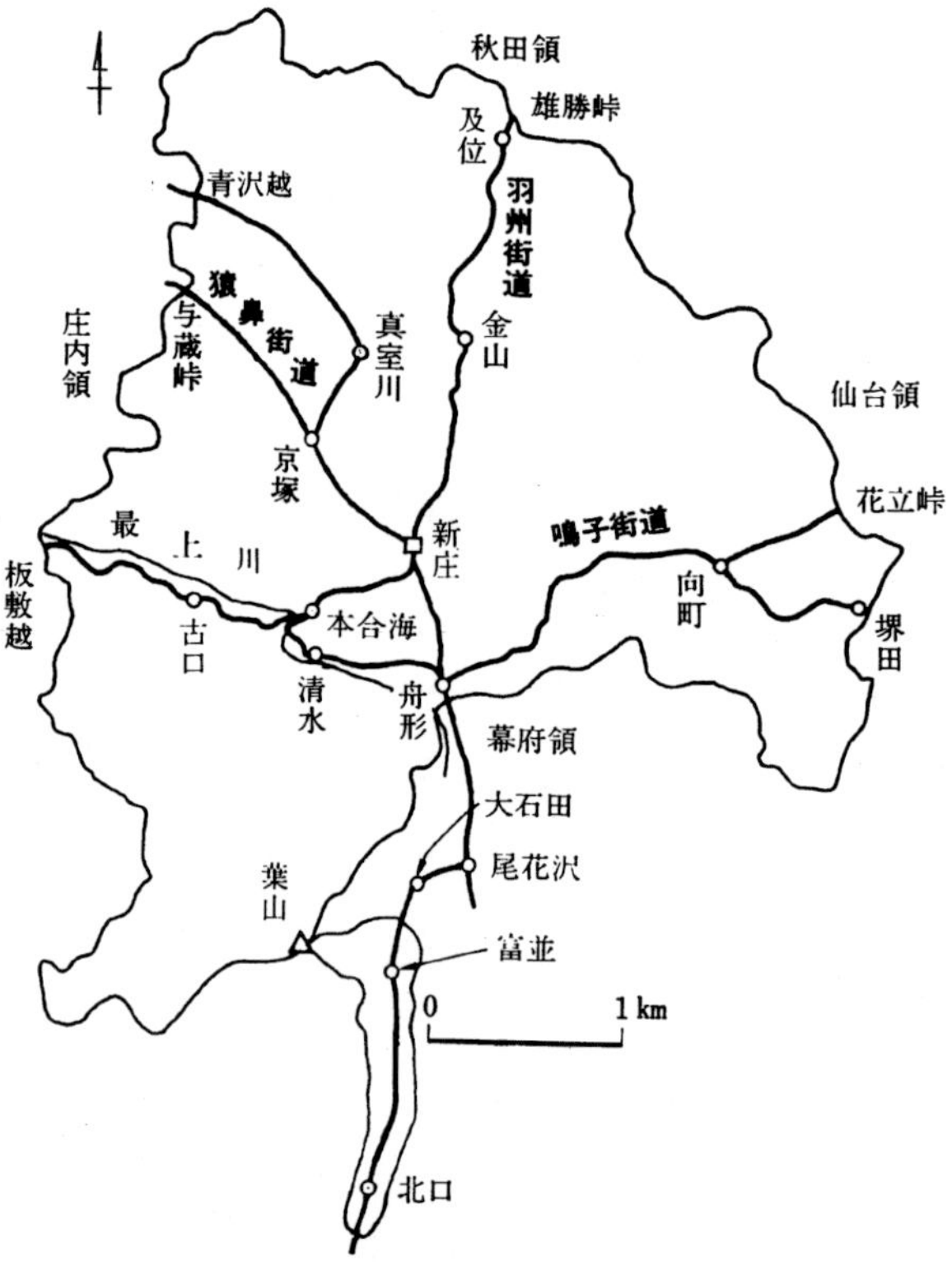


最上地方主要交通路（執筆者作図）

1　羽州街道
2　鳴子街道（水戸街道ともいう）
3　舟形より清水に出て、最上川を船で下り庄内領に至る街道
4　新庄より本合海に出て、最上川を船で下り庄内領に至る街道
5　新庄より本合海に出て、最上川を越し、蔵岡・古口を経て、板敷峠を越し庄内領に入る。板敷越えという。
6　猿鼻街道　新庄と大沢・庭月郷を結ぶ

○出典（『増訂最上郡史』）

### 〔番所の所在地〕

本街道ないしこれに準ずる交通路の領内の出入口に番所を置き、その他の間道出入口に口留を置いた。

舟形番所　舟形村。羽州街道の南の出入口。
及位番所　及位村。羽州街道の北の出入口。
笹森番所　富沢村枝郷笹森。鳴子街道。仙台領への出入口。
古口番所　古口村。板敷越えと最上川通船を監視。庄内領への出入口。
指首鍋村枝郷高坂村口留
大沢村枝郷西郡村口留
曲川村枝郷芦沢村口留
羽根沢村口留
神田村枝郷鹿野沢村口留
上長沢村袋ヶ沢口留
下長沢村糸桜口留

右七ヶ所の口留は、享保十五年、江戸表に御窺の上設置。各口留一名の番人を任じ、一人扶持を給付し、足米御免の特権を与えた。この他、有屋村鍵掛峠口、黒沢村判屋口・富沢村萱野平口・満沢村一俣口・満沢村背坂口・月楯村杉ノ入口・堀内町実栗屋口・同村松橋西ノ又口・南山村瀧之沢口・古口村柏沢村・神田村鹿野沢口・中渡村羽根沢口・及位村鏡沢口・角川村三ッ沢口などにも口留が設けられた。

　また、堀内川舟改所は、古口番所と相対して最上川通舟を取締った。

〇出典（『新田本新庄領村鑑』『増訂最上郡史』）

## 〔在町、津出場・米蔵の所在地〕

〇在　町

　新庄藩においては、城下の南本町・北本町とこれ以外の舟形・古口・北口・清水・向町の七ヶ町を「町」と呼称させ（正徳年間）、店舗を構えることを許し、また、家屋の板敷・畳敷・石場建て・角柱などを認めた。右七ヶ町の内、城下の二ヶ町を除いた他の五ヶ町が在郷町ということになる。これらの町は領内主要交通路に沿う宿駅や最上川河岸集落でもあった。

〇津出場・米蔵

本合海（新庄市）　早坂惣左衛門・加藤喜平治
金打坊（戸沢村）　伊藤又三郎　川口郷の年貢米を集め、適宜艜船《ヒラタブネ》などで酒田に下す。
同　所（戸沢村）　矢口庄右衛門　金山郷・庭月郷の年貢米を集積。
岩　花（戸沢村）　川口郷の内、神田村のみの年貢米を集積。
出　舟（戸沢村）　鈴木三四郎　大沢郷の年貢米を集積。ただし、文化十二年以降は蔵岡村（戸沢村）八鍬五兵衛に代わる。
堀　内（舟形町）　小国郷の年貢米を小国川を下し、堀内の蔵宿に集積。堀内は現在地よりも下流部に位置していた。
・これらはいずれも最上川の河岸集落。これらの蔵宿に集められた年貢米は、適宜艜船《ヒラタブネ》などで酒田の蔵宿に運ばれ、やがて西廻航路によって大坂に移出された。
〇出典（『新田本新庄領村鑑』『増訂最上郡史』）

## 〔江戸城の詰間〕

帝鑑間　歴代（ただし、二代正誠は初め柳間。宝永六年より帝鑑間）
〇出典（『寛政重修諸家譜』『御四代之御記録』〔戸沢家文書〕）

## 〔江戸屋敷の所在地〕

「御四代之御記録」によれば、新庄藩江戸屋敷は次のような変遷をたどる。
明暦三年　江戸大火にて桜田上屋敷焼失。これにより藩主乗盛（正誠）、青山下屋敷に移る。後桜田上屋敷再建。
寛文八年十一月　青山下屋敷焼失。
同九年六月　本所三ッ目下屋敷完成。
同年十月　木挽丁築地の安藤対馬守中屋敷を相対で求む。
同十一年二月　桜田屋敷引払い、本所三ッ目下屋敷へ移り、翌年木挽丁築地屋敷に移る。
宝永六年二月　本所拝領地下屋敷三六〇〇坪余差上げ、白金新堀辺か渋谷辺に替地を願う。
正徳三年五月　麻布白銀御殿跡の地にて下屋敷拝領（後世の図によれば三七〇九坪）
享保十三年　築地中屋敷差上げ、白銀残り地拝領。
明和九年十二月　上屋敷隣戸川彦四郎飯倉狸穴町屋敷と白銀の戸沢家下屋敷の三九五坪を相対替え（別史料に「飯倉狸穴町　戸沢上総介上屋舗　宝永元申年十月廿六日拝領　九千六百二拾八坪」とあり）。
なお、松坂臣久『明治初年　備忘誌』に、「元来戸沢家ノ屋敷ハ麻布森元ト芝白銀ト渋谷ト三ケ所ナリシ」とある。
〇出典（「御四代之御記録」〔戸沢家文書〕、『明治初年　備忘誌』）

## 〔蔵屋敷の所在地〕

大坂・江戸の蔵屋敷は不明であるが、天保九年頃の大坂における蔵元は「大坂玉造上清水町　松屋甚四郎」。酒田における「新庄御蔵元」は永田蔵右衛門・鐙谷惣右衛門・二木与助の三名（ともに大瀧次郎兵衛家文書）。なお、宝暦六年の「新庄戸沢上総介様御蔵宿」も右の三名であり、この内、二木と鐙屋は、新庄藩の「銅御蔵宿」も兼ねていた（「御大名様方蔵宿之覚」）。右二木与助は、戸沢氏新庄入部以来の蔵宿であった（「戸沢家譜」）。

## 〔藩の専売制〕

塩・漆などは半専売制にした時代もあるようであるが、詳しくは不明。

## 〔藩　札〕

| 藩札名 | 発行年月 | 使用期間 |
|---|---|---|
| 米会所札銀五十匁 | 天保14年 | 不明 |
| 同　五匁 | 同年 | 不明 |
| 同　一匁 | 同年 | 不明 |
| 産物会所札銭百文 | 天保15年 | 不明 |
| 同　五十文 | 同年 | 不明 |

○出典（本田勇「東北の藩札」『家庭と電気』昭和六〇年三月号所収）

『増訂最上郡史』所収「最上郡年代記」安政元年八月の項に、時の家老竹村半等が藩士の困窮を救うため藩札（金子預札）を発行したとあるが、内容は不明。

## 〔藩　校〕

| 藩校名 | 成立年月 | 所在地 |
|---|---|---|
| 明倫堂（ただし、古くは単に学校または講堂と呼ぶ） | 天明年間か？明倫堂と呼ぶようになるのは文政頃か。 | 新庄城北郭門外<br>→文化年間、藩士戸沢大記の屋敷内に移る、天明年間焼失。<br>→二の丸に移る。<br>→安政五年、大手門外、町奉行所の向い（後の小田島一一二番地）に新築。 |

**沿革**　天明年間、五代藩主正諶が始めて学校を開き、戸沢泰元を主幹として、楠玄怡を講師に任じたというが（『山形県教育史』）、疑問。後八代正親は学問を重んじ、重臣の嫡子及び俊秀の藩士子弟を学校で学ばせた。また、三浦浅右衛門を江戸昌平黌に学ばせ、帰国の後、禄を給し講師とし、学校を振興させた。安政五年、大手門外に校舎新築の後は、寄宿生をおき、費用を給し、優秀なものは平民の子弟でも抜擢して入学させたので学風が大いに振ったが、戊辰戦争の戦火で焼失。後復興したが、明治四年、廃藩置県にともない廃校。

## 〔藩の武術〕

| 種目 | 流派 | 武術指南役 |
|---|---|---|
| 弓術 | 日置流道雪派 | 水原四五左衛門親保<br>水原所左衛門映親<br>水原良蔵<br>水原良蔵親幹（寛政年間） |

| | | |
|---|---|---|
| 剣術 | 一刀流 | 児玉武膳 |
| | | 水原良蔵 |
| | | 戸沢源七郎 |
| | | 水原所左衛門 |
| | | 中野門七 |
| | | 小山下枝 |
| | | 瀬川三郎太夫行宏（元禄二年家督） |
| | | 瀬川三郎太夫行隆（享保一七年家督） |
| | | 瀬川三郎太夫行周（宝暦八年家督） |
| | | 瀬川三郎太夫行聰（天明八年家督） |
| | | 舟生源右衛門成興（安永六年家督） |
| | | 余語助右衛門征喬（文化六年家督） |
| | | 寺内弥蔵重武（文政八年家督） |
| | | 唐牛最吉綱憲（天保六年家督） |
| | | 寺内官次郎重恭（慶応四年家督） |
| | | 可児甚太夫（天保三年家督） |
| | | 松坂小文治臣熙 |
| | | 鈴木志兵衛（安政五年家督） |
| | 林崎流居合 | 駒木根平治右衛門良重（寛永末～享保初年） |
| | | 相馬忠左衛門政住（元禄頃） |
| | | 相馬忠左衛門豊政（正徳四年家督） |
| | | 松田市郎右衛門喜豊（享保一六年家督） |
| | | 松田梅翁喜栄（宝暦四年家督） |
| | | 松田六左衛門請意（寛政二年家督） |
| | | 松田六左衛門喜貞（文化八年家督） |
| | | 桜井友右衛門（文化～天保頃） |
| | | 門屋又八郎盛備（嘉永二年家督） |
| | | 松坂善之進巨義（嘉永七年家督） |
| | | 松田隼人喜時（弘化二年家督） |
| | | 松坂次郎左衛門（明治元年家督） |
| 槍術 | 大島流<br>他に柳生流もあり | 立花半兵衛（明和八年、江戸で召抱えらる） |
| | | 立花信平（寛政五年家督） |

| | | |
|---|---|---|
| 薙刀 | 穴沢流<br>立花家は種田流も教授。他に本心鏡智流もあり。 | 立花八兵衛徳栄（文政五年家督） |
| | | 小磯条左衛門（延宝年中召抱えらる） |
| | | 佐久間浅右衛門（宝永元年家督） |
| | | 瀬川仙理（元禄二年家督） |
| | | 瀬川勇本（享保一〇年家督） |
| | | 戸沢弥一左衛門（享保一七年家督） |
| | | 戸沢治左衛門（寛政二年家督） |
| | | 上村孫太夫（文政二年家督） |
| | | 戸沢求（安政二年家督） |
| | | 松沢次郎左衛門臣盛（明治元年家督） |
| 棒術 | 新景流 | 小沢六兵衛友久 |
| | | 福島源右衛門吉則 |
| | | 駒木根関助泰信 |
| | | 中島宅右衛門秋重 |
| | | 松田外右衛門仲次 |
| | | 高橋市良平長恒 |
| | | 佐藤折右衛門定良 |
| | | 黒坂幾右衛門 |
| | | 信田権四郎親房 |
| | | 佐藤一平数泰 |
| | | 野崎門吉勝友 |
| | | 加藤昇司朝高 |
| | | 伊藤定右衛門 |
| | | 松井毫太夫展英 |
| 馬術 | 大坪流 | 井関弁蔵正利（弘化年間） |
| | | 杉山清五郎（〃） |
| | | 松坂善之進臣美（〃） |
| | | 山名数馬基範（〃） |
| | | 入江喜太郎友貞（〃） |
| 砲術 | 駒木根流 | 菅弥三郎 |
| | 萩野流 | 菅芳之助 |
| | 洋流 | 高橋慎八 |

他に近江出身の鉄砲師今井仲右衛門が二代正誠に召抱えられた（元禄年間）。

○出典（「御申送書」『戸沢家中分限帳』〔ともに戸沢家文書〕『かつろく風土記』）

### 〔参勤交代〕

戸沢氏の参勤交代に関する記録の初見は、「御四代之御記録」の「寛永十八年六月三日政盛参府」のようである。また、同記録万治二年の項に、「同年四月十三日能登守乗盛初而領地江之被下置御暇、御袷十拝領。五月十五日発江府、同廿五日に新庄江入部、帰城之為御礼、使者天野八右衛門申付、此年四月御暇之始也」とあり、翌三年の項に「同庚子四月三日乗盛参府、同九日右御礼申上之、御大刀馬代土産之綿百把献上之」とある。

『増訂最上郡史』は、これを説明して、「以下戸沢氏参勤の定法略此の如し、政盛の時は六月交替の例なりしが正誠以来四月となる。三月下旬新庄発四月上旬参府の定法は動かざれども帰国の御暇は三月又は五月に出ることあり。在着の御礼として古くは国許より特使を登せしが幕末には只飛脚を以て江戸の藩邸に通じ藩邸の役人之を承けて幕府に奉告する例となれり。江戸目付、日光廟の普請手伝、勅使の馳走等特別の大役を勤めし後には慰労の趣旨にて参府の期日を後（ママ）くするの例あり、御暇仰せ出されて後、時には二十日余を過ぎて出立し、道中十日内外、「最上長崎より舟にて下り夜九時着城」（元禄十三年）などのことあり、峠は笹谷を越せしものか（同十六年）、新庄表雪多く馬立ち難き為め仙台廻りにて参府せしことあり（延享二年）、幕末には往復とも小坂越、桑折の道によれり」と記している。

○出典（「御四代之御記録」『増訂最上郡史』）

### 〔藩の基本史料・基本文献〕

『新庄古老覚書』田口五左衛門著（享保年中）嶺金太郎校訂　大正七年

『新田本吉村本新庄領村鑑』　大友義助編　昭和五〇年（新庄図書館『郷土資料叢書』第八輯として発行）

『戸沢家中分限帳』(一)～(五)　大友義助編　昭和五一年～五六年（新庄図書館『郷土資料叢書』第九輯～第一四輯として発行）

『新庄藩系図書』(一)～(二)　大友義助編　昭和五八年・五九年（新庄図書館『郷土資料叢書』第一五・一六輯として発行）

『政盛公・正職公・正庸公・正勝公御四代之御記録』　大友義助編　昭和五七年（『新庄市史編集史料』第一集として発行）

『戸沢藩御触書類纂』(一)～(五)　今田信一編　昭和四一年～五〇年（『河北町史編集資料編』第四八輯として発行）

嶺金太郎著『増訂最上郡史』　最上郡教育会　昭和四年

大友義助著『真室川町史』真室川町　昭和四六年

嶺金太郎編『最上郡史料叢書』葛麓社　大正一四年

（執筆者・大友義助）

# 庄《しょう》内《ない》藩

別称　鶴《つる》岡《おか》藩　改称　大泉《おおいずみ》藩

### 〔藩の概観〕

庄内藩は、出羽国（山形県）櫛引《くしびき》郡・田川郡・遊佐《ゆざ》郡（寛文四年、郡名変更により田川郡・飽海《あくみ》郡）を領有する譜代中藩である。

元和八年（一六二二）最上氏の改易後、信濃国松代一〇万石藩主酒井忠勝《ただかつ》が、一三万八〇〇〇石で入部して成立した。鶴ケ岡と亀ケ崎の二城の内鶴ケ岡城を居城に定め、二ノ丸、三ノ丸を取立て城廓を拡張し、城下町の町割を実施した。元和九年総検地を実施し、五万三〇〇〇余石の出目を出したので、二〇万石の軍役を願い出たが許されなかった。寛永九年（一六三二）、熊本藩主加藤忠広が罪を得て改易され、庄内藩に預けられ、村山郡左沢《あてらざわ》に一万石を与えられたが、忠勝は預人を遠所に置くことは心元ないから、櫛引郡丸岡一万石を渡されたいと願い出で、幕府から替地として左沢一万二〇〇〇石を与えられたので、知行高は一四万石となった。

元和検地による大量の出目の検出は年貢の収奪強化となったので、遊佐郡の農民は逃散して抵抗し、遊佐郷大肝煎高橋太郎左衛門がその苛政を幕府に上訴したので、庄内藩は苦境に陥った。また正保三年（一六四六）には忠勝の弟長門守忠重《ただしげ》が、忠勝の世子忠当《ただまさ》を廃し自子を立て御家乗取りを陰謀し、忠当擁護派の筆頭家老高力喜兵衛と対立し、忠勝は忠重に籠絡され、高力派を追放や切腹に処した（酒井長門守一件）。しかし忠重の陰謀も、正保四年忠勝の病死で画餅に帰し、忠当が家督を継ぐことができた。同年忠当は忠勝の遺言により忠勝の三男忠恒《ただつね》に松山二万石、七男忠解《ただとき》に大山一万石を分知した。忠勝の治世末期、長門守の干渉で混乱した藩政は忠当の岳父松平伊豆守の指導で整備された。

庄内藩の家臣団は家中《かちゅう》（侍）約五〇〇人、給人《きゅうにん》（下級武士）約二〇〇〇人からなり、家中の知行制は蔵米知行制、物成や扶持米は米札で支給された。庄内は米の単作地帯で、米は酒田港と加茂港から移出され、上方からは衣類、食塩、鉄、砂糖など、蝦夷地からは海産物が移入された。

藩財政は、寛文期（一六六一～七二）から苦しくなり、郡代高力忠兵衛が農政に新法をしき、一時財政の改善に成功したが、定免を強制し収奪を強化したので、天和元年（一六八一）、苛政を巡検使に訴えられ失脚した。元禄三年（一六九〇）、家臣に対する上げ米の制が始まったが、財政難は解消されず、寛延二年（一七四九）、忠寄《ただより》が老中に就任してからはますます悪化した。忠徳《ただあり》は酒田の豪商本間光丘を登用し、財政の再建に当たらせ、相応の成果を収めたが、天明の飢饉や国役の重圧によって挫折した。寛政七年（一七九五）、中老竹内八郎右衛門、郡代白井矢太夫を中心に農政改革を断行し、累積していた貸付米金を切捨て、地主に困窮与内米を賦課し、救農資金を確保し、高張田の高を定引《じょうびき》し、手当米を与えて村上地《むらあげち》を主付《ぬしつけ》させた。その結果農村は立直り、藩財政は安定し、江戸藩邸の地名に因んで神田大黒と称された。また士風刷新のため藩校致道館を創立した。

天保期は凶作が頻発したが、とくに天保四年（一八三三）は大凶作で、飯米が足りず、他国米を買入れ、合積《ごうづもり》（配給制）を実施してようやく飢餓を克服した。しかし農村の疲弊ははなはだしく、天保九年農政改革を実施し、貸付米金を切捨てる一方、農民から高二〇石に一俵の与内米を取立て、飢饉に備えた。天保十一年（一八四〇）、長岡転封（三方領地替）の幕命を受けたが、農民の激しい阻止運動が起こり、幕命を撤回させた。しかし庄内藩は同十四年、その報復とも見られる印旛沼疏水工事手伝を命ぜられ、難工事に苦労した。また翌弘化元年には大山御料の酒屋が指導する、庄内藩の預支配に反対する百姓一揆、大山騒動が起こった。

安政元年（一八五四）、品川沖台場守備、万延元年（一八六〇）、蝦夷地警備を命ぜられた。文久三年（一八六三）、新徴組を委託され、江戸市中警備に当たった。その功により元治元年（一八六四）八月、田川郡の公領二万七〇〇〇石を与えられ、一七万石格となった。慶応二年（一八六六）、大凶作で減税を要求する郡中騒動を鎮圧した主流派（松平権十郎・菅実秀）は、同三年批判勢力（公武合体派）を逮捕投獄し、厳しい断罪を行ない（大山庄大夫一件）、藩論を佐幕に統一し、戊辰戦争に臨んだ。戊辰戦争では本間家をはじめ多くの富豪から軍資金を集め、奥羽越列藩同盟の一員として善戦したが、同年九月降服した。忠篤《ただすみ》は領土を没収され謹慎を命ぜられ、酒井家はいったん滅家したが、同年十二月、特旨をもって家名を立てられ、忠篤の弟忠宝《ただみち》に一二万石を与えられた。同月会津若松に転封、翌明治二年六月さらに陸奥磐城平に転封を命ぜられたが、阻止運動を行ない、同年七月、七〇万両の献金を条件に庄内復帰を許され、同年九月朝命により大泉藩と改称された。

## 〔藩の居城〕

城 名称 鶴ヶ岡城
所在地 山形県鶴岡市馬場町
家数・人口

**庄内藩人口調**（「明和七年国目付へ書上」による）

| | | 家数 | 人口 |
|---|---|---|---|
| 家臣人口 | | | 一万〇六七六人 |
| 家中 | | | 三〇四〇 |
| | 鶴岡 | | 二五九七 |
| | 亀ヶ崎 | | 一三九 |
| | 江戸 | | 三〇四 |
| 給人 | | | 七六三六 |
| | 鶴岡 | | 六六〇九 |
| | 亀ヶ崎 | | 七五三 |
| | 江戸 | | 二七四 |
| 領民人口 | | 二万七七五一四軒 | 一三万一四一六人 |
| 八組郷中 | | 二万〇七二六 | 一〇万一四六一 |
| 飛島 | | 一五七 | 九六九 |
| 鶴岡町 | | 二〇〇六 | 七八二四 |
| 酒田町 | | 三五七七 | 一万四八四五 |
| 寺社 | | 一〇四八 | 六三一七 |
| 総計 | | | 一四万二〇九二 |

**鶴岡町町人人口**（元禄七年）

| 町名 | 家数 | 人数 | 男女別 |
|---|---|---|---|
| 荒町 | 一八五 | 一〇四五 | 男五六六 女四七九 |
| 下肴町 | 六九 | 四九二 | 男二六八 女二二四 |
| 八間町 | 九六 | 五五一 | 男三一四 女二四三 |
| 五日町 | 一一七 | 八九五 | 男五〇九 女三八六 |
| 三日町 | 一九一 | 一三七五 | 男七七四 女六〇一 |
| 十日町 | 一二一 | 九八五 | 男五二五 女四六〇 |
| 一日市町 | 八七 | 七四六 | 男四二九 女三一七 |
| 南町 | 六二 | 三六六 | 男二六三 女一六三 |
| 七日町 | 一二七 | 七六〇 | 男四二三 女三三七 |
| 上肴町 | 一六八 | 一一七一 | 男六二八 女五四三 |
| 新町 | 一三二 | 八八九 | 男四七七 女四一二 |
| 鍛冶町 | 六八 | 三八九 | 男二二二 女一六七 |
| 檜物町 | 五六 | 三二〇 | 男一六七 女一五三 |
| 銀町 | 四三 | 二〇七 | 男一一四 女九三 |
| 計 | 一五二八 | 一万〇一九七 | 男五六一九 女四五七八 |

〇出典『川上記』

## 〔藩（大名）の家紋など〕

**酒井家**

家紋 丸に酢漿草《かたばみ》 抱き沢瀉《おもだか》

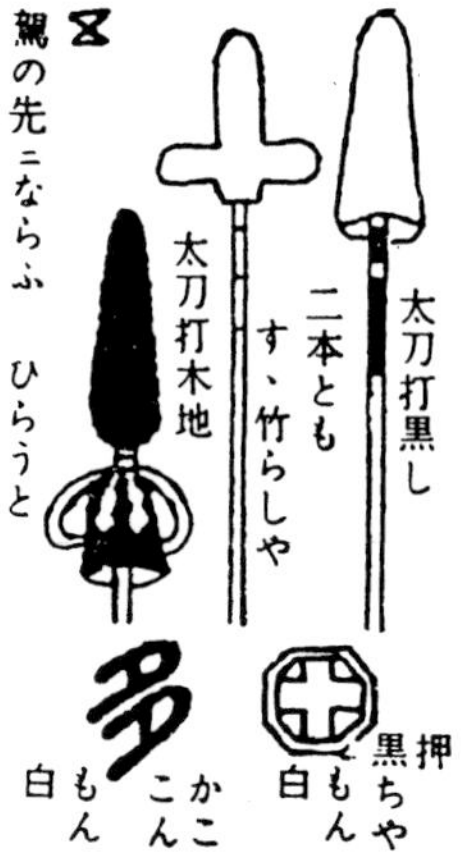


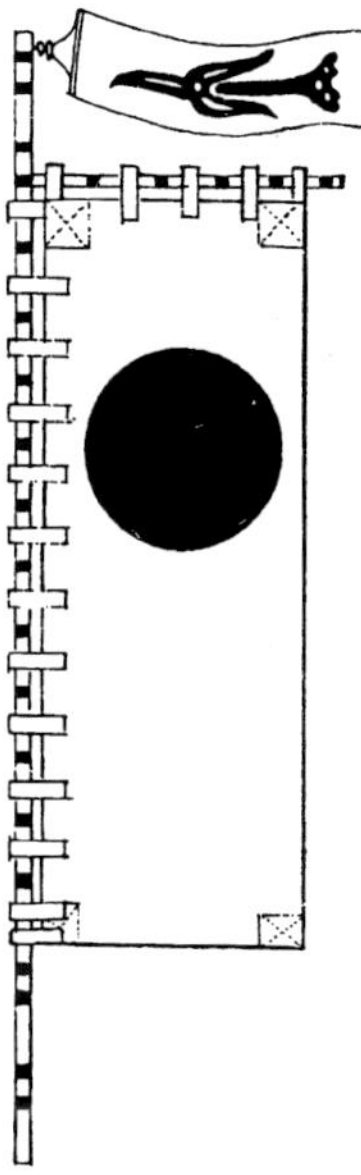

旗差　朱の丸　地白練長一丈一寸幅三尺八寸、三幅碁盤縫アリ、吹流地同断一幅、長七尺巾一尺三寸、沢瀉長三尺三寸余、幅九寸七分碁盤縫アリ

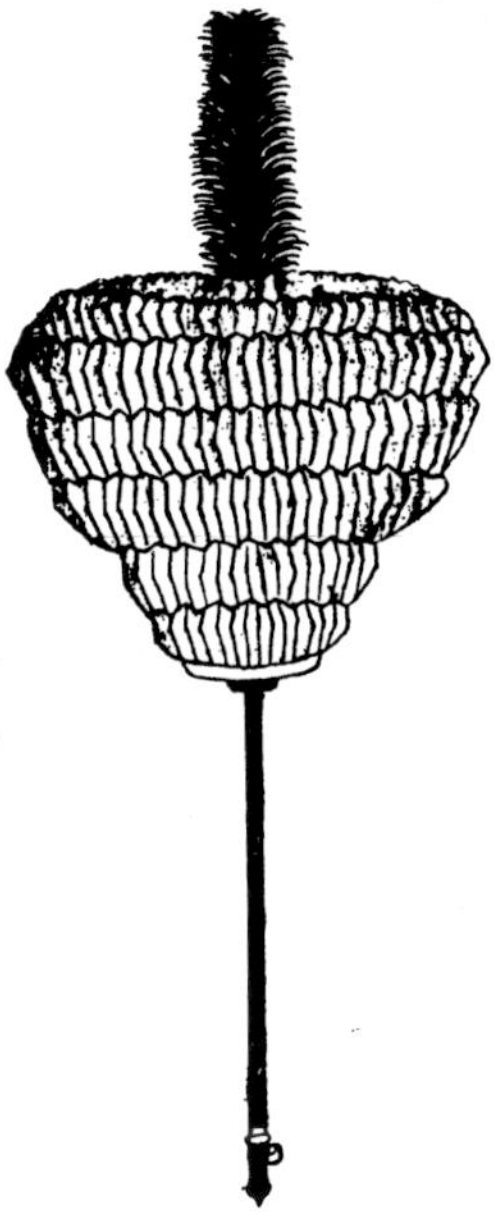

馬験　金のゐふこ（実物は荘内神社所蔵）

○出典（「御馬験・御纒・御旗・四半・半被之図」秋保家史料所収、『文化武鑑』）

## 〔藩主の系図〕（姻戚関係）

忠次―家次
- 康俊
- 信之
- 久恒
- 忠知
- 女子　松平外記伊昌妻
- 女子　牧野右馬允康成妻

家次―忠勝《ただかつ》（←信濃国松代から）
- 直次　左沢藩主
- 忠重
- 勝吉
- 了次
- 忠時
- 政時
- 女子　松平甲斐守忠良妻
- 女子　水谷伊勢守勝隆妻
- 女子　内藤帯刀忠興妻
- 女子　里見讃岐守忠英妻
- 女子　嶋田十右衛門重利妻
- 女子　忠勝家臣高力一成妻
- 女子　松平飛騨守忠隆妻

忠勝―忠当《ただまさ》
- 忠俊
- 女子　伊達宮内少輔宗純妻
- 忠恒　松山藩主
- 女子　溝口信濃守重雄妻
- 忠貫
- 女子　初嫁松平主水正忠利、再嫁滝川相模守具章
- 忠盛
- 忠直
- 忠解　大山藩主
- 忠興
- 恒豊　山名伊豆守矩豊養子
- 女子
- 忠義《ただよし》
- 女子　堀肥前守直輝妻

忠義―忠真《ただざね》
- 女子　初嫁松平日向守忠之、再嫁植村土佐守正朝
- 女子　松平飛騨守利直妻

忠真―女子　松平内蔵頭清方妻
- 忠辰
- 忠寄《ただより》　酒井石見守次男

- 女子 松平下総守忠刻妻
- 忠温《ただあつ》
  - 忠徳《ただあり》
    - 女子 松平備後守利之妻
    - 女子 松平右近将監武厚縁女
    - 忠器《ただかた》
      - 忠発《ただあき》
        - 忠恕
        - 忠寛《ただとも》
        - 女子 初嫁松平右京亮、再嫁松平主殿頭、三嫁戸沢正実
        - 忠篤《ただすみ》
        - 忠宝《ただみち》
        - 忠庸
        - 忠利
      - 女子 松平右京亮輝承縁女
      - 女子 内藤紀伊守信親妻
      - 正修 増山弾正少弼正寧養子
      - 忠中
      - 長和 市橋主殿頭長富養子
      - 女子 松平隠岐守定穀妻
      - 政易 米津越中守政懿養子
      - 忠意
      - 女子 松平右京亮輝承妻、実黒田対馬守直侯女、忠器養女
    - 忠実 水野壱岐守忠韶養子
    - 直候 黒田豊前守直方養子
    - 長富 市橋伊豆守長発養子
    - 政民 内藤播磨守政環養子
    - 長泰 小笠原主殿守長昌養子
  - 忠順
- 寿朝 植村土作守恒朝養子
- 康伴 本多下総守康政養子
- 忠久
- 資尹 松平富之助資昌養子

○出典（堀季雄『御系譜参考』『寛政重修諸家譜』『酒井家系図』）

## 〔藩主一覧〕（歴代藩主および石高・所領の変遷）

| 姓 | 諱 | 受領名または官名 | 通称 | 生没年月日 | 戒名と菩提所（所在地） | 藩主就任・退任年月日 | 江戸幕府就任役職名・就任退任年月日 | 石高変遷年月日（西暦） | 石高（表高） | 領地（国郡名） |
|---|---|---|---|---|---|---|---|---|---|---|
| 酒井 | 忠勝 | 宮内大輔 | 小五郎 | 文禄3・2～正保4・10・17 | 成覚院殿真誉道保達三大督寺（山形県鶴岡市家中新町） | 元和8・9・25～正保4・10・17 |  | 元和8・9・25（一六二二） | 一三八〇〇〇 | 出羽国櫛引郡・田川郡・遊佐郡 |
|  |  |  |  |  |  |  |  | 寛永9（一六三二） | 一四〇〇〇〇 | 出羽国櫛引郡・田川郡・遊佐郡・村山郡（二〇〇〇石加増） |
| 酒井 | 忠当 | 摂津守 | 忠広 忠尚 小五郎 | 元和3・8・5～万治3・2・9 | 大乗院殿載誉勇哲政運大督寺（〃） | 正保4・12～万治3・2・9 |  |  | 〃 | 出羽国櫛引郡・田川郡・遊佐郡 |

| 姓 | 諱 | 受領名（または官名） | 通称 | 生没年月日 | 戒名と菩提所（所在地） | 藩主就任・退任年月日 | 江戸幕府就任役職名 | 就任退任年月日 | 石高変遷年月日（西暦） | 石高（表高） | 領地（国郡名） |
|---|---|---|---|---|---|---|---|---|---|---|---|
| 酒井 | 忠義 | 左衛門尉 | 忠治 小五郎 | 正保1・7・5～天和1・11・7 | 長寿院殿英誉法安養世大督寺（山形県鶴岡市家中新町） | 万治3・4・5～天和1・11・7 | | | 寛文4（一六六四） | 一四〇〇〇〇 | 出羽国田川郡・飽海郡（郡名変更） |
| 酒井 | 忠真 | 左衛門尉 左衛門佐 侍従 | 小五郎 | 寛文1・4・14～享保16・8・28 | 泥洹院殿到誉泰仁勇叟大督寺（〃） | 天和2・2・9～享保16・8・28 | | | | 〃 | 〃 |
| 酒井 | 忠寄 | 摂津守 左衛門尉 侍従 | 次郎吉 主計 | 宝永2・8・11～明和3・3・晦 | 霊光院殿宝誉徳本泰心大督寺（〃） | 享保16・10・13～明和3・3・晦 | 老中 | 寛延2・9・28～明和1・5・25 | | 〃 | 〃 |
| 酒井 | 忠温 | 摂津守 左衛門尉 | 健五郎 | 享保17・7・17～明和4・1・3 | 清光院殿安誉浄穏宝徹清光寺（東京都港区芝） | 明和3・10・18～明和4・1・3 | | | | 〃 | 〃 |
| 酒井 | 忠徳 | 摂津守 左衛門尉 侍従 右兵衛佐 | 豊太郎 | 宝暦5・10・2～文化9・9・18 | 珪徳院殿義誉俊嵓要暉大督寺（前同） | 明和4・2・晦～文化2・9・25 | | | | 〃 | 〃 |
| 酒井 | 忠器 | 摂津守 左衛門尉 侍従 | 千次郎 新太郎 | 寛政2・4・18～安政1・3・20 | 歓喜院殿心誉廓然道悟大督寺（〃） | 文化2・9・25～天保13・4・14 | | | | 〃 | 〃 |
| 酒井 | 忠発 | 摂津守 左衛門尉 侍従 | 小五郎 | 文化9・9・13～明治9・2・12 | 忠発命 大督寺（〃） | 天保13・4・14～文久1・8・6 | | | | 〃 | 〃 |
| 酒井 | 忠寛 | 摂津守 左衛門尉 | 富之進 | 天保10・2・19～文久2・9・17 | 泰雲院殿仰誉俊徳瑞光大督寺（〃） | 文久1・8・6～文久2・9・17 | | | | 〃 | 〃 |
| 酒井 | 忠篤 | 左衛門尉 | 繁之丞 | 嘉永6・2・13～大正4・6・8 | 忠篤命 大督寺（〃） | 文久2・12・10～明治1・12 | 江戸市中取締 | 文久3・10・26 | 元治1（一八六四） | 一七〇〇〇〇 石格 | 〃（幕領地二万七〇〇〇石加増） |

| 姓 | 諱 | 受領名または官名 | 通称 | 生没年月日 | 戒名と菩提所（所在地） | 藩主就任・退任年月日 | 江戸幕府就任役職名・就任退任年月日 | 石高変遷年月日（西暦） | 石高（表高） | 領地（国郡名） |
|---|---|---|---|---|---|---|---|---|---|---|
| 酒井 | 忠宝 | | 忠禄《もち》<br>徳之助 | 安政3・6・13～大正10・9・17 | 忠宝命　大督寺（山形県鶴岡市家中新町） | 明治1・12・15～明治4・7・14（明治1若松城、明治2磐城藩知事、同年庄内藩知事） | | 明治1・12・15<br>明治1・12・25<br>明治2・6・15<br>明治2・7・24 | 一二〇〇〇〇<br>〃<br>〃<br>〃 | 出羽国田川郡・飽海郡<br>会津若松一二万石<br>陸奥磐城平<br>出羽国復帰 |

○出典（「酒井氏系図」「酒井家世紀」）

## 〔藩史略年表〕

| 西暦 | 和暦 | 月日 | 政治・法制 | 月日 | 社会（文化を含む）・経済 |
|---|---|---|---|---|---|
| 一六二二 | 元和　八 | 9・25 | 酒井忠勝、庄内一三万八〇〇〇石を拝領。 | | |
| 一六二三 | 九 | 10・19 | 忠勝、鶴岡に着任。 | | 鶴岡城下の町割を実施。 |
| 一六二四 | 寛永　一 | | 領内総検地を実施し、出目五万三〇〇〇石を出す。 | | 柴谷武右衛門、米札制を創始。 |
| 一六三二 | 九 | | 庄内藩に二〇〇〇石を加増、一四万石となる。<br>熊本藩主加藤忠広、罪により庄内藩に預けられ、丸岡村に置く。 | | |
| 一六三四 | 一一 | | | | 遊佐郡の農民、由利・仙北に逃散、遊佐郷大肝煎高橋太郎左衛門、目安一三ヶ条を幕府に提出し、庄内藩の暴政を訴える。 |
| 一六四三 | 二〇 | 5 | 会津藩主加藤明成の改易にともない、忠勝、若松城受取りのため出陣。 | | |
| 一六四六 | 正保　三 | | 酒井忠重の御家乗取りの陰謀に反対し、筆頭家老高力喜兵衛等追放される（酒井長門守一件）。 | | |
| 一六四七 | 四 | | 忠勝卒し、忠当家督する。忠勝の三男忠恒に松山二万石、七男忠解に大山一万石を分知する。 | | |

| 西暦 | 和暦 | 月日 | 政治・法制 | 月日 | 社会（文化を含む）・経済 |
|---|---|---|---|---|---|
| 一六五六 | 明暦　二 | | | | 御米宿に命じ、三日町に米相場所を開設し、目早二五人を定め、相場を立てさせた。 |
| 一六六四 | 寛文　四 | | 田川・櫛引・遊佐の三郡を田川・飽海の二郡に改正。 | | 鶴岡に初めて伝馬を置く。 |
| 一六六八 | 八 | | 大山藩主忠解卒す。 | | |
| 一六六九 | 九 | | 大山領収公され幕領となる。<br>水帳改を実施。 | | 鶴岡の酒造業一四五軒。 |
| 一六七〇 | 一〇 | | | 9・3 | 末松彦太夫一件起こる。 |
| 一六七一 | 一一 | | 郡代高力忠兵衛、新法を実施。 | | 鶴岡町に火消組創設。 |
| 一六七二 | 一二 | | | | 酒田に米置場（瑞賢倉）設置。 |
| 一六七五 | 延宝　三 | | 苛政のため餓死者数千人を出す。 | | |
| 一六八一 | 天和　一 | | 農民、巡検使に訴え、忠兵衛失脚。 | | |
| 一六八二 | 二 | | 酒井忠高に余目五〇〇〇石を分知する。 | | |
| 一六八九 | 元禄　二 | | | 6・3 | 松尾芭蕉庄内に来り、羽黒山に登り、鶴岡、酒田、象潟に遊ぶ。 |
| 一六九〇 | 三 | | 初めて上げ米制を実施する。 | | |
| 一六九三 | 六 | | 明石六万石本多出雲守、罪により庄内藩に預けられる。 | | |
| 一六九六 | 九 | | 忠高の孫酒井忠盈卒す。余目領収公される。 | | |
| 一六九七 | 一〇 | | | | 酒運上の取立て始まる。 |
| 一六九九 | 一二 | | | | 鶴岡町の盆踊りが解禁され、仕組踊り始まる。 |
| 一七〇二 | 一五 | | 本多出雲守一件に関連し酒井忠真閉門を命ぜられ、家老二人、五〇〇―三〇〇石の家中六人を永暇に、家老三人を閉門に処する。 | | |
| 一七一五 | 正徳　五 | | | | 庄内三十三観音札所を制定。 |
| 一七二〇 | 享保　五 | | | | 大凶作、窮民救済に施粥。 |
| 一七四八 | 寛延　一 | | | | 町人十数人に帯刀を許可する。町人帯刀の始まり。 |
| 一七四九 | 二 | 9・28 | 忠寄、老中に就任。 | | |
| 一七五一 | 宝暦　一 | | | 3・29 | 酒田大火、延焼戸数二四〇五軒。 |
| 一七五五 | 五 | | | | 大凶作、「宝五の飢饉」。 |
| 一七六四 | 明和　一 | 5・25 | 忠寄、老中を辞任。 | 7・8 | 荒瀬郷の農民五〇〇余人、夫食米拝借を強訴、五勺籾の制を制定。 |
| 一七六六 | 三 | 3・30 | 忠寄卒し、一〇月一八日忠温家督。 | | |

| 西暦 | 和暦 | 月日 | 政治・法制 | 月日 | 社会（文化を含む）・経済 |
|---|---|---|---|---|---|
| 一七六七 | 明和四 | 1・3 | 忠温卒し、二月忠徳家督。本間光丘を士分に取立て、家中勝手向取計に任命する。 | | |
| 一七七〇 | 七 | 3 | 国目付来庄、領内巡検。 | | |
| 一七七二 | 安永一 | 2 | 本間光丘、長年の功績により五〇〇石三〇人扶持となる。江戸の大火で神田橋、下谷両藩邸類焼し、藩財政窮迫。 | 4・15 | 酒田大火、二一八二軒焼失。 |
| 一七七六 | 五 | | 光丘、「安永御地盤立」を提出。 | | |
| 一七八一 | 天明一 | | 光丘、郡代と同等の権限を与えられ、「天明御地盤立」を提出。 | | |
| 一七八五 | 五 | | | 5 | 遊佐郷の農民、夫食米拝借願で騒立て、首謀者永牢に処せられる。 |
| 一七八八 | 八 | | | | 古川古松軒、幕府の巡検使に随行して来庄、『東遊雑記』。 |
| 一七九三 | 寛政五 | | 白井矢太夫、郡代に就任。 | | |
| 一七九五 | 七 | 春 | 山浜通代官和田伴兵衛が温海組の不納米三二七六俵を無断切捨。 | | |
| | | 5・1 | 亀ヶ崎城代竹内八郎右衛門、中老に復帰。 | | |
| | | 6・12 | 忠徳、農政改革の実施を命ずる。 | | |
| 一八〇四 | 文化一 | | | | 心学者北条玄養、鶴岡に来遊。 |
| 一八〇五 | 二 | | | | 藩校致道館を大宝寺に創立。 |
| 一八〇六 | 三 | | | | 最上徳内、幕命で浦々を巡回。 |
| 一八〇七 | 四 | 6・1 | 幕命で蝦夷地警備に派兵。 | 4・8 | 鶴岡に蓮台火事起こり、一〇〇〇軒焼失。 |
| 一八一一 | 八 | 7 | 参勤道路を許可なく変更し、家老竹内八郎右衛門、中老白井矢太夫免職、水野東十郎、中老に就任。 | 9・22 | 土屋丑蔵・虎松の讐討。 |
| 一八一二 | 九 | | 忠器、藩校改革を実施。 | | |
| 一八一五 | 一二 | | 本間光道が随時郡代役所出仕を命ぜられる。 | | |
| 一八一六 | 一三 | | | | 致道館を三の丸に移転。 |
| 一八二九 | 文政一二 | | | | 鶴岡城の屋根、瓦葺となる。 |
| 一八三三 | 天保四 | | | | 大洪水、大凶作となる。 |
| 一八三四 | 五 | | 飢饉のため飯米の合積（配給制）を実施。 | | 鶴岡町の造酒屋数二五軒。 |
| 一八三八 | 九 | | 農政改革実施、貸付米金の切捨。 | | |
| 一八四〇 | 一一 | | 幕府、忠器を越後国長岡に移すことを命ずる。領民阻止運動を | | |

| 西暦 | 和暦 | 月日 | 政治・経済 | 月日 | 社会（文化を含む）・経済 |
|---|---|---|---|---|---|
| | | | 起こし、翌年幕命を撤回させる（長岡転封阻止一件）。 | | |
| 一八四三 | 一四 | | | | 国学者鈴木重胤、来庄。 |
| 一八四四 | 弘化　一 | | | | 幕領の百姓が庄内藩の預地になることに反対し、大山騒動を起こす。 |
| 一八五〇 | 嘉永　三 | | | | 心学者中村徳水、来鶴。 |
| 一八五四 | 安政　一 | 11・15 | 品川沖五番台場警備を命ぜられる。 | | 心学者荒井和水、鶴鳴舎を建設。 |
| 一八五五 | 二 | | | | |
| 一八五九 | 六 | 9・27 | 蝦夷地拝領、警備を命ぜられる。 | | |
| 一八六三 | 文久　三 | 4・15 | 新徴組を庄内藩に委任される。 | 4・13 | 清川八郎、江戸で暗殺される。 |
| | | 10・26 | 忠篤、江戸市中取締を命ぜられる。 | | |
| 一八六四 | 元治　一 | 12・15 | 幕領地二万七〇〇〇石を加増され、一七万石格となる。 | | |
| | | | 主流派が改革派酒井右京等を断罪する（大山庄大夫一件）。 | | 水帳改を実施。 |
| 一八六七 | 慶応　三 | 12・25 | 庄内藩兵、薩摩屋敷を襲撃。 | | |
| 一八六八 | 明治　一 | | 戊辰戦争起こる。 | | |
| | | 5・3 | 奥羽越列藩同盟に加盟。 | | |
| | | 9・23 | 庄内藩、政府軍に降伏。 | | |

○出典『大泉紀年』「酒井家世紀」

## 〔家老とその業績〕

| 著名家老名 | 職務名・活躍期・業績など |
|---|---|
| 高力　但馬 | 酒井忠次、家次、忠勝の三代につかえ、四一〇〇石、庄内藩の草創期に功績あり、室は忠勝の妹田舎姫、寛永九年没。 |
| 高力喜兵衛 | 高力但馬の長男、四一〇〇石、酒井長門守一件の時、忠当擁護派の中心として尽力し、忠勝のために正保三年九月追放された。 |
| 加藤　大弐 | 正徳元年九月家老、一五五〇石、佐藤直方に儒学を学び、庄内儒学の鼻祖と称された。元文五年十月事情あって免職された。性剛直、施政の上功績が大きかった。 |
| 水野　元朗 | 寛保二年十二月家老、一五〇〇石、荻生徂徠に学び、「徂徠先生答問書」は元朗の質問に徂徠が答えたもの。徂徠の没後は太宰春台に入門、庄内藩学の基礎を確立した。義倉を建て、施政上、文教上の功績が大きかった。 |
| 水野　重誠 | 内蔵助、宝暦二年家老、一二〇〇石。明和二年忠徳の守役となる。名太夫の称あり、本間光丘を登用し、財政改革に当たらせた。明和七年没。 |

| | |
|---|---|
| 竹内　茂樹 | 八郎右衛門、安永四年中老、天明元年亀ヶ崎城代、寛政七年五月中老復帰、郡代白井矢太夫とともに寛政改革を実施、文化二年家老一一〇〇石、文化八年七月免職、文化十年没。 |
| 白井矢太夫 | 寛政五年郡代、文化六年中老、八〇〇石、文化八年免職。寛政改革の中心人物。財政を再建し、藩校致道館を創立、初代祭酒となる。 |
| 酒井　右京 | 天保九年中老、弘化元年家老となる。一三〇〇石。藩主の廃立、藩政改革を画策した。嘉永元年退役後も公武合体派に通謀し、藩政改革に暗躍、大山庄大夫一件の首謀者として慶応三年九月切腹を命ぜられた。 |
| 松平　親懐 | 権十郎、文久三年八月中老、十二月新徴組御用掛、慶応元年四月より江戸市中取締、幕議に参与、同三年三月家老、一七〇〇石、軍事掛、戊辰の役における中心人物。明治二年大泉藩の大参事となり。後田山の開墾を始めた。 |

○出典（『大泉紀年』「酒井家世紀」）

## 〔藩の職制〕

○藩の職制の大綱

- 藩主
  - * 城代（亀ヶ崎）
  - ** 組頭 — 使番
  - 傅役 — 近習頭取
  - 小姓頭 — 供頭
  - 側用人 — 医師
  - 用人 — 鷹匠頭
  - 郡代
    - 郡奉行 — 大庄屋
    - *** 代官 — 大庄屋
    - 御金土蔵役
    - 冬貸金并用金方
  - 奏者
  - 番頭
  - 留守居

- * 家老
- 中老
  - ** 大目付 — 徒目付
  - 普請奉行 — 足軽目付
  - 物頭 — 弓方中役
    - 鉄砲方中役
  - 槍奉行
  - 寺社奉行
  - 町奉行
  - 元締
  - 預地元締
  - *** 勘定目付
  - 諸役所残物役
  - 蠟漆役
  - 御蔵方
  - 御貸物方
  - 御扶持方
  - 江戸表納戸
  - 買物方

このほか、多くの職制があるが省略した。

○出典（『荘内史要覧』『庄内沿革史』「分限帳」）

## ○格と職

### ① 格

家臣団は家中と給人に大別される。家中は手廻以上の侍身分であり、給人は徒以下の下級家臣である。家中には番頭家《ばんがしらけ》と騎馬家と並家中があった。番頭家には大番頭家と上座番頭家と並番頭家があった。大番頭家は一門の両家で、両敬家とも称され、時代によって変動があり、松平甚三郎、酒井奥之助、酒井吉之丞などがあげられている。上座番頭家から家老、中老、組頭、守役、小姓頭などが出ている。騎馬家は三〇〇石以上の家中で、無役の時は侍組の筆頭になる家柄で、並家中と区別されていた。

**御家中の人数調**（「荘内藩士明和分限帳」）

| | | | |
|---|---|---|---|
| 亀ヶ崎城代 | 一人 | 番頭 | 八 |
| 家老 | 五 | 奏者 | 四 |
| 中老 | 二 | 番頭（並番頭） | 一六 |
| 組頭 | 七 | 留守居 | 三 |
| 小姓頭 | 四 | 大目付 | 三 |
| 番頭（差立御番頭） | 四 | 普請奉行 | 二 |
| 用人 | 八 | 物頭 | 二二 |
| 郡代 | 四 | 無役 | 一 |

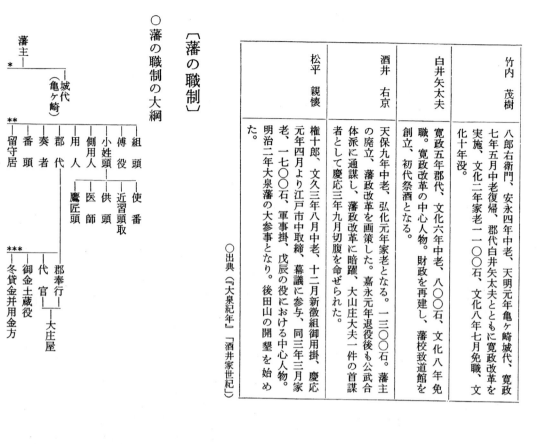

| | | | |
|---|---|---|---|
| 鎗奉行 | 二 | 医師 | 二八 |
| 町奉行 | 二 | 医師並 | 三 |
| 元締諸役所吟味 | 三 | 馬医 | 一 |
| 使番 | 九 | 所々付人 | 二四 |
| 近習頭取 | 四 | 組頭支配諸役人 | 二八 |
| 使番並 | 一 | 代官 | 一六 |
| 御預地元締 | 一 | 御預地代官 | 二 |
| 騎馬 | 一五 | 酒井吉之允組 | 二八 |
| 郡奉行 | 四 | 服部瀬兵衛組 | 二四 |
| 供頭 | 四 | 松平舎人組 | 二一 |
| 無役 | 一 | 安藤源右衛門組 | 二一 |
| 近習 | 一五 | 堀彦太夫組 | 二二 |
| 児小姓 | 九 | 杉山弓之助組 | 二五 |
| 中奥小姓 | 二 | 末松十蔵組 | 二七 |
| 伽之者 | 一 | 亀ヶ崎住居無役之者 | 一五 |
| 供小姓 | 一五 | 定府無役之者 | 二 |
| 馬方 | 一 | 組付之外無役之者 | 六九 |
| 右筆 | 八 | 手廻 | 三〇 |
| 鷹匠頭 | 一 | 目見医師 | 五 |
| 絵師 | 一 | | |
| 馬乗 | 二六 | 計（役持の子弟も含む） | 六一〇 |

**御給人の人数調**（天保十一年）

| | | | |
|---|---|---|---|
| 御徒 | 一五六 | 大庄屋 | 三四 |
| 小右筆 | 二〇 | 寺社方下役 | 三 |
| 奥帳付 | 二 | 弓砲槍旗下役 | 八 |
| 組頭書役 | 八 | 足軽 | 九三四 |
| 数寄屋下段 | 四 | 大工棟梁 | 五 |
| 坊主 | 二五 | 御持筒 | 三二 |
| 並鷹匠 | 七 | 御組外 | 一六〇 |
| 並馬乗 | 三 | 定番 | 七〇 |
| 並馬医 | 二 | 納方手代 | 八五 |
| 料理人 | 一五 | 町同心 | 一六 |
| 職人 | 四六 | | |

| | | | |
|---|---|---|---|
| 十一口、七ッ蔵 | 一四 | 餌差 | 一〇 |
| 御用屋敷定番 | | 御中間 | 四四六 |
| 塩硝蔵番人 | | 厩中間 | 五五 |
| 壁師、大鋸引 | 一一 | 大工 | 二〇 |
| 木鐺 | | 日雇頭 | 一 |
| 小役人 | 九 | | |
| 旗差 | 三四 | 計 | 二二三五 |

○出典（『荘内史要覧』）

②**職**

亀ヶ崎城代、家老は一〇〇〇石以上、組頭小姓頭は六〇〇石以上、番頭、用人は四〇〇石以上、郡代は三〇〇石以上など、役職相当の石数が決められており、供頭（一〇〇石以上）以上を行列以上といい、特別の取扱いを受けた。役職相当の石高に足りない時は、加増や役料で補塡した。中老は元禄七年初めて設置された。

## 〔領内支配（地方支配）の職制と系統〕

- 郡代
  - 郡奉行
    - 郡手代
    - 大山守
    - 堰守
    - 水門守
    - （大肝煎）大庄屋
      - （川北のみ）大組頭
      - 肝煎
  - 代官
    - 納方手代

・郡代は三〇〇石以上の家中から選ばれ、二〜三人置かれ、農政と財政を総括する。

・郡奉行は一〇〇石以上の家中から選ばれ、定員は四人で組分けされていた。

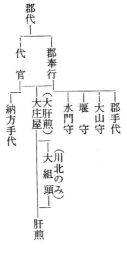

・代官は一〇〇石以上の家中から選ばれ、郷・通に二人ずつ、計一六人であった。
・大庄屋は初め大肝煎といい、町村支配の要として各組に一人ずつ置かれ、郡奉行と代官の両扱いであった。
・文化十二年、郡奉行と代官の職務内容を改革し、大庄屋を代官扱い一本とした。

## 〔領内の支配区分〕

**郷通組ごとの村数**（天保五年）

| 郡名 | 郷通名 | 組名 | 村数 |
|---|---|---|---|
| 飽海郡 | 遊佐郷 | 江池 | 三六 |
| | | 宮野内 | 二四 |
| | | 石辻 | 二五 |
| | 荒瀬郷 | 新田目 | 二九 |
| | | 古川 | 二五 |
| | | 島田 | 二四 |
| | 平田郷 | 大町 | 九 |
| | | 漆曽根 | 三五 |
| | | 山楯 | 二〇 |
| | | 田沢 | 八 |
| 田川郡 | 狩川通 | 下余目 | 四 |
| | | 上余目 | 一四 |
| | | 狩川 | 二一 |
| | | 添川 | 一四 |
| | | 清川 | 九 |
| | 中川通 | 横山 | 二一 |
| | | 押切 | 三 |
| | | 長沼 | 二 |
| | | 藤島 | 一四 |
| 田川郡 | 中川通 | 荒川 | 一五 |
| | 京田通 | 西郷 | 二〇 |
| | | 加茂 | 四 |
| | | 京田 | 一九 |
| | 山浜通 | 由良 | 一二 |
| | | 淀川 | 二〇 |
| | | 三瀬 | 四 |
| | | 田川 | 一六 |
| | | 温海 | 一一 |
| | | 鼠ヶ関 | 一 |
| | | 小名部 | 一 |
| | 櫛引通 | 島 | 二七 |
| | | 青竜寺 | 二六 |
| | | 黒川 | 一六 |
| | | 本郷 | 九 |
| | | 田沢 | 八 |
| 計 | 八 | 三五 | 五四八 |

（注）寛文四年までは、遊佐・櫛引・田川の三郡。

○出典（『荘内史要覧』『荘内史料集』15「天保郷帳」）

**預地**（元治元年より庄内領）

| 郡名 | 通名 | 組名 | 村数 |
|---|---|---|---|
| 田川郡 | 京田通 | 大山 | 二一 |
| | 狩川通 | 余目 | 二六 |
| | | 増川 | 一二 |
| | 中川通 | 横山 | 一 |
| | 櫛引通 | 青竜寺 | 四 |
| 計 | | | 六四 |

○出典（『荘内史要覧』『荘内史料集』15「天保郷帳」）

## 〔村役人の名称〕

**村**

大庄屋（大肝煎）—肝煎—┬組頭（添役）┬—五人組頭—百姓
　　　　　　　　　　　└長人———————┘

**町**

町奉行—┬大庄屋（大肝煎）—肝煎—長人—五人組頭—町人
　　　　└町年寄

文化元年、組頭は五人組頭と混同しやすいので廃止し、組頭役を置きたい村は添役とすることにした。村役は原則として肝煎・長人の二役制となった。

## 〔領外（飛地）の支配機構〕

飛地なし

## 〔領内の主要交通路〕

**陸路の主要街道**

1　藩主の参勤街道　鶴岡—藤島—清川
2　六十里越街道　鶴岡—大網—寒河江—山形
3　浜街道　女鹿—吹浦—酒田—大山—水沢—三瀬—温海—鼠ヶ関—越後
4　小国街道または山街道　水沢—田川—小国—小名部—越後
5　羽黒街道　鶴岡—野荒町—手向
6　大鳥街道
7　酒田街道（酒田道）　鶴岡—横山—押切—新堀—酒田
8　松山街道　酒田—飛鳥—松山—地見興屋＝清川対岸
9　秋田街道内通　酒田—遊佐—吹浦

**水運のある河川**

最上川、赤川、内川、大山川、藤島川

**河川水路の主な河岸**

1　最上川水路　酒田—清川—本合海
2　赤川水路の酒田船　酒田—鶴岡

**海路の主な港**

酒田港、加茂港、鼠ヶ関港

## 〔番所の所在地〕

五ケ口番所
清川番所（狩川通）
大網番所（櫛引通）
　田麦俣番所（末番所）
小国番所（山浜通）
　小名部番所（末番所）
鼠ヶ関番所（山浜通）
吹浦番所（遊佐郷）
　女鹿番所（末番所）

閑道口留番所
関川番所（山浜通）
立谷沢番所（狩川通）
中ノ俣番所（平田郷）
升田番所（平田郷）
坂本番所（平田郷）
青沢番所（荒瀬郷）
新升田番所（荒瀬郷）

○出典（『荘内史要覧』『庄内藩より御国見付への答書』〈明和六・七年〉）

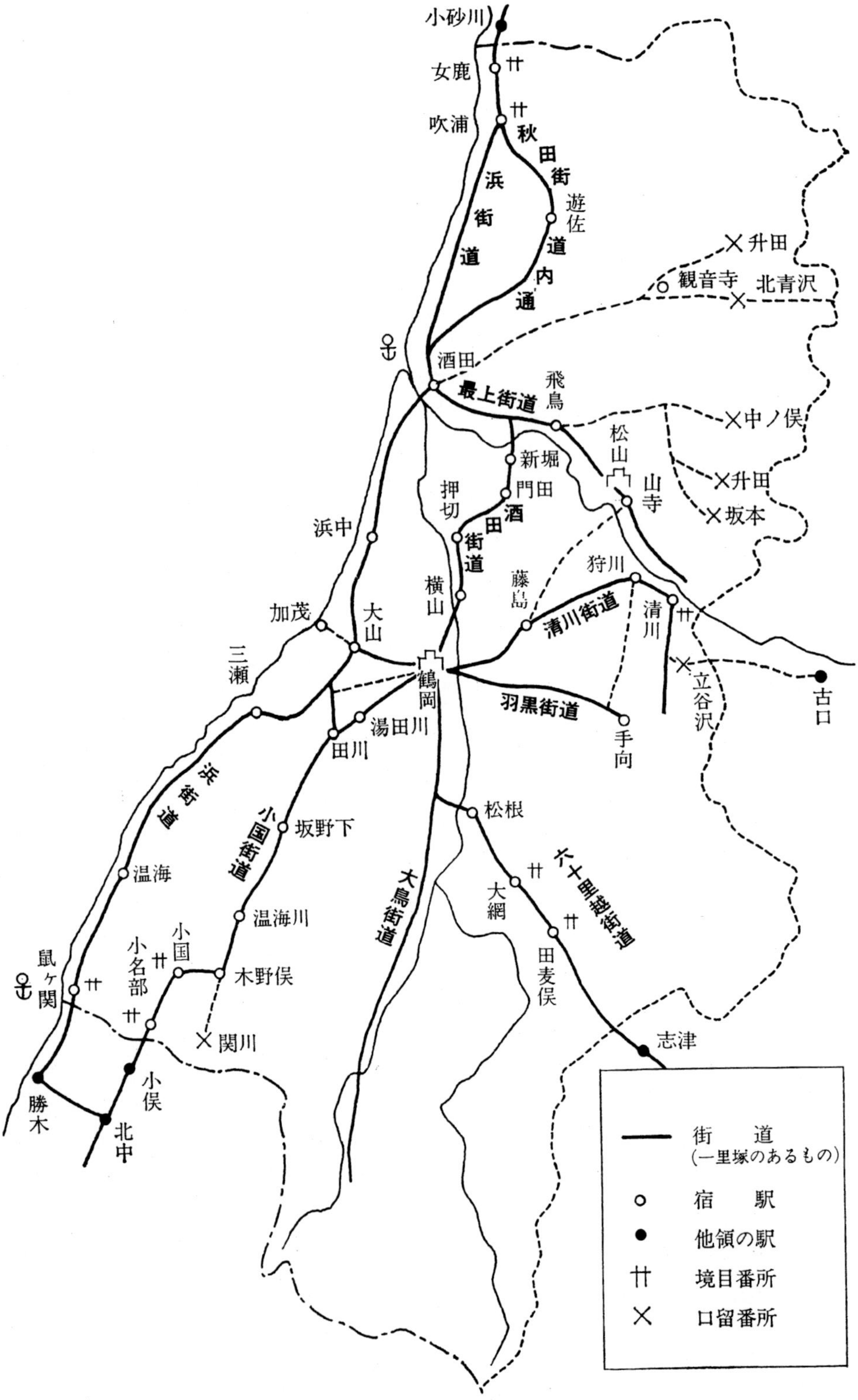


庄内藩近世街道図

○出典（『荘内史要覧』正保庄内絵図）

## 〔在町、津出場・米蔵の所在地〕

○在　町

在町に当たるものに大山と観音寺がある。大山は元和八年（一六二二）まで城下町、庄内藩は初め町奉行を置いたが、慶安元年（一六四八）大山藩に分知され、藩主の居館が置かれた。寛文九年（一六六九）天領となり、酒造地として発展した。観音寺は戦国期の城下町で、庄内藩になってからも町役があった。その他在町的なものとしては、港で栄えた加茂村があった。

○津出場・米蔵

年貢米は各村の郷蔵に納入され、鶴岡城内の七ッ蔵、加茂港の加茂蔵、酒田の酒田蔵に送られた。七ッ蔵の米は主として藩士の飯米に当てられ、加茂蔵、酒田蔵の米は主として移出に向けられた。津出場には加茂港、酒田港があった。

○出典（『酒田市史』『加茂港史』）

## 〔江戸城の詰間〕

| | | |
|---|---|---|
| 帝鑑間 | | |
| 溜間 | 忠器 | 天保四年十一月 |
| 帝鑑間 | 〃 | 天保十二年九月十四日 |
| 溜間格 | | 元治元年十一月 |

○出典（『文政武鑑』『御系譜参考』「聞書雑書」〔鶴岡市立郷土資料館〕）

## 〔江戸屋敷の所在地〕

| 屋敷 | 所在地（現在の町名） | 期間 |
|---|---|---|
| 上屋敷 | 和田倉内（千代田区丸の内一丁目） | ～明暦3・3 |
| | 大手前、滝の口（〃） | 明暦3・3～寛文7・6 |
| | 鍛冶橋内、大名小路（〃） | 寛文7・6～宝永6・10 |
| | 幸橋（千代田区幸町一丁目） | 宝永6・10～正徳5・3 |
| | 神田橋（千代田区大手町一丁目） | 正徳5・3～慶応4・3 |
| 中屋敷 | 浅草、向柳原（台東区浅草橋） | 元和8　～慶応4・3 |
| | 巣鴨（豊島区巣鴨） | 宝暦4・7～文政8・12 |
| | 本所二ッ目（墨田区両国四丁目） | 明和8・10～天明5 |
| | 本所四ッ目錦糸堀（墨田区錦糸） | 文政8・12～弘化2・1 |
| 下屋敷 | 下谷、向柳原（千代田区東神田三丁目） | 延宝9　～慶応4・3 |
| | 本所四ッ目（墨田区江東橋三丁目） | 安政4・11～慶応4・3 |

○出典（『荘内史要覧』『藩邸記』）

## 〔蔵屋敷の所在地〕

庄内藩は蔵屋敷を置かず、御用聞を置いた。延享四年の御用聞は大和屋上田三郎右衛門であった。嘉永元年の「道中手扣」に次の記述がある。

「大坂中嶋栴檀木橋北詰庄内屋敷大野市郎兵衛」

○出典（『鶴岡市史』上巻、「嘉永元申年京大坂ニ御用使東海道中手扣」〔鶴岡市立郷土資料館〕）

## 〔藩　校〕

| 藩校名 | 成立年月 | 所在地 |
|---|---|---|
| 致道館 | 文化2年2月開校<br>文化13年9月移転 | 鶴岡大宝寺<br>鶴ヶ岡城内三の丸 |

**沿革**　備前国の閑谷学校を参考に創立。政教一致の目的から城内に移築し、校舎の一部を藩政の最高機関であった会所と兼用した。明治六年六月廃校。

**目的**　士風刷新と人材養成のため、文武両道を兼修させた。

**教育制度**　句読所、終日詰、外舎、試舎生、舎生の五段階の課程があり、厳格な試験を行ない、進級させ、上級課程は少数の英才教育であった。

**教育内容**　学風は徂徠学で、詩文を重んじ、読書は東漢以後の書を制限した。自学自習、会業（ゼミナール方式）を重視し、教科書として古典を板行し（致道館本）、実費で頒布した。

**著名な学者**　白井東月、白井固、犬塚東海、石川朝陽　多田宏廬

○出典（『致道館記』『史蹟旧致道館』）

## 〔藩の武術〕

| 種目 | 流派 | 武術指南役 |
|---|---|---|
| 砲術 | 外記流（延宝六年） | 松浦長左衛門 |
| | 種ケ島流（〃） | 中村九大夫、岡田又右衛門、常世半左衛門 |
| | 犬間流（〃） | 江口四兵衛、氏家嘉右衛門 |
| | 米沢流（〃） | 石井勘左衛門 |
| 弓術 | 吉田流（〃） | 長沢牛右衛門 |
| | 日置流（〃） | 金谷橋六郎右衛門、白石茂兵衛、大瀬三右衛門、山本五左衛門、高橋郷左衛門、安倍伝大夫 |
| 鑓術 | 宝蔵院流十文字鑓（〃） | 高橋彦七郎 |
| | 大内無辺流直鑓（〃） | 永井所左衛門、相良惣右衛門 |
| | 一指流管鑓（〃） | 山口平兵衛 |
| | 無辺夢極流直鑓（〃） | 榊原筑右衛門、山口芝右衛門 |
| | 加遊流（〃） | 石井勘左衛門、須貝新右衛門 |
| 町見術 | 会山流（〃） | 氏家門大夫 |
| 居合 | | 酒井与三郎 |
| 兵法 | 新九流（延宝六年） | 石川猪大夫 |
| | 心陰流（〃） | 小泉三郎左衛門 |
| | 稲妻流（〃） | 中根勘右衛門 |
| | 三富流（〃） | 須貝新右衛門 |
| 捕手 | 至心流（〃） | 小泉三郎左衛門 |
| 軍法 | 武田流（〃） | 助川源八郎、山内甚五兵衛 |
| 馬術 | 人見流（〃） | 遠藤久兵衛 |
| | 大坪流（〃） | 旅河市兵衛、佐藤五右衛門 |
| 弓術 | 大倉流（元禄五年） | 金谷橋六郎右衛門 |
| | 印西流（〃） | 大瀬三右衛門 |
| | 雪荷流（〃） | 大瀬三右衛門 |
| | 竹林流（〃） | 大瀬三右衛門 |
| 砲術 | 長谷川流（〃） | 加藤平左衛門 |
| | 当流（〃） | 小野小右衛門 |
| 兵法 | 心信柳生流（〃） | 松宮源右衛門、氏家新平、石原孫左衛門、鈴木新五左衛門 |
| 鎗術 | 鎗加極流（〃） | 中村丑右衛門 |
| | 鎗指顕流（〃） | 氏家門大夫 |
| | 管鎗日下一宗流（〃） | 河野弥大夫 |
| | 鎗直指流（〃） | 山本小兵衛 |
| 居合 | 景流（〃） | 長山五郎右衛門 |
| 居合 | 心信流（〃） | 小嶋五郎右衛門 |
| 軍法 | 長沼流（文化年間） | 長坂十大夫 |
| 砲術 | 荻野流（〃） | 犬塚男内 |

○出典（『大泉紀年』『雞肋編』『大泉掌故』『鶴岡市史』上巻）

# 〔参勤交代〕

## 参勤交代の時期

### 庄内藩主の参勤交代一覧

| 藩主 | 上り（出発日） | 下り（下着日） |
|---|---|---|
| 忠勝 | 元和9<br>正保1<br>正保3・7<br>この間不詳 | この間不詳<br>正保2・5<br>（正保4没） |
| 忠当 | （寛永）<br>この間不詳<br>正保2・5<br>慶安3・5<br>承応1・5 | この間不詳<br>慶安2・8<br>慶安4<br>（万治3没） |
| 忠義 | （万治3・2・13）<br>寛文4・閏5・11<br>寛文6・6・8<br>寛文10・3・22<br>延宝1・7<br>延宝5・10・6<br>延宝6 | （万治3・2・11）<br>寛文3・8・7<br>寛文5・11<br>寛文9・9<br>延宝1・4・10<br>延宝5・9・3<br>延宝6<br>（天和1没） |
| 忠真 | 元禄3・5・18<br>元禄5・5<br>元禄7・5<br>宝永2・5・14<br>宝永4・5・18<br>宝永6・8・21<br>正徳1・5・21<br>正徳3・閏5・21<br>正徳5・5・21<br>享保2・5・24<br>享保4・5・22<br>享保6・5・24<br>享保8・3・12<br>享保10・3・13<br>享保12・3・12<br>享保14・3・12<br>享保16・6・16 | 元禄2・8・10<br>元禄4<br>元禄6・8<br>宝永1・9・26<br>宝永3・9・27<br>宝永5・10・13<br>宝永7・10・12<br>正徳2・9・1<br>正徳4・9・2<br>享保1・9・12<br>享保3・7・23<br>享保5・7・12<br>享保7・7・12<br>享保8・10・13<br>享保10・10・13<br>享保12・10・12<br>享保14・閏9<br>（享保16没） |
| 忠寄 | 享保18・5・18<br>享保20・5・18<br>元文2・5・18<br>元文3・9・25<br>元文5・10・23<br>寛保3・5・12<br>延享2・5・19 | 享保17・8・8<br>享保19・7・12<br>元文1・7・23<br>元文3・8・26<br>元文5・閏7・26<br>元文5・11・16<br>延享1・9・4<br>（明和3没） |
| 忠徳 | 安永2・5・18<br>安永4・5・19<br>安永6・6・7<br>安永8・6・11<br>天明5・4・28<br>寛政1・5・4<br>寛政3・5・16<br>寛政5・5・16<br>寛政7・5・13<br>寛政11・5・11 | 安永1・7・7<br>安永3・7・7<br>安永5・7・13<br>安永7・閏7・19<br>天明4・8・9<br>天明8・10・16<br>寛政2・9・23<br>寛政4・7・28<br>寛政6・9・2<br>寛政10・9・3<br>（文化2隠居） |
| 忠器 | | 文化3・7・15 |

| | | |
|---|---|---|
| | 文化4・5・18 | 文化5・閏6・18 |
| | 文化6・5・18 | 文化7・9・10 |
| | 文化8・5・21 | 文化9・7・18 |
| | 文化10・5・16 | 文化11・7・22 |
| | 文化12・5・16 | 文化13・7・3 |
| | 文化14・5・16 | 文政1・8・4 |
| | 文政2・5・19 | 文政3・8・13 |
| | 文政4・5・20 | 文政5・9・11 |
| | 文政6・4・10 | 文政9・9・1 |
| | 文政10・3・25 | 文政11・7・8 |
| | 文政13・5・16 | 天保5・6・6 |
| | 天保6・3・11 | 天保7・7・7 |
| | 天保8・5・16 | 天保9・8・9 |
| | 天保10・3・23 | 天保11・6・19 |
| | 天保12・2・27 | （天保13隠居） |
| 忠発 | | 天保13・7・7 |
| | 天保14・5・21 | 弘化1・7・12 |
| | 弘化2・8・16 | 弘化3・8・16 |
| | 弘化4・5・13 | 嘉永3・8・1 |
| | 嘉永4・9・20 | 嘉永5・8・10 |
| | 嘉永6・5・14 | 安政1・8・7 |
| | 安政2・5・21 | 安政3・4・16 |
| | 安政4・閏5・11 | 安政5・7・29 |
| | 安政6・5・13 | 万延1・4・21 |
| | 文久1・4・9 | 文久3・4・6 |
| | （文久1隠居） | |
| 忠怒世子 | | （安政4・7・16） |
| | （安政5・5・10） | （安政5没） |
| 忠寛 | | 文久2・5・9 |
| | （文久2没） | |
| 忠篤 | | （慶応4・3・9） |

（注）（　）は世子時代の動きと隠居・死去の年

○出典（「大乗院様以来御上下扣」（酒井家文書）。ただし『大泉紀年』によって補正。『荘内史要覧』（荘内史料集15））

**交通路、宿泊地**

・文化三年「御入部御道中日記」（一四泊）
（江戸）—草賀—幸手—間々田—宇都宮—大田原—白坂—須賀川—二本松—桑折—関—上ノ山—楯岡—清水—清川—（鶴岡）

・文政六年「御供登日記」（一二泊）
（鶴岡）—清川—清水—楯岡—上ノ山—関—福島—郡山—白川—大田原—宇都宮—古河—越谷—（江戸）

・文化八年、故あって参勤道路を幕府の許可なく変更し、上ノ山から米沢、板谷峠を通って福島に至り、幕府の不興を買い、家老一人、中老一人罷免。

・参勤道の里程　一三〇町二四丁（約五二四キロ）

・寛文六年六月の参勤の時に、町方・郷中から出された人馬の惣数は、五六六人・二七二疋、内一〇七疋は町馬、一三一疋は郷馬（『川上記』）。

**江戸詰人数**

| 身分 | 詰の年 | 留守の年 | |
|---|---|---|---|
| 家中勤番 | 四〇 | 詰年の半分 | 二〇 |
| 小姓供使 | 四〇 | 〃 | 二〇 |
| 近所へも召仕候小姓 | 三〇 | 〃 | 一五 |
| 歩行者 | 九〇 | 詰年の三分の一 | 三〇 |
| 江戸定役 | 二〇 | 詰年と同然 | 二〇 |
| 足軽 | 二六〇 | 詰年の半分 | 一三〇 |
| 中間 | 三〇〇 | 詰年の三分の二 | 二〇〇 |
| 合計 | 七八〇 | | 四三五 |

○出典（『雑肋編』巻三「寛文七年今度江戸に指置申人数」より）

〔藩の基本史料・基本文献〕


『大泉紀年』(『荘内史料集』4・5・6)
「酒井家世紀」(致道博物館蔵)写本(鶴岡市立郷土資料館蔵)
『雞肋編』(『山形県史』資料編5・6)
『閑散文庫』(『荘内史料集』7・8)
「大泉叢誌」(致道博物館所蔵)写本(鶴岡市立郷土資料館蔵)
『宇治家文書』(『荘内史料集』11・12)
『川上記』(『荘内史料集』9・10)
「温海大庄屋文書」(鶴岡市立郷土資料館蔵)
「清川大庄屋文書」(鶴岡市立郷土資料館蔵)
「郷政録」　(大山コミュニティ蔵)写本(鶴岡市立郷土資料館蔵)
『酒田市史』史料篇　酒田市　昭和三八年
『山形県史』近世史料2　山形県　昭和五五年
『鶴岡市史』上巻　鶴岡市　昭和三七年
『酒田市史』上巻　酒田市　昭和二九年
『山形県史』二巻・三巻　山形県　昭和五九年　同六二年
『荘内史要覧』(『荘内史料集』15)　昭和六〇年
『荘内史年表』　鶴岡市史編纂会　昭和三〇年


(執筆者・斎藤正一)

# 大《おお》山《やま》藩

〔藩の概観〕

大山藩は、庄内藩主酒井忠勝《ただかつ》(正保四年十月十七日卒)の遺命により、正保四年(一六四七)十二月一日、七男忠解《ただとき》(本之助)に大山一万石の分知が許可されて成立した。忠解の生母清領院は、忠勝の家臣武山勘右衛門の妹久米であった。大山藩の分人としては忠解の外祖父で家老となった武山勘右衛門、御守役の山口三郎右衛門、物頭の小島六左衛門のほか、前森治郎右衛門、村山多兵衛、石井茂左衛門、七森加兵衛、七森利兵衛の名が知られるのみである。慶安元年(一六四八)二月二十五日、将軍家光と大納言家綱に初めて御目見えし、三月七日、分知の御礼として蠟燭五〇〇挺、綿一〇〇把、家綱に黄金三枚(三〇両)、綿一〇〇把を献じた。

一万石の領地は慶安三年に決定され、村数は大山・友江・砂神・栃屋・下小中・下川・千安京田・面之山・湯浜・播磨京田・野興屋・漆嶋・菖蒲沼・新興屋・角田二口・善阿弥・東沼・尾花・天神堂・論田の内の二〇ケ村で一万石であったが、大山村分の内、家中屋敷や足軽屋敷として高六六石七斗七升五合五勺が永引されたので、その分を庄内藩領の論田村と丹波興屋村分から補塡された。藩主の居館は、大山村の中世領主武藤氏の尾浦城跡山麓に置かれ、御侍町・御足軽町・御中間町・御役人町が町割された(寛文九年の絵図、「郷政録」採録)。忠解は万治二年(一六五九)十二月二十八日、従五位下、備中守に叙任され、寛文四年(一六六四)七月十三日、初めて大山に入部した。時に忠解二十二歳であった。翌寛文五年七月、松浦肥前守鎮信の女を室に迎えた。

忠解は寛文八年三度目の帰国をしたが、同年十一月二十八日、傷寒病で没した。享年二十六歳、葬儀は大山の向町南昌院の南の畑で行なわれ、本町の日蓮宗道林寺に埋葬された。法名を道林院殿覚英日慈大居士という。嗣子がなかったので、寛文九年三月家は断絶し、領地は収公され、代官松平清左衛門の管轄となった。忠解は参勤の際、鶴岡を通らず清川街道に出られるように、大山村から播磨京田村、横山村を経て藤島村に至る道路を整備した。現在も備中街道と呼ばれている。

### 〔藩の居城〕

**陣屋**

**名　称**　備中様御構（『筆濃餘理』尾浦古城跡図）
屋形（『出羽風土略記』）

**所在地**　山形県鶴岡市大字大山

**家数・人口**　未詳

### 〔親疎の別〕　**酒井家**　**譜代**

（執筆者・斎藤正一）

# 左《あてら》沢《ざわ》藩

### 〔藩の概観〕

左沢藩は、元和八年（一六二二）最上氏改易ののち、庄内藩主酒井忠勝《ただかつ》の弟右近太夫直次《なおつぐ》が左沢領一万二〇〇〇石を分与されて成立した。直次は酒井家次の次男、母は榊原政吉の女であった。慶長元年（一五九六）生まれ、元和元年（一六一五）六月十九日従五位下・右近太夫に叙任された。藩領は村山郡の内、左沢村以下七八ヶ村、高合一万二二五七石七斗六升六勺で、出羽丘陵中の最上《もがみ》川や月布川に沿う大半が高一〇〇石未満の小村であった。直次は中世以来の左沢城を居城とし、巨海院を再興してその中興開基となった（「巨海院書上」）。その後間もなく小漆川《こうるしがわ》城を築城し移ったが、寛永七年（一六三〇）三月十日卒した（『寛政重修諸家譜』）。享年三十五歳、禅宗巨海院に葬った。法名は慈光院殿普照琳清大居士、嗣子なく家は断絶した。なお、「御系譜参考」や巨海院の書上は、直次の卒年を寛永八年としている。

### 〔藩の居城〕

**城**

**名　称**　左沢城のち小漆川城

所在地　山形県西村山郡大江町左沢　同大江町小漆川
家数・人口　未詳
〔親疎の別〕　酒井家　譜代

# 松《まつ》山《やま》藩

改称　松嶺《まつみね》藩

（執筆者・斎藤正一）

## 〔藩の概観〕

松山藩は、正保四年（一六四七）十二月、大山藩一万石とともに、庄内藩から分知されて成立した。当初出羽国飽海《あくみ》郡・田川郡八〇〇〇石、同国村山郡一万二〇〇〇石、合計二万石であったが、安永八年（一七七九）十二月、上野国山田郡・勢多郡五〇〇〇石を加増されて、二万五〇〇〇石となった譜代小藩である。

初代藩主忠恒《ただつね》は分知当時八歳で、初入部は寛文二年（一六六二）であった。城地は寛文元年中山《なかやま》村に定められたが、同四年中山を松山と改称し、以後代々この地が城下となっている。分知後、領内の検地はせず、庄内藩で実施した元和検地の結果をそのまま踏襲し、廃藩まで元和検地帳を基礎台帳としている。

二代忠豫《ただやす》は延宝三年（一六七五）に家督を相続したが、この頃分知に際して分けられた二万両の忠勝《ただかつ》遺金を費消し、延宝二年の凶作もあって藩財政が窮乏し始めた。そのため延宝六年大坂加番を願い、以後忠豫一代で一一回に及ぶ加番を勤めている。天和二年（一六八二）には初めて八分の一の借上米を命じ、この上米施策は幕末まで内容を変えて実施され、事実上藩の定収入として取扱われた。享保五年（一七二〇）の大凶作以後、扶持米支給もとどこおりがちになり、享保十二年一月には、江戸詰足軽が徒党して勤務拒否の行動に出るということもあった。

三代忠休《ただよし》は、庄内藩士酒井図書の子で、忠豫の嫡子忠英《ただひで》が眼病のため家督相続を避けたので、養子として迎えられたものである。忠休は、延享四年（一七四七）三月奏者番、寛延元年（一七四八）閏十月寺社奉行加役、同二年七月西丸若年寄、宝暦十年（一七六〇）四月二の丸若年寄、翌十一年八月若年寄となり、天明七年（一七八七）四月までその地位にあった。この間、公儀役務遂行のため、事情に通じた新規役人を採用し、また江戸費用も増大して家臣への給禄もとどこおり、このため譜代家臣の強い不満をかった。宝暦二年（一七五二）十月、同三年七月には、家老北村五郎兵衛が本藩（庄内藩）家老に忠休の秕政を訴え、同四年二月には家老林杢太夫《もくだゆう》が忠休に退隠を諫言した。さらに宝暦五年の飢饉のなかで、同年九月江戸足軽が忠休の登城御供を拒否し、同六年八月には家臣上下二七〇人が連署して忠休の退隠を求め、全員永暇願を提出した。これは本藩の介入で鎮まったが、以後庄内藩から御付《おつき》家老・郡代・代官・元締などが派遣されることになり、廃藩までに及んだ。この藩主忠休弾劾事件を宝暦事件というが、まさに藩の存亡にかかわる大事件であった。忠休は長く幕府の要職にあり、安永八年（一七七九）十二月に上野国山田郡・勢多郡に五〇〇〇石を加増されるとともに、松山に築城を許された。忠休の栄達は藩財政を困窮に追いこみ、天明五年（一七八五）十月には、酒田の富商本間四郎三郎を御勝手世話係とすることを本藩によりすすめられ、翌年本間は元締となって、寛政期以後松山藩財政の運用を左右した。

化政期に入り、文化十一年（一八一四）、質地統制令を出して田畠の移動を抑制し、文政三年（一八二〇）には左沢《あてらざわ》青苧専売を実施したが、地元商人らの強い反対にあって失敗した。天保期に入ると、博奕・若背《わかぜ》押休みなどの風潮と、年貢不納・借米要求の増加に対処する必要が痛感され、天保三年（一八三二）八月、初めて独自の五人組掟が定められ、村々の請書を添付した五人組合帳が作られた。翌四年大凶作となり、巳年《みどし》飢饉と後世まで言い伝えられた未曽有の飢饉にみまわれた。

幕末期には、本藩支援の海岸防備体制を強化するため、火器の増強と洋式軍事訓練に力をいれた。七代忠良《ただよし》は、家臣の武備調達の一助として上米中止を決断している。慶応三年（一八六七）十二月、三田薩摩藩邸焼打ちの時は、その先陣をきった。翌年の戊辰東北戦争では、家老長坂右近介《うこんのすけ》が指揮する松山奇兵隊が、庄内一番隊の一翼をにない、秋田攻撃に参戦した。この時、長坂は庄内一番隊の参謀でもあった。また家老永井丹治の一隊は矢島に駐屯し、同地を支配した。敗戦後の同年十二月、忠良は隠居と二五〇〇石上知の処分を受けた。当初上知は城付領分からということであったが、明治二年（一八六九）一月上野国山田郡・勢多郡からということに変わった。同年忠匡《ただまさ》は版籍奉還をしたが、この時松山を松嶺《まつみね》と改めて松嶺藩と改称し、自らその藩知事となった。明治四年廃藩となり、松嶺は松嶺県、酒田県を経て、山形県に編入された。

## 〔藩の居城〕

**城**

名　称　松山城

所在地　山形県飽海郡松山町新屋敷

家数・人口

嘉永六年

両町組　二二四軒・一二二二人

川北組　八九五軒・五二九四人

川南組　三六八軒・二〇二七人

修　験　一五軒・八五人

○出典（「松嶺史料」）

## 〔藩（大名）の家紋など〕

**酒井家**

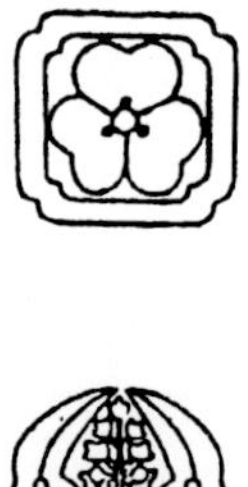

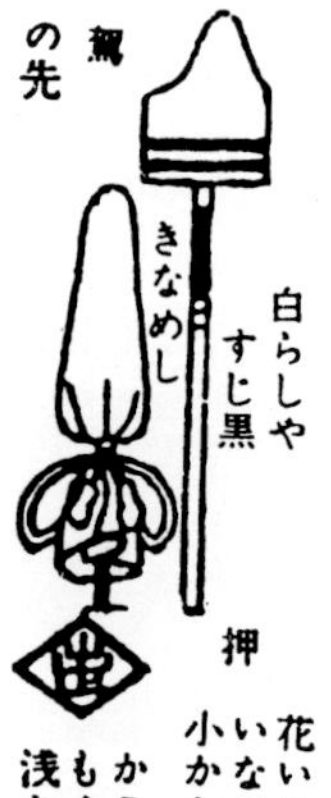


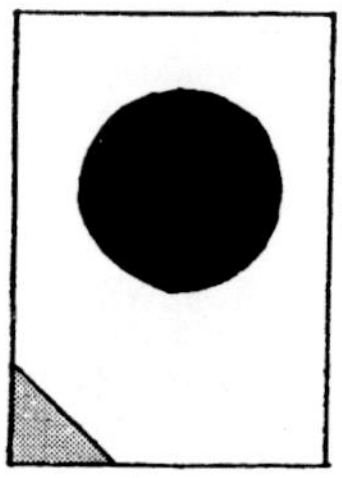

家紋　隅入り平角に片喰《かたばみ》　抱き沢瀉

旗差　朱《しゅ》の丸、地白、隅水色

○出典（『新板改正寛政武鑑』『文化武鑑』）

# 〔藩主の系図〕（姻戚関係）

## 酒井家　譜代

- 忠勝
  - 忠當《ただまさ》 庄内藩主
  - 忠俊
  - 女子
  - **忠恒**《ただつね》
    - **忠豫**《ただやす》
      - 大三郎
      - 女子
      - 女子 遠藤主膳胤親室
      - 女子
      - 女子
      - 忠英
      - 藤吉
      - 忠寄《ただより》 庄内藩主酒井忠真養子
      - 清助
      - **忠休**《ただよし》 酒井図書直隆男
        - 忠郷 酒井忠英男
        - 忠起 酒井忠英男
        - 忠體 水野越中守忠栄養子
        - 女子 小堀豊後守政芳に嫁す 小堀式部政孝に再嫁す
        - **忠崇**《ただたか》
          - 女子
          - 女子
          - 粂次郎
          - 女子 水野忠體女 酒井忠禮室
          - **忠禮**《ただのり》 酒井豊前忠順男
            - 女子 酒井一作忠民に嫁す
            - 女子 久永主税幸貞に嫁す、山田佐渡守利教に再嫁す
            - 女子 建部伝右衛門正長に嫁す
            - 女子 小出丹宮英照に嫁す
            - 女子
            - 女子 坪内帯刀定永に嫁す
            - 女子 土屋惣蔵常直に嫁す 彦坂三太夫紹徳に再嫁す
            - 女子
            - 女子 保々藤助貞信に嫁す
            - **忠方**《ただみち》
              - 女子 酒井右京亮忠毗に嫁す
              - 女子
              - **忠良**《ただよし》
              - 貞吉
              - 米次郎
              - 重三郎
              - 俊方 森川出羽守俊徳養子
              - 女子
              - 鋈之助
              - 忠量
              - 女子
              - 由之助
            - 女子 鈴木四郎左衛門直列に嫁す
            - 女子
            - 女子 寛新太郎正直に嫁す 依田六郎信近に再嫁す
            - 女子
            - 忠敏 酒井因幡守忠質養子
            - 女子 天野左兵衛康知に嫁す
            - 正誼 甲斐兵庫助正道養子
            - 頼永 諏訪縫殿介頼安養子
            - 要之進
        - 女子
    - 女子
    - 弾正
  - 女子 溝口信濃守重雄室
  - 忠貫
  - 女子 松平主水正忠利に嫁す、滝川備中守具章に再嫁す
  - 忠盛
  - 忠直
  - 忠解《ただとき》 大山藩主
  - 忠興
  - 恒豊 山名伊豆守矩豊養子

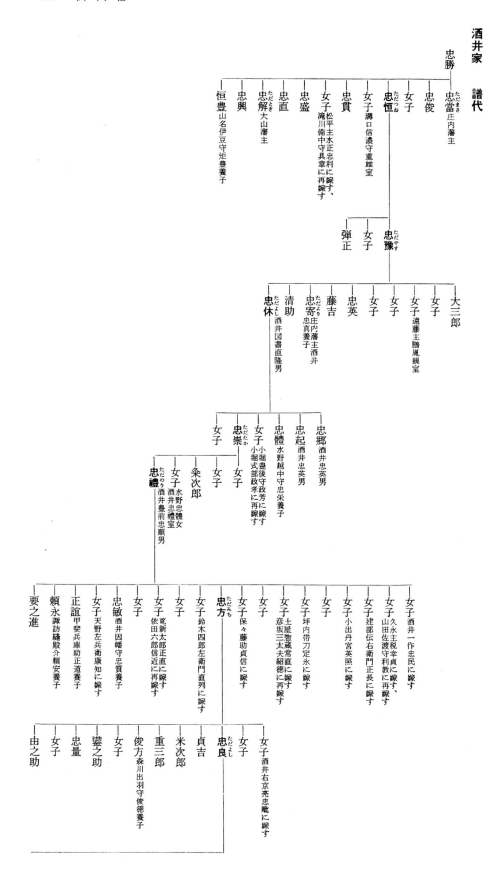

—女子
—春之進
—尚一郎
—女子
—忠匡《ただまさ》

—女子
—女子
—忠盛 河野権兵衛養子
—男子
—忠堯 嶋田忠英養子

—利之助 鈴木秀實養子 斎藤ひで養子
—女子
—忠崇 下竹嘉一郎養子 酒井銈三郎再養子
—男子

○出典（「御系譜参考」「酒井氏系図」「酒井家系譜」）

## 〔藩主一覧〕（歴代藩主および石高・所領の変遷）

| 姓 | 諱 | 受領名または官名 | 通称 | 生没年月日 | 戒名と菩提所（所在地） | 藩主就任・退任年月日 | 江戸幕府就任役職名・就任退任年月日 | | 石高変遷年月日（西暦） | 石高（表高） | 領地（国郡名） |
|---|---|---|---|---|---|---|---|---|---|---|---|
| 酒井 | 忠恒 | 大学頭 | 老之助 | 寛永16・8・8〜延宝3・8・6 | 光顔院殿学誉道専受法大居士 光照寺（東京都新宿区袋町） | 正保4・12・11〜延宝3・8・6 | | | 正保4・12・11（一六四七） | 二〇〇〇〇 | 出羽国飽海郡・田川郡・村山郡 |
| 酒井 | 忠豫 | 石見守 | 大助 | 明暦3・8・15〜享保20・12・16 | 詠鏡院殿勝誉超清遊園大居士 心光寺（山形県飽海郡松山町字北町） | 延宝3・10・6〜享保17・11・25 | | | | 〃 | 〃 |
| 酒井 | 忠休 | 山城守 石見守 | 織部 | 正徳4・8・16〜天明7・4・18 | 光照院殿泰誉豊利慧仁大居士 光照寺（前同） | 享保17・11・25〜天明7・4・18 | 奏者番<br>寺社奉行加役<br>西丸若年寄<br>二丸若年寄<br>若年寄 | 延享4・3・11<br>寛延1・閏10・1<br>寛延2・7・6<br>宝暦10・4・1<br>宝暦11・8・15〜天明7・4・18 | | 〃 | 〃 |
| | | | | | | | | | 安永8・12・15（一七七九） | 二五〇〇〇 | 出羽国飽海郡・田川郡・村山郡 上野国山田郡・勢多郡（五〇〇〇石加増） |

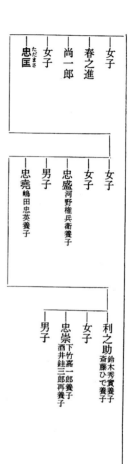

| 姓 | 諱 | 受領名または官名 | 通称 | 生没年月日 | 戒名と菩提所（所在地） | 藩主就任・退任年月日 | 江戸幕府就任役職名・就任退任年月日 | 石高変遷年月日（西暦） | 石高（表高） | 領地（国郡名） |
|---|---|---|---|---|---|---|---|---|---|---|
| 酒井 | 忠崇 | 大学頭 石見守 | 粂次郎 | 宝暦1・5・10～文政7・4・6 | 定崇院殿戒誉光純恵照大居士 光照寺（東京都新宿区袋町） | 天明7・6・13～寛政10・11・26 | | | 二五〇〇〇 | 出羽国飽海郡・田川郡・村山郡 上野国山田郡・勢多郡 |
| 酒井 | 忠禮 | 大学頭 | 春之進 | 安永8・2・5～文政4・7・23（右は公表で事実は天明3・2・5～文政4・7・14） | 常智院殿光誉勇照義仁大居士 光照寺（〃） | 寛政10・11・26～文政4・7・23 | | | 〃 | 〃 |
| 酒井 | 忠方 | 大学頭 石見守 | 春之進 | 文化5・1・18～明治20・2・14 | 高嶽院殿礼誉義山忠方大居士 光照寺（〃） | 文政4・9・16～弘化2・11・20 | | | 〃 | 〃 |
| 酒井 | 忠良 | 大学頭 紀伊守 | 聕七郎 | 天保2・5・24～明治17・10・1 | 松壽院殿照誉粿好寛政大居士 光照寺（〃） | 弘化2・11・20～明治1・12・8 | 御奏者番 嘉永4・6・13～文久2・閏8・23 | | 〃 | 〃 |
| 酒井 | 忠匡 | 大学頭 | 信三郎 | 安政3・12・19～明治44・4・30 | 賢光院殿仁誉寛行忠匡大居士 天王寺（東京都台東区谷中） | 明治1・12・16～明治4・7・14 | | 明治1・12・7（一八六八） | 二二五〇〇 | 出羽国飽海郡・田川郡・村山郡 上野国勢多郡 |

○出典（『松山藩史料』『松嶺史料』『酒井氏系図』）

## 〔藩史略年表〕

| 西暦 | 和暦 | 月日 | 政治・法制 | 月日 | 社会（文化を含む）・経済 |
|---|---|---|---|---|---|
| 一六四七 | 正保四 | 12・11 | 酒井忠恒、中山八〇〇〇石・左沢一万二〇〇〇石を分知される。 | | |
| 一六四八 | 慶安一 | | | | 庄内藩狩川組村々と松山藩村々との上郷山山論起こる。 |
| 一六四九 | 二 | | 庄内藩から村分けされる。 | | |
| 一六五五 | 承応四 | | | | 庄内藩余目《あまるめ》村と廻館《まわたて》村との小島谷地谷地論起こる。 |
| 一六六一 | 寛文一 | 11・2 | 中山屋形普請を許可される。 | | |
| 一六六三 | 三 | 3 | 庄内藩と村替えが行なわれる。 | | |
| | | 7 | 忠恒、駿府加番を命ぜられる。 | | |
| 一六六四 | 四 | 4 | 中山を松山と改称する。 | 5 | 家老幾志与兵衛、大堰を開鑿し新田を開発する。 |
| 一六七四 | 延宝二 | | | | 凶作。翌年、春米一〇両につき一六俵に高騰する。 |
| 一六七八 | 六 | 6 | 忠豫、大坂加番を命ぜられる（以後相次いで加番を願い、一代で一一回に及ぶ）。 | | |
| 一六八二 | 天和二 | | 財政窮乏し、家中・小姓に八分の一借上米を命じる。 | | |
| 一六八六 | 貞享三 | | | | 大凶作。平作の十分の一。 |
| 一六九一 | 元禄四 | | | 5・12 | 松山大火。藩主屋形も焼失。 |
| | | | | | 庄内藩狩川村と松山藩五ケ村と中棚谷地の所有権を争う。 |
| 一六九五 | 八 | 10 | 一部家臣の減知をする。 | | |
| 一六九九 | 一二 | 8 | 酒田に米蔵を借入れる。 | | |
| 一七一七 | 享保二 | | | | 徳田村田畑川欠で無高となる。 |
| 一七二〇 | 五 | | | | 洪水・虫付で大凶作となる。 |
| 一七二五 | 一〇 | 11 | 山畑運上を取り始める。 | | |
| 一七二六 | 一一 | | | 12 | 江戸足軽、扶持渡方に不満をもち徒党する。 |
| 一七二七 | 一二 | 10・25 | 知行・切米を取上げ、一〇〇石につき一〇人扶持を給する。 | | |
| | | 12 | 家老西田新五左衛門、加賀大聖寺松平出雲守に借金を懇望し、庄内藩に譴責され免職となる。 | | |
| 一七三六 | 元文一 | 2 | 江戸定府人数を削減する。 | | |
| 一七三八 | 三 | 3 | 山林盗伐の禁令を出す。 | 6 | 不正酒売出しにつき、町酒屋の酒蔵を封じる。 |

| 西暦 | 和暦 | 月日 | 政治・法制 | 月日 | 社会（文化を含む）・経済 |
|---|---|---|---|---|---|
| 一七四〇 | 元文五 | 4 | 郷中取締りを厳達する。 | 3・23 | 中山大明神を領内惣鎮守とする。 |
| 一七四一 | 寛保一 | 8・18 | 備荒米として百姓に四合ずつ納めさせる。 | | |
| | | 9・15 | 藩士のための貯米を始める。 | | |
| 一七四五 | 延享二 | | | 11 | 家臣から救助願が出る。 |
| 一七四七 | 四 | 3・11 | 忠休、奏者番になる。 | | |
| 一七四八 | 寛延一 | 閏10・1 | 忠休、寺社奉行加役命ぜられる。 | 2 | 沢新田新川堀替国役普請を許される。 |
| 一七四九 | 二 | 7・6 | 忠休、西丸若年寄となる。 | | |
| 一七五二 | 宝暦二 | 10・7 | 家老北村五郎兵衛、藩主忠休の秕政を庄内藩家老に訴える。 | | |
| 一七五三 | 三 | 7・28 | 北村五郎兵衛、再度訴える。 | | |
| | | 9・1 | 家中・小姓、連署して救助願を出す。 | | |
| | | 10 | 足軽組、救助願を出す。 | | |
| | | 12・1 | 知行・切米を扶持方で支給する。 | | |
| 一七五四 | 四 | 2・14 | 家老林杢太夫、江戸で忠休に退隠を諫言する。 | 7・12 | 松山大火。二〇〇軒焼失。 |
| | | | | 12・11 | 松山本町通り焼失。 |
| 一七五五 | 五 | 1・25 | 当分飯米分のみ支給となる。 | | 宝五の大飢饉。 |
| | | 9・9 | 江戸足軽、忠休の登城御供を拒否する。 | 8・30 | 松山大火、一一三軒焼失。 |
| 一七五六 | 六 | 6 | 家臣ら足飯米を願い出る。 | | |
| | | 8・16 | 藩財政窮迫し、庄内藩で一部家臣を引取る。 | | |
| | | 8・17 | 家臣二七〇人、連署して忠休の退隠を求める。 | | |
| | | 8・21 | 家臣ら永暇願を提出する。 | | |
| | | 10・4 | 庄内藩から御付家老・郡代・代官・元締等が派遣される。 | | |
| | | 閏11 | 徒党首謀者が、庄内藩により処罰される。 | | |
| 一七五七 | 七 | | | 5・25 | 最上川大洪水。 |
| 一七六〇 | 一〇 | 4・1 | 忠休、二丸若年寄となる。 | | |
| 一七六一 | 一一 | 8・15 | 忠休、本丸若年寄となる。 | | |
| 一七六五 | 明和二 | | 一万石の損毛で、幕府から三〇〇〇両拝借する。 | 3 | 大凶作。 |
| 一七六九 | 六 | | | | 竹田村と槇島村とで鮭巻網漁の紛争が起きる。 |
| 一七七九 | 安永八 | 12・15 | 上野国山田・勢多郡に五〇〇〇石加増され、松山築城を許される。 | | |
| 一七八二 | 天明二 | 9 | 松山城大手門落成する。 | | |
| 一七八三 | 三 | | | | 大凶作。 |

| 西暦 | 和暦 | 月日 | 政治・法制 | 月日 | 社会（文化を含む）・経済 |
|---|---|---|---|---|---|
| 一七八四 | 天明四 | 9・14 | 築城人夫調達のため村山郡と田川郡幕府領との村替えが許可。 | | |
| 一七八五 | 五 | 10 | 酒田の本間四郎三郎、松山藩御勝手世話を命ぜられる。 | | |
| 一七八六 | 六 | 2 | 本間四郎三郎、元締役となる。 | | 大凶作。 |
| 一七八八 | 八 | 8 | 村替え分を旧に復する。 | | |
| 一七九〇 | 寛政二 | | | 10・10 | 大手門、雷火で焼失する。 |
| 一七九一 | 三 | 10 | 庄内藩中田七郎兵衛、御勝手御倹約御用懸となる。 | | |
| 一七九二 | 四 | 6・30 | 大手門再建成る。 | | |
| 一七九四 | 六 | | | 7・13 | 松山大火。 |
| 一七九六 | 八 | | 本間次郎四郎、備籾・貸付籾にあてるため四〇〇〇〇拠両出。 | | |
| 一八〇七 | 文化四 | | | | 本町肝煎村田吉右衛門、御行塚山に杉一万本植付ける。 |
| 一八一四 | 一一 | 6 | 質地につき申渡を達する。 | 7 | 松平定信奥老女屋代野川、引退して松山に下る。「奥の道の記」の道中記がある。 |
| 一八一八 | 文政一 | | | 6・26 | 松山大火。 |
| 一八一九 | 二 | 1 | 村々百姓教方訳覚を達す。 | | |
| 一八二〇 | 三 | 2 | 左沢青苧専売実施（失敗）。 | | |
| 一八二九 | 一二 | | | | 虫出、大凶作。 |
| 一八三二 | 天保三 | 8 | 五人組合帳を作成する。 | | |
| 一八三三 | 四 | 12 | 損毛一万九〇〇〇余石を幕府に報告する。 | | 巳年大飢饉。 |
| 一八四一 | 天保一二 | | | | 巳年以来の大凶作。 |
| 一八五一 | 嘉永四 | 6・13 | 忠良、奏者番となる。 | | |
| 一八五二 | 五 | | | 12 | 竹田村と提興屋村とで最上川鮭漁の紛争が起こる。 |
| 一八五三 | 六 | | 海岸防備の武器調達、調練が行なわれる。 | | |
| 一八五七 | 安政四 | 9 | 安政の改革（五ヶ年間の支出削減と倹約）を達する。 | | |
| 一八六二 | 文久二 | 1 | 村々に農作業・休日・衣食住等の心得を達する。 | | |
| 一八六三 | 三 | 3 | 武器製造の細工所を作る。 | | |
| | | 9 | 家臣の武備のため上米を返す。 | | |
| 一八六六 | 慶応二 | | | 1・27 | 富農斎藤弥右衛門、蚕室を作る。 |
| 一八六七 | 三 | 12・25 | 三田薩摩藩邸を焼打ちする。 | | |
| 一八六八 | 明治一 | | 戊辰東北戦争に、同盟軍として参戦する。 | | |
| | | 9・26 | 松山藩、降伏する。 | | |
| | | 12・7 | 松山藩の処分が出される（忠良隠居・二五〇〇石上知）。 | | |

| 西暦 | 和暦 | 月日 | 政治・法制 | 月日 | 社会（文化を含む）・経済 |
|---|---|---|---|---|---|
| 一八六九 | 二 | 1・24 | 上野国山田郡・勢多郡から二五〇〇石上知に決まる。 | | |
| | | 6・22 | 版籍奉還。忠匡松嶺藩知事となる。 | | |
| | | | 同日、松山を松嶺と改めることを許可される。 | 10・27 | 藩校一貫堂が開校される。 |
| 一八七一 | 四 | 7・14 | 松嶺藩を廃し、松嶺県となり、酒井忠匡が県令となる。 | 3 | 駅場を山寺村から松嶺に移す。 |

○出典（「松嶺史料」「松山藩史料」「旧章抜書」）

## 〔家老とその業績〕

| 著名家老名 | 担当職務名 | 活躍期 | 生没年月日 | 主な業績 |
|---|---|---|---|---|
| 幾志　與兵衛正成 | | 慶安～延宝 | ～貞享1・11・4没 | ・草創期の藩制を確立する。<br>・大堰を開鑿し、四〇〇〇町歩の新田を開発する。<br>・庄内藩郡代高力忠兵衛の讒により、郷入となる。 |
| 西田　新五左衛門 | | 享保 | 明暦2～元文3・4・1 | ・藩財政の再建に努力する。<br>・独自に加賀大聖寺松平出雲守に借金依頼をし、庄内藩に譴責され、免職・閉門となる。 |
| 北村　五郎兵衛<br>林　杢太夫 | | 宝暦<br>宝暦 | 宝暦3・11・11没<br>宝暦5没 | ・藩主忠休を弾劾し、本藩家老にその秕政を訴える。<br>・藩主忠休と家臣の離反を愁い、忠休に隠退を諫告し、庄内藩に引きとられる。<br>（両家老の行動が、藩主排斥運動の宝暦事件の端緒となった。） |
| 上野織右衛門安邦 | | 明和～天明 | 享保17～寛政5・7・20 | ・家臣の風紀紊乱に対処して「御仕置」を制定し、その粛正をはかる。<br>・安永・天明の凶作による財政難を、厳しい緊縮財政と、家臣からの借上米でのりきる。<br>・藩主家督相続争い（酒井弥市郎一件）をさばく。 |
| 長坂　右近介 | | 慶応・明治 | 文政8・6・25～明治25・4・3 | ・戊辰東北戦争で庄内一番隊参謀・松山奇兵隊士大将として、秋田攻撃に参戦。<br>・藩校一貫堂（後に里仁館と改称）を創建する。 |
| 永井　丹治 | | 慶応・明治 | 天保3～明治15・3・7 | ・戊辰東北戦争で、約一ヶ月間矢島領を支配する。<br>・藩校一貫堂を創建する。 |

○出典（「松山藩史料」「松嶺史料」）

## 〔藩の職制〕

○藩の職制の大綱

- 藩主―家老（組頭兼務）
  - 小姓頭（用人兼務）
  - 徒頭（用人兼務）
  - 物頭
  - 郡代
    - 郡奉行（山方兼帯）
    - 代官
    - 元方・雑用方・与内方・貸方・五分金方・路用方・御一紙方
  - 大目付（寺社奉行兼務）
    - 徒目付
    - 足軽目付
  - 町奉行―盗賊目付
  - 元締
  - 普請奉行

○出典（『松山藩要職畧鮮』）

○格と職

①格

| 格（家臣団）＼年代 | 慶安一年 | 文政一〇年 | 文久一年 |
|---|---|---|---|
| 家中 | 四八人 | 五四人 | 五四人 |
| 小姓 | 三三 | 三〇 | 二七 |
| 徒士 | 二八 | 不明 | 二四 |
| 足軽 | 一五〇 | 一〇三 | 一四八 |
| 中間 | 五〇 | 三四 | 五七 |

○出典（『松山藩要職畧鮮』「松山藩史料」「松嶺史料」）

②職

・家中組　家老、小姓頭、守役、用人、徒頭、郡代、留守居、物頭、大目付、寺社奉行、町奉行、郡奉行、元締、代官、普請奉行、兵具役、納戸役、元方、雑用役、与内方、貸方、路用方、五分金方など。

・小姓組　医師、供目付、近習、右筆、中間頭など。

・給人組（徒士・足軽・中間）　徒小頭、徒目付、大庄屋、勘定方、小右筆、足軽小頭、足軽目付、盗賊目付、中間小頭、御厩小頭、御口番、飛脚番、目明、牢守、御用鳥打など。

○家臣団構成

前項の①「格」の項を見よ。

## 〔領内支配（地方支配）の職制と系統〕

- 郡代
  - 郡奉行―大庄屋
  - 代官―大庄屋

・郡代は一〇〇石内外の家中。二人が定員。宝暦六年（一七五六）以後、庄内藩からの御付郡代二人が加わり四人となる。役料は最高五〇石。藩の財政・農政に当たる。

・郡奉行は一〇〇石内外の家中。一人が定員。河川、道路、溜池、橋梁などの普請と、植林、山林保護、盗伐監視などに当たる。山方については山方吟味役二人、山守中間二人を指揮する。

・代官は一〇〇石未満の家中。二人が定員。宝暦六年から庄内藩の御付代官が置かれたが、永続しなかった。農作の督励、検見、年貢徴収、新田開発、郷村取締りなどに当たる。

・大庄屋は扶持取の給人（徒士）。二人が定員。松山城下に居住し、勘定方から任命された。郷村役人の総支配頭で、郡奉行・代官の指揮下にあった。大庄屋は郷村支配のほかに、町の行政にも関与し、町奉行の指示を受けた。

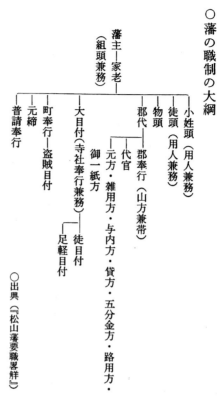

〔領内の支配区分〕

領内支配区分を「組」という。当初、松山領八〇〇〇石の組分けはなかったが文政十一年に、川北組一町二七ヶ村と川南組二一ヶ村に分けられた。

〔村役人の名称〕

肝煎——組頭——長人百姓

・村ごとに一、二人の肝煎を置く。小村には置かれず、隣村肝煎が兼帯することもあった。村高の一%を給与され、これを肝煎一歩給という。

・村ごとに一、二人の組頭を置く。村によっては組頭を置かず、長人百姓だけの場合もあった。

・村ごとに長人百姓一～七人を置く。組頭だけで、長人百姓を置かない村もあった。

〔領外(飛地)の支配機構〕

左沢《あてらざわ》領一万二〇〇〇石(出羽国村山郡七七ヶ村)

・陣屋　左沢村に設置(山形県西村山郡大江町大字左沢)

・郡代——代官——左沢代官付人
　　　　　　　├左沢御蔵手代
　　　　　　　├徒目付
　　　　　　　├役人
　　　　　　　├普請方
　　　　　　　├山掛
　　　　　　　├足軽組
　　　　　　　└大庄屋

・当初郡代・代官(二人)は左沢居住。安永六年(一七七七)から松山居住となり、事あるごとに左沢に出張。そのため郷村支配では、大庄屋に依存するところが大であった。

・組(大庄屋支配区)は、安政五年(一八五八)の例でみると和合《わごう》、上郷、下郷、中郷、八ッ沼、一石楢、松程、川行、月布、北郷の一〇組。

○出典(『松山藩要職畧解』『大江町史資料』)

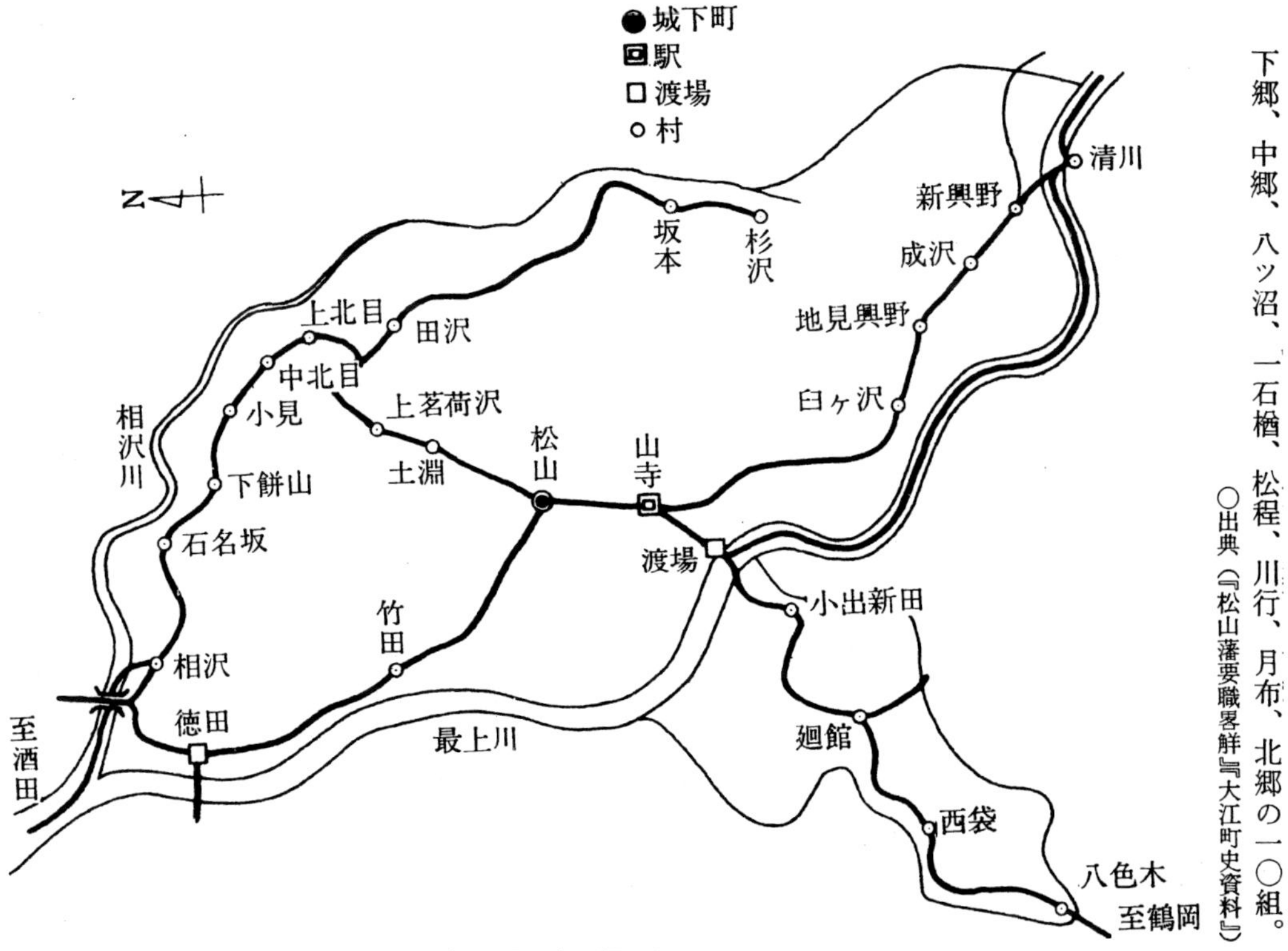


領内主要交通路（執筆者作図）

上州領五〇〇〇石（上野国山田郡一町一ヶ村・同国勢多《せた》郡一一ヶ村）
・陣屋　桐生新町に設置（群馬県桐生市西久方）
・上州掛——陣屋守
陣屋詰役人は上州掛といわれ、文化年間には四人が定例。事あるごとに、江戸詰の郡代あるいは代官が出張した。
陣屋守は桐生新町居住の上州御用達商人から選ばれ、幕末期には佐羽・書上両家が世襲勤務した。事実上の領内支配業務の担当者であった。

〇出典（『松山藩史料』『松嶺史料』）

## 〔領内の主要交通路〕

**陸路の主要街道**（注）（　）は庄内藩領。
1　（酒田）—松山—新興野《あらこうや》—（清川）
2　松山—山寺—渡場—（清川）
3　松山—山寺—渡湯—小出《こいで》新田—八色木《やいろぎ》—（鶴岡）
**水路**　最上川、相沢《あいさわ》川の水運

## 〔番所の所在地〕

番所なし。松山城下に木戸を設置するのみ。（左沢領には一〇ヶ所の番所が設置されていた。原町口、市野沢口、月布口、舟渡《ふなと》口、栗木沢口、八ツ沼口、立木口、送橋口、杉山口、大舟木口）

〇出典（『松山藩要職畧鮮』『大江町史』）

## 〔津出場・米蔵の所在地〕

〇津出場　相沢村から、相沢川・最上川を利用し、酒田蔵に運んだことだけが判明している。
〇米　蔵　川北（最上川右岸）村々は松山米蔵に、川南（最上川左岸）村々は西袋《にしぶくろ》村、廻館《まわたて》村、田屋《たや》村の郷蔵に納めた。

## 〔江戸城の詰間〕

帝鑑間（左以外の時期）
雁間（宝暦十一年八月三日～天明七年四月十八日。忠休）

## 〔江戸屋敷の所在地〕

寛政期

| 屋敷 | 所在地 |
|---|---|
| 上屋敷 | 浅草寺町 |
| 中屋敷 | 四谷仲丁 |
| 下屋敷 | 千駄谷 |

〇出典（『新板改正寛政武鑑』）

## 〔蔵屋敷の所在地〕

なし

## 〔藩の専売制〕

| 専売品目 | 専売期間 | 専売仕法・形態 |
|---|---|---|
| 青苧 | 文政2年2月～文政3年6月 | 加賀国高岡町宝屋三右衛門に左沢領青苧の一手買占を認め、役銭を一括徴収した。失敗。 |

〇出典（『大江町史資料』『松嶺史料』）

## 〔藩札〕

米札（松山札ともいう）藩政期間使用。

## 〔藩校〕

| 藩校名 | 成立年月日 | 所在地 |
|---|---|---|
| 一貫《いっかん》堂→里仁館《りじんかん》 | 明治2年10月27日 | 松山町内町（旧二の丸） |

**沿革** 天保十三年 奥本久内が学問所設立を建議。
安政六年 永井丹治、天利十右衛門が文武講習所設立を計画。
慶応二年 永井丹治、天利十右衛門、太田源七、小田作右衛門らが文武講習所設立に着手。戊辰東北戦争で中止。
明治二年 長坂右近介、山内貞之助、永井丹治、小林平次右衛門らが文武講習所建設資金で一貫堂建設。十月二十七日開校。後に校名を里仁館と改める（年月不明）。

**目的** 人材養成

**教科内容** 下曹 孝経・中庸・大学
中曹 府語・詩経
上曹 書経・礼記
卒業生 左国史・漢家語・四宗雋
会読生 資治通鑑・諸子並に経解書類
・毎月一日は試験日。その結果により進級、座席移動をする。

**教師**

| | | |
|---|---|---|
| 惣管 | 一人 | 一〇人扶持 |
| 教授 | 四人 | 七人扶持 |
| 監督 | 一人 | 同右 |
| 助教授 | 二人 | 五人扶持 |
| 章句師 | 八人 | 三人扶持 |
| 事務員 | 二人 | 一人扶持 |

**授業料** 束修謝儀なし。

○出典（「松嶺史料」『記念誌』山形県立松嶺高等学校）

## 〔藩の武術〕

| 種目 | 流派 | 武術指南役 |
|---|---|---|
| 剣術 | 天真正伝流（嘉永年間） | 須田舜之助 |
| | 円輝流（〃） | 毛呂百人 |
| 鎗術 | 無辺無極流（明暦万治） | 田村八右衛門 |
| | 直指流（嘉永年間） | 阿部久之丞 |
| | | 折田清右衛門 |
| 弓術 | 日置流（〃） | 天利十右衛門 |
| 居合 | 田宮流（〃） | 日向藤右衛門 |
| | | 高田弥門 |
| 棒術 | 竹生嶋流（〃） | 毛呂百人 |
| 柔術 | 情心流（〃） | 毛呂百人 |
| 馬術 | 大坪流（〃） | 佐藤陽之助 |
| 砲術 | 荻野流（〃） | 山本錙蔵 |
| | | 川上寅記 |
| | 威風流（〃） | 荘司惣右衛門 |

○出典（「松嶺史料」）

## 〔参勤交代〕

**時期** 六月参勤、六月就封が常例。参勤道筋は、羽州街道・奥州道中。

**宿泊地** 天明七年就封の際は、越谷・古河・雀宮・喜連川・越堀・白河・郡山・八丁目・桑折・湯原・山形・尾花沢・清水・清川（清川宿泊は例外で、清水宿泊後は、松山に入る）

**参勤費用** 未詳（寛政十二年の予算は五〇〇両。藩収入の一〇%くらい）

**日数** 松山・江戸間約一二〇里を一三泊一四日が定例。

**宿駅人馬調達** 天明七年、酒井忠崇就封の例。

| 人馬 | 数 | 人馬 | 数 |
|---|---|---|---|
| 本馬 | 四二 | 具足櫃 | 二 |
| 軽尻 | 五 | 竹馬 | 八 |
| 駕籠 | 三 | 両懸挟箱 | 六 |
| 長持 | 三 | 計 馬<br>人夫 | 四七<br>六九 |

○出典（「松山藩史料」「松嶺史料」「忠崇様御入部一件」）

〔藩の基本史料・基本文献〕

鶴岡市図書館所蔵
阿部正巳「松山藩史料」「松嶺史料」
阿部正巳『松山藩要職畧解』　松山町　昭和五六年
『山形県史』近世資料2　山形県　昭和五五年
『山形県史』第二巻　山形県　昭和六〇年
『飽海郡誌』中巻　山形県飽海郡役所　昭和四八年
『大江町史』　大江町教育委員会　昭和五九年

（執筆者・前田光彦）

# 丸《まる》岡《おか》藩

## 〔藩の概観〕

丸岡《まるおか》藩は、寛永九年（一六三二）六月、肥後国熊本五二万石藩主加藤忠広《ただひろ》が改易の後、庄内藩主酒井忠勝《ただかつ》に御預けとなり、その堪忍料として一万石を与えられたことにより成立し、承応二年（一六五三）、忠広の死により廃絶となった、二一年間の藩である。

当初一万石は、出羽国村山郡の幕府領一万二〇〇〇石の内から与えられることになっていたが、「御預けの人、遠所へ差置るゝ義、毎事便りあしく候へハ、御領分之内、丸岡村にて一万石御渡し遊され度」（『大泉紀年』）という酒井忠勝の強い要請に従い、同国櫛引《くしひき》郡（寛文四年以後、田川郡と改称）を中心に与えることになったものである。この時忠勝は、自領の内から一万石を差出した代わりに、幕府から村山郡の一万二〇〇〇石を与えられ、二〇〇〇石の加増となっている。

加藤忠広は、寛永九年六月十八日に鶴岡に参着したが、庄内藩では陣屋が未完成のために城下の常念寺《じょうねんじ》を仮住居とし、警戒を厳にした。同年八月二十五日、丸岡村に完成した陣屋に移ったが、この時忠広に従って来た家臣二〇名も移住した。この家臣団は、忠広およびその母に「小姓奉公」する者で、藩政を担当するものではなく、藩内に行政の役職はなかった。丸岡藩の藩政は、すべて庄内藩で担当し、とくに丸岡代官という臨時職を設け、吉川多右衛門が任命されていた。吉川は切米高一六石五斗・四人扶持の給人で、庄内藩の代官が一〇〇石以上の家中であるのにくらべ、丸岡御代官には軽輩の給人を任命していたのである。また、直接丸岡領内の治安や徴税に当たったのは、それぞれの村が、庄内藩領の時に所属していた組の大肝煎《おおきもいり》であった。庄内藩では、忠広に同情して年々一〇〇俵の米を贈ってその家計を援助した反面、月に五度ずつ家臣を見廻らせて、罪人預りの厳しい警戒の手はゆるめなかった。また丸岡村を囲んでいる庄内藩青龍寺《しょうりゅうじ》組大肝煎大滝六兵衛、丸岡村肝煎新右衛門、源七郎には、忠広とその家臣の動向を細大もらさず連絡するように厳命していた。

一万石の村分けは、櫛引通《くしひきどおり》三ヶ村、中川通三ヶ村、狩川通二五ヶ村、平《ひら》田郷《だごう》一ヶ村の合計三二ヶ村であった（『荘内史要覧』）。このように村分けを分散して実施するとともに、老中松平伊豆守の指示により悪地（免《めん》の低い村）を選んでいる。万治二年（一六五九）十一月の忠広上知物成の調査をみると、二ツ五歩（二五％）とあり、丸岡藩の年貢米は二五〇〇石しかなかったのである。

慶安四年（一六五一）六月、忠広の母が死去し、承応二年（一六五三）閏六月八日、忠広も丸岡陣屋で病死した。五十七歳であった。戒名は帝光院殿証誠覚日源大居士、菩提寺は鶴岡の本住寺《ほんじゅう》(日蓮宗)。幕府は丸岡領を収公し、多賀外記を派遣して忠広の諸道具を没収するとともに、家臣の実状を査察させた。家臣の身の振り方についてはそれぞれの望みどおりとされたが、既に死亡した者七人、庄内藩に召抱えられた者四人、各地におもむいた者九人であった。この一三人は、明暦元年(一六五五)一月十六日に丸岡陣屋を引払い、五月には各地に散った。収公された丸岡領一万石は、承応二年～元禄元年(一六五三～一六八八)および寛保二年～寛延元年(一七四二～一七四八)に庄内藩預のほかは幕府代官所支配となり、元治元年(一八六四)から庄内藩領となった。

### 〔藩の居城〕

**陣屋**

名　称　丸岡陣屋

所在地　山形県東田川郡櫛引町大字丸岡

家数・人口　未詳

### 〔親疎の別〕

**加藤家　外様**

### 〔藩の職制〕

○家臣団構成

丸岡藩家臣団

| 石高 | 人数 | 石高 | 人数 |
|---|---|---|---|
| 三〇〇石 | 一 | 一三〇 | 五 |
| 一六〇 | 二 | 一〇〇 | 八 |
| 一五〇 | 四 | 計 | 二〇 |

○出典(『大泉紀年』)

### 〔藩の基本史料・基本文献〕

『大泉紀年』上巻　鶴岡市　昭和五三年

『鶴岡市史』上巻　鶴岡市　昭和三七年

『山形県史』第二巻　山形県　昭和六〇年

『櫛引町史』　櫛引町　昭和五三年

(執筆者・前田光彦)

# 村《むら》山《やま》藩

### 〔藩の概観〕

天和二年(一六八二)二月二十二日、遠江《とうとうみ》国横須賀《よこすか》五万石の領主であった本多越前守利長《ほんだえちぜんのかみとしなが》は、一族の播磨《はりま》国明石《あかし》六万石の領主本多出雲守政利《いずものかみまさとし》とともに、領民への苛政と、前年の巡検使領内通過の際、作法上不都合があったとして、領知を収公され、新たに各一万石ずつ下賜された。この時、利長に下賜された領知は、幕府の代官松平清三郎《まつだいらせいざぶろう》所管の出羽国村山郡内の天領の内の一万石であった。ここに村山藩が成立した。

『西村山郡史』によると、利長の村山郡の主な支配領域は次の通りである。

寒河江《さがえ》領――遠磨寺村・高屋村・仁田村・北目村・北山村、長崎領―

━君田村・小泉村・嶋村・四沼村・柳沢村、山形領━━杉ノ下村・山形の計五七三〇石余と漆山《うるしやま》領の四〇〇〇石余であったという。

利長は元禄五年（一六九二）十二月、五十八歳で没し、養子の助芳《すけよし》が家督を相続した。助芳は利長の庶兄助久《すけひさ》の次男で、元禄元年（一六八八）七月に叔父利長の養子となっていた。二代藩主の助芳は元禄十二年（一六九九）六月、封地を越後国頸城郡《くびきぐん》に移され、糸魚川《いといがわ》に住するようになり、村山藩は廃藩となった。本多利長・助芳の二代にわたる村山藩は、失政処罰の勘忍《かんにん》領《りょう》という色彩が強く、村山郡内に一万石を領し、その支配地域は確認できるが、藩庁の所在地は未詳であり、藩政の展開などは今後の研究をまちたい。

〔藩の居城〕 すべて未詳

〔親疎の別〕 **本多家**　**譜代**

（執筆者・近松鴻二）

# 長《なが》瀞《とろ》藩

〔藩の概観〕

長瀞藩は、出羽国村山郡を中心に武蔵・下総・上総・常陸の一部を領有した譜代小藩である。寛政十年（一七九八）七月六日、米津《よねきつ》播磨守通政《みちまさ》が所領一万一〇〇〇石の内、武蔵国の所領六四〇〇石を出羽国村山郡に移され、その居所を武蔵国埼玉郡久喜《くき》から出羽国村山郡長瀞村へ移して成立した。藩主の米津氏は無城主大名であったため、その居所を「城郭」と公称できず、長瀞陣屋と称した。

米津氏は通政《みちまさ》・政懿《まさよし》・政易《まさやす》・政明《まさあき》・政敏《まさとし》と襲封し、明治二年（一八六九）十一月に上総国山辺郡大網に陣屋を移した。この間、通政は寛政十一年（一七九九）十二月に致仕し、文政二年（一八一九）六月十三日に七十歳で没した。政懿は文化三年（一八〇六）十月に将軍に御目見えし、十二月十六日従五位下、伊勢守に叙任、さらに越中守に改めた。文政四年（一八二一）九月に日光山の祭祀奉行をつとめ、天保十四年（一八四三）十二月二十八日には大坂定番を命じられた。嘉永六年（一八五三）十二月、六十六歳で没した。葬地は武蔵国多摩郡前沢村の米津寺。政易は庄内藩主酒井忠器の一〇男で弘化元年（一八四四）政懿の養子となる。政易にも子がなく弟の政明を養子とする。政明は安政六年（一八五九）兄の養子となる。攘夷討幕の論がやかましくなると、慶応元年（一八六五）十二月十一日、子の政敏に相続し、数名の重臣と共に長瀞陣屋に隠居した。元治元年（一八六四）農兵を組織した。政敏は明治二年(一八六九)六月十七日に版籍奉還し、六月二十三日長瀞藩知事に任命された。同年十一月、陣屋を上総国山辺郡大網村に移し、大網藩と称した。

米津氏は、大名といってもわずか一万一〇〇〇石の零細大名であり、所領も五ヶ国に散在していた。長瀞藩の所領は、当初、陣屋のある出羽国村山郡に六四二一石余、残り五七〇〇石余が武蔵・下総・上総・常陸の四ヶ国の内にあった。参勤交代が免除され、藩主は定府であった。藩主をはじめ年寄衆・家老衆・郡奉行衆などの重臣は、江戸愛宕下の上屋敷(江戸藩庁)におり、長瀞陣屋には代官・下代などを派遣して村々の支配にあたった。その支配系列は、郡奉行——代官—下代である。下代は月一回程度、廻村している。

## 〔藩の居城〕

**陣屋**

名　称　長瀞陣屋

所在地　山形県東根市大字長瀞

家数・人口　長瀞陣屋付　二四六六人(嘉永三年)

## 〔藩(大名)の家紋など〕

**米津家**

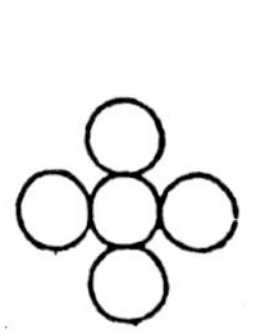

家紋　丸に棕櫚葉　五星

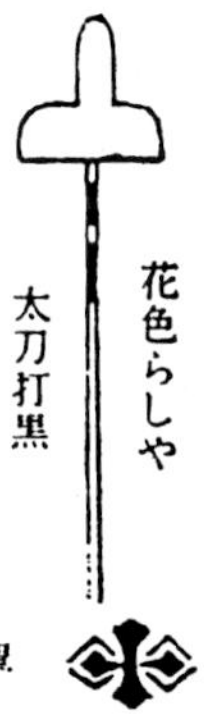


○出典『文化武鑑』

## 〔藩主の系図〕(姻戚関係)

**米津家**　**譜代**

武蔵国久喜から→**通政**《みちまさ》—**政愨**《まさよし》—**政易**《まさやす》(庄内藩主酒井忠器一〇男)—**政明**《まさあき》(酒井忠器一一男)—**政敏**《まさとし》→上総国大網へ(大網藩参照)

(通政)—某

## 〔藩主一覧〕(歴代藩主および石高・所領の変遷)

| 姓 | 諱 | 受領名または官名 | 通称 | 生没年月日 | 戒名と菩提所(所在地) | 藩主就任・退任年月日 | 江戸幕府就任役職名・就任退任年月日 | 石高変遷年月日(西暦) | 石高(表高) | 領地(国郡名) |
|---|---|---|---|---|---|---|---|---|---|---|
| 米津 | 通政 | 出羽守<br>播磨守 | 勘兵衛 | 寛延3〜文政2・6・13 | | 寛政10・7・6〜寛政11・12 | | 寛政10・7・6(一七九八) | 一一〇〇〇 | 出羽国村山郡<br>武蔵国多摩郡・新座郡<br>下総国千葉郡・埴生郡・豊田郡<br>上総国武射郡・山辺郡・長柄郡<br>常陸国真壁郡・新治郡 |

| 姓 | 諱 | 受領名または官名 | 通称 | 生没年月日 | 戒名と菩提所（所在地） | 藩主就任・退任年月日 | 江戸幕府就任役職名・就任退任年月日 | 石高変遷年月日（西暦） | 石高（表高） | 領地（国郡名） |
|---|---|---|---|---|---|---|---|---|---|---|
| 米津 | 政懿 | 伊勢守<br>越中守 | 勘兵衛 | 天明8～嘉永6・12 | | 寛政11・12～嘉永6・12 | 大坂定番<br>天保14・12・28 | | 一一〇〇〇 | 出羽国村山郡<br>武蔵国多摩郡・新座郡<br>下総国千葉郡・埴生郡・豊田郡<br>上総国武射郡・山辺郡・長柄郡<br>常陸国真壁郡・新治郡 |
| 米津 | 政易 | 相模守 | 啓次郎 | 文政12・8・23～明治6・5 | | 嘉永7・1・24～万延1・5・9 | | | 〃 | 〃 |
| 米津 | 政明 | 伊勢守 | | | | 万延1・5・9～慶応1・12・11 | | | 〃 | 〃 |
| 米津 | 政敏 | 伊勢守 | 賢之助 | 嘉永4・3・29～明治28・10 | | 慶応1・12・11～明治2・11・1 | | | 〃 | 〃 |

○出典『寛政重修諸家譜』

## 〔藩史略年表〕

| 西暦 | 和暦 | 月日 | 政治・法制 | 月日 | 社会（文化を含む）・経済 |
|---|---|---|---|---|---|
| 一七九八 | 寛政一〇 | 7・6 | 米津播磨守通政、武蔵国埼玉郡久喜から出羽国村山郡長瀞村に入封する。 | | |
| 一七九九 | 一一 | 4・3 | 郡奉行渡辺与市・大目付浦上藤右衛門・代官根本雄右衛門等上下数十人、城地および郷村請取のため長瀞村に来着する。 | | |
| | | 4・10 | 幕府代官鈴木喜左衛門から城地および郷村、年貢米を請取る。 | | |
| | | 4・15 | 長瀞村の三名主を召換し、年番制の割元役（役料二人扶持）を申しつける。 | | |
| | | 8 | 郡奉行渡辺与市・代官根本雄右衛門、領内を廻村し、民情・風俗および耕地の肥瘠を視察する。領内取締の申渡書を交付す | | |

| 西暦 | 和暦 | 月日 | 政治・法制 | 月日 | 社会（文化を含む）・経済 |
|---|---|---|---|---|---|
| 一八〇六 | 文化　三 | | る。 | | |
| | | 12 | 通政、致仕し、政懿、家督を相続する。 | | |
| | | 10 | 政懿、将軍に初目見得。 | | |
| | | 12・16 | 政懿、従五位下、伊勢守に叙任、さらに越中守に改める。 | | |
| 一八〇七 | 四 | 6 | 五ヶ年の定免制を施行。 | | |
| 一八一四 | 一一 | | 男女各一五歳以上六〇歳未満の者一人に米三合ずつの備荒貯畜を命ずる。 | | |
| 一八一五 | 一二 | | 藩主廻村、八〇歳以上の者に褒美を与える。 | | 疫病流行、藩主、薫薬・解毒丸を与え、看病心得書を渡す。 |
| 一八一八 | 文政　一 | | | 6・24 | 大旱魃につき雨乞いのため替り淵を浚う。 |
| 一八一九 | 二 | 6・13 | 通政、死亡、享年七〇歳。 | | |
| 一八二〇 | 三 | | | 春 | 長瀞村若者と貝塩村若者が互いに党を結び、秣場字ゴミ野において闘争する（秣苅喧嘩）。 |
| 一八二一 | 四 | | 政懿、日光山の祭祀奉行を勤める。 | | 文政元年以来、争論中の貝塩村との秣場境界が大久保村立会で確定する。 |
| 一八二二 | 五 | 5・26 | 奉行大崎七郎左衛門が長瀞陣屋に下向、領内の村役人全員を召集し、苗字帯刀を与える（～六月五日）。 | 6・14 | 朝五つ（午前八時）頃、長瀞陣屋の御台所より出火し、御殿向・御玄関・御役所残らず、ならびに下代部屋・御囲籾蔵笠まで焼失。 |
| | | | | 7・11 | 長瀞村南宿の若者たちの不行跡を取調べる差紙。 |
| | | | | 7・21 | 宮崎村名主市郎兵衛・松沢村名主宇右衛門・長瀞村光徳寺および村役人一同が南宿の若者一件の願下げの願書提出、村内取締に関する若者議定書を定める。 |
| 一八二五 | 八 | 8・9 | 長瀞村定免切替、一〇ヶ村定免となる。 | | 近年の天候不順により、長瀞村で活路を失い離散する者老幼男女六〇余人におよぶ。 |
| | | 11 | 村山郡の郡中惣代名主・私領大庄屋ら、米の移出を禁止する等の郡中議定を制定する。 | | |
| 一八二七 | 一〇 | | | 1 | 長瀞村にて籾二〇四俵三斗四升二合四勺を貯蓄する。また凶作に備え、毎日一人二文ずつ貯蓄することを命ずる（総人員二〇〇六人、一二〇貫三六〇文）。 |
| 一八三一 | 天保　二 | | | 10・15 | 上野畑村産の陶石を大坂に送って陶工長野信光に磁器の試焼を行なわせる。 |

| 西暦 | 和暦 | 月日 | 政治・法制 | 月日 | 社会（文化を含む）・経済 |
|---|---|---|---|---|---|
| 一八三二 | 天保　三 | | | 2 | 上野畑村産の陶石をもって大坂で長野信光が染付茶碗の試焼を行う。 |
| 一八三三 | 四 | 9・13 | 家老大崎七郎左衛門・付人深井肇・長瀞代官根本立之助が立合って、「都山陶器所」の試焼を行なう（～九月二〇日）。 | 3 | 上野畑村に藩窯を築く地所の確保を命ずる。 |
| | | | | 3・7 | 陶工長野左市、死没（盛山道器信士）。 |
| | | | | | この頃上野畑村に藩窯「都山陶器所」を開窯。陶器売捌方元〆に長瀞村の植松伝三郎・塩野小四郎・山口屋茂吉が株金五〇両ずつ上納して当る。場所元〆に上野畑村名主高橋善左衛門が任命される。また陶器御用にあたった長瀞村割元塩野権蔵と下郷取締役高橋権右衛門（原田村名主）が家老大崎からほめられる。 |
| | | | | | この年、天候不順により大凶作、天保元年から連続しての不作と重なり、大飢饉となる。 |
| 一八四〇 | 一一 | | | 5・26 | 長瀞村北組郷蔵、出火で焼ける。 |
| 一八四一 | 一二 | 9 | 領内村々に四木（漆・楮・桑・茶）の植付を命じる。根本豫一郎を四木掛りに命じ、草間利惣治・加賀藤吉、補佐する。 | | |
| 一八四二 | 一三 | | | 3 | 禅会寺殿四〇〇年祭を行なう。 |
| 一八四三 | 一四 | 10 | 根本代官、風俗矯正のため老婦少女が僧侶に近づくことを禁ずる。 | | |
| | | 12・28 | 政懿、大坂御定番（玉造口詰）となる。 | | |
| 一八四四 | 弘化　一 | 3・8 | 庄内藩主酒井忠器の一〇男政易、米津政懿の養子となる。 | | |
| 一八四五 | 二 | 10 | 藩財政の借財整理のため、金主林田小右衛門・肥後屋丈右衛門、五〇〇両ずつ上納、長瀞村三組に一〇〇両、山口屋茂吉等八人に一二〇両の調達金を命ずる。 | | |
| 一八四六 | 三 | 7 | 鷹巣・二藤袋・本楯の三ヶ村上知、代地として武蔵国埼玉郡の内にて四ヶ村与えられる。 | | |
| 一八四七 | 四 | 1 | 白土（陶石）の藩専売を企画し、上野畑村名主あてに御下知を出す。 | 8 | 越中国高岡の開発屋円兵衛、白土買い入れ試しとして上野畑村に来村。 |
| 一八五〇 | 嘉永　三 | | | 2 | 江戸大火、藩邸・長屋等類焼につき、見舞金一〇〇両を献上する。藩邸新築費として高役金一〇〇石につき五両を賦課する。 |
| | | | | | 長瀞陣屋付の戸口を調査する（人数二四六六人）。 |
| 一八五二 | 五 | | | 5・11 | 大雨で白水川満水となり、字杣野が陥没し、新川形となる。 |

| 西暦 | 和暦 | 月日 | 政治・法制 | 月日 | 社会（文化を含む）・経済 |
|---|---|---|---|---|---|
| 一八五三 | 嘉永　六 | 10・3 | 江戸藩庁から新庄藩払米購入のための御下げ金一〇〇両あり。 | 3 | 長瀞村と松沢村の加虫池地論起こる。 |
| | | | | 4・12 | 大地震があり、世上の六分通り死失するという風聞がたつ。 |
| | | | | 4・18 | 月の出る刻限に怪しく光る物体が乾の方角へ飛び去る。 |
| | | | | 6・6 | 日照り続きのため雨乞い、さらに貝塩村の碁点へ参り雨乞い。 |
| | | | | 6・26 | 昼夜、村内大勢で雨乞い。六月晦日より七日間雨乞い。 |
| | | | | 7 | 七月上旬に六、七度、松林や山麓に一二〇～一三〇人が寄せ集り、火を焚き鯨波をあげる。七月一二～一三日、東根の竜興寺に買喰の者が押し寄せ、早鐘を鳴らす。七月一六日の夜、町方の御制札に一揆参加よびかけの張札。七月一八日、一揆の要求（米の安売りと極困窮者へ金銀の無利子貸付）を入れる。 |
| | | | | 7・9 | 南の与右衛門物置小屋より出火、渇水で消火できず六軒焼失。この夜明方に一尺大の光る物体が西空を北から南へ飛ぶ。 |
| | | | | 7・11 | 夜九つ時、中楯の与四郎が火元で大火となり、照り込みのうえ辰巳風もはげしく、家屋五二軒、土蔵・小屋、雪隠を入れると二〇〇軒余が全焼。 |
| | | | | 7下旬 | 村内一同が夫食に詰り、極困窮者は飢死寸前となる。村役人は夫食米調達のため奔走する。 |
| | | | | 9 | 夫食米や金銀も尽き果て、買喰い層が仙台方面に引越す者が続出。背中あぶり越え横道一件、起こる。楯岡駅の問屋・馬差および宮崎・六田両問屋、俵物一俵につき一〇～一五文の荷口銭を取り立てる。 |
| | | 12 | 政懿、六六歳で死亡。 | 10・14 | 長瀞藩年貢米の背中あぶり越え輸送、条件付で許可される。 |
| 一八五四 | 七 | 1・24 | 政易、家督を相続する。 | 7・5 | 七月七日まで大雨、畑方一円冠水。 |
| | | 8 | 不作につき、田方二分五厘・畑方二分七厘の御用捨引となる。 | | |
| 一八五五 | 安政　二 | 8・3 | 江戸表大地震、藩主累代の宝塔および邸宅大破につき、高役金二三六両三分、御見舞金二〇〇両、都合金四三六両三分、翌安政三年六月まで上納。 | | この年、野鼡繁殖し、田畑の作物を荒らす。 |
| 一八五六 | 三 | | 長瀞代官根本荘右衛門、東根村の板橋に堤溜を築き、各所に掘抜井戸を掘る。 | | |
| 一八五七 | 四 | 6・17 | 政易、五月一七日御発駕、八月中大坂御加番につき、高役金・ | 6・18 | 五穀成就・村内安全のため長瀞村禅会寺にて大般若真読（～六 |

| 西暦 | 和暦 | 月日 | 政治・法制 | 月日 | 社会（文化を含む）・経済 |
|---|---|---|---|---|---|
| | | | 御用金を賦課する。 | | |
| | | 7 | 冷害不作につき、破免検見願。 | | 月二四日）。 |
| 一八五八 | 安政五 | 1 | 紅花・青苧・畑草の荷出役永減額願。 | 5・21 | 最上川洪水、田畑冠水する。 |
| 一八五九 | 六 | 6・26 | 最上川水害につき、上納金月延願。 | | |
| | | 7・29 | 最上川水害につき検見引願。八月二六日、畑方御用捨引願。 | | |
| | | | 政易に子なく、弟の庄内藩主酒井忠器一一男政明を養子とする。 | | |
| 一八六〇 | 万延一 | 5・9 | 政易、隠居する。養子の政明、家督を相続する。 | | |
| 一八六一 | 文久一 | | 調達金を上納できず、沢渡村太田専八より一〇〇両、蟹沢村石川藤四郎より九〇両、借金して上納。 | | |
| 一八六三 | 三 | 1 | 庄内藩に一〇〇〇両の借金を申込んだが断わられる。 | | 七〇歳以上の老人調査、五八人（男二六人・女三二人）。 |
| | | 3 | 調達金を上納できず、野田村石垣吉蔵より六〇両、蟹沢村石川藤四郎・野田村秋場養六より六〇両、借金して上納。 | 8 | 暴瀉病（激しい下痢）流行、養生法および服薬調剤法を頒布する。 |
| | | 12 | 軍用の煙硝製法を頒布し、硝土の献上を命ずる。 | | |
| 一八六四 | 元治一 | | 若者三〇余名を募り農兵を組織し、新組と称す。長瀞代官根本策馬の下で柴田機一郎・佐々木熊雄を教官として、陣屋内の練武場で日夜訓練する。 | | |
| 一八六五 | 慶応一 | 12・11 | 政明、隠居する。子の政敏、家督を相続する。 | | |
| 一八六六 | 二 | 7 | 東根山内に端を発した兵蔵騒動（村山世直し騒動）鎮定のため、農兵（新組）三〇余名が宮崎口・楯岡口に出兵。 | | |
| 一八六八 | 四 | 閏4・8 | 天童藩家老吉田大八ら長瀞陣屋を焼き払う。 | | |
| | | | 東北戊辰戦争（四月〜九月）。 | | |
| 一八六九 | 明治二 | 6・17 | 政敏、版籍を奉還し、長瀞藩知事に任命される。 | | |
| | | 7・13 | 政敏、各国の砲艦利器一覧と地理心得のため、横浜出張を願い出る。 | | |
| | | 8・8 | 昨春、東京引き払いの際、一藩残らず上総国山辺郡大網村へ引き移る。政敏は大網村にとどまり、長瀞陣屋には執政を派遣。 | | |
| | | 10・22 | 政敏、大網藩知事に任命されたいと願い出る。 | | |
| | | 11・1 | 陣屋を大網村に移し、大網藩と改称し、政敏、二月二日に大網藩知事に任命される。 | | |
| 一八七〇 | 三 | 5・9 | 大網藩の羽前国長瀞領が上知され、長瀞領は山形県所属となる。 | | |

○出典（「長瀞御役所日記」〔『東根市史編集資料』第一九号〜第二一号所収〕）

### 〔領内支配（地方支配）の職制と系統〕

（江戸藩庁）郡奉行―代官（長瀞陣屋）―┬下代
　　　　　　　　　　　　　　　　　　└足軽

### 〔領内の支配区分〕

長瀞三組、下郷《しもごう》（上野畑村・六沢村・原田村・二藤袋村・鷹巣村）、向郷《むかいごう》（本楯村）の三区分。

### 〔村役人の名称〕

割元名主（年番制）
- 長瀞三組名主 ― 組頭 ／ 百姓代
- 下郷取締役（原田村名主兼帯）― 下郷村々名主 ― 組頭 ／ 百姓代
- 本楯村名主 ― 組頭 ／ 百姓代

・割元名主は、村名主から交代で選出され、長瀞陣屋の下役所的存在として設けられ、年番会所に勤務した。

・下郷取締役は、下郷の二藤袋村・六沢村・原田村・上野畑村・鷹巣村の五ケ村の取締役で、原田村名主が兼帯した。

### 〔領外（飛地）の支配機構〕

長瀞陣屋支配のほかに、武蔵・下総・上総・常陸の一部に所領（飛地）があったが、その支配機構は不詳。

### 〔領内の主要交通路〕

**陸路の主要街道**

1 羽州街道　桑折―山形―天童―楯岡―尾花沢―新庄―秋田
2 楯岡より長瀞に至る街道
3 東根―宮崎より長瀞に至る街道
4 尾花沢より仙台に至る街道（仙台街道軽井沢越え）
5 延沢より林崎に至る街道（背中あぶり峠越え）

**水路**

最上川舟運（貝塩河岸、大石田河岸）

### 〔番所の所在地〕

仙台街道軽井沢越え　上野畑番所（口留番所）
上野畑村名主の高橋善左衛門が問屋と番所守を兼帯した。

### 〔在町、津出場・米蔵の所在地〕

○在　町
なし。市場は隣村の楯岡・東根を利用。

○津出場・米蔵
・各村ごとに郷蔵《ごうぐら》があり、農民はそこに年貢米を納めた。
・長瀞陣屋内に御囲籾蔵があった。

### 〔江戸城の詰間〕

菊間

○出典（『文化武鑑』）

〔江戸屋敷の所在地〕

| 屋敷 | 所在地 |
|---|---|
| 上屋敷 | 愛宕下　大手ヨリ廿二丁 |
| 中屋敷 | あさふりうど（麻布竜土） |
| 下屋敷 | ふか川、よ々木 |

○出典（『文化武鑑』）

〔蔵屋敷の所在地〕

酒田湊御蔵元（嘉永期）
　谷口九平治
　西野珉右衛門
　上林栄之助

・酒田湊商人（問屋）を蔵元とし、年貢米などを地払いした。

〔藩の専売制〕

| 専売品目 | 専売期間 | 専売仕法 |
|---|---|---|
| 磁器 | 天保年間 | 都山陶器所および売捌元〆を設け、製造販売した。 |
| 白土 | 弘化～嘉永期 | 越中国高岡の開発屋円兵衛を通して専売を試みたが失敗。 |

〔藩札〕　なし

〔藩校〕　なし

〔参勤交代〕

免除されていた（定府大名）。

〔藩の基本史料・基本文献〕

『東根市史編集資料』第六号　東根市　昭和五四年
『東根市史編集資料』第一九号～第二一号　東根市　昭和六一年～六二年
『山形県史』近世篇下　山形県　昭和六二年

（執筆者・梅津保一）

# 天《てん》童《どう》藩

〔藩の概観〕

高畠藩織田氏の所領が、寛政十二年（一八〇〇）十二月の所領替で村山郡が大部分を占めるようになると、文政十一年（一八二八）五月に居館・陣屋を天童に移すことの許可を得て、天保元年（一八三〇）から天童に移った。陣屋は天童仲町の西部に設けられ、東西五〇間余、南北七五間余の敷地に二重の堀をめぐらし、郭内には藩主の居館・藩役所をはじめ、家臣の居宅が設けられた。藩主信美《のぶみ(かず)》は、天保二年八月に参勤から帰国して入部した。文久三年（一八六三）には、藩校養正館も設立された。嘉永元年（一八四八）十月に、置賜《おきたま》郡内の所領四六四〇石余も村山郡内に替地され、二万石の所領はすべて村山郡内にまとめられた。

小藩である天童藩の財政窮乏ははなはだしく、家臣の俸禄を借上げる引高制は高畠藩時代から実施しており、引高の率も高禄の者は六割にも及んでいた。したがって家臣の生計も、全般に窮乏していた。天保年間から安政年間にかけては、しばしば厳しい倹約令を出している。安政年間には年貢米金の前納制をとり、村々に強要している。また安政二年（一八五五）には紅花の専売制を施行したが、失敗に帰した。江戸留守居役の吉田専左衛門らが、狂歌の上で交遊のあった安藤（歌川）広重に肉筆画を依頼し、領内の献金者に賞与したのもこの頃である。広重の肉筆画は「天童広重」と称され、村山郡内に多く伝存している。

明治元年（一八六八）正月、京都新政府より上京の命を受け、藩主信学《のぶみち》は脚疾のため嫡子富久之助（信敏）を朝勤させた。奥羽鎮撫使先導を命じられ、重臣吉田大八を先導代理とした。四月、奥羽鎮撫副総督沢為量を先導し、庄内藩軍と交戦したが破れて陣屋・城下を焼討され、一〇余名の戦死傷者を出した。五月、奥羽越列藩同盟が結成されると、周囲の情勢からやむなく加盟し、吉田大八は六月に自刃を命じられた。九月、白河口総督に謝罪降伏し、十二月の処断によって二〇〇〇石を削減され、信敏の弟寿重丸《すえまる》に相続を許された。寿重丸は幼少だったので信敏は再勤を命じられ、二年七月、天童藩知事に任命された。藩祖信長に神号を下賜され、明治三年（一八七〇）四月に舞鶴山上に建勲神社を建立した。四年七月十四日、廃藩となって天童県となったが、八月、山形県に統合された。

〔藩の居城〕

陣屋
名称　天童陣屋
所在地　山形県天童市天童
家数・人口　二五五一軒・一万三三九三人

○出典（『藩制一覧』）

〔藩（大名）の家紋など〕

織田家

家紋
窠　五七桐

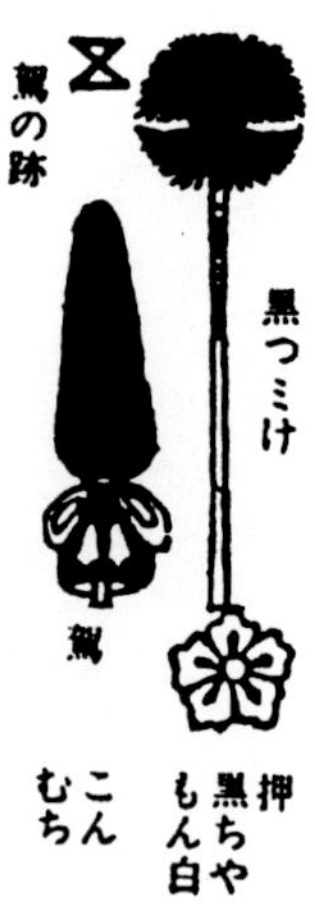


○出典（『文化武鑑』）

〔藩主の系図〕（姻戚関係）

出羽国高畠から―信美《のぶみ(かず)》―信学《のぶみち》―信敏《のぶとし》
　　　　　　　　　　　　　　　　　　　　　　└寿重丸《すえまる》
　　　　　　　　　　　　├真之助
　　　　　　　　　　　　├睦姫
　　　　　　　　　　　　└嶌五郎

〔藩主一覧〕（歴代藩主および石高・所領の変遷）

| 姓 | 諱 | 受領名または官名 | 通称 | 生没年月日 | 戒名と菩提所（所在地） | 藩主就任・退任年月日 | 江戸幕府就任役職名・就任退任年月日 | 石高変遷年月日（西暦） | 石高（表高） | 領地（国郡名） |
|---|---|---|---|---|---|---|---|---|---|---|
| 織田 | 信美 | 若狭守 | 百太郎 | 寛政5・7・9～天保7・8・4 | 恭徳院殿清巌良義大居士 高林寺（東京都文京区駒込） | 天保1～天保7・8・4 | | 天保1（一八三〇） | 二〇〇〇〇 | 出羽国置賜郡・村山郡 |
| 織田 | 信学 | 伊勢守 | 八百八 | 文政2・11・3～明治24・2・3 | 亨徳院殿舜巌哲英大居士 高林寺（〃） | 天保7・10・13～明治1・3・19 | | | 〃 | 〃 |
| | | | | | | | | 嘉永1・10・25（一八四八） | 〃 | 出羽国村山郡（置賜郡所領を村山郡内に替地） |
| 織田 | 信敏 | 兵部大輔 | 富久之助 | 嘉永6・10・19～明治34・6・6 | 高林寺（〃） | 明治1・3・19～明治1・12・7 明治2・7・19（再勤）明治4・7・14 | | | 〃 | 〃 |
| 織田 | 寿重丸 | | 寿重丸 | 慶応2・2・20～明治4・5・9 | 瑤台院真巌良詠大童子 高林寺（〃） | 明治1・12・18～明治2・7・19 | | 明治1・12・8（一八六八） | 一八〇〇〇 | 出羽国村山郡 |

○出典（『寛政重修諸家譜』「織田家譜」『天童市史』中巻、『天童市史編集資料』第二七号）

〔藩史略年表〕

| 西暦 | 和暦 | 月日 | 政治・法制 | 月日 | 社会（文化を含む）・経済 |
|---|---|---|---|---|---|
| 一八三二 | 天保三 | | | | 村山地方、大凶作となる。 |
| 一八三三 | 四 | | | 8 | 高擶村の穀屋、窮民に襲われる。 |
| 一八三六 | 七 | 6 | 厳しい倹約令を出す。 | | |
| 一八四八 | 嘉永一 | 10・25 | 置賜郡内の所領四六四〇石余を収め、村山郡内に替地される。 | | |
| 一八五三 | 六 | | | | 村山郡、旱魃の被害甚大。 |
| 一八五五 | 安政二 | 3 | 領内各村に、年貢の前金納を命じる。 | | |
| | | 4 | 紅花の専売制実施について、各村より請書を徴する。 | | |
| | | 10 | 紅花専売制を中止する。 | | |
| 一八六三 | 文久三 | 6 | | | 藩校養正館を開校する。 |
| 一八六八 | 明治一 | 2・5 | 信敏、父信学に代わって上京する。 | | |
| | | 3・2 | 信敏、奥羽鎮撫使先導の命を受け、重臣吉田大八を先導代理とする。 | | |
| | | 4・19 | 奥羽鎮撫使副総督沢為量、天童に入る。 | | |
| | | 閏4・4 | 庄内藩軍、天童陣屋および町内を焼く。天童家臣一〇人戦死する。 | | 天童町の大部、焼尽す。 |
| | | 6・18 | 吉田大八、観月庵にて自刃する。 | | |
| | | 9・18 | 天童藩、白河口総督に降伏する。 | | |
| | | 12・7 | 信敏致仕し、所領二〇〇〇石を削減され、弟寿重丸相続する。 | | |
| 一八六九 | 二 | 4 | 版籍を奉還し、六月寿重丸天童藩知事に任命される。 | | |
| | | 7・19 | 信敏、再勤を命じられ、天童藩知事となる。 | | |
| 一八七一 | 四 | 7・14 | 廃藩により、天童県となる。 | | |

○出典（『寛政重修諸家譜』『天童市史』中巻）

## 〔家老とその業績〕

| 著名家老名 | 担当職務名 | 活躍期 | 生没年月日 | 主な業績 |
|---|---|---|---|---|
| 吉田専左衛門守貞 | 江戸留守居 | 嘉永年間 | 寛政7～安政1 | ・狂歌を鹿都部真顔について学び、狂名を文歌堂真名富と称す。浮世絵師安藤広重と交遊あり、広重に肉筆画を依頼して領内の献金者に賞与するなどして、窮迫した藩財政への対処に尽力した。 |
| 吉田大八守隆 | 鎮撫使先導代理 | 明治1年 | 天保3～明治1・6・18自刃 | ・明治元年三月、藩主が明治新政府より奥羽鎮撫使先導を命じられると、若年の藩主に代わって先導代理となり、奥羽越列藩同盟のなかにあって天童藩を背負って苦戦し、ついに庄内藩軍の追求を受けて自刃した。 |

## 〔藩の職制〕

### ○藩の職制の大綱

- 藩主
  - 家老
    - 物頭―小頭―給人―徒士
    - 大目付―徒士目付
  - 用人
    - 郡奉行
    - 武具奉行
    - 普請奉行
    - 近習（筆頭・近習・末席）
    - 小納戸役
    - 中小姓（惣筆頭・中小姓・末席）
  - 養正館（督学・都講・句読師）

### ○格と職

| 職級名 | 人数 |
|---|---|
| 家老(格) | 四 |
| 用人(格) | 六 |
| 物頭 | 二 |
| 大目付兼物頭 | 四 |
| 奉行兼物頭 | 四 |
| 給人 | 二〇 |
| 扶持方給人 | 七 |
| 近習 | 四 |
| 中小姓 | 三四 |
| 徒士目付 | 一〇 |
| 徒士 | 二八 |
| 小頭 | 二五 |
| 坊主 | 二八 |
| 計 | 一七六 |

○出典（文久二年「分限帳」）

## 〔領内支配（地方支配）の職制と系統〕

- 郡奉行
  - 代官
    - 大庄屋（会所）
      - 名主
        - 組頭
        - 百姓代
      - 郷宿（公事宿）
  - （手代）

〔領内の支配区分〕

なし。幕領・他藩領と入交り、区分することは不可能であった。

〔村役人の名称〕

大庄屋（会所）—名主—組頭—五人組頭
　　　　　　　　　　—百姓代
　　　　　　　　　　—山守（林守）
　　　　　　　　　　—堰守
　　　　　　　　　　—書役（筆取）
　　　　　　　　　　—小走
　　　　　　　　　　—蔵番

・大庄屋は全領で一人、天童町よりたてられた。

〔領外（飛地）の支配機構〕　なし

〔領内の主要交通路〕

1　羽州街道　天童宿（定助郷・大助郷あり）
2　関山街道　東根・天童＞関山—仙台
3　山寺街道→二口越街道
4　谷地街道　天童より谷地に至る
5　寒河江街道　天童より寒河江に至る

〔番所の所在地〕　なし

〔在町〕

領内には、天童のほか町場はなし。

〔江戸城の詰間〕

柳間（文化年間）

〔江戸屋敷の所在地〕

| 屋敷 | 所在地 |
| --- | --- |
| 上屋敷 | 八代洲河岸 |
| 下屋敷 | 溜池の上 |

〔蔵屋敷の所在地〕　なし

〔藩の専売制〕

安政二年四月に紅花の専売制を実施したが失敗し、十月には中止した。

〔藩札〕　なし

〔藩　校〕

| 藩校名 | 成立年月 | 所在地 |
|---|---|---|
| 養正館 | 文久3年6月 | 天童陣屋郭内 |

〔参勤交代〕

参府　子寅辰午申戌の六月
暇　丑卯巳未酉亥の六月

〔藩の基本史料・基本文献〕

「御系図」（天童市役所蔵）
「御代々様御連枝様方御事跡」（天童市役所蔵）
『寛政重修諸家譜』
「羽前天童織田家譜」（東京大学史料編纂所蔵）
「織田信敏家記」（東京大学史料編纂所蔵）
『天童市史』中巻　天童市　昭和六二年
『天童市史編集資料』第二七号　昭和五七年

（執筆者・伊豆田忠悦）

# 山《やま》形《がた》藩

〔藩の概観〕

山形藩は、最上《もがみ》氏時代は出羽国村山郡を中心にして最上郡・田川郡・飽《あく》海《み》郡・由利郡までの五七万石を領有した、外様大藩であった。二代家親《いえちか》は幼少より家康・秀忠につかえ、徳川家とは親近な関係にあったが、三代義《よし》俊《とし》の代に家臣間の対立から藩政が乱れ、元和八年（一六二二）八月に改易された。

東国の押えとしての軍事上の配慮から、最上氏のあとには徳川家の信頼の厚い鳥居忠政《ただまさ》とその一党が配置された。鳥居忠政は山形城において村山郡二二万石を領有し、寛永三年（一六二六）預領の寒河江《さがえ》領二万石を加増されて二四万石を領し、譜代中藩となった。元和九年（一六二三）に領内の総検地を実施し、免を〇・四二五と定めた。忠政の没後、嫡子忠恒《ただつね》が継いだが多病で、嗣子を定めないで死去したので所領を没収され、異母弟忠春《ただはる》が信濃国高遠城において三万石を与えられた。

山形城には、高遠城から保科正之《まさゆき》が入封した。正之は将軍秀忠の三男で、転封にさいして一七万石を加増されて村山郡二〇万石を領有した。寛永十四年（一六三七）には松平の姓と葵の紋を許され、徳川家門となった。保科氏も寛永十五年に領内の総検地を行ない、免を〇・三九三に引下げ、貢租体制を整備した。正之は寛永二十年（一六四三）七月、三万石を加増されて会津に転封し、翌正保元年（一六四四）三月、越前国大野から松平（結城）直基《なおもと》が山形城に入封し、村山郡一五万石を領有した。直基は大庄屋制を創始するなど郷村の支配体制の整備につとめたが、在封僅かに四年余にすぎず、慶安元年（一六四八）六月、姫路城に転封した。

代わって姫路から松平（奥平）忠弘《ただひろ》が山形に入封し、同じく一五万石を領有した。忠弘は在封二〇年にして、寛文八年（一六六八）宇都宮に移り、代わって宇都宮から奥平昌能《まさよし》が入封した。奥平氏は、父忠昌の死にさいして家臣が殉死の禁を犯したため左遷されたもので、二万石を削減されて九万石を与えられた。山形藩領は一五万石から九万石に縮小したので、東根《ひがしね》領三万石は宇都宮に転封した松平忠弘の分領となり、漆山領三万石は収公されて幕府領となった。昌能の嗣子昌章《まさあきら》は貞享二年（一六八五）六月再び旧領宇都宮に移り、山形城には堀田正仲《まさなか》が入封した。正仲は大老堀田正俊の嫡子で、正俊が稲葉正休に刺殺された後、山形城に左遷されたのである。正仲は父の遺領一三万石を相続したのであるが、二人の弟に分与したので、山形藩においては一〇万石を領有した。

正仲は、翌貞享三年（一六八六）七月にはさらに福島城に移され、代わって松平（結城）直矩《なおのり》が山形藩主となった。直矩は先に山形藩主であった松平直基の嫡子である。慶安元年（一六四八）八月、父直基の没後その遺領姫路一五万石を相続したが、天和元年（一六八一）、宗家の越後国高田城主松平光長の家中騒動に関連して所領を削減され、豊後国日田において七万石を与えられたのである。この山形転封にさいして三万石を加増されて、村山郡一〇万石を領有したのである。直矩は山形在封六年にして、元禄五年（一六九二）七月白河に転じた。この時五万石を加増されて、一五万石に復した。

直矩の転封は、白河藩と山形藩の交替であった。山形には、白河から松平（奥平）忠雅《ただまさ》が入封した（一〇万石）。忠雅は、先に山形藩主であった松平忠弘の孫である。忠弘の嫡男清照は病身のため、清照の子忠雅が祖父の嗣子となったのである。忠弘は家臣の騒動を鎮めることができず、元禄五年七月白河城地を没収され、五万石を削封の上山形転封を命じられたのである。忠弘は致仕し、僅かに十歳の忠雅が山形藩主となり、在封七年余にして元禄十三年（一七〇〇）備後国福山に転封した。

その後には福島から堀田氏が再び入封し（一〇万石）、正虎《まさとら》・正春《まさはる》・正亮《まさすけ》と三代四六年間在封した。正亮は延享二年（一七四五）十一月老中に就任し、翌三年正月二十三日下総国佐倉に転封した。代わって佐倉から山形に移ったのは松平（大給）乗佑《のりすけ》である。父の乗邑《のりさと》は将軍吉宗の勘気を受けて老中を罷免され、乗佑は本領六万石を相続して山形に入封したのである。乗佑は明和元年（一七六四）六月大坂城代に任じられると三河国西尾に転封し、山形藩領は明和四年（一七六七）閏九月、秋元凉朝《すけとも》が入封するまでの三年余は幕領となった。山形城は会津藩主松平容頌《かたのぶ》に預けられ、城下と郷村は代官前沢藤十郎が支配した。秋元氏（六万石）は凉朝・永朝《つねとも》・久朝《ひさとも》・志朝《ゆきとも》の四代七八年にわたり、歴代山形藩主中最も長く在封した。弘化二年（一八四五）十一月、館林転封後も村山郡内に四万六〇〇〇石余の分領を有し、漆山陣屋において支配した。

秋元氏に代わった水野忠精《ただきよ》は老中水野忠邦の嫡子で、忠邦が失脚すると五万石を相続して山形藩に転封したのである。忠精は文久二年（一八六二）三月老中に就任したが、慶応二年（一八六六）辞任して致仕し、嫡子忠弘《ただひろ》が継いだ。明治元年（一八六八）四月、東北戊辰戦争が始まると閏四月には庄内藩と交戦したが、五月には奥羽越列藩同盟に加盟して越後・福島・新庄方面に出兵した。九月、白河口参謀に降伏し、家老水野三郎右衛門元宣《もとのぶ》が首謀者として翌二年五月刎首の刑に処された。二年六月、版籍を奉還して忠弘は山形藩知事に任命されたが、三年五月村山郡の上知を命じられ、十一月に朝日山藩（近江国）知事に任命された。村山郡の旧山形藩領には三年九月に山形県が設置され、幕領・諸藩分領・諸藩領が逐次統合された。

## 〔藩の居城〕

**城**

**名称**　①山形城　②霞が城

所在地　山形県山形市霞城町
家数・人口　山形城下　二三一九軒半・一万九七九六人（元和八年）
二一五七軒・一万三〇三二人（元禄一〇年）

## 〔藩（大名）の家紋など〕

**最上家**

家紋
丸に二引両

**鳥居家**

家紋
竹に雀　鳥居

**保科家**

家紋
角九曜　梶の葉

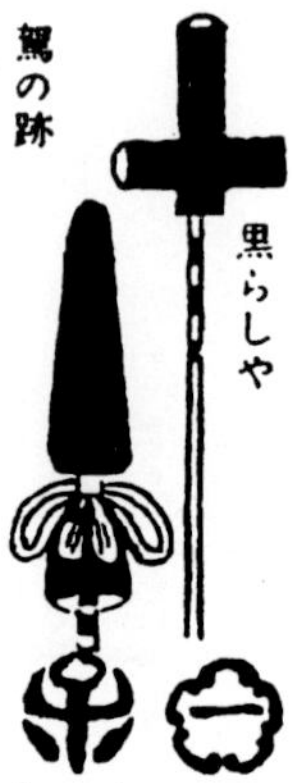


**松平家**
（結城）

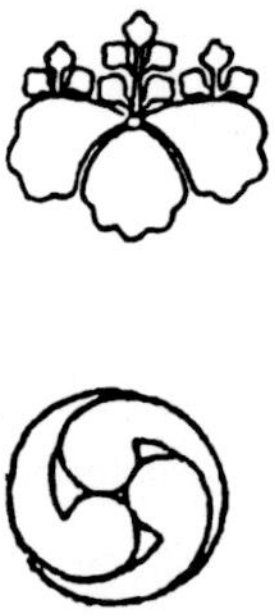

家紋
中陰五三桐　巴

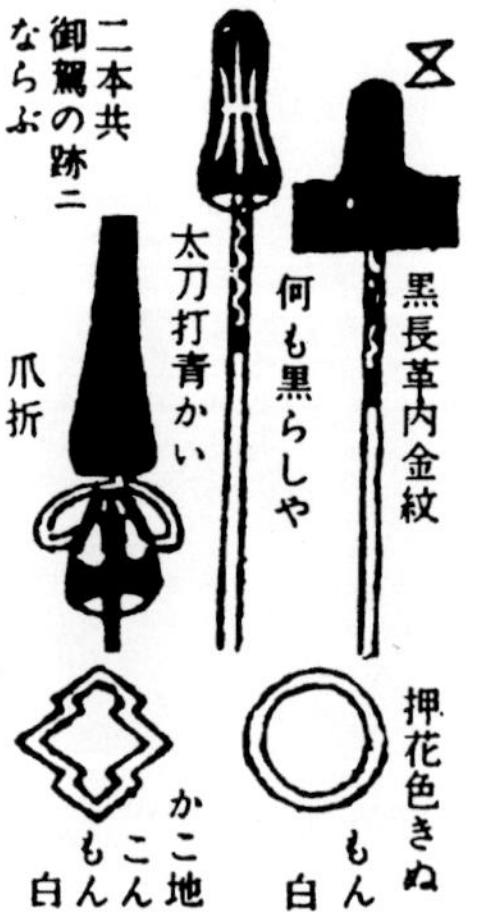


**松平家**
（奥平）

家紋
九曜　軍配団扇の内松竹

**奥平家**

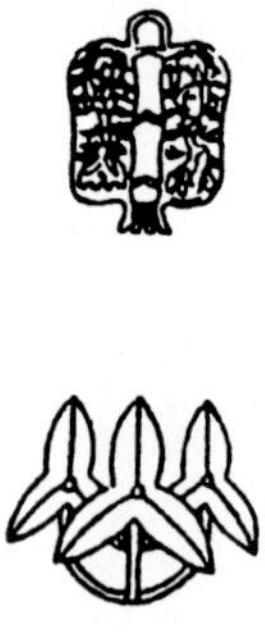

家紋
軍配団扇の内松　三沢瀉

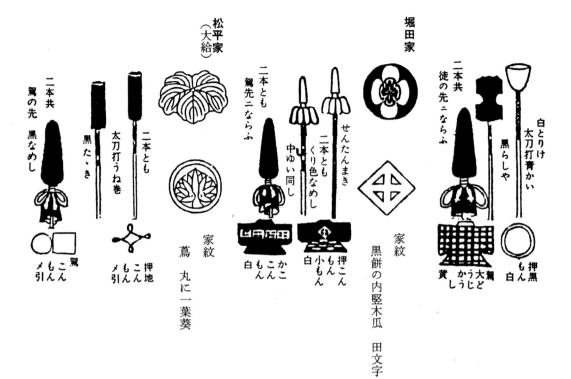

**堀田家**

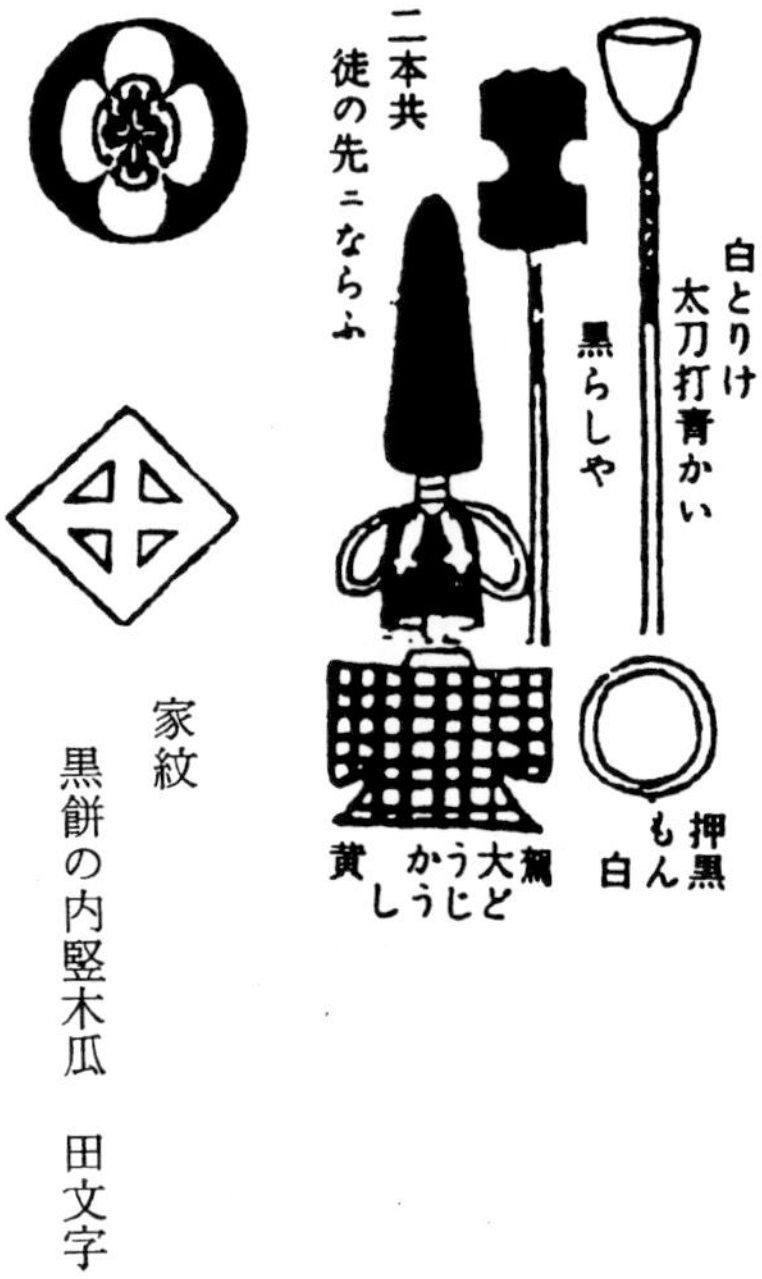


**松平家（大給）**

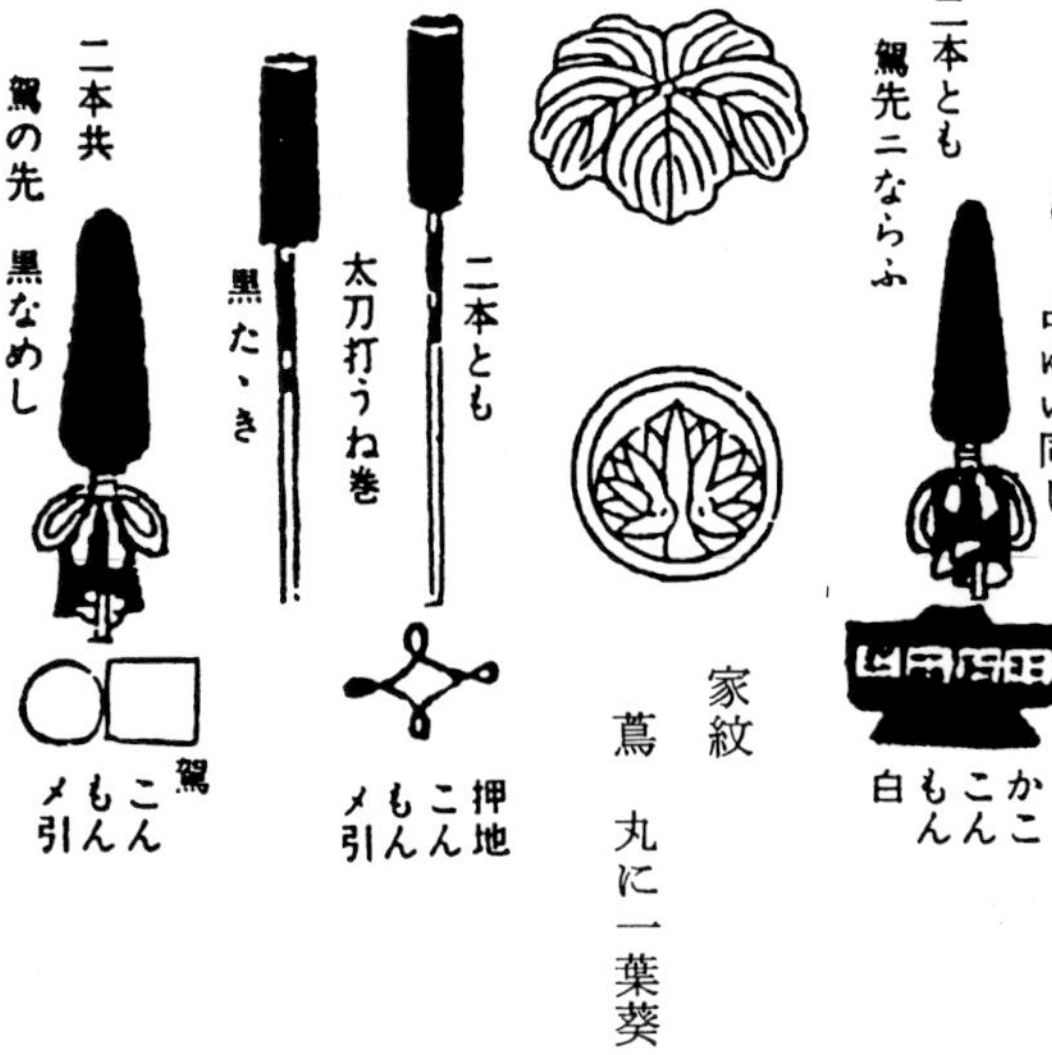


**秋元家**

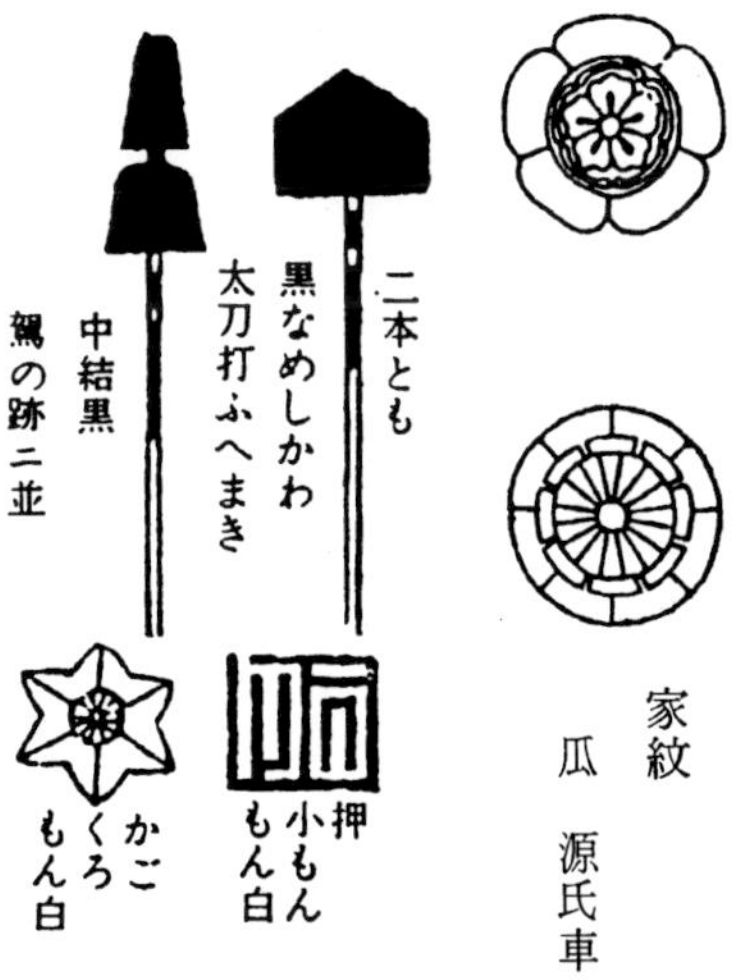


**水野家**

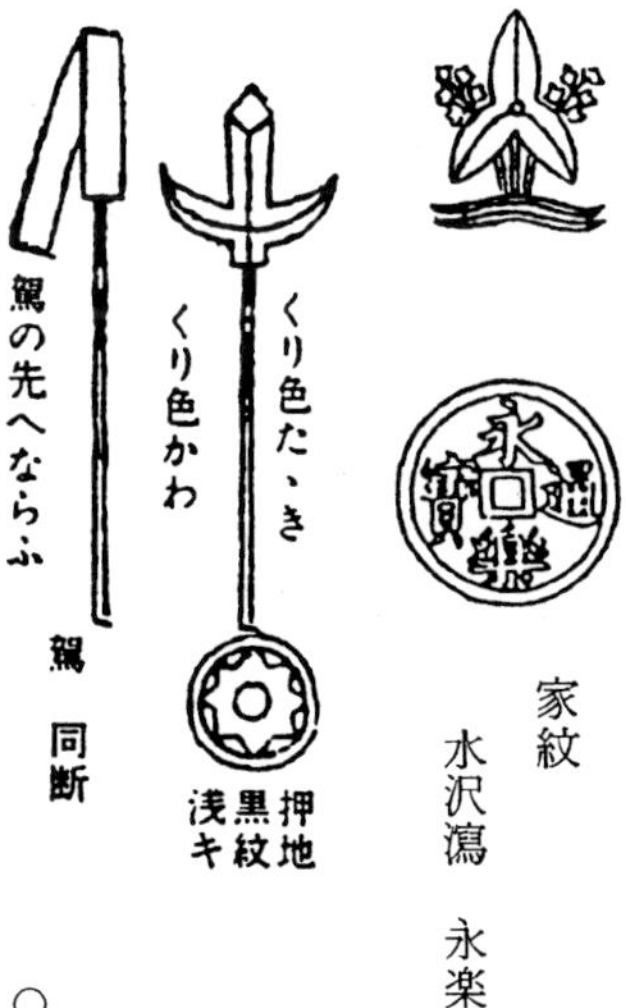


○出典（『文化武鑑』）

# 〔藩主の系図〕（姻戚関係）

## ①最上家　外様

義守
- 義光《よしあき》
  - 義康
  - 家親《いえちか》
    - 義俊《よしとし》→改易（近江国大森へ）
  - 氏満
  - 義忠
  - 光広
  - 光隆
  - 女子　家臣尾張国綱室
  - 女子　家臣延沢満延室
  - 女子　豊臣秀次妾
- 女子　伊達輝宗室
- 義保
- 義久

## ②鳥居家　譜代

元忠
- 女子　土岐山城守定政室
- 康忠
- 忠政《ただまさ》（陸奥国磐城平から→）
  - 女子　井伊兵部少輔直勝室
  - 女子　酒井宮内大輔忠勝室
  - 忠恒《ただつね》→無嗣、所領没収
  - 定盛　戸沢右京亮政盛養子
  - 女子　奥平美作守忠昌室
  - 女子　奥田隼人正信重室
  - 女子　大河内善兵衛忠雄室
  - 忠春→信濃国高遠へ（高遠藩参照）
- 成次
- 女子　戸沢右京亮政盛室
- 忠勝
- 忠頼
- 忠昌

## ③保科家　親藩

- 正光
  - 左源太
  - 正之《まさゆき》　徳川秀忠三男（信濃国高遠から→）→陸奥国会津へ（会津藩参照）
- 正貞

## ④松平（結城）家　親藩

秀康
- 忠直
- 忠昌
- 女子　松平長門守秀就室
- 直政
- 直基《なおもと》（越前国大野から→）→播磨国姫路へ
  - 直矩《なおのり》（豊後国日田から→）→陸奥国白河へ（白河藩参照）
- 直良

## ⑤松平（奥平）家　譜代

忠明
- 女子　松平肥前守忠直室
- 女子　大久保加賀守忠職室
- 女子　四条宰相隆術室
- 女子　京極主膳正高供室
- 女子　榊原越中守照清妻
- 女子　大沢右近将監尚親妻
- 女子　四条宰相隆術養女
- 忠弘《ただひろ》（播磨国姫路から→）→下野国宇都宮へ
  - 清照
    - 女子　松平左兵衛督直常室
    - 女子　牧野備前守成春室
    - 忠雅《ただまさ》（陸奥国白河から→）→備後国福山へ（福山藩参照）
    - 女子　大沢但馬守基隆妻
  - 忠尚
  - 女子　四条宰相隆音室
- 清道

## ⑥奥平家　譜代

忠昌
- 女子　内藤豊前守信良室
- 女子　最上駿河守義智室
- 昌能《まさよし》（下野国宇都宮から→）
  - 昌章《まさあきら》　五嶋淡路守盛勝次男→下野国宇都宮へ（宇都宮藩参照）
  - 女子　昌章室
  - 女子　松平和泉守乗春室
- 女子　由良信濃守頼繁妻
- 女子　五嶋淡路守盛勝室
- 女子　立花主膳正種明室

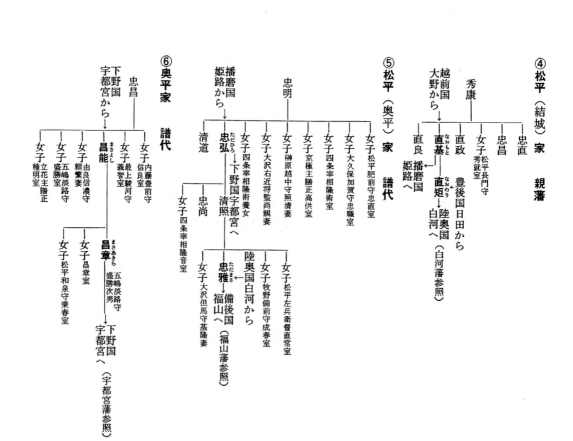

⑦**堀田家**　**譜代**

下総国古河から→
正俊─
├女子
├**正仲**《まさなか》→陸奥国福島へ
│　└**正虎**《まさとら》（正俊次男）←同上から
│　　├正興
│　　├女子（五嶋近江守盛住に嫁し、離縁）
│　　├正村
│　　├正直─**正春**《まさはる》─**正亮**《まさすけ》→下総国佐倉へ（佐倉藩参照）
│　　└正亮
├正虎
├正高
├女子（河村善七郎重次の女）
├女子（堀田上野介正信の女）
└正武

⑧**松平（大給）家**　**譜代**

下総国佐倉から→
乗邑─
├女子（牧野因幡守明成室）
├**乗佑**《のりすけ》→三河国西尾へ（西尾藩参照）
├乗薀
├女子（岡部美濃守長著室）
├乗富
└乗溥

⑨**秋元家**　**譜代**

喬求─
├**凉朝**《すけとも》←武蔵国川越から
│　├**永朝**《つねとも》─**久朝**《ひさとも》─**志朝**《ゆきとも》（毛利日向守広鎮次男）→上野国館林へ（館林藩参照）
│　├女子（阿部織部正陳妻）
│　└女子（秋田河内守延季の女　京極能登守高中室）
└迭朝

⑩**水野家**　**譜代**

遠江国浜松から→
忠邦─
├女子（石川主殿頭総佐女　戸田因幡守忠温室）
├女子（榊原政恒室）
├女子（伊東修理太夫祐相室）
├**忠精**《ただきよ》
│　├女子（水野大炊頭忠幹室）
│　├**忠弘**《ただひろ》→近江国朝日山へ（朝日山藩参照）
│　└女子（湯浅茂三郎妻）
└女子（水野土佐守忠央室）

## 〔藩主一覧〕（歴代藩主および石高・所領の変遷）

| 姓 | 諱 | 受領名または官名 | 通称 | 生没年月日 | 戒名と菩提所（所在地） | 藩主就任・退任年月日 | 江戸幕府就任役職名・就任退任年月日 | 石高変遷年月日（西暦） | 石高（表高） | 領地（国郡名） |
|---|---|---|---|---|---|---|---|---|---|---|
| 最上 | 義光 | 出羽守<br>左近衛権少将 | 源五郎 | 天文15～慶長19・1・18 | 光禅寺殿玉山白公大居士<br>光禅寺（山形県山形市鉄砲町） | 天正3～慶長19・1・18 | | 天正3（一五七五） | 五七〇〇〇〇 | 出羽国村山郡・最上郡・田川郡・櫛引郡・飽海郡・由利郡 |

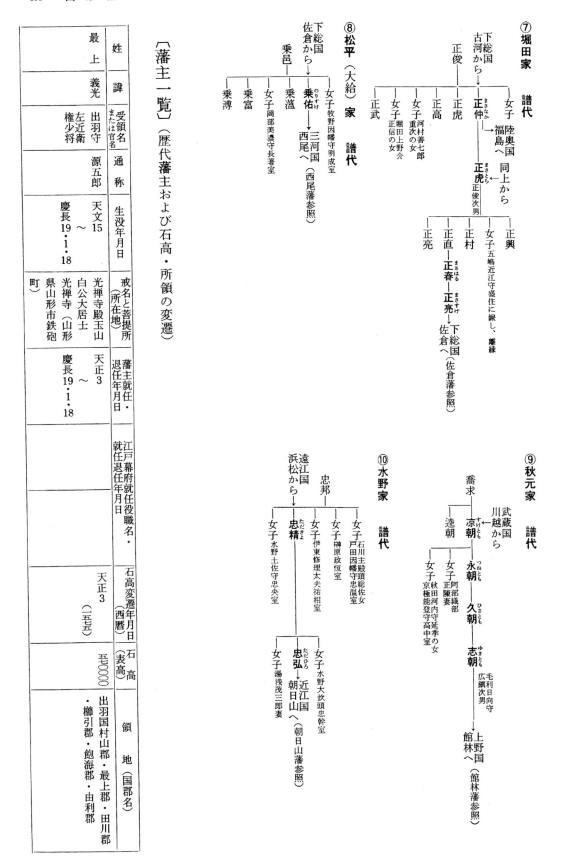

| 姓 | 諱 | 受領名または官名 | 通称 | 生没年月日 | 戒名と菩提所（所在地） | 藩主就任・退任年月日 | 江戸幕府就任役職名・就任退任年月日 | 石高変遷年月日（西暦） | 石高（表高） | 領地（国郡名） |
|---|---|---|---|---|---|---|---|---|---|---|
| 最上 | 家親 | 駿河守 | 太郎四郎 | 天正10～元和3・3・6 | 盛光院殿安景長公大居士 光禅寺（山形県山形市鉄砲町） | 慶長19・2・6～元和3・3・6 | | | 五七〇〇〇〇 | 出羽国村山郡・最上郡・田川郡・櫛引郡・飽海郡・由利郡 |
| 最上 | 義俊 | | 源五郎 | 慶長11～寛永8・11・22 | 月照院殿花岳英心大居士 万隆寺（東京都台東区浅草） | 元和3・5・3～元和8・8・18 | | | 〃 | 〃 |
| 鳥居 | 忠政 | 左京亮 | 新太郎 | 永禄9～寛永5・9・5 | 峯山玉雄俊岳院 長源寺（山形県山形市七日町） | 元和8・9～寛永5・9・5 | | 元和8・8（一六二二） | 二二〇〇〇〇 | 出羽国村山郡 |
| | | | | | | | | 寛永3（一六二六） | 二四〇〇〇〇 | 村山郡寒河江領二万石加増 |
| 鳥居 | 忠恒 | 伊賀守 左京亮 | 新太郎 | 慶長9～寛永13・7・7 | 錬山玄心孝徳寺 吉祥寺（東京都文京区駒込） | 寛永5・9～寛永13・7・7 | | | 〃 | 出羽国村山郡 |
| 保科 | 正之 | 肥後守 | 幸松 | 慶長16・5・7～寛文12・12・18 | 土津霊社（神） 土津神社（福島県猪苗代町見祢山） | 寛永13・7・21～寛永20・7・4 | | 寛永13・7・21（一六三六） | 二〇〇〇〇〇 | 出羽国村山郡 |
| 松平（結城） | 直基 | 大和守 | 五郎八 | 慶長9・3・25～慶安1・8・15 | 仏性院殿鉄関了無大居士 最乗寺（神奈川県足柄郡関本村） | 正保1・3・8～慶安1・6・14 | | 正保1・3・8（一六四四） | 一五〇〇〇〇 | 出羽国村山郡 |
| 松平（奥平） | 忠弘 | 下総守 | 鶴松丸 清良 | 寛永8～元禄13・5・16 | 端翁道巌楞伽院 高野山中性院（和歌山県伊都郡高野町） | 慶安1・6・14～寛文8・8・3 | | 慶安1・6・14（一六四八） | 一五〇〇〇〇 | 出羽国村山郡 |

| 姓 | 諱 | 受領名または官名 | 通称 | 生没年月日 | 戒名と菩提所(所在地) | 藩主就任・退任年月日 | 江戸幕府就任役職名・就任退任年月日 | 石高変遷年月日(西暦) | 石高(表高) | 領地(国郡名) |
|---|---|---|---|---|---|---|---|---|---|---|
| 奥平 | 昌能 | 大膳亮 | 九八郎 | 寛永10・7・21～寛文12・7・2 | 奇峯道也徳雲院 東海寺清光院(東京都品川区) | 寛文8・8・3～寛文12・7・2 | | 寛文8・8・3(一六六八) | 九〇〇〇〇 | 出羽国村山郡 |
| 奥平 | 昌章 | 美作守 | 小次郎 | 寛文8・3・24～元禄8・4・8 | 真涼道如自性院 東海寺清光院(〃) | 寛文12・10・5～貞享2・6・22 | | | 〃 | 〃 |
| 堀田 | 正仲 | 下総守 | 左京 | 寛文2・7・19～元禄7・7・6 | 其阿法漢映性常楽院 清浄光寺(神奈川県藤沢市) | 貞享2・6・22～貞享3・7・13 | | 貞享2・6・22(一六八五) | 一〇〇〇〇〇 | 出羽国村山郡 |
| 松平(結城) | 直矩 | 大和守 | 藤松 | 寛永19・10・28～元禄8・4・15 | 天祐院鉄船道鷟 孝顕寺(福島県白河市) | 貞享3・7・13～元禄5・7・27 | | 貞享3・7・13(一六八六) | 一〇〇〇〇〇 | 出羽国村山郡 |
| 松平(奥平) | 忠弘 | 下総守 | 清良 | (前出) | (前出) | 元禄5・8・16～元禄5・12・20 | | 元禄5・8・16(一六九二) | 一〇〇〇〇〇 | 出羽国村山郡 |
| 松平(奥平) | 忠雅 | 下総守 | 左膳 | 天和3・9・24～延享3・6・20 | 仁岳紹裕大梁院 天眼寺(東京都台東区谷中) | 元禄5・12～元禄13・1・11 | | 元禄5・12(一六九二) | 一〇〇〇〇〇 | 出羽国村山郡 |
| 堀田 | 正虎 | 伊豆守 | 織部 | 寛文2・7・19～享保14・1・22 | 瑞山紹運慈徳院 日輪寺(東京都台東区浅草) | 元禄13・1・11～享保14・1・22 | 大坂城代 享保13・10・7～享保14・1・22 | 元禄13・1・11(一七〇〇)<br>享保13・10(一七二八) | 一〇〇〇〇〇<br>〃 | 出羽国村山郡<br>二万石を播磨国・河内国に移さる |
| 堀田 | 正春 | | 内記 | 正徳5～享保16・2・9 | 禅阿陽岳定心青叢院 日輪寺(〃) | 享保14・3・15～享保16・2・9 | | 享保14・3・15(一七二九) | 〃 | 出羽国村山郡 播磨国・河内国の所領を出羽国村山郡内に復せられる |

| 姓 | 諱 | 受領名または官名 | 通称 | 生没年月日 | 戒名と菩提所（所在地） | 藩主就任・退任年月日 | 江戸幕府就任役職名 | 就任退任年月日 | 石高変遷年月日（西暦） | 石高（表高） | 領地（国郡名） |
| --- | --- | --- | --- | --- | --- | --- | --- | --- | --- | --- | --- |
| 堀田 | 正亮 | 相模守 | 左源治 | 正徳2～宝暦11・2・8 | 陵阿松山月渓惟心青雲院<br>日輪寺（東京都台東区浅草） | 享保16・2・13～延享3・1・23 | 奏者番<br>寺社奉行<br>大坂城代<br>老中 | 寛保1・4・12<br>寛保2・7・1<br>延享1・5・1<br>延享2・11・13～宝暦11・2・8 | 享保16・2・13（一七三一）<br>延享1・5（一七四四） | 一〇〇〇〇〇<br>〃 | 出羽国村山郡<br>四万石を播磨・河内両国に移さる |
| 松平（大給） | 乗佑 | 和泉守 | 源次郎 | 正徳5・9・29～明和6・9・4 | 徳運顕理瑞源院<br>松明院（愛知県岡崎市細川町） | 延享3・1・23～明和1・6・21 | 奏者番<br>寺社奉行兼<br>大坂城代 | 宝暦10・1・28<br>宝暦10・8・15<br>明和1・6・21 | 延享3・1・23（一七四六） | 六〇〇〇〇 | 出羽国村山郡<br>常陸国新治郡・河内郡<br>下総国千葉郡・埴生郡・相馬郡 |
| （幕府領） | | | | | | 明和1・6・21～明和4・閏9・15 | | | | | |
| 秋元 | 凉朝 | 但馬守<br>（致仕後）壱岐守 | 万四郎 | 享保2～安永4・5・25 | 化城院殿休弦凉朝大居士<br>東叡山護国院（東京都台東区上野） | 明和4・閏9・15～明和5・5・24 | 奏者番<br>寺社奉行<br>西丸若年寄<br>西丸老中<br>老中<br>西丸老中 | 延享1・5・15<br>延享3・5・28<br>延享4・6・1<br>延享4・9・3<br>宝暦10・4・1<br>明和2・12・22 | 明和4・9・15（一七六七） | 六〇〇〇〇 | 出羽国村山郡<br>武蔵国比企郡・高麗郡・埼玉郡・足立郡・榛沢郡・入間郡<br>河内国八上郡・丹南郡・丹北郡 |
| 秋元 | 永朝 | 但馬守 | 岩五郎 | 元文3～文化7・7・9 | 大隆院殿慈寛永朝大居士<br>東叡山護国院（〃） | 明和5・5・24～文化7・7・9 | 奏者番 | 安永3・12・22～安永8・9・15 | | 〃 | 〃 |
| 秋元 | 久朝 | 但馬守<br>若狭守<br>大膳亮 | 臣三郎 | 寛政4～弘化4・10・19 | 享徳院殿哲明久朝大居士<br>東叡山護国院（〃） | 文化7・8・29～天保10・4・13 | | | 天保2・11・7（一八三一） | 〃<br>〃 | 〃<br>武蔵国内にて高一万一九〇石余、村替さる |
| 秋元 | 志朝 | 但馬守 | 課佐 | 文政3・3・8～明治9・7・26 | （神葬）<br>光巌寺（群馬県前橋市総社町） | 天保10・4・13～弘化2・11・30 | | | 天保13・6・6（一八四二） | 〃<br>〃 | 〃<br>武蔵国内の三万六〇〇九石余、出羽国村山郡内に替地さる |

| 姓 | 諱 | 受領名または官名 | 通称 | 生没年月日 | 戒名と菩提所（所在地） | 藩主就任・退任年月日 | 江戸幕府就任役職名・就任退任年月日 | 石高変遷年月日（西暦） | 石高（表高） | 領地（国郡名） |
|---|---|---|---|---|---|---|---|---|---|---|
| 水野 | 忠精 | 和泉守<br>侍従 | 金五郎 | 天保3・11・25<br>～<br>明治17・5・8 | 忠精命<br>端芝妙高寺<br>（東京都台東区浅草） | 弘化2・11・30<br>～<br>慶応2・9・29 | 奏者番　嘉永6・3<br>寺社奉行　安政5・11・26<br>若年寄　万延1・12・15<br>老中　文久2・3・15<br>～<br>慶応2・6・19 | 弘化2・11・30<br>（一八四五） | 五〇〇〇〇 | 出羽国村山郡<br>近江国坂田郡・浅井郡 |
| 水野 | 忠弘 | 和泉守 | | 安政3・6・18<br>～<br>明治38 | | 慶応2・9・29<br>～<br>明治3・5・9 | | | 〃 | 〃 |
| | | | | | | | | 明治3・5・9<br>（一八七〇） | | 村山郡上知する |

○出典（『寛政重修諸家譜』『家世実紀』『丕揚録』）

# 〔藩史略年表〕

| 西暦 | 和暦 | 月日 | 政治・法制 | 月日 | 社会（文化を含む）・経済 |
|---|---|---|---|---|---|
| 一六〇〇 | 慶長五 | 8 | 上杉藩直江兼続軍、村山郡に進攻し、最上義光軍と戦う。 | | |
| | | 10 | 義光軍、庄内へ進攻し、上杉藩軍を討つ。 | | |
| 一六〇一 | 六 | 8 | 義光、家康より庄内・由利郡を与えられ、五七万石を領有する。 | | |
| 一六一四 | 一九 | 1・18 | 義光病没し、二月六日家親継ぐ。 | | |
| 一六一七 | 元和三 | 3・6 | 家親急死する。五月三日義俊継ぐ。 | | |
| 一六一八 | 四 | | | 5 | 大僧正天海、立石寺法度を定める。 |
| 一六二〇 | 六 | | | この年 | 宣教師アンジェリス、山形で捕えられる。 |
| 一六二二 | 八 | 8 | 義俊、所領を没収され、近江・三河で一万石を与えられる。 | | |
| | | 9 | 鳥居忠政、磐城平より入封する（二二万石）。 | | |
| 一六二三 | 九 | | 忠政、領内の総検地を行なう。 | | |
| 一六二四 | 寛永一 | 9・10 | 忠政、領内各村へ「定納之事」を交付し、貢納額を定める。 | | |
| 一六二六 | 三 | | 忠政、寒河江領二万石を加増され、二四万石を領す。 | | |

| 西暦 | 和暦 | 月日 | 政治・法制 | 月日 | 社会（文化を含む）・経済 |
| --- | --- | --- | --- | --- | --- |
| 一六三六 | 寛永一三 | 7 | 鳥居忠恒没して所領没収され、忠春、信濃国高遠三万石を与えられる。高遠より保科正之入封する(二〇万石)。 | | |
| 一六三八 | 一五 | 4 | 正之、領内の総検地を行なう。 | | |
| 一六三九 | 一六 | 3・10 | 領内各村に「定納一紙」を交付し、貢納額を定める。 | 11 | イエズス会宣教師ベルナルド等、山形領内で捕えられる。この年、蔵王山噴火する。 |
| 一六四三 | 二〇 | 7・4 | 正之、陸奥国会津へ転封する。 | | |
| 一六四四 | 正保一 | 3・8 | 松平大和守直基、越前国大野より入封する(一五万石)。 | | |
| | | 6 | 領内を一八組に分け、組ごとに大庄屋を任命する。 | | |
| 一六四八 | 慶安一 | 6・14 | 直基、播磨国姫路へ転封し、松平下総守忠弘、姫路より山形に入封する(一五万石)。 | | |
| | | 7 | 幕府、村山郡の寺社領に朱印状を交付する。 | | |
| 一六六八 | 寛文八 | 8・3 | 忠弘、下野国宇都宮に転封し、奥平大膳亮昌能、宇都宮より山形へ入封する(九万石)。 | | |
| 一六八五 | 貞享二 | 6・22 | 奥平昌章、宇都宮に転封し、堀田下総守正仲下総国古河より山形に入封する（一〇万石)。 | | |
| 一六八六 | 三 | 7・13 | 正仲、陸奥国福島へ転封し、松平大和守直矩、豊後国日田より山形に入封する(一〇万石)。 | | |
| 一六八九 | 元禄二 | | | 5 | 松尾芭蕉、山寺立石寺を訪れる。 |
| 一六九二 | 五 | 7・27 | 直矩、陸奥国白河へ転封し、八月一六日松平下総守忠弘、白河より山形へ入封する(一〇万石)。 | | |
| 一七〇〇 | 一三 | 1・11 | 松平忠雅、備後国福山へ転封し、堀田伊豆守正虎、福島より山形へ入封する（一〇万石)。 | | |
| 一七二〇 | 享保五 | | | 5 | 正虎、大庄屋佐藤茂弥の建議により廻米を停止し、飢饉に備える。 |
| 一七二一 | 六 | | | | 正虎、領内の名寄帳改めを実施する。 |
| 一七二二 | 七 | | | この年 | 最上川上郷川船差配役制成立する。 |
| 一七二三 | 八 | | | 2 | 幕領長瀞村に質地騒動起こり、山形藩出兵して鎮圧する。 |
| 一七四六 | 延享三 | 1・23 | 堀田相模守正亮、下総国佐倉へ転封し、松平和泉守乗佑、佐倉より山形に入封する(六万石)。 | | |
| 一七五〇 | 寛延三 | | | 5 | 立石寺学頭宣雄、衆徒等に殺害される。 |

| 西暦 | 和暦 | 月日 | 政治・法制 | 月日 | 社会（文化を含む）・経済 |
|---|---|---|---|---|---|
| 一七五五 | 宝暦五 | | | この年 | 冷害大凶作となる。 |
| 一七六四 | 明和一 | 6・21 | 松平和泉守乗佑、三河国西尾に転封し、山形領は幕領となる。 | | |
| 一七六七 | 四 | 閏9・15 | 秋元但馬守凉朝、武蔵国川越より山形に入封する（六万石）。 | | |
| 一七八三 | 天明三 | | | | この年より翌年にかけて、凶作のため大飢饉となる。 |
| 一七九四 | 寛政六 | | | 8・29 | 蔵王山噴火する。 |
| 一八〇一 | 享和一 | | | 6 | 村山郡に百姓一揆起こる。 |
| 一八四二 | 天保一三 | 6・6 | 秋元志朝、武蔵国の所領三万六〇〇〇石余を村山郡に替地される。 | | |
| 一八四五 | 弘化二 | 11・30 | 志朝、上野国館林へ転封し、水野和泉守忠精、遠江国浜松より山形へ入封する（五万石）。 | | |
| 一八四九 | 嘉永二 | | | 7 | 塩谷宕陰、山形藩校立誠堂の教授として来形する。 |
| 一八五二 | 五 | | | | 館林藩医長沢理玄、山形に来て種痘を行なう。 |
| | | | | この年 | 村山地方大旱魃となる。 |
| 一八六七 | 慶応三 | | 領内御用商人たちに七万三〇〇〇両の用達を命ずる。 | | |
| 一八六八 | 明治一 | 閏4 | 最上川畔において、庄内藩軍と交戦する。 | | |
| | | 5 | 山形藩、奥羽越列藩同盟に加盟する。 | | |
| | | 9 | 白河口総督に謝罪書を提出し、降伏する。 | | |
| 一八六九 | 二 | 5・20 | 家老水野三郎右衛門元宣、首謀者として刎首の刑に処される。 | | |
| | | 6 | 版籍を奉還し、水野忠弘山形藩知事に任命される。 | | |
| 一八七〇 | 三 | 5・9 | 村山郡の上知を命ぜられる。 | | |
| | | 9・28 | 山形県設置される。 | | |

○出典（『山形市史』中巻）

## 〔家老とその業績〕

| 著名家老名 | 担当職務名 | 活躍期 | 生没年月日 | 主な業績 |
|---|---|---|---|---|
| 水野三郎右衛門元宣 | 首席家老 | 明治元年 | 天保14～明治2・5・20 | ・東北における戊辰戦争下の困難な情勢のもとに、山形藩の首席家老として戦局に対処した。藩の全責任を負って、自ら首謀者となって刎首の刑に処された。 |

# 〔藩の職制〕

## ○藩の職制の大綱

### 保科家

- 藩主─城代
  - 家老（加判役）
    - 奉行
      - 勘定奉行─勘定方
      - 蔵奉行
      - 郡奉行─代官─手代
      - 町奉行─手代
      - 普請奉行─惣普請─小普請
        - 大工奉行人
        - 鍛冶奉行人
        - 細工頭
        - 畳刺奉行人
        - 桶屋檜物師奉行人
        - 竹奉行人
      - 野山奉行
    - 物頭
    - 組頭─組付・組子
    - 旗奉行
    - 惣目付─横目・徒目付・同心
    - 奏者番
    - 近習
    - 小姓
  - 江戸留守居役
  - 江戸公文所

### 堀田家

- 藩主─家老（城代 年寄）
  - 奉行
    - 郡奉行─代官
    - 町奉行─町同心
    - 武具奉行
    - 普請奉行
    - 勘定頭─蔵方手代
  - 番頭
    - 組付
    - 旗奉行─旗小頭
    - 持弓持筒（小頭・同心）
    - 先弓先筒（小頭・同心）
    - 持長柄（小頭・同心）
    - 先長柄（小頭・同心）
  - *

- *
  - 奏者
  - 大目付─徒目付
  - 近習
  - 大納戸・小納戸
  - 書役

### 秋元家

- 藩主─家老─城代（中老格）
  - 中老
  - 奉行
    - 勘定奉行
    - 寺社奉行─宗旨改役─下役
    - 郡奉行─地方吟味役
    - 町奉行
    - 普請奉行
    - 掃除奉行─掃除役
    - 林奉行
  - 物頭
    - 徒士頭─給人
    - 武具奉行
    - 鎗奉行
    - 旗奉行
  - 用人（側用人・用人・用取次）
  - 大目付─横目・徒目付・足軽目付
  - 近習
  - 医師
  - 鷹匠

### 水野家

- 藩主
  - *
  - 家老
  - 年寄
    - 奉行
      - 勘定奉行　勘定取付頭取
      - 御金奉行
      - 普請奉行─普請方手代頭取─手代
      - 大納戸奉行─大納戸手代
      - 屋敷奉行─手付
      - 郡奉行─郡代─代官─手付
    - 先手頭─先手組差図役─歩頭
    - 馬廻
    - 大砲組
    - *

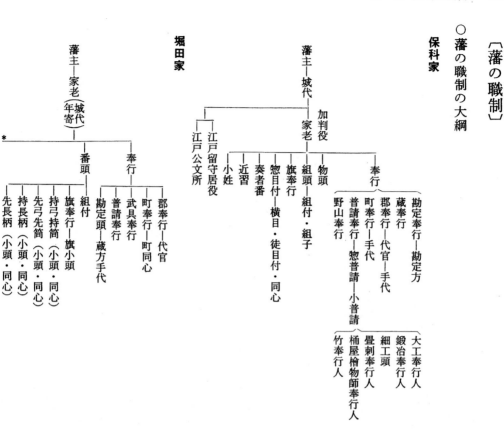

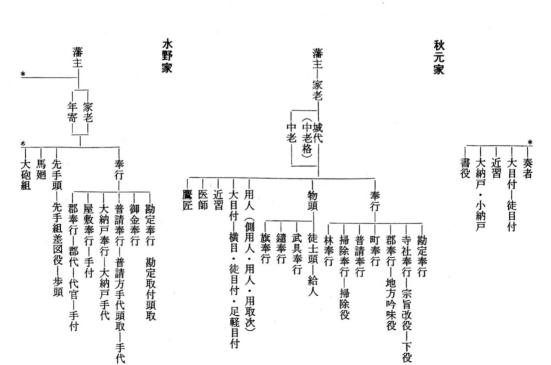

＊―旗奉行
　―槍奉行
　―目付―横目―歩目付
　―用人・近習・中小姓
　―祐筆頭取―書役・物書
＊―江戸家老―公用人
　　　　　　―屋敷奉行
　　　　　　―江戸中小姓

○格と職

**秋元家**（軽輩は省略してあるので、総数は不足しているとみられる）

| 席次 | 職 | 人数 |
|---|---|---|
| 上席間 | 年寄、城代、家老、番頭、側用人、用人取次等 | 一七 |
| 二ノ間 | 旗奉行、槍奉行、物頭、寺社奉行、郡奉行等 | 二三 |
| 三ノ間 | 宗旨役、金奉行、武具奉行、普請奉行、小納戸、大納戸等 | 一七 |
| 次ノ間 | 番頭支配、中小姓、近習、大納戸役、地方役、御膳方、絵師、医師 | 一〇四 |
| 無足人席 | 代官役、掃除役、蔵方役、徒目付、徒士組頭 | 六七 |
| 納戸詰格 | 納戸手伝、郡方下役、台所下役等 | 一五二 |
| 足軽目付格 | 膳方、物書、掃除下役、外諸職人 | 九一 |
| 計 | | 四七〇 |

## 〔領内支配（地方支配）の職制と系統〕

郡奉行―代官―大庄屋（組）―名主―組頭
　　　　　　　　　　　　　　　―百姓代

・正保期以降は、各大名を通じておおむねこの職制であった。

## 〔領内の支配区分〕

松平直基が、正保元年（一六四四）に始めて大庄屋を任命した時の組分けは、次のようであった。その後藩領が縮小し、他領と入組になると、組別は明瞭でない。

上野組　松原組　前田組　志戸田組
船町組　中野組　谷柏組　平清水組
渋江組　漆山組　古館組　猪沢組
青野組　高木組　東根組　天童組
山口組　大石田組

各組に大庄屋一名を置く。

## 〔村役人の名称〕

大庄屋―名主―組頭―五人組頭
　　　　　　―百姓代
　　　　　　―山守（林守）
　　　　　　―堰守
　　　　　　―書役（筆取）
　　　　　　―小走
　　　　　　―蔵番

## 〔領内の主要交通路〕

**陸路の主要街道**

1　羽州街道
2　米沢街道
3　笹谷街道　山形―仙台

4　六十里越街道　山形—鶴岡
5　二口街道　山形—仙台
6　小滝街道　長谷堂—宮内

**水路**
最上川—須川舟運　船町河岸—大石田—酒田

## 〔番所の所在地〕

松原（後に片谷地）……羽州街道
新山……笹谷街道

## 〔在町、津出場・米蔵の所在地〕

○在町
・二〇万石時代
天童・寒河江・谷地・東根・楯岡・尾花沢・大石田・山辺
・一〇万石時代
城下の山形町以外に在町は含まれず、しかも移動があって一定しない。

○津出場
船町河岸（最上川の支流須川に臨む）
外の河岸は所領の移動により、一定せず。

## 〔江戸城の詰間〕

**鳥居家**　帝鑑間
**保科家**　溜間
**松平（結城）家**　大広間
**松平（奥平）家**　帝鑑間
**奥平家**　帝鑑間
**堀田家**　帝鑑間
**松平家（大給）**　帝鑑間
**秋元家**　雁間
**水野家**　雁間

## 〔江戸屋敷の所在地〕

**鳥居家**

| 屋敷 | 所在地 |
|---|---|
| 上屋敷 | 三番町角 |
| 中屋敷 | 永田丁 |
| 下屋敷 | 本所四ツメ |

**松平（奥平）家**

| 屋敷 | 所在地 |
|---|---|
| 上屋敷 | 和田倉之内 |
| 中屋敷 | 目白台 |
| 下屋敷 | 三味線堀 |

**奥平家**

| 屋敷 | 所在地 |
|---|---|
| 上屋敷 | 木挽町汐留橋 |
| 中屋敷 | 鉄砲洲 |
| 下屋敷 | 二本榎 |

**松平（結城）家**

| 屋敷 | 所在地 |
|---|---|
| 上屋敷 | 赤坂溜池の台 |
| 中屋敷 | 市兵ヱ丁 |
| 下屋敷 | 芝二本榎 |

**松平（大給）家**

| 屋敷 | 所在地 |
|---|---|
| 上屋敷 | 呉服橋の内 |
| 中屋敷 | 白金愛宕下 |
| 下屋敷 | 深川万年丁 |

**堀田家**

| 屋敷 | 所在地 |
|---|---|
| 上屋敷 | 数寄屋橋之内 |
| 中屋敷 | 築地 |
| 下屋敷 | 青山、深川、渋谷 |

**秋元家**

| 屋敷 | 所在地 |
|---|---|
| 上屋敷 | 呉服橋之内 |
| 中屋敷 | 浜丁 |
| 下屋敷 | 四谷、池の端、深川 |

**水野家**

| 屋敷 | 所在地 |
|---|---|
| 上屋敷 | 増上寺切通 |
| 中屋敷 | 芝三田 |
| 下屋敷 | 赤坂、薬研坂、深川 |

## 〔藩の専売制〕　なし

## 〔藩札〕　なし

## 〔藩校〕

**水野家**

| 藩校名 | 成立年月 | 所在地 |
|---|---|---|
| 経誼館（立誠堂） | 享和1年、唐津藩時代に始まり、浜松時代、山形と続く。 | 山形城三の丸 |

**沿革**　経誼館内には、漢学教授の立誠堂をはじめ、兵学所・算学所・剣術・弓術・槍術・稽古場が設けられた。

**教科内容**　漢籍・兵学・算術・筆道・弓術・馬術・槍術・剣術・砲術

**職種**　教頭・教授・助教・世話役・肝煎・主事・財用

## 〔参勤交代〕

**鳥居家**　参府十二月　御暇八月

**保科家**　参府四月　御暇四月

**松平家（結城）**　参府四月　御暇四月

**松平家（奥平）**　参府　子寅辰午申戌の五月　御暇　丑卯巳未酉亥の五月

| | | |
|---|---|---|
| 奥平家 | 参府 | 子寅辰午申戌の七月 |
| | 御暇 | 丑卯巳未酉亥の六月 |
| 松平家（大給） | 参府 | 丑卯巳未酉亥の六月 |
| | 御暇 | 子寅辰午申戌の六月 |
| 秋元家 | 参府 | 子寅辰午申戌の六月 |
| | 御暇 | 丑卯巳未酉亥の六月 |
| 水野家 | 参府 | 丑卯巳未酉亥の六月 |
| | 御暇 | 子寅辰午申戌の二月 |

### 〔藩の基本史料・基本文献〕

『山形市史』史料編1・最上氏関係史料　山形市　昭和四八年
『寛政重修諸家譜』
『会津藩家世実紀』
『山形県史』資料篇・近世史料3　山形県　昭和五八年

（執筆者・伊豆田忠悦）

# 上《かみの》山《やま》藩

### 〔藩の概観〕

上山藩は、北は山形藩、南は米沢藩に隣接している。以北一三藩参勤交代の行列が通過する羽州街道沿線の要衝地でもあった。

室町時代、長禄二年（一四五八）、温泉が発見され、兩後温泉宿場町として繁栄した。

延文元年（一三五六）、最上《もがみ》氏の祖、北朝方斯波兼頼《しばかねより》が羽州探題として、陸奥国大崎から山形へ入部した。翌二年、山形城を築き、南朝方の寒河江《さがえ》大江氏や、天童の北畠氏などを攻略し、徐々に勢力を拡大した。康暦元年（一三七九）六月八日兼頼は卒去し、嫡子直家《なおいえ》は山形二代を継ぎ「最上氏」を称した。

直家は、兼頼に続き最上勢力の拡充を謀り、嫡子満直を三代として山形城に置き、次男頼直を天童、三男氏直を黒川（宮城県）、四男義直を高擶《たかだま》（天童市）、五男兼直を蟹沢《かにさわ》（東根市）、六男兼義を泉出（成沢）にそれぞれ配置した。このように一族は、自己の勢力を拡充するため、惣領制を敷き、各地へ分封したが、上山もその一環政策によるものであった。すなわち、天童頼直は三男満長を上山に配置、満長は応永年間（一三九四―一四二七）上山盆地西側の亀ヵ岡山に築城し、これを亀ヵ岡城または高楯城と呼んだ。兩後満長は、上山氏（武衛氏）を称したのである。しかし、後日、一族間において、互いにその勢力を争う戦国期によく見る特有の同族内訌事件が、次第に表面化するにいたった。

一方新鋭伊達氏の北進攻勢は、漸次強硬となった。天授六年（一三八〇）七月二十五日、八代伊達宗遠は長井広房を攻撃し、置賜《おきたま》郡全域を略有した。そして十四代稙宗時代には、東北における戦国武将としての地位を確立した。この伊達氏の北進を阻止するため、領地が隣接する最上氏との間に、しばしば抗争があり、上山もその抗争に巻きこまれた。

永正十一年（一五一四）　伊達稙宗と最上義定の争い
永正十七年（一五二〇）　伊達稙宗と上山義房の争い
天文四年（一五三五）　上山義忠と伊達家臣小簗川氏の争い
天正二年（一五七四）　最上義光と実弟中野義時の内紛
天正六年（一五七八）　最上義光と上山満兼の内紛
天正十六年（一五八八）　伊達正宗と最上義光の争い

このように上山は、直接的に大きな影響を受け、そして一時伊達氏の支配を受けた時期もあった。慶長五年（一六〇〇）の関ヶ原合戦後、同八年（一六〇三）最上義光と嫡子義康の内紛の影響を受けて、上山城主里見一族が、上山城から退去するという政変もあった。

東北地方における各地域の実力者の分布を見ると、伊達氏、最上氏、上杉氏、佐竹氏など、外様大名雄藩一色であった。その中の大藩最上氏は、相続問題で内紛を続けていたが、徳川幕府にはそれがよい口実となった。元和八年（一六二二）幕府は、最上氏を改易処分にした。最上領は、表高五七万石であったが、実高は一〇〇万石であったと伝えられる。その所領は次のように分割された。

山形　鳥居左京亮忠政　二四万石
鶴岡　酒井宮内大輔忠勝　一四万石
松山　酒井左近直次（忠勝弟）　二万石
白岩　酒井長門守忠重（忠勝弟）　八〇〇〇石
新庄　戸沢右馬亮政盛　六万八〇〇〇石
上山　松平丹後守重忠　四万石

以上の外、残分は幕領とした。これら配置となった諸大名は、すべて鳥居氏の親族関係にあり、幕府直系の譜代大名であった。幕府は、鳥居氏麾下五〇万石の軍事力を作り、東北地方の制圧を計画した。

元和八年、徳川幕府による上山藩が成立し、初の藩主として、松平丹後守重忠《しげただ》が派遣された。石高は四万石である。この松平氏は、三河国額田郡能見村に居住していたところから、能見松平氏と称した。いわゆる一八家松平の一氏で譜代大名中の名門であった。重忠は、慶長十九年（一六一四）、旗本大番頭として大坂冬の陣に参陣、翌元年夏の陣には、伏見城の留守居役を勤めている。元和五年（一六一九）から、二万六〇〇〇石の高で、遠江国横須賀に移り、駿府城代を兼務していた。そして、元和八年、一万四〇〇〇石の加恩で、出羽国上山城に転封となった。

重忠は、家中地と町人街の整備と、交通路の開鑿などに重点をおいた政策を実施している。とくに、福島の桑折から、秋田・青森へ通ずる羽州街道の整備を図り、上山藩以北一三藩の参勤交代時における通行に役立てている。

寛永三年（一六二六）松平氏は、在城五ヶ年で、摂津国三田へ転封となった。同年十一月に、蒲生忠知《ただとも》（松平中務大輔）が、四万石で入封した。忠知は、会津六〇万石を領する蒲生忠郷の実弟であるが、忠郷は寛永四年（一六二七）病死したので、忠知は本家を相続、伊予国松山へ二四万石で転封となった。在城、わずか一ヶ年であった。

その後に、寛永五年（一六二八）三月、下総国相馬から、土岐山城守頼行《よりゆき》が二万五〇〇〇石で入封した。土岐氏は清和源氏の流れをくむ名門で、美濃源氏の著名な氏族である。美濃国土岐郡に住していたので、土岐氏を姓とした。上山を治領した土岐氏は、土岐・明智と称された土岐氏の一支流であった。

延宝六年（一六七八）頼行隠居、次男頼殷《よりたか》が相続し、元禄四年一万石加増で大坂城代となった。翌元禄五年二月、越前国今立郡野岡へ転封となった。土岐氏は、親子二代六五年間在城した。この土岐時代は各方面で充実した行政が施行された。能見松平氏に続いて、城下町の整備を断行し、街の面目を一新した。羽州街道の難所「がらめき峠」の改修をはじめとする交通路の整備、用水路を開鑿し農地の拡張、鉱業の開発、諸産業の奨励、神社仏閣の建立など、各方面に大きな業績を残した。

寛永六年（一六二九）八月、紫衣事件で僧沢庵が上山に配流となり、寛永九年（一六三二）幕府より赦免になるまで、三年間上山に滞在した。元禄五年二月、土岐頼殷が野岡へ転封となった直後、上山城は幕命で、ほとんど破却された。

元禄五年（一六九二）九月、飛騨国高山から金森出雲守頼旹《よりとき》が、無城となった上山に入封した。三万八〇〇〇余石であった。金森氏は美濃の名流土岐氏の一庶流で、近江国野州郡金森村に住し、これを姓とした。初代長近は、織田信長、秀吉に従い、天正十四年（一五八六）飛騨一国三万八七〇〇石余を領した。関ヶ原合戦で勲功があり、二万三〇〇〇石を加増されている。頼旹は六代目に当たる。着任した元禄五年に、枡合一揆が起きている。土岐氏の施政方針を踏襲し、格別の新行政としては企画されなかったが、前任地高山の施政にならい、「山林地籍調査」は、領内全山について実施している。

元禄十年（一六九七）六月、上山領主金森出雲守は、旧領地である美濃国郡上へ国替えとなった。同九月十五日、藤井松平氏七代信通《のぶみち》が、備中国庭瀬から高三万石で入封した。初代利長は、三河国藤井城主であったところから藤井松平氏を称した。利長は家康の曽祖父長親の季子であり、また三代信吉は、尼ヶ崎藩桜井松平氏五代忠吉の長子である。

忠吉の妻（信吉の母）は、家康の実妹、多劫で、信吉は家康の甥に当たる譜代大名中の名門である。大坂城の守備隊である「加番役」は、全国の大名中から選抜され、その任についた。加番は、一年交代制であったが、藤井松平氏歴代藩主の加番回数は、通算三十二回であり、全国随一の加番役藩であった。

上山藩だけに限らず、諸大名とも藩財政は逼迫した実態であったことが伝えられているが、上山藩もその例に洩れず、苦しい台所であった。それが領民の生活に影響し、その結果百姓一揆も起きている。

延享四年（一七四七） 五巴徒党一揆 五名処刑
明和八年（一七七一） 逃散一揆 一名処刑
天保五年（一八三四） 徳政一揆 二名処刑

このほか、枡合一揆のような訴訟事件が起きている。

「藤井御伝記」によると、元禄十年、信通が、上山藩主としての辞令を、九月十五日受領しているが、先に破却された上山城の修築が一条件に加えられている。しかし、これが実行されていないのは、やはりこの財政事情があったものと推定される。

文化十年（一八一三）十二月二十九日、領地出羽国村山郡の内、中郷・下郷の領地と、美作国久米南条郡（三ヶ村）、久米北条郡（一九ヶ村）、勝北郡（九ヶ村）計三一ヶ村、石高一万二五五四石との替地があった。さらに文政元年（一八一八）七月十九日、この美作国支領と、越後国三島《さんとう》郡、石高八六〇二石七斗七升一合、家数一六三八軒、それに刈羽郡、石高五三三一石二升八合、家数一一二七軒との替地があった。

一方江戸後期、文化六年（一八〇九）、藩校天輔館が創設され、それを天保十四年には、明新館と改名、藩内の教育充実と徹底が図られた。さらに、慶応元年には、越後領に明新館支館が新設されている。

元禄十年七代信通から、明治四年（一八七一）一六代信安《のぶやす》まで、一七四年間の長期にわたり、藤井松平氏が治領した。

## 〔藩の居城〕

**城**

名　称　①上山城　②月岡城
所在地　山形県上山町
家数・人口　二二〇〇軒（嘉永五年調査）

## 〔藩（大名）の家紋など〕

松平家（藤井）

家紋
埋酢漿草《かたばみ》　五三桐

押
地くろ
もんめ引
ゑり水玉

地黒紋
メ引前後
かたに
ならふ

水印　地紺紋白

馬寄印　地紺紋白
馬ノ字白

馬印　猩々緋三ツ団子
篭金　猩々緋紋白

○出典（『文化武鑑』）

## 〔藩主の系図〕（姻戚関係）

**①松平（能見）家**　**譜代**

遠江国横須賀から→**重忠**《しげただ》―重直→摂津国三田へ（三田藩参照）

重勝―
- 重忠
- 重長
- 重則
- 重信
- 勝隆

**②蒲生家**　**外様**

秀行―
- 忠郷
- **忠知**《ただとも》→伊予国松山へ（松山藩参照）

**③土岐家**　**譜代**

下総国相馬から→**頼行**《よりゆき》―
- 頼長
- **頼殷**《よりたか》→大坂城代へ（越前国野岡へ）
- 頼賢

**④金森家**　**外様**

飛騨国高山から→**頼旹**《よりとき》→美濃国郡上へ（八幡藩参照）

**⑤松平（藤井）家**　**譜代**

利長[1]―信一[2]―
- 久清
- 信吉[3]　松平与次郎忠吉長子
- ＝女子
- 女子　小栗忠政室
- 女子　門奈助左エ門嫁
- 女子　大久保忠勝室
- 女子　石川修理妻

信吉―
- 忠国[4]
- 忠晴　信濃上田松平氏祖
- 女子　三春秋田家五万石
- 信秋
- 信治　松平帯刀
- 秀治　松平善右エ門

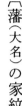

- 女子陸奥岩城内藤家七万石
- 女子肥前平戸松浦家六万石
- 女子保科二万石
- 信久
- 女子酒井忠興二万石
- 5 信之
  - 女子戸田采女正室
  - 女子植村出羽守家智室
  - 女子早生
  - 女子加藤周防守明治室
  - 女子遠藤右ェ門佐常春室
  - 6 忠之
  - 7 信通《のぶみち》（備中国庭瀬から→）
    - 次郎四郎早生
    - 8 長恒《ながつね》
      - 9 信将《のぶまさ》信濃上田松平忠隆男
        - 女子四辻大納言公亨卿室
        - 10 信亨《のぶつら》
          - 女子早生
          - 11 信古《のぶふる》―12 信愛《のぶざね》信亨四男台岳
            - 女子早生
            - 13 信行《のぶゆき》松平越後守康致四男
              - 女子早生
              - 信有
              - 女子早生
              - 順丸
              - 孟丸早生
              - 14 信宝《のぶたか》
                - 女子山内遠江守豊福室
                - 女子早生
                - 女子戸田主殿光利室
                - 15 信庸《のぶつね》
                - 女子生駒親敬室
                - 銂丸早生
                - 茂次郎早生
                - 女子高木重藤室
                - 安五郎早生
                - 16 信安《のぶやす》信庸の嗣
                - 女子
              - 督之助早生
              - 斎之藤井輝太郎
              - 女子五島大和守盛成室
              - 信睦藤井作楽
              - 女子田村右京太夫邦顕室
              - 本七郎早生
              - 女子松平次郎信幹室
              - 女子早生
              - 信納藤枝氏
              - 信智
              - 女子早生
              - 女子松平翁瑞妻
          - 信泰
          - 女子早生
          - 鋭丸早生
          - 台岳信古の嗣となる
          - 女子信敬温室
          - 女子三枝大学守典室
        - 女子久米早生
        - 女子政早生
        - 忠融
        - 女子早生
        - 女子早生
- 信重
- 慈俊
- 信親
- 女子旗本九千石本多忠将
- 女子
- 女子信濃上田松平伊賀守忠周

（参考）
4 忠国―5 信之
忠晴（上田藩）―忠昭―忠隆―9 信将

○出典（『寛政重修諸家譜』「金森家譜」「松平姓系譜」「藤井御伝記」）

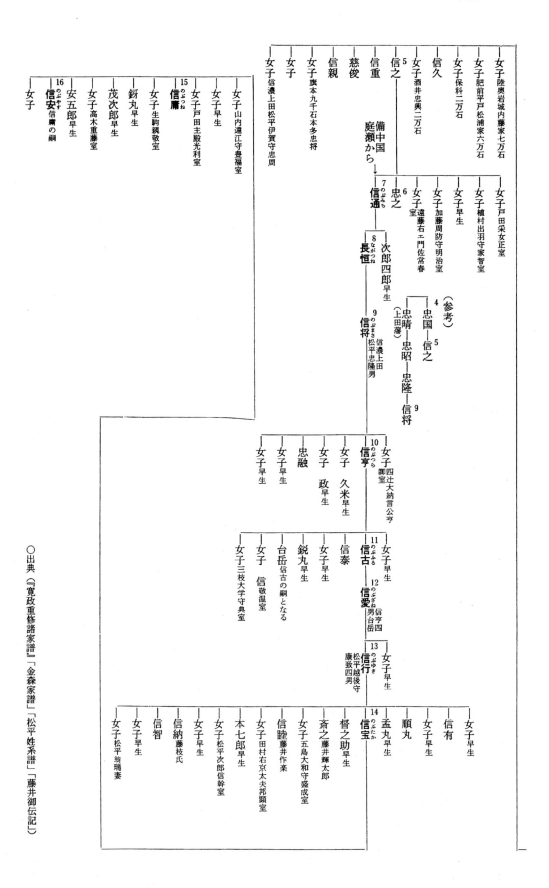

〔藩主一覧〕(歴代藩主および石高・所領の変遷)

| 姓 | 諱 | 受領名または官名 | 通称 | 生没年月日 | 戒名と菩提所(所在地) | 藩主就任・退任年月日 | 江戸幕府就任役職名 | 就任退任年月日 | 石高変遷年月日(西暦) | 石高(表高) | 領地(国郡名) |
| --- | --- | --- | --- | --- | --- | --- | --- | --- | --- | --- | --- |
| 里見 | 民部 | | | | | 天正6～慶長8 | | | | | |
| 坂 | 光秀 | 紀伊守 | | ～元和2・4・26 | 清源寺殿祀山英典公大居士 長谷堂 清源寺 | 慶長8～元和2・4 | | | | | |
| 上山 | 義直 | | 光広 | | | 元和2・4～元和8・9 | | | | | |
| 松平(能見) | 重忠 | 丹後守 | 伝三郎 | 元亀1～寛永3・7・11 | 英誉長安桐林院 伝通院(東京都文京区小石川) | 元和8・10・19～寛永3 | | | 元和8・10・19(一六二二) | 四〇〇〇〇 | 出羽国村山郡 |
| 蒲生 | 忠知 | 中務大輔 | 鶴松丸 | 慶長10～寛永11・8・18 | 法名実参広心 | 寛永3・11～寛永4・2 | | | 寛永3・11(一六二六) | 四〇〇〇〇 | 出羽国村山郡 |
| 土岐 | 頼行 | 山城守 | 内膳 | 慶長13～貞享1・12・10 | 慧照院殿前越州心庵宗是大居士 春雨寺(東京都品川区) | 寛永5・3・28～延宝6・8・16 | | | 寛永5・3・28(一六二八) | 二五〇〇〇 | 出羽国村山郡 |
| 土岐 | 頼殷 | 伊予守 | 兵部 | 寛永19・9・3～享保7・9・22 | 官成院俊巌紹英居士 春雨寺(〃) | 延宝6・8・16～元禄5・2・25 | 大坂城代 | 元禄4・1・11～正徳2・2・3 | | 〃 | 〃(役知一万石) |

| 姓 | 諱 | 受領名または官名 | 通称 | 生没年月日 | 戒名と菩提所(所在地) | 藩主就任・退任年月日 | 江戸幕府就任役職名 | 就任退任年月日 | 石高変遷年月日(西暦) | 石高(表高) | 領地(国郡名) |
|---|---|---|---|---|---|---|---|---|---|---|---|
| 金森 | 頼旹 | 出雲守 | 万之助<br>万助 | 寛文9～元文1・5・23 | 僊龍院殿前雲州大守静翁観山大居士 龍源院(京都紫野大徳寺塔頭) | 元禄5・7・28～元禄10・6・11 | 奥詰衆<br>御側用人 | 元禄2・4・18<br>元禄2・5・11～元禄3・4・15 | 元禄5・7・28 (一六九二) | 三八〇〇〇 | 出羽国村山郡 |
| 松平(藤井) | 信通 | 山城守<br>大隅守<br>越中守 | 次郎四郎 | 延宝4・9・24～享保7・9・20 | 涼応院殿前越州感誉道義大居士 松光寺(東京都港区高輪) | 元禄10・9・15～享保7・2・20 | 大坂加番<br>〃<br>〃<br>〃 | 元禄15・3<br>宝永7・3<br>享保5・2<br>享保7・3 | 元禄10・9・15 (一六九七) | 三〇〇〇〇 | 出羽国村山郡 |
| 松平(藤井) | 長恒 | | 勝千代 | 享保1・3・2～享保13・1・4 | 影現院殿心誉想月志巌大居士 松光寺(〃) | 享保7・11・8～享保17・12・12 | | | | 〃 | 〃 |
| 松平(藤井) | 信将 | 安房守<br>山城守 | 冬松<br>左門 | 享保6～宝暦11・11・5 | 清安院殿前越州順誉和光鳳瑞大居士 松光寺(〃) | 享保17・12～宝暦11・11 | 大坂加番<br>〃<br>〃<br>〃<br>〃 | 元文5・2<br>延享1・2<br>延享4・2<br>寛延3・2<br>宝暦11・2 | | 〃 | 〃 |
| 松平(藤井) | 信亨 | 山城守<br>大蔵少輔 | 冬松<br>勘四郎 | 延享3・1・28～寛政8・9・13 | 華台心院殿雪誉澄月祐巌大居士 松光寺(〃) | 宝暦11・11～寛政2・2・20 | 大坂加番<br>〃<br>〃<br>〃<br>〃 | 明和1・2<br>明和8・2<br>安永3・2<br>安永5・2<br>安永8・2 | | 〃 | 〃 |
| 松平(藤井) | 信古 | 安房守<br>山城守 | 虎丸<br>勘四郎 | 明和7・1・9～寛政8・10・6 | 賞桜院殿前越州清誉桂山白心大居士 松光寺(〃) | 寛政2・2～寛政8・10・6 | 大坂加番<br>〃 | 寛政4・1<br>寛政6・2 | | 〃 | 〃 |

| 姓 | 諱 | 受領名または官名 | 通称 | 生没年月日 | 戒名と菩提所（所在地） | 藩主就任・退任年月日 | 江戸幕府就任役職名・就任退任年月日 | | 石高変遷年月日（西暦） | 石高（表高） | 領地（国郡名） |
|---|---|---|---|---|---|---|---|---|---|---|---|
| 松平（藤井） | 信愛 | 山城守 | 磐丸<br>三郎 | 安永8・3・4～文化2・3・27 | 台岳院殿前越州雲誉照月義山大居士　松光寺（東京都港区高輪） | 寛政8・12・7～文化2・3・27 | 大坂加番<br>〃<br>〃 | 寛政10・2<br>享和2・2<br>文化1・2 | | 三〇〇〇〇 | 出羽国村山郡 |
| 松平（藤井） | 信行 | 山城守<br>安房守 | 順丸<br>勘四郎 | 寛政2・9・15～明治6・12・13 | 敬温院殿従五位仁誉風仙山大居士　浄光寺（山形県上山市） | 文化2・7・2～天保2・10・9 | 大坂加番<br>〃<br>〃<br>〃<br>〃<br>〃 | 文化3・2<br>文化5・2<br>文化10・2<br>文政4・2<br>文政7・2<br>文政12・2 | <br>文化10・12・29（一八一三）<br>文政1・7・19（一八一八） | 〃<br>〃<br>〃 | 〃<br>出羽国村山郡　美作国南条・北条・勝北郡（村山郡内一万二五五四石との替地）<br>越後国三島・刈羽郡（美作国領と替地一万三九六三石） |
| 松平（藤井） | 信宝 | 山城守 | 茂三郎 | 文化14・5・19～明治5・3・7 | 浄桜院殿光誉法玉鶴山大居士　浄光寺（〃） | 天保2・10～文久2・4・6 | 大坂加番<br>〃<br>〃<br>〃<br>〃<br>〃 | 天保4・2<br>弘化1・2<br>嘉永1・2<br>嘉永4・2<br>安政1・2<br>万延1・2 | | 〃 | 出羽国村山郡　越後国三島郡・刈羽郡 |
| 松平（藤井） | 信庸 | 山城守<br>伊豆守 | 菊太郎<br>彦四郎 | 弘化1・8・11～大正7・3・5 | 松嘉院殿春誉瑞乾徳齊大居士　浄光寺（〃） | 文久2・4・15～明治1・12・7 | 大坂加番 | 慶応3・2 | | 〃 | 〃 |
| 松平（藤井） | 信安 | | 豊熊 | 元治1・4・24～大正7・10・23 | 浄運院殿篤誉信安大居士　浄光寺（〃） | 明治1・12・22～明治4・7・14 | | | | 〃 | 〃 |

（注）松平信通から信愛までの菩提所松光寺は、昭和五十九年にすべて上山浄光寺に移った。

○出典（『上山市史』(上)、『寛政重修諸家譜』「金森家譜」「松平姓系譜」）

## 〔藩史略年表〕

| 西暦 | 和暦 | 月日 | 政治・法制 | 月日 | 社会（文化を含む）・経済 |
|---|---|---|---|---|---|
| 一六〇〇 | 慶長五 | 9・17 | 藩主里見民部は徳川方に属し、上山藩内物見山の山麓で、上杉藩（豊臣方）を撃退する。 | | |
| 一六〇三 | 八 | | 里見民部、山形城主最上義光と不和になり、上山城退去す。坂紀井守光秀、上山城主となる。 | | |
| 一六一六 | 元和二 | 4・26 | 坂死亡。義光五男上山兵部光広、上山城主となる。 | | |
| 一六二〇 | 六 | | | | 蔵王山噴火し、六ヶ年間噴煙立つ。 |
| 一六二二 | 八 | 8・18 | 最上氏改易。一〇月遠江国横須賀より松平（能見）重忠入封。 | | |
| 一六二五 | 寛永二 | | 松平重忠、羽州街道の整備（地蔵堂・四ッ谷・十日町・長清水・関根・楢下・金山街道）。 | | |
| 一六二八 | 五 | 3・28 | 土岐山城守頼行、下総国相馬より入封。 | | |
| 一六二九 | 六 | 8・15 | 京都大徳寺沢庵和尚流謫。藩主土岐山城守、好遇する（同九年七月二七日赦免、江戸へ）。 | | |
| 一六四一 | 一八 | | | | 蔵王山噴火。 |
| 一六五五 | 明暦一 | | 領地内検地。各村に水帳、名寄帳を交付する。 | | |
| 一六五六 | 二 | | 羽州街道難所がらめき峠改修。 | | |
| 一六六一 | 寛文一 | | 城下町整備。北町の農家を北東に移動。同二年新丁の町割、同九年西町の農家を南の長清水に移す。 | | |
| 一六六三 | 三 | | | 7・28 | 宮川大洪水、楢下、金沢、糸目の人家流失。 |
| 一六六八 | 八 | | | | 蔵王山噴火。 |
| 一六七八 | 延宝六 | 8・16 | 藩主土岐山城守頼行の次男頼殷、相続する。 | | |
| 一六九一 | 元禄四 | 1・11 | 土岐伊予守頼殷、大坂城代（役知一万石）。 | | |
| 一六九二 | 五 | 2・25 | 頼殷、越前国今立郡野岡へ転封。 | | |
| | | 7 | 上山城破却される。 | | |
| 一六九四 | 七 | 7・28 | 飛騨国高山から金森出雲守頼旹入封。 | 12 | 枡合一揆起こる。牧野村、権現堂村庄屋入牢。 |
| | | | | 5・21 | 蔵王山三本楢から出火、蔵王山一帯に燃え広がり、硫黄山に延焼大惨事となる。 |

| 西暦 | 和暦 | 月日 | 政治・法制 | 月日 | 社会（文化を含む）・経済 |
|---|---|---|---|---|---|
| 一六九五 | 元禄八 | 11 | 作柄不良のため米不足となり、津留中止。 | 5・10 | 新丁の大火、一〇四軒焼失。 |
| 一六九七 | 一〇 | | 領内全山林地籍調査完了 | | |
| | | 6・11 | 金森出雲守、美濃国郡上へ転封。 | | |
| | | 9・15 | 備中国庭瀬から松平（藤井）山城守信通入封。 | | |
| | | 11 | 信通、初の七ヶ条にわたる施政榜令布告。 | | |
| 一六九八 | 一一 | 7 | 村々差出帳（村勢実態調査）の提出を命ずる（川西一八ヶ村、川東一九ヶ村）。 | | |
| 一七〇二 | 一五 | 3・19 | 信通、「大坂加番」を命ぜられる。以後、歴代藩主、たびたび命ぜられる。 | | |
| 一七一〇 | 宝永七 | 5・10 | 幕府派遣巡見使の上山藩査察。 | | |
| 一七一七 | 享保二 | 5 | 幕府派遣巡見使の上山藩査察。 | | |
| 一七二二 | 七 | 11・8 | 八代長恒、藩主就任。 | | |
| 一七三二 | 一七 | 12 | 九代信将、藩主就任。 | | |
| 一七四六 | 延享三 | 5 | 幕府派遣巡見使の上山藩査察。 | | |
| 一七四七 | 四 | | | 5・15 | 五巴百姓一揆起こる。五名処刑。 |
| 一七五五 | 宝暦五 | | | | 大凶作となる。 |
| 一七六一 | 一一 | 5 | 幕府派遣巡見使の上山藩査察。 | | |
| | | 11 | 一〇代信亨、藩主就任。 | | |
| 一七六七 | 明和四 | | | 5 | 十日町より出火し、新丁まで六軒焼失。 |
| 一七七一 | 八 | | | | 楢下に逃散一揆起こる。一名処刑される。 |
| | | 6 | 幕府派遣巡見使の上山藩査察。 | 6 | 蔵王川赤羽堰取水口で用水配分の水論あり。生居・牧野・楢下各郷一三ヶ村と中川郷三ヶ村の参加人員五〇〇名を越す。 |
| 一七八三 | 天明三 | | | | 大凶作となり、翌年米不足のため餓死者続出する。 |
| 一七九〇 | 寛政二 | 2 | 一一代信古、藩主就任。 | | |
| 一七九三 | 五 | 11 | 上山藩内訌事件起こる。藩主「存念覚」を藩重臣に下付する（御家騒動）。 | | |
| 一七九六 | 八 | 12・7 | 一二代信愛、藩主就任。 | | |
| 一七九七 | 九 | | | 9 | 蔵王山噴火。 |
| 一八〇五 | 文化二 | 7・2 | 一三代信行、藩主就任。 | | |
| 一八〇九 | 六 | | | | 藩校「天輔館」を広福寺境内に創設する。 |
| 一八一一 | 八 | | | 2・29 | 二日町三吉方より出火、裏町・十日町・鷹匠町等一五〇軒焼失。 |

| 西暦 | 和暦 | 月日 | 政治・法制 | 月日 | 社会（文化を含む）・経済 |
|---|---|---|---|---|---|
| 一八一一 | 文化八 | | | | 蔵王山噴火。 |
| 一八一三 | 一〇 | 12・29 | 上山藩領地、下郷八ヶ村と美作国南条・北条・勝北郡の内三一ヶ村替地となる（一万二五五四石）。 | | |
| 一八一八 | 文政一 | 7・19 | 美作国支配地と越後国三島郡・刈羽郡の内五〇ヶ村替地となる（一万三九六三石）。 | | |
| 一八二四 | 七 | | | 8・12 | 大洪水、上山藩全領地被害あり。とくに蔵王川出水して、永野、高野、金谷、小泉、田畑流失。「申の洪水」と称している。 |
| 一八三一 | 天保二 | 10 | 一四代信宝、藩主就任。 | | 蔵王山噴火。 |
| 一八三二 | 三 | | | | 大凶作。 |
| 一八三三 | 四 | | 凶作米不足につき、越後分領より米一万三七〇〇俵送付する。仙台藩より籾五〇〇俵借用する。 | | |
| 一八三四 | 五 | | | 12・3 | 徳政一揆起こる。牧野村・藤吾村両庄屋処刑。 |
| 一八三八 | 九 | 4 | 幕府派遣巡見使の上山藩査察。 | | |
| 一八四〇 | 一一 | | | 7 | 藩校天輔館を仲丁に移し、「明新館」と改称する。 |
| 一八五三 | 嘉永六 | | 西郷村分水堰開鑿する。 | | |
| 一八五九 | 安政六 | 1 | 領内六ヶ郷に社倉を設立。 | | |
| | | 2 | 藩役所内に「教導方」を新設。 | | |
| 一八六二 | 文久二 | 4・15 | 一五代信庸、藩主就任。 | | |
| 一八六三 | 三 | 3・5 | 英国軍艦渡来につき、上山藩全員浜苑の警衛を命ぜられる。 | | |
| 一八六五 | 慶応一 | | | | 越後分領七日市に明新館支館を設置する。 |
| 一八六七 | 三 | | 忠川用水池築堤。 | | 蔵王山噴火。 |
| | | 12・25 | 上山藩は、庄内藩・鯖江藩とともに江戸鹿児島藩邸の襲撃に動員される。八名戦死する。 | | |
| 一八六七 | 明治一 | 12・22 | 一六代信安、藩主就任。 | | |
| 一八七一 | 四 | | 廃藩置県。 | | |

○出典（『上山市史』（上）、上山市史編集資料〈土岐家関係文書集・金森家関係文書集〉、「藤井御伝記」）

## 〔藩の職制〕

### 松平（藤井）家時代

- 家老
- 中老
- 上士
  - 用人
  - 寄合　家老職に任ぜらるる家格の嫡子にして、年令十七歳に達すれば元服し公廨に出仕を命ぜらるる（見習いなり）。
  - 側用人　内政に関する一切の事務を担当する。
  - 留守居　江戸藩邸に在住して幕府の内旨を伝承し、兼て他藩に関係することを掌理す。
  - 旗頭　名誉職にして侍大将なり。
  - 物頭
  - 大目付
  - 郡奉行　七日市陣屋に毎年一ケ年交代在勤して、同所一切の事務を管理す。
  - 長柄奉行　現職に対して平素執るべき事務あるに非ず、畢竟一の階梯を設け他の事務を執らしむる便宜なるが如し。
  - 徒頭
  - 馬廻　祖先はいずれも先君に従って功ありしものの後裔に属し、他の新家よりこの席に進むことはできない。
  - 惣領席　馬廻の嫡子にして年令十七歳に達すれば元服をなし、勤務を命ぜられるものなり。
- 中士
  - 大小姓　一つの階梯名義に過ぎない。
- 下士
  - 表詰
  - 勝手詰
    - 徒目付
    - 徒士
    - 納方　郡奉行に属して収納のことを掌り兼ねて聴訟の事に干与す。
    - 持筒小頭
    - 先筒小頭
    - 長柄小頭　｝三小頭は数人有りといえども、割方と称し組取扱をなすものは三人に過ぎず、その他の小頭は徒士のとるべき職務に従事せしものなり。
    - 目見格　徒頭の配下に属して多くは徒士の職務に服せしものなり。
    - 持筒
    - 組抜
    - 先筒　足軽と唱えその身一代限り奉公をなす名義なりしかど、長男が十八、九歳に達すればまた先筒に徴出せらる。
    - 四ノ組　まったく一代限り江戸藩邸の門番・若党の役務。
    - 長柄仲間　一時の備入にして草履取。

○出典（「荒木春平手記」）

### （明治二年十一月）

- 政事庁
  - 大参事（一）　一等　掌参判藩内事務
  - 権大参事（六）　准一等　職掌前に同じ、内公議人兼一人
  - 小参事　二等　掌参判藩内小事
  - 権小参事　准二等
- 議事院
  - 議長
  - 副議長
    - 書記
    - 筆生
- 監察局
  - 大監察　二等
  - 監察
  - 監察歩吏　七等
- 民務局　一局管四司
  - 元宰　准一等
  - 副宰　二等
  - 幹事　三等
  - 四司庶務　六等
  - 四司属　七等
  - 筆生　八等
  - 下吏　八等
  - 勧農司事　四等
    - 属　七等
    - 下吏　八等
    - 祠司兼属　七等
    - 市司
    - 市司下吏　八等
    - 巡郷探刺　七等
- 会計局　一局管三司
  - 元宰　准一等
  - 副宰　二等
  - 幹事　三等
  - 営膳司事　四等
  - 大属　六等
  - 小属　七等
  - 下吏　八等
  - 用度司事　四等
  - 計局勘査　五等

*　**

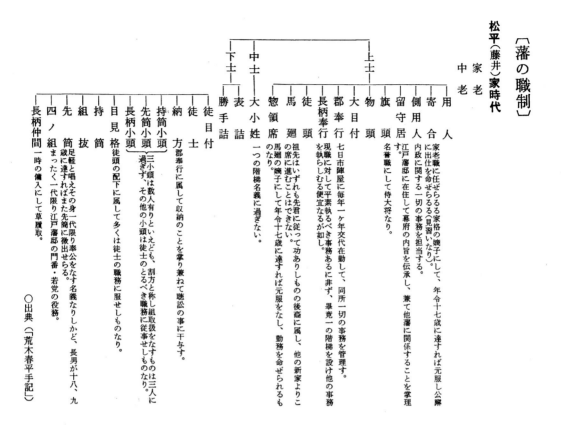

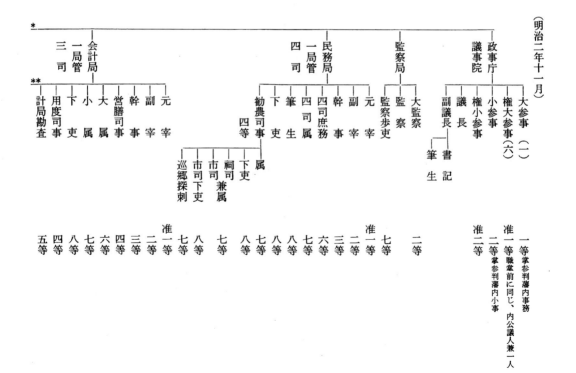

（*の続き）

**

| 職名 | 等級 |
|---|---|
| 庶務 | 六等 |
| 属 | 七等 |
| 下吏 | 九等 |
| 司駅長 | 六等 |
| 司駅 | 七等 |
| 都督 | 准一等 |
| 副督 | 二等 |
| 輜重 | 二等 |
| 軍監 | 三等 |
| 管糧 | 四等 |
| 書記 | 五等 |
| 副兼 | |

軍政庁 一局管 一場一司

| 職名 | 等級 |
|---|---|
| 一等隊長 | 二等 |
| 二等隊長 | 三等 |
| 司令 | 四等 |
| 楽長 | 四等 |
| 二等教授 | 四等 |
| 嚮導 | 五等 |
| 二等教授 | 五等 |
| 三等教授 | 六等 |
| 武庫司事 | 五等 |
| 製造司事 | 六等 |
| 属 | 七等 |

学館 管一館 一場

| 職名 | 等級 |
|---|---|
| 総裁 | 准一等 |
| 督学 | 准二等 |
| 学監 | 三等 |
| 常教 | 三等 |
| 助教 | 四等 |
| 一等教授 | 四等 |
| 二等教授 | 五等 |
| 下吏 | 九等 |
| 武術教師 | 三等 |
| 二等教授 | 五等 |

東京邸

| 職名 | 等級 |
|---|---|
| 公儀人 | 准一等 |
| 公用人 | 准二等 |
| 副公用人 | 四等 |

用度司事 四等

| 職名 | 等級 |
|---|---|
| 書記 | 五等 |
| 庶務 | 六等 |
| 筆生 | 七等 |
| 庶務属 | 七等 |
| 下吏 | 八等 |

右之外一局両三人又壱二人つつ使者を定更等諸局是迄之次第にて相定候事

○出典（『上山市史』中巻　近世・近代編）

## 〔領内の支配区分〕

**松平**（藤井）**信行時代**（文政元年七月）

上郷（御城廻）地区　一万七四四五石五八五　三七ヶ村
越後分領三島郡　八六四二石二四五九　三一ヶ村
〃　刈羽郡　五三二一石六二七　二一ヶ村

## 〔村役人の名称〕

大庄屋　川東、川西地区各一名。
庄　屋　各村に一名。
組　頭 / 百姓代　村の規模により人数は一定でない。

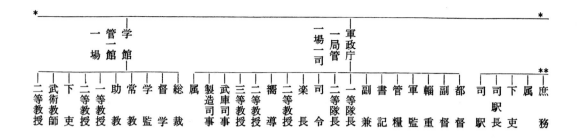

## 〔領外（飛地）の支配機構〕

越後分領は、三島郡（三一ヶ村）・刈羽郡（二一ヶ村）で、七日市に陣屋を構築した。

上山藩から派遣される役人は、

郡奉行 一
勘定方 一
納 方 一〜二
書 役 五〜六

行政区画は、年貢米を収納する八ケ村に設置された郷蔵が中核となった。

三島郡
七日市蔵組 三ケ村 王番田蔵組 二ケ村
関原蔵組 一〇ケ村 宮本蔵組 五ケ村
大積蔵組 九ケ村 塚野山蔵組 二ケ村
刈羽郡
刈羽蔵組 一三ケ村 小国谷蔵組 八ケ村

各組には大庄屋格一名配置され、各村には、庄屋、組頭、百姓代が配置されていた。

## 〔領内の主要交通路〕

1 羽州街道 金山—楢下—上山—地蔵堂
2 米沢街道 米沢—赤湯—中山—川口—三本松
3 東街道 菖蒲—牧野—宮脇—上山
4 中川街道 小倉—権現堂—高野—上山

## 〔番所の所在地〕

楢下番所 羽州街道南入口
四ツ谷番所 羽州街道北入口
金谷番所 山形領境
川口番所 米沢領境
小倉番所 山形領境

## 〔米蔵の所在地〕

各村に郷倉を置いて、年貢籾を保管し、必要に応じて城内倉庫に百姓役で運搬した。

## 〔江戸城の詰間〕

**松平(藤井)家** 帝鑑間(享保期)

## 〔江戸屋敷の所在地〕

**松平(藤井)家**

| 屋敷 | 所在地 |
|---|---|
| 上屋敷 | 麻布市新堀端 六三一二坪 元禄九年九月受領 |
| 中屋敷 | 本所二ツ目 二五〇〇坪 元禄六年八月一四日受領 |
| 下屋敷 | 品川下大崎村 |

## 〔藩校〕

| 藩校名 | 成立年月 | 所在地 |
|---|---|---|
| 天輔館 | 文化6年 | 八幡町広福寺境内 |
| 明新館(改称) | 天保11年 | 仲町 |
| 明新館支館 | 慶応1年 | 越後七日市 |

**沿革** 藩主松平信行は、文化六年(一八〇九)、家臣増戸武兵衛に藩校の創

設を命じた。武兵衛は高弟五十嵐于拙等の協力を得て、八幡町広福寺を校舎とし、藩校にあてこれを「天輔館」と称した。

天保二年（一八三一）松平信宝が藩主となったが、天保十一年（一八四〇）仲町に校舎を新築し、「明新館」と改称した。

**講師** 武田孫兵衛・服部豊山（細井平洲門人）・穴沢九斎・神保蘭室・五十嵐于拙

## 〔大坂加番〕

上山藩歴代藩主の大坂加番勤務通算回数は、全国の譜代大名中その最高位を示している。

幕府は、直轄地大坂と駿府に城代を配置し、そのほか「定番」「大番」「加番」などを常駐させた。これら諸番は、旗本や御家人などの幕府直属の軍隊で不足する軍事力を補強、今後の騒擾に備えて、軍隊の充実を図ったのであった。

「大番」は、将軍の親衛隊で、戦時においては幕軍の先鋒となり活躍、幕軍戦闘力の主軸をなしたものである。その主とする任務は、西国諸大名の監視役であった。

「加番」は、この大番の加勢役として編成された軍事団である。大番は旗本であるため、軍団は小人数で軍事力が過少であるところからその補強役で、いわば軍事的予備軍である。加番は、老中職の支配下にあり、一年交代制であった。加番役は四名編成で、譜代大名から選抜された。

上山藩歴代藩主の勤務回数は、次の通りである。

1　七代松平信通　四回
元禄十五年三月、宝永七年三月、享保五年二月、同七年三月

2　九代松平信将　五回
元文五年二月、延享元年二月、同四年二月、寛延三年二月、宝暦十一年二月

3　一〇代松平信亨　五回
明和元年二月、明和八年二月、安永三年二月、同五年二月、同八年二月

4　一一代松平信古　二回
寛政四年正月、同六年二月

5　一二代松平信愛　三回
寛政十年二月、享和二年二月、文化元年二月

6　一三代松平信行　六回
文化三年二月、同五年二月、同十年二月、文政四年二月、同七年二月同十二年二月

7　一四代松平信宝　六回
天保四年二月、弘化元年二月、嘉永元年二月、同四年二月、安政元年二月、万延元年二月

8　一五代松平信庸　一回
慶応三年二月

総合計　三二回

一回の勤務人員は、家臣団五〇〇人～六〇〇人。

## 〔藩の基本史料・基本文献〕

『上山市史』（上巻 原始・古代 中世・近世編）上山市　昭和五五年
『上山市史』（中巻　近世・近代編）　上山市　昭和五九年
上山市史編集資料（上山市発行）
第一二号「上山町史」「上山郷土史」　昭和五〇年
第一八号　上山見聞随筆　上　昭和五一年
第一九号　同　下　昭和五二年
第二三号　越後詰資料　昭和五三年
第二五号　寛政時代上山藩内訌事件資料　昭和五三年
第二八号　森本家文書集　昭和五四年

第三一号　上山藩大坂加番資料　昭和五五年
第三四号　土岐家関係文書集　昭和五七年
第三六号　金森家関係文書集　昭和五八年
「松平姓系譜」（浄光寺本）
「荒木春平手記」（清光院本）

# 高《たか》畠《はた》藩

（執筆者　井上　啓）

## 〔藩の概観〕

織田氏は、信長の次男信雄(常真)より始まり、代々上野国小幡《おばた》において二万石を領有してきたが、明和四年（一七六七）八月、山県大弐事件に関連して出羽国高畠に転封された。藩主信邦《のぶくに》は処置不行届として処分されて隠退し、弟信浮《のぶちか》が相続することを許されたが、織田家は以来国持大名格から諸太夫格に引下げられ、網代の輿や爪折の傘を用いる特権は奪われた。

高畠藩の所領は、陸奥国信夫《しのぶ》郡(三ヶ村、三三一五石余)・出羽国置賜《おきたま》郡(六ヶ村、四六四六石余)・出羽国村山郡(一〇ヶ村、一万二三五二石余)と三分されており、中央の置賜郡高畠に居館を設けた。村山郡の所領がもっとも大きく、天童三日町に陣屋を設けて代官以下の役人を派遣して支配した。寛政十二年（一八〇〇）十二月に信夫郡の三ヶ村を上知して村山郡に替地され、また村山郡内においても村替があり、二〇ヶ村一万五〇〇〇石余を領有した。所領の大部分が天童を中心とした村山郡に集中されると、居館・陣屋の天童移転が検討され、藩主信美《のぶみ(かず)》は文政十一年（一八二八）五月、居所を天童に移すことを願って許された。文政十二年正月から、天童仲町の西部に陣屋や家臣の居宅の普請が始められ、この年の秋から翌天保元年（一八三〇）にかけて家臣は天童に移転した。藩主信美が始めて天童館に入ったのは、参勤から帰国した天保二年八月であった。

高畠在陣は、明和四年（一七六七）から天保元年（一八三〇）までの六〇余年に及ぶが、その間に天明の飢饉などもあり、藩財政は極度に窮迫し、しばしば旧領小幡への復帰を歎願している。家臣の俸禄の引高制も天明期から実施されており、家臣の生計も窮迫し、自ら永暇を乞うて主家を離れたものも多かった。

## 〔藩の居城〕

**陣屋**

名　称　高畠陣屋
所在地　山形県東置賜郡高畠町
家数・人口　不詳

## 〔藩(大名)の家紋など〕

**織田家**

家紋　窠　五七桐

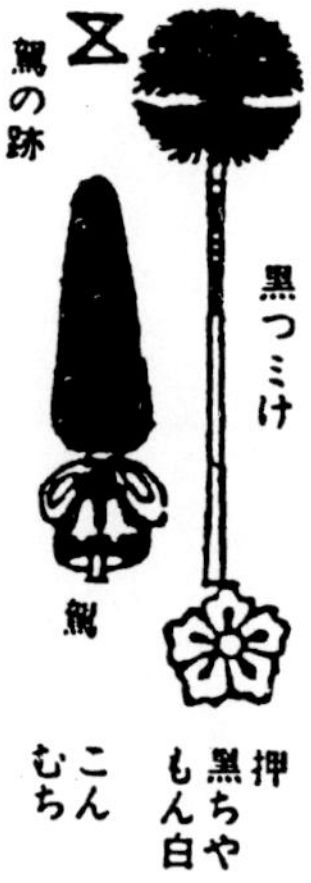


○出典（『文化武鑑』）

## 〔藩主の系図〕（姻戚関係）

**織田家**　**外様**

上野国小幡から→**信浮**《のぶちか》
- 喜姫　田沼淡路守意明室
- 貞姫
- 民松
- 長蔵
- **信美**《のぶみ（かず）》→出羽国天童へ（天童藩参照）
- 長美
- 長郷

## 〔藩主一覧〕（歴代藩主および石高・所領の変遷）

| 姓 | 諱 | 受領名または官名 | 通称 | 生没年月日 | 戒名と菩提所（所在地） | 藩主就任・退任年月日 | 江戸幕府就任役職名・就任退任年月日 | 石高変遷年月日（西暦） | 石高（表高） | 領地（国郡名） |
|---|---|---|---|---|---|---|---|---|---|---|
| 織田 | 信浮 | 越前守 | 八百八 | 宝暦1・8・9～文政1・11・19 | 瑞岡院殿巌瓊岸大居士　高林寺（東京都文京区駒込） | 明和4・8・21～文政1・11・19 | | 明和4・8・21（一七六七） | 二〇〇〇〇 | 陸奥国信夫郡　出羽国置賜郡・村山郡 |
| | | | | | | | | 寛政12・12・25（一八〇〇） | 〃 | 出羽国置賜郡・村山郡 |
| 織田 | 信美 | 若狭守 | 百太郎 | 寛政5・7・9～天保7・8・4 | 恭徳院殿清巌良義大居士　高林寺（東京都文京区駒込） | 文政1・12・27～天保1 | | | 〃 | 〃 |

○出典（『寛政重修諸家譜』「織田家譜」）

## 〔藩史略年表〕

| 西暦 | 和暦 | 月日 | 政治・法制 | 月日 | 社会（文化を含む）・経済 |
|---|---|---|---|---|---|
| 一七六七 | 明和　四 | 8・21 | 小幡藩主織田信邦、隠居の上蟄居を命じられ、養子信浮家督を継ぎ、出羽国高畠に転封する。 | | |
| 一八〇〇 | 寛政一二 | 12・25 | 信夫郡および村山郡の内九九二〇石余を収公され、村山郡の内にて替地を給せられる。 | | |
| 一八〇一 | 享和　一 | | | 6 | 村山郡内に百姓一揆起こり、久野本村・天童一日町等の穀屋数軒襲われ、打ち毀される。 |
| 一八二一 | 文政　四 | | | 8 | 引高制のため家臣の生活難渋し、家臣に囲米を支給する。 |
| 一八二八 | 　一一 | 5・24 | 高畠の居館・陣屋を天童に移すことを請い、許される。 | | |
| 一八三〇 | 天保　一 | | 陣屋を天童に移転し、家臣等天童に引移る。 | | |

○出典『東置賜郡史』〔昭和一四年刊〕『高畠町史』中巻〔昭和五一年刊〕

## 〔藩の職制〕

○藩の職制の大綱

- 藩主
  - 家老
    - 物頭─小頭─給人─徒士
    - 大目付─徒士目付
    - 郡奉行─代官─手代
    - 武具奉行役
  - 用人
    - 普請用掛
    - 近習（筆頭・近習・末席）
    - 小納戸役
    - 中小姓（惣筆頭・中小姓・末席）

## 〔領内支配（地方支配）の職制と系統〕

郡奉行─代官─手代─名主─組頭─百姓代
（信夫郡・置賜郡・村山郡）

## 〔領内の支配区分〕

置賜郡
信夫郡
村山郡（天童陣屋）

〔村役人の名称〕

名主┬組頭
　　└百姓代
（各村ごとに三役を置く）

〔領外（飛地）の支配機構〕

代官―手代―名主

〔領内の主要交通路〕

（領内とはいえないが、高畠を中心とした道路）

1　二井宿街道　二井宿を経て羽州街道に連結する
2　大塚街道　西進して米沢街道に連結する

〔番所の所在地〕　なし

〔津出場・米蔵の所在地〕

年貢米は各村の郷蔵に納入され、その大部分は地元商人に払い下げられ、一部は最上川を下して酒田商人に売却された。

〔江戸城の詰間〕

柳間

〔江戸屋敷の所在地〕

| 屋敷 | 所在地 |
|---|---|
| 上屋敷 | 八代州河岸 |
| 下屋敷 | 溜池の上 |

〔蔵屋敷の所在地〕　なし

〔藩札〕　なし

〔藩校〕　なし

〔参勤交代〕

参府　子寅辰午申戌の六月
御暇　丑卯巳未酉亥の六月

〔藩の基本史料・基本文献〕

「御系図」（天童市役所蔵）
「御代々様御連枝様方御事跡」（天童市役所蔵）
『寛政重修諸家譜』
「羽前天童織田家譜」（東京大学史料編纂所蔵）

（執筆者・伊豆田忠悦）

# 米《よね》沢《ざわ》藩

## 〔藩の概観〕

米沢藩は慶長六年（一六〇一）、上杉景勝《かげかつ》が関ヶ原の戦の処分で、会津若松一二〇万石から米沢三〇万石に入封して成立した。

この地方は、蒲生氏領のあと上杉氏領の一部であった。上杉氏は景勝以後ここに定着し、謙信から数え幕末まで一四代続く。その領地は、出羽国置《おき》賜《たま》・陸奥国伊達《だて》・信夫《しのぶ》三郡の全域に及んだが、寛文四年（一六六四）一五万石に削封され、置賜郡（高畠郷を除く）のみとなった。領内には米沢城のほかに支城が配置され、伊達郡は梁川《やながわ》、信夫郡は福島、置賜郡には高畠・掛入石中山・荒砥《あらと》・鮎貝《あゆがい》・小国《おぐに》の五支城があり、とくに置賜郡の場合には、四方の他領との境界の要地に置かれている。ここに城代と三〇人余の足軽を派遣し、削封後は置賜郡のみとなったが、城代を役屋将とよび幕末まで存続した。

米沢藩は、会津時代より約四分の一に減封になったが、家臣団はほとんど減少せず、約六五〇〇人を数えた。正保四年（一六四七）の分限帳によると、知行取家臣は九五〇人、扶持・切米取家臣は五七〇三人、領知高の内、給人の知行地は一七万石余、蔵入地は一三万石余で、この割合は領地半減後それぞれ約半分となったが、その後幕末まで変わらない。二代藩主定勝《さだかつ》代の寛永十五年（一六三八）に領内総検地が行なわれた。上杉氏の移封以後、とくに松川の流域や鬼面《おもの》川の扇央地帯の新田開発が著しく、総検地の結果、藩の総石高も、表高は三〇万石であるが、実高は五一万七〇〇〇石余となり、この実高は半知後も表高一五万石に対し二八万石余であった。米沢藩の貢租は半石半永制で、これは文禄年間に支配した蒲生氏以来のものとされている。つまり貢租の半分は貨幣納とされ、この貢制は幕末まで変わっていない。これにあてる農民の貨幣は、藩による米や特産物の買上代金が主であった。特産物は青苧・漆・蠟が中心で、青苧の場合は慶安四年（一六五一）の青苧畑の検地をもとに、藩の総買上額を五三〇駄と定め、藩では御用商人を通じこれを奈良に販売した。こうした藩の初期専売制は、米・漆・蠟・紅花などについても実施されている。漆木については明暦年間、藩は役木として二六万本余を定め、各村に蠟製造のための筒番所を設け、のちにこの筒番所は領内五ヶ所（のち三ヶ村）に集中させている。明暦期は蔵入地と給人知行地の貢租納入の画一化や高掛基準の採用など、税制の整備の画期とみられるが、寛文年間にはそれらがいっそう進展したのである。

寛文四年（一六六四）、米沢藩は領地が半分に減少した。三代藩主綱勝《つなかつ》が急逝したことによるもので、本来ならば改易処分となるところであった。幸い保科正之の幕府への工作などにより、綱勝の妹が嫁いだ吉良義央の長男三郎を養子とすることで、旧領地の一部にとどまることができたのである。この吉良三郎が四代藩主綱憲《つなのり》であるが、家督したのはわずか三歳の時であった。延宝年間になると藩財政の窮乏も顕著となり、同五年（一六七七）暮には、江戸邸出入りの商人に対して七〇〇〇両余の不払いが生じ、国元へ送金を要求したが、要求通りには進まなかった。元禄年間になると、米沢でも城下町の上層商人に御用金を命じ、また家臣に対しては知行の借上げや給料の減給を行なったりしている。藩の支出の増大は、幕府の高家衆筆頭にある吉良家との関係や藩主綱憲の豪華な生活振りが大きな理由とされているが、その背景にはこの時代の急速な貨幣経済の進展があったことはいうまでもない。天和二年（一六八二）、江戸屋敷麻布邸が類焼したが、この屋敷は延宝年間に約六万両をかけて建築した美麗なものであった。

元禄年間になると家臣の窮乏も著しく、綱憲は藩政刷新の諸政策を実行した。それらは、風紀の統制、役職の整備、また学問の奨励などにみられる。この時期に家事不正のため追放された譜代の家臣も多い。行政機構の面でも、元禄五年（一六九二）、五つの城代を役屋将に改めたことなどもその一つである。また綱憲は近世のはじめに、執政直江兼続が起こした禅林寺に文珠堂を建立したり、儒者矢尾板三印に一〇〇石を給して学問所を造らせ、謙信・景勝の年譜を完成させた。以後これが、歴代藩主の年譜編纂の先鞭となった。

享保～宝暦期の主要な問題の一つは財政の困窮であった。近世の初期には借財といっても、藩には一般会計のほかに「御貯金」（軍用金）が別にあった。それは領地半減以後も約六万両、綱憲の代でも、軍用貯金として二万四〇〇〇両余、貯籾一八万俵余あったといわれている。しかしその後、この貯金や貯籾も、財政支出の膨張によって消費され、享保末年にはほとんどなくなっている。つまり非常用の軍用金を欠如したという、藩政史上画期的な時期であった。一方、この時期は、奉行筆頭の清野内膳が長年その地位にとどまり、奉行層のまとまりを欠き、政治は腐敗した。ここに藩主重定《しげさだ》の側近森平右衛門が台頭し、小姓頭から郡代所頭取となり、森の新政が実施される契機があったのである。森の政権は、宝暦十年（一七六〇）前後の短期間であったが、世襲制の五代官に副代官をつけ、郡奉行・大庄屋の設置を試み、富商の士分取立も盛んに行なっている。しかし権力を独占すると政治が専制的となり、公私混同の悪弊がみられたことも事実であった。そこで譜代の重臣層の反感を買い、儒者藁科松伯を中心とする菁莪社中の批判を受け、森は宝暦十三年（一七六三）、江戸家老竹俣当綱の誅殺によって失脚した。

明和四年（一七六七）、第九代藩主に上杉治憲《はるのり》（鷹山《ようざん》）を迎え、菁莪社中の人々を中心に、いわゆる明和・安永の改革が進められた。改革は、財政および家臣に対する大倹令に始まったが、奉行筆頭の竹俣当綱が改革政策の推進にあたり、その主な政策には、会計帳の作成、領内外の特権商人との関係の整理、農村の支配機構の整備、漆・桑・楮の一〇〇万本植立の実施、縮織の導入および興譲館の創設など積極的な方策がとられている。これに対して、江戸家老をはじめ譜代の重臣七家が、安永二年（一七七三）六月、いわゆる七家騒動を起こした。藩主治憲をはじめ、竹俣当綱など改革を推進する人々をすべて非難の対象にあげ、要するに藩政にとって必要なことは、新しいことではなく越後風であるというものであった。この事件の背景には、先に儒者職を免ぜられた藁科立沢《りゅうたく》がいることも判明し、これらに対して厳しい処分が下されたが、立沢が斬首されたほか、他の者は旧に復している。しかし天明三年（一七八三）の飢饉後に竹俣当綱は失脚し、藩主治憲が隠退することによって、改革はしばらく中断した。

その後寛政三年（一七九一）、隠居中の莅戸善政が中老に抜擢されて、いわゆる寛政の改革が実施された。改革の実施にあたっては、藩士の意見を徴し、善政の草案にもとずいて進められたが、政治の面では、上書箱の設置、代官制度の改革、諸役所の統合が行なわれた。新代官の登用には、封建的吏僚政治の発展もみることができる。経済・財政策では、越後の渡辺三左衛門、酒田の本間家を御用商人として、財政再建計画を立て、産業の発展を図った。とくに漆・青苧のほかに養蚕・絹織物などを国産物として保護と統制を加え、国産会所を中心に、城下町の織物問屋による専売制も実施された。農村は勧農金や備籾蔵などによって復興し、養蚕地帯はさらに発展した。天明五年（一七八五）、藩主は治広《はるひろ》の代となっているが、寛政改革も前藩主治憲の主導によるところが大きい。例えば、文化四年（一八〇七）の青苧一件をめぐる権力内部の対立でも、古法維持で結着をみるが、治憲の裁断によったものとされている。この改革の一定の成功によって、天保初年の飢饉にあたっても、他藩に比べ、大きな危機に直面することがなかったとされている。

幕末の戊辰の内乱で、米沢藩は仙台藩とともに、奥羽越列藩同盟の盟主として行動した。藩主上杉斉憲《なりのり》（一二代）は慶応四年（一八六八）閏四月の白石《しろいし》会議に、自ら大兵を率いてこれにのぞみ、北越戦争では政府軍と激しく戦った。この間、藩命を受けた雲井龍雄は、京都・江戸で情報の収集にあたり、「討薩の檄」によってその立場を明らかにしたが、北越戦の劣勢によって、米沢藩は政府軍への降伏を決定している。この戦の処分として米沢藩は四万石を収公され、明治二年六月には支藩米沢新田藩を併合した。明治四年に廃藩となり、米沢県・置賜県を経て、同九年山形県に編入された。

## 〔藩の居城〕

**城**

名称　①米沢城　②舞鶴城　③松岬城

所在地　山形県米沢市丸の内一丁目

家数・人口　二万三四四〇軒・一二万七二七七人

○出典（『藩制一覧』）

## 〔藩（大名）の家紋など〕

**上杉家**

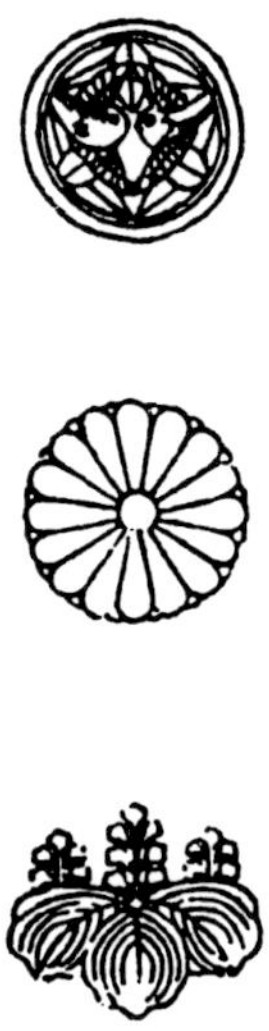

家紋　竹に雀（無節九葉二羽の飛び雀丸、古くは五節二十五葉二羽の飛び雀丸）　菊　五七桐（永禄二年勅許）

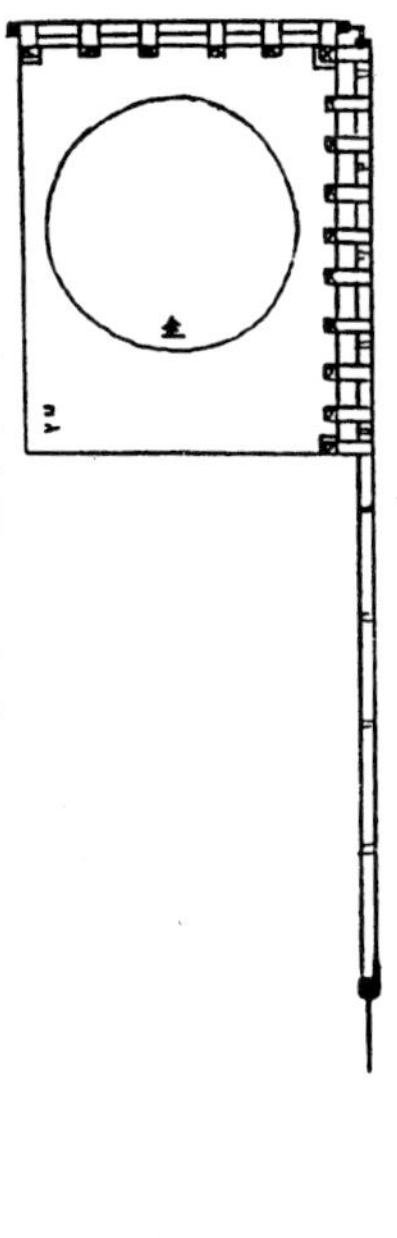

旗差　大馬印　紺地に金の日の丸

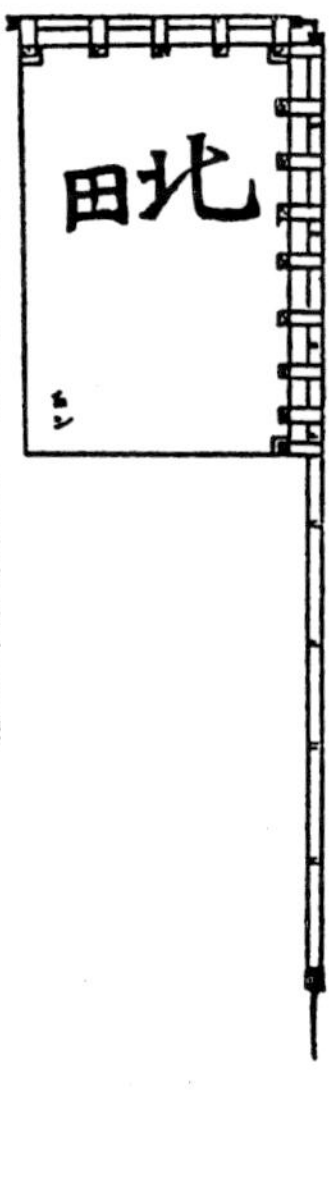

馬印　白地に毘の字（毘沙門天の毘）

○出典（『天保武鑑』『諸将旗旌図』『見聞諸家紋』『文化武鑑』）

## 〔藩主の系図〕（姻戚関係）

**上杉家　外様**

陸奥国会津若松から→景勝《かげかつ》―定勝《さだかつ》―

- 女子　松平飛驒守利治室
- 女子　松平丹後守光茂室
- 徳松
- 女子　松平飛驒守利明室
- 綱勝《つなかつ》―綱憲《つなのり》　幕府高家衆吉良上野介義央長男
- 国松
- 女子　吉良上野介義央室

- 吉憲《よしのり》
  - 宗憲《むねのり》
  - 幸千代
  - 女子
  - 宗房《むねふさ》
  - 重定《しげさだ》
    - 女子
    - 治憲《はるのり》 日向国高鍋藩主秋月佐渡守種美男
    - 女子 上杉治熈室
    - 女子
    - 勝熙
    - 女子
    - 勇五郎
    - 治広《はるひろ》
      - 顕孝 上杉治憲男
      - 久千代
      - 斉定《なりさだ》 上杉勝熙男
        - 女子 板倉内膳正勝顕室
        - 女子 秋月佐渡守種殷室
        - 斉憲《なりのり》
          - 茂憲《もちのり》
          - 嚴千代
          - 鶴松
          - 女子
          - 女子
          - 勝賢
          - 信謹
          - 女子
          - 忠敬
          - 女子
          - 欽之助
          - 熊松
          - 長裕
          - 某
          - 女子
          - 長保
          - 女子
          - 女子
          - 亀雄
        - 女子
        - 玉千代
        - 女子
        - 亀之助
        - 勝道 上杉勝義養子
        - 女子
        - 女子
      - 女子 上杉斉定室
      - 女子 板倉甲斐守勝俊室
      - 女子 池田因幡守斉稷嫁
      - 女子 畠山飛騨守義寛室
      - 女子 畠山飛騨守義寛室
      - 女子 戸田中務大輔氏敏室
    - 勝定 上杉勝承養子
    - 信政
    - 吉之助
- 義周 吉良上野介義央養子
- 安千代
- 憲孝
- 勝周（→米沢新田藩を見よ）
- 勝延
- 女子 黒田甲斐守長貞室

○出典『寛政重修諸家譜』『米沢市史編集資料』第十号

## 〔藩主一覧〕（歴代藩主および石高・所領の変遷）

| 姓 | 諱 | 受領名または官名 | 通称 | 生没年月日 | 戒名と菩提所（所在地） | 藩主就任・退任年月日 | 江戸幕府就任役職名・就任退任年月日 | 石高変遷年月日（西暦） | 石高（表高） | 領地（国郡名） |
|---|---|---|---|---|---|---|---|---|---|---|
| 上杉 | 景勝 | 越後守 弾正少弼 権中納言 | 喜平次 | 弘治1・11・27～元和9・3・20 | 覚上院宗心 御廟（山形県米沢市御廟） | 慶長6・8・16～元和9・3・20 | | 慶長6・8・16（一六〇一） | 三〇〇〇〇〇 | 出羽国置賜郡 陸奥国信夫郡・伊達郡 |
| 上杉 | 定勝 | 弾正少弼 左近衛少将 | 喜平次 | 慶長9・5・5～正保2・9・10 | 大上院隆心 御廟（〃） | 元和9・5・16～正保2・9・10 | | | 〃 | 〃 |
| 上杉 | 綱勝 | 播磨守 | 喜平次 | 寛永15・12・22～寛文4・閏5・7 | 上生院蓮心 御廟（〃） | 正保2・11・29～寛文4・閏5・7 | | | 〃 | 〃 |

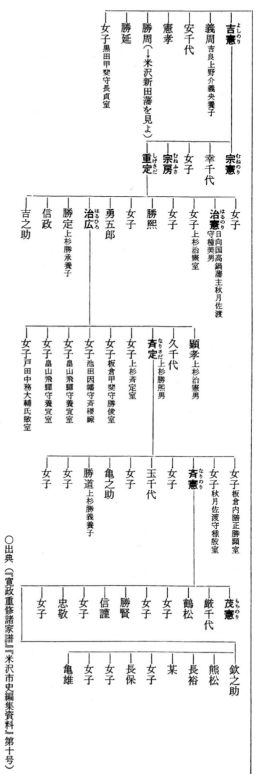

| 姓 | 諱 | 受領名または官名 | 通称 | 生没年月日 | 戒名と菩提所（所在地） | 藩主就任・退任年月日 | 江戸幕府就任役職名・就任退任年月日 | 石高変遷年月日（西暦） | 石高（表高） | 領地（国郡名） |
|---|---|---|---|---|---|---|---|---|---|---|
| 上杉 | 綱憲 | 弾正大弼 | 喜平次 | 寛文3・10・28～宝永1・6・2 | 法林院映心 御廟（山形県米沢市御廟） | 寛文4・6・5～元禄16・8・21 | | 寛文4・6・5（一六六四） | 一五〇〇〇〇 | 出羽国置賜郡 |
| 上杉 | 吉憲 | 民部大輔 | 勝千代 | 貞享1・11・8～享保7・5・1 | 樹徳院泰心 御廟（〃） | 元禄16・8・21～享保7・5・1 | | | 〃 | 〃 |
| 上杉 | 宗憲 | 弾正大弼 | 喜平次 | 正徳4・1・12～享保19・5・13 | 有徳院岳心 改桂徳院岳心 御廟（〃） | 享保7・6・18～享保19・5・13 | | | 〃 | 〃 |
| 上杉 | 宗房 | 民部大輔 | 政千代 | 享保3・6・17～延享3・8・12 | 英徳院雄心 御廟（〃） | 享保19・6・28～延享3・8・12 | | | 〃 | 〃 |
| 上杉 | 重定 | 大炊頭 | 喜平次 | 享保5・7・6～寛政10・3・26 | 東岳院寛心 御廟（〃） | 延享3・9・26～明和4・4・24 | | | 〃 | 〃 |
| 上杉 | 治憲 | 弾正大弼 越前守 | 鷹山 | 宝暦1・7・20～文政5・3・12 | 元徳院文心 御廟（〃） | 明和4・4・24～天明5・2・7 | | | 〃 | 〃 |
| 上杉 | 治広 | 中務大輔 弾正大弼 兵庫頭 | 喜平次 | 明和1・7・11～文政5・9・11 | 享徳院恭心 御廟（〃） | 天明5・2・7～文化9・9・7 | | | 〃 | 〃 |
| 上杉 | 斉定 | 式部大輔 弾正大弼 | 喜平次 | 天明8・9・4～天保10・2・2 | 俊徳院誠心 御廟（〃） | 文化9・9・7～天保10・2・2 | | | 〃 | 〃 |
| 上杉 | 斉憲 | 式部大輔 弾正大弼 | 喜平次 | 文政3・5・10～明治22・5・20 | 戒名なし（神式） 興禅寺（東京都港区白金） | 天保10・4・3～明治1・12・7 | | <br>慶応2・6・25（一八六六） | 〃<br>一八〇〇〇〇 | 〃<br>出羽国置賜郡 |

| 姓 諱 | 受領名または官名 | 通称 | 生没年月日 | 戒名と菩提所（所在地） | 藩主就任・退任年月日 | 江戸幕府就任役職名・就任退任年月日 | 石高変遷年月日（西暦） | 石高（表高） | 領地（国郡名） |
|---|---|---|---|---|---|---|---|---|---|
| 上杉 茂憲 | 式部大輔 | 喜平次 | 弘化1・2・28〜大正8・4・18 | 憲徳院敬心 興禅寺（東京都港区白金） | 明治1・12・7〜明治4・7・14 | | 明治1・12・7（一八六八） | 一四〇〇〇〇 | 出羽国置賜郡 |

○出典（『上杉家御年譜』『寛政重修諸家譜』『米沢市史編集資料』第十号）

## 〔藩史略年表〕

| 西暦 | 和暦 | 月日 | 政治・法制 | 月日 | 社会（文化を含む）・経済 |
|---|---|---|---|---|---|
| 一六〇一 | 慶長 六 | 8・16 | 景勝、会津一二〇万石より米沢三〇万石へ減封される。 | | |
| 一六〇三 | 八 | 10・20 | 家中掟一三ヶ条を制定する。 | | |
| 一六〇四 | 九 | 9 | 上方より鉄砲師を招き鉄砲の製造を始める。 | | |
| | | 11 | 直江兼続、鉄砲稽古の定を出す。 | | |
| 一六〇七 | 一二 | 10 | 家中掟一八ヶ条を制定する。 | 3・8 | 直江兼続、京都法要寺で『論語』・『文選』を刊行する。 |
| 一六〇九 | 一四 | 5 | 直江兼続、米沢城下の町立の細目を指示する。 | | |
| 一六一四 | 一九 | 10 | 景勝、大坂冬の陣へ出兵する。 | | |
| 一六一八 | 元和 四 | | | 11・5 | 景勝、禅林寺を創立。学問修業の場となる。 |
| 一六一九 | 五 | 12・19 | 直江兼続、江戸にて死去。六〇歳。 | | |
| 一六二五 | 寛永 二 | | 領内に見出検地を行なう。 | | |
| 一六二六 | 三 | 11 | 侍組・三手組の礼席を制定する。 | | |
| 一六二八 | 五 | 12・18 | キリスト教徒甘粕右衛門一族一五名、北山原刑場で処刑される。 | | |
| 一六三三 | 一〇 | 5・17 | 清野長範・島津利忠が奉行に命ぜられ、郡代と奉行が分離する。 | | |
| 一六三四 | 一一 | 6 | 定勝、将軍家光に供奉し上洛。京都堺町西村久左衛門宅へ宿す。 | | |
| 一六三五 | 一二 | 7・25 | 奉行、三人制となる。 | | |
| 一六三八 | 一五 | 6・28 | 定勝、領内に検地条目を布達する。翌一六年にかけ領内総検地を行なう。 | | |
| 一六三九 | 一六 | 5・16 | 定勝、切支丹横目を郷村に派遣し、キリスト教徒を探索する。 | | |

| 西暦 | 和暦 | 月日 | 政治・法制 | 月日 | 社会（文化を含む）・経済 |
|---|---|---|---|---|---|
| 一六四〇 | 寛永一七 | 11・15 | 領内総検地が終り、知行物成を一ッ一歩増し、長井は四ッ八歩、伊達・信夫を四ッ一歩と定める。 | 2・23 | 米沢大火、千坂兵部屋敷より出火、主水町より大町・川井小路・柳町・免許町まで延焼。一〇〇〇軒以上焼失。 |
| 一六四一 | 一八 | 6・2 | 定勝、寛永御条目を定め郷村・藩士に布達。 | | |
| 一六四三 | 二〇 | 5 | 会津若松藩主加藤明成改易にあたり、在番として藩士約三五〇名出勢する。 | | |
| 一六四五 | 正保二 | 2・2 | 米沢領内城下および郷村の絵図作成を目賀多洞雲等へ命ずる。 | | |
| 一六四六 | 三 | | | 3・22 | 米沢大火、与板町より出火。武家屋敷三八〇余軒、町屋敷一三〇軒焼失。 |
| 一六五〇 | 慶安三 | 10・30 | 茶・木綿等他国より移入の品に駄別銭を課すことを布達する。 | | |
| 一六五一 | 四 | | 青苧畑の検地を実施する。 | | |
| 一六五三 | 承応二 | 12・2 | キリスト教徒山浦玄蕃を極楽寺で処刑する。 | | |
| 一六五五 | 明暦一 | 2・29 | 金納分貢租の米銀換算率を上げ増税をはかる。明元掛銀。 | | 銅屋町裏に籾倉二三棟を建てる。 |
| 一六五七 | 三 | 6・19 | 綱勝、領内各村の地籍・戸口・税額を調べ、納方新帳を作成する。 | | |
| 一六六〇 | 万治三 | | | 2・20 | 米沢大火、糀町より出火。五三一軒焼失。翌二一日馬口労町より出火。五五六軒焼失。 |
| 一六六四 | 寛文四 | 閏5・7 | 綱勝、江戸にて急死する。 | | |
| | | 6・5 | 綱勝の養子として吉良三郎（綱憲）半知相続する。伊達・信夫郡一二万石は幕領に、置賜郡屋代郷三万石は米沢藩預地となる。 | | |
| | | 7・16 | 伊達郡梁川城、破却される。 | | |
| 一六六五 | 五 | | | 3 | 小国郷若山村の百姓清右衛門、代官の苛政を訴え目安を出す。 |
| 一六六六 | 六 | | | 8 | 米沢一五万石総百姓の名で、米沢藩の圧政を訴えた目安が、信夫代官所へ出される。 |
| 一六七五 | 延宝三 | | | 5・4 | 屋代郷新宿村大火。一三二軒焼失。 |
| 一六八三 | 天和三 | | | | 大町検断鈴木十左衛門、不行跡により処刑される。 |
| 一六八九 | 元禄二 | | 置賜郡屋代郷、幕府の直轄領となる。 | | 長町・小出・玉庭・宮内・小国・小松に御筒屋を設置し、蠟を製造する。同六年、長町・小出・小国の三ヶ所となる。 |
| 一六九一 | 四 | | 屋代郷、検地が行なわれる。 | | |
| 一六九二 | 五 | | | 6・10 | 京都御用商人西村久左衛門、下長井より最上口への通船工事を |

| 西暦 | 和暦 | 月日 | 政治・法制 | 月日 | 社会（文化を含む）・経済 |
|---|---|---|---|---|---|
| | | | | | 申請する。同七年完成する。 |
| 一六九七 | 元禄一〇 | | | 6・15 | 綱勝、学問所を建立する。 |
| | | | | 11・29 | 綱勝、聖堂を建立する。 |
| 一七〇一 | 一四 | | | 8・6 | 大洪水。六五〇町歩水損となる。 |
| 一七〇二 | 一五 | 閏8 | 財政難により、藩士の知行物成四分の一を借り上げる。 | | |
| | | 12・14 | 吉良上野介義央（綱憲実父）が、浅野の遺臣四七士に殺される。 | | |
| 一七〇三 | 一六 | 2 | 吉良義周（綱憲次男）、信濃国高島にお預けになる。 | | |
| 一七〇九 | 宝永六 | | 廻米の最上川輸送を藩営とする。 | | 西村久左衛門、藩への借財のため、最上川通船権・家財を没収される。 |
| 一七一九 | 享保四 | 2・25 | 吉憲、弟勝周に新田一万石を分け分家させる。米沢新田藩。 | | |
| | | 11・5 | 藩財政難のため、領内富商より金を借りる。 | | |
| 一七二〇 | 五 | 2・14 | 参勤の費用不足のため、藩士より一〇〇石に付三〇〇文、人別銭一〇〇文を徴収する。 | | |
| 一七二一 | 六 | | | 11 | 小国大火、一七二軒焼失。 |
| 一七二八 | 一三 | | | | 藩政を批判した『笹野観音通夜物語』が著わされる。 |
| 一七三三 | 一八 | 7・25 | 江戸城堀浚の費用として藩士の禄半分を借り上げる。 | | |
| 一七四二 | 寛保二 | 11・17 | 屋代郷および出羽国村山郡五万一八三八石、米沢藩の預地となる。 | | |
| 一七四五 | 延享二 | | | 11 | 下長井荒砥大火、一一一軒焼失。 |
| 一七五三 | 宝暦三 | 2・3 | 村山郡預地一万五〇二三石、越後国岩船郡一万四一〇〇余石と割替になる。 | | |
| 一七五四 | 四 | 3・23 | 重定、東叡山工事を命ぜられ、費用として藩士・町在に人別銭を課す。 | | |
| 一七五五 | 五 | | | 9・14 | 米沢城下で富商の打ち毀し起こる。 |
| | | | | | 大凶作。洪水等で損毛一一万三六〇〇余石におよぶ。 |
| 一七六〇 | 一〇 | | | 6 | 北条郷の百姓、青苧役の増税に反対し、宮内熊野堂に集結する。青苧騒動。 |
| 一七六二 | 一二 | 6・19 | 藩士の知行六割を借り上げる。 | | |
| 一七六三 | 一三 | 2・8 | 小姓頭兼郡代森平右衛門、江戸家老竹俣当綱等により殺される。 | | |

| 西暦 | 和暦 | 月日 | 政治・法制 | 月日 | 社会（文化を含む）・経済 |
|---|---|---|---|---|---|
| 一七六四 | 明和一 | | 重定、版土返上を義父徳川宗勝（名古屋藩主）に伺う。 | | |
| 一七六五 | 二 | 7・11 | 竹俣当綱、奉行となる。 | | |
| 一七六七 | 四 | 4・24 | 治憲、九代藩主となる。 | | |
| | | 9・18 | 治憲、一汁一菜、奥女中を減らす等の大倹を行なう。 | | |
| 一七六九 | 六 | | 治憲、博奕死刑令を出す。 | | |
| 一七七〇 | 七 | 11 | 村山郡漆山村等、一万五〇〇〇余石、米沢藩預地となる。 | 10 | 旱害、損毛五万三六〇四石余。 |
| 一七七一 | 八 | 12 | 郡奉行所を再興し、郷村頭取・次頭取・郡奉行を任命し、勤方心得を出す。 | 5・2 | 細井平洲、藩の招きで米沢へ来る。門人・諸生へ講義する。 |
| 一七七二 | 安永一 | 3・26 | 治憲、藉田の礼を執行する。 | | 旱害、損毛八万二五〇〇余石。 |
| 一七七三 | 二 | 6・27 | 奉行職千坂高敦等重臣七人、改革政治に反対し強訴、七家騒動起こる。七月一日、須田・芋川切腹、他は隠居閉門の上半知召し上等に処される。のちに復帰。 | | |
| 一七七四 | 三 | | | 5・3 | 北寺町に備籾倉を五棟建設する。 |
| 一七七五 | 四 | | | 9・12 | 樹芸役場を設置し、漆・桑・楮の一〇〇万本植立計画に着手する。 |
| | | | | 10・26 | 二ノ丸長屋へ武芸所を設ける。 |
| 一七七六 | 五 | | | 4・19 | 学館が落成。細井平洲が興譲館と命名する。 |
| | | | | 11 | 越後国小千谷より縮師源右衛門を招き、縮織を学ばせる。 |
| 一七七七 | 六 | | | 8 | 治憲、町家のため川井小路に備籾倉を建て義倉と名づける。 |
| 一七八二 | 天明二 | 10・29 | 奉行竹俣当綱、不謹慎の廉で隠居押込に処される。 | | |
| 一七八三 | 三 | | | | 大凶作、損毛一一万余石。 |
| 一七八四 | 四 | 8・9 | 治憲、備荒貯蓄二〇ヶ年計画を藩士・百姓に示達する。 | 3・22 | 下長井荒砥村大火、二〇〇余軒焼失。 |
| 一七八五 | 五 | 2・7 | 治憲隠居し、治広の家督に当たり「伝国の辞」を与える。 | | |
| 一七八七 | 七 | 4 | 六老志賀裕親の意見により、元締役場・樹芸役場を廃し、諸役場を併合する。 | | |
| 一七九〇 | 寛政二 | | | | 薬科立遠、藩政に関する意見書「管見談」を上呈する。 |
| 一七九一 | 三 | 1・29 | 莅戸善政再勤、中老となる。 | | |
| | | 3・15 | 上書箱の制度を設ける。 | | |
| | | 5 | 治広、莅戸善政の建議を採用し、政費半減の大倹令を出す。 | | |
| | | 6・10 | 諸役場の統廃合を行なう。 | | |
| 一七九二 | 四 | 11 | 御国産所を設置し、国産品利用を奨励する。 | 8 | 本草学者佐藤平三郎を招き、薬草栽培、製薬法を学ばせる。 |

| 西暦 | 和暦 | 月日 | 政治・法制 | 月日 | 社会（文化を含む）・経済 |
|---|---|---|---|---|---|
| 一七九三 | 寛政五 | | | 11・14 | 医学校を御国産所内に設置、好生堂と名づける。 |
| | | | | 11 | 江戸に国産掛を置き、米沢産織物の販売を三谷三九郎に依頼。 |
| 一七九四 | 六 | 11 | | | 萩野中山番所の焼打ち事件が起こる。 |
| 一七九五 | 七 | 6 | 黒井堰完工する。 | | |
| 一七九六 | 八 | | | 9・6 | 細井平洲、三度目の米沢下向、治憲、郊外羽黒堂で出迎える。 |
| 一七九七 | 九 | 10・8 | 預地越後国岩船郡の海浜警備。 | | |
| 一七九九 | 一一 | 8 | 黒井半四郎の設計により、飯豊山穴堰の工事始まる。文政元年完成する。 | | |
| 一八〇一 | 享和一 | 2・27 | 農民・町人の伍什組合の制度を定める。 | | |
| 一八〇二 | 二 | | | | 莅戸善政編『かてもの』二五七五冊を刊行する。 |
| 一八〇六 | 文化三 | | | 2・29 | 「養蚕手引」を印刷配布する。 |
| 一八〇七 | 四 | 12・29 | 商人亭の越後への専売計画について青苧一件が起こる。 | | |
| 一八一一 | 八 | | | 3・16 | 米沢大火、桐町より出火、二五二軒および備籾倉焼失。 |
| 一八一三 | 一〇 | 12 | 斉定、紅葉山御宮・御霊屋修理を命ぜられ、大倹令を布達する。 | | |
| 一八二二 | 文政五 | 3・12 | 治憲死去する。七二歳。 | | |
| 一八二四 | 七 | | | 4・19 | 米沢大火。桐町より出火、一〇一七軒焼失する。 |
| | | | | 9・27 | 水害、損毛二万一二〇〇石余。 |
| 一八二六 | 一〇 | | | 12 | 斉定、紬問屋・仲買人を定める布達を出す。 |
| 一八三一 | 天保二 | 3 | 長崎の通訳官吉雄忠次郎、シーボルト事件により、上杉佐渡守にお預けとなる。 | | |
| 一八三三 | 四 | | | | 大凶作、損毛届高一三万九四〇〇余石。 |
| 一八三四 | 五 | | | 11・7 | 町内若者の寄合い、諸芸寄合いを停止する。 |
| 一八三五 | 六 | | | | 大凶作、損毛届高一一万五六九九石。 |
| 一八三六 | 七 | | | | 大凶作、損毛届高一一万六九〇〇石。 |
| 一八五一 | 嘉永四 | 8・22 | 斉憲、役場一統に寛政度の基本趣旨に立って勤行するよう命ずる。 | | |
| 一八五五 | 安政二 | 9・21 | 西洋銃の修業のため、藩は三手組から各五名を江戸に派遣する。 | | |
| 一八五六 | 安政三 | | | 10・21 | 米沢に糸物締所を設置する。 |
| 一八六二 | 文久二 | 12・12 | 銃軍の改革により、大筒はすべて蔵入れとする。 | | |

| 西暦 | 和暦 | 月日 | 政治・法制 | 月日 | 社会（文化を含む）・経済 |
|---|---|---|---|---|---|
| 一八六三 | 三 | | 斉憲、京都警衛を命ぜられ、上洛する。 | 4 | 屋代郷農民、米沢藩の預りに反対して騒動を起こす。 |
| 一八六四 | 元治一 | | | 11・6 | 興譲館、主水町に再建される。 |
| 一八六六 | 慶応二 | 7・22 | 屋代郷三万石、米沢藩領となる。 | | |
| 一八六七 | 三 | 12・30 | 列藩の世論につき米沢藩の意志は両端に分れ、奉行竹俣出府。 | | |
| 一八六八 | 四 | 3・17 | 斉憲、会津征討の理なしとして将軍へ建白を行なう。 | | |
| | | 9・2 | 米沢藩、政府軍に降伏。 | | |
| | 明治一 | 12・7 | 茂憲の家督と四万石の上地を命ぜられる。 | | |
| 一八六九 | 二 | 6・17 | 茂憲、領土版籍を朝廷に返還する。 | 2・26 | 雲井龍雄、東京小伝馬町の牢獄で斬首となる。 |

○出典『上杉家御年譜』『上杉編年文書』『御代々御式目』『鷹山公偉蹟録』『鶴城叢書』『米沢年表』『東置賜郡史』『旧米沢市史稿』『白鷹町史』『長井市史』

## 〔家老とその業績〕

| 著名家老名 | 担当職務名 | 活躍期 | 生没年月日 | 主な業績 |
|---|---|---|---|---|
| 直江山城守兼続 | 奉行 | 慶長6〜元和5 | 永禄3〜元和5・12・19 | ・上杉景勝を助け、越後領国経営の拡大を図る。<br>・会津上杉氏時代、米沢城主として、慶長六年の米沢移封後は、執政として成立期の藩政を指導した。<br>・漢書の蒐集、文選の出版、禅林寺の創建。 |
| 竹俣美作当綱 | 江戸家老<br>奉行 | 明和2〜天明2 | 享保14〜寛政5・4・5 | ・国産物の奨励、漆・桑・楮各一〇〇万本植立策。<br>・明和・安永期の藩政改革を指導する。 |
| 莅戸九郎兵衛善政 | 町奉行<br>中老<br>奉行 | 明和2〜天明2<br>寛政3〜享和3 | 享保20〜享和3・12・25 | ・明和・安永期の改革では、町奉行として、興譲館の創設には総監として活躍した。<br>・寛政改革では改革の草案を作成し、その実施に当たった。とくに代官制度の改革、養蚕業・織物業の振興などを行った。 |

○出典『上杉家御年譜』『鷹山公偉蹟録』『莅戸太華翁』

## 〔藩の職制〕

○藩の職制の大綱

- 藩主
  - 侍頭─侍組─陪臣
  - 三手組
    - 馬廻宰配頭─三十人頭
      - 物頭─足軽組
      - 十人頭─馬廻組
    - 五十騎宰配頭─（以下右同様）
    - 与板宰配頭─（同様）
    - （奉行付）猪苗代組・同心組
    - （中之間年寄付）新手明・御徒組
  - 奉行─（中老）
    - 小姓頭
      - 側医
      - 台所頭─膳部・台所方
      - 側役─右筆
      - 膳番・手水番・小姓
    - 奥取次─大小姓
    - 傅役─用人・小姓
    - 大目付（六人年寄）─使番・目付・徒目付
    - 中之間年寄─御中之間
    - 役所役
      - 物書・留書
      - 外様外科
      - 辻番
    - 勘定頭─勘定頭次役
      - 平勘定
      - 各蔵役
    - 町奉行─同心─伏嗅
    - 寺社奉行─宗門方・寺社方
    - 郡奉行
      - 代官─元締・掛役─足軽
      - 郷村教導出役
      - 廻村横目
    - 預所郡奉行─代官─元締
    - 金山奉行─金山役人・金山山廻
    - 国産所頭取─元〆役─国産役
      - 山林方・農馬方・蚕桑方・漆方
    - 督学（総監・提学）
      - 学頭─都講
      - 学館主財
    - 軍者
    - 躾者
    - 厩頭─厩方・馬医・中間
    - 鷹部屋横目─鷹師─鷹匠頭─鷹匠
    - 役屋将─御付馬上─役屋付
      - 手明
      - 足軽
  - 城代
    - 作事屋頭─普請奉行
      - 元〆役
      - 大工頭
      - 小奉行
    - 小納戸頭─小納戸
    - 御堂将─御堂俗番
    - 御廟将─御廟守─御廟番
    - 本城門番・外張番・御泊・御守
  - 江戸家老
    - 勘定頭
      - 留守居
      - 江戸役所番
      - 同心・手明
    - 麻布屋敷将
    - 白金屋敷将
  - 支侯家老
    - 用人─役方─小者
    - 小姓

○出典（「文化六年分限帳」より作成。『米沢市編集資料』第一号、『読史備考』など参照）

・藩の重要な評議には、奉行・中老・城代・侍頭・中之間年寄・大目付が当たった。

### ○格と職

#### ①格

**主要な格とその人数**

| 階級 | 組名 | 文化年間 人数 | | 明治二年二月以降 |
|---|---|---|---|---|
| 侍組 | 高家衆 | 四人 | 九六人 | 上士 四〇俵 |
| | 分領家 | 一四 | | |
| | 平侍 | 七八 | | |

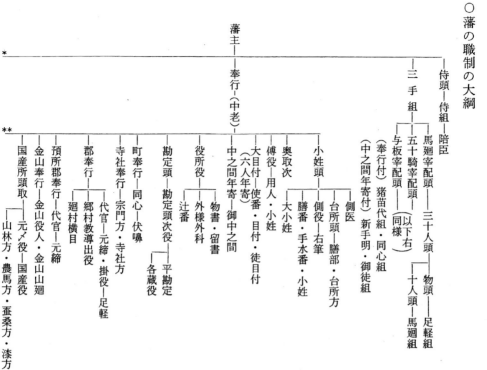

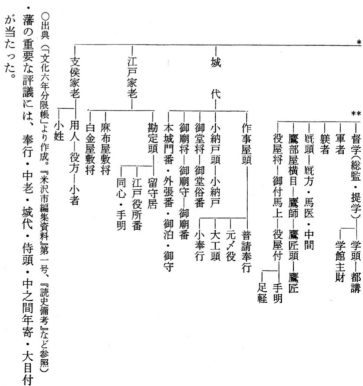

| | | | | |
|---|---|---|---|---|
| 大小姓 中之間詰 | | 五〇 四 | 五四 | 上士 二〇俵 |
| 三手組 | 馬廻組 | 二五三 | 八八六 | |
| | 五十騎組 | 二九八 | | |
| | 与板組 | 三三〇 | | |
| | 一代入 | 一五 | | |
| 外様法体 | | 二八 | 二八 | |
| 三扶持方 | 猪苗代組 | 一六五 | 七一〇 | 下士 一四俵 |
| | 組付御扶持方 | 二一六 | | |
| | 組外 〃 | 二八〇 | | |
| | その他 | 四九 | | |
| 三扶持方並 | 芸者組 | 七 | 二六八 | 下士 一二俵 |
| | 御徒組 | 八五 | | |
| | 御守組 | 二四 | | |
| | 本手明 | 一四五 | | |
| | 外様外科 | 七 | | |
| 訴文組 | 新手明 | 一四七 | 一一〇一 | 卒 九俵 |
| | 奉行同心 | 一七七 | | |
| | 台所組 | 七二 | | |
| | 役屋付手明 | 九八 | | |
| | 外張番 | 七一 | | |
| | その他 | 五三六 | | |
| 足軽 | 鉄砲足軽 | 三二六 | 一八九一 | 卒 七俵 |
| | 鎗足軽 | 二五五 | | |
| | 長手鎗組 | 七二 | | |
| | 弓組 | 九三 | | |
| | その他 | 一一四五 | | |
| 合計 | | | 五〇三四 | |

○出典（「文化六年分限帳」［上杉文書］・「勤書」［文化十四年編集・上杉文書］より作成）

・知行高

侍組　分領家二一六六〜五〇〇石。高家・平侍五〇〇〜二〇〇石。

三手組　定知二五石、扶持取も多い。

三扶持以下　三人扶持八石〜一人扶持二石、役職により加増あり。

※一人扶持＝一石五斗六升（寛政十一年以降）

②職

・侍組は、奉行・中老・江戸家老・支侯家老・城代・侍頭・小姓頭・傅役・役屋将。

・三手組は中堅階級で、藩政に直接携わる。中之間年寄・大目付・郡奉行・町奉行・宗門奉行・近習・勘定頭・台所頭など。

・三扶持・同並は、三手組に直属する実務担当者。役人役。

○家臣団構成

**①家臣団構成**

一般的な家臣団構成については、「格」の項を見よ。

**②郷士制度**

この制度は存在しないが、下級士族の郊外居住（原方屋敷）と陪臣聚落がある。

原方屋敷　花沢・山上・南原・六十在家など。

陪臣聚落　色部氏の窪田、毛利氏の川井、千坂氏の簗沢、本庄氏の鮎貝など。

## 〔領内支配（地方支配）の職制と系統〕

郡代―代官―（小代官）―（元〆役・次掛・懸役・諸士方役・役方）

・郡代は寛永年間にそれまでの奉行兼帯から独立し、長井郡代・福島郡代各二人が置かれたが、寛文四年の半知後は廃止された。知行は長井郡代五〇〇〜八〇〇石、福島郡代二〇〇〜三〇〇石。明和八年（一七七一）郡奉行制を施き、以後二人役となる。

・代官は初期に、長井郡と信達両郡にそれぞれ五～八人を置き、知行は普通約二〇〇石、寛文四年（一六六四）以後は、四～五人で知行は普通一〇〇石となった。寛政三年（一七九一）以後は五人制で、知行五〇石が多い。

・小代官は初期のみにみられ、寛文年間に廃止。一六人余、一人数ヶ村を支配したといわれ、下長井など特定の地域にのみ置かれたとみられる。

・城代（のち役屋将）、初期には、置賜郡の高畠・掛入石中山・荒砥・鮎貝・小国、信達両郡では、福島・梁川の各支城に置いた。寛文四年以後は、信達両郡はなくなり、置賜郡の高畠は糠野目に変わる。これらは他領との重要な要所で、境目の警備のために置いたものであるが、のちには旅人・貨物の取締りを通してその地方の郷村統制の任も果すようになった。元禄年間以後、役屋将に改称。

〔領内の支配区分〕

支配区分は代官の担当区分による。寛政三年（一七九一）、藩政改革の一つとして代官区分を改正し、六郷に分けられた。次表の通り。

| 郷名 | 村数 | 郷名 | 村数 |
|---|---|---|---|
| 上長井 | 四五ヶ村 | 下長井西通 | 二五ヶ村 |
| 北条郷 | 五四ヶ村 | 下長井東通 | 二六ヶ村 |
| 中郡 | 三一ヶ村 | 小国 | 六六ヶ村 |

○出典（上杉文書「上杉領村目録」）

〔村役人の名称〕

肝煎――組頭（欠代）――長百姓

・肝煎は村に一人を置き、村内の蔵入地・給地ともに統轄した。

・組頭は、村の大小により、一～三人が置かれ、享和元年（一八〇一）以後は欠代と名称を改めた。給地には、百姓頭を置いたところもある。

・長百姓は村の大小により、一～六人が置かれた。

〔領外（飛地）の支配機構〕

飛地なし

〔領内の主要交通路〕

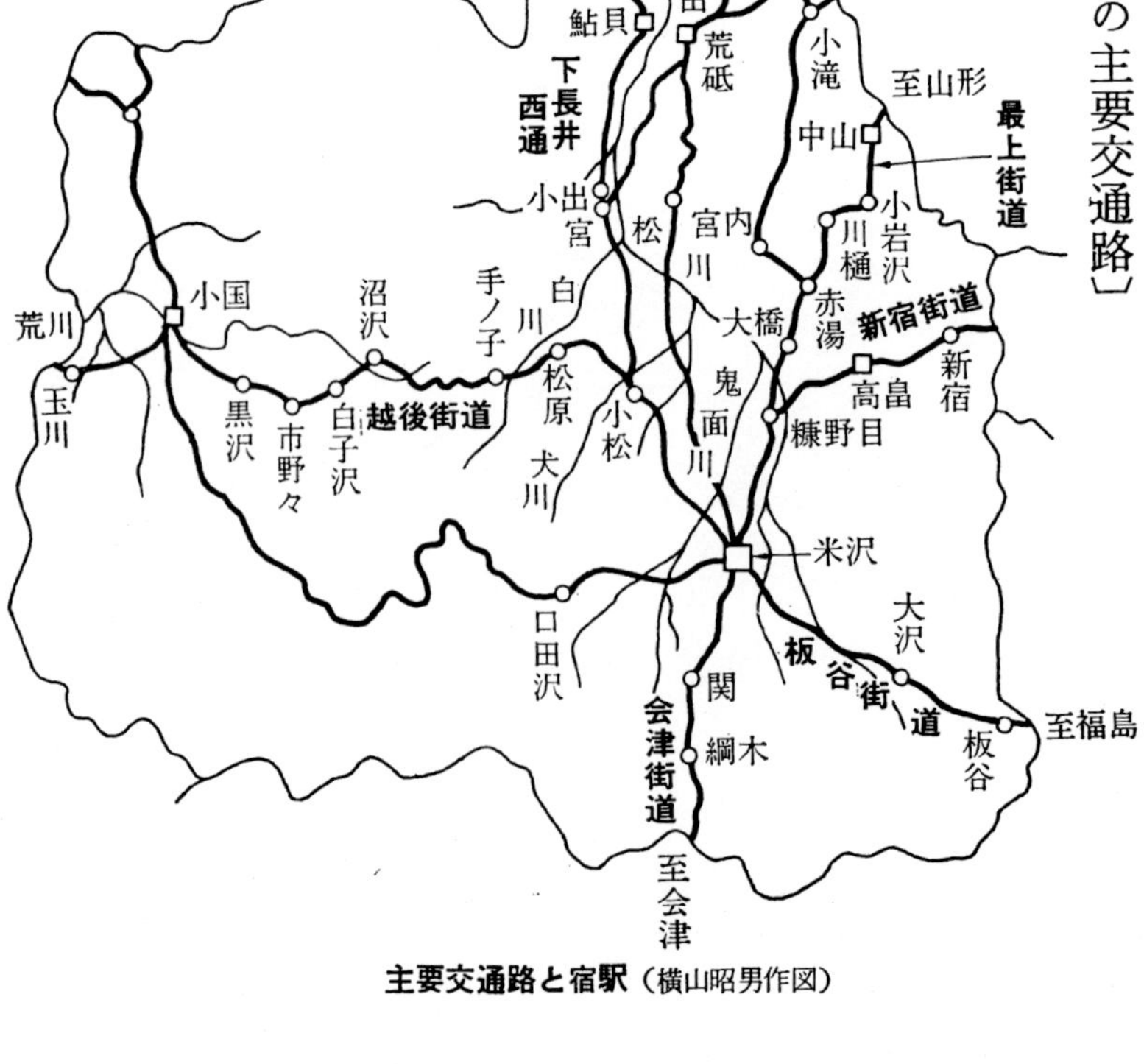

主要交通路と宿駅（横山昭男作図）

1　最上街道　米沢より山形
2　板谷街道　米沢より福島
3　新宿街道　米沢より湯原
4　下長井西通　米沢より鮎貝
5　越後街道　米沢より小国
6　会津街道　米沢より会津

〔番所の所在地〕

本口番所と藪口番所の別があり、後者は寛文年間に設定された（信達二郡の番所は不明）。本口には扶持方・組外または役屋付の役人が一〜二人、藪口には一人が配置されている。

・本口番所　板谷・綱木・花沢・糠野目・掛入石中山・小滝・萩野中山・大瀬・栃窪・玉川・蓬生戸・折戸・黒鴨・筑茂・姐柳
・藪口番所　梓山・中荒井・荒井・上片子・下片子・矢木橋・新藤台・鉄砲町・芦付・一本松・上窪田・外ノ内・下窪田・福沢・大橋・椚塚・十分一・大洞・金山・高岡・田尻・烏川・平田

○出典（上杉文書「代徭集」「米府鹿子」）

〔在町、津出場・米蔵の所在地〕

○在　町

役屋（支城・陣屋）の所在地と街道の主要な宿場がこれに当たる（在町、準出場（米蔵）所在地図参照）。

○津出場（舟屋敷）

松川（最上川の上流）の沿岸に置かれたが、これも元禄七年（一六九四）に御用商人西村久左衛門が、荒砥の近くの黒滝の開削以後である。初めは西村の城米輸送の請負の目的で造られたが、宝永七年（一七一〇）の西村没落後は藩の管理下に置かれたもの。舟屋敷は糠野目・梨郷・宮・正部・大瀬のほかに、村山郡の松山藩飛地左沢《あてらさわ》領の左沢にも置かれた。左沢は最上川の大型川船が就航する上限とされ、重要な地点であったことによる。松川には藩の小鵜飼船が数十艘、左沢から下流の最上川本流には、宝暦六年（一七五六）に御手船六艘（艜船《ひらた》）、天明末年に一〇艘を加え、寛政三年（一七九一）以後に二〇艘を増して合計御手船三六艘となっている。これらの大部分は、大石田河岸に預けられていた。

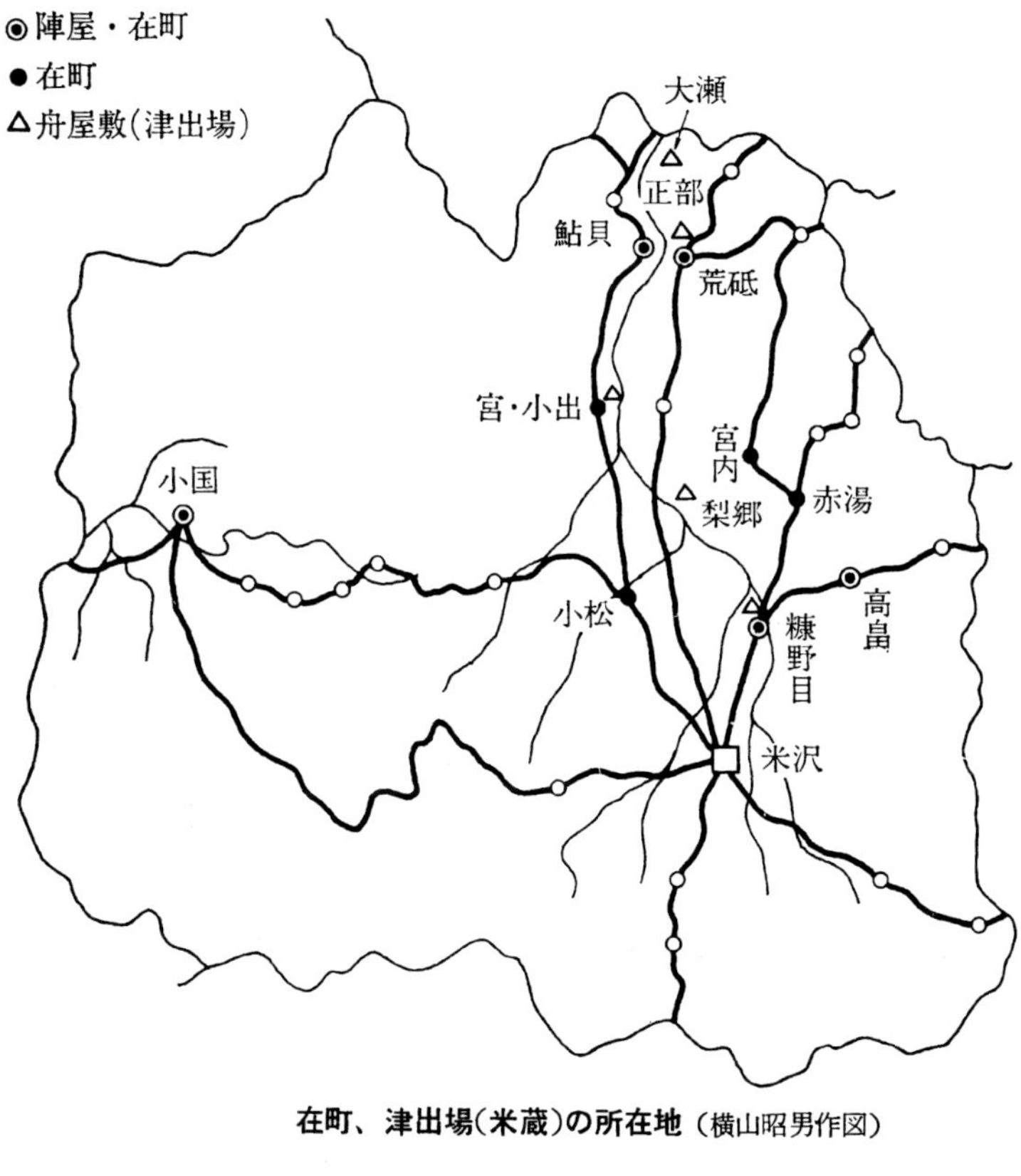

在町、津出場（米蔵）の所在地（横山昭男作図）

〔江戸城の詰間〕

大広間（上杉家代々）

○出典（『寛政武鑑』『天保武鑑』）

〔江戸屋敷の所在地〕

| 屋敷 | 所在地 | 拝領年 | 坪数（享和2年調） |
|---|---|---|---|
| 上屋敷 | 外桜田 | 慶長8年 | 七四三二坪 |
| 中屋敷 | 麻布飯倉片町 | 寛永14年 | 一万二八〇〇坪 |
| 下屋敷 | 白金 | 明暦3年 | 四七五二坪 |

○出典（『上杉家御年譜』）

〔蔵屋敷の所在地〕

江戸浜屋敷　霊厳島南新堀二丁目

○出典（『上杉家御年譜』）

〔藩の専売制〕

| 品目 | 期間 | 専売仕法 | 専売形態(1) | 専売形態(2) |
|---|---|---|---|---|
| 米 | 寛永年間～幕末 | 一定量（一万三四一石余）を村々に割当て、一定値段で買上げた。 | 上納・買上制（初期専売） | |
| 青苧 | 明暦年間～幕末 | 一定量（五三〇駄）を特定の村々に割当て役苧として買上げた。 | 領内の買上げ独占（初期専売） | 領外移出独占、初め、のち特権商人、藩の直接販売 |
| 真綿 | 明暦年間～幕末 | 一定量（三六貫匁）の上納・買上。 | 代金納となる | |
| 紅花 | 〃 | 一定量（二一四貫匁）の上納・買上。 | 〃 | |
| 漆・蝋 | 慶長年間～慶安年間 | 一定の貢租の残りは、藩が完全に買占める。 | （初期専売） | 領外移出独占 |
| | 明暦年間～幕末 | 役木を定め（二六万本余）、一定の貢租の残りを買占める。元禄六年（一六九三）、藩営の蝋製造の筒屋を作る。 | | |
| 絹織物 | 寛政年間 | 国産所買上げ、江戸商人三谷三九郎により一手販売。 | 領内買上げ独占 | 特権商人の間接専売 |
| | 寛政8年～幕末 | 国産所の一部買占め、他は問屋の自由、産物会所の問屋仲間を定める。 | 一部買占 | 問屋仲間による販売 |

○出典（『藩制成立史の綜合研究　米沢藩』『米沢織物同業組合史』）

〔藩札〕

| 種類 | 金額 | 発行所 | 発行年月 |
|---|---|---|---|
| 金札 | 一両・一分・二朱・一朱 | 御切替所 | 明治2年 |
| 銭札 | 二百文 | 商法局 | 〃 |
| 金札 | 一分・一朱 | 商法会所 | 明治3年7月 |
| 銭札 | 二百文・五十文・二十五文 | | |

○出典（『図録・日本の貨幣6』）

〔藩校〕

| 藩校名 | 成立年月日 | 所在地 |
|---|---|---|
| 興譲館 | 安永5年4月19日 | 米沢城内三の丸元細工町 |

**沿革**　藩士中、俊秀二〇名を選び定詰の学生とする。ほかに寄塾生・通学生あり。寛政五年、好生堂(医学校)設立(のち御国産所内に移る)。寛政年間、友于堂（通学生の教授所）設立。元治元年類焼し、門東町に再建する。明治四年、洋学舎設立。明治五年十月廃校。

**目的**　藩士の教育、とくに藩政担当者の人材養成を目的とする。

**教科内容**　読書中心。明治三年、読書・習字・算術の三科となる。

※武術は武芸所にて。興譲館は学問専門。

**主な督学・提学**　神保綱忠・片山一積・浅間彰・窪田茂遂・片山一貫

**著名客員教授**　細井平洲・木村道之助(英語学)

○出典（『米沢市史』）

## 〔藩の武術〕

| 種目 | 流派 | 師範 |
|---|---|---|
| 中太刀 | 夢覚流(安永年間) | 上松蔵之進、大平源五左衛門、深沢平次兵衛 |
| | 心地流(〃) | 須藤五郎右衛門 |
| | ト伝流(〃) | 広居新左衛門 |
| | 三富流(〃) | 増岡清左衛門 |
| | 真天流(〃) | 小山田兵衛 |
| 長刀 | ト伝末期流(〃) | 竹俣東三 |
| 鎗 | 伊東流(〃) | 平林霞吹、小山田兵衛 |
| | 佐振流(〃) | 片桐六郎右衛門 |
| 居合 | 一刀流(〃) | 平林霞吹、神保作兵衛、吉田一夢、海沢総助 |
| 棒 | 鹿島流(〃) | 竹俣東三 |
| 弓 | 印西流(〃) | 甘粕孫右衛門、香坂右仲 |
| | 雪荷流(〃) | 平林霞吹、須田数馬 |
| | 日置流(〃) | 山田弥八郎 |
| 馬術 | 人見流(〃) | 山下丈右衛門 |
| 鉄砲 | 素鞍流(〃) | 飛田暦助 |
| | 種子島流(〃) | 丸田九左衛門盛庸 |
| | 稲富流(〃) | 大熊伝兵衛秀有 |
| | 岸和田流(〃) | 豊野弁右衛門 |

○出典（『上杉家御年譜』『米沢市史』）

## 〔参勤交代〕

米沢から板谷街道を通り、福島に出て奥州街道を江戸へ向うのが、参勤路であった。大名行列は前隊(鉄砲隊など約六〇人)、中隊(護衛士など数百人)後隊(御供家老など数十人)からなり、総勢七〇〇人余。天明七年（一七八七）の大倹約令以後は、前隊・後隊を省略し、また中隊を半分に減じた。

## 〔藩の基本史料・基本文献〕

「上杉文書」「林泉文庫」米沢市立図書館蔵
（上杉文書はマイクロフィルムあり、雄松堂）
『山形県史』新編鶴城叢書下　資料篇4　山形県　昭和三六年
『山形県史』近世史料1・資料篇16　山形県　昭和五一年
『米沢市史』近世史料1・資料篇2　米沢市　昭和五八年
『米沢市史』近世史料2・資料篇3　米沢市　昭和五九年
『米沢市史資料』第一～第一七　米沢市　昭和五五年～六〇年
『上杉家御年譜』一～二四　温故会　昭和五一年～六一年
『米沢市史』米沢市　昭和一六年
浅野源吾『東北産業経済史』二巻（米沢藩）　東北振興会　昭和一一年
藩政史研究会『藩制成立史の綜合研究　米沢藩』　吉川弘文館　昭和三八年
横山昭男『上杉鷹山』　吉川弘文館　昭和四三年
渡部史夫『米沢藩の政治と農村社会』　不忘出版　昭和五五年
『山形県史』第二巻・第三巻　山形県　昭和五九年、同六二年

（執筆者・横山昭男・青木昭博）

# 米《よね》沢《ざわ》新《しん》田《でん》藩

## 〔藩の概観〕

米沢藩主上杉吉憲《よしのり》が享保四年（一七一九）二月、弟勝周《かつのり》（綱憲側室の子）に新田高の内一万石を分知することが許され成立した。形式的には独立の藩として認められ、米沢藩上杉氏の支藩の形をとっているが、すべて宗家米沢藩の支配機構および敗政機構に依存し、家臣団をはじめ、特定の領地や城地をもたなかった。また米沢の屋敷は、勝周が宗家米沢城の二の丸に置いてから代々これを受けつぎ、藩主は以後廃藩まで五代続き、代々駿河守を称し、駿府城の加番役を勤めている。江戸屋敷は、享保十年（一七二五）九月、米沢藩の中屋敷麻布（一万二八〇〇坪）の内二八〇〇坪を与えられた。家臣団のない同藩は、分限帳も宗家のそれに含まれ、その筆頭に駿河守一万石と記入している。したがって支藩の運営も独自のものはなく、支侯御供として小姓・用人・留守居など数人が置かれている程度であった。財政の面でも、宗家米沢藩の払方帳に、米沢および江戸における駿河様分の項が設けられ、知行米・仕切米高を記している。幕末の戊辰の役にあたっても、当然独自の行動はなく、藩主勝道《かつみち》は米沢藩主斉憲に従い、またその謝罪に奔走している。

## 〔藩の居城〕

特定の地域、領域なし。

## 〔藩（大名）の家紋など〕

**上杉家**

家紋

竹に雀

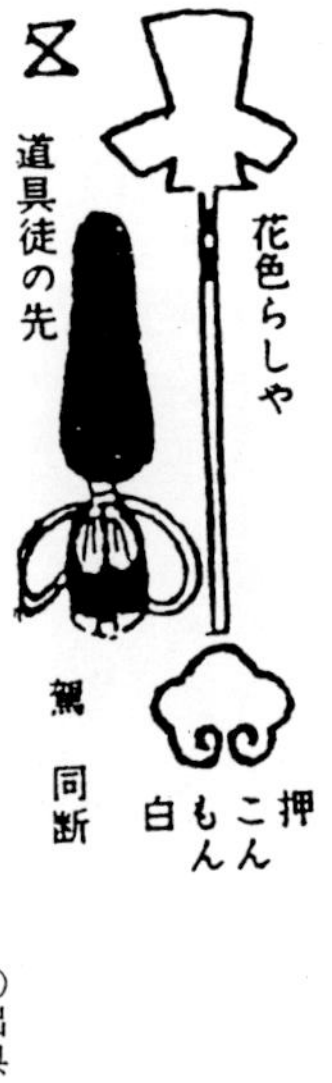


○出典（『文化武鑑』）

## 〔藩主の系図〕（姻戚関係）

**上杉家**　外様

**勝周**《かつのり》（米沢藩主綱憲の子）
- 富女
- **勝承**《かつよし》
  - 才女
  - 勝俊
  - **勝定**《かつさだ》（米沢藩主上杉重定五男）
    - **勝義**《かつよし》（上杉重定の子勝熙四男）
      - **勝道**《かつみつ》（上杉斉定四男）
      - 温女
    - 初女
    - 誰女
- 正矩

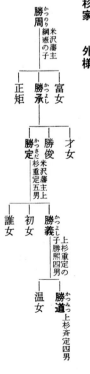

〔藩主一覧〕

| 姓 | 諱 | 受領名または官名 | 通称 | 生没年月日 | 戒名と菩提所（所在地） | 藩主就任・退任年月日 | 江戸幕府就任役職名・就任退任年月日 | 石高変遷年月日（西暦） | 石高（表高） | 領地（国郡名） |
|---|---|---|---|---|---|---|---|---|---|---|
| 上杉 | 勝周 | 駿河守 | | 元禄9・9・10～延享4・7・2 | 瑞光院 林泉寺（山形県米沢市林泉寺町） | 享保4・2・25～延享4・7・2 | | 享保4・2・25（一七一九） | 一〇〇〇〇 | 米沢藩新開田分として村付はない。 |
| 上杉 | 勝承 | 駿河守 | | 享保20・1・12～天明5・6・6 | 大方院 興禅寺（東京都港区白金） | 延享4・8・29～天明5・6・6 | | | 〃 | 〃 |
| 上杉 | 勝定 | 淡路守 | | 明和6・1・8～文政4・11・9 | 大円院 興禅寺（〃） | 天明5・8・2～文化12・11・8 | | | 〃 | 〃 |
| 上杉 | 勝義 | 佐渡守 | | 寛政4・9・3～安政5・7・29 | 雄昌院 興禅寺（〃） | 文化12・11・8～天保13・3・9 | | | 〃 | 〃 |
| 上杉 | 勝道 | 駿河守 | | 文政9・2・28～明治29・3・22 | | 天保13・3・9～明治2・6・18 | | 明治2・6・18（一八六九） | 〃 | 〃 封土を本藩に返上。 |

○出典（『上杉家御年譜』）

〔江戸城の詰間〕

柳間

○出典（『文化武鑑』『文政武鑑』）

〔江戸屋敷の所在地〕

上屋敷　麻布飯倉片町

○出典（『文化武鑑』）

（執筆者・横山昭男・青木昭博）

# 執筆者紹介——〈執筆順〉

**榎森　進**（えもり・すすむ）
昭和十五年八月八日生。東北大学文学部史学科卒業。現職＝函館大学商学部教授。主要著作＝『北海道近世史の研究』、『日本民衆の歴史・地域編8、アイヌの歴史』、『松前町史』史料編第一～四巻、通説編第一巻上・下（共編著）ほか。

**春日敏宏**（かすが・としひろ）
昭和三十四年三月二十二日生。東洋大学大学院文学研究科日本史学専攻修了。現職＝東京農業大学第三高等学校教諭。主要著作＝『日本史分類年表』（編著）、「豊臣政権期における松前氏の叙位・任官について」（『日本歴史』四四六号）、「極北大名の権力構造」（『松前藩と松前』二三号）。

**工藤睦男**（くどう・むつお）
昭和六年六月十四日生。立教大学大学院経済学研究科修士課程修了。現職＝弘前大学教育学部教授。主要著作＝新編『物語藩史』第一巻弘前藩。

**葛西富夫**（かさい・とみお）
昭和八年八月二日生。弘前大学教育学部を経て法政大学文学部史学科卒業。現職＝青森市立栄山小学校校長。主要著作＝『斗南藩興亡記』、『斗南藩史』、『続会津の歴史』、『北の慟哭』、『青森県の教育史』。

**細井　計**（ほそい・かずゆ）
昭和十一年七月三十一日生。東北大学大学院文学研究科（博士課程・国史学専攻）修了。現職＝岩手大学教育学部教授。主要著作＝『伊達治家記録』第一・二巻（校訂）、『岩手県漁業史』（監修）、『岩手県地名大辞典』（責任編集）、『盛岡藩雑書』第一・二巻校訂。

**齋藤鋭雄**（さいとう・えつお）
昭和十三年十二月一日生。東北大学大学院文学研究科修士課程修了。現職＝宮城県農業短期大学教授。主要著作＝『伊達世臣家譜続編』（全四巻、共編）、『伊達治家記録』（二―一七巻編集協力・本文校合、一八―二四巻編集）、『角田市史』通史編下・史料編・別巻Ⅰ（共編著）。

**三浦忠司**（みうら・ただし）
昭和二十三年二月十九日生。弘前大学教育学部卒業。現職＝青森県立八戸西高等学校教諭。主要著作＝『青森県八戸市・下長の歴史』、『南部八戸の城下町』、『八戸水道二十五年史』、『青森県の地名』、「八戸藩における新田開発」（『地方史研究』一八五号）など。

**鈴木幸彦**（すずき・ゆきひこ）
昭和十一年十二月二十二日生。山形大学文理学部文学科歴史学専攻。現職＝盛岡市立高等学校教諭。主要著作＝「一関藩田村氏の基礎的考察（その1）―支藩としての従属化の過程を中心に―」（『岩手県立博物館研究報告第三号』）、「一関藩田村氏の基礎的考察（その2）―地方知行と面扶持をめぐって―」（『同第五号』）。

**佐藤高俊**（さとう・たかとし）
明治四十四年九月二十日生。国学院大学卒業。現職＝相馬市文化財保護審議委員会会長。主要著作＝『富田高慶日記』、『報徳秘稿』。

**大内寛隆**（おおうち・ひろたか）
昭和十年九月二十七日生。東北大学文学部国史学科卒業。現職＝福島県立福島東高等学校教諭。主要著作＝『東北の歴史』、『三春町史』近世、『船引町史』通史編二、『保原町史』通史編、『福島の研究』3近世編（以上、分担執筆）、「戊辰戦争における三春藩の去就」（『国史談話会雑誌』豊田武先生追悼号）、「近世における被差別身分の実態」（『福島地方史の展開』）。

**大河峯夫**（おおかわ・みねお）
昭和十八年一月十一日生。福島大学教育学部卒業。現職＝福島県立郡山北工業高校教諭。主要著作＝『福島県史』、『郡山市史』、『三春町史』、『船引町史
など分担執筆。

**神崎彰利**（かんざき・あきとし）
昭和五年九月九日生。明治大学大学院文学研究科修士課程修了。現職＝明治大学刑事博物館学芸員・文学部講師。主要著作＝『検地―縄と竿の支配』、『神奈川県史』通史編・資料編、「磐城平藩確立期の政策」（『譜代藩の研究』所収）、『図説神奈川県の歴史』、『角川日本地名大辞典神奈川県』（執筆・監修）。

**小野佳秀**（おの・よしひで）
昭和二十二年九月八日生。龍谷大学文学部国史学科卒業。現職＝財団法人いわき市教育文化事業団いわき市史編纂係長兼庶務係長（福島県史学会幹事、福島県立博物館資料調査委員）。主要著作＝『湯長谷藩のしおり』、『史料常磐湯本温泉史』、『福島県史』（人物編）、『いわき市史』第二巻「近世」第五章幕領 小名浜（執筆）、「近世いわきの路」（『広報いわき』に三三回連載）、「蔭山外記の一施策」（『いわき地方史研究』）、「いわき近世三方領知替」（同上）。

**高萩精玄**（たかはぎ・せいげん）
明治四十四年一月八日生。京都帝国大学国語国文学科卒業。現職＝なし。主要著作＝『白井遠平』、その他共著多数。

**竹川重男**（たけかわ・しげお）
昭和七年四月二十五日生。東北大学文学部国史学科卒業。現職＝福島県立博物館主任専門学芸員兼学芸課長。主要著作＝「寛政改革における松平定信と徂徠学」（『国史談話会雑誌』二二号）、「松平定信の物価論に関する一考察（上）」（『福大史学』三三号）、「会津藩における半石半永制の変質・解体過程の一考察」（『福島地方史の展開』）。

**小豆畑毅**（あずはた・たけし）
昭和十六年七月六日生。明治大学文学部卒業。現職＝福島県立石川高等学校教諭。主要著作＝『角川日本地名大辞典　福島県』（分担執筆）、「十五～十六世紀前半の南奥石川氏」（『石川史談』第一号）。

**誉田　宏**（ほんだ・ひろし）
昭和七年七月二十日生。早稲田大学高等学院卒業。現職＝福島県文化センター歴史資料課長。主要著作＝『福島人物の歴史第五巻・寺西封元』、『郷土史事典福島県』、『角川日本地名大辞典福島県』、『福島県史』三巻・一五巻・一七巻・一九巻・二一巻・二五巻（共同執筆）、「諸国巡見使の研究」（『歴史資料館研究紀要』第一号）ほか。

**八巻善兵衛**（やまき・ぜんべえ）
昭和八年九月二十七日生。福島県立梁川高等学校卒業。現職＝梁川町史編纂室顧問、梁川町立梁川小学校教諭。

**大村三良**（おおむら・さぶりょう）
大正四年八月三日生。山形県師範学校卒業。現職＝福島市史編纂専門委員・福島市文化財調査委員（議長）・福島県歴史教育者協議会会長・福島県史学会副会長。主要著作＝『福島県の歴史』（共著）、『福島藩』、『ふくしまわが町』、『福島県史』（近世担当）、『福島市史』、『福島県農業史』その他に執筆。

**田中正能**（たなか・まさよし）
大正八年二月十三日生。高等小学校卒業。現職＝郡山女子短大文化学科講師。主要著作＝「郡山小原田の土摺臼」『阿部茂兵衛』、『福島県史』巻二・三・七・八・一〇上・一七・二〇・二一・二二・二六（担当執筆）、『郡山市史』巻一・二・三・四・八（分担当執筆）、『日本の市街地図・東日本』（二本松藩執筆）、『新編物語藩史』（二本松藩執筆）、『二本松市史』巻三・四・五・六（分担と担当）、『ふくしまの野仏』。

**丸井佳寿子**（まるい・かずこ）
昭和六年三月八日生。東北大学文学部卒業。現職＝福島県立医科大学教授。主要著作＝「徳川幕藩体制下の大名預所について」（『日本歴史』四四五号）、「阿賀川舟運における〝津川船道〟について」（『日本海地域史研究』第七輯）。

**武田奥一**（たけだ・おくいち）
大正十三年七月十三日生。福島大学学芸学部卒業。現職＝長沼町文化財保護審議委員長。主要著作＝『福島県史』三近世二「長沼藩」。

**国安　寛**（くにやす・ひろし）
昭和四年一月二十九日生。秋田大学学芸学部卒業。現職＝秋田県立図書館長。主要著作＝『秋田県史』近世編（分担執筆）、『郷土史事典・秋田県』（共編）、「藩政後期における在村地主の一考察」（『秋田県博研報』第一〇号）。

**今野　真**（こんの・まこと）
昭和二十二年十月二十五日生。東北大学大学院文学研究科博士課程単位修得退学。現職＝仙台電波工業高等専門学校助教授。主要著作＝「秋田藩政の展開と地方知行」（『歴史』第五〇輯）、「初期秋田藩の検地と知行制」（『日本史研究』第一八八号）、「藩体制と知行制度」（『歴史学研究』別冊）。

**近松鴻二**（ちかまつ・こうじ）
昭和二十一年十一月十二日生。鹿児島大学法文学部卒業。学習院大学大学院人文科学研究科博士課程満期退学。現職＝財団法人東京都文化振興会江戸東京博物館資料収集室。主要著作＝「西郷隆盛の『征韓論』について」（『鹿大史学』二二号）、「目付の基礎的研究」（『幕府制度史の研究』所収）。

**半田和彦**（はんだ・かずひこ）
昭和十七年十二月十三日生。秋田大学教育学部卒業。現職＝秋田県立秋田南高等学校教諭。主要著作＝「小野寺家臣から佐竹家臣へ――黒沢家の場合」

(『県立博物館研究報告』第七号)、「元禄国絵図製作覚書――収蔵資料の紹介をかねて」(同第六号)、「本荘藩初期の家臣団構成」(『秋大史学』二三号)。

**大友義助**（おおとも・ぎすけ）
昭和四年一月三日生。山形大学教育学部卒業。現職＝山形県立新庄南高等学校校長。主要著作＝『新庄の石仏』、『最上地方伝説集』、『新庄の昔ばなし』、『真室川町史』、『舟形町史』、『泉田川土地改良区史』、『羽州新庄城および同城下町の研究』。

**斎藤正一**（さいとう・しょういち）
大正九年八月十日生。東京帝国大学文学部国史科卒業。現職＝鶴岡市史編纂委員。主要著作＝『鶴岡市史』(共著)、『大山町史』(共著)、『温海町史』(共著)、『山形県史』第二巻(共著)、『鶴岡百年小史』。

**前田光彦**（まえた・みつひこ）
昭和八年八月十四日生。東京教育大学文学部史学科卒業。現職＝山形県立鶴岡南高等学校教諭。主要著作＝『三川町史』(共著)、『松山町史』(共著)。

**梅津保一**（うめつ・やすいち）
昭和十六年八月二十五日生。山形大学教育学部卒業。現職＝山形県立北村山高等学校教諭・山形県史編纂員。主要著作＝『山形県史』近世篇上・下（分担執筆)、『大石田町史』上巻(共著)、『民衆史としての東北』(共著)。

**伊豆田忠悦**（いずた・ちゅうえつ）
大正七年一月一日生。東京文理科大学史学科国史学卒業。現職＝山形県立米沢女子短期大学講師。主要著作＝『羽前地方史の研究』。

**井上　啓**（いのうえ・ひらく）
大正元年十一月二十九日生。日本大学芸術科卒業。（元上山市立中川小学校長、元上山市史編集長）。主要著作＝『上山市史』通史編・別巻資料編（分担執筆）、『中川郷土史』(共著)。

**横山昭男**（よこやま・あきお）
昭和五年十月十六日生。東北大学大学院文学研究科修士課程修了。現職＝山形大学教授。主要著作＝『近世河川水運史の研究』、『上杉鷹山』。

**青木昭博**（あおき・あきひろ）
昭和三十四年五月八日生。山形大学教育学部卒業。現職＝米沢市史編さん室主事。

＊本書は、弊社より刊行した『藩史大事典　第１巻　北海道・東北編』（昭和63年10月20日発行）の新装版です。

昭和63年10月20日　初版発行
平成27年12月25日　新装版初版発行　《検印省略》

# 藩史大事典《はんしだいじてん》 第１巻《かん》
# 北海道《ほっかいどう》・東北編《とうほくへん》【新装版《しんそうばん》】

編　者　木村　礎・藤野　保・村上　直
発行者　宮田哲男
発行所　株式会社 雄山閣
東京都千代田区富士見2-6-9
ＴＥＬ　03-3262-3231／ＦＡＸ　03-3262-6938
ＵＲＬ　http://www.yuzankaku.co.jp
e-mail　info@yuzankaku.co.jp
振替　00130-5-1685
印刷・製本　石川特殊特急製本株式会社


ISBN978-4-639-02385-2 C3321
N.D.C.210　516p　27cm